Reinhard Weber

Schicksal jüdischer Rechtsanwälte in Bayern

Reinhard Weber

Das Schicksal der jüdischen Rechtsanwälte in Bayern nach 1933

Herausgeber:

Bayerisches Staatsministerium der Justiz
Rechtsanwaltskammern München, Nürnberg und Bamberg
Pfälzische Rechtsanwaltskammer Zweibrücken

R. Oldenbourg Verlag München 2006

Bibliografische Information der Deutschen Bibliothek
Die Deutsche Bibliothek verzeichnet diese Publikation in der Deutschen Nationalbibliografie; detaillierte bibliografische Daten sind im Internet über <http://www.dnb-d-nb.de> abrufbar.

© 2006 Oldenbourg Wissenschaftsverlag GmbH, München
Rosenheimer Straße 145, D - 81671 München
Internet: oldenbourg.de

Das Werk einschließlich aller Abbildungen ist urheberrechtlich geschützt. Jede Verwertung außerhalb der Grenzen des Urheberrechtsgesetzes ist ohne Zustimmung des Verlages unzulässig und strafbar. Dies gilt insbesondere für Vervielfältigungen, Übersetzungen, Mikroverfilmungen und die Einspeicherung und Bearbeitung in elektronischen Systemen.

Umschlagentwurf: Dieter Vollendorf
Umschlagabbildung: Boykott von jüdischen Anwaltskanzleien am Münchener Karlsplatz, 1.4.1933. Foto: Stadtarchiv München.
Gedruckt auf säurefreiem, alterungsbeständigem Papier (chlorfrei gebleicht).

Satz: Medienwerkstatt Dieter Lang, Karlsruhe
Druck: Memminger MedienCentrum, Memmingen
Bindung: Buchbinderei Klotz, Jettingen-Scheppach

ISBN-13: 978-3-486-58060-0
ISBN-10: 3-486-58060-4

Inhalt

Vorwort

Mehr als sechzig Jahre nach dem Ende des Zweiten Weltkriegs und dem Zusammenbruch des nationalsozialistischen Terrorregimes geben das Bayerische Staatsministerium der Justiz und die Rechtsanwaltskammern für die Oberlandesgerichtsbezirke München, Nürnberg, Bamberg und Zweibrücken gemeinsam eine Dokumentation über das Schicksal der jüdischen Rechtsanwälte in Bayern nach 1933 heraus. Sie folgen damit dem Beispiel anderer Rechtsanwaltskammern, die ähnliche Dokumentationen für ihren Bereich entweder selbst veröffentlicht (z.B. Berlin) oder ihre Herausgabe finanziell unterstützt haben (z.B. Hamburg). Zum ersten Mal allerdings haben sich das für die Angelegenheiten der Rechtsanwälte zuständige Ministerium und die betroffenen Rechtsanwaltskammern zusammengeschlossen, um eine solche Dokumentation gemeinsam herauszugeben. Sie haben dies im Bewusstsein ihrer Verantwortung dafür getan, dass das Unrecht, das den jüdischen Kollegen damals auch im Zusammenwirken von Justizverwaltung und Rechtsanwaltskammern zugefügt wurde, nicht vergessen werden darf.

Die damaligen Ereignisse zu erkunden, sie sachlich zu dokumentieren und damit für die künftigen Generationen als Erinnerung an eine Zeit festzuhalten, in der das Recht und die Würde der Menschen mit Füßen getreten wurden, war und ist das zentrale Anliegen der Herausgeber und des Autors Dr. Reinhard Weber. Es geht dabei nicht in erster Linie darum, die Hintergründe und großen Entwicklungslinien aufzuzeigen, die zur Verfolgung der jüdischen Rechtsanwälte auch in Bayern geführt haben. Es geht im Schwerpunkt auch nicht um eine kritische Darstellung des Verhaltens der gesamten Anwaltschaft während der nationalsozialistischen Diktatur oder um eine Aufarbeitung des Beitrags, den die justizministerielle Verwaltung in Bayern seinerzeit bei der Gleichschaltung und „arischen Reinigung" der Rechtsanwaltschaft geleistet hat. Über diese Themen gibt es bereits wissenschaftliche Studien, die sich zwar nicht direkt auf Bayern beziehen, in denen aber viele Aspekte und Hintergründe nachgelesen werden können. Ziel dieses Werkes ist es vielmehr, das Einzelschicksal der jüdischen Rechtsanwälte in Bayern nach 1933 soweit wie möglich zu dokumentieren und damit das Leid und die Not aufzuzeigen, die damals die jüdischen Rechtsanwälte und ihre Familien getroffen haben. Eine derartige Dokumentation ist auch für Bayern überfällig. Die Quellenlage wird immer schlechter. Die Betroffenen leben nicht mehr. Auch Familienangehörige oder Freunde, die noch eine lebendige Erinnerung an die Betroffenen haben, werden von Jahr zu Jahr weniger.

Der Autor Dr. Reinhard Weber ist als Historiker und Archivar in besonderer Weise prädestiniert, diese Dokumentation zu erstellen. Als Referent für Zeitgeschichte beim Staatsarchiv München war er während seiner gesamten Berufstätigkeit mit der Zeit des Dritten Reiches befasst. Er hat die Erinnerungen des Münchener jüdischen Rechtsanwalts Dr. Max Hirschberg bearbeitet und mit einer ausführlichen Einleitung versehen (Max Hirschberg „Jude und Demokrat" - Erinnerungen eines Münchener Rechtsanwalts 1883 bis 1939, R. Oldenbourg Verlag München 1998). Außerdem hat er den „Münchener Teil" für die Wanderausstellung „Anwalt ohne Recht" des Deutschen Juristentages und der Bundesrechtsanwaltskammer erstellt.

In einem ersten Teil zeichnet der Autor zunächst die Geschichte der jüdischen Rechtsanwälte in Bayern seit ihrer Zulassung durch die Rechtsanwaltsordnung vom 1. Juli 1878 bis 1933 nach. Daran anschließend werden die einzelnen nationalsozialistischen Maßnahmen zur Ausgrenzung, Entrechtung und Verfolgung der jüdischen Rechtsanwälte Schritt für Schritt geschildert und ihre Auswirkungen mit erschütternden Beispielen und Zahlen belegt. Diese Vorgehensweise fokussiert den Blick einerseits auf das Einzelschicksal und macht es nachvollziehbar. Durch die Aneinanderreihung der Einzelschicksale werden diese andererseits mosaikartig zu einem Ganzen verschmolzen. Dadurch wird das planmäßige, von dumpfem Hass, blankem Neid und rassistischem Größenwahn getriebene Vorgehen der damals herrschenden Nationalsozialisten sichtbar gemacht.

Insgesamt 460 Einzelschicksale jüdischer Rechtsanwälte in Bayern musste Dr. Weber auflisten. Er hat damit vermutlich alle in den Grenzen des damaligen Bayern, zu dem noch die bayerische Pfalz gehörte, ansässigen und zugelassenen jüdischen Rechtsanwälte erfassen können. Die Namen dieser Anwälte finden sich fast alle in den Akten des Bayerischen Staatsministeriums der Justiz und der Oberlandesgerichte. Sie enthalten Listen, die der Justizverwaltung von den Rechtsanwaltskammern München, Nürnberg, Bamberg und Zweibrücken vorgelegt wurden. Es ist davon auszugehen, dass diese Listen vollständig sind. Sie wurden zu einem Zeitpunkt erstellt, in dem die Rechtsanwaltskammern schon fest in der Hand nationalsozialistischer Gefolgsleute innerhalb der Rechtsanwaltschaft waren.

Dr. Weber ist bei seinen Recherchen jedem Einzelschicksal nachgegangen. Er hat mit größter Sorgfalt und sehr anerkennenswertem persönlichen Engagement die erreichbaren Quellen ausgeschöpft, mit Familienangehörigen, Freunden und anderen Zeitzeugen gesprochen sowie weiterführende Hinweise aufgegriffen. So ist es ihm in vielen Fällen gelungen, das Schicksal auch derjenigen jüdischen Rechtsanwälte nachzuzeichnen, von denen bisher wenig bekannt war. Besonders intensiv hat sich Dr. Weber um Fotos der betroffenen Anwälte bemüht. In 80% der Fälle hat er geeignete Aufnahmen ausfindig machen können. Sie sind alle in den Dokumentationsteil aufgenommen worden. Dadurch werden die Einzelschicksale aus der Anonymität herausgehoben und identifizierbar. Es wird noch deutlicher, dass hinter den nüchternen Fakten Menschen und ihre bewegenden Schicksale stehen.

Der Dokumentationscharakter wird auch dadurch betont, dass das Werk mit einem umfassenden Namensverzeichnis versehen ist und die Quellen im Dokumentationsteil angegeben sind. Damit wird es jederzeit möglich, auf den Arbeiten von Dr. Weber aufzubauen und einzelnen Schicksalen vertieft nachzugehen.

Die Herausgeber danken Dr. Weber für seine umfangreiche, sehr sorgfältige und zeitraubende Arbeit. Ohne seine selbstlose Bereitschaft, sich den Mühen des Recherchierens, des Formulierens und des Korrigierens trotz seines Ruhestandes zu unterziehen, wäre dieses Werk nicht entstanden.

Die Ausgrenzung, Entrechtung und Verfolgung jüdischer Rechtsanwälte war ein großer Verlust für die Rechtsentwicklung und die Rechtspflege; das gilt auch für Bayern. Nicht nur die bekannten jüdischen Anwälte, die als unerschrockene Prozessvertreter auftraten oder als wissenschaftliche Autoren starken Einfluss auf die Entwicklung der Rechtskultur und das anwaltliche Standesrecht hatten, sind hier zu nennen, sondern auch die weniger bekannten jüdischen Anwälte setzten sich in ihrer täglichen Arbeit für die Rechtskultur und für demokratische Prinzipien ein. Sie nahmen ihre Stellung als Organe der Rechtspflege ernst und verkörperten so im besten Sinne die freie und unabhängige Advokatur. Sie standen den Gleichschaltungsbemühungen der Machthaber im Wege und wurden auch deswegen zu einer bevorzugten Zielscheibe des nationalsozialistischen Hasses.

Neben der Dokumentation der Einzelschicksale ist damit ein weiteres Anliegen dieses Werkes angesprochen, nämlich die Erinnerung an eine Zeit festzuhalten, in der die freie Advokatur, die mit der Rechtsanwaltsordnung vom 1. Juli 1878 eingeführt worden war, mit teils subtiler, teils brachialer Gewalt von den Nationalsozialisten abgeschafft wurde. Damals brach eine wesentliche Säule unseres Rechtsstaats, die die Chancen- und Waffengleichheit des Rechtsunterworfenen gegenüber staatlicher Macht gewährleisten soll. Sie wurde beseitigt, um den Rechtsanwalt zum willfährigen Instrument nationalsozialistischen Ungeistes werden zu lassen. Die freie Zulassung zur Anwaltschaft wurde durch ein ideologisches und rassistisches Ausleseprinzip ersetzt. Die Erinnerung an diese dunkle Zeit und ihre Opfer möge dazu beitragen, dass die kommenden Generationen alle offenen oder verdeckten Versuche, die freie Advokatur auszuhöhlen, sofort erkennen und ihnen entschieden entgegentreten.

Dr. Beate Merk
Bayerische Staatsministerin der Justiz

Hansjörg Staehle
Präsident der Rechtsanwaltskammer München

Hans Link
Präsident der Rechtsanwaltskammer Nürnberg

Dr. Michael Hohl
Präsident der Rechtsanwaltskammer Bamberg

Dr. Matthias Weihrauch
Präsident der Pfälzischen Rechtsanwaltskammer Zweibrücken

Einleitung

Die rechtlich bereits im Bismarckreich abgeschlossene Emanzipation der deutschen Juden kam erst mit der Weimarer Verfassung von 1919 zur praktischen Verwirklichung. Der Anteil der Juden an der Gesamtbevölkerung war seit längerem rückläufig. Hatte er 1871 noch 1,05 % betragen, sank er 1925 auf 0,9 %, um 1933 nur noch 0,76 % zu erreichen. Die Mehrheit der jüdischen Deutschen lebte in den großen Städten. Die Konzentration auf Städte wie auf bestimmte (freie) Berufe (z.B. Kaufleute, Mediziner, Rechtsanwälte) war Folge der in vielen Berufszweigen nur zögerlich gefallenen Beschränkungen für jüdische Bewerber. Der überwiegende Teil der jüdischen Bevölkerung gehörte dem Mittelstand an. Die wirtschaftliche Blütezeit des deutschen Judentums lag vor 1914. Seine Beteiligung am politischen Leben der Weimarer Republik entsprach in keiner Weise den Übertreibungen der antisemitischen Propaganda. Die in Deutschland lebenden Juden hatten ihre große Assimilationsbereitschaft namentlich durch ihr vaterländisches Engagement im Ersten Weltkrieg unter Beweis gestellt. Ihr Beitrag zur deutschen Kultur, Wissenschaft, Literatur, Publizistik, Musik und Dramatik ist Beleg für eine fruchtbare deutsch-jüdische Symbiose.

Mit der Machtübernahme Hitlers 1933 kam diese, einem Kulturstaat adäquate Entwicklung abrupt zum Abschluss. Der Rassenantisemitismus als wesentlicher Teil der nationalsozialistischen Weltanschauung wurde ab sofort Grundlage der angestrebten Staatserneuerung in Richtung einer totalitären Diktatur. Für Juden war in einem Staatswesen dieser Prägung kein Platz.

Mit zu den ersten Leidtragenden der nunmehr in aller Öffentlichkeit von den neuen Machthabern praktizierten antisemitischen Maßnahmen gehörten die jüdischen Rechtsanwälte. Seit der Einführung der freien Advokatur in Deutschland hatte sich der Beruf eines Rechtsanwalts zum klassischen Beruf für jüdische Akademiker entwickelt. Entsprechend groß war der jüdische Anteil an der Gesamtzahl der Rechtsanwälte. In Metropolen wie Berlin (1933 = 54 %, Kammergerichtsbezirk = 48 %), Frankfurt (OLG-Bezirk = 45 %) oder Breslau (OLG-Bezirk = 35 %) stellten jüdische Berufsvertreter ein weit über dem Durchschnitt liegendes Kontingent innerhalb der Anwaltschaft. In Preußen waren 28 % der Anwälte Juden. Ihre Integration in Beruf, Standesvertretungen und Gesellschaft kann als im Wesentlichen gelungen bezeichnet werden.

Für die jüdischen Rechtsanwälte im Freistaat Bayern, deren Schicksal Gegenstand der folgenden Darstellung ist, galten ähnliche Voraussetzungen. Fast die Hälfte von ihnen war in der Landeshauptstadt München, ein Viertel in Nürnberg niedergelassen. Sie gehörten in ihrer Mehrzahl dem gehobenen Mittelstand an und waren angesehene Bürger. Viele engagierten sich für die demokratische Republik, einige sogar als Abgeordnete oder Kommunalpolitiker. In den anwaltschaftlichen Standesvertretungen arbeiteten sie seit 1879 oft in vorderster Linie und effektiv mit. Mehrere standen an der Spitze ihrer örtlichen Kultusgemeinde oder waren Mitglieder im 1920 gegründeten Landesverband der bayerischen israelitischen Kultusgemeinden. Kulturelle Bestrebungen und karitative Tätigkeit traten hinzu. Auch gesellige und sportliche Interessen kamen nicht zu kurz. Begabung, Fleiß und Geschick führten bei einer ganzen Reihe von ihnen zu beruflichem und wirtschaftlichem Erfolg, sei es als gesuchte Strafverteidiger, als kundige Wirtschafts- und Steuerexperten oder als bekannte Kapazitäten im Erb-, Handels- und Standesrecht. Nicht wenige waren nebenbei wissenschaftlich als Kommentatoren, Herausgeber oder mittels sonstiger Publikationen tätig. Auch in Bayern galt ihre Integration in Beruf und Gesellschaft als gelungen. Umso jäher brachte der Zivilisationsbruch des Nationalsozialismus ihre von der Verfassung garantierte bürgerliche Sicherheit zum Einsturz.

Nach einer einleitenden Erörterung der Vorgeschichte bis 1933 werden im Folgenden die NS-Maßnahmen gegen die jüdischen Rechtsanwälte vorgestellt, die in diversen Schüben schließlich am 30. November 1938 zum definitiven Berufsverbot führten. Breiten Raum nehmen daneben die Reaktionen der Betroffenen ein. Abschnitte über den Komplex der Emigration und über das Schicksal der im Land Verbliebenen führen abschließend zu einem Kapitel über tatsächliche und potentielle Remigranten. Im Anhang folgt – geordnet nach OLG-Bezirken – ein Verzeichnis aller 460 festgestellten Betroffenen, das sich als biografisch-bibliografisches Handbuch der bayerischen jüdischen Rechtsanwälte versteht. Für ergänzende und/oder korrigierende Hinweise wäre der Autor dankbar. Großer Wert wurde bei der Dokumentation auf die Einzelschicksale gelegt. Ihrem bislang namenlosen Leid soll endlich ein Name zugeordnet und diesem durch die Beibringung von Fotos möglichst auch noch ein Gesicht gegeben werden.

Die Einteilung der Angehörigen eines Berufsstandes nach Konfession bzw. „Abstammung" ist eine Erfindung des Antisemitismus. Die Begriffe „jüdischer Rechtsanwalt" oder „Rechtsanwalt jüdischer Herkunft" entstammen nationalsozialistischen Rassen- und Verfolgungskategorien. Dazu zählen nicht nur Mitglieder der jüdischen Gemeinden, sondern auch zum Christentum Konvertierte oder Dissidenten bzw. Bekenntnislose sowie – nach der radikalsten Definition – Rechtsanwälte mit mindestens einem „nichtarischen" Großelternteil, also im nationalsozialistischen Sprachgebrauch „Mischlinge ersten Grades" („Halbjuden") und „Mischlinge zweiten Grades" („Vierteljuden"). Herausgeber und Autor lehnen den rassenideologischen Standpunkt des Nationalsozialismus ab und verabscheuen ihn, auch wenn er bedauerlicherweise bei der Aufnahme in den Dokumentationsteil als Kriterium dienen muss. Der Verwendung des zynisch-verharmlosenden Begriffs „Kristallnacht" wurde meist der Vorzug vor dem Kunstwort „Pogromnacht" gegeben, weil er auch im Ausland als Synonym für die authentischen Vorgänge besser verstanden wird.

Es ist guter Brauch, sich bei denen zu bedanken, auf deren Hilfe man bauen konnte. Das gilt für alle herangezogenen Archive, Behörden, Bibliotheken und Gerichte ebenso wie für zahlreiche Einzelpersonen im In- und Ausland sowie für die Herausgeber, das Bayerische Staatsministerium der Justiz und die Rechtsanwaltskammern Bamberg, München, Nürnberg und Zweibrücken. Ministerialdirigent Alexander Freiherr von Hornstein war nicht nur Koordinator des Herausgebergremiums, sondern auch beständiger Motor und Ansprechpartner während der Arbeit. Gerhard Jochem vom Stadtarchiv Nürnberg hat seine Kenntnisse des jüdischen Nürnberg uneigennützig zur Verfügung gestellt, desgleichen Dr. Andreas Heusler vom Münchener Stadtarchiv für die Landeshauptstadt und Gernot Römer für Augsburg. Roland Paul vom Institut für pfälzische Geschichte und Volkskunde in Kaiserslautern hat die dem heutigen Bayern doch schon etwas fern liegende jüdische Geschichte des ehemaligen pfälzischen Landesteils nahe gebracht. Mit Hilfe der den ganzen Erdball umspannenden genealogischen Kompetenz von Cornelia Muggenthaler gelang es, manche biografische Lücke zu schließen. Unbürokratisch war die freundliche Unterstützung durch das Bayerische Landesentschädigungsamt. Die Geschäftsführer der Münchener Rechtsanwaltskammer Brigitte Doppler, Florian Draf und Dr. Wieland Horn ließen seit der Ausstellung „Anwalt ohne Recht" 2001 nichts unversucht, um die Weiterarbeit zu fördern. Sylvia Kellerer und Marion Vogl vom Bayerischen Staatsministerium der Justiz waren unermüdlich und ohne Murren für Manuskript und Fotodokumentation im Einsatz. Mein Dank gilt allen Personen und Institutionen, die Fotografien für den Dokumentationsteil zur Verfügung gestellt haben. Für seine Mitwirkung danke ich dem Archiv der Landeshauptstadt München, das die Akten der Rechtsanwaltskammer München verwahrt und bei der Suche nach geeigneten Fotografien sehr hilfreich war. Besonders ergiebig waren Gespräche und schriftliche Kontakte mit Nachkommen und Freunden der Rechtsanwälte. Die auf diese Weise aufgebauten Verbindungen haben mich sehr berührt.

Prof. Dr. Dr. h. c. Otto L. Walter († 2003), einer der „jüngsten" der vertriebenen Rechtsanwälte, hat die Vollendung der Dokumentation leider nicht mehr erleben können. Das lange Gespräch mit ihm am 1. Oktober 2002 in New York wird unvergessen bleiben. Ebenso Rechtsanwalt Dr. Otto Gritschneder († 2005), dessen Ratschläge und Erfahrungen sehr vermisst werden. Last but not least dankt der Unterzeichnete seiner Lieblingskritikerin für Geduld und Zuspruch. Er ist sich bewusst, dass er diese nicht unbegrenzt auf die Probe stellen kann.

Das nationalsozialistische Regime hat den Juden ihr Lebensrecht abgesprochen und dafür eine Terror- und Mordmaschinerie ohne Gleichen in Gang gesetzt. Ziel war auch, die Erinnerung an die Opfer komplett zu tilgen. Das vorliegende Buch, das nicht zuletzt zerstörte Lebensentwürfe, gestohlene Hoffnungen und vernichtete Sehnsüchte beinhaltet, arbeitet dieser Absicht entgegen. Seine beklemmenden, ungeheuerlichen und letztlich unbegreiflichen Ergebnisse erinnern an eine Realität, die niemals vergessen werden darf.

München im Sommer 2006

Reinhard Weber

I. Kapitel
Jüdische Rechtsanwälte in Bayern bis 1933

1. Eine bayerisch-jüdische Anwaltsfamilie

Der 51-jährige Nürnberger Rechtsanwalt Dr. Walter Berlin wurde im Zuge der „Reichskristallnacht“ 1938 in seiner verwüsteten und ausgeplünderten Wohnung von zwei SA-Leuten festgenommen und in das örtliche Polizeigefängnis verbracht, wo sich bereits zahlreiche, oft schwer misshandelte Juden befanden. Auf dem Weg dorthin erhielt er Schläge ins Gesicht, die zum dauernden Verlust eines Auges führten. Gegen Ende November 1938 wurde Dr. Berlin aus dem Gefängnis entlassen. Nachdem er zum 30. November 1938 seine Anwaltszulassung verloren hatte, entschloss er sich zur Emigration, die ihn zusammen mit seiner Ehefrau im April 1939 nach England führte, wohin über Umwegen bald auch die beiden Kinder kamen. Am 21. Mai 1940 wurden er und seine Familie vom Deutschen Reich ausgebürgert.

Walter Berlin war am 11. März 1887 in Nürnberg als Sohn eines Hopfenhändlers geboren worden. Nach dem Abitur in seiner Vaterstadt absolvierte er ein Jurastudium in München, Berlin, Kiel und Erlangen, wo er 1913 zum Dr. jur. promovierte. Im gleichen Jahr bestand er die Zweite Staatsprüfung für den höheren Justiz- und Verwaltungsdienst mit überdurchschnittlichem Ergebnis. Ebenfalls 1913 wurde er als Rechtsanwalt in Nürnberg zugelassen. Im Ersten Weltkrieg diente er im 8. Königlich Bayerischen Feldartillerie-Regiment an der Westfront. 1915 wurde er zum Leutnant befördert, 1918 zum Oberleutnant. Er war Träger des EK II (1914) und des EK I (1917) sowie weiterer Orden, darunter das Verwundetenabzeichen. Seit 1919 praktizierte er wieder als Anwalt in Nürnberg.

Seine große Praxis, seit Generationen im Familienbesitz, die er zusammen mit seinen Verwandten Emil und Fritz Josephthal betrieb, hatte überwiegend Industrie- und Handelsfirmen als Klienten, was sich auch in der Mitgliedschaft in zahlreichen Aufsichtsräten niederschlug. Berlin war außerdem Vorstandsmitglied der Nürnberger Israelitischen Kultusgemeinde und des Landesverbands der Bayerischen Israelitischen Kultusgemeinden sowie streitbarer Vorsitzender der Ortsgruppe des „Central-Vereins deutscher Staatsbürger jüdischen Glaubens“, dessen Zweck die Wahrung der Rechte deutscher Juden war. Dass dieses Amt in der Stadt Julius Streichers keine leichte Aufgabe war, muss nicht eigens betont werden.

Gründer der Praxis war sein Großvater gewesen, der Fürther Dr. Samuel Berlin (1807–1896), der 1848 nach langer Wartezeit als einer der ersten bayerischen Juden zunächst Advokat im unterfränkischen Gerolzhofen und ein Jahr später in Ansbach wurde. Anlässlich seines Ausscheidens aus dem aktiven Dienst 1877 erhielt Dr. Berlin für sein Lebenswerk den Titel eines Königlichen Hofrats verliehen. An seiner Beerdigung am 23. Dezember 1896 in Fürth nahm der Nürnberger Oberlandesgerichtspräsident an der Spitze zahlreicher Trauergäste aus Justiz und Gesellschaft teil. „Seelengröße, Duldsamkeit, Humanität und rastloses Schaffen" wurden ihm am Grabe nachgesagt.

Schwiegersohn und Nachfolger Dr. Samuel Berlins wurde Gustav Josephthal (1831–1914). Er war bereits seit 1856 in der Kanzlei in Ansbach tätig. Seit 1864 war er als Advokat in Nürnberg zugelassen. Bis zu seinem freiwilligen Verzicht auf die Zulassung (1909) übte er den Rechtsanwaltsberuf ohne Unterbrechung aus. Sein Engagement in der Nürnberger Anwaltskammer – seit 1879 als Mitglied, Schriftführer, Stellvertretender Vorsitzender und schließlich ab 1896 als Vorsitzender des Vorstands – brachten ihm den Titel eines Justizrats und schließlich sogar den eines Geheimen Hofrats ein.

Sein Nachfolger war sein Sohn, der Enkel Samuel Berlins, Emil Josephthal (1863–1923). Seit 1887 Anwalt, übernahm und erweiterte er die große Praxis, vor allem durch seine Aktivitäten im Industrie- und Handelsbereich. Wie sein Vater war er Vorstandsmitglied der Anwaltskammer Nürnberg, zeitweise deren Stellvertretender Vorsitzender. Der Justizratstitel und der Titel eines Geheimen Justizrats dokumentieren auch seinen berufsständischen Einsatz. Fritz Josephthal, der Sohn Emil Josephthals, und Walter Berlin sorgten für die Familienkontinuität in der Kanzlei, die erst am 30. November 1938 ihr gewaltsames Ende finden sollte.

Bleibt noch zu ergänzen, welches weitere Schicksal die beiden letzten Kanzleiinhaber erlitten haben. Nach seiner Flucht nach England gründete Walter Berlin im Sommer 1939 in London zusammen mit anderen Schicksalsgenossen aus Deutschland eine jüdische Gemeinde, die als Belsize Square Synagogue noch heute existiert. Die ersten beiden Jahre in der Emigration war er ohne berufliche Tätigkeit. Wie in vielen anderen Fällen musste die Ehefrau für den Lebensunterhalt der Familie sorgen. Ab 1941 war er Feuer- und Nachtwächter eines Bürogebäudes. Seine Hauptaufgabe bestand im Löschen deutscher Brandbomben. Daneben bereitete er sich auf das Examen als Öffentlicher Wirtschaftsprüfer vor, das er 1945 bestand. Es folgten drei Jahre als angestellter Wirtschaftsprüfer, bis er sich 1948 mit 61 Jahren als Wirtschaftsprüfer selbstständig machen konnte. Dieser Tätigkeit ging er bis an sein Lebensende nach. Am 21. August 1963 ist er in London im Alter von 76 Jahren gestorben. Sein Sohn Ludwig schildert ihn als „von großer, mächtiger Statur. Sein Charakter war unkompliziert, sein schneller Witz verletzte nie. Er liebte die klassische und die deutsche Geschichte und Literatur. Im Alter las er wieder Horaz. Er hatte es verstanden, alle Phasen seines Lebens zu genießen".[1]

Sozius Fritz Josephthal (geboren am 9. Juli 1890 in Nürnberg) hatte sich bei Kriegsausbruch 1914 freiwillig zum Militär gemeldet und war vier Jahre an der Westfront eingesetzt. 1915 zum Leutnant befördert, wurde er dreimal verwundet und mit dem EK II (1915) und EK I (1917) sowie weiteren Auszeichnungen dekoriert. 1922 erhielt er sogar die Charakterisierung als Oberleutnant. Für den Beruf hatte er vier Jahre verloren. Erst 1919 konnte er die Zweite Staatsprüfung ablegen und erhielt im gleichen Jahr die Anwaltszulassung. Mit dem Eintritt in die väterliche Kanzlei schien dem beruflichen Fortkommen keine Grenze gesetzt. Wie Vater und Großvater engagierte er sich im Vor-

[1] BA, R 22 Pers. 51474; BayHStA, OP 38519; BayLEA, BEG 21821 (enthält Material zur Familien- und Kanzleigeschichte); OLG Nürnberg, PA B 19; Ludwig Berlin, Artikel Walter Berlin; Walk 29; Göppinger 269; Eckstein 54.

stand der Anwaltskammer Nürnberg. Ab 1933 hatte die Kanzlei Berlin-Josephthal fast ausschließlich jüdische Klienten. Sie entwickelte sich zum „Mittelpunkt des Abwehrkampfes der Nürnberger Juden“ (Ludwig Berlin).

Es gehört zu den Merkwürdigkeiten der NS-Zeit, dass Fritz Josephthal nach 1933 relativ glimpflich davonkam, obwohl er 1923 Julius Streicher schwer mit einer Peitsche gezüchtigt hatte, als dieser den Tod seines Vaters Emil Josephthal im „Stürmer“ auf herabsetzende Art kommentiert hatte. Auch 1938 wurde er nicht verhaftet, verlor aber zum 30. November 1938 wie Berlin und alle jüdischen Rechtsanwälte seine Zulassung. Im Mai 1939 emigrierte der kinderlos Verheiratete mit Ehefrau und betagter Mutter nach England, wo er 1940 interniert wurde. Nach wenigen Monaten frei gelassen, verdiente er seinen Lebensunterhalt als Packer in einer Fabrik. 1946 wanderte er nach New York weiter. Dort arbeitete er als Sozialarbeiter für eine jüdisch-amerikanische Organisation. Am 14. Februar 1954 ist er in New York gestorben.[2]

2. Juden in Anwaltschaft und Justiz

Ein Blick auf die Geschichte der bayerischen Rechtsanwaltschaft vor 1879, dem Jahr der Freigabe des Berufs, zeigt uns eine Advokatur, die einer strengen staatlichen Reglementierung unterworfen war und in die Juden nur in Ausnahmefällen Eingang fanden. Galt doch die Anwaltschaft als obrigkeitliches Amt, von dem Juden im Zeitalter der Emanzipation auf Grund ihrer minderen Rechtsfähigkeit in der Regel ausgeschlossen blieben.[3] „Dass die jüdische Religion für den Justizdienst disqualifizierte, war in den deutschen Bundesstaaten bis über die Mitte des 19. Jahrhunderts teils geschriebenes, teils ungeschriebenes Gesetz“.[4] Während der Regierungszeit König Ludwigs I. wurde in Bayern 1834 mit Sigmund Grünsfeld (1798–1878) in Fürth der erste (und einzige) jüdische Advokat ernannt.[5] Erst die Revolution von 1848 scheint eine Liberalisierung der Zugangsbedingungen einzuleiten, werden doch in diesem Jahr mit Dr. Leopold Mayersohn in Aschaffenburg, Dr. Samuel Berlin in Gerolzhofen (1849 Ansbach) und Dr. Karl Feust in Fürth weitere Juden Königliche Advokaten.[6] Ihre Zahl nimmt in den Folgejahren stetig zu. So sind 1869/70 beispielsweise von rund 330 bayerischen Advokaten mindestens 18 jüdischer Herkunft.[7] Im Anwaltverein für Bayern, der 1861 gegründet wurde und 1883 im Deutschen Anwaltverein aufging, engagieren sich von Anfang an auch jüdische Mitglieder. Sigmund Grünsfeld ist 1864 kurz Vereinsvorsitzender, Siegfried Hänle (1814–1889) – seit 1855 Advokat in Feuchtwangen, seit 1858 in Ansbach – ab 1866 Ausschussmitglied.[8] Hänle gehört 1871 zu den Gründern des Deutschen Anwaltvereins (DAV),

[2] BA, R 22 Pers. 62182; BayHStA, OP 42442; BayHStA, EG 70199 = K584; Göppinger 290; Eckstein 55; Ludwig Berlin, Artikel Gustav Josephthal; ders., Artikel Fritz Josephthal.

[3] Rürup 5.

[4] Rürup 15.

[5] Rürup 15; Lorenzen 23 f. und 41 f.; Richarz 116, 182; Kgl. Bay. Staatsminister der Justiz 343 f.

[6] Lorenzen 42, 57, 63; Weißler 555 ff., Richarz 116, 148, 163, 180 ff.

[7] Weißler 530; Hof- u. Staats Hb. 1870, 366 ff.

[8] Weißler 555 ff.

dessen Vereinsorgan Juristische Wochenschrift er 1872 mit aus der Taufe hebt und bis zu seinem Tod 1889 erfolgreich redigiert.[9]

Reichsgründung und Reichsverfassung 1870/71 brachten den Juden endgültig die staatsbürgerliche Gleichstellung und beendeten das Emanzipationszeitalter. In Bayern bedeutete dies nunmehr auch die Öffnung des Staatsdienstes für jüdische Bewerber. 1874 wurde folgerichtig Max Berlin in Nürnberg Assessor, 1879 Amtsrichter und später sogar Oberlandesgerichtsrat.[10]

Das letzte der im Zuge der Reichseinigung erlassenen Reichsjustizgesetze, die eine Vereinheitlichung des Rechts bezweckten, war die Rechtsanwaltsordnung von 1878. Sie trat am 1. Oktober 1879 in Kraft. Für die Anwaltschaft im Reich wie in Bayern brachte sie erstmalig eine einheitliche Organisation des Berufsstandes, gleiche Zugangsbedingungen für alle qualifizierten Interessenten, die gesetzliche Festlegung der Berufsaufgabe und -befugnisse sowie die bis heute übliche Berufsbezeichnung Rechtsanwalt. Wichtigste Neuerungen waren für Bayern der freie Berufszugang („Freiheit der Advokatur") und die Organisation (Selbstverwaltung) des Standes mittels der Anwaltskammern (eine Anwaltskammer pro Oberlandesgerichtsbezirk, d.h. in Bayern Kammern in Augsburg, Bamberg, München, Nürnberg und Zweibrücken)[11]. Für Juden gab es demnach keine Beschränkungen mehr, was den Zugang zum Anwaltsberuf betraf. Anders sah es beim Staatsdienst aus, wie wir gleich sehen werden.

Aufgrund ihrer Fähigkeiten und Einsatzbereitschaft gelangten Juden in Justiz und Anwaltschaft rasch voran, auch wenn nicht übersehen werden sollte, dass sie bei leitenden Stellen in der Regel nicht zum Zuge kamen. 1901 gab es in der bayerischen Justiz 51 jüdische Beamte, darunter 31 Richter, 10 Staatsanwälte, 7 Sekretäre und 3 Notare, was bei 2449 Justizbeamten insgesamt knapp über 2% ausmachte. Dazu kamen 50 jüdische Beamtenanwärter. Von 845 bayerischen Rechtsanwälten waren zur gleichen Zeit 152 Juden, nämlich 69 im Oberlandesgerichtsbezirk München, 12 im Oberlandesgerichtsbezirk Zweibrücken, 41 im Oberlandesgerichtsbezirk Nürnberg, 18 im Oberlandesgerichtsbezirk Bamberg und 12 im Oberlandesgerichtsbezirk Augsburg, was einem Anteil von 18% der Gesamtzahl entsprach. Der jüdische Anteil an der Gesamteinwohnerschaft des Königreichs betrug 0,89%.[12]

In den Selbstverwaltungskörperschaften der Anwaltschaft, den 1879 geschaffenen Anwaltskammern, arbeiteten jüdische Anwälte von Anfang an und mit großem persönlichen Engagement mit: 1880 in München Julius Rau, in Bamberg Leopold Mayersohn und in Nürnberg gleich vier Herren, nämlich Wolf Frankenburger als Stellvertretender Vorsitzender, Wolf Gunzenhäuser sowie die bereits in anderem Zusammenhang erwähnten Siegfried Hänle/Ansbach und Gustav Josephthal.[13] 1890 ist u.a. Salomon Frenckel/Kaiserslautern im Zweibrücker Vorstand und Gustav Josephthal inzwischen Stellvertre-

[9] Weißler 557. Zu Hänle s. Adolf Bayer, Sigfrid Haenle, Rechtsanwalt und fränkischer Lokalgeschichtsforscher 1814–1889. In: Lebensläufe aus Franken Bd. 4. Würzburg 1930, 219–223.

[10] Lorenzen 109. Lt. Auskunft des Stadtarchivs Nürnberg war Max Berlin am 23. 10. 1839 in Fürth geboren und ist am 3. 2. 1920 in Nürnberg verstorben.

[11] Vgl. Heinrich 3f.

[12] Lorenzen 132 nach Verhandlungen des Bayer. Landtags, KdA 1901/02, Sten. Berichte VI, 929 bzw. 936 (= Sitzung vom 28. 11. 1901).

[13] Hof- und Staats Hb. 1880, 256ff.

tender Vorsitzender in Nürnberg.[14] 1900 stellen jüdische Rechtsanwälte in München den Stellvertretenden Vorsitzenden (Friedrich Bienenfeld) und zwei Vorstandsmitglieder (Julius Rau und Prof. Dr. Theodor Löwenfeld). In Nürnberg ist Gustav Josephthal Vorsitzender neben drei Vorstandsmitgliedern (Sigmund Berolzheimer, Sigmund Merzbacher und Wolf Gunzenhäuser).[15]

In den folgenden Jahren setzt sich dieser Trend weiter fort. Während in Bamberg und Zweibrücken jeweils ein jüdischer Anwalt im Kammervorstand vertreten war, zählten die Münchener Kammer meistens drei, die Nürnberger Kammer sogar vier bis sechs jüdische Mitglieder zu ihren Vorständen, darunter jahrelang Gustav Josephthal und Sigmund Held sogar als Vorsitzende.[16] Angesichts der Zahlenverhältnisse in der bayerischen Anwaltschaft erlauben diese Feststellungen den Schluss, dass ihre Wahl auch durch nichtjüdische Berufskollegen als Beweis für das große Vertrauen interpretiert werden kann, das ihnen allgemein entgegengebracht wurde. Die Ehrentitel, die ihnen in vielen Fällen verliehen wurden, legten Zeugnis für ihren Einsatz wie für ihre Wertschätzung in der Öffentlichkeit ab. Justizrat und Geheimer Justizrat, Hofrat und Geheimer Hofrat wurde man u.a. nur nach mindestens 20 Jahren unbeanstandeter Berufsausübung.

Schon 1890 waren Leon Wolfsthal in Bamberg und Gustav Josephthal in Nürnberg Justizräte[17], 1900 die Münchener Friedrich Bienenfeld, Nathan Boskowitz, Siegfried Marx, Julius Rau, Friedrich Rosenthal und Rudolf Eichheim und der Nürnberger Sigmund Berolzheimer. Gustav Josephthal war bereits Geheimer Hofrat.[18] Die Liste ließe sich mühelos bis 1928 jährlich fortsetzen. Auszeichnungen für Pflichtbewusstsein, Eifer, Können und Verdienste der jüdischen Anwälte, bis 1918 teilweise auch mittels Ordensverleihungen gewürdigt, mag der Interessierte alljährlich bis inklusive 1919 dem Bayerischen Justizministerialblatt, ab 1920 den „Dienstesnachrichten“ des Bayerischen Staatsanzeigers entnehmen.[19]

3. Antisemitische Reaktionen

Unübersehbare Fortschritte auf dem Weg zur Gleichberechtigung der Juden können aber nicht darüber hinwegtäuschen, dass seit Beginn des Kaiserreiches starke antisemitische Gegenkräfte eine Revision des Erreichten betrieben, fallen doch die Anfänge des modernen Antisemitismus in Deutschland unmittelbar zusammen mit Krisenerscheinungen wie dem Börsenkrach von 1873 und der nachfolgenden großen Depression mit Preisverfall und schrumpfenden Profiten, langfristigen strukturellen Problemen des Agrarsektors von 1876 bis in die 1890er Jahre, Kulturkampf und Sozialistengesetz, mit Bismarcks Abkehr vom Liberalismus und Hinwendung zum Konservatismus.[20]

[14] Hof- und Staats Hb. 1890, 309ff.
[15] Hof- und Staats Hb 1900, 265ff.
[16] Hof- u. Staats Hb. 1910, 241ff.; 1915, 333; Münchener Jb. 1920, 299ff.; BayHStA, MJu 9650 und 9655.
[17] Hof- u. Staats Hb. 1890, 309ff.
[18] Hof- u. Staats Hb. 1900, 265ff.
[19] Vgl. Heinrich XIIIf.
[20] Hermann Greive, Geschichte des modernen Antisemitismus in Deutschland, Darmstadt 1983, 47ff.

Auch in Bayern fielen antisemitische Denkmuster zunehmend auf fruchtbaren Boden. So bezeichnete der katholische Pfarrer, Politiker und Bauernführer Georg Ratzinger das Judentum als „Element der inneren Zersetzung der christlichen Gesellschaft, das diese um ihrer Gesundheit Willen assimilieren oder ausscheiden muss".[21] Die Popularität des Abgeordneten und Journalisten Dr. Johann Baptist Sigl (1839–1902) litt offenbar nicht unter Formulierungen wie „Der Jude ist ein geborener Feind der Arbeit und daher ein Feind der Landwirthschaft. ... Erst wenn die letzte Kuh aus dem Stalle und der Bauer unter der Zinslast zusammenbricht, dann erst betrachtet der Jude seine Aufgabe als gelöst."[22] oder „Wenn die Christen die Pflicht der Selbsterhaltung üben wollen, müssen sie sich von dem Judenthum emancipiren. ... Der Jude ist nicht Deutscher, ... er ist einfach Jude – das heißt internationaler Orientale."[23] Und die harsche Zurückweisung dieser Auslassungen von jüdischer Seite mit der zutreffenden Schlussfolgerung: „Es gibt keine Judenfrage. Es gibt nur die Judenfrage, welche man willkürlich aufwirft und künstlich konstruirt!"[24], veranlasste Sigl zur „Antwort des Christen: ‚Es handelt sich nicht darum, gegen das Judenthum zu hetzen, sondern darum, es möglichst unschädlich zu machen.'"[25]

Das Niveau der Sigl'schen Spielart von Antisemitismus dokumentiert ein Gedicht, das er unter der Überschrift „Cohn ans Cöhnchen" veröffentlichte:

„Es sprach der Kaufmann Isidor Cohn
Des Morgens zu seinem würdigen Sohn:
Hast Du den Tabak auch schon benetzt,
Die Butter genug mit Kartoffeln versetzt?
Hast in den Zucker Du Kreide gelegt,
Cigarrenholz in den Zimmt gesägt,
Die Rosinen mit Steinchen und Reisern vermengt,
Den Branntwein gehörig mit Wasser getränkt?
Wenn nach dem allem Du hast geseh'n,
Dann, Moritz, wollen wir beten geh'n."[26]

Dass die Volksnähe vorgebende Variante kruden Antisemitismus' gerade in Bayern weit verbreitet war und sogar in bürgerlich akademische Kreise Eingang fand, wurde anlässlich einer Debatte des Bayerischen Landtags 1901 überdeutlich. Gegenstand der Erörterungen war ein verfassungswidriger Antrag des Zentrumsabgeordneten Dr. Georg Heim (1865–1938), des „Bauerndoktor", Juden künftig nur entsprechend ihrem prozentualen Anteil an der Bevölkerung in der Justiz anzustellen.[27] Unter Hinweis auf ähnliche Diskussionen im Preußischen Landtag[28] beklagte Heim das Überhandnehmen jüdischer Richter in Bayern, das dem Empfinden des einfachen Volkes nicht entspreche. Auch suchte er die

[21] Greive 85.
[22] J.B. Sigl, Zur Judenfrage. In: Das bayerische Vaterland Nr. 14 vom 18. 1. 1896, 1.
[23] Ders., Das bayerische Vaterland Nr. 15 vom 19. 1. 1896, 1.
[24] Das bayerische Vaterland Nr. 62 vom 14. 3. 1896, 1 f.
[25] Das bayerische Vaterland Nr. 71 vom 27. 3. 1896, 1.
[26] Das bayerische Vaterland Nr. 96 vom 26. 4. 1896, 3.
[27] Verhandlungen des Bayer. Landtags, KdA 1901/02, Sten. Berichte VI, 928 f., 933–936, 942–963; KdR 1901/02, Sten. Berichte II, 51–58, auch zum Folgenden.
[28] Uwe Mazura, Zentrumspartei u. Judenfrage 1870/71–1933. Mainz 1994, 153 und Krach, Jüd. Rechtsanwälte 18 ff.

vom Justizminister gelieferten statistischen Angaben (51 jüdische Justizbeamte = 2,08%) in polemischer Absicht anzuzweifeln. Nach seiner Rechnung kam er auf mehr als den doppelten Prozentsatz (4,8%), der sich über kurz oder lang bis auf 10% steigern würde.[29] Diese, die Realität verzerrenden Zahlenspiele ergänzten Wortwahl und Argumentation. Seine mehrfach geäußerte Behauptung, „kein Antisemit im landläufigen Sinne" zu sein, widerlegte er mit jedem zweiten Satz. „Uns Katholiken geht es immer schlechter, wenn die Richter immer aus Juden bestehen und wenn das Judentum stets überhand nimmt. Das Judentum spekuliert immer auf die Destruktion aller Dinge. Dem Juden immer eine auf's Maul, und sie mucken nicht mehr! [Heiterkeit]".[30]

Rassenantisemitismus ist ihm nicht fremd: „Es gibt in Bayern auch 32 Richter, die konfessionslos sind, das ist gleich! Einer Sau, die hundert Jahre im Ochsenstall ist, wachsen doch keine Hörner (große Heiterkeit)."[31] Unter Berufung auf die Kriminalstatistik behauptete er bei zahlreichen Verbrechen höhere Anteile jüdischer Täter. Auswüchse im Wirtschaftsleben, Warenhäuser, Lotterie, Mädchenhandel, verbotene Spiele, für alles machte er Juden verantwortlich und bewegte sich damit in geradezu klassischen antisemitischen Bahnen. In diesen bewegten sich argumentativ zahlreiche Fraktions- und Parlamentskollegen, auch wenn sie sich, wie der Abgeordnete Liborius Gerstenberger (1864–1925), der katholischer Geistlicher war, aus taktischen Gründen nur intern äußerten.[32]

Zur Ehrenrettung der bayerischen Parlaments sollte jedoch nicht unterschlagen werden, dass es auch Gegenstimmen in mäßigendem Sinne gegeben hat. Gegen den infamen Vorwurf der Parteilichkeit jüdischer Richter, der ohne jeden Beweis erhoben wurde, wandte sich der Zentrumsabgeordnete Joseph Egid Geiger (1833–1912):

> „Es erfordert übrigens die Gerechtigkeit, dass ich selbst in meiner juristischen Laufbahn als Landgerichtsrat und Oberlandesgerichtsrat in den Senaten und Kammern, in welchen ich arbeitete und den einen Juden und auch einen zweiten Juden als Kollegen hatte, die Erfahrung machte, dass diese Kollegen niemals in der Art und Weise, wie sie ihr Amt verwalteten, in den Entscheidungen irgend etwas getan hätten, was man mit der absoluten Gerechtigkeit nicht vereinbaren könnte. Sie waren und sind fleißige, intelligente Leute, mit welchen wir sehr gut gefahren sind. Es hat sich niemals zwischen uns, selbst in Fragen, welche etwas mehr prononcierter Natur waren, eine Reibung ergeben. Man kann nicht auftreten, damit zu sagen, die jüdischen Richter haben sich an den Landgerichten und Oberlandesgerichten als solche erwiesen, die das Recht beugen. Diesen Vorwurf kann man nicht erheben."[33]

Der Verlauf der Debatte signalisierte bald, dass am Ende die Stimmen der Vernunft, die ja die Verfassung hinter sich hatten, in der Minderheit bleiben würden. Heims Antrag wurde mit 77 gegen 51 Stimmen angenommen.

Die Bemerkung Heims während der Debatte, dass mit seinem Antrag die Verfassung nicht tangiert werde, sondern die Quotierung jüdischer Bewerber für den Justizdienst

[29] Der Artikel „Die jüdischen Richter in Bayern" im Berliner Tageblatt vom 30. 11. 1901 kritisierte mit deutlichen Worten die Versuche Heims, die Statistik in seinem Sinne zu manipulieren.

[30] Dieter Albrecht (Hrsg.), Die Protokolle der Landtagsfraktion d. Bayer. Zentrumspartei 1893–1914. Bd. II (1899–1904). München 1989, 105 (= Sitzung vom 26. 11. 1901), auch zum Folgenden.

[31] Ebd. 105.

[32] Ebd. 106.

[33] Ebd. 107; vgl. Mazura (wie Anm. 29) 154.

eher eine Verwaltungs- oder Ermessensfrage sei, wies dem Justizminister von Leonrod den einzuschlagenden Weg. Seine Erklärung, an die Verfassung gebunden zu sein, aber selbstverständlich bei Stellenbesetzungen die Stimmung in der Bevölkerung „soweit wie möglich" zu berücksichtigen, zeigte die Richtung an: „Ich verkenne jedoch keineswegs, dass in mancher Beziehung die Wirksamkeit eines jüdischen Staatsbeamten und Richters in Folge der Stimmung der Bevölkerung beeinträchtigt werden kann. Im Interesse dieser Bezirke und der jüdischen Staatsdienstaspiranten selbst war deshalb immer mein Bestreben, zu vermeiden, dass jüdische Beamte in solchen Bezirken verwendet werden."[34]

Mit dieser Erklärung gaben sich die Befürworter der Quote zufrieden. Sie hatten auch allen Grund dazu. Denn im Ergebnis waren sie auf der ganzen Linie siegreich, weil die bayerische Justizverwaltung in der Folgezeit die scheinbar harmlose Ermessensfrage zu einer Verwaltungsmaxime uminterpretierte. Dieser Verfassungsbruch auf dem Verwaltungsweg sollte bis 1933 die Personalpolitik der bayerischen Justiz bestimmen.

Die antisemitische Presse begrüßte den „neuen Kurs der Justizverwaltung" mit dem Verweis „auf das christlich Bayrische Volk, das Richter deutscher Nationalität haben will und Richtern semitisch-jüdischer Nationalität ein angestammtes, schwer überwindbares Misstrauen entgegenbringt. ... Wenn aber das Vertrauen des Volkes in die Rechtspflege durch die Art der Persönlichkeiten leidet, womit die Tribunale besetzt werden, dann gebietet die Staatsräson und Amtspflicht dem Minister, in der Auswahl der Richter strenge Musterung zu halten."[35]

Für den antisemitischen Amtsgerichtsrat im Reichsjustizministerium und Justizhistoriker Dr. Lorenzen war die Annahme des Heim'schen Antrags noch 1943 „ein großer Erfolg der antisemitischen Bewegung in Bayern".[36] Und er fuhr fort: „Das jüdische Element vermehrte sich bis 1918 in der bayerischen Justiz nicht mehr. Eine unerfreuliche Nebenwirkung des neuen Kurses war es allerdings, dass nunmehr alle die Juden, die im Justizdienst selbst nicht angestellt wurden, zur Anwaltschaft abflossen und hier den jüdischen Einfluss ständig verstärkten."[37]

In Zahlen ausgedrückt bedeutete dies, dass sich der jüdische Anteil an der bayerischen Justizbeamtenschaft wegen der rigorosen Beschränkung auch nach 1918 kaum veränderte. Waren es 1919 wie 1901 51 Richter gewesen, so stieg ihre Zahl kurzzeitig in Folge der neuen demokratischen Verhältnisse 1920 auf 62 und 1921 auf 69 an, um ab 1922 kontinuierlich, etwa 1925 auf 51 (= 2,85%) und bis 1932 auf nur noch 46 (= 2,72%) abzusinken.[38] Dieser Rückgang kam der Personalpolitik des von 1922 bis 1932 amtierenden Justizministers Franz Gürtner sicher nicht ungelegen, war er doch Repräsentant der Mittelpartei, bayerischer Ableger der dezidiert antisemitischen Deutschnationalen Volkspartei (DNVP). Der bereits erwähnte Lorenzen bescheinigte jedenfalls der bayerischen Justiz jener Zeit in diesem Punkt eine „gesunde Haltung".[39]

[34] Verhandlungen des Bayer. Landtags, KdA 1901/02, Sten. Berichte VI, 942.
[35] Neue Bayr. Landeszeitung vom 26.11.1904 zitiert nach Lorenzen 134f.
[36] Lorenzen 134. An den Zahlen und Fakten Lorenzens bestehen in Übereinstimmung mit der einschlägigen Forschungsliteratur keine ernsthaften Zweifel.
[37] Lorenzen 135.
[38] Lorenzen 162 bzw. 164.
[39] Lorenzen 162; zu Gürtner vgl. ausführlich Gruchmann 9ff.

Diese – vor und nach 1918 – verfassungswidrige Personalpolitik genügte den Extremisten immer noch nicht. In einer gemeinsamen Eingabe der Münchener Ortsgruppen des Alldeutschen Verbandes, der Hammergemeinde, des Deutsch-Völkischen Schutz- und Trutzbundes und des Frauenbundes Deutsche Not an den Bayerischen Landtag beklagten sie 1925 die „Verjudung" der Justiz und verlangten als Abhilfe strengere Quotierung im Sinne des Heim'schen Antrags von 1901.[40] Minister Gürtner erklärte daraufhin namens seines Ressorts, dass die Zulassung von Juden keine Rechtsfrage, sondern Verwaltungsmaxime sei und dass er jüdische Kollegen „als Beamte mit unentziehbaren Rechten" behandle. Den weiteren Zugang von Juden habe er aber so „gedrosselt", dass er gegen Null tendiere. Die eingeschränkte Verwendbarkeit von „Israeliten" und die Berücksichtigung der Bedürfnisse der Bevölkerung – Argumente von 1901 – seien ihm bewusst.

In dieselbe Richtung zielte bereits 1921 ein Beschluss des Bayerischen Ministerrats zur Frage „Aufnahme von Juden in die innere Verwaltung".[41] Auch diesem Gremium war bewusst, dass „Juden an sich von der Verwaltung nicht ausgeschlossen" sind. Ministerpräsident von Kahr gebrauchte jedoch das schon bekannte Argumentationsmuster: „Mit Rücksicht auf die zur Zeit in den weitesten Kreisen der Bevölkerung herrschende Stimmung eignen sich die Juden nicht für die innere Verwaltung; sowohl vom Standpunkt der Verwaltung als des Einzelnen aus, lässt es sich daher zur Zeit nicht verantworten, Juden in die innere Verwaltung aufzunehmen. Dieser Standpunkt steht im Einklang mit den Verfassungsbestimmungen." Den „Einklang" erläuterte er nicht.

Halbherzigen Widerspruch erhob nur der liberale Handelsminister Hamm:

> „Der Handelsminister führt aus, seiner Ansicht nach handle es sich hier um eine Frage der persönlichen Eignung; es gebe auch in der inneren Verwaltung Dienststellen und Dienstorte, die eine Verwendung von Juden nicht ausschlössen; er sei deshalb dafür, eine sehr schmal bemessene Zahl von Juden aufgrund von besonderer Eignung in die innere Verwaltung aufzunehmen."

Da insbesondere der deutschnationale Justizminister Roth dem Votum des Regierungschefs beitrat, verblieb es bei dessen mit der Verfassung nicht konformer Vorgabe für die Verwaltungspraxis.[42]

So gestalteten sich die Verhältnisse in Bayern am Vorabend von Hitlers Machtergreifung. Über 80 Jahre vorher äußerte sich der amtierende bayerische Kultusminister Dr. Friedrich von Ringelmann (1803–1870), später (1854–1859) als Justizminister auch Vorgänger von Franz Gürtner, folgendermaßen:

> „Es erscheint mir, wenn man die Emanzipationsfrage ernstlich ins Auge fasst, eine Ausschließung der Juden vom Staatsdienst nicht wohl damit vereinbar zu sein. Denn gerade von den Mitgliedern der jüdischen Konfession ist bekannt, dass, wenn sie einmal einen Beruf mit Entschiedenheit ergreifen, sie mit Auszeichnung ihre Aufgabe lösen, so dass ein triftiger Grund, sie hintanzusetzen, durchaus nicht besteht. Ich kann diese nicht einmal beim Richterstande gelten lassen."[43]

40 Lorenzen 163 f. auch um Folgenden.

41 BayHStA, MA 99516 = Protokoll der Sitzung des Bayer. Ministerrats vom 1.7.1921 auch zum Folgenden.

42 Zur gleichzeitigen Haltung Bayerns in der sog. Ostjudenfrage vgl. die aufschlussreichen Beispiele bei Dirk Walter, Antisemitische Kriminalität u. Gewalt. Judenfeindschaft in der Weimarer Republik. Bonn 1999, 52 ff.

43 Kgl. Bayer. Staatsminister der Justiz 601; das Buch ist dem amtierenden Justizminister Franz Gürtner zum 50. Geburtstag am 26.8.1931 gewidmet.

4. Integration in Staat und Gesellschaft

a) Politisches Engagement

Die bisherigen Ausführungen haben gezeigt, warum jüdische Juristen nach 1871 mangels Alternativen fast zwangsläufig den (auch für sie) freien Beruf eines Rechtsanwalts ergriffen. Dass damit viele Talente angezogen wurden, die zum guten Ruf der Anwaltschaft beitrugen, kann am Beispiel Max Hirschbergs (1883–1964) verdeutlicht werden.[44] Der Münchener Kaufmannssohn war bereits durch herausragende schulische Leistungen aufgefallen, die sich auch während des Studiums fortsetzten. Ein Spitzenergebnis (Platzziffer 7) im gefürchtet schweren bayerischen Staatskonkurs (Zweite Staatsprüfung für den höheren Justiz- und Verwaltungsdienst) 1910 war der Lohn. Aus uns bekannten Gründen für den Staatsdienst nicht berücksichtigt, ließ er sich 1911 in München als Rechtsanwalt nieder, um zunächst unauffällig zu bleiben. Nach seinem Einsatz als Frontkämpfer und Offizier im Weltkrieg und der Rückkehr in den Beruf entwickelte er sich ab 1919 binnen kurzem zu einem gesuchten Strafverteidiger. Seinem Geschick war es zu verdanken, dass Felix Fechenbach, der ehemalige Sekretär Kurt Eisners, von einem nationalistisch verblendeten Gericht wegen angeblichen Landesverrats 1922 zu langjähriger Zuchthausstrafe verurteilt, nach zwei Jahren entlassen werden musste. Seine praktische Arbeit reflektierte er in zahlreichen wissenschaftlichen Veröffentlichungen, deren Summe er, fast am Ende seines Lebens, in dem Klassiker „Das Fehlurteil im Strafprozess" (Stuttgart 1960) zog. Dass der politisch aktive Demokrat vor Hitler aus Deutschland fliehen musste, versteht sich fast von selbst.

Bayerische jüdische Anwälte glänzten in allen möglichen Bereichen. Ihr politisches Engagement vor 1933 ist in vielen Fällen als ein Eintreten für den demokratischen Rechtsstaat zu interpretieren, der ihnen als Juden die völlige bürgerliche Gleichberechtigung zu garantieren schien. Erster bayerisch-jüdischer Anwalt in der Politik war der schon genannte Justizrat Wolf Frankenburger (1827–1889), seit 1861 Advokat in Nürnberg, der von 1869 bis 1889 als Mitglied des örtlichen Gemeindekollegiums und des Bayerischen Landtags zunächst die liberale Deutsche Fortschrittspartei in Bayern, dann die Deutsche Freisinnige Partei vertrat und von 1874 bis 1878 zusätzlich ein Reichstagsmandat innehatte.[45] War der Münchener Friedrich Goldschmit noch nationalliberaler Abgeordneter des Landtags vor 1918 gewesen, so ragte der Nürnberger Max Süßheim als Stadtrat und SPD-MdL von 1907–1920 in die Weimarer Republik hinein.[46] Der Münchener Alwin Saenger (1881–1929), 1919/1920 Staatssekretär im bayerischen Kultusministerium, 1919–1924 SPD-MdL, 1924 bis zu seinem frühen Tod 1929 MdR, war ein redemächtiger Kämpfer gegen Antisemitismus und Extremismus, der sogar körperlichen Attacken ausgesetzt war.[47]

[44] Dazu ausführlich Weber, Max Hirschberg, auch zum Folgenden.

[45] Stadtlexikon Nürnberg. Nürnberg 1999, 299f.; Adolf Eckstein, Die bayerischen Parlamentarier jüdischen Glaubens. Bamberg 1902, 23–33; Bernd Haunfelder, Die liberalen Abgeordneten des Deutschen Reichstags 1871–1918. Münster 2004, 141f.; Ernest Hamburger, Juden im öffentlichen Leben 230ff., 249, 253, 256ff., 296, 327, 331, 545, 547, 551f.

[46] Amtl. Hb. der Kammer der Abgeordneten d. Bayer. Landtags. 1906, 212 (Goldschmit) bzw. 1908, 270 (Süßheim). Zu Süßheim vgl. Stadtlexikon Nürnberg. Nürnberg 1999, 1059.

[47] Anwaltsblatt 1930, 7f. (= Nekrolog) sowie Volkert, Ludwig Thoma, bes. 308ff., 316f., 331, 382.

Kommunalpolitisch engagierten sich in München Albert Nußbaum (1877–1928) für die SPD als Stadt- (1911–1928) und Kreisrat (1919–1928) – er war am 9. November 1923 unter den Geiseln der Hitler-Putschisten – und Adolf Strauß (1873–1928) für die liberale DDP.[48] Aktive Münchener SPD-Anhänger waren Max Hirschberg, Adolf Kaufmann, Elisabeth Kohn und Philipp Löwenfeld, dessen Vater Theodor (1848–1919) bereits früh als bekennender Sozialdemokrat bezeichnet werden kann.

Jüdische Rechtsanwälte betätigten sich auch außerhalb der Landeshauptstadt politisch. Die Brüder Martin und Moritz Baer sowie Kuno Hirsch vertraten zeitweise die DDP als Stadträte in Coburg, wo sie als aufrechte Demokraten gegen die starke örtliche NSDAP freilich auf verlorenem Posten kämpften.[49] Bruno Stern hielt im Würzburger Stadtrat die Fahne der liberalen DDP hoch, wobei ihn die Kollegen Karl Rosenthal, David Schloß und Salomon Stern in der Partei unterstützten.[50]

Neben seinem Amt als Vorsitzender der Regensburger Kultusgemeinde fungierte Fritz Oettinger ab 1924 auch als DDP-Stadtrat und konnte auf diese Weise seine Überzeugung als liberaler Reformjude mit demokratischer Politik verbinden.[51]

In Nürnberg bekannten sich neben Süßheim auch Siegfried Schloß und Albert Rosenfelder zur SPD; letzterer sollte sein couragiertes Eintreten als Prozessvertreter für seine Partei noch 1933 mit dem Tod bezahlen, der bekannte Mieteranwalt Schloß wurde 1940 im KZ Sachsenhausen ermordet.[52] Leonhard Frankenburger und David Kaufmann betätigten sich vor 1918 in Nürnberg im liberalen fortschrittlichen Volksverein, Gustav Josephthal bei den Nationalliberalen, während später Richard Jung, Max und Richard Kohn, der Ortsvorsitzende des Reichsbunds jüdischer Frontsoldaten, der Kriegsversehrte Leopold Landenberger und Max Wassertrüdinger zur DDP tendierten, die von bösen Zungen als „Judenpartei" bezeichnet wurde.[53]

Der Vorsitzende der Schweinfurter Kultusgemeinde Moses Hommel trat öffentlich für die DDP auf, während sein Schwiegersohn Salomon Mendle der SPD und der republikanischen Schutzorganisation, dem Reichsbanner Schwarz-Rot-Gold zuneigte. Sein Einsatz als dessen langjähriger Anwalt bescherte ihm noch 1933 fast zwei Monate „Schutzhaft".[54]

Aktiv in der Augsburger SPD waren die jungen Anwälte Stefan Oberbrunner und Paul Rosenberg, die ebenfalls 1933 dafür in „Schutzhaft" gerieten, sowie Ludwig Dreifuß, der diese 1933 mit ihnen teilte und nach seiner Rückkehr aus Theresienstadt ab Sommer 1945 als Bürgermeister bis 1948 schwierigste Aufbauarbeit in der zerstörten Stadt geleistet hat.[55]

Politisches Engagement hat es schließlich auch in der bayerischen Pfalz gegeben, wo Erich Kehr als Vorsitzender und Stadtrat der DDP in Kaiserslautern schon im März

[48] Gruchmann-Weber, Hitler-Prozess, 1645 (Nußbaum) sowie Angaben zum Sohn Dr. Alfred Strauß (Adolf Strauß). Zu Nußbaum vgl. Straub-Douer 209.
[49] Fromm, Coburger Juden 279 ff. (Gebrüder Baer) bzw. 290 ff. (Kuno Hirsch).
[50] Flade, Würzburger Juden.
[51] Wittmer, Regensburger Juden.
[52] Biografische Angaben zu Rosenfelder und Schloß.
[53] Kauders, 35, 37, 64, 91.
[54] Biografische Angaben zu Hommel und Mendle.
[55] Biografische Angaben zu Stefan Oberbrunner, Paul Rosenberg und Ludwig Dreifuß.

1933 von den Nazis in „Schutzhaft" genommen wurde.[56] Ähnlich erging es seinem Parteifreund Robert Blum in Frankenthal, der 1933 gleich zweimal in „Schutzhaft" geriet und nach sechswöchigem Aufenthalt in Dachau im Juni 1939 nach Brasilien emigrieren musste.[57] DDP-Mitglieder waren auch der Zweibrücker Anwalt Berthold Kahn sowie Leopold Kahn, Ludwig Neumond und Fritz Rothschild in Ludwigshafen.[58]

Als aktive Anhänger der SPD und des Reichsbanners Schwarz-Rot-Gold gab es für die Kaiserslauterer Junganwälte Ernst Treidel und Rudolf Wertheimer 1933 mehrere Wochen „Schutzhaft". Beide mussten später emigrieren.[59]

Alle Genannten gehörten dem demokratischen Spektrum der Weimarer Parteienlandschaft an, extremistische Neigungen sind nicht feststellbar.

b) Wissenschaftliche Leistungen

Große Leistungen erbrachten jüdische Rechtsanwälte in der Rechtswissenschaft,[60] wobei berücksichtigt werden muss, dass wissenschaftliche Beschäftigung wie Publikationen nicht zu ihrem genuinen Aufgabenbereich gehörten. Theodor Löwenfeld (1848– 1919) nahm neben seiner umfänglichen Anwaltstätigkeit einen Lehrauftrag (Honorarprofessur) an der Münchener Universität wahr. Namens- und Urheberrecht, gewerblicher Rechtsschutz und Arbeitsrecht gehörten zu seinen Domänen. Im „wichtigsten Großkommentar auf dem Gebiet des Zivilrechts" (Landau), dem „Staudinger", bearbeitete Löwenfeld ab 1899 die Einleitung und die Paragraphen 1 bis 89 BGB, erstere laut dem Urteil der Fachwelt „eine geistig selbständige rechtstheoretische Leistung auf höchstem Niveau".[61] Obwohl auch gesuchter Gutachter, fand er noch Zeit, sich 1899 bis 1911 im Vorstand der Anwaltskammer München standespolitisch einzubringen.[62]

In neun Auflagen des „Staudinger" kommentierte der Münchener Anwalt Felix Herzfelder (1863–1944) den gesamten 5. Band (Erbrecht) von 1899 bis 1928. Trotz einer umfangreichen Praxis, die er zeitweise mit seinem Sohn Franz (1901–1998) betrieb, war er jahrelang Vorsitzender (Obmann) des Münchener Anwaltvereins (MAV) und Vorstandsmitglied des DAV. Der 75-jährige Greis musste 1939 über die Türkei nach Palästina emigrieren, wo er 1944 verstarb.[63]

Ein weiterer Münchener Kommentator im „Staudinger" war der junge Alfred Werner (1891–1965), Sohn des renommierten Bamberger Rechtsanwalts und Vorsitzenden der Kultusgemeinde Justizrat Dr. Josef Werner (1858–1950), der 1919 die beste Staatsprüfung (Platzziffer 1) in Bayern abgelegt und sich, da für den Staatsdienst nicht berücksichtigt, in München niedergelassen hatte. Von ihm stammt das Allgemeine Schuldrecht in der 9. Auflage des Kommentars. 1932 verfasste er für den Kommentar zum Handelsgesetzbuch (HGB) von Düringer-Hachenburg den Allgemeinen Teil der Handelsge-

[56] Biografische Angaben zu Erich Kehr.
[57] Biografische Angaben zu Robert Blum.
[58] Biografische Angaben zu Berthold und Leopold Kahn, Ludwig Neumond und Fritz Rothschild.
[59] Biografische Angaben zu Ernst Treidel u. Rudolf Wertheimer.
[60] Für Kaiserreich und Weimarer Republik vgl. allgemein Landau 150 ff.
[61] Landau 195 sowie ders., Theodor Loewenfeld (1848–1919). In: Peter Landau/Hermann Nehlsen (Hrsg.), Große jüdische Gelehrte an der Münchener juristischen Fakultät. Ebelsbach 2001, 45–62.
[62] Heinrich 255 f.
[63] Landau 195 und Heinrich 156. Sohn Franz war bereits 1933 nach Frankreich emigriert.

Abb. 1: Geheimer Justizrat Heinrich Frankenburger (obere Reihe, Mitte, mit Schnauzbart) im Kreise seiner Familie.
Quelle: Privat.

schäfte. Weitere Arbeiten wurden ab 1933 nicht mehr gedruckt, eine erstrebte wissenschaftliche Karriere war nicht mehr möglich. Er emigrierte über Paris und London nach Palästina, wo er nach erneutem Studium ab 1938 als Advokat und Notar arbeitete. 1953 nach Deutschland zurückgekehrt, war er erneut Mitarbeiter bei der 11. Auflage des „Staudinger".[64]

Großes Ansehen genoss auch Heinrich Frankenburger (1856–1938), der nach einer Zwischenstation in Nürnberg seit 1888 in München als Rechtsanwalt zugelassen war. 1912 Dozent an der Handelshochschule, ab 1922 an der TH München, seit 1925 als Honorarprofessor unterrichtete er bis 1934 Generationen von Studenten erfolgreich im Handelsrecht und verwandten Gebieten. Seine Handausgabe des HGB war seit ihrem ersten Erscheinen 1898 ein großer Erfolg und erreichte bis 1921 fünf Auflagen. Von außerordentlicher Bescheidenheit, die im umgekehrten Verhältnis zu seinen zahlreichen Veröffentlichungen stand, hatte er generell zu Gunsten bedürftiger Studenten auf jegliches Honorar verzichtet. Diese bemerkenswerte Tatsache veranlassten das bayerische Kultusministerium wie die TH München, ihn 1933 zunächst im Amt zu belassen, bis er zum 14. März 1934 aus Altersgründen auf seine Professur verzichtete. Frankenburger musste noch das allgemeine Berufsverbot für jüdische Rechtsanwälte zum 30. November

[64] Landau 195; Heinrich 219; Göppinger 170, 174f., 367.

1938 erleben. Am 8. Dezember 1938 ist der Geheime Justizrat Heinrich Frankenburger in München gestorben.[65]

Auch der gebürtige Pfälzer Heinrich Rheinstrom (1884–1960), seit 1910 in München zugelassen, war Dozent und Honorarprofessor für Finanzwissenschaft und Steuerrecht an der Handelshochschule bzw. TH München. Er war Verfasser zahlreicher wissenschaftlicher Arbeiten und Kommentare zum Steuer- und Wirtschaftsrecht, aber auch populärer Schriften, z.B. „Wie gebe ich meine Steuererklärung ab?“ (München 1912). Daneben betrieb er eine auch wirtschaftlich erfolgreiche Anwalts- und Steuerkanzlei und saß in nicht weniger als 26 Aufsichtsräten. Rheinstrom erfüllte alle nationalsozialistischen Klischees und es dauerte 1933 nicht lange, bis er ins Visier des „Völkischen Beobachters“ geriet. Nach mehreren Hetzartikeln glaubte der Rektor der TH München, studentische „Kundgebungen“ befürchten und deshalb die „Beurlaubung“ Rheinstroms anregen zu müssen. Als dieser im Frühjahr 1933 von der Plünderung seines Hauses durch SA erfahren hatte, entschloss er sich, von einer Auslandsreise nicht mehr nach München zurückzukehren. Bis 1939 betrieb er u.a. mit Alfred Werner ein Rechtsberatungsbüro in London und Paris, wo er auch zeitweise eine Lehrtätigkeit ausübte. Seit 1937 ausgebürgert, emigrierte er 1939 weiter nach New York.[66]

Am Beginn einer wissenschaftlichen Karriere stand Karl Löwenstein (1891–1973). Er war seit 1918 Rechtsanwalt in München und hatte sich dort 1931 für allgemeine Staatslehre, deutsches und ausländisches Staatsrecht sowie Völkerrecht habilitiert. Seine Entlassung als Privatdozent im Oktober 1933 erfolgte durch den ehemaligen Volksschullehrer und nunmehrigen bayerischen Kultusminister Hans Schemm mit der Begründung, dass „Staatslehre und Staatsrecht im nationalsozialistischen Staat von einem Nichtarier nicht gelesen werden können.“[67] Der Schüler von Max Weber, vielleicht der „modernste Staatsrechtslehrer der Weimarer Republik“[68], musste über Italien in die USA emigrieren, wo er 1934 in Yale, ab 1936 in Amherst als Hochschullehrer tätig war und bald zu den führenden Vertretern seines Fachs gehörte. Im Weltkrieg Berater der US-Regierung, 1945/1946 juristischer Kopf („Rechtspapst“) der US-Militärregierung bei der Wiederherstellung des Rechtsstaats in Deutschland, unermüdlich auch als Gastprofessor mit Fragen des Staats- und Verfassungsrechts sowie des Parlamentarismus beschäftigt, hatte der 1941 ausgebürgerte und seines Doktortitels beraubte Löwenstein schließlich auch beträchtlichen Anteil an der Etablierung der Politikwissenschaft als selbstständiges Universitätsfach.[69]

Die wissenschaftliche Durchdringung und Interpretation des Anwaltsrechts in der ersten Hälfte des 20. Jahrhunderts ist untrennbar mit dem Namen Max Friedlaender (1873–1956) verbunden. Sein 1930 in 3. Auflage erschienener Kommentar zur Rechtsanwaltsordnung wurde nicht zu Unrecht als „unübertroffenes Meisterwerk“[70] mit zeitloser Gültigkeit bezeichnet. „Es gibt so gut wie keine Frage, kein Problem und keinen As-

[65] Heinrich 159; Göppinger 220; HATUM, PA.
[66] Heinrich 158; Göppinger 311; HATUM, PA.
[67] UAM, E II 2308 (PA).
[68] Landau 187.
[69] Heinrich 158, 179; Göppinger 349; Landau 187; Stiefel-Mecklenburg 101 ff.
[70] Heinrich 160.

pekt des Anwaltsrechts – sei es des Berufsrechts, sei es des Standesrechts – wozu Friedlaender nicht fundiert Stellung genommen hätte."[71]

Seit 1899 Rechtsanwalt in München, war er von 1911–1927 Mitglied des dortigen Kammervorstands, 1918 Mitbegründer und bis 1933 Vorsitzender des Bayerischen Anwaltsverbands sowie von 1924 bis 1933 im Vorstand des DAV. Unzählige Veröffentlichungen, Gutachten und Berichte ließen sein Schriftenverzeichnis auf mehr als tausend Nummern ansteigen. Sein Rat und sein Wissen waren auch in der praktischen Arbeit, etwa der Ehrengerichte, gesucht. Unermüdlich anwaltlich tätig, ab 1933 nur unter starken Einschränkungen, wirkte er am Schluss als sprichwörtlicher Einzelkämpfer, der sogar seine Post selbst in die Maschine schrieb. 1938 entkam er nur knapp durch eine beherzte Flucht der Einlieferung nach Dachau. Als 65-Jähriger musste er seine Heimat verlassen und in England Exil nehmen. In seinem geliebten Beruf hat er nicht mehr gearbeitet, aber er hat die Entwicklung der Anwaltschaft nach 1945 aus der Ferne mit kritischem Wohlwollen, Rat und Gutachten begleitet.[72]

Ebenfalls mit Anwaltsthemen beschäftigte sich der mit Friedlaender befreundete Sigbert Feuchtwanger (1886–1956). Er stammte aus einer bekannten Münchener Bankiersfamilie, war promovierter Volkswirt und Jurist und arbeitete seit 1913 als Rechtsanwalt in seiner Heimatstadt. Seine wissenschaftlichen Interessen galten anwaltssoziologischen Problemen. So analysierte er 1922 die Anwaltschaft als freien Beruf und unternahm den „Versuch einer allgemeinen Kulturwirtschaftslehre". 1929 beschäftigte ihn das Verhältnis des Staates zu den freien Berufen unter dem Aspekt „Staatsamt oder Sozialamt?". Schließlich untersuchte er Wesen und Wandel des Standesrechts in einem umfänglichen Beitrag in der Festschrift für den Berliner Kollegen Albert Pinner (1932). Feuchtwanger war Vorstandsmitglied der Münchener Kammer von 1927 bis 1933 und 2. Vorsitzender der örtlichen Kultusgemeinde, bis er 1936 nach Palästina emigrieren musste.[73]

Sein Vetter, der Bruder des bekannten Schriftstellers Lion Feuchtwanger, Ludwig Feuchtwanger (1885–1947), hatte zwar seit 1915 eine Anwaltszulassung in München, Tätigkeitsschwerpunkt war jedoch eindeutig seine Beschäftigung als Lektor, später als Verlagsleiter bei Duncker & Humblot. Daneben verfasste er gehaltvolle Aufsätze zur jüdischen Geschichte. Mit dem zunehmenden Einfluss der Nationalsozialisten – 1933 verlor er seine Zulassung – wuchs sein Engagement für das Judentum. Von 1930 bis 1938 war er Herausgeber der „Bayerischen Israelitischen Gemeindezeitung". 1935 wurde er aus der Reichsschrifttumskammer ausgeschlossen. Ab 1936 arbeitete er als Angestellter der Münchener Kultusgemeinde und leitete deren Bibliothek und das Jüdische Lehrhaus. Vom 10. November bis zum 21. Dezember 1938 teilte er das schreckliche Los vieler jüdischer Männer im KZ Dachau, bis ihm im Mai 1939 die Emigration nach England gelang.[74]

Ungemein produktiv als juristischer Schriftsteller war auch der bereits erwähnte Münchener Anwalt Friedrich Goldschmit (1871–1938) mit den Schwerpunkten Aktien- und Handelsrecht. Kommentare zum Recht des Aufsichtsrats (1922), zum Kündigungs-

[71] ebd. 160.
[72] Heinrich 160 ff.; Landau 155; Haas-Ewig.
[73] Heinrich 162; Landau 155; Göppinger 279; Krach 30,35, 44, 47, 57 ff., 65, 432; Lamm 326 f.
[74] Heinrich 162 f.; Göppinger 278; Rolf Rieß (Hrsg.), Ludwig Feuchtwanger. Gesammelte Aufsätze zur jüdischen Geschichte. Berlin 2003, bes. 190 ff.

schutzgesetz (1929), zur Gründung der Aktiengesellschaft (1925), zum Gesetz über das Lotteriespiel (1913) stammen aus seiner Feder. Allein beim C.H.-Beck-Verlag erschienen eine Handausgabe zum HGB, Abhandlungen zur Aktiengesellschaft, zu Aktienrecht und Aktiengesetz sowie zum Betriebsbilanzgesetz. Seit 1926 war er Herausgeber des Zentralblatts für Handelsrecht. 1933 musste er sich von seinem nichtjüdischen Sozius Dr. Werner Müller trennen. Offenbar um dem allgemeinen Berufsverbot zum 30. November 1938 zu entgehen, verzichtete Goldschmit am 28. Oktober 1938 nach 40-jähriger erfolgreicher Tätigkeit auf seine Anwaltszulassung. Am 4. Dezember 1938 beging er Selbstmord. Im Selbstmörderverzeichnis der Münchener Polizei wird als Motiv angeführt: „Angeblich die Maßnahmen gegen die Juden".[75]

Auch der Sohn des oben vorgestellten Prof. Dr. Theodor Löwenfeld, Philipp Löwenfeld (1887–1963), seit 1918 in München zugelassen, publizierte wissenschaftliche und andere Arbeiten. Bei den juristischen Veröffentlichungen überwogen arbeits-, urheber- und vertragsrechtliche Themen. Ansonsten zeigten sozialpolitische und justizkritische Aufsätze und Vorträge sein Engagement auch im politischen Tageskampf der Weimarer Republik. Dass der überzeugte Demokrat und erfolgreiche Strafverteidiger früh die von der Hitlerbewegung ausgehenden Gefahren erkannte und aktiv bekämpfte, verwundert nicht. Um dem Schicksal seines Sozius Max Hirschberg („Schutzhaft") zu entgehen, floh Löwenfeld im März 1933 in die Schweiz, von wo er sich umgehend am publizistischen Kampf gegen die zahlreichen Rechtsbrüche der Hitler-Regierung beteiligte. Vom Deutschen Reich ausgebürgert, führte ihn sein Weg 1938 von Zürich in die USA.[76]

Der gebürtige Mainzer Heinrich Reinach (1888–1965), jüngerer Bruder des Rechtsphilosophen Adolf Reinach (1883–1917)[77], seit 1920 als Rechtsanwalt in München tätig, Spezialist für Wirtschafts- und Steuerrecht, zählte in- und ausländische Konzerne, Industriefirmen, Schifffahrtsgesellschaften und Banken zu seiner Klientel. Als einer der führenden Steueranwälte des Reiches vor 1933 hatte er weit überdurchschnittliche Einkünfte. 1921 gründete er „Steuer und Wirtschaft" (StuW), „das offiziöse Organ des Reichsfinanzhofs" in München, „die angesehenste Steuerzeitschrift Deutschlands" (Göppinger 377), und war unter Mitwirkung des Präsidenten und eines Senatspräsidenten dieses höchsten Gerichts bis 1934 alleiniger Schriftleiter. Der hochdekorierte und mehrfach verwundete Frontoffizier des Weltkriegs musste 1939 nach Brasilien emigrieren. Nach gründlichem Studium der portugiesischen Sprache und des dortigen Rechts veröffentlichte er neben einer Sammlung brasilianischer Steuergesetze zahlreiche Abhandlungen zu Fragen des Handels- und Steuerrechts. Er zählt deshalb zu den Pionieren des brasilianischen Steuerrechts. Zahlreichen deutschen Unternehmen diente er als Berater bei der Gründung von Tochtergesellschaften in seinem Gastgeberland. Ein anonymer Nachruf rechnet ihn „zu den angesehensten und erfolgreichsten Juristen seiner Fachrichtung". Die Vertreibung von Reinach und seinesgleichen durch den NS-Staat hatte im Steuerrecht „katastrophale Folgen". Die entstandenen Lücken machten sich jahrzehntelang bemerkbar.[78]

75 Hamburger 380f., 396, 545; Biografische Angaben zu Friedrich Goldschmit; Kristallnacht 141.
76 Heinrich 156f.; Göppinger 299; Landau-Rieß, Erinnerungen.
77 Landau 172.
78 Göppinger 213, 310, 377f.; StuW 43 (1966) Heft 3 (= Nachruf).

Bis nach Südamerika fliehen musste auch der Wirtschafts- und Steueranwalt Rudolf Wassermann (1884–1965). Der mit drei Doktortiteln (Dr. jur. & phil. & oec. publ.) dekorierte Münchener hatte sich nach einem kurzen Zwischenspiel in Nürnberg 1913 in seiner Heimatstadt niedergelassen. Zahlreiche Veröffentlichungen belegen vielseitige Interessen, die von Kriminalstatistik bis zu wirtschafts- und steuerrechtlichen Fragestellungen reichten, darunter Kommentare zur Vergleichsordnung (1927), zum Gewerbesteuergesetz (1922, 2. Aufl. 1927), zu den Kriegsgesetzen privatrechtlichen Inhalts (1915, 3. Aufl. 1917), zur Preistreibereiverordnung (1923), zur Wuchergerichtsverordnung (1920/1921), zum Branntweinsteuergesetz (1913) und zum Einkommensteuergesetz (1922). Wassermann war Syndikus des Bayerischen Verbands der Großhändler in Kurz-, Weiß- und Wollwaren, gleichzeitig Geschäftsführer des Fabrikantenverbands der Münchener Textilindustrie und anderer Wirtschaftsverbände sowie Mitglied des Rechtsausschusses des Reichsverbands des deutschen Groß- und Überseehandels. Er war gesuchter Gutachter (Wie soll der Handel kalkulieren?, 1922; Die Geldentwertung als Kredit-, Kalkulations- und Besteuerungsproblem, 1921) und hielt vielbeachtete Vorträge (Die Bekämpfung des Bestechungs- und Schmiergeldunwesens auf den Gebieten der Wirtschaft, der Politik und der Presse in rechtsvergleichender Betrachtung, 1932). Vom 10. November bis 19. Dezember 1938 war er im KZ Dachau inhaftiert, zum 30. November 1938 verlor er seine Zulassung. 1939 emigrierte er über Frankreich, wo er drei Monate interniert war, nach Chile. Gemeinsam mit Verwandten betrieb er dort eine Tuchhandlung bis 1952. In der Folgezeit bis zu seinem Tod 1965 war er aus Alters- und Krankheitsgründen ohne Beschäftigung und lebte in beengten Verhältnissen.[79]

Der geheime Justizrat Dr. Hugo Cahn (1865–1937) betrieb – zeitweise zusammen mit Sohn Franz (1901–1965) und Schwiegersohn Otto Stein (1897–1966) – am Nürnberger Hefnersplatz 10 eine renommierte Anwaltskanzlei. Zugelassen 1893, spezialisierte er sich auf Zivilprozessrecht, gewerblichen Rechtsschutz, Patent-, Urheber- und Versicherungsrecht. Bald trat er auch mit Veröffentlichungen aus diesen Bereichen hervor, darunter die Monografien „Urheberrechtlicher Schutz der Fabrikkataloge“ (1904), „Techniker als Richter“ (1908), „Sondergerichtshöfe für gewerblichen Rechtsschutz“ (1910), „Ansprüche des angestellten Erfinders“ (1913), „Ausgleichsverfahren außerhalb des Konkurses“ (1914) sowie Aufsätze über Konkurs- und Geschäftsaufsichtswesen, Zivilprozessrecht, gewerblichen Rechtsschutz und Versicherungsrecht in der Juristischen Wochenschrift und in anderen wissenschaftlichen Zeitschriften. Seit 1919 war er Dozent, seit 1923 Professor an der Handelshochschule in Nürnberg. An dieser städtischen Einrichtung für Wirtschafts- und Sozialwissenschaften konnte er seine umfassenden Kenntnisse nutzbringend weitergeben. Über sein berufspolitisches Engagement äußerte sich die Rechtsanwaltskammer Nürnberg rückblickend 1962 folgendermaßen: „Er erfreute sich sehr großen Ansehens, da er sich in selbstloser Weise für die Belange der Anwaltschaft in Bezug auf die Anwaltsversorgung und -versicherung eingesetzt hat“. Im April 1936 verzichtete Hugo Cahn auf seine Zulassung, am 27. Mai 1937 ist er in Nürnberg gestorben, so dass ihm das Schlimmste erspart blieb.[80]

[79] Biografische Angaben zu Rudolf Wassermann.
[80] BayHStA, BEG 74098 = A2; Bergler I 27, II 98, 174.

Wissenschaftliche Neigungen hatte auch der Würzburger Rechtsanwalt Max Hamburger (1897–1970). Neben Aufsätzen in Zeitungen und Zeitschriften unter anderem zum Kauf- und Vertragsrecht entstanden Monografien über „Treu und Glauben im Verkehr. Ein Handbuch“ (1930) und „Deflation und Rechtsordnung“ (1933). Weitere Manuskripte blieben wegen der Diskriminierung jüdischer Autoren ab 1933 ungedruckt. Die umfangreiche Gutachtertätigkeit brach aus dem gleichen Grund völlig zusammen. Dem Frontkämpfer des Weltkriegs, der 1916 unmittelbar nach dem Abitur zu den Fahnen geeilt war, wurde zum 30. November 1938 Berufsverbot erteilt; vom 10. November bis zum 15. Dezember 1938 war er im KZ Buchenwald inhaftiert, nachdem am 9. November 1938 seine Wohnung demoliert worden war. Bis Juli 1939 einer der ausschließlich für jüdische Mandanten zugelassenen Würzburger Konsulenten, emigrierte er völlig mittellos, aber rechtzeitig nach England, wo er 1940 zeitweise interniert wurde. Mit Hilfe karger Stipendien intensivierte er bereits in Deutschland begonnene Studien zum Einfluss griechischer und römischer Philosophie und Rhetorik auf römisches und modernes Recht. Daneben übersetzte er ein abgeschlossenes eigenes Manuskript „Das Erwachen des abendländischen Rechtsdenkens“ ins Englische, das 1942 unter dem Titel „The Awakening Of Western Legal Thought“ als Buch erschien. Anschließend erarbeitete er vorwiegend in der Bibliothek des Britischen Museums in London eine Studie „Morals And Law: The Growth Of Aristotle's Legal Theory“, die 1951 gedruckt wurde. 1948 war Hamburger nach New York weitergewandert, wo ihn die New School For Social Research seit 1949 als Dozenten für Rechtsphilosophie ohne festes Gehalt auf der Basis von Stipendien beschäftigte. Zusätzlich lebte er von der Unterstützung durch Freunde und Hilfsorganisationen für Wissenschaftler. Noch 1955 sah sich das Deutsche Generalkonsulat in New York gezwungen, ihm eine Bedürftigkeitsbescheinigung auszustellen, weil auch ein zweiter Lehrauftrag an der Columbia Universität kaum zum Lebensunterhalt ausreichte. Hochgeehrt als Mitglied des Royal Institute of Philosophy (London), der American Academy Of Political And Social Science und der Renaissance Society Of America, korrespondierte Hamburger mit George Bernard Shaw über philosophische Themen.[81]

Diese Aufzählung könnte fortgesetzt werden. Stichproben in den beiden maßgeblichen zeitgenössischen Publikationsorganen der deutschen Anwaltschaft belegen dies. Im Jahrgang 1928 der Juristischen Wochenschrift finden sich zahlreiche Namen bayerisch-jüdischer Rechtsanwälte, darunter nicht nur die uns bereits bekannten Koryphäen wie Sigbert Feuchtwanger (5 Beiträge), Hugo Cahn (4 Beiträge), Max Friedlaender (15 Beiträge), Felix Herzfelder (3 Beiträge) oder Alfred Werner, sondern weitere, die zum Teil mit mehreren Beiträgen oder Anmerkungen und Referaten vertreten sind. Dieses Bild bestätigt der Folgejahrgang 1929 der Juristischen Wochenschrift, womit festgestellt werden kann, dass etwa 30 bayerisch-jüdische Anwälte zu den regelmäßigen Autoren dieser Zeitschrift gehörten.[82]

Diesen Trend einer weit überdurchschnittlichen Beteiligung jüdischer Anwälte an der juristisch-wissenschaftlichen Reflexion des Berufs untermauert der Blick in die Jahrgänge 1931 und 1932 des Anwaltsblatts. Aktuelle Fragen zum Gebührenrecht und zur „Ar-

[81] BayLEA, BEG 10061; BA Berlin, R 22 Pers. 58801; StA Bbg., K 100/4, 2766 und K 100/5, 2590.
[82] Juristische Wochenschrift (JW), Jahrgänge 1928 und 1929.

menrechtsmisere" finden neben grundsätzlichen Problemen wie „Schiedsgericht oder ordentliches Gericht", „Wie lange müssen Handakten aufbewahrt werden?" oder „Rechtsanwälte als Wirtschaftsprüfer" Berücksichtigung. „Tonfilm und Anwaltschaft" weist in allerneueste Aufgabenbereiche. Auffällig ist auch hier, dass nicht nur die bekannten Autoren, sondern zahlreiche jüngere Anwälte publizieren. Bayern war 1931 mit 9, 1932 mit 14 Mitarbeitern zum Teil mit mehreren Artikeln im Anwaltsblatt vertreten, sichtbarer Beweis für das Niveau seiner jüdischen Rechtsanwälte.[83]

c) *Kulturelle Bedeutung*

Ohne Anspruch auf Vollständigkeit wird im Folgenden die Bedeutung jüdischer Rechtsanwälte auf anderen, ihrem Beruf ferner liegenden Gebieten behandelt, wobei ein bloßes Hobby als Kriterium für die Aufnahme nicht genügte.

Max Bernstein (1854–1925), seit 1881 in München zugelassen, war nicht nur ein bekannter Strafverteidiger der Wilhelminischen Ära, der auf Seiten der politischen und literarischen Opposition in zahlreichen hochbrisanten Sensationsprozessen, etwa in den Sozialistenprozessen und den diversen Verfahren um Maximilian Harden, Eulenburg, Ludwig Thoma und anderen zum Staranwalt wurde. Als bedeutender Literaturkritiker verhalf er daneben der künstlerischen Moderne gegen die Widerstände des reaktionären Zeitgeistes zum Durchbruch. Der Kämpfer gegen jegliche Unfreiheit, gegen Vorurteil und Lüge war wesentlich an der Verbreitung des Naturalismus beteiligt. Als Presseanwalt wandte er sich gegen jede Form der Zensur. Er wurde so zu einem Vorreiter der liberalen Demokratie. Eigene Dichtungen dagegen sind heute der Vergessenheit anheimgefallen. Bernstein, der zusammen mit seiner ebenfalls als Schriftstellerin tätigen Ehefrau ein großes Haus führte, war mit vielen zeitgenössischen Größen von Theodor Fontane, Gerhart Hauptmann, Ludwig Ganghofer, Ludwig Thoma, Hugo v. Hofmannsthal, Frank Wedekind bis zu Thomas Mann gut bekannt. Mit seinen liberalen Wertvorstellungen wurde er zu einer treibenden Kraft des kulturellen und gesellschaftlichen Wandels vom Kaiserreich zur Demokratie. Bis zuletzt gehörte er zu den Verteidigern der Weimarer Republik.[84]

Literarisch-kritisch tätig war auch der Münchener Kollege Bernsteins, Fritz Ballin (1879–1939). Konzert-, Kunst- und Theaterkritiken, aber auch ein Schauspiel „Föhn" (1913) stammen aus seiner Feder. Seit 1907 brasilianischer, später Konsul von Venezuela und 2. Vorsitzender des diplomatischen Corps in München, gingen ab 1933 seine Einnahmen in starkem Maße zurück, seine öffentliche Wirksamkeit beschränkte sich ab Frühjahr 1934 auf die Mitarbeit im Münchener Jüdischen Kulturbund. Als dessen Vorsitzender und Leiter des Bereichs Musik und Theater half er mit, die kulturellen Bedürfnisse der nach und nach aus der offiziellen Kulturszene verdrängten jüdischen Bevölkerung zu befriedigen. Im Juni 1936 resignierte er und emigrierte mit seiner Familie nach London, wo ihm noch drei Jahre als Berater für ausländisches Recht blieben.[85]

[83] Anwaltsblatt Jahrgänge 1931 und 1932.
[84] Heinrich 291 f.; Jürgen Joachimsthaler, Max Bernstein – Kritiker, Schriftsteller, Rechtsanwalt (1854–1925) ... Frankfurt/M. u.a. 1995.
[85] Biografische Angaben zu Fritz Ballin; BayHStA, BEG 17296 = A 302; Die gefesselte Muse, 11 ff. bes. 13 f.

Im Jüdischen Kulturbund war auch Hans Taub (1880–1957) tätig. Als Leiter des Fachbereichs „Vorträge und Arbeitsgemeinschaften" hatte er die Organisation von Einzelabenden, aber auch von mehrteiligen Kursen über religiöse, künstlerische und wissenschaftliche Themen übernommen. „Die im Feuer stehende Ehre des jüdischen Namens" versuchte er auch in seiner Funktion als stellvertretender Vorsitzender zu bewahren. Taub hatte seit 1907 eine Anwaltszulassung in München. 1917 verfasste er „Eine metaphysische Studie" zu Strindbergs „Traumspiel". Daneben erschienen gelegentlich Kritiken und Rezensionen aus seiner Feder in der Münchener Presse. Während der Ausschreitungen anlässlich der „Reichskristallnacht" wurde seine Kanzlei in der Theatinerstraße 32, die er zusammen mit dem jüdischen Kollegen Herbert Jacobi betrieb, verwüstet. Im August 1939 emigrierte er nach Schweden, wo er ab 1946 an der Hochschule in Göteborg eine Beschäftigung fand. 1945 war in Fortsetzung seiner Studie von 1917 eine Untersuchung über „Strindberg als Traumdichter" erschienen. Weitere Aufsätze zu August Strindberg, aber auch über Honoré de Balzac und Stefan Zweig sollten folgen. Nach Deutschland kehrte er nicht mehr zurück. 1957 ist er während einer Urlaubsreise in der Schweiz verstorben.[86]

Leo Benario (1869–1933), seit 1896 in München zugelassen, war bekennender Sozialdemokrat und nebenbei vielseitig schriftstellerisch tätig. 1908 veröffentlichte er in der Reihe „Großstadtdokumente" eine Studie „Die Wucherer und ihre Opfer", der 1912 „Die neue Religion. Ein Münchener Kultur-Roman aus der Gegenwart" folgte. Nach dem Ende der Monarchie trat er unter der Überschrift „Soziale Justiz" für eine demokratische Umgestaltung der Dritten Gewalt ein. Sein Tod im Februar 1933 ersparte ihm das Schlimmste. Seine Witwe und seine beiden Kinder wurden dagegen Opfer der nationalsozialistischen Judenvernichtung.[87]

Eine vielseitige Begabung scheint nach dem Urteil von Zeitgenossen Ernst Wilmersdoerffer (1890–1933) gewesen zu sein. Der Sohn eines Bankiers, Kunstliebhabers und Generalkonsuls, promovierter Volkswirt und Jurist, ließ sich 1921 in München als Rechtsanwalt nieder. Schon vorher fiel er im Weltkrieg als Träger des EK I und II und anderer Auszeichnungen auf. 1915 war er Leutnant, 1920 charakterisierter Oberleutnant geworden. Ein Spitzenergebnis bei der 2. Staatsprüfung folgte. 1923 erschien sein Buch über „Währungsverfall und -reform in Italien", 1925 der Kommentar zum neuen Reichsbankgesetz, und 1927 war er Koautor eines Kommentars zum „Gesetz über den Vergleich zur Abwendung des Konkurses". Seine große Liebe gehörte aber der Geschichte, der Literatur und der Kunst. Herausragendes Ergebnis war seine kongeniale Übersetzung von Benedetto Croces „Geschichte Italiens 1871–1915" ins Deutsche (1928). Dem passionierten Musiker war kein langes Leben vergönnt. Als er zu Jahresbeginn 1933 überraschend verstarb, äußerte ein Kollege am Grabe angesichts seines frühen Todes düstere Zukunftsahnungen. Leider sollten sie zu bald eintreffen.[88]

Zu den Gründervätern der Münchener Kammerspiele 1911/12 gehörte der aus Mainz stammende Adolf Kaufmann (1883–1933), der seit 1911 als Rechtsanwalt in der

[86] Biografische Angaben zu Hans Taub; Kristallnacht 54; Die gefesselte Muse, 11 ff.; BayHStA, BEG 5740 = A 20.
[87] Heinrich 155; Biografische Angaben zu Leo Benario; Gb. M 115 f.
[88] Heinrich 155 f.; Lamm, 273 f., 327; Biografische Angaben zu Ernst Wilmersdoerffer.

bayerischen Metropole zugelassen war. In den Wirren der Revolutionszeit 1918/19 fiel der SPD-Anhänger durch sein mäßigendes Auftreten gegen Räteexperimente auf. Später war er zeitweise mit Max Hirschberg und Philipp Löwenfeld assoziiert. Er scheint aber bald überwiegend als Syndikus und Verwaltungsdirektor der Kammerspiele tätig gewesen zu sein. Sein Anteil an deren Aufstieg zu einer der führenden Bühnen des modernen Theaters in Deutschland war beträchtlich. Als „Graue Eminenz" im Hintergrund hatte er lange Zeit Mittel und Wege gefunden, um dem Haus das finanzielle Überleben einstweilen zu sichern. Nach dem Umzug an ihre heutige Spielstätte in die Maximiliansstraße 1926 nahmen die wirtschaftlichen Probleme jedoch so zu, dass Kaufmann im November 1932 von seinem Posten zurücktreten musste, ohne dadurch den drohenden Konkurs verhindern zu können. Mit ein Grund für die finanzielle Schieflage des Theaters war neben dem inflationsbedingten Zuschauerrückgang vor allem die äußerst restriktive, politisch motivierte Verbotspraxis der Münchener Polizeidirektion, die seit 1919 an die Stelle der Theaterzensur der Monarchie getreten war und moderne Dramatik, Tendenzstücke und experimentelles Theater gleichermaßen ins Visier nahm. Unter Mithilfe von konservativer Presse und reaktionärer Kunstanschauung, an ihrer Spitze Rosenbergs nationalsozialistischer Kampfbund für deutsche Kultur, war Kaufmann auch wegen seines unkonventionellen Lebensstils schon vor 1933 in die Kritik geraten. Nach der NS-Machtergreifung war er aufgrund seiner jüdischen Herkunft und Homosexualität doppelt bedroht. Zu Unrecht wurde er des „Kulturbolschewismus" bezichtigt. Im Mai 1933 floh er nach Österreich. Zum 14. September 1933 wurde seine Anwaltszulassung wegen angeblicher, aus den Quellen nicht belegbarer kommunistischer Betätigung widerrufen. Eine Reaktion von seiner Seite darauf erfolgte nicht. Schon am 21. November 1933 ist er nach schwerer Krankheit in Wien verstorben.[89]

Eine ganze Reihe Münchener jüdischer Rechtsanwälte gehörte zu den Spitzen des Alpinismus. Julius Heilbronner (1872–1934) gelangen zahlreiche Erstbesteigungen, und zusammen mit seinen Sozien Eugen Schmidt (1895–1957) und Georg Franz Bergmann (1900–1979) unternahm er auch in späteren Jahren ausgedehnte Touren. Wilhelm Levinger (1877–1957) und Michael Siegel (1882–1979) waren engagierte Bergsteiger, ebenso Kurt Steinmeier (1895–1982) und Fritz Schulmann (1901–2001). Heilbronner, Levinger und Siegel standen bereits 1924 gegenüber vorurteilsbehafteten antisemitischen Tendenzen innerhalb des Alpenvereins auf verlorenem Posten.[90] Alle Genannten außer dem „am gebrochenen Herzen" gestorbenen Heilbronner waren nach 1933 zur Emigration gezwungen.

Das exemplarische Schicksal Georg Franz Bergmanns mag hier genügen. Ursprünglich Staatswirtschaftler (Dr. oec. publ.) und erst nach Zweitstudium und Examen Rechtsanwalt, war Bergmann seit 1929 in Sonthofen, seit 1931 in München zugelassen. Für deutsche, österreichische und schweizerische Zeitschriften verfasste er daneben zahlreiche Artikel über alpinistische Themen und war ein gesuchter Vortragsredner. 1933 mit

[89] Heinrich 300f.; Lamm, 233f., 236, 370; Hb. Exiltheater, Bd. 1, 492; Biografische Angaben zu Adolf Kaufmann; Friederike Euler, Theater zwischen Anpassung und Widerstand. Die Münchener Kammerspiele im Dritten Reich. In: Martin Broszat u.a. (Hrsg.), Bayern in der NS-Zeit, Bd. II, München u.a. 1979, 109, 115f., 120.

[90] Lamm 46f., 284ff., Heinrich 303; Rainer Amstädter, Der Alpinismus. Kultur-Organisation-Politik. Wien 1996; Helmuth Zebhauser, Alpinismus im Hitler-Staat. München 1998.

Abb. 2: JR Dr. Albert Kann (mit Pfeife), beliebter und gesuchter Kartenspieler am Tegernsee, Beispiel für die gelungene Integration der Juden.
Quelle: Privat.

Berufsverbot belegt, emigrierte er über Italien nach Frankreich, wo er sich in den verschiedensten Berufen versuchte, ohne in einem auf Dauer festen Fuß zu fassen. 1939 wurde er zunächst interniert, meldete sich aber zur Fremdenlegion, die ihn in Nordafrika einsetzte. Nach erneuter Internierung in der Sahara (1940–1942) bis 1947 im Dienst der britischen Armee, wanderte er 1947 weiter nach Australien, um dort nach Zwischenstationen als Inhaber eines Lebensmittelgeschäfts, Fürsorger und Dolmetscher endlich in der technischen Abteilung der Postverwaltung ein erträgliches Auskommen zu finden. Forschungen und Publikationen zur Geschichte Australiens und des australischen Judentums, aber auch des dortigen Alpinismus schlugen den Bogen zurück zu den Anfängen in den bayerischen Bergen.[91]

Wenn Peter Landau in seiner großen Untersuchung aus dem Jahr 1993 über „Juristen jüdischer Herkunft im Kaiserreich und in der Weimarer Republik", was die Rechtsanwälte betrifft, zu dem Schluss kommt, „dass die Geschichte der deutschen Anwaltschaft im 20. Jahrhundert ohne Hervorhebung der jüdischen Anwälte nicht geschrieben werden kann. Das hohe geistige Niveau des Anwaltsstands in Deutschland vor 1933 ist ganz wesentlich jüdischen Berufskollegen zu verdanken"[92], wird seine Diagnose durch die bayerischen Beispiele ergänzt und bestätigt.

[91] Heinrich 155f.; Lamm 46, 74, 282, 284f.; Walk 29; BHE I 55; Biografische Angaben zu G.F. Bergmann.

[92] Landau 156.

d) Zahlen

Die Zugehörigkeit des Elternhauses zum deutsch-jüdischen gehobenen Bürgertum hat die Wahl des Studienfaches Jura sicher vielfach beeinflusst. „Das Vordringen in Anwaltschaft, Ärzteschaft und andere Doktorsberufe war ein Stück des seiner Natur nach jungen und bescheidenen gesellschaftlichen Ehrgeizes, den die Juden der damaligen Zeit pflegen konnten."[93] Das reduzierte Berufsangebot für Juden dürfte ein weiterer Faktor gewesen sein, dass sich zum Beispiel etwa 70% aller jüdischen Studierenden während des Kaiserreichs in der juristischen oder medizinischen Fakultät einschrieben.[94]

Bei vielen begabten Juristen hatte die Berufswahl Rechtsanwalt einen handfesten Grund: Ihre Nichtberücksichtigung für den Staatsdienst entsprechend der seit der Jahrhundertwende in Bayern üblichen Verwaltungspraxis gegenüber Juden konfrontierte sie oft erstmals mit dem neueren rassisch begründeten Antisemitismus, der auch als Antwort auf die Gleichberechtigung der jüdischen Staatsbürger, die in der Rechtsordnung von 1869/71 garantiert schien, gesehen werden kann. Die diskriminierende Behandlung jüdischer Bewerber für die Staats- und Universitätslaufbahn ist ein gutes Beispiel für die vielen faktischen Benachteiligungen, denen deutsche Juden damals bei der Wahrnehmung ihrer verfassungsmäßigen Rechte ausgesetzt waren.[95]

Das Ganze in exakten Zahlen auszudrücken, ist nur bedingt möglich, weil die bayerische Statistik bis 1933 nicht unter rassischen Aspekten geführt wurde. Anlässlich der Debatte um den jüdischen Anteil im Staatsdienst im Jahr 1901 gab der Justizminister im Landtag die Zahl von 152 jüdischen Rechtsanwälten bekannt, die 18% von 845 bayerischen Rechtsanwälten ausmachten. Verteilt auf die OLG-Bezirke: Augsburg 12, Bamberg 18, München 69, Nürnberg 41 und Zweibrücken 12, was bedeutet, dass im OLG-Bezirk München 45% aller jüdischen Rechtsanwälte in Bayern niedergelassen waren. Der jüdische Anteil an der Gesamtbevölkerung betrug damals 0,9%.[96] Zum Vergleich: In Preußen waren im Jahr 1900 26,8% aller Rechtsanwälte Juden.[97] Ähnlich wie in Preußen blieb dieses Verhältnis in den Folgejahren in Bayern im Wesentlichen unverändert. Für Mai 1933 vorliegende Zahlen verdeutlichen diese Aussage: Von 2473 bayerischen Rechtsanwälten waren 440 Juden (= 17,8%). Verteilt auf die vier OLG-Bezirke (Augsburg war 1932 weggefallen): Bamberg 46 von 390 (= 11,79%); München 217 von 1301 (= 16,67%); Nürnberg 130 von 529 (= 24,57%) und Zweibrücken 47 von 253 (= 18,5%).[98]

Der jüdische Anteil an der bayerischen Bevölkerung betrug 1933 nur noch 0,55% (41939 von 7,68 Millionen Einwohnern).[99] Die überproportionale Beteiligung von Juden an der bayerischen Anwaltschaft machte sich besonders in den größeren Städten bemerkbar, wo allerdings auch die überwiegende Zahl der bayerischen jüdischen Bevölkerung lebte.[100]

[93] Erinnerungen Philipp Löwenfeld, Manuskript 20.
[94] Norbert Kampe, Studenten und „Judenfrage" im Deutschen Kaiserreich. Göttingen 1988, 91.
[95] Krach 14ff.; Landau, 135ff.
[96] Lorenzen 132.
[97] Krach 415.
[98] BayHStA, MJu 9650; Chronik der bayer. Justiz 1933, Eintrag zum 30.9.1933.
[99] Bayer. Geschichtsatlas 94; StatJb für Bayern 1934, 9.
[100] Ophir-Wiesemann 15.

Von den jüdischen Rechtsanwälten des Kammerbezirks München waren im Mai 1933 alle bis auf 3 in München niedergelassen (= 45% aller bayerischen jüdischen Rechtsanwälte). Ähnliches gilt für den Kammerbezirk Nürnberg, von dessen 130 jüdischen Anwälten über 100 in der Stadt Nürnberg (und weitere 13 in Fürth) ihre Praxis ausübten.[101] In den ländlichen Bezirken waren jüdische Rechtsanwälte dagegen kaum anzutreffen, im den östlichen Teil Oberbayerns umfassenden Landgerichtsbezirk Traunstein gab es überhaupt keine.

5. Gegner der Integration

Nimmt man ihre Beteiligung an Standesorganisationen und -vereinen, ihre Stellung im öffentlichen Leben als geachtete Vertreter eines angesehenen Berufes, ihre Funktionen bei Verbänden und Banken oder in Aufsichtsräten von Unternehmen als Maßstab, dann ist die weitgehende Integration der jüdischen Rechtsanwälte in Staat und Gesellschaft nicht zu verkennen. Dies entsprach ja auch dem Gebot der Verfassung. Dass diese Integration aber brüchig war, zeigte uns bereits die systematische Zurücksetzung jüdischer Staatsdienstbewerber durch die bayerische Verwaltung. Auch sonst war ein latenter, teilweise offener Antisemitismus im Bayern der Jahre 1919–1933 weit verbreitet. Dazu einige aussagekräftige Beispiele:

Die Bayerische Königspartei, deren Ziel die Wiedererrichtung der Monarchie im Land war, zählte in ihrem Programm die Juden zu den „wütendsten und heimtückischsten Feinden des deutschen Volkes".[102]

Der Fraktionsvorsitzende der Bayerischen Volkspartei im Bayerischen Landtag, Heinrich Held, von 1924–1933 Ministerpräsident des Landes, deutete 1922 den Antisemitismus als Reaktion „eines gesunden Volksempfindens" auf ein Jahrhundert, in dem das deutsche Volk „unter jüdischem Einflusse, namentlich von Philosophen, von Dichtern, Schriftstellern zum wesentlichen Teile geistig in den Sumpf geführt worden ist."[103]

Die Mittelpartei, der bayerische Ableger der DNVP, in Koalition mit der Bayerischen Volkspartei ab 1922 Regierungspartei im Freistaat, konnte folgenden Aufruf ungeahndet im Druck erscheinen lassen: „Man kaufe nicht bei Juden, man lese nichts von Juden Geschriebenes, man gehe nicht in ein jüdisches Theaterstück und nehme keinen jüdischen Arzt und Rechtsanwalt. Wenn das alle 60 Millionen Deutschen täten, ja, wenn es nur diejenigen täten, die am liebsten jeden Tag einen Juden totschlügen, dann wäre die jüdische Gefahr schon gebannt."[104]

Der einstmals große Dichter Ludwig Thoma ließ am Ende seines Lebens unter dem Deckmantel feiger Anonymität seiner vermeintlich kernbayerischen Spielart krudesten Antisemitismus vollen Lauf: „In München haben wir doch mit der Hinrichtung des Eisner ... den Nachweis geliefert, dass es uns nicht an Temperament fehlt. Die Berliner wer-

[101] BayHStA, MJu 9650.
[102] Bayerischer Königsbote Nr. 1 vom 2. 4. 1920.
[103] Verhandlungen des Bayer. Landtags 1922, Sten. Berichte VII, 78 f. (Sitzung des Landtags vom 16. 11. 1922).
[104] Korrespondenzblatt d. Bayer. Mittelpartei (Nürnberg), Nr. 104/1921, zitiert nach Kauders 56.

den auch dankbar anerkennen müssen, dass wir ihnen den Landauer durchgetan haben. Immerhin war das nur ein Vorspiel zu größeren Kuren, die wir uns gelobt haben, für den Fall, dass sich die Beschnittenen bei uns noch einmal mausig machen. Dann geht's aus dem Vollen."[105]

In Anbetracht der Tatsache, dass Kurt Eisner und Gustav Landauer 1919 ermordet worden waren, legen solche „Auslassungen" und „Hetzparolen"[106] auch einen Blick in die Zukunft nahe. Thoma hat mit „größeren Kuren" und anderen gedanklichen Entgleisungen antizipiert, was ab 1933 traurige Realität werden sollte.

Gegen jüdische Rechtsanwälte waren, kaum dass sie die Chance zu bescheidener beruflicher Entfaltung erhalten hatten, antisemitische Vorbehalte formuliert worden. Der einschlägig bekannte preußische Hofprediger Stoecker hatte schon 1882 geäußert, er „halte es um kein Haar besser, wenn die Juden in das Richteramt eindringen, als wenn die jüdische Advokatur mit ihrer Konkurrenz einen ganzen Stand überzieht".[107]

Seit 1905 wurden Forderungen nach einem Numerus clausus für jüdische Rechtsanwälte und Ärzte laut. Ausgerechnet einem Rechtsanwalt, dem Vorsitzenden des Alldeutschen Verbandes Justizrat Heinrich Claß, blieb es 1912 vorbehalten, für die Juden Fremdenrecht zu verlangen und ihnen gleichzeitig den Zugang zu öffentlichen Ämtern, Militär, Anwaltschaft, Theater- und Zeitungswesen zu versperren. Jüdischen Anwälten unterstellte er egoistische Gewinnsucht und ein gestörtes Verhältnis zu Recht und Gerechtigkeit. „... Und dem Gesetze seines Wesens entsprechend ... ist der Jude in allem, was er angreift, Jude. ... Wird er Anwalt, so wirkt er zersetzend, weil seine angeborenen Rechtsbegriffe in Widerspruch stehen zu denen, die dem geschriebenen deutschen Rechte innewohnen, und es kommt zu jenen talmudistischen Praktiken, die Recht zu Unrecht verdrehen wollen und umgekehrt ..."[108] Nationalistisches, antiliberales und pseudowissenschaftlich-rassistisches Gedankengut schufen das Zerrbild eines jüdischen Anwalts, das bald bis in akademische Kreise vordrang und Bestandteil ihrer Weltanschauung wurde.

6. Überfüllung und wirtschaftliche Probleme der Anwaltschaft

Das stetige Wachsen der Anwaltschaft seit ihrer Freigabe 1879 war einer der Gründe für die Virulenz antisemitischer Strategien. Dies mögen einige Zahlen belegen:

Im Reich gab es 1900 über 6000 Anwälte, 1915 bereits über 12000, deren Zahl bis 1. Januar 1933 auf 19440 stieg. In Bayern waren 1901 845, 1915 1736 und 1933 2431 Anwälte zugelassen. Im größten bayerischen Kammerbezirk München stiegen die Zahlen von 362 im Jahr 1900 über 742 im Jahr 1915 bis 1933 auf 1032; im Kammerbezirk Nürnberg von 327 im Jahr 1915 auf 532 im Jahr 1933. In rund 30 Jahren hatte sich die deutsche Anwaltschaft fast verdreifacht.[109]

[105] Artikel „Anti-arisch" in: Miesbacher Anzeiger vom 8.4.1921, zitiert nach Volkert, Ludwig Thoma 222.

[106] Volkert, Ludwig Thoma 482.

[107] Zitiert nach Krach 28.

[108] Krach 28f.

[109] Krach 415f.; Jahresbericht Anwaltskammer München 1921, 2; Anwaltsblatt 1933, 76f. = Bewegung der Zahl der Anwälte seit 1915; vgl. Heinrich 30ff.

Es verwundert nicht, dass sehr rasch alte Ängste, die sich auf den sozialen Status der Anwaltschaft bezogen, zu neuer Blüte kamen. Gesetzgeberische Maßnahmen gegen eine Überfüllung des Anwaltstandes gehörten schon bald zum Forderungskatalog der Anwaltstage, fanden allerdings lange keine Mehrheit, weil starke Kräfte – unter ihnen auch jüdische Standesvertreter wie Max Friedlaender und Sigbert Feuchtwanger – staatliche Interventionen bei einem freien Beruf generell ablehnten.[110] Erst Ende 1932, als unter dem Einfluss der Wirtschaftslage und weiterhin steigender Zulassungen für erhebliche Teile der Anwaltschaft mit „unmittelbarer Existenzgefährdung und Proletarisierung" gerechnet wurde,[111] war eine Mehrheit der Abgeordnetenversammlung des DAV für Zulassungssperre und Numerus clausus.[112]

Dass man damit – unbewusst? – restriktiven Tendenzen die Tür öffnete, war nur wenigen sofort klar. Ernst Fraenkel erkannte „die Gefahr, dass die im Staat herrschende Schicht ihre Macht dahin erweitert, oppositionellen Köpfen den Weg zur Anwaltschaft zu versperren",[113] er hätte auch „jüdischen Köpfen" hinzufügen können. Denn Forderungen nach einem Numerus clausus erhoben bekanntlich auch die Antisemiten und in ihrem Gefolge die NSDAP.[114]

Die Zuspitzung der Wirtschaftslage nach 1929 hatte auch in Bayern kritische Zustände in der Anwaltschaft zur Folge, die sogar den Referenten des Bayerischen Justizministeriums für die Anwälte, Ministerialrat Sauerländer, unter dem Titel „Die Notlage der Anwaltschaft" besorgt zur Feder greifen ließen.[115] Hatten im Reich 1929 rund 13% der Rechtsanwälte nicht einmal 5000 Reichsmark als Roheinnahme im Jahr erreicht, waren es in Bayern 22,5% und in München sogar 26,3%.[116] 1932 hatte sich nach Auskunft eines Vorstandsmitglieds der Münchener Kammer die Einkommenssituation weiter verschlechtert:

„Wir haben nicht wie die meisten Kollegen Norddeutschlands ... einen Rückhalt in einem Notariat, und wir sind im Großen und Ganzen ein Agrarland und haben die geringsten Streitwerte. ... Das Bruttoberufseinkommen war so, dass unter 3000 Reichsmark jährlich ... 1931 nicht weniger als 44,6% der Kollegen hatten ... und 1932 ... haben in München 46,7% der Kollegen unter 3000 Reichsmark ... und 25% hatten ein Einkommen zwischen 3000 und 6000 Reichsmark, so dass also für das Jahr 1932 71,9% oder rund 72% sämtlicher Kollegen ein Berufsbruttoeinkommen unter 6000 Reichsmark hatten".[117]

Viele Mitglieder der Münchener Kammer seien nicht einmal mehr in der Lage, ihren Kammerbeitrag zu entrichten.

[110] Krach 40ff.
[111] Karl C. Thalheim, Die Einkommenslage der deutschen Rechtsanwälte, in: JW 1931, 3497.
[112] Krach 46ff.
[113] Zitiert bei Krach 51.
[114] Vgl. die Ausführungen bei Krach 55ff.
[115] In: JW 1931, 20.
[116] Heinrich 37.
[117] Anwaltsblatt 1932, 28 – zitiert nach Heinrich 37f.

7. Feindbild / „Sündenbock Jude“

Demagogische Deutungen der aktuellen Misere der Anwaltschaft konzentrierten sich auf die jüdischen Berufsvertreter und ihren angeblich negativen Einfluss auf das Erscheinungsbild des gesamten Standes:

„Gerade im Anwaltsberuf kann sich jüdischer Geist schrankenlos entfalten. Der starre Schematismus im Römischen Recht, das stark semitische Züge aufweist, sichert dem Juden von vorneherein Erfolgsmöglichkeiten, die dem gewissenhaften und sachlichen Deutschen versagt bleiben müssen. ... Dem deutschen Richter, dem deutschen Anwalt ist oberster Grundsatz das Prinzip der Wahrheitsfindung, dies ist im Charakter des Deutschen bedingt. Wie ganz anders aber ist die Prozessführung mancher jüdischer Anwälte, denen jedes Mittel recht ist, ihren Gegner zu schädigen.“[118]

Hierher gehören auch unbelegte Behauptungen folgender Art:

„Die Häufung der Nennung von Berliner jüdischen Rechtsanwälten im Zusammenhang mit unsauberen Geschäften von Angeklagten legt der Berliner Anwaltskammer die Pflicht auf, ihre bisherige Praxis zu ändern und die Standesgrundsätze wieder herzustellen.“[119]

Selbst die persönliche Ehre einzelner jüdischer Anwälte wurde skrupellos ins Visier genommen, wie ein Vorfall um den Münchener Strafverteidiger Max Hirschberg zeigt. Dieser hatte in einem Beleidigungsverfahren zwei Journalisten erfolglos verteidigt. In seinem Prozessbericht führte der „Völkische Beobachter“ unter anderem Folgendes aus:

„Das Plädoyer des R. A. Hirschberg zeigte die charakteristische semitische Technik. Ein menschlich an sich bedauernswerter Vorgang wird zu einer Sensationshetze missbraucht, aus Wut, weil ein jahrelang unter jüdischem Einfluss stehender Verlag die Kraft gefunden hat, sich davon unabhängig zu machen und sich auf die nationale Aufgabe einer deutschen Geisteskultur wieder zu besinnen.“[120]

Das von Hirschberg deshalb angerufene Amtsgericht hielt die Anwürfe des Naziblatts immerhin für geeignet, diesen „verächtlich zu machen und in der öffentlichen Meinung herabzuwürdigen. Sie enthalten den Vorwurf, der Privatkläger habe die Verteidigung unanständig, mit Beschimpfungen, sensationshetzerisch, pflichtwidrig, eines Rechtsanwalts unwürdig geführt.“[121] Zu mehr als einer Geldstrafe wegen übler Nachrede konnte es sich allerdings nicht durchringen.

Hirschberg und sein Sozius Philipp Löwenfeld waren auch die eigentlichen Adressaten eines sich auf den ersten Blick wissenschaftlich gerierenden Artikels aus der Feder des „Edelantisemiten“ Wilhelm Stapel, der sich bei näherem Besehen als Antisemitismus übelster Machart entpuppt.[122] Vielleicht sollte noch vorausgeschickt werden, dass der Verfasser mehrfach gegen die beiden Anwälte vor Gericht den Kürzeren gezogen hatte.

[118] Krach 126, der als Quelle die „Nachrichten des Gauverbandes Schlesien des Deutschen Schutz- und Trutzbundes“, Mai-Heft 1922, anführt.
[119] Krach 126. Quelle: „Das Deutsche Tagblatt“ 5. 10. 1928.
[120] Artikel „Georg Müller – Verlag gegen Münchner Post – Judenhetze vor dem Münchner Amtsgericht“ in: Völkischer Beobachter“ Nr. 22 vom 22. 1. 1932.
[121] StAM, AG München 37007.
[122] Wilhelm Stapel, Anwaltschaft und Judentum. Ein Beitrag zur Psychologie der Prozessverhandlung. In: Deutsches Volkstum, 2. September-Heft 1932, 752–757.

Stapel behauptete in seinem Aufsatz, die große Zahl von „penetranten jüdischen Anwälten" habe nicht nur wirtschaftliche und gesellschaftliche, sondern auch psychologische Gründe, weil sich Juden ihrer geistigen Beschaffenheit wegen besonders für diesen Beruf eigneten. Gerade im unsicheren Fall gehe ein Deutscher zum jüdischen Anwalt, weil „er nicht wohl von einem abwägenden, objektiven Anwalt deutschen Geblütes durchgekämpft werden kann." Dem Juden komme es nämlich nicht auf die Sache, sondern auf den Triumph an, „weil ihm das Durchfechten einer schwierigen Sache zugleich ein Durchsetzen seiner selbst bedeutet. ... Recht ist eine unpersönliche und logische Sache. In diese kühle Atmosphäre des römischen und germanischen Erwägens und Urteilens dringt nun das orientalische Temperament des jüdischen Anwalts ein [und] erzeugt in der Regel nicht logische Klarheit, sondern Stimmungen, Abblendungen, Übertonungen, grelle Effekte u.s.w. Durch solche Mittel wird zwar dem Sieg einer Partei, aber nicht dem Siege des Rechtes gedient." Stapel konstruierte einen prinzipiellen Widerspruch zwischen anwaltlicher Interessenvertretung und Rechts- bzw. Wahrheitsfindung und machte dafür das angeblich nur jüdischen Anwälten eigene exzessive Engagement für ihre Mandantschaft verantwortlich.

Hirschberg und Löwenfeld klagten wegen übler Nachrede und Beleidigung.[123] Stapels Anwalt beharrte allen Ernstes darauf, dass die Abhandlung „rein wissenschaftlich" sei, „indem eine Reihe ethnografischer und psychologischer Thesen aufgestellt wird, die den Charakter allgemeiner Werturteile haben. Der inkriminierte Aufsatz ist, wie schon sein Titel beweist, eine wissenschaftliche Kritik über gewerbliche Leistungen im Sinne des § 193 Reichsstrafgesetzbuch". Das angerufene Gericht stellte das Verfahren am 28. Januar 1933 ein, weil es die Behauptung Stapels für glaubhaft hielt, „er habe die Tat aus politischen Beweggründen begangen". Von einem wissenschaftlichen Aufsatz war plötzlich nicht mehr die Rede.[124]

8. Die Haltung der NSDAP

Der Leiter der innenpolitischen Abteilung bei der Reichsleitung der NSDAP, Helmut Nicolai, forderte 1932:

„Besonderer Wert ist auf die Säuberung der Gerichte und Behörden von Juden zu legen. ... Soll in deutschen Landen wieder deutsches Recht Geltung finden, so müssen vor allem die gesamten Rechtspflegeorgane einschließlich der Rechtsanwaltschaft in deutsche Hand gelegt werden."[125]

Auch andere führende Nationalsozialisten hielten mit ihrer Meinung nicht hinter dem Berg. Bezeichnend war der Vorfall im preußischen Landtag im Sommer 1932, als die zahlreichen Ehrengerichtsverfahren des NSDAP-Abgeordneten Rechtsanwalt Roland Freisler erwähnt wurden. Dessen Fraktionskollege Kube nahm dazu wie folgt Stellung:

[123] StAM, AG München, 43354.
[124] Krach 130ff. nennt weitere Beispiele von Attacken auf jüdische Rechtsanwälte.
[125] Krach 129.

Abb. 3:
Der „Illustrierte Beobachter" hetzt bereits 1932 unter dem Motto „Verjudung der Justiz" gegen eine Münchener Kanzlei.
Quelle: „Illustrierter Beobachter" v. 23.9. 1932, 844.

„Die Ehrauffassungen Ihrer Anwaltskammern ... können uns [nicht] veranlassen, das Urteil irgendeiner Anwaltskammer zum Maßstab unserer politischen oder ehrenrechtlichen Auffassungen zu machen. Die Mehrzahl der heute in Deutschland noch tätigen Anwälte hat wiederholt Ehrauffassungen bekundet, die den deutschen Ehrauffassungen grundsätzlich widersprechen. ... In Ihren Anwaltskammern sind derartig viel – ich gebrauche absichtlich das Wort – Judenjungen hemmungslosester Art, dass wir diesen Burschen nach keiner Richtung hin das Recht einräumen, über einen von uns zu Gericht zu sitzen."[126]

Die empörten Reaktionen der Vereinigung der Vorstände der deutschen Anwaltskammern bzw. des Präsidenten des DAV,[127] die „die menschliche und politische Kulturlosigkeit" bedauerten und ihre jüdischen Kollegen in Schutz nahmen, veranlassten Freisler zu einem offenen Brief, der „in erschreckender Deutlichkeit die nationalsozialistischen Pläne hinsichtlich der Anwaltschaft offen legte".[128] Er führte darin u.a. aus:

„Erinnern Sie sich nicht all der jüdischen Schieber innerhalb des Anwaltsstandes, die wegen Aktienbetruges, Unterschlagung, Kreditbetruges, Untreue und ähnlicher Vergehen bestraft wurden? Und die damit den wirklichen deutschen Anwalt in der Achtung der Volkes ... herabgesetzt haben ... Und wissen Sie nicht, dass innerhalb der Anwaltschaft Semiten heute noch Platz haben in einer zahlenmäßigen Menge, die im umgekehrten Verhältnis zu ihrem Dienste am Recht steht? ... Das deutsche Volk und, wie ich betone, der deutsche Anwalt verbittet es sich auf das Entschiedendste, mit einem solchen Gremium, wie es die heutige verjudete Anwaltschaft darstellt, ... verglichen zu werden. ... Das wissen wir, ... dass der deutsche Teil der Anwaltschaft für unseren rücksichtslosen Kampf um die Befreiung des ganzen Volkes und somit auch des Anwaltsberufes aus artfremder Beherrschung Verständnis hat und diesen unseren Kampf begrüßt."[129]

Adolf Hitler höchstpersönlich offenbarte 1932 als Zeuge in einem Münchener Schwurgerichtsprozess, der die Finanzierung der NSDAP mittels ausländischer Gelder zu klären versuchte, sein Verhältnis zu den Gegebenheiten der ordentlichen Gerichtsbarkeit. Als der als Verteidiger auftretende ehemalige preußische Justizminister und Reichstagsabge-

[126] Zitiert nach Krach 79.
[127] Anwaltsblatt 1932, 225 f.
[128] Krach 80.
[129] Anwaltsblatt 1932, 226 f.

ordneter Kurt Rosenfeld seine durch Zuwendungen aus Italien bestimmte Einstellung zur Südtirolfrage bloßstellte, geriet der Parteiführer völlig außer sich und schrie: „Ich lasse mich nicht länger beleidigen. ... Alles, was hier behauptet wird, ist Schwindel." Er verbitte sich, „dass ihm das Wort im Munde umgedreht würde. ... Hier soll wieder politische Propaganda gegen mich inszeniert werden. ... Ich kann mir im Interesse meiner Millionen Anhänger derartige Beleidigungen nicht mehr gefallen lassen. Ich lasse mich nicht so von jüdischen Rechtsanwälten inquirieren (Beifallklatschen, große Unruhe)." Vom Vorsitzenden milde ermahnt, erklärte er, „dass diese Art Fragen für ihn und seine Bewegung unerträglich seien, und dass er lieber bestraft werden wolle, als überhaupt noch eine Antwort zu geben". Was er dann auch tat und damit „die Wahrheitsermittlung unmöglich" machte.[130]

Hitler erhielt vom Gericht wegen Zeugnisverweigerung 800 Reichsmark und wegen ungebührlichen Benehmens 200 Reichsmark Geldstrafe, was er mit der zynischen Bemerkung quittierte, dass seine „Anhänger es sicher verstehen werden, wenn er ... von einem deutschen Gericht bestraft würde, aber nicht verstehen könnten, wenn er sich und die Bewegung in dieser Weise von jüdischen Rechtsanwälten herabwürdigen ließe".[131]

Das Parteiorgan „Völkischer Beobachter" sah sich anlässlich dieses Vorfalls zu grundsätzlichen Äußerungen genötigt, die an Deutlichkeit nichts zu wünschen übrig ließen:

> „Und wenn ein jüdischer Advokat sich gar erdreistet, dem Führer der größten deutschen Volksbewegung und damit die hinter ihm stehenden 13 Millionen zu fragen, ob er vielleicht nicht doch Gelder der französischen oder tschechischen Rüstungsindustrie erhalten habe, so ist dies ... eine Tollheit, wie sie im Buche steht. Wenn irgend etwas geeignet sein könnte, zu beweisen, dass ein jüdischer Rechtsvertreter vor einem deutschen Gericht nichts zu suchen hat, so ist es dieser schamlose Vorfall vor dem Münchener Schwurgericht. Und nichts kennzeichnet die trostlose Unzulänglichkeit unserer Gerichtsverfassungsbestimmungen deutlicher, als die Tatsache, dass zwar der Führer des Nationalsozialismus eine hohe Geldstrafe ... erhielt, ... dass aber umgekehrt keine disziplinäre Möglichkeit gegeben war, den jüdischen Beschimpfer unverzüglich in Arrest abzuführen. Mit gerichtlichen Disziplinarmitteln sind die Rosenfelds nicht in ihre Schranken zurückzuweisen."[132]

In ihrem Kampf gegen Liberalismus, Demokratie und Humanismus, gegen westliche und moderne Ideen, mit denen sich viele Juden identifizierten, hatten die Nationalsozialisten gerade in den Rechtsanwälten ein ihrem Feindbild in idealer Weise entsprechendes Objekt gefunden. Noch schienen sie nicht stark genug, ihrer radikalen Ansicht zur Judenfrage zum Durchbruch zu verhelfen. Der erst Ende 1928 gegründete Bund nationalsozialistischer Juristen unter Leitung des Münchener Nazi-Anwalts Hans Frank kam, wenn man seine Mitgliederentwicklung betrachtet, anfänglich kaum über einen Diskussionszirkel hinaus.[133] Mit dem ihm eigenen hohlen Pathos verlautbarte sein Vorsitzender: „Der Schrei nach seinem, dem deutschen Recht, durchzuckt das deutsche Volk". Aber: „Der Kampf ist besonders auf dem Gebiete des Rechtes schwer: Denn gerade hier herrscht

[130] Klaus A. Lankheit (Hrsg.), Hitler. Reden, Schriften, Anordnungen 1925–1933, Bd. V/1. München u.a. 1996, 163 (Dokument 88); vgl. Krach 136f.
[131] Völkischer Beobachter vom 11.6.1932, zitiert nach Krach 137.
[132] Völkischer Beobachter vom 11.6.1932, zitiert nach Krach 137.
[133] Krach 147 nennt für 1929 lediglich 30 Mitglieder.

der fremdrassige Einfluss mit all der Macht, die ihm in internationaler, finanzstarker Verbindung eignet."[134]

Der hohe Prozentsatz jüdischer Anwälte in manchen Städten bedinge „ein Überwuchern des jüdischen Geistes in der Justiz", das rückgängig gemacht werden müsse.[135] Wie sich das „die Kampfgenossenschaft radikaler Juristen des jungen Deutschlands" (Hans Frank)[136] vorstellte, zeigte z.B. der 1930 im Reichstag eingebrachte Entwurf eines Gesetzes zum Schutz der Nation, der neben dem Delikt des Landesverrats auch Wehrverrat und Volksverrat unter Strafe stellen sollte. Letzterer gliederte sich in Kulturverrat, Wirtschaftsverrat und Rassenverrat auf.[137] Rassenverrat beging z.B., wer „durch Vermischung mit Angehörigen der jüdischen Blutsgemeinschaft oder farbigen Rassen zur rassischen Verschlechterung und Zersetzung des deutschen Volkes beiträgt". Statt der Regelstrafe Zuchthaus sollte in besonders schweren Fällen sogar die Todesstrafe verhängt werden. Die Nürnberger Gesetze des Jahres 1935 waren also 1930 bereits angedacht.

Noch hatten solche extremen Meinungen den Charakter von Gedankenspielereien und kamen nicht zur praktischen Anwendung, aber sie lagen in der Schublade für den Ernstfall bereit. Noch blieben Hans Frank in München und Roland Freisler in Kassel/Berlin Einzelfälle, wenn auch in die Zukunft weisende Beispiele für fanatische Nationalsozialisten, in ihrem Fall in der Anwaltsrobe. Freisler, aus kundigem Munde als „aufgeregter Psychopath ohne Geist und Würde, ... begabt mit falschem Pathos und übertriebenen Gesten"[138] bezeichnet, blieb bis 1933 in Anwaltskreisen nicht zu Unrecht ein Außenseiter. Dass seine Aktivitäten eher berufsfernen Zielen galten, zeigt ein Ausschnitt aus dem Urteil des Ehrengerichtshofs aus dem Jahr 1932:

> „Seine Verfehlungen sind ... wohlüberlegte Schritte, die der Befriedigung seines Agitationsbedürfnisses dienen sollen. Der Angeklagte verkennt vollkommen die Verpflichtungen, die er mit dem Eintritt in die Rechtsanwaltschaft übernommen hat. Es geht nicht an, dass ein Rechtsanwalt ... sein parteipolitisches Glaubensbekenntnis zur alleinigen Richtschnur seines Denkens und Handelns erhebt und Pflichten, die er als außerhalb des Gesichtskreises seiner Weltanschauung liegend ansieht, die Anerkennung versagt. ... Wenn der Angeklagte sich dessen nicht bewusst werden will oder kann, dass er als Rechtsanwalt das Standesrecht zu achten hat, muss er letzten Endes zwischen Politik und Beruf wählen."[139]

9. Judenfeindliche Stimmung vor Hitlers Machtergreifung

Die Intensität des Antisemitismus vor 1933 ist nicht messbar, man kann jedoch davon ausgehen, dass er auch in Bayern weit verbreitet und nicht nur auf die wachsende Anhängerschar Hitlers beschränkt war. Die Personalpolitik der bayerischen Justiz stellte eine Variante dar. Eine andere bestand in christlich motivierten Bestrebungen gegen an-

[134] Völkischer Beobachter Nr. 175 vom 31.7.1929.
[135] Völkischer Beobachter Nr. 334 vom 29.11.1932.
[136] NS-Monatshefte I (1930), 36.
[137] Gerhard L. Binz, Das Gesetz zum Schutz der Nation. In: NS-Monatshefte I (1930), 310–317.
[138] Moritz Goldstein, Gerichtsreporter der Vossischen Zeitung, zitiert nach Krach 132 bzw. 149.
[139] EGH 26, 180 ff. (Urteil vom 22.9.1932) zitiert nach Krach 149.

geblich schädliche jüdische Einflüsse. Die eingehende Analyse dreier großer katholischer Nachschlage- und Orientierungswerke des Herder-Verlags (Staatslexikon, Lexikon für Theologie und Kirche, Großer Herder/Konversationslexikon) fördert, was ihre Artikel Antisemitismus, Juden und Ostjuden betrifft, erstaunliche Aussagen zu Tage, die umso mehr verwundern, weil gleichzeitig die Kurie in Rom den Antisemitismus unzweideutig verurteilte.

Im Stichwort Antisemitismus des Lexikon für Theologie und Kirche (Bd. I, 1930) unterscheidet z.B. der Autor, ein bekannter Jesuit, die völkisch-rassenpolitische von einer staatspolitischen Spielart des Antisemitismus. Während er erstere verwirft, hält er „Maßnahmen gegen unberechtigten und schädlichen Einfluss des wirtschaftenden und geistigen Judentums" für unterstützungswürdig. Sie seien erlaubt, „sobald sie tatsächlich-schädlichen Einfluss des jüdischen Volksteils auf den Gebieten des Wirtschafts- und Parteiwesens, des Theaters, Kinos und der Presse, der Wissenschaft und Kunst (liberal-libertinistische Tendenzen) mit sittlichen und rechtlichen Mitteln" bekämpfen.

„Ausgeschlossen sind Ausnahmegesetze gegen jüdische Staatsbürger als Juden, und zwar vom Standpunkt des Rechtsstaats. Positive Mittel sind: Durchdringung des Gesellschaftslebens mit christlichem Geist, Kampf nicht nur gegen semitische, sondern auch arische Schädlinge, Stärkung der positiv sittlich-gläubigen Faktoren im Judentum gegen die liberalen, dem sittlichen Nihilismus am meisten zugänglichen Assimilationsjuden, die, jeder nationalen wie religiösen Bindung ledig, im Lager der Weltplutokratie wie des Weltbolschewismus gegen die menschliche Gesellschaft zerstörend wirken und dadurch freilich dunkle Züge der vom Heimatboden vertriebenen jüdischen Volksseele auslösen."[140]

Ein weiteres Zitat aus dem ebenfalls kirchlich approbierten Staatslexikon (1927) mag genügen, es steht für kaum glaubliche katholische Urteile über die Juden:

„Heute sind sie auf dem ganzen Gebiet der deutschen Literatur eine Großmacht, auf einigen Punkten sogar die Übermacht ..., wobei vielfach ein Mangel an Gemütstiefe und Innigkeit sich zeigt und echt jüdische Skepsis, Ironie und Kritizismus zum Vorschein kommen. Es liegt in dem unruhigen, aufwühlenden, revolutionären, anpassungsstarken Wesen des Judentums, dass die jüdischen Literaten jeder neuen Literaturmode eifrig dienen, ohne sich durch ästhetisch-künstlerische oder gar ethische Rücksichten besonders gehemmt zu fühlen. Sie dienen auch in der Literatur der Sensation und dem Geschäft."[141]

Karl Thieme kommt nach der Sichtung weiterer einschlägiger Materialien zu folgendem ironischen Urteil: „Dem aufmerksamen Leser bestätigt sich hier der paradoxe Eindruck, dass man an einer populären Zeitströmung – im Rahmen des nicht geradezu sittlich Verbotenen – auch teilhaben möchte."[142] Diese dem katholischen Milieu entstammenden Zitate mögen als Beispiele, die sich aus anderen Bereichen mühelos ergänzen ließen, genügen.

[140] Lexikon für Theologie und Kirche I (1930), 504 f. Vgl. zum Ganzen Karl Thieme, Deutsche Katholiken. In: Werner E. Mosse (Hrsg.), Entscheidungsjahr 1932. Zur Judenfrage in der Endphase der Weimarer Republik. Tübingen 1965, 271–287.
[141] Staatslexikon II 51927, 1656 zitiert nach Thieme 277.
[142] Thieme 274.

Innerhalb der Anwaltschaft hat es Antisemitismus wenn, dann eher subkutan gegeben.[143] Angesichts des fachlichen und/oder standespolitischen Engagements der jüdischen Berufskollegen musste man mit ihnen zu einem *modus vivendi* kommen. Der Organisationsgrad des NS-Juristenbunds war z.B. im Oktober 1931 bei 253 Mitgliedern im Reich auch in Bayern mit 50 Anhängern eher bescheiden.[144]

Das berufliche Miteinander wird normal verlaufen sein. Die erwähnten wirtschaftlichen Probleme mögen jedoch bei Manchem Zukunftsängste geschürt und die jüdischen Kollegen unter dem Aspekt der lästigen Konkurrenz in ein anderes Licht gerückt haben. Ausgrenzung und Diskriminierung fanden jedoch bis 1933 außer bei Nationalsozialisten keinen großen Anklang.

Im Rahmen ihres Kampfes gegen die Weimarer Demokratie verknüpften diese reaktionäre mit antisemitischer Agitation. Zu ihrer Forderung nach Zurückdrängung des jüdischen Einflusses gehörte auch die Diffamierung der jüdischen Rechtsanwälte. Deren Betonung von Individualinteressen sei gegen das Gemeinwohl gerichtet. Ihre fortschrittliche Einstellung zu Beruf und Politik und ihre Identifizierung mit der ungeliebten Weimarer Republik werden ihnen negativ angelastet. In einem Artikel über die „nationalsozialistische Rechtserneuerung" nennt der Münchener Rechtsanwalt Wilhelm Levinger das Kommende beim Namen: „Ausschaltung des jüdischen Einflusses auf die Gestaltung der deutschen Dinge auch im Recht. Also unbekümmerte Verleugnung der in allen Kulturstaaten anerkannten Rechtsgleichheit."[145] Im Falle einer nationalsozialistischen Machtergreifung befürchtet er rassenideologische Konsequenzen: Eine Säuberungsaktion mit dem Ziel von Berufsverboten. Er sollte Recht behalten.

[143] Krach 154ff. bringt ein Beispiel.
[144] StAM, PolDir München 6859; zur weiteren Entwicklung Krach 161.
[145] Wilhelm Levinger, Schädliche Objektivität. In: CV-Zeitung vom 12. 1. 1933, 11.

II. Kapitel
Die Machtübernahme der Nationalsozialisten und ihre Folgen für die jüdischen Rechtsanwälte in Bayern

1. Verhaftungen, Terror und Mord

Mit der Machtergreifung Hitlers am 30. Januar 1933 „waren auch über die Juden in der Justiz die Würfel gefallen. Sie waren restlos auszumerzen. Nur der Zeitpunkt, in dem diese Maßnahme durchgeführt werden konnte, hing von der politischen Gesamtentwicklung ab".[1] An dieser Einschätzung aus nationalsozialistischer Sicht im Jahr 1943 wird deutlich, dass 1933 allenfalls Verfahrensweise und Tempo, aber keineswegs das grundsätzliche Ziel zur Disposition standen. Gehörte doch nunmehr der Rassenantisemitismus als wesentlicher Teil der nationalsozialistischen Weltanschauung zu den Grundlagen der angestrebten Staatserneuerung.[2] Die der Justiz zugedachte Rolle, die NS-Herrschaft zu festigen, ihre Gegner auszuschalten und danach ausschließlich dem totalitären Staat zu dienen, ließ für Juden keinen Platz.

Aus taktischen Gründen (Rücksicht auf das Ausland und die deutschnationalen Koalitionspartner) verhielt man sich anfänglich zurückhaltend, bis die Machtergreifung in den Reichsländern abgeschlossen war. Erst nach der Reichstagswahl vom 5. März 1933, die Hitler trotz massiver Behinderung der Linken nicht zum erhofften überwältigenden Erfolg verholfen hatte, kam dieser Prozess durch das geschickte Zusammenspiel von Reichsregierung und Partei zum Abschluss. In Bayern, das am längsten dem Druck aus Berlin widerstanden hatte, war das am 9./10. März der Fall.[3] Zunächst kommissarisch, seit Mitte April definitiv, übernahm ein überwiegend mit Nationalsozialisten besetztes Kabinett die Regierungsgeschäfte. Justizminister wurde der Münchener Rechtsanwalt Dr. Hans Frank, der bisher als mäßig erfolgreicher Prozessvertreter seiner Partei, Gründer und Vorsitzender des NS-Juristenbunds, Reichstagsabgeordneter und Leiter der Rechtsabteilung der NSDAP-Reichsleitung bekannt geworden war.[4] Er galt als Anhänger einer radikal antisemitischen Justizpolitik und stellte dies umgehend unter Beweis.

[1] Lorenzen 174.
[2] Wolfgang Scheffler, Judenverfolgung im Dritten Reich. Berlin 1964, 17.
[3] Vgl. für Einzelheiten Falk Wiesemann, Die Vorgeschichte der nationalsozialistischen Machtergreifung in Bayern 1932/33. Berlin 1975.
[4] Zu Franks Rolle als „Reichsjustizkommissar" für die Verreichlichung der Länderjustiz ab April 1933 vgl. eingehend Gruchmann 86 ff.

Wie im übrigen Reich[5] waren die Anfänge des NS-Regimes auch in Bayern von terroristischen Übergriffen durch Parteiformationen gegen einzelne Bürger wie gegen ganze Institutionen geprägt. Dieses ungesetzliche Verfahren richtete sich nicht nur gegen politische Gegner, sondern diente von Anfang an deutlich antisemitischen Zielen. Noch in der Nacht vom 9. auf den 10. März 1933 war als einer der ersten politischen Gegner der bereits erwähnte Münchener Rechtsanwalt Max Hirschberg verhaftet worden, der seinen Sozius Philipp Löwenfeld rechtzeitig hatte warnen können und ihm damit die Flucht in die Schweiz ermöglichte.[6] Vorgeschobene „Rechtsgrundlage" für die Verhaftung Hirschbergs war die sog. Reichstagsbrand-Verordnung[7], die ab sofort den politischen Sektor aus dem Geltungsbereich der allgemeinen Rechtsordnung ausklammerte, die bürgerlichen Grund- und Freiheitsrechte aufhob sowie den dauernden zivilen Ausnahmezustand und die von der Justiz nicht mehr kontrollierte Gegnerbekämpfung zur Norm machte.[8] Hirschberg verbrachte über fünf Monate in Haft. 1934 ist er mit seiner Familie emigriert.

Ebenfalls frühzeitig in „Schutzhaft" kamen Hirschbergs Münchener Kollegen Friedrich Goldschmit[9] und Hans Taub.[10] Da den vorliegenden Unterlagen keine Gründe für ihre Inhaftierung zu entnehmen sind, ist es nicht abwegig, ihre jüdische Herkunft dafür zu reklamieren.

Kontakte zur SPD waren die Ursache für die Verhaftung der Augsburger Anwälte Ludwig Dreifuß, Robert Neumark, Stefan Oberbrunner und Paul Rosenberg, wofür im Frühjahr 1933 offenbar Mandanten aus dem Umkreis dieser Partei genügten.[11] Obwohl entsprechendes Material nicht gefunden werden konnte, erfolgte ihre Freilassung erst nach mehr als vierwöchiger Haft. Der Verdacht bloßer Einschüchterung ist nicht von der Hand zu weisen.

Fast über zwei Monate erstreckte sich die Schutzhaft des Schweinfurter Rechtsanwalts Salomon (Sali) Mendle. Auch ihm wurden Verteidigungen von SPD-Mitgliedern zur Last gelegt. Aktives Engagement für die Weimarer Republik und Vorsitz der Ortsgruppe Schweinfurt des CV waren unter den neuen Verhältnissen ebenso gefährlich wie die Tatsache, dass er 1923 im Gerichtssaal Julius Streicher als „Kerl" und „trauriges Individuum" bezeichnet hatte und deshalb zu einer Geldstrafe verurteilt worden war.[12]

Bei seinem gerade erst (7. Februar 1933) zugelassenen Schweinfurter Kollegen Justin Mohrenwitz benötigten die neuen Machthaber mehr als vier Wochen Schutzhaft für die Überprüfung seiner politischen Zuverlässigkeit. Das einzige konkrete Ergebnis ihrer Recherchen, die Feststellung seiner Eigenschaft als Vorsitzender der örtlichen Zionistenvereinigung, war selbst aus der Sicht der Nazis nicht geeignet, die Fortsetzung seiner Haft zu rechtfertigen.[13]

[5] Beispiele bei Göppinger 49 ff., Gruchmann 124 ff., Krach 165 ff., Ostler 247 ff.
[6] Weber, Max Hirschberg 25 ff. u. 278 ff. sowie biografische Angaben Max Hirschberg.
[7] VO zum Schutz von Volk und Staat vom 28. 2. 1933, RGBl. I 1933, 83.
[8] Martin Broszat, Der Staat Hitlers. München 1969, 105.
[9] Stefan Lorant, Ich war Hitlers Gefangener. Ein Tagebuch 1933. München 1987, 64.
[10] StAM, PolDir München 15143.
[11] StAM, OLG München 704.
[12] StAW, Gestapo 7369; BayHStA, MJu 21423; BayHStA, EG 46786 = K 3199.
[13] StAW, Gestapo 7824; BayHStA, MJu 21458; BayLEA, EG 77834.

83

Reichsgesetzblatt

Teil I

1933 | Ausgegeben zu Berlin, den 28. Februar 1933 | Nr. 17

Verordnung des Reichspräsidenten zum Schutz von Volk und Staat. Vom 28. Februar 1933.

Auf Grund des Artikels 48 Abs. 2 der Reichsverfassung wird zur Abwehr kommunistischer staatsgefährdender Gewaltakte folgendes verordnet:

§ 1

Die Artikel 114, 115, 117, 118, 123, 124 und 153 der Verfassung des Deutschen Reichs werden bis auf weiteres außer Kraft gesetzt. Es sind daher Beschränkungen der persönlichen Freiheit, des Rechts der freien Meinungsäußerung, einschließlich der Pressefreiheit, des Vereins- und Versammlungsrechts, Eingriffe in das Brief-, Post-, Telegraphen- und Fernsprechgeheimnis, Anordnungen von Haussuchungen und von Beschlagnahmen sowie Beschränkungen des Eigentums auch außerhalb der sonst hierfür bestimmten gesetzlichen Grenzen zulässig.

§ 2

Werden in einem Lande die zur Wiederherstellung der öffentlichen Sicherheit und Ordnung nötigen Maßnahmen nicht getroffen, so kann die Reichsregierung insoweit die Befugnisse der obersten Landesbehörde vorübergehend wahrnehmen.

§ 3

Die Behörden der Länder und Gemeinden (Gemeindeverbände) haben den auf Grund des § 2 erlassenen Anordnungen der Reichsregierung im Rahmen ihrer Zuständigkeit Folge zu leisten.

§ 4

Wer den von den obersten Landesbehörden oder den ihnen nachgeordneten Behörden zur Durchführung dieser Verordnung erlassenen Anordnungen oder den von der Reichsregierung gemäß § 2 erlassenen Anordnungen zuwiderhandelt oder wer zu solcher Zuwiderhandlung auffordert oder anreizt, wird, soweit nicht die Tat nach anderen Vorschriften mit einer schwereren Strafe bedroht ist, mit Gefängnis nicht unter einem Monat oder mit Geldstrafe von 150 bis zu 15 000 Reichsmark bestraft.

Wer durch Zuwiderhandlung nach Abs. 1 eine gemeine Gefahr für Menschenleben herbeiführt, wird mit Zuchthaus, bei mildernden Umständen mit Gefängnis nicht unter sechs Monaten und, wenn die Zuwiderhandlung den Tod eines Menschen verursacht, mit dem Tode, bei mildernden Umständen mit Zuchthaus nicht unter zwei Jahren bestraft. Daneben kann auf Vermögenseinziehung erkannt werden.

Wer zu einer gemeingefährlichen Zuwiderhandlung (Abs. 2) auffordert oder anreizt, wird mit Zuchthaus, bei mildernden Umständen mit Gefängnis nicht unter drei Monaten bestraft.

§ 5

Mit dem Tode sind die Verbrechen zu bestrafen, die das Strafgesetzbuch in den §§ 81 (Hochverrat), 229 (Giftbeibringung), 307 (Brandstiftung), 311 (Explosion), 312 (Überschwemmung), 315 Abs. 2 (Beschädigung von Eisenbahnanlagen), 324 (gemeingefährliche Vergiftung) mit lebenslangem Zuchthaus bedroht.

Mit dem Tode oder, soweit nicht bisher eine schwerere Strafe angedroht ist, mit lebenslangem Zuchthaus oder mit Zuchthaus bis zu 15 Jahren wird bestraft:

1. Wer es unternimmt, den Reichspräsidenten oder ein Mitglied oder einen Kommissar der Reichsregierung oder einer Landesregierung zu töten oder wer zu einer solchen Tötung auffordert, sich erbietet, ein solches Erbieten annimmt oder eine solche Tötung mit einem anderen verabredet;
2. wer in den Fällen des § 115 Abs. 2 des Strafgesetzbuchs (schwerer Aufruhr) oder des § 125 Abs. 2 des Strafgesetzbuchs (schwerer Landfriedensbruch) die Tat mit Waffen oder in bewußtem und gewolltem Zusammenwirken mit einem Bewaffneten begeht;
3. wer eine Freiheitsberaubung (§ 239) des Strafgesetzbuchs in der Absicht begeht, sich des der Freiheit Beraubten als Geisel im politischen Kampfe zu bedienen.

§ 6

Diese Verordnung tritt mit dem Tage der Verkündung in Kraft.

Berlin, den 28. Februar 1933.

Der Reichspräsident
von Hindenburg

Der Reichskanzler
Adolf Hitler

Der Reichsminister des Innern
Frick

Der Reichsminister der Justiz
Dr. Gürtner

Herausgegeben vom Reichsministerium des Innern. – Gedruckt in der Reichsdruckerei, Berlin.

Reichsgesetzbl. 1933 I 25

Abb. 4: Die so genannte Reichstagsbrandverordnung: Aufhebung wesentlicher Grundrechte, andauernder ziviler Ausnahmezustand und unkontrollierte Gegnerbekämpfung.

Abschrift.

Sali M e n d l e ,
Rechtsanwalt in
Schweinfurt a.Main.

Schweinfurt, den 13. April 1933.

Zum

Amtsgericht

S c h w e i n f u r t .

Wie ich in Erfahrung gebracht habe, wurden die Anwälte veranlasst, eine Erklärung über ihre Stellungnahme zum Deutschtum und zur Regierung abzugeben.

Demgemäss erkläre ich hiermit, dass ich mich selbstverständlich als Deutscher bekenne.

Jch habe nie eine andere Auffassung gehabt, als dass Deutschland mein Vaterland ist und mich immer als Deutscher gefühlt und bekannt.

Jch bekenne mich auch zu allen Pflichten, die mir als deutscher Staatsbürger der jetzigen verfassungsmässig gebildeten Regierung gegenüber obliegen.

Jch unterwerfe mich allen Gesetzen und Anordnungen der Regierung und verspreche dem von mir geleisteten Amtseid entsprechend der Regierung Treue und Achtung.

gez. Mendle,
Rechtsanwalt.

Abb. 5: Stellungnahme von RA Sali Mendle, Schweinfurt, sein Deutschtum betreffend.
Quelle: Staatsarchiv Bamberg, K 100 Abg. 1996 Nr. 1935.

Ähnlich beschaffen waren die Vorwürfe, die im März 1933 die Schutzhaft für den Hofer Anwalt Fritz Kronenberger begründen sollten. Mitgliedschaften im Arbeiterschachklub und bei den Naturfreunden, beide als „marxistisch" eingestuft, blieben am Ende übrig, so dass er nach einer Woche freigelassen wurde. Der einzige jüdische Rechtsanwalt des Landgerichtsbezirks Hof stand dennoch auf verlorenem Posten. Obwohl sich sogar die Präsidenten von Landgericht und Oberlandesgericht aus sozialen Gründen für ihn eingesetzt hatten, verlor die einzige Stütze einer fast blinden Mutter alsbald die Zulassung, weil er Jude war. Eine Odyssee um die halbe Welt sollte sich anschließen.[14]

Seine Mitgliedschaft im örtlichen Arbeiter- und Soldatenrat und in der USPD 1918/19 wurde dem Aschaffenburger Rechtsanwalt Albert Stühler im März 1933 im Sinne kommunistischer Betätigung zum Vorwurf gemacht, obwohl er seitdem politisch unauffällig geblieben war. Die bereits gleichgeschaltete Bamberger Anwaltskammer beschränkte sich darauf, ihn als „äußerst unbeliebt" und „frechen, anmaßenden Juden" zu bezeichnen. Der NSDAP-Kreisleiter, Oberbürgermeister Wohlgemuth, forderte unzuständigerweise seine Entfernung aus dem Amt. Der seit 1910 als Rechtsanwalt zugelassene Stühler zog nach einigem Hin und Her entnervt in die nahe Großstadt Frankfurt, weil er sich dort offenbar sicherer fühlte. Dieser Schritt ermöglichte es der Anwaltskammer, seine Zulassung wegen Verletzung der Residenzpflicht (§ 21 Abs. 1 Nr. 2 RAO) umgehend zurückzunehmen.[15]

Das erst seit 1920 zu Bayern gehörende Coburg stellte insoweit einen Sonderfall dar, als dort die NSDAP schon 1929/30 die Mehrheit errungen und die Stadt mit Unterstützung der Gesamtpartei zu einer Musterkommune in ihrem Sinne gemacht hatte.[16] Die drei am Ort niedergelassenen jüdischen Rechtsanwälte, die Brüder Martin und Moritz Baer sowie Kuno Hirsch, die auch Notare bzw. (seit 1921) Notariatsverweser waren, kamen als überzeugte Demokraten – Martin Baer als Ortsvorsitzender, Kuno Hirsch als Stadtrat der DDP – schon vor 1933 ins Visier der Nazipartei. In zahlreichen Prozessen hatten sie nicht ohne Erfolg Nazigegner verteidigt oder waren gegen Anhänger Hitlers vorgegangen. Jetzt, im März 1933, ist die Zeit der Rache gekommen.

Am 12. März dringen Nationalsozialisten in das Haus Martin Baers ein, schleppen ihn ins Rathaus und schlagen ihn brutal zusammen. Erst nach drei Tagen kann er aus dem Krankenhaus entlassen werden. Auch sein Bruder Moritz wird verhaftet und misshandelt. Kuno Hirsch, der bereits 1931 unter Übergriffen zu leiden hatte, wird nach kurzer Haft entlassen, weil gegen den fast 65-jährigen Justizrat, Syndikus der Industrie- und Handelskammer, Stadtrat und geachteten Bürger keine verwertbaren Erkenntnisse vorliegen. Zum 1. Juli 1933 verlieren alle drei ihr Notariat mit der formalen Begründung, dass in Bayern Anwaltsnotare nicht vorgesehen seien. Hirsch war immerhin seit 1901 Notar, seit 1921, wie die Brüder Baer, Verweser eines bayerischen Notariats.

Als so genannte Altanwälte[17] – Hirsch war seit 1895 zugelassen, Moritz Baer seit 1903, Martin Baer seit 1913 – durften sie einstweilen im Amt bleiben. Ihr Geschäftsumfang

[14] BayHStA, MJu 21226; BayHStA, BEG 8890 = K 3019.

[15] BayHStA, MJu 22088; StAW, Gestapo 15744.

[16] Rainer Hambrecht, Der Aufstieg der NSDAP in Mittel- und Oberfranken (1925–1933). Nürnberg 1976, 347 ff. u. 394 ff.

[17] Jüdische Anwälte, die vor dem 1. August 1914 zugelassen worden waren, durften ihre Zulassung laut den Bestimmungen des „Gesetzes über die Zulassung zur Anwaltschaft" behalten. Vgl. Kapitel II.6.

ging aber rapide zurück. Hirsch gab seine Zulassung im Dezember 1936 auf und zog 1938 zu seiner Tochter nach München. Zusammen mit seiner Ehefrau wurde er von dort 1942 nach Theresienstadt deportiert, wo er am 30. November 1943 ums Leben kam, seine Frau am 7. Mai 1944.[18]

Justizrat Moritz Baer, bayerischer Unteroffizier im Weltkrieg, Träger des EK II und weiterer Auszeichnungen, darunter das Verwundetenabzeichen, muss 1938 zusammen mit seiner Ehefrau nach Argentinien emigrieren, wo er seine beiden Kinder wieder trifft. 1952 stirbt er in Buenos Aires.[19] Sein Bruder Martin muss infolge reiner Schikane vom 10. April bis 10. Juni 1933 auf einen Passierschein zum Betreten der Coburger Gerichtsgebäude warten. Der bayerische Oberleutnant und Kompanieführer des Weltkriegs, Träger von EK II und EK I und anderen Auszeichnungen, war insgesamt dreimal verwundet worden und anerkannter Kriegsversehrter. Am 9. November 1938 wird er, wie schon im März 1933, im Zuge der so genannten „Reichskristallnacht" verfolgt und misshandelt. Im August 1939 gelingt ihm zusammen mit seiner Frau die Emigration nach England, ein Jahr später flieht er weiter in die USA. Sein einziger Sohn kommt 1943 21-jährig während der Überfahrt nach Amerika ums Leben. Martin Baer stirbt am 29. November 1943 in New York, 58 Jahre alt.[20]

In Würzburg inszenierten radikale Nationalsozialisten am 11. und 12. März 1933 antijüdische Unruhen, die schwerpunktmäßig jüdische Kaufhäuser zum Ziel hatten, aber auch dazu führten, dass vier jüdische Rechtsanwälte von den Gerichten verwiesen wurden.[21]

Wohl wegen seiner Funktion als Vorsitzender der örtlichen Kultusgemeinde kam der Regensburger Anwalt Fritz Oettinger am 30. März 1933 für ganze sechs Monate in Schutzhaft.[22] Dieses Schicksal blieb seinem der SPD nahe stehenden Kollegen Siegfried Weiner nur deshalb erspart, weil er am 30. März 1933 von Regensburg abwesend war. Dafür demolierte ein aufgebrachter Nazi-Mob einen Tag später im Zuge des so genannten Judenboykotts sein Praxisschild. Nach einer massiven Erpressung durch einen ehemaligen Klienten sah er sich noch 1933 zur Emigration gezwungen.[23]

Dem Straubinger Rechtsanwalt Siegfried Pfeiffer wurde zum Verhängnis, dass er Anwalt des am 15. März 1933 unter nie aufgeklärten Umständen bestialisch von Nazis ermordeten jüdischen Vieh- und Güterhändlers Otto Selz war. Angeblich um zu verhindern, dass er „Gräuelnachrichten" ins Ausland übermittle, in Wirklichkeit aber um sein Tätigwerden bei der Untersuchung des Mordes zu unterbinden, kam er in Schutzhaft. Im Herbst 1933 floh er über München nach Frankreich. Nach der Besetzung des Nachbarlandes durch Hitler 1940 landete er im berüchtigten Lager Gurs am Fuß der Pyre-

[18] Fromm, Coburger Juden 290 ff.; StAB, K 100/4, 2794a; BayHStA, EG 75883 = K 2109; Gb. 585; Gb. M 592 bzw. 598 f.

[19] Fromm, Coburger Juden 279 ff.; StAB, K 100/4, 2593; BayHStA, EG 16312 = K 1137.

[20] Fromm, Coburger Juden 279 ff.; StAB, K 100/4, 2592; BayHStA, EG 66549 = K 1130; BayHStA, OP 23264.

[21] Ophir-Wiesemann 440; vgl. Roland Flade, Die Würzburger Juden. Würzburg 1996, 260 ff.; dort auch ein Bericht von RA Karl Rosenthal über eine Hetzrede des NSDAP-Kreisleiters, in der zum Boykott jüdischer Rechtsanwälte aufgerufen wurde.

[22] BayLEA, BEG 5265; Wittmer, Regensburger Juden 280.

[23] Wittmer, Regensburger Juden 278; Lore Jonas, Mein Vater Siegfried Weiner (1886–1963). Erinnerungen an einen jüdischen Rechtsanwalt aus Regensburg. In: Regensburger Almanach des Jahres 1989 (1988), 42 ff.

näen, von wo er wie viele Schicksalsgenossen nach dem Osten deportiert und ermordet wurde.[24]

Bereits am 10. März 1933 begann der nationalsozialistische Terror auch im pfälzischen Landesteil Bayerns. SA- und SS-Posten besetzten das Amts- und Landgerichtsgebäude in Kaiserslautern sowie die Landgerichtsgebäude in Frankenthal und Zweibrücken. Jüdischen Rechtsanwälten wurde ab sofort der Zutritt verweigert, der nichtjüdische Rechtsanwalt und SPD-Reichstagsabgeordnete Wagner im Gerichtssaal verhaftet.[25] Nur das energische Eingreifen von Oberlandesgerichtspräsident Becker/Zweibrücken und Landgerichtspräsident Mellarts/Kaiserslautern veranlasste die zuständigen Parteistellen, wenigstens einige ihrer Maßnahmen zurückzunehmen, um den reibungslosen Geschäftsgang der Justiz zu gewährleisten.[26] Eine Verhaftungswelle richtete sich gegen Juden sowie Mitglieder und Sympathisanten der Linksparteien in der Justiz.

An jüdischen Rechtsanwälten waren betroffen:

Rudolf Wertheimer in Zweibrücken (Schutzhaft vom 14. März bis 24. Mai 1933), dem sein Engagement für die Republikschutzorganisation Reichsbanner Schwarz-Rot-Gold und für den CV zum Vorwurf gemacht wurde.[27]

Ernst Treidel in Kaiserslautern (Schutzhaft 11. März bis Mai 1933) stand der SPD nahe und rekrutierte seine Mandantschaft überwiegend aus Parteikreisen. Im Sommer 1933 wurde ihm die Zulassung entzogen. Nach weiteren Inhaftierungen 1936 und 1938 (KZ Dachau) emigrierte er nach Frankreich. Dort interniert, gelang ihm 1941 die Flucht in die Schweiz. 1946 wanderte er schließlich in die USA weiter, wo er seinen Lebensunterhalt als Arbeiter bestreiten musste.[28]

Paul Tuteur in Kaiserslautern (Schutzhaft 17. März 1933), der politisch ebenfalls nach links tendierte, war seit seiner Niederlassung 1908 in seiner Vaterstadt ein gesuchter und geschätzter Rechtsanwalt. Nach den Erfahrungen der Reichspogromnacht entschloss er sich zur Emigration nach England. Die beiden Kinder, die er im vermeintlich sicheren Belgien untergebracht hatte, wurden von dort nach Osten deportiert und ermordet. Ihren tragischen Tod haben er und seine Frau nie verwunden. Nach der Rückkehr nach Deutschland 1946 war er zunächst Direktor am Landgericht Kaiserslautern, danach Senatspräsident am Oberlandesgericht Neustadt bis zu seiner Pensionierung 1949.[29]

Erich Kehr (Schutzhaft 20. bis 30. März 1933) hatte bis 1933 für die liberale DDP im Stadtrat von Kaiserlautern gesessen, darüber hinaus war er Vorsitzender der CV-Ortsgruppe. Da er seit 1911 zugelassen war, d.h. als so genannter Altanwalt einstweilen im Amt verbleiben durfte, versuchte die gleichgeschaltete Anwaltskammer Zweibrücken dem gestandenen Liberalen mit fadenscheinigen Argumenten kommunistische Betätigung zu unterstellen. Vorhersehbare Beweisnöte veranlassten sie jedoch nach kurzer Zeit,

[24] BayHStA, BEG 55747 = A 54; Anita Unterholzner, Straubinger Juden – Jüdische Straubinger. Straubing 1995, 107 ff., 140.

[25] Gruchmann 323; für außerbayerische Vorkommnisse vergleichbarer Art vgl. Gruchmann 124 ff., Göppinger 49 ff., Krach 165 ff.; zu den Vorgängen in der Pfalz auch Paulsen 268 ff. und Warmbrunn 600 ff.

[26] Paulsen 268 f.

[27] LA Sp, J 3, 800; Paulsen 270, 272, 281; Warmbrunn 601.

[28] LA Sp, J 3, 385 und J 3, 800; BayHStA, MJu 22119; Paulsen 270, 279; Warmbrunn 601.

[29] LA Sp, J 3, 800 und R 19, 2685; Paulsen 270, 279 f.; Warmbrunn 601.

ihren Antrag auf Rücknahme seiner Zulassung zurückzuziehen. Kehr ist Ende 1935 nach Südafrika emigriert.[30]

Justizrat Karl Schulz in Frankenthal (Schutzhaft 25. April bis 2. Juni 1933), seit 1901 zugelassen, wurde durch die mehrwöchige Inhaftierung offenbar so angegriffen, dass er zum 6. Juni 1933 auf seine Zulassung verzichtete. 1934 emigrierte er nach Amsterdam, 1939 von dort über Kuba weiter in die USA.[31]

Robert Blum in Frankenthal (Schutzhaft 23. März und 27. Juni bis 8. Juli 1933) war zweimal „auf Drängen der Menge" verhaftet worden, ohne dass ein konkreter Anlass dazu bekannt ist. Ein antisemitischer Hintergrund ist jedoch anzunehmen. Im Zuge der Reichspogromnacht 1938 wurde er erneut verhaftet und in das KZ Dachau verbracht, wo er bis zum 21. Dezember 1938 verbleiben musste. Im Juni 1939 ist er mit seiner Familie nach Brasilien emigriert und bereits zwei Jahre später 1941 in São Paulo gestorben.[32]

Seinen Namensvetter Eugen Blum in Bad Dürkheim (Schutzhaft 26. Juni bis 8. Juli 1933) holte eine Nazihorde am 26. Juni 1933 nachts aus dem Bett, schlug den dekorierten Weltkriegsveteran krankenhausreif, prügelte ihn barfuß und im Nachthemd zum örtlichen Amtsgericht und demolierte seine Wohnung. Urheber der Ausschreitungen dürfte ein Dürkheimer Kollege – Rechtsanwalt Jakob Ferkel, ein früher NSDAP-Anhänger – gewesen sein, der sich im volltrunkenen Zustand selbst an den Misshandlungen beteiligt hat. Ein Ermittlungsverfahren gegen ihn verlief im Sande, obwohl er die Vorwürfe nur teilweise bestritt. Nur mit der Auflage, sich einige Zeit von Dürkheim zu entfernen, wurde Blum schließlich aus der Schutzhaft entlassen. Da ein weiterer Verbleib in der Kleinstadt Bad Dürkheim (1933 = 7600 Einwohner) unter diesen Umständen unmöglich geworden war, beantragte er die Zulassung in Speyer, wo er über Hausbesitz verfügte. Die einhellige Ablehnung seines Gesuchs durch Anwaltskammer, Vereinigung der Deutschen Kammervorstände, Reichsrechtsanwaltskammer und Oberlandesgericht, „weil im Hinblick auf Ihre nicht arische Abstammung Bedenken entgegenstehen" und eine zu starke Konzentration jüdischer Anwälte an einem Ort zum Schutz der Berufskollegen vermieden werden müsse, veranlasste ihn im Sommer 1935 zur freiwilligen Aufgabe seiner Zulassung. Durch eine „Mischehe" einigermaßen geschützt, hat er das Dritte Reich in Deutschland überlebt. 1946 ist er gestorben.[33]

Nur durch sofortige Flucht konnte sich der Landauer Rechtsanwalt Salomon Feibelmann der bereits verhängten Schutzhaft entziehen. Ihm wurden Beteiligung an der Revolution 1918/19, Kontakte zu den Rheinischen Separatisten der Nachkriegszeit und Sympathien für die Besatzungsmacht Frankreich vorgeworfen. Über die Schweiz kam er mit seiner Familie schließlich nach England, wo er in Manchester eine Kleiderfabrikation betrieb. 1939 wurden er und seine Familie ausgebürgert, außerdem wurde ihm sein 1914 in Würzburg erworbener Doktortitel entzogen. In Manchester ist er 1971 gestorben.[34]

[30] LA Sp, J 3, 800; Paulsen 270, 276; Warmbrunn 601.
[31] BayHStA, MJu 21927; LA Sp, J 1, 1990; Warmbrunn 601.
[32] LA Sp, J 3, 403; Paulsen 274 f.; Warmbrunn 601.
[33] LA Sp, J 3, 1156; Stadtarchiv Speyer, Mitteilung vom 10. 12. 2002; Warmbrunn 601 f.
[34] Bay HStA, MJu 20633; LA Sp, H 91, 7319; Paulsen 275.

Ludwig Heinrich Farnbacher, Rechtsanwalt in Neustadt/Haardt, heute Neustadt a.d. Weinstraße, Mitglied im Jüdischen Jugendbund seiner Heimatstadt, wurde am 3. April 1933 in Schutzhaft von unbekannter Dauer genommen. Nach dem Berufsverbot im Sommer des gleichen Jahres ging er nach Berlin und arbeitete dort in der Filmwirtschaft. Erneute Haft 1937 bewog ihn im Oktober 1938 über Prag und Amsterdam nach England zu fliehen, wo er zunächst als Hafenarbeiter und Handelsvertreter, später auch als englischer Soldat tätig war. Nach 1945 Dolmetscher und Mitglied der Legal Branch der britischen Militärregierung bzw. Kontrollkommission, war er 1951–1954 in einer englischen Rechtsanwaltsfirma beschäftigt, bis er sich 1954 in Düsseldorf als Rechtsanwalt mit dem Schwerpunkt Wiedergutmachung niederließ. Daneben nahm er umfangreiche Funktionen bei der jüdischen Gemeinde Düsseldorf, im Landesverband Nordrhein-Westfalen und im Zentralrat der Juden wahr. 1983 ist er 78-jährig in Düsseldorf gestorben.[35]

Alfons Kalter, seit 1907 Rechtsanwalt in Grünstadt (Schutzhaft 17. bis 29. März 1933), war am 17. März 1933 „vorbeugend im Interesse der öffentlichen Sicherung und Ordnung in Schutzhaft genommen worden. Der Schutzhaftbefehl wurde am 29. März 1933 mit Rücksicht auf den Gesundheitszustand Kalters wieder aufgehoben, nachdem er eine Erklärung abgegeben hatte, sich jeder Bekämpfung der nationalsozialistischen Regierung zu enthalten".[36] Hinter diesen dürren Worten stand eine Tragödie, die sich aus den vorliegenden Unterlagen einigermaßen erschließen lässt. Kalter hatte in Haft versucht, sich das Leben zu nehmen, deshalb der Hinweis auf seinen Gesundheitszustand. Um sein durch Schutzhaft und Selbstmordversuch beschädigtes Ansehen in der Kleinstadt Grünstadt (1933 = 5300 Einwohner) und am benachbarten Landgerichtssitz Frankenthal besorgt, hatte er im Herbst 1933 beantragt, die Verlegung seiner Praxis zugunsten einer Niederlassung in der nahen Großstadt Ludwigshafen im gleichen Landgerichtsbezirk zu genehmigen. Das zuständige Bayerische Justizministerium lehnte seinen Antrag unter Berufung auf § 2 Satz 2 des Gesetzes über die Zulassung zur Rechtsanwaltschaft vom 7. April 1933[37] ab, da nach ihm die Zulassung eines nicht arischen Rechtsanwaltes bei einem anderen Gericht versagt werden kann (nicht muss!), „auch wenn die in der Rechtsanwaltsordnung hiefür vorgesehenen Gründe nicht vorliegen." Der Referent des Ministeriums führte in seinem Entwurf mit bemerkenswerter Deutlichkeit weiter aus: „Die Justizverwaltung hat also bei der Frage, ob sie dem Gesuch stattgeben will, freie Hand." Unter Minister Frank hieß das, dass in der Regel gegen jüdische Antragsteller entschieden wurde. Die demnach eigentlich überflüssigen Stellungnahmen der beteiligten Gerichte vermitteln uns Eindrücke vom Denken, das im Herbst 1933 in Teilen der Justiz bereits üblich war.

Der Präsident des Landgerichts Frankenthal begründete seine Ablehnung des Zulassungswechsels mit der Tatsache, dass unter den 67 Rechtsanwälten in Ludwigshafen bereits 9 Juden seien und dies „dem jüdischen rechtsuchenden Publikum genügend Rechnung trage." Die „über die Persönlichkeit und die Art der Berufsausübung des Gesuchstellers gepflogenen Erhebungen lauten ungünstig. K. sei entschieden gegen die national-

[35] BayHStA, MJu 20630; BHE I 167; Walk 87; Nachruf in: Unsere Gemeinde (IKG Düsseldorf) Nr. 63/64 (1983), 10.
[36] BayHStA, MJu 21118, dort auch das Folgende.
[37] RGBl I 1933, 188.

sozialistische Regierung eingestellt und habe es nur verstanden, die Spuren seiner dahingehenden Betätigung zu beseitigen. Er sei der typische Vertreter des wucherischen Juden, der erbarmungslos seine Opfer ausbeute und aus diesem Grunde eine ungeheure Erbitterung hervorgerufen habe. K. habe sich ein großes Vermögen erworben und es sei nicht einzusehen, warum man ihm nochmals Gelegenheit geben solle, anderen bedürftigen Menschen das Brot wegzunehmen." Anwaltskammer und Oberlandesgerichtspräsident schlossen sich der Ablehnung an, wobei letzterer folgende grundsätzlichen Ausführungen zur Frage des Zulassungswechsels jüdischer Rechtsanwälte machte:

„Wie bei dem jüdischen Beamten wenn irgend möglich ein Wechsel des Dienstsitzes zu vermeiden ist, so sollten auch die jüdischen Rechtsanwälte tunlichst dort bleiben, wo sie sind. Die Bevölkerung wird sich leichter mit dem jüdischen Beamten und Rechtsanwalt abfinden, der sich schon an einem Ort befindet und an den sie gewissermaßen gewöhnt ist, als mit dem neu auftauchenden. So betrachtet liegt die, wenn ich so sagen darf, örtliche Standardisierung der noch zugelassenen jüdischen Rechtsanwälte in ihrem eigenen Interesse. Auch der Gesichtspunkt, dass es vermieden werden muss, dass sich die jüdischen Rechtsanwälte wegen der heutigen Lage und Stimmung der Bevölkerung an wenigen großen Gerichten konzentrieren, spricht gegen das Gesuch."

Auch die Frage einer Ausnahmegenehmigung wurde verneint, weil nach der Ansicht des Ministeriums „der Gesuchsteller die Schutzhaft mit allen ihren nachteiligen Folgen für sein persönliches und berufliches Ansehen (Selbstmordversuch) nach den Erhebungen durch sein Verhalten mindestens mitverschuldet hat." Ohne nähere Anhaltspunkte unterstellte man Kalter, „dass für die Gesuchstellung nicht so sehr der in den Vordergrund gestellte Gesichtspunkt einer Beeinträchtigung des persönlichen Ansehens als vielmehr der Wunsch nach einer Verbesserung der Einkommensverhältnisse an einem großen Amtsgericht mit Kammer für Handelssachen maßgebend war. Einem solchen Wunsche nachzugeben, dürfte aber angesichts der keineswegs ungünstigen Vermögenslage des Gesuchstellers und der schlechten Einkommensverhältnisse eines großen Teils der arischen Rechtsanwälte kein Anlass bestehen." Schließlich wurde auch noch eine uns bereits aus der Vergangenheit bekannte Argumentation ins Feld geführt: „Die durch die Genehmigung des Gesuches eintretende Vermehrung des nicht arischen Elements in Ludwigshafen stünde daher nicht nur im Widerspruch mit den bisherigen Maßnahmen zur Dezimierung der Nichtarier bei den von ihnen bisher bevorzugten größeren Gerichten, sondern wäre unter Umständen auch geeignet, bei der Bevölkerung des Zulassungsortes Beunruhigung auszulösen."

Ausweislich der Akten traute sich Kalter nach dem 29. März 1933 nicht mehr nach Grünstadt zurückzukehren. Am 27. Dezember 1933 verzichtete er auf seine dortige Zulassung ganz und erklärte, dass er seine gleichzeitige Zulassung beim Landgericht Frankenthal aufrechterhalten wolle, wo er sich polizeilich gemeldet habe. Versuche von Landgerichtspräsident, Anwaltskammer und Generalstaatsanwalt beim Oberlandesgericht, daraus ein Neuzulassungsgesuch zu konstruieren, das man selbstverständlich abzulehnen gedachte, scheiterten an der Rechtslage, die, durch ein Gutachten des Anwaltsrechtsfachmannes Rechtsanwalt Max Friedlaender/München[38] eindrucksvoll bestätigt, von Oberlandesgerichtspräsident und Ministerium zähneknirschend akzeptiert werden musste.

[38] Adolf und Max Friedlaender, Rechtsanwaltsordnung. Kommentar. München [3]1930; vgl. biografische Angaben zu Max Friedlaender.

Mit dem Hinweis auf seinen „schlechten Gesundheitszustand (Nerven)“ beantragte Kalter im Frühjahr 1934, „ihm zu gestatten, dass er unter Beibehaltung des Geschäftslokales in Frankenthal seinen Wohnsitz in Mannheim nimmt“, weil in seiner Heimatstadt Verwandte lebten und die Verwaltung seines dortigen Mietshauses leichter wäre. Dieses Gesuch lehnte das Ministerium mit Billigung der beteiligten Stellen erwartungsgemäß ab. Kalter scheint daraufhin resigniert zu haben. Am 5. Juni 1934 wurde er jedenfalls in den Rechtsanwaltslisten des OLG-Bezirks Zweibrücken gelöscht. Am 19. Oktober 1934 berichtete die Gendarmeriestation Grünstadt an das Bezirksamt Frankenthal: „Nach telefonischer Mitteilung der Kriminalpolizei Mannheim ist der frühere RA Dr. Kalter von Grünstadt, zuletzt in Mannheim wohnhaft, gestern, am 18. Oktober 1934, in Mannheim in den Rhein gesprungen und konnte dessen Leiche bis jetzt noch nicht geborgen werden. Kalter sollte durch einen Kriminalbeamten vernommen werden, weshalb er schon einmal in Schutzhaft war.“[39]

Der Münchener Rechtsanwalt Ernst Berg, Oberleutnant der Bayerischen Armee, Träger von EK I und II und anderer Kriegsauszeichnungen, Frontkämpfer von 1914/18, wurde im Frühjahr 1933 bedroht, weil er sich geweigert hatte, eine Zwangsvollstreckung gegen einen Nationalsozialisten aufheben zu lassen. Er war deshalb auch kurz in Haft. 1936 gab er seine Praxis auf und ist zusammen mit seiner nichtjüdischen Frau nach Amerika emigriert.[40]

Sein Münchener Kollege Ludwig Regensteiner, auch er dekorierter Weltkriegsteilnehmer und Offizier, wurde im örtlichen Polizeipräsidium beschimpft und misshandelt. Der Vater von drei minderjährigen Kindern emigrierte 1937 nach Amerika, wo er bis 1954 in einer chemischen Fabrik und nach seiner Pensionierung als Reisender für Chemikalien tätig war. 1974 ist er an der amerikanischen Ostküste gestorben.[41]

Ebenfalls misshandelt wurde sein Kollege Joseph Weil, der als bekannter Mieteranwalt in die Schusslinie der Partei geraten war. Weil kam 1915 als Kriegsfreiwilliger an die Westfront und 1918 als Leutnant nach einer Verwundung in französische Kriegsgefangenschaft. Obwohl er im April 1938 seine Zulassung aufgegeben hatte, war er am 12. November 1938 im Zuge der Reichspogromnacht in das KZ Dachau eingeliefert worden. Aus bisher unbekannten Gründen wurde er 1939 in das KZ Sachsenhausen überstellt, wo er am 5. August 1940 verstorben ist.[42]

Nur weil er zufällig nicht anwesend war, entging der Münchener Rechtsanwalt Alfred Bacharach im März 1933 beabsichtigten Maßnahmen. Eine aufgebrachte Nazihorde hielt sich stattdessen an seine Ehefrau, die offenbar stellvertretend aufs Schwerste misshandelt wurde.[43] Wie Weil kam Bacharach am 10. November 1938 in das KZ Dachau. Im Sommer 1939 ist er mit Frau und Sohn über England in die USA emigriert, wo er als Reisender für Büroartikel seinen Lebensunterhalt verdienen musste. 1961 ist er in New York gestorben.[44]

[39] BayHStA, MJu 21118; Walter Lampert, Grünstadt 1918–1948. Bewegte Jahre. 1985, 150, 153, 163; Warmbrunn 601; Gb. 695.
[40] BayHStA, MJu 20363; BayHStA, EG 78405 = K 2048; Heinrich 107.
[41] BayHStA, MJu 21656; BayHStA, OP 3737; BayLEA, EG 98195; Göppinger 49; Heinrich 106.
[42] BayHStA, MJu 22201; BayHStA, BEG 89379 = A 50; BayHStA, OP 17999; StAM, PA 24039; Göppinger 262; Heinrich 106.
[43] Heinrich 106.
[44] BA Berlin, R 22 Pers. 50581; BayLEA, EG 46671.

Geschichte gemacht hat der Fall seines Münchener Kollegen Michael Siegel, weil ein Straßenpassant die unwürdige Szene mit einem Schnappschuss fotografisch festgehalten hat und das Foto um die ganze Welt ging. Siegel hatte am 10. März 1933 im Münchener Polizeipräsidium wegen der Schutzhaft eines Klienten Beschwerde eingelegt und war daraufhin von SA-Leuten in Haft genommen worden. Mit abgeschnittener Hose und einem umgehängten Schild mit der Aufschrift „Ich werde mich nie mehr bei der Polizei beschweren" trieb man den bedauernswerten Mann durch die Münchener Innenstadt, ließ ihn danach aber frei. Während seine beiden Kinder 1939 nach England auswandern konnten, wo sie auch heute noch leben, gelangte das Ehepaar Siegel 1940 auf abenteuerliche Weise über Russland und Japan nach Peru. Mit fast 60 Jahren war Siegel gezwungen, sich eine neue Existenz aufzubauen. Als Buchhändler und zeitweise als Rabbiner gelang ihm das auch, bis er 1948 seine Anwaltszulassung zurückerhielt und sofort eine umfangreiche Wiedergutmachungspraxis aufnahm. 1979 ist er hoch geehrt mit 97 Jahren in Lima/Peru gestorben.[45]

Rechtsanwalt Robert Held in Starnberg wurde im März 1933 das Opfer lokaler NS-Größen. Sein Fall ist aufgrund günstiger Quellenlage gut dokumentierbar. Er trägt streckenweise Züge einer Provinzposse, hätte er nicht einen so traurigen Hintergrund. Held, Sohn des langjährigen Vorsitzenden des Vorstands der Rechtsanwaltskammer und der Israelitischen Kultusgemeinde Nürnberg, wie sein Vater glänzender Jurist, war seit 1918 in der Kreisstadt am Starnberger See als Anwalt niedergelassen. Sein Können verhalf ihm binnen Kurzem zu einer angesehenen und wirtschaftlich erfolgreichen Praxis und zu entsprechendem Wohlstand. Daneben war er standespolitisch und wissenschaftlich aktiv. Er war Vorstandsmitglied der Rechtsanwaltskammer München, des Vereins der Amtsgerichtsanwälte und des DAV sowie Mitglied zahlreicher anderer einschlägiger Gremien. Aus seiner Feder stammten Aufsätze zum Zivilprozess, Gebühren- und Verkehrsrecht und zur Standespolitik.

Nicht beliebt war er bei der örtlichen NSDAP, weil er unter anderem einem der ihren, Metzgermeister, Stadtrat und SS-Führer, zu einer Gefängnisstrafe verholfen hatte. Bereits vor 1933 kam es daher vor, dass Parteigenossen in der Öffentlichkeit vor ihm ausspuckten oder sein Praxisschild demolierten. Nach der Machtergreifung wurden seine Fenster mehrfach eingeworfen und die beiden Hunde vergiftet. Sein Intimfeind, der ehemalige Vermessungsbeamte und nunmehrige Bürgermeister, NSDAP-Kreisleiter und -Reichstagsabgeordnete Buchner, war der Urheber für die Inhaftierung Helds „zu seinem eigenen Schutz ..., weil er sonst mit Sicherheit von der maßlos empörten Bevölkerung gelyncht worden wäre."[46] Die Erbitterung der Menschen sei darauf zurückzuführen, „dass der jüdische Anwalt Held grundsätzlich in allen Rechtsfällen stets den Eigennutz über den Gemeinnutz gestellt hat." Besonders sein „Rafftrieb" in Gebührenfragen steche hervor. Er „war einer der gehässigsten Gegner der nationalsozialistischen Freiheitsbewegung und im Sinne derselben auf gar keinen Fall von nationaler Gesinnung."

Held konnte unter diesen Umständen in der Kleinstadt Starnberg nicht mehr bleiben und beabsichtigte, seine Praxis in das nahe München zu verlegen. Gefahr drohte auch

[45] MJu, PA S 71; Göppinger 49, 317; Heinrich 106, 157 f.; vgl. biografische Angaben Michael Siegel.
[46] So Buchner in einem Schreiben vom 19. 3. 1933 an den Münchener OLG-Präsidenten, MJu, PA H 672, dort auch die folgenden Zitate.

Abb. 6: Empfehlungsschreiben des Reichsjustizministers für RA Robert Held. Quelle: MJu, PA H 672.

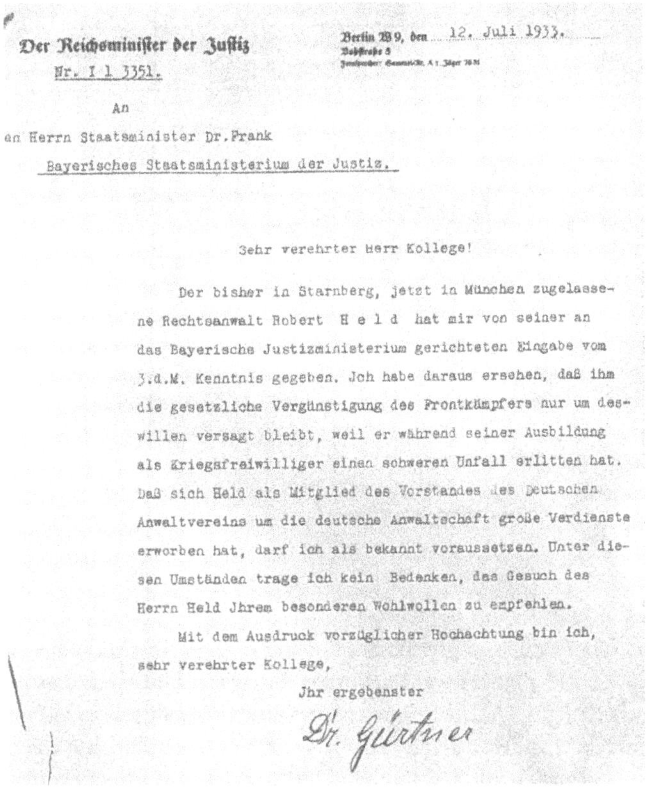

Der Reichsminister der Justiz
Nr. I 1 3351.

Berlin W 9, den 12. Juli 1933.

An
den Herrn Staatsminister Dr. Frank
Bayerisches Staatsministerium der Justiz.

Sehr verehrter Herr Kollege!

Der bisher in Starnberg, jetzt in München zugelassene Rechtsanwalt Robert Held hat mir von seiner an das Bayerische Justizministerium gerichteten Eingabe vom 3.d.M. Kenntnis gegeben. Ich habe daraus ersehen, daß ihm die gesetzliche Vergünstigung des Frontkämpfers nur um deswillen versagt bleibt, weil er während seiner Ausbildung als Kriegsfreiwilliger einen schweren Unfall erlitten hat. Daß sich Held als Mitglied des Vorstandes des Deutschen Anwaltvereins um die deutsche Anwaltschaft große Verdienste erworben hat, darf ich als bekannt voraussetzen. Unter diesen Umständen trage ich kein Bedenken, das Gesuch des Herrn Held Ihrem besonderen Wohlwollen zu empfehlen.

Mit dem Ausdruck vorzüglicher Hochachtung bin ich, sehr verehrter Kollege,

Ihr ergebenster

Dr. Gürtner

von anderer Seite: Die gleichgeschaltete Münchener Rechtsanwaltskammer, mit Munition aus Starnberg versehen, beabsichtigte, die Zulassung Helds zu Fall zu bringen, weil ihm – zugelassen nach 1914 – die Frontkämpfereigenschaft im Sinne des Gesetzes vom 7. April 1933 fehlte. Tatsächlich war dieser Punkt in der Biografie Helds kompliziert. Er hatte sich bei Kriegsausbruch 1914 freiwillig zu den Fahnen gemeldet, war aber noch während der Ausbildung in der Heimat durch einen Pferdetritt so schwer am Bein verletzt worden, dass er trotz energischer Versuche, ins Feld zu kommen, dauernd dienstuntauglich blieb. Umstritten war jetzt die Bewertung der Sachlage, dass Held ein Kriegsversehrter ohne Fronteinsatz war.

Um es kurz zu machen, dank einer Vielzahl positiver Meinungsäußerungen, die Persönlichkeiten wie Reichsstatthalter Epp, Reichsjustizminister Gürtner, der ehemalige Bayerische Ministerpräsident Graf Lerchenfeld, aber auch der 3. Nürnberger Bürgermeister und Anwaltskammervorsitzende Kühn über ihn abgaben, blieb die Münchener Kammer mit ihrer Ansicht, dass Held „ein typischer Vertreter der jüdischen Geistesrichtung sei" und deshalb seine Zulassung verlieren sollte, allein. Da auch die zuständigen Gerichtsstellen ein durchgehend positives Votum über ihn fällten, kam Minister Frank nicht umhin, seine Belassung im Amt zu bestätigen. Zur Beruhigung der Starnberger Parteikreise kam man lediglich überein, Held zu veranlassen, seine Zulassung beim Amtsgericht Starnberg und Landgericht München II zugunsten einer solchen beim Landgericht München I und OLG München aufzugeben und nach München umzuziehen.

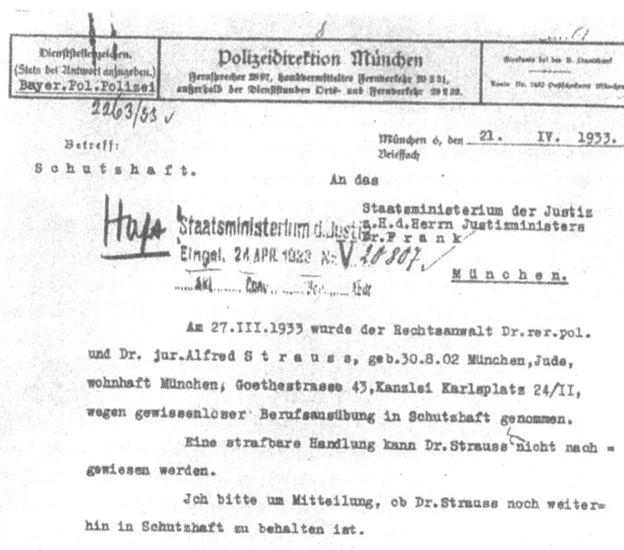

Dienststellenzeichen. (Stets bei Antwort anzugeben.) Bayer.Pol.Polizei

Polizeidirektion München

Fernsprecher 2897, handvermittelter Fernverkehr 20 2 31, außerhalb der Dienststunden Orts- und Fernverkehr 20 2 32.

2263/33 ✓

Betreff:

Schutzhaft.

München 6, den 21. IV. 1933.
Brieffach

An das

Staatsministerium der Justiz
z.H.d.Herrn Justizministers
Dr. F r a n k

M ü n c h e n.

Staatsministerium d. Justiz
Eingel. 24 APR 1933 Nr. V 10807

Am 27.III.1933 wurde der Rechtsanwalt Dr.rer.pol. und Dr. jur.Alfred S t r a u s s, geb.30.8.02 München, Jude, wohnhaft München, Goethestrasse 43, Kanzlei Karlsplatz 24/II, wegen gewissenloser Berufsausübung in Schutzhaft genommen.

Eine strafbare Handlung kann Dr. Strauss nicht nachgewiesen werden.

Jch bitte um Mitteilung, ob Dr. Strauss noch weiterhin in Schutzhaft zu behalten ist.

J.V.

Abb. 7: Stellungnahme der Polizeidirektion zur Schutzhaft von RA Alfred Strauß. Quelle: Bay HStA, M Ju 22074.

Dieser Zulassungswechsel blieb der einzige eines jüdischen Rechtsanwalts in Bayern in der NS-Zeit. Er war begünstigt durch den Umstand, dass es sich bei Held laut Einschätzung des OLG München „um einen Anwalt größeren Formats und lauteren Charakters“ handelte. Seine Starnberger Erfahrungen brachte das örtliche Amtsgericht folgendermaßen auf den Punkt: „Der Anwaltsberuf bringt es mit sich, dass der Anwalt in berufliche Gegensätze zu anderen Personen tritt; häufig werden diese Gegensätze auf das persönliche Gebiet übertragen. Energische Anwälte werden diesem Schicksal selten entgehen.“

Im Herbst 1938 emigrierte Robert Held mit seiner Familie in die USA, wo er – tagsüber Vertreter – abends erneut ein Jurastudium absolvierte und 1942 in New York als Rechtsanwalt zugelassen wurde. Nach 30 erfolgreichen Berufsjahren, die schwerpunktmäßig dem Wiedergutmachungsrecht gewidmet waren, zu dem er auch bahnbrechende Veröffentlichungen beigesteuert hat, verbrachte er seinen Lebensabend in Starnberg. 1977 ist er dort gestorben.[47]

Das am 22. März 1933 eröffnete KZ Dachau war von Anfang an Schauplatz schlimmster Grausamkeiten gegen echte und vermeintliche Gegner des Nationalsozialismus.[48] Zu den ersten Mordopfern gehörten auch zwei jüdische Rechtsanwälte aus Bayern.

[47] MJu, PA H 672; StAM, PolDir München 13719; StAM, OLG München 704; BHE I 282; Walk 146; Göppinger 339; Heinrich 216f.; Stiefel-Mecklenburg 39, 113, 115, 122; weitere Nachweise s. biografische Angaben Robert Held; Otto Michael Knab, Kleinstadt unterm Hakenkreuz. Groteske Erinnerungen aus Bayern. Luzern 1934, 88ff.; Elke Fröhlich, Redakteur am Starnberger „Seeboten“. In: Martin Broszat u.a. (Hrsg.) Bayern in der NS-Zeit Bd. VI, München 1983, 115–137.

[48] Vgl. Günther Kimmel, Das Konzentrationslager Dachau. Eine Studie zu den nationalsozialistischen Gewaltverbrechen. Und: Lothar Gruchmann, Die bayerische Justiz im politischen Machtkampf 1933/34. Ihr Scheitern bei der Strafverfolgung von Mordfällen in Dachau. In: Martin Broszat u.a. (Hrsg.), Bayern in der NS-Zeit Bd. II, München 1979, 349–413 bzw. 415–428.

Der Münchener Alfred Strauß, Sohn des renommierten Anwalts und DDP-Stadtrats Adolf Strauß (1873–1928), wurde am 27. März 1933 „wegen gewissenloser Berufsausübung" in Schutzhaft genommen. Hinter dieser Formulierung der unter der Leitung Himmlers und Heydrichs stehenden Bayerischen Politischen Polizei (ab 1936 Gestapo) verbarg sich offenbar ein Racheakt des neuen Justizministers Frank, mit dem Strauß nach eigener Aussage in der Vergangenheit „berufliche Zusammenstöße" hatte.[49] Am 21. April 1933 fragte die Bayerische Politische Polizei bei Frank an, „ob Dr. Strauß noch weiterhin in Schutzhaft zu behalten ist." Grund: „Eine strafbare Handlung kann Dr. Strauß nicht nachgewiesen werden."[50] Er selbst konnte sich seine Inhaftierung ebenfalls schwer erklären.[51] Von Frank ist keine Reaktion überliefert, aber Strauß wurde am 11. Mai 1933 in das KZ Dachau eingeliefert, dort schwer misshandelt und am 24. Mai 1933 ermordet.[52]

In einem Akt des Bayerischen Staatsministeriums der Justiz, das sich in Zusammenarbeit mit der zuständigen Staatsanwaltschaft München II um eine Klärung dieses und weiterer ähnlich gelagerter Fälle bemühte, wird unter dem Titel „Wichtige Vorkommnisse im KZ Dachau" und dem Betreff „Ableben von Schutzhaftgefangenen" Folgendes ausgeführt:

„Am 24. Mai 1933 wurde der Rechtsanwalt Dr. Alfred Strauß aus München auf einem Spaziergang, der ihm vom Lagerarzt verordnet worden war, von dem ihn begleitenden Wachposten, dem SS-Mann Johann Kantschuster, durch zwei Schüsse in den Hinterkopf getötet. Nach den Angaben des Kantschuster soll Strauß plötzlich versucht haben, in ein nahes Gebüsch zu entkommen, worauf Kantschuster mit seiner Dreysepistole auf eine Entfernung von 8 m zweimal auf ihn gefeuert haben will.
Die Ortsbesichtigung und Leichenschau ergaben, dass Strauß nur Lederpantoffel trug, dass nur der eine Fuß mit einem Socken bekleidet war, während der andere offenbar wegen einer Verletzung, die dieser Fuß aufwies, bloß war. Bei der Leichenöffnung wurden außer den beiden Kopfschüssen in der rechten Lenden- und in der Gesäßgegend ältere Striemen und an der linken Bauchdecke Blutunterlaufungen festgestellt."[53]

Das noch existierende Sektionsprotokoll präzisiert den Zustand des Ermordeten weiter:

„Am Rücken und am Gesäß ziemlich zahlreiche mit Borken bedeckte Verletzungen sowie Narben, in dem darunter gelegenen Fettgewebe Blutungsreste. Die Verletzungen rühren anscheinend von Schlägen her. ...
Zusammenfassung: Steckschuss und Durchschuss in der rechten Gehirnhalbkugel. ... Verprügelungsspuren am Rücken. Erhebungen: Nach Angaben des Postens beim Fluchtversuch ... erschossen. Fluchtversuch außerhalb des Lagers, war nur mit Pantoffeln bekleidet. Die Verprügelung hat nach Angabe des Lagerarztes 14 Tage vor dem Tode stattgefunden."[54]

[49] Stefan Lorant, Ich war Hitlers Gefangener. Ein Tagebuch 1933. München 1987, 79.
[50] BayHStA, MJu 22074.
[51] Lorant, wie Anm. 49, 79.
[52] Mitteilung von Herrn Knoll, Archiv der Gedenkstätte Dachau, an den Verfasser am 3. 6. 2004.
[53] StAM, Stanw 7014; Nürnberger Dokumente PS-641 in: IMT XXVI 171–189.
[54] Institut für Rechtsmedizin der Universität München, G. S. 158/33 vom 29. 5. 1933. Verfasser dankt Herrn Prof. Dr. Wolfgang Eisenmenger für freundliche Unterstützung.

Die Sachlage machte die Einleitung eines Ermittlungsverfahrens unabweisbar, in dessen Verlauf die Staatsanwaltschaft München II trotz massivster Behinderungen durch Polizei und Lagerpersonal Tathergang und Täter relativ eng eingrenzen konnte.[55] Nachdem die Politische Polizei Himmlers sich inzwischen kurzerhand der einschlägigen Akten bemächtigt hatte, waren weitere Amtshandlungen seitens der Justiz jedoch nicht mehr möglich.

Die Bayerische Verordnung über die Gewährung von Straffreiheit vom 2. August 1933[56] machte sie auch obsolet:

„Für Straftaten, die ... zur Durchsetzung des nationalsozialsozialistischen Staates aus politischer Überzeugung begangen sind, [wird] Straffreiheit gewährt. ... Anhängige Strafverfahren werden eingestellt; neue Strafverfahren werden nicht eingeleitet. ... Von der Straffreiheit sind Personen ausgeschlossen, die aus Eigennutz oder sonstigen niedrigen Beweggründen gehandelt haben. ...“

Die Prüfung der niedrigen Beweggründe hatte die Politische Polizei unmöglich gemacht. Und so schließt der Akt des Justizministeriums mit der lapidaren Feststellung: „Das Ermittlungsverfahren ist aufgrund der VO über die Gewährung von Straffreiheit vom 2. 8. 1933 einzustellen.“

Als die Rechtsanwaltswitwe Margarete Strauß, die Mutter des Ermordeten, „die Todesnachricht erhielt, rannte sie wie eine Wahnsinnige auf die Straße, schrie ihr Leid, ihre Anklagen in die Welt hinaus. Das ergab eine Aufregung in allen Kreisen, man entschuldigte, erklärte, vertuschte.“[57]

Unter dem Betreff „Geschäftsbetrieb der Rechtsanwälte“ wandte sich die Polizeidirektion München am 16. Dezember 1933 an die Münchener Anwaltskammer:

„Der ehemalige Rechtsanwalt Dr. Alfred Strauß, wohnhaft gewesen Goethestraße 43, wurde zur Zeit der nationalen Erhebung in Schutzhaft genommen und gelegentlich eines Fluchtversuches im Konzentrationslager Dachau am 24. 5. 1933 erschossen. Am Hause Goethestraße 43 ist jedoch immer noch eine Tafel angebracht mit der Aufschrift ‚Dr. rer. pol. und Dr. jur. Alfred Strauß‘. Es wird dadurch der Anschein erweckt, als befände sich dort noch die Kanzlei eines Rechtsanwaltes. Die Hinterbliebenen des Genannten weigern sich, diese Tafel zu entfernen. Ich ersuche deshalb, falls dies von dort aus möglich sein sollte, auf die Abnahme des Schildes zu dringen. Um Mitteilung der Maßnahmen, die getroffen worden sind, wird ersucht.“[58]

Der handschriftliche Vermerk „erledigt, ablegen“ zeugt vom Vollzug durch die Kammer. Margarete Strauß war im ersten Transport Münchener Juden, der am 20. November 1941 nach dem Osten abging. Sie und ihre tausend Schicksalsgenossen, darunter neun Rechtsanwälte, sind am 25. November 1941 in Kaunas/Litauen ermordet worden. Johann Kantschuster wurde 1951 zu einer lebenslänglichen Zuchthausstrafe verurteilt.[59]

Der Nürnberger Rechtsanwalt Albert Rosenfelder stand der SPD nahe und war aktiver Gegner der Nationalsozialisten. Mit seinem Sozius, dem langjährigen SPD-Landtags-

[55] Gruchmann (wie Anm. 48) 415–428.
[56] GVBl 1933, 211.
[57] So die Witwe des Münchener Kollegen Dr. Elias Straus in ihren Erinnerungen: Rahel Straus, Wir lebten in Deutschland. Erinnerungen einer deutschen Jüdin 1880–1933. Stuttgart 1956, 282.
[58] Stadtarchiv München, RAK 1617.
[59] BayHStA, MJu 22074; BayHStA, BEG 76127 = K 1254; Stadtarchiv München RAK 1617; StAM, Stanw 34832/1–4 (= Landgericht München II Ks 9–10/51); Nürnbg. Dok. PS-641 in: IMT XXVI 171–189; Göppinger 62; Heinrich 119.

Nr. 8756. Abdruck.

Polizeidirektion Würzburg.

Würzburg, den 13. Juni 1934.

Betreff:
Schutzhaft.

Schutzhaftbefehl.

Auf Grund § 1 der VO. des Reichspräsidenten zum Schutze von Volk und Staat vom 28. 2. 1933 (RGBl. I S. 83), ~~der MinBek. vom 4. 6. 1933 Nr. 2188 fe 4 (StAnz. Nr. 54)~~ und der MinEntschl. vom ~~17. 5. 1933 Nr. 2186 a 31 und vom~~ 22. 5. 1933 Nr. 2186 a 48 wird in Schutzhaft genommen:

Vor- und Zuname: Julius Adler,

Geburtszeit und -ort: 29.9.1882 zu Würzburg,

Familienstand und Beruf: led. Dr. jur., Rechtsanwalt,

Staatsangehörigkeit: Reichsangehöriger, Religion: israelitisch

Wohnort und Wohnung: Würzburg, Herzogenstr. 8

Gegen die Verhängung der Schutzhaft steht dem Verhafteten **kein** Beschwerderecht zu.

Gründe:

Adler kommt den ihm seit Dezember 1933 vom Stadtrat Würzburg gemachten bau-und feuerpolizeilichen Auflagen nicht nach, er ist ausserdem Masochist und verstand es schon seit Jahren, zwei elternlose Frauenspersonen unter Ausnützung ihrer Notlage sich geschlechtshörig und seiner anormalen geschlechtlichen Veranlagung gefügig zu machen. Der NSBO. machte er in einer Denkschrift den Vorwurf verbrecherischer Handlungen in der seinem Vetter Willi Adler gehörigen Mohr'schen Malzfabrik in Würzburg. Er steht ferner im dringenden Verdacht, diesem Vetter, der durch falsche Bilanzierung seinen Gläubigern 2 - 3 Millionen Mark Kredite herausschwindelte, zur Flucht verholfen zu haben.

Sein Verhalten ist nicht nur ganz im staatsabträglichen Sinne gelegen, sondern bedeutet eine fortgesetzte Gefahr für die öffentliche Ordnung und Sicherheit. Adler ist aber schon aus Gründen seiner persönlichen Sicherheit in Verwahrung zu nehmen, da bereits in weiten Volkskreisen eine starke Misstimmung gegen ihn besteht, die im Falle seiner Belassung auf freiem Fusse das Schlimmste befürchten lässt.

Schutzhaft war daher anzuordnen.

gez. E d e r.

Abb. 8: Schutzhaft für RA Dr. Julius Adler in Würzburg aus nichtigen Gründen.
Quelle: Staatsarchiv Würzburg, Gestapo 2.

abgeordneten und -Stadtrat Max Süßheim, hatte er vor 1933 auch gerichtliche Auseinandersetzungen mit Streicher nicht gescheut. Kurze Zeit nach der Machtübernahme, am 17. März 1933, war er wie andere örtliche Nazigegner[60] in Schutzhaft genommen worden. Belastendes Material scheint man gegen ihn nicht gefunden zu haben. Am 13. April 1933 erfolgte dennoch seine Überstellung in das KZ Dachau. Eine Anfrage der Nürnberger Justiz nach dem Grund seiner Inhaftierung wurde im Mai 1933 mit „Schutzhaft" und „Dauer ungewiss" beantwortet. Vielleicht um seine Entlassung zu beschleunigen, verzichtete er im Juni auf seine Zulassung als Anwalt. Über sein weiteres Schicksal gibt es differierende Zeitangaben. Während im Archiv der Gedenkstätte Dachau eine Notiz seinen Tod im KZ am 29. Juni 1933 verzeichnet, führt das Gedenkbuch der Stadt Nürnberg als Datum seiner Ermordung den 18. Oktober 1933 an. Eine Auflösung dieses Widerspruchs ist bisher nicht gelungen.[61]

Die genannten bayerischen Beispiele für Terror gegen jüdische Rechtsanwälte in der Anfangsphase des NS-Regimes erheben keinen Anspruch auf Vollständigkeit. Sie reihen sich nahtlos an die andernorts festgestellten parallelen Vorgänge.[62] Auch wenn es keine Hinweise darauf gibt, dass es sich um gelenkte Aktionen handelte, deutet das überall zu konstatierende Gewährenlassen der Akteure zumindest auf die stillschweigende Duldung, wenn nicht Billigung der Verantwortlichen.

2. Nationalsozialistische Forderungen

Publizistische Begleitmusik sowie offiziöse Äußerungen hoher Funktionäre und einschlägiger NS-Organisationen erzeugten eine Stimmung, die die geschilderten Vorgänge ermöglichte und weiter anheizte.

So forderte der BNSDJ (Bund nationalsozialistischer Deutscher Juristen) auf einer Veranstaltung in Hamburg-Altona am 4. März 1933 die „Ausscheidung des jüdischen Elements in der Anwaltschaft".[63]

Auf ihrer Reichstagung in Leipzig fasste dieselbe Organisation am 14. März 1933 folgende Entschließung:

„1. Alle deutschen Gerichte, einschließlich des Reichsgerichts, sind von Richtern und Beamten fremder Rasse unverzüglich zu säubern.
2. Für Angehörige fremder Rassen ist unverzüglich die Zulassungssperre zur Ausübung des Rechtsanwaltsberufs an deutschen Gerichten zu verhängen.
3. Soweit für Angehörige fremder Rasse weiblichen Geschlechts Zulassungen bereits bestehen, sind diese mit sofortiger Wirkung aufzuheben.
4. Nur noch deutsche Volksgenossen dürfen deutsche Notare sein, wobei die Berufung von Kriegsteilnehmern zu beschleunigen ist.

[60] Vgl. die Erinnerungen des liberalen Nürnberger Oberbürgermeisters der Weimarer Republik: Hermann Luppe, Mein Leben: Nürnberg 1977, bes. 293, der 1933 auf derselben Etage wie Rosenfelder inhaftiert war.
[61] BayHStA, MJu 21736; BayHStA, BEG 60614 = K 1708; Gb. N 284; Gb. Fürth 360 f.; Auskunft des Archivs der Gedenkstätte Dachau (Herr Knoll) vom 3. 6. 2004.
[62] Göppinger 49 ff.; Gruchmann 124 ff.; Krach 165 ff.; Ladwig-Winters 28 ff.
[63] Krach 177.

5. Im Ablauf von vier Jahren darf nach dem Plan unseres Führers kein Angehöriger fremder Rasse mehr Anwalt sein. In jedem Jahr hat ein Viertel dieser auszuscheiden.
6. Im Zusammenhang damit ist schon jetzt allen fremdrassigen Anwälten, die als eingeschriebene Mitglieder marxistischer Parteien, also der SPD und der KPD angehört haben, die Zulassung sofort zu entziehen. Das gleiche gilt auch für die marxistisch gesinnten Richter. ...
7. Endlich sind die Anwaltskammern sofort aufzulösen, neu zu wählen und juden- und marxistenfrei zu gestalten. Ausnahmen dürfen nur für jene bestehen, die nachweislich an der Front, nicht nur in der Etappe gewesen sind und die Söhne an den Fronten verloren haben."[64]

In Erinnerung gerufen werden sollte, dass der seit wenigen Tagen im Amt befindliche bayerische Justizminister Hans Frank Vorsitzender des diese Forderungen erhebenden BNSDJ war.

Mit dem Schlagwort „Säuberung des verjudeten Anwaltsberufs!" versuchte der „Völkische Beobachter" besonders in Berlin die Stimmung weiter anzuheizen.[65] Die prompte Reaktion erfolgte auf einer Versammlung nationalsozialistischer Juristen im Anwaltszimmer des Landgerichts Berlin I am 22. März 1933:

„1. Als Armenanwälte, Pfleger, Vormünder, Testamentsvollstrecker, Zwangs- und Konkursverwalter sind ab sofort nur noch deutsch-stämmige Anwälte zu ernennen.
2. Angehörige fremder Rassen sind nicht mehr als Anwälte zuzulassen.
3. Angehörige fremder Rassen dürfen nicht mehr Notare werden. Das Notariat ist ab sofort von unlauteren Elementen zu säubern.
4. Angehörige fremder Rassen dürfen nicht mehr Richter werden. Fremdrassig gerichtete Assessoren sind sofort aus dem Justizdienst zu entfernen und durch deutsch-stämmige Assessoren zu ersetzen."[66]

Bereits am 17. März 1933 hatte die Berliner Stadtverwaltung angeordnet, dass künftig jüdische Rechtsanwälte und Notare nicht mehr mit Rechtsangelegenheiten der Stadt betraut würden.[67]

Nur einen Tag später, also am 23. März 1933, fassten die in München versammelten nationalsozialistischen Juristen und Volkswirte des Gaues München-Oberbayern „einstimmig" folgende Entschließung, die sie der bayerischen Regierung zur Kenntnisnahme übersandten:

„*Entschließung*

In Anbetracht der schweren Wunden, die dem Deutschen Volk auf politischem, kulturellem und wirtschaftlichem Gebiet durch den überragenden Einfluss des Judentums geschlagen wurden, fordern wir im Interesse der Aufrechterhaltung von Ruhe und Ordnung
1. die sofortige Entfernung aller Juden, Marxisten und sonstigen Feinde der nationalen Bewegung aus den öffentlichen Ämtern;
2. das Verbot für die jüdischen Rechtsanwälte vor deutschen Gerichten aufzutreten;
3. die sofortige Neuordnung der Anwaltskammern und ihrer Vorstände im Sinne der nationalen Erhebung;

[64] Schwarzbuch 114 f., vgl. Krach 177
[65] Völkischer Beobachter vom 19. 3. 1933, vgl. Schwarzbuch 101, Gruchmann 126, Krach 177.
[66] Schwarzbuch 115 f. nach Vossische Zeitung vom 23. 3. 1933, vgl. Krach 178.
[67] Schwarzbuch 102 f. nach Vossische Zeitung vom 18. 3. 1933, vgl. Krach 178.

4. die Ausscheidung jüdischer Rechtsanwälte bei der Vergebung von Ämtern innerhalb der freiwilligen Gerichtsbarkeit, insbesondere auch von Konkursverwaltungen, Nachlassverwaltungen, Vormundschaften, Pflegschaften u.s.w.

Für Deutsches Recht und Deutsche Rechtspflege!"[68]

Unterzeichnet war die Entschließung vom juristischen Landesleiter für Bayern, dem Münchener Rechtsanwalt Dr. Ferdinand Mößmer, und vom juristischen Gauobmann, seinem Münchener Kollegen Dr. Hans Stock. Sie war auf den 24. März 1933 datiert.

3. Gleichschaltung der Anwaltschaft

Der neue bayerische Justizminister Hans Frank zögerte nicht: Schon am nächsten Tag, am 25. März 1933, teilte er den bayerischen Oberlandesgerichtspräsidenten und Generalstaatsanwälten mit, „die in der politischen Neuordnung zum Ausdruck gekommene Volksmeinung" mache es erforderlich, „dass Richter jüdischer Abstammung nicht mehr mit der Handhabung der Strafrechtspflege und der Disziplinargerichtsbarkeit befasst werden und dass Staatsanwälte und Amtsanwälte jüdischer Abstammung nicht mehr als Vertreter der Anklage in Gerichtssitzungen tätig werden".[69] Jüdische Handelsrichter seien nicht mehr zu verwenden. Ausnahmen sollten nur möglich sein, „wenn ein Wechsel in der Person des bisherigen Bearbeiters eine Beeinträchtigung wichtigster Interessen der Rechtspflege zur Folge haben müsste." Das hieß im Klartext, dass die Betroffenen in weniger exponierte Stellungen versetzt wurden.[70]

Die „Verordnung des Gesamtministeriums des Freistaats Bayern über die Rechtsanwälte" vom 27. März 1933[71] bedeutete die „institutionelle Gleichschaltung"[72] der Anwaltschaft, hieß es doch in ihrem § 1: „Die bestehenden Anwaltskammervorstände sind hiermit aufgelöst. Der Vorsitz des Anwaltskammervorstandes geht für jede Kammer auf einen vom Staatsministerium der Justiz zu bestellenden, der Kammer angehörenden Rechtsanwalt über, der die übrigen Vorstandsmitglieder im Benehmen mit dem Staatsministerium aus dem Kreise der Rechtsanwälte des Kammerbezirks ernennt."

Nach § 2 durften künftig Rechtsanwälte „als Konkursverwalter, Vertrauenspersonen, Nachlasspfleger, Nachlassverwalter, Vormünder und zu ähnlichen Verrichtungen" nur im Einvernehmen mit dem Justizministerium bestellt werden. Die zugehörigen Ausführungsbestimmungen sahen hierfür nur Personen vor, „die sich zum Deutschtum bekennen, nicht gegen die nationale Regierung eingestellt sind und über die notwendige Zuverlässigkeit und fachliche Eignung unzweifelhaft verfügen". Die von Frank herbeigeführte Verordnung erfüllte einige der vorgenannten antisemitischen Forderungen.

Für die bayerischen Rechtsanwaltskammern hatte diese „absolut rechts- und gesetzwidrige Maßnahme"[73] zur Folge, dass ihre demokratisch gewählten Vorstände nicht nur

[68] BayHStA, MJu 9650; die Entschließung war offenbar an das zuständige Staatsministerium der Justiz weitergegeben worden.
[69] BayHStA, MJu 12004: Entschließung vom 25. 3. 1933.
[70] Vgl. Gruchmann 129.
[71] Bayer. Staatsanzeiger Nr. 73 vom 28. 3. 1933, 9; vgl. zugehörige Ausführungsbestimmungen vom 30. 3. 1933 in: Bayer. Staatsanzeiger Nr. 77 vom 1. 4. 1933.
[72] Warmbrunn 602.
[73] Heinrich 108.

ihre jüdischen, sondern auch die politisch missliebigen Mitglieder verloren. Im Vorstand der Kammer Augsburg war kein jüdischer Anwalt vertreten. Neuer Kammervorsitzender wurde der Augsburger Rechtsanwalt Justizrat Dr. Ludwig Böhm II, der schon 1931 Mitglied im BNSDJ war.[74]

Bei der Kammer Bamberg traf es die jüdischen Vorstandsmitglieder und Justizräte Gerson Haas in Würzburg, Kuno Hirsch in Coburg und Moses Höflein in Bamberg.[75] Kommissarischer Kammervorsitzender wurde der Bayreuther Rechtsanwalt und stramme Nationalsozialist Dr. August Stoll, den allerdings bald Rechtsanwalt Georg Metzner/Bamberg ablöste. Stoll – nunmehr sein Stellvertreter – war 1931 bereits BNSDJ-Mitglied. Metzner wird 1933 als PG und Mitglied des BNSDJ bezeichnet.[76]

In Nürnberg hatten fünf jüdische Standesvertreter ihren Platz zu räumen, darunter der Geheime Justizrat Sigmund Dormitzer als stellvertretender Vorsitzender, sowie Justizrat Rudolf Bing, Justizrat Michael Erlanger und Fritz Josephthal, Rechtsanwälte in Nürnberg, und Justizrat Julius Prager in Fürth, alle hoch verdiente und zum Teil langjährige Vorstandsmitglieder. Kommissarischer Vorsitzender wurde der Altparteigenosse und Vertrauensanwalt Streichers, Justizrat Dr. Christian Kühn, 1933 auch 3. Bürgermeister der Stadt Nürnberg.[77]

Im pfälzischen Zweibrücken hatten die verdienten Vorstandsmitglieder und Justizräte Heinrich Strauß in Ludwigshafen und Richard Mann in Frankenthal auszuscheiden. Neuer Vorsitzender wurde der Kaiserslauterer Rechtsanwalt Dr. Rudolf Hammann, „schon vor der Machtergreifung ein überzeugter Nationalsozialist" und SA-Sturmbannführer, 1933 auch kurzzeitig Oberbürgermeister in Neustadt/Haardt.[78] Sein Stellvertreter wurde Rechtsanwalt Dr. Erich Stolleis/Neustadt/Haardt, PG seit 1931, Gauamtsleiter seit 1932, daneben SA-Obersturmbannführer, ab 1934 Nachfolger Hammanns, 1935 auch Kreisleiter und Bürgermeister in Landau, ab 1937 Oberbürgermeister in Ludwigshafen.[79]

Besonders gut unterrichtet sind wir über die „Umbildung" der Münchener Kammer.[80] Der gewählte Vorsitzende des Kammervorstands, Justizrat Dr. Christoph Schramm[81], sicherlich nicht dem linken Lager zugehörig, im Hitler-Prozess 1924 Verteidiger des Angeklagten Ernst Röhm, wurde am 28. März 1933 sang- und klanglos durch den Altparteigenossen (seit 1.8.1931, vorher Anhänger der Völkischen Bewegung in Bayern) Rechtsanwalt Dr. Ferdinand Mößmer ersetzt. Seit 1930 auch Mitglied des BNSDJ, war dieser einer der treuesten Mitstreiter Franks, er erhielt jetzt als „Sonderbeauftragter" für die Gleichschaltung der bayerischen Anwaltskammern ein geeignetes Betätigungsfeld. Seine Personalvorschläge waren für die Umbildung aller bayerischen Kammern nunmehr

[74] StAM, PolDir München 6859: Mitgliederliste des BNSDJ vom 1.10.1931.

[75] BayHStA, MJu 9655: Jahresbericht der Rechtsanwaltskammer Bamberg 1933, vgl. StAB, K 100 Abg. 1996, 1911.

[76] StAM, PolDir München 6859; StAB, K 100 Abg. 1996, 1935. Die Zusammensetzung der Vorstände aller bayerischen Rechtsanwaltskammern ist der Bekanntmachung des Staatsministeriums der Justiz vom 29.7.1933 in: Bayer. Staatsanzeiger Nr. 175 vom 1.8.1933 zu entnehmen.

[77] Bekanntmachung vom 29.7.1933 (wie vorige Anm.).

[78] Warmbrunn 603, dort auch Angaben zu seinem weiteren Schicksal.

[79] Warmbrunn 599 bzw. 603.

[80] Heinrich 197 ff. auch zum Folgenden.

[81] Zu seiner Biografie Heinrich 250.

maßgeblich. Mößmer wurde bald auch Mitglied des Präsidiums der neu errichteten Reichsrechtsanwaltskammer und des Führerrats des BNSDJ, im Februar 1934 Abteilungsleiter der NSDAP-Reichsleitung ohne Dienstbereich, Mitglied der Akademie für Deutsches Recht und Vorsitzender von deren Ausschuss für Familien- und Eherecht sowie Mitglied weiterer Ausschüsse. Seit 1935 Präsident der Münchener Kammer, wurde er 1937 Vorsitzender des Deutschen Ärztegerichtshofs in München und 1939 Justizrat und bekam 1941 die Dienstauszeichnung der NSDAP für 10-jährige Dienstleistung verliehen.[82]

Dass unter diesen Voraussetzungen die jüdischen Vorstandsmitglieder auszuscheiden hatten, war selbstverständlich. Geheimer Justizrat Bernhard Mayer als stellvertretender Vorsitzender, Hofrat Luitpold Schülein[83] als Schriftführer, Sigbert Feuchtwanger,[84] Justizrat Carl Oestreich[85] und Robert Held waren zum Teil langjährige verdiente Standesvertreter gewesen, mit standespolitischen Aktivitäten weit über den engeren Bereich der Münchener Kammer hinaus. Daneben hatten auch einige nichtjüdische Vorstandsmitglieder zu weichen, unter denen nur bei Wilhelm Diess, dessen Frau jüdischer Herkunft war, ein Motiv bekannt ist.[86]

Von den Mitgliedern, die im Vorstand bleiben durften, ist anzunehmen, dass sie, ohne Mitglieder der NSDAP zu sein, eher dem nationalen Lager zuneigten; bei Alfred Holl, der im Hitler-Prozess 1924 den Angeklagten Dr. Friedrich Weber verteidigte, ist es sicher. „Unter den neuen Mitgliedern waren fast alle Parteigenossen, zum Teil mit höheren Rängen in SA und SS, so zwei SA-Sturmführer, ein SS-Obersturmbannführer, ein Gauhauptstellenleiter u. a."[87] Justizrat Heinrich Bauer war 1924 im Hitler-Prozess Verteidiger des Angeklagten Pernet gewesen.

Die Belassung einiger Mitglieder des alten (gewählten) Kammervorstands im Amt begründete Mößmer mit dem Bestreben, die Kontinuität der Vorstandsarbeit zu sichern. Dass er damit indirekt die Arbeit seiner Vorgänger anerkannt hat, war ihm nicht bewusst. Die Behauptung im Rückblick „5 Jahre Reichsrechtsanwaltskammer"[88], dass „im Frühjahr 1933 die völlig unter jüdischem Einfluss stehenden Kammern einer durchgreifenden personellen Umgestaltung unterzogen werden" mussten, wird so gesehen nicht schlüssiger.[89]

Über die Handhabung des §2 der Verordnung der Bayerischen Regierung vom 27. März 1933[90] sind wir durch Unterlagen des Oberlandesgerichts Bamberg relativ gut

[82] RAK München, PA Mößmer; Deutsches Führerlexikon 1934/35, 315; Heinrich 250f.; zum Antisemitismus Mößmers s. Gruchmann 869 mit der dort angeführten Literatur.

[83] Schülein starb bereits am 9.4.1933 nach 36 Berufsjahren im 61. Lebensjahr. Es ist nicht ausgeschlossen, dass die demütigenden Umstände seiner Amtsenthebung seinen Tod mit verursachten. Nachruf im Anwaltsblatt 1933, 136, vgl. Heinrich 155.

[84] Heinrich 162.

[85] Heinrich 156.

[86] Heinrich 110, 288f.

[87] Heinrich 111 zählt 10 Alt-PG (vor März 1933), 4 PG (noch 1933), 2 später eingetretene PG auf.

[88] Mitteilungen der Reichsrechtsanwaltskammer 1938, 134.

[89] Heinrich 111; vgl. Jahresbericht der Rechtsanwaltskammer München für 1933, wo S. 4 Mößmer dem früheren Vorstand für seine Tätigkeit Dank ausspricht.

[90] Bayer. Staatsanzeiger Nr. 73 vom 28.3.1933 bzw. Nr. 77 vom 1.4.1933 (Ausführungsbestimmungen).

unterrichtet.[91] Der kommissarische Vorsitzende des Anwaltskammervorstands Bamberg, Rechtsanwalt Dr. August Stoll/Bayreuth, fertigte für jeden der sieben Landgerichtsbezirke „Gutachten“ an, die alle mit dem Satz begannen, dass „jüdische Rechtsanwälte ... grundsätzlich nicht mehr zu den ... Vertreterstellen heranzuziehen“ sind. Sodann folgte eine Aufzählung von (besonders geeigneten) Parteigenossen und/oder Mitgliedern des BNSDJ sowie sonstiger, im nationalen Sinne zuverlässiger Anwälte. Jedes Gutachten schloss mit dem Hinweis, dass er die übrigen nichtjüdischen Anwälte des Landgerichtsbezirks nicht kenne und sich deshalb über ihre nationale Zuverlässigkeit nicht äußern könne.

Einige bezeichnende Zitate sollen den Geist der Gutachten beleuchten: „Von den übrigen Bayreuther Anwälten weiß man die politische Einstellung nicht genau außer von RA Kelch, der der Bayerischen Volkspartei angehört. Es fühlen zwar einige, die bisher für die NSDAP und das Dritte Reich nur ein spöttisches Lächeln hatten, wie RA Dr. Forster und RA Dr. Thoma jetzt auf einmal nationales Blut in den Adern und halten Reden, die von glühendem Patriotismus getragen sind. Plötzlich stellen sie sich vollkommen auf die Seite Hitlers und der Regierung.“ Oder: „Ich habe starke Bedenken darüber, ob RA Dr. Oskar Weinauer katholisch ist. Seine Schwester ist an den jüdischen Rechtsanwalt Stern in Nürnberg verheiratet. In seiner Kanzlei hat er vor einigen Jahren den jüdischen Rechtsanwalt Dr. Kronenberger aufgenommen. Es besteht bei den Hofer Rechtsanwälten die Meinung, dass er jüdisches Blut in seinen Adern hat. ... Auch hatte er vielfach Kommunisten und Sozialdemokraten vertreten. Ebenso bezweifle ich, dass die Rechtsanwälte Dr. Henneberg und Siegfried Beyer katholischer Konfession sind. Ich glaube, dass sie *israelitisch* sind.“

Auch die einzelnen Gerichte hatten offenbar Listen der Geeigneten zu führen. Beim Amtsgericht Schweinfurt ergab sich daraus folgende Situation: Amtsgerichtsdirektor August Zunhammer hatte, sei es aus Naivität oder um die antisemitische Stoßrichtung der Verordnung zu unterlaufen, kurzerhand alle jüdischen Rechtsanwälte seines Bezirks in seine Liste aufgenommen, weil sich „jeder jüdische Rechtsanwalt in Schweinfurt zum Deutschtum bekenne“.[92] Es ist zu vermuten, dass er damit ihre nationale Einstellung korrekt wiedergab, waren doch von den sechs Schweinfurter Anwälten drei Frontkämpfer des Weltkriegs gewesen, einer (Hommel) zu alt sowie zwei zu jung zum Kriegsdienst. Eine Reaktion auf diese „Interpretation“ der antisemitischen Verordnung ist den vorhandenen Akten nicht zu entnehmen.

4. Judenboykott 1.4.1933

Inzwischen überschlugen sich die Ereignisse. Mit dem vorgeschobenen Argument, die von Juden initiierte Gräuelpropaganda des Auslands gegen Deutschland bekämpfen zu wollen, ordnete die Parteileitung für den 1. April 1933 reichsweite Boykottaktionen gegen jüdische Warenhäuser, Ärzte und Rechtsanwälte an. Bereits am 28. März 1933

[91] StAB, K 100 Abg. 1996, 1935 auch zum Folgenden.
[92] StAB, K 100 Abg. 1996, 1935: Zunhammer an OLG Bamberg 4.4.1933.

Abb. 9: Judenboykott am 1. April 1933, hier Kanzlei am Münchener Karlsplatz 8.
Quelle: Stadtarchiv München.

forderte der Völkische Beobachter seine Leser auf: „Boykottiert die Juden!“[93] Zwecks „Organisation einer gewaltigen Volksbewegung zur Bildung von Boykottkomitees ... als Antwort auf die Boykott-Drohung des internationalen Judentums“ ergingen detaillierte Anordnungen „zur praktischen planmäßigen Durchführung“.[94]

„In erster Linie jüdische Akademiker“ würden Deutschland „vor der Welt in einer wahrhaft schamlosen Lügenhetze heruntersetzen. Zur Abwehr dieses Treibens wird nunmehr die Forderung erhoben werden, dem Judentum in Deutschland an den Hochschulen, in den Berufen der Rechtsanwälte und Ärzte nur dieselbe Quote zuzubilligen, die sie in der Gesamtzahl der Einwohnerschaft Deutschlands ausmachen.“[95] In unzähligen Veranstaltungen erfolgte die Einstimmung der Bevölkerung auf den Boykott-Tag, so zum Beispiel in Würzburg am Vorabend des 1. April, wo der mainfränkische Gauleiter Dr. Hellmuth bei einer Massenkundgebung auf dem Marktplatz drohte, wer jüdische Rechtsanwälte und Ärzte konsultiere, werde „Zeit seines Lebens gebrandmarkt“. Am Boykott-Tag standen vor jüdischen Läden, Kanzleien und Praxen, die mittels schwarzer Plakate mit gelben Flecken gekennzeichnet waren, SA- oder SS-Posten.[96]

Die infame Methode, mit Nachdruck an die patriotischen Gefühle der Bevölkerung zu appellieren, wird aus der publizistischen Unterstützung der Aktion in Bamberg deut-

[93] Schwarzbuch 292.
[94] Scheffler 68 f.
[95] Schwarzbuch 294.
[96] Flade, Würzburger Juden 265.

lich. „Aufruf an die Bamberger Bevölkerung!" war eine ganze Seite des örtlichen Tagblatts vom 1. April 1933 überschrieben, auf der zum Beispiel stand: „Feigheit oder Verrat" zeige, „wer in diesen Tagen in jüdischen Geschäften, bei jüdischen Fabrikanten, Groß- und Kleinhändlern kauft, wer jüdische Rechtsanwälte, Ärzte, Notare, Bankiers in Anspruch nimmt, wer jüdische oder judenhörige Zeitungen und Zeitschriften kauft und liest." Behörden und Ämter in Bamberg dürften jüdischen Betrieben keinerlei Aufträge mehr erteilen. „Wer seine Pflicht dem Vaterlande gegenüber in diesen Tagen nicht erfüllt, stellt sich damit außerhalb der deutschen Volksgemeinschaft und hat die Folgen seines Verrates sich selbst zuzuschreiben." Nicht nur die geschäftlichen, sondern auch die privaten Beziehungen zu Juden seien abzubrechen.[97] Damit nicht genug, folgte eine namentliche Auflistung der in Bamberg ansässigen 49 jüdischen Betriebe, 12 Rechtsanwälte, eines Notars, 7 Ärzte und 2 Zahnärzte mit ihrer jeweiligen Anschrift.[98] Auch in Bamberg gab es Boykott-Posten und „in scharfer Sprache gehaltene Abwehrplakate" waren an entsprechenden Stellen angebracht, Flugblätter[99] wurden verteilt, ergänzt durch tragbare Transparente und über die Straße gespannte Spruchbänder.

Trotzdem scheint die Aktion nicht zur vollen Zufriedenheit ihrer Initiatoren verlaufen zu sein, wie verhaltene Kritik an der mangelnden Akzeptanz seitens der Bevölkerung nahe legt.[100] Auch die entsetzte Kritik aus dem Ausland mag mit zu ihrem umgehenden Abbruch beigetragen haben. Selbst der Bericht des Völkischen Beobachters vom 3. April 1933 ließ „durch die Fassade propagandistischer Phrasen durchscheinen, dass der Großteil der Bevölkerung meist nur reserviert oder neugierig, selten jedoch aktiv teilnehmend reagierte, und dass vereinzelt sogar offen gegen die Aktion Stellung bezogen wurde."[101]

Bezeichnend war die Äußerung eines Bambergers, Hitler habe sich „mit dem Boykott blamiert und dadurch dem Ausland gegenüber einen Fehlschritt gemacht". Vor dem eben eröffneten Sondergericht Bamberg deswegen angeklagt, hatte dieser Bürger insofern Glück, als dieses der Aussage des Hauptbelastungszeugen keinen Glauben schenkte und ihn freisprach.[102]

Die verheerende Wirkung der Aktion am 1. April 1933 im Ausland war ein Aspekt, den die NS-Führung vielleicht sogar in Kauf nahm, um ihre antisemitischen Ziele zu verwirklichen. Die vorläufige Richtung der NS-Judenpolitik, nämlich die Diskriminierung und Verdrängung des jüdischen Bevölkerungsteils, war aufgezeigt und die Stärke und Entschlossenheit des Regimes zur Realisierung demonstriert worden. Die angebliche Volkswut sollte auch in Zukunft ein beliebtes Argument für gesetz- und sittenwidriges Vorgehen werden. Der Boykott-Tag war wirtschaftlich bedeutungslos, aber seine psychologische Wirkung war nicht zu unterschätzen: Durch die öffentliche Brandmarkung und Ausgrenzung der Juden war ein Grundstein für weitere Maßnahmen gelegt. Der Prozess der Stigmatisierung und Entsolidarisierung war in Gang gekommen. Die Bevölkerung mag vielfach die Art und Weise der Auseinandersetzung abgelehnt haben.

[97] Bambergs Wirtschaft 42 ff.
[98] Bambergs Wirtschaft 43.
[99] Abbildung des Flugblatts „Geht nicht zu jüdischen Rechtsanwälten!" in: Bambergs Wirtschaft 46.
[100] Bambergs Wirtschaft 47 f.
[101] Martin Broszat u.a. (Hrsg.), Bayern in der NS-Zeit Bd. I, München 1977, 434.
[102] Bambergs Wirtschaft 47.

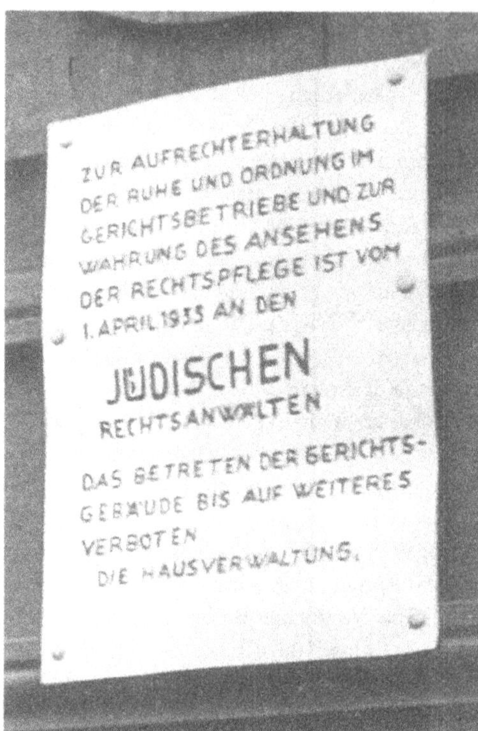

Abb. 10: Betretungsverbot der Gerichtsgebäude ab 1. April 1933, hier Anschlag am Münchener Justizpalast. Quelle: Privat.

Mit dem Ziel der Zurückdrängung des (nie deutlich belegten) jüdischen Einflusses dürften dagegen viele übereingestimmt haben. Ihr passives Verhalten wird insoweit verständlicher, wenn auch nicht akzeptabler.[103]

Auch die Justiz beteiligte sich auf ihre Weise am Judenboykott des 1. April 1933. In Bayern war es im Vorfeld des Boykott-Tages nicht zu (scheinbar) spontanen Maßnahmen meist von SA und SS gegen Gerichtsgebäude, jüdische Richter und Rechtsanwälte wie andernorts gekommen.[104] Aber Frank hatte – offenbar in Absprache mit seinem preußischen Kollegen Hanns Kerrl[105] – am Vorabend des Boykott-Tages an die bayerischen Oberlandesgerichtspräsidenten und Generalstaatsanwälte folgende Anordnung erlassen:

„Zur Aufrechterhaltung von Ruhe und Ordnung im Rechtsbetrieb und der damit zusammenhängenden Sitzungspolizei und zur Wahrung des Ansehens der Rechtspflege werden mit Wirkung vom 1. April 1933 an sämtliche jüdischen Richter und Staatsanwälte und Amtsanwälte bis auf weiteres beurlaubt.

[103] Vgl. zum Ganzen Bambergs Wirtschaft 49 ff.

[104] Beispiele bei Krach 183 f.; besonders schändlich waren die Vorgänge in Köln, wo jüdische Richter und Anwälte aus dem Gebäude des OLG geschleppt und auf offenen Müllwagen (!) durch die Stadt gefahren wurden. Vgl. dazu ausführlich Luig 28 ff.

[105] Zu dessen Vorgehen vgl. Krach 184 ff.

Zur Aufrechterhaltung von Ruhe und Ordnung im Rechtsbetrieb und zur Wahrung des Ansehens der Rechtspflege ist vom 1. April 1933 an den jüdischen Rechtsanwälten das Betreten der Gerichtsgebäude bis auf weiteres verboten. Die Amtsgerichte und die anderen Gerichte am Ort sind sofort zu benachrichtigen.
Zur Aufrechterhaltung von Ruhe und Ordnung im Rechtsbetrieb und der damit zusammenhängenden Sitzungspolizei und zur Wahrung des Ansehens der Rechtspflege wird mit Wirkung vom 1. April 1933 an Folgendes angeordnet:
Sämtliche jüdischen Notare und Notariatsverweser haben sich bis auf weiteres der Vornahme von Amtsgeschäften zu enthalten. Die Geschäfte des Amtes sind von den für das Jahr im Voraus bestellten Verwesern zu besorgen."[106]

Diese Anordnung wurde nachträglich vom Bayerischen Ministerrat gebilligt. Weitere Maßnahmen unterblieben jedoch mit Rücksicht auf umgehend zu erwartende reichsrechtliche Regelungen.[107] Die offiziöse Darstellung des Reichsjustizministeriums von 1943 ging auf diese rechtlich nicht haltbaren Verfügungen nicht ein, sondern bemerkte nur: „Am Morgen des 1. April 1933 war mit einem Schlage die deutsche Justiz fast judenfrei".[108] Die wahren Absichten der Machthaber, nämlich die Zurückdrängung, wenn nicht die Entfernung der Juden in der Justiz, konnten schlüssig weder mit der Erregung der Bevölkerung über jüdische Gräuelpropaganda, noch mit dem „neu erwachten völkischen Willen des Volkes"[109] erklärt werden.

Bayern, mit Frank an der Spitze, war insoweit noch radikaler als Preußen, als es mit seiner Anordnung alle jüdischen Rechtsanwälte ausschloss und sich nicht – wie Kerrl – damit begnügte, alte antisemitische Forderungen aufzugreifen und lediglich vorzusehen, der Anteil der jüdischen Rechtsanwälte dürfe nicht höher sein als der prozentuale Anteil der Juden an der Gesamtbevölkerung.[110] Die praktischen Auswirkungen für die bayerischen jüdischen Rechtsanwälte, der Ausschluss vom Auftreten bei Gericht, das heißt ein Teil-Berufsverbot, waren erheblich. Von den Bamberger Anwälten ist bekannt, dass sie erst am 24. April 1933 wieder die örtlichen Gerichtsgebäude betreten durften.[111]

Die öffentliche Diskriminierung am 1. April 1933, die neben dem Betretungsverbot der Gerichtsgebäude auch zu einer namentlichen Nennung in den örtlichen Zeitungen und zu einem Beschmieren der Praxisschilder mit judenfeindlichen Parolen führte, hatte aber nicht nur eine wirtschaftliche Beeinträchtigung, sondern auch eine sicher ebenfalls beabsichtigte Rufschädigung der jüdischen Anwaltschaft zur Folge. Nicht unterschätzt werden sollte auch die einschüchternde Wirkung, die vielfach die ganze Familie betraf.

Der Münchener Rechtsanwalt Max Friedlaender hat in seinen noch unveröffentlichten Erinnerungen[112] auch diesen Aspekt berührt:

„Zum ersten Male verlor [seine Ehefrau] ihre sonst so unerschütterliche Ruhe und Nervenkraft. Ihr Stolz bäumte sich auf gegen die schändliche Verunglimpfung einer Unzahl von Menschen, die nicht nur unschuldig, sondern gerade dem deutschen Staate und Volke treue Diener und Ge-

[106] Entschließung Franks vom 31.3.1933: Bayer. Staatsanzeiger Nr. 78 vom 3./4. April 1933, 15; vgl. Lorenzen 178f.
[107] Gruchmann 129.
[108] Lorenzen 177.
[109] Lorenzen 179.
[110] Krach 190ff.
[111] Bambergs Wirtschaft 52.
[112] Manuskript (im Besitz des Verfassers) 260ff. auch zum Folgenden.

nossen gewesen waren und zu Deutschlands Kultur und Wohlfahrt unendlich viel beigetragen hatten. Das alles wurde nun um einer phantastischen und unhaltbaren, heuchlerischen und unehrlichen Rassentheorie willen ignoriert und mit schmählichem Undank, mit Beschimpfung und grausamem Hohn vergolten. [Sie] erinnerte sich unseres unerschütterlichen Patriotismus im Krieg, ihrer unermüdlichen Tätigkeit für die Kriegshilfe, meiner jahrzehntelangen Arbeit für den Anwaltsstand, der Kriegsopfer aus dem Kreise ihrer nächsten Verwandten. Sie war schon damals von dem Gefühl durchdrungen, dass sie in dem Lande, das so an uns handelte, keine Heimat mehr habe, und dass wir um jeden Preis hinaus müssten, je schneller desto besser. Lieber in Amerika Scheuerfrau sein, als hier die Zielscheibe der Beschimpfung und Verachtung, das war ihre Devise."

Friedlaenders Eindrücke dürften repräsentativ für die Empfindungen weiter jüdischer Kreise sein:

„Am Vorabend des 1. April war die ganze Stadt mit den Vorbereitungen zu dem glorreichen Boykott der Juden geschmückt: An den jüdischen Geschäften, an den Schildern der jüdischen Ärzte, Anwälte, Zahnärzte etc. prangten gelbe Plakate mit der Aufschrift Jude oder schönere Bezeichnungen wie ‚Ich bin ein Saujude'. Als ich gegen Abend meine Kanzlei verließ, fand ich gerade einige Angestellte unserer Hausfrau um unser Schild im zweiten Stock versammelt; sie waren einig darüber, dass sie das gelbe Plakat entfernen wollten. Es bedurfte erst längeren Zuredens meinerseits und seitens meiner Sozien, um sie davon abzuhalten. Dass wir uns durch die Aufschrift Jude geehrt fühlten, schien ihnen nicht überzeugend; aber als wir ihnen sagten, wir würden durch die Entfernung nur Unannehmlichkeiten und Gewalttaten seitens der SA und SS ausgesetzt sein, gaben die braven Leute, die wie ein großer Teil der katholischen Bevölkerung das Treiben der Nazis verabscheuten, nach."[113]

Friedlaender erkannte, dass der Abbruch des Boykotts nicht das Ende der Bedrückungen bedeutete:

„Der Feldzug gegen die jüdischen Rechtsanwälte nahm im Stillen seinen Fortgang. Der Zutritt zu den Gerichten wurde uns verboten. Wir konnten schriftliche Eingaben machen, Klagen stellen etc., aber nirgends die Gerichtsgebäude betreten: Das wurde uns zu unserer eigenen Sicherheit untersagt, damit wir vor der nirgends vorhandenen Volkswut geschützt seien."[114]

5. „Umformung der Justiz"

Mahnende Stimmen, etwa in einem Artikel der Vossischen Zeitung vom 29. März 1933, gab es vereinzelt, es ist aber fraglich, ob sie noch gehört wurden: „Der extreme Rassenstandpunkt, den nationalsozialistische Heißsporne in der Rechtspflege durchzusetzen versuchen, findet Widerspruch auch in Kreisen, die hinter den Regierungsparteien stehen."[115]

Laut Berliner Tageblatt vom 4. April 1933 war nämlich „die Umformung der Justiz" bereits in vollem Gange und beinhaltete „nicht nur die vorübergehende Ausschaltung fremdrassiger Einflüsse". Auch gaben Artikel wie der des Berliner Rechtsanwalts Dr.

[113] Friedlaender (wie vorige Anm.) 260 f.
[114] Friedlaender (wie Anm. 112) 262.
[115] BA Berlin, R 3001, 4152, dort auch die folgenden Zitate.

Deutschmann im Völkischen Beobachter vom 6. April 1933 – „Aufbruch zum Recht“ – zu keinerlei Hoffnung Anlass:

„... Wer einmal gesehen hat, wie in einem deutschen Gerichtssaal von mauschelnden jüdischen Richtern über deutsche Jugend Recht gesprochen wird, wie die Söhne galizischer Kleiderjuden und Großschieber in Anwaltsrobe schreien und gestikulieren, das Recht verdrehen, mit jüdischen Spitzfindigkeiten den Richter irre machen und verwirren, der kann nur mit tiefster Scham einen solchen Gerichtssaal verlassen haben. ... In erster Linie sind es die moralischen Qualitäten des Charakters, unbeugsames deutsches Rechtsempfinden und Ehrlichkeit der Überzeugung, welche die Qualifikation zum Organ der Rechtspflege abgeben. Fehlen diese, und das ist bei der jüdischen Rasse der Fall, so ist die aalglatte Paragraphenkenntnis, das glänzende Examen die höchste Gefahr für das Recht. Ein deutscher Richter und Anwalt wird auch mit geringerer Paragraphenkenntnis und mit schlechterem Examen immer noch ein tausendmal besserer Hüter des deutschen Rechtes sein, als ein Jude mit dem glänzendsten Examen.“

In einer Besprechung mit dem Präsidenten des Obersten Landesgerichts, den bayerischen Oberlandesgerichtspräsidenten und Generalstaatsanwälten sowie den Referenten seines Ministeriums am 31. März 1933, also am Tag vor dem Boykott, in dessen zentralem Organisationskomitee er Mitglied war, erläuterte Justizminister Hans Frank seine Vorstellungen von der künftigen Arbeit der bayerischen Justiz und versuchte in ultimativer Form Richterschaft und Justizverwaltung auf die neuen Machthaber einzuschwören. Er versprach dabei, „dass die richterliche Unabhängigkeit ... unangetastet bleiben [und] an den bewährten Grundsätzen des Berufsbeamtentums im Wesentlichen nichts geändert wird“.[116] Beim „Entscheidungskampf über die Grundlagen des Staates“ trage er innerhalb der bayerischen Justiz die alleinige Verantwortung. Weiter führte er aus:

„Meine Herren, Sie müssen sich freimachen von den liberalistischen Gedankengängen des gleichen Rechtes. Es gibt in Zukunft dieses gleiche Recht nicht mehr. Nicht etwa in dem Sinne, dass die Rechtsgarantien der Einzelnen aufgehoben würden. Das Recht der kommenden Art wird dafür sorgen, dass dem Begriffe des Staatsbürgers das Moment der Gleichheit genommen wird. Staatsbürgerschaft wird wieder die Bezeichnung für die Volkszugehörigkeit werden. Daran müssen Sie sich gewöhnen. Der Begriff der Rasse ist bisher überhaupt noch nicht im Rechtsleben in die Erscheinung getreten. Es wird eine unerlässliche Umstellung sein, die Sie nach dieser Richtung vorzunehmen haben.“[117]

Nach dem Dank dafür, „dass Sie sich schon bisher gut und elastisch in die Ereignisse gefügt haben“, ging er zu einem aktuellen Thema über: „Auch die Frage des Boykotts jüdischer Rechtsanwälte wird so geregelt werden, wie es sich für die Justiz geziemt.“ Angesichts seiner uns bereits bekannten Maßnahmen eine glatte Lüge. „Die Auflösung der Anwaltskammern war nötig, weil die Justizverwaltung so elastisch sein muss, dass wir der Revolution immer zwei Schritte voraus sind. Nur so halten wir das Heft der revolutionären Entwicklung in der Hand.“

Die Zulassung zur Rechtsanwaltschaft werde in Zukunft ausschließlich durch das Ministerium vorgenommen, fügte er an. Die Ausschaltung jüdischer Richter und Staatsanwälte aus der Strafjustiz und vom Sitzungsdienst habe auf der Grundlage des Hiter-

[116] BayHStA, MJu 16834: Protokoll der Besprechung vom 31. 3. 1933, 2. Ein weiteres Exemplar des Protokolls liegt BayHStA, MA 107153.
[117] Protokoll (wie vorige Anm.) 3.

wortes zu erfolgen, dass der Boykott nicht Sache des Staates, sondern der Partei und der Bevölkerung sei und man die Rechtslage in Deutschland zu beachten habe. Auch dies eine weitere Lüge. Am nächsten Tag wurden alle Juden beurlaubt. Franks wahre Absichten lassen sich auch aus folgender Aufforderung ersehen: „Ich bitte Sie, meine Herren, persönliche Beziehungen mit Juden nicht weiter zu pflegen. Ich möchte nicht haben, dass außerdienstliche Beziehungen zur jüdischen Rasse aufrechterhalten bleiben und sich dadurch eine stimmungsmäßige Sympathie entwickelt."[118]

Innerhalb der bayerischen Staatsverwaltung sei „jegliche Sonderaktion, mag sie kommen von wem immer, ... durch den kommissarischen Ministerrat verboten". Andererseits müsse nicht jeder Wunsch von Parteistellen – er nannte z.B. das Hissen von Hakenkreuzfahnen – „in brüsker Form" abgelehnt werden. „Die Zeiten sind vorbei, wo man das Recht zum Spielball liberalistischer Gedankengänge gemacht hat. ... Wir wollen die Justiz wieder zu einem Machtinstrument des Staates machen, zum Nutzen eines großen, freien, schönen, mächtigen deutschen Vaterlands."

In seiner Antwort auf Frank ließ der Präsident des Obersten Landesgerichts Müller leise Kritik anklingen. Eid und Gewissen verpflichteten, nichts zu tun, „was gegen das Gesetz" sei. „Werden die Gesetze geändert, so sind wir ihnen verpflichtet."[119]

In einer Replik betonte Frank, er wisse, „dass die bayerische Justizverwaltung ihre Sauberkeit bewahrt hat. Zustände, wie sie sich in Preußen eingeschlichen hatten, gab es in Bayern gottlob kaum. ... Wenn ich Zweifel in die Gesinnung der Herren gehabt hätte, dann wäre vielleicht manches in den ersten Tagen der nationalen Revolution auch personalpolitisch hier sogleich anders verlaufen."[120]

Gleich am nächsten Tag, am Boykotttag 1. April 1933, fand im Lichthof des mit Hakenkreuzfahnen geschmückten Münchener Justizpalastes eine Kundgebung statt, über die der Völkische Beobachter mit der Überschrift „Judenauskehr im Justizpalast" ausführlich berichtete.[121]

„Aus allen Kanzleien eilten die deutschstämmigen Juristen herbei, viele trugen unter dem Talar das Braunhemd, fast alle das Zeichen der Zugehörigkeit zur deutschen Freiheitsbewegung." Der Bayerische Ministerpräsident hatte als Vertreter Ernst Röhm geschickt, daneben waren der Münchener Oberbürgermeister Karl Fiehler und Polizeipräsident Heinrich Himmler sowie die Spitzen der Münchener Justizbehörden erschienen. Umrahmt wurde die Veranstaltung von Abordnungen der SA, SS und des Stahlhelm.

Nach dem Deutschlandlied begrüßte Anwaltskammervorstand und BNSDJ-Landesleiter Dr. Ferdinand Mößmer die Anwesenden und erteilte Justizminister Frank das Wort. Dieser führte unter anderem Folgendes aus: Die bisherige volksfremde Justiz werde „mit Stumpf und Stil ausgerottet" und an ihre Stelle sei „die Rechtspflege des deutschen Volkes" im Zeichen des Hakenkreuzbanners getreten. Die Unterdrückung der „deutschen Freiheitskämpfer" in der Vergangenheit mache erforderlich, „dass jetzt die Zeit der Sühne für unsere Gegner folgt". Man werde dafür sorgen, „dass das alte System nie wiederkehrt".

[118] Protokoll (wie Anm. 116) 5.
[119] Protokoll (wie Anm. 116) 7.
[120] Protokoll (wie Anm. 116) 8.
[121] Völkischer Beobachter vom 3.4.1933, Zeitungsausschnitt in: BayHStA, Abt. V PrASlg 926, auch zum Folgenden.

Judenauskehr im Justizpalast

Sämtliche jüdische Richter und Staatsanwälte beurlaubt – Jüdische Rechtsanwälte und Notare haben keinen Zutritt mehr zu den Gerichten

Am Samstagvormittag hallten die Gänge und Räume des Münchener Justizpalastes wider vom harten Schritt der braunen Kolonnen und des Stahlhelms. Tadellos ausgerichtet stand im großen Lichthof der Sturm 1/2, der Musikzug der Leibstandarte und eine Abteilung des Stahlhelms. Von den Galerien hingen leuchtend die roten Banner unserer Bewegung, mit dem Sonnenzeichen im weißen Kreis.

Gegen 10 Uhr begann sich der gewaltige Raum zu füllen. Aus allen Kanzleien eilten die deutschstämmigen Juristen herbei, viele trugen unter dem Talar das Braunhemd, fast alle das Zeichen der Zugehörigkeit zur deutschen Freiheitsbewegung. Kopf an Kopf standen die Zuschauer auf den Galerien. Kurz nach 10 Uhr trat, von stürmischen Heilrufen empfangen, Stabschef Röhm als Vertreter des bayerischen Ministerpräsidenten ein. Etwas später 1. Bürgermeister Pg. Fiehler und Polizeipräsident Pg. Himmler. Der Stahlhelm war durch General v. Malaise vertreten.

Das Deutschlandlied erklang und unter atemloser Stille begrüßte der kommissarische Vorsitzende der Anwaltskammer München und Führer des Bundes deutscher Juristen, Pg. Dr. F. Mößmer die Anwesenden, um hierauf dem bayerischen

Justizminister Pg. Dr. Frank II

das Wort zu erteilen.

Der Minister führte folgendes aus:

„In einem unerhört ernsten Augenblick der deutschen Geschichte haben wir hier das Hakenkreuzbanner aufgezogen, um zu bekunden, daß sich die Rechtspflege des deutschen Volkes von nun an in diesem Zeichen vollziehen wird. Vor einem Jahrhundert begann die Entseelung der deutschen Justiz und diese volksfremde Justiz wird mit Stumpf und Stiel ausgerottet werden.

Wie haben wir unter ihr gelitten! Mehr als 3000 Jahre Gefängnis und Zuchthaus wurden über die deutschen Freiheitskämpfer verhängt, über 200 000 Mark Geldstrafe und fünf Todesurteile hat man gegen uns erwirkt. Wir erklären, daß jetzt die Zeit der Sühne für unsere Gegner folgt.

Die kommissarische Regierung wird in aller Ruhe und Sachlichkeit dafür sorgen, daß das alte System nie wiederkehrt. Wir übernehmen den Schutz der Rechtspflege in Bayern. Jeder Beamte und Richter, der treu seine Pflicht erfüllt, steht unter dem Schutz der kommissarischen Regierung. An dem Geburtstag des eisernen Kanzlers habe ich anordnen lassen, daß

von nun ab kein jüdischer Rechtsanwalt oder Richter mehr Zutritt zum Justizpalast oder irgend einem anderen bayerischen Gerichtsgebäude hat. Hoffentlich wird durch die Entwicklung der Rechtspflege bald eine Handhabe geschaffen, durch die diese Maßnahme für die Dauer aufrecht erhalten werden kann. Weiter wurden sämtliche jüdischen Richter und Staatsanwälte für dauernd beurlaubt. Auch sämtliche jüdischen Notare haben sofort ihre Ämter niederzulegen.

Wenn heute auch unsere Feinde winseln und um Gnade flehen, denkt stets daran, daß wir nicht für uns leben und arbeiten, sondern für die kommenden Geschlechter, und daß diese Geschlechter Milde in diesem Augenblick nicht verstehen und uns dafür fluchen würden.

Das Hakenkreuzbanner weht über der bayerischen Justiz und nie mehr wird es wieder heruntergeholt werden, es sei denn über unseren Leichen.

300 Tote zählt unsere Bewegung, gefallen im Dienste ihres Volkes" — während die Kapelle zur Ehrung der für die Freiheitsbewegung Gefallenen das Lied vom guten Kameraden spielte, herrschte Totenstille im Raum — „zum Andenken

Im Lichthof des Justizpalastes

an diese lieben und unvergeßlichen Toten", fuhr der Minister fort, „wollen wir das Lied unseres unvergeßlichen Horst Wessel singen."

Brausend setzte die Musik ein, die Arme flogen in die Höhe und das Kampflied unserer Bewegung hallte durch alle Räume des Justizpalastes, drang hinaus auf die Straße, wo Tausende warteten und kündete ihnen, daß auch die bayerische Justiz jetzt von deutschem Geist erfüllt ist.

Anschließend verlas Pg. Dr. Mößmer ein

Telegramm an den Führer:

„Gewaltige Massenkundgebung im Justizpalast meldet dem Volkskanzler die Übernahme der Rechtspflege in Bayern durch den Nationalsozialismus.

Dr. Frank II."

Das Telegramm wurde von den Anwesenden mit stürmischen Heilrufen begrüßt. Damit fand die Kundgebung ihren Abschluß. F. B.

Abb. 11: Bericht über eine antisemitische Kundgebung im Münchener Justizpalast am 1. April 1933.
Quelle: „Völkischer Beobachter" vom 3. 4. 1933.

„Am Geburtstag des Eisernen Kanzlers habe ich anordnen lassen, dass von nun ab kein jüdischer Rechtsanwalt oder Richter mehr Zutritt zum Justizpalast oder irgendeinem anderen Gerichtsgebäude hat. Hoffentlich wird durch die Entwicklung der Rechtspflege bald eine Handhabe geschaffen, durch die diese Maßnahme für die Dauer aufrechterhalten werden kann. Weiter wurden sämtliche jüdischen Richter und Staatsanwälte für dauernd beurlaubt. Auch sämtliche jüdischen Notare haben sofort ihre Ämter niederzulegen."

Milde sei nicht angezeigt. „Das Hakenkreuz weht über der bayerischen Justiz und nie mehr wird es wieder heruntergeholt werden, es sei denn über unseren Leichen." Nach Totenehrung, Lied vom guten Kameraden und Horst-Wessel-Lied verlas Mößmer ein „Telegramm an den Führer: Gewaltige Massenkundgebung im Justizpalast meldet dem Volkskanzler die Übernahme der Rechtspflege in Bayern durch den Nationalsozialismus", das die Anwesenden mit „stürmischen Heilrufen" quittierten.[122]

Am Abend des Boykotttages lud schließlich die Landesleitung Bayern des BNSDJ zu einer weiteren stark besuchten Veranstaltung in den Münchener Bürgerbräukeller ein. Unter dem Motto „Für deutsches Recht" sprach als Hauptredner Dr. Ferdinand Mößmer zum Thema „Das Judentum und seine Rechtsgestaltung": „Nur ein einheitlicher

[122] Vgl. auch den Bericht der Bayer. Staatszeitung vom 4. 4. 1933 in: Chronik der bayer. Justiz, Eintrag zum 1. 4. 1933.

Abwehrkampf" gegen die Juden könnte „unser Volk vor dem Untergang bewahren", lautete das Fazit seiner dem antisemitischen Anlass dienenden Ausführungen.[123]

„Das abgesprochene Ziel der beiden nationalsozialistischen Exponenten in der Justiz"[124], Frank in Bayern und Kerrl in Preußen, war es offenbar, mit ihren „revolutionären" Anordnungen Tatsachen zu schaffen, um die die mit der Ausarbeitung reichsgesetzlicher Regelungen befassten Gremien nicht mehr herumkamen. Die Reichsministerien des Innern und der Justiz mussten überdies rasch handeln, um den ungesetzlichen Schwebezustand zu beenden.[125] Druck machten auch Kritiker und Befürworter der von Frank und Kerrl ergriffenen Maßnahmen.[126] Betroffene, insbesondere Veteranen, intervenierten direkt oder über ihre Interessenvertretungen in Vereinen und Verbänden.

Eine bayerische Stimme ist es wert, ausführlicher behandelt zu werden, weil sie zahlreiche Probleme beim Namen nannte. Der Nürnberger Rechtsanwalt Dr. Hanns Silberschmidt, Sohn des Oberlandesgerichtsrats Moritz Silberschmidt, wandte sich direkt an Reichspräsident von Hindenburg. Anlass gab ihm dessen „Kundgebung an das deutsche Volk" anlässlich des Tages von Potsdam (21. März 1933), in welcher er der Gefallenen und Verwundeten des Weltkriegs und ihrer Hinterbliebenen gedacht hatte. Silberschmidt schrieb:

„Der Herr kommissarische Staatsminister der Justiz in Bayern, Dr. Hans Frank, hat laut Mitteilung des Völkischen Beobachters vom 11./12. März 1933, es als eines der von der Regierung anzustrebenden Ziele bezeichnet: Der deutsche Mensch wird sein Recht nur von deutschen Volksgenossen gesprochen und erkämpft erhalten.
Dieser Satz sollte für mich als deutscher Rechtsanwalt nichts Besorgniserregendes enthalten; denn ich bin Deutscher nicht nur der Staatsangehörigkeit, also dem Rechte nach, sondern auch der Gesinnung und der Gesittung nach. Ich bin Deutscher aber auch dem Schicksal nach; denn ich habe als deutscher Soldat mein Blut für Deutschland vergossen: Ich bin ausweislich meines Militärpasses am 26. August 1918 in der Schlacht bei Monchy-Bapaume als Gefreiter im Bayerischen 14. aktiven Infanterie-Regiment, 7. Kompanie, im Nahkampf durch Handgranate dreimal, nämlich an Kopf, Brust und Schulter, schwer verwundet worden.
Die Tatsache aber, dass der BNSDJ die Forderung aufgestellt hat, es müssten alle ‚Fremdrassigen' aus der Rechtspflege entfernt werden, erweckt die Befürchtung, dass Deutsche jüdischen Glaubens ohne Rücksicht auf ihr Blutopfer für das Vaterland aus der Volksgemeinschaft ausgestoßen und ihrer Existenz durch Ausschluss aus der Anwaltschaft oder Erschwerung und Einengung ihrer Tätigkeit in ihr beraubt werden sollen.
Herr Reichspräsident haben im heutigen Erlass die große Güte gehabt, in herzlicher Kameradschaft *alle* Ihre Kameraden aus dem großen Krieg unter Hinweis auf die Opfer an Leben und Gesundheit zu grüßen – das gibt mir den Mut, eine Bitte zu wagen: Möge es durch die Fürsprache des Herrn Reichspräsidenten gelingen, die deutschen Juden, die wie alle anderen Kameraden für Volk und Vaterland gekämpft und geblutet haben, vor der entsetzlichen Schande des Ausstoßes aus der Volksgemeinschaft durch die Vernichtung ihrer Existenz, ihres Arbeitsfeldes und damit ihrer selbst und ihrer Angehörigen zu bewahren!"[127]

[123] Völkischer Beobachter vom 3. 4. 1933, Zeitungsausschnitt in: BayHStA, Abt. V PrASlg 926.
[124] Gruchmann 129.
[125] Gruchmann 130.
[126] Krach 199 ff.
[127] BA Berlin, R 3001, 4152: Handschriftlicher Brief vom 21. 3. 1933.

Dass Silberschmidts Brief kein Einzelfall war, geht aus einem Schreiben des Reichspräsidenten an Hitler wenige Tage später hervor. „Kriegsbeschädigte Richter, Rechtsanwälte und Justizbeamte von untadeliger Amtsführung“ sollen „lediglich deshalb zwangsbeurlaubt und später entlassen werden ..., weil sie jüdischer Abstammung sind“. Hindenburg fährt fort: „Für mich ... ist eine solche Behandlung ... persönlich ganz unerträglich.“ Überzeugt, dass Hitler „in diesem menschlichen Gefühl mit mir übereinstimme“, bat er den Regierungschef, sich der Sache anzunehmen und für eine einheitliche Regelung Sorge zu tragen, die bei Frontkämpfern nur in ihrer Belassung im Amt bestehen könne. „Wenn sie wert waren, für Deutschland zu kämpfen und zu bluten, sollen sie auch als würdig angesehen werden, dem Vaterland in ihrem Beruf weiter zu dienen.“[128]

In seiner Antwort nur einen Tag später führte Hitler für „die Abwehr des deutschen Volkes gegenüber der Überflutung gewisser Berufe durch das Judentum“ als einen Grund die dadurch entstandene „unerhörte Zurücksetzung des deutschen Staatsvolkes“ an. Für die Berufe der Rechtsanwälte und Ärzte gab er dabei tatsachenwidrig Zahlen „bis zu 80% und darüber“ zu bedenken, denen er „hunderttausende deutsche Intellektuelle“ als Arbeitslose oder „in irgendeiner gänzlich untergeordneten Nebenstellung“ befindlich gegenüberstellte. „Die schwere Erschütterung der Autorität des Staates“ sei hervorgerufen worden, weil „ein mit dem deutschen Volk nie ganz verwachsener Fremdkörper, dessen Fähigkeit in erster Linie auf geschäftlichem Gebiet liegt, in die Staatsstellungen drängt und hier das Senfkorn für eine Korruption abgibt, von deren Umfang man auch heute noch keine annähernd genügende Vorstellung besitzt.“ Der beschränkte Zugang des Judentums zu Staats- und Offiziersstellen sei Ursache für „die Sauberkeit des alten preußischen Staates“ gewesen. „Das deutsche Volk hat in überwältigender Zahl auch gefühlsmäßig diese Schäden erkannt und leidet ... unter ihren Folgen.“ Die aktuelle Form der Abwehr sei „ausgelöst durch den gänzlich ungerechtfertigten Angriff, den das Judentum durch seine internationale Gräuel- und Boykotthetze vollzog.“ „Die planmäßige Zerstörung des Reiches“ vor und nach 1918 rechtfertige letztlich die Arbeitslosigkeit für einen jüdischen Intellektuellen, die nicht härter sei als die von Millionen „unserer eigenen Volksgenossen“.[129]

Hitler äußerte Verständnis für den Einsatz des Reichspräsidenten „für jene Angehörigen des jüdischen Volkes ..., die einst infolge der allgemeinen Wehrpflicht gezwungen waren, Kriegsdienste zu leisten“, bat diesen aber auch, das Schicksal der Anhänger seiner Bewegung bis 1933 zu bedenken. Er habe schon vor der Intervention des Staatsoberhaupts bei Reichsinnenminister Frick die Vorbereitung eines Gesetzes angeregt, „das die Lösung dieser Fragen der Willkür einzelner Aktionen entrückt und gesetzlich regelt.“

Der angesprochene Personenkreis solle für den Fall berücksichtigt werden, dass Juden „entweder selbst Kriegsdienste geleistet haben, oder durch Krieg zu Schaden kamen oder sich sonst Verdienste erworben, oder in langer Amtsdauer niemals Anlass zu Klagen gegeben haben“. Erstes Ziel eines „Reinigungsprozesses“ solle „nur sein, ein gewisses gesun-

[128] Schreiben Hindenburgs an Hitler vom 4.4.1933, Druck: Walther Hubatsch, Hindenburg und der Staat. Göttingen 1966, 375 f. (Dok. Nr. 109).

[129] Schreiben Hitlers an Hindenburg vom 5.4.1933, Druck: Hubatsch (wie vorige Anm.) 376–378 (Dok. Nr. 110) auch zum Folgenden.

des und natürliches Verhältnis wiederherzustellen und zweitens aus bestimmten staatswichtigen Stellen Elemente zu entfernen, denen man nicht Sein oder Nichtsein des Reiches anvertrauen kann".

Hinter solchem antisemitisch unterfütterten Wortgeklingel waren die Konturen einer künftigen Regelung in etwa zu erkennen. Dass der für die Politik in Deutschland Verantwortliche aber mit seiner Formulierung „Willkür einzelner Aktionen" ungesetzliches Vorgehen einräumte, dürfte seiner Aufmerksamkeit entgangen sein.

6. Gesetzliche Regelungen und ihre Folgen

Gegen den entschiedenen Widerstand einiger Länderjustizminister[130] setzte das Reichsjustizministerium unter dem ehemaligen bayerischen Justizminister Gürtner das „Gesetz über die Zulassung zur Rechtsanwaltschaft"[131] durch. Gürtner gelang es, bei Hitler eine starke Anlehnung des Gesetzes an das am gleichen Tag ergangene „Gesetz zur Wiederherstellung des Berufsbeamtentums"[132] zu erreichen und damit weitergehende Forderungen von Frank und Kerrl zu unterlaufen.

Wie letzteres eine „Säuberung" der Beamtenschaft von Juden und politisch unliebsamen „Parteibuchbeamten" bezweckte,[133] hatte auch das Anwaltsgesetz fast ausschließlich antisemitischen Charakter, wenn man von seinem § 3 (Kommunistische Betätigung) absieht. Rechtsanwälten nicht arischer Abstimmung konnte bis zum 30. September 1933 die Zulassung entzogen werden. Ausnahmen gab es – wie im Berufsbeamtengesetz – für Anwälte, die schon vor dem 1. August 1914 zugelassen waren (sog. Altanwälte), Frontkämpfer oder Väter bzw. Söhne von Gefallenen. Entsprechend konnten Juden Neuzulassungen versagt werden. Gerichtswechsel weiter Zugelassener war nicht möglich. Kommunistische Betätigung bedeutete ebenfalls den Verlust der Zulassung.

Beide Gesetze blieben weit hinter den Erwartungen von radikal antisemitischen Nationalsozialisten wie Frank und Kerrl zurück, die ihrem Unmut schon im Vorfeld laut Luft gemacht hatten. Gürtner ahnte wohl, was aus dieser Richtung zu erwarten war, als er am 8. April 1933 – wohlgemerkt einen Tag nach Erlass der Gesetze – in einem persönlichen Schreiben Hitler bat, er solle „als Kanzler und als Führer der Bewegung" dafür sorgen, „dass selbstverständlich auch diese Anordnung der Reichsregierung von jedermann zu respektieren" sei.[134]

Zumal die Ausnahmebestimmungen für Altanwälte und Frontkämpfer, die im Ergebnis einen Rückschritt hinter die von der Länderjustiz bereits ergriffenen Maßnahmen bedeuteten, erregten die Wut der Radikalen – war doch zu ihrer großen Überraschung und im Gegensatz zu ihren antisemitischen Vorurteilen der überwiegende Teil der bayerischen jüdischen Rechtsanwälte Altanwälte und Frontkämpfer. Nach statistischen Angaben des bayerischen Justizministeriums zu den Auswirkungen des Gesetzes zum

[130] Für Kerrl vgl. Krach 205 ff. sowie allgemein Gruchmann 130 ff. auch zum Folgenden.
[131] Gesetz über die Zulassung zur Rechtsanwaltschaft vom 7. 4. 1933, RGBl I 1933, 188; Druck auch bei Krach 422.
[132] Gesetz zur Wiederherstellung des Berufsbeamtentums vom 7. 4. 1933, RGBl I 1933, 175.
[133] Zu Einzelheiten Gruchmann 137 ff., 167 entsprechende Zahlen.
[134] Gruchmann 139 f.

188 Reichsgesetzblatt, Jahrgang 1933, Teil I

Die Gerichts- und Anwaltsgebühren betragen zwei Zehntel der Sätze des § 8 des Gerichtskostengesetzes und des § 9 der Gebührenordnung für Rechtsanwälte.

Berlin, den 7. April 1933.

Der Reichskanzler
Adolf Hitler

Der Reichsminister der Justiz
Dr. Gürtner

Gesetz über die Zulassung zur Rechtsanwaltschaft. Vom 7. April 1933.

Die Reichsregierung hat das folgende Gesetz beschlossen, das hiermit verkündet wird:

§ 1

Die Zulassung von Rechtsanwälten, die im Sinne des Gesetzes zur Wiederherstellung des Berufsbeamtentums vom 7. April 1933 (Reichsgesetzbl. I S. 175) nicht arischer Abstammung sind, kann bis zum 30. September 1933 zurückgenommen werden.

Die Vorschrift des Abs. 1 gilt nicht für Rechtsanwälte, die bereits seit dem 1. August 1914 zugelassen sind oder im Weltkriege an der Front für das Deutsche Reich oder für seine Verbündeten gekämpft haben oder deren Väter oder Söhne im Weltkriege gefallen sind.

§ 2

Die Zulassung zur Rechtsanwaltschaft kann Personen, die im Sinne des Gesetzes zur Wiederherstellung des Berufsbeamtentums vom 7. April 1933 (Reichsgesetzbl. I S. 175) nicht arischer Abstammung sind, versagt werden, auch wenn die in der Rechtsanwaltsordnung hierfür vorgesehenen Gründe nicht vorliegen. Das gleiche gilt von der Zulassung eines der im § 1 Abs. 2 bezeichneten Rechtsanwälte bei einem anderen Gericht.

§ 3

Personen, die sich in kommunistischem Sinne betätigt haben, sind von der Zulassung zur Rechtsanwaltschaft ausgeschlossen. Bereits erteilte Zulassungen sind zurückzunehmen.

§ 4

Die Justizverwaltung kann gegen einen Rechtsanwalt bis zur Entscheidung darüber, ob von der Befugnis zur Zurücknahme der Zulassung gemäß § 1 Abs. 1 oder § 3 Gebrauch gemacht wird, ein Vertretungsverbot erlassen. Auf das Vertretungsverbot finden die Vorschriften des § 91 b Abs. 2 bis 4 der Rechtsanwaltsordnung (Reichsgesetzbl. 1933 I S. 120) entsprechende Anwendung.

Gegen Rechtsanwälte der im § 1 Abs. 2 bezeichneten Art ist das Vertretungsverbot nur zulässig, wenn es sich um die Anwendung des § 3 handelt.

§ 5

Die Zurücknahme der Zulassung zur Rechtsanwaltschaft gilt als wichtiger Grund zur Kündigung der von dem Rechtsanwalt als Dienstberechtigten abgeschlossenen Dienstverträge.

§ 6

Ist die Zulassung eines Rechtsanwalts auf Grund dieses Gesetzes zurückgenommen, so finden auf die Kündigung von Mietverhältnissen über Räume, die der Rechtsanwalt für sich oder seine Familie gemietet hatte, die Vorschriften des Gesetzes über das Kündigungsrecht der durch das Gesetz zur Wiederherstellung des Berufsbeamtentums betroffenen Personen vom 7. April 1933 (Reichsgesetzbl. I S. 187) entsprechende Anwendung. Das gleiche gilt für Angestellte von Rechtsanwälten, die dadurch stellungslos geworden sind, daß die Zulassung des Rechtsanwalts zurückgenommen oder gegen ihn ein Vertretungsverbot gemäß § 4 erlassen ist.

Berlin, den 7. April 1933.

Der Reichskanzler
Adolf Hitler

Der Reichsminister der Justiz
Dr. Gürtner

Gesetz über die Neuwahl der Schöffen, Geschworenen und Handelsrichter. Vom 7. April 1933.

Die Reichsregierung hat das folgende Gesetz beschlossen, das hiermit verkündet wird.

Kapitel I

Schöffen und Geschworene

§ 1

Die laufende Wahlperiode der Schöffen und Geschworenen endet mit dem 30. Juni 1933.

Die am 1. Juli 1933 beginnende neue Wahlperiode endet mit dem 31. Dezember 1934.

§ 2

Der im § 40 des Gerichtsverfassungsgesetzes bezeichnete Ausschuß ist unverzüglich neu zu wählen. Sodann hat alsbald eine Neuwahl der Schöffen und Geschworenen nach den Vorschriften des Gerichtsverfassungsgesetzes stattzufinden.

Abb. 12: Gesetz über die Zulassung zur Rechtsanwaltschaft vom 7. April 1933.

Stichtag 30. September 1933 ergab sich folgendes Bild: Nach dem Stand von Mai 1933 waren im Freistaat 440 jüdische Rechtsanwälte zugelassen, die 17,8% aller 2473 bayerischen Rechtsanwälte ausmachten. 288 von ihnen (= 65%) waren unzweifelhaft Altanwälte und Frontkämpfer, deren Zulassung nicht zurückgenommen werden konnte. In 152 Fällen wurde die Zurücknahme der Zulassung beantragt, mit folgendem Ergebnis: aus der Rechtsanwaltschaft schieden aus: durch Zurücknahme der Zulassung wegen nicht arischer Abstammung (§ 1 des Gesetzes) 98 Personen; wegen kommunistischer Betätigung (§ 3) 11 Personen; wegen Aufgabe des Wohnsitzes (§ 21/1/2 RAO) 3 Personen; wegen Aufgabe der Zulassung 14 Personen; durch Tod 2 Personen; insgesamt 128 Personen.

Nach Überprüfung in der Rechtsanwaltschaft verbleiben konnten: wegen Frontkämpfereigenschaft 9 Personen; wegen Teilnahme an Kampfhandlungen gegen Kommunisten und Spartakisten (nach 1918) 4 Personen; aus sonstigen Gründen 11 Personen, insgesamt 24 Personen. Das bedeutete, dass im Ergebnis 312 (von 440) jüdische Anwälten einstweilen im Beruf verbleiben konnten (= 70,9%).[135]

7. Unzufriedenheit der Nationalsozialisten

Enttäuscht über ihren Ausschluss von Vorbereitung und Beratung des Gesetzes und bald auch in Kenntnis seiner für sie inakzeptablen Auswirkungen inszenierten die Radikalen unmittelbar nach seinem Erlass getreu den Ankündigungen ihrer Wortführer Frank und Kerrl erneut antisemitische Aktionen.

So richteten Vertreter des BNSDJ an das bayerische Justizministerium folgendes Telegramm: „Die am 11.4.1933 in München versammelten artdeutschen Rechtsanwälte und Richter als berufene Vertreter für die Wahrung des heiligsten Gutes des deutschen Volkes sind empört über die Wiederauslieferung der deutschen Rechtspflege und Rechtsprechung an jüdischen Einfluss. Wir erwarten von einer nationalen Regierung den Schutz des deutschen Volkes und die Sicherung des deutschen Rechtes."[136] Unter den mit „I. A." Unterzeichneten waren zwei Münchener Rechtsanwälte.[137]

Etwa zur selben Zeit bat der Vorstand der Münchener Rechtsanwaltskammer das Oberlandesgericht München, „Anweisung dahin zu erteilen, dass in Zukunft Rechtsanwälte nicht arischer Abstammung ohne Rücksicht darauf, ob ihre Zulassung zurückgenommen wird oder nicht", als Armenanwalt (Pflichtanwalt) nicht mehr beigeordnet werden sollten. Die Begründung lässt aufhorchen:

[135] Chronik der bayer. Justiz, Eintrag zum 30. 9. 1933. Zum Vollzug des Gesetzes in Bayern siehe weiter unten.
Die angegebenen Zahlen zu § 3 (kommunistische Betätigung) decken sich nicht mit den vorhandenen Quellen. Unter den 11 angegebenen Fällen dürften sich auch nichtjüdische Personen befinden. Abweichende Zahlen: BayHStA, MJu 9650; Lorenzen 184 nennt 121 Ausgeschiedene. Auch die Jahresberichte der bayer. Rechtsanwaltskammern für 1933 differieren: BayHStA, MJu 9655.

[136] BayHStA, MJu 9650.

[137] Horst Kohl und Dr. Karl Leitmeyer. Zu deren Funktionen im BNSDJ vgl. Jahresbericht der Rechtsanwaltskammer München 1933, 4 in: BayHStA, MJu 9655.

„Die Tendenz der nationalen Erhebung des deutschen Volkes zielt auf die Ausschaltung des fremdrassigen Einflusses auf die deutsche Gesetzgebung und Rechtspflege ab. In dieser Richtung bewegen sich auch die Reichsgesetze zur Wiederherstellung des Berufsbeamtentums und über die Zulassung zur Rechtsanwaltschaft vom 7.4.1933, die die Entfernung nicht arischer Beamter und Rechtsanwälte zum Grundsatz erhoben haben. Der überwiegende Teil des deutschen Volkes fordert sogar die restlose Beseitigung der jüdischen Rechtsanwälte ...".[138]

Am 19. April 1933 veranstaltete der BNSDJ im Münchener Zirkus Krone eine große Kundgebung zum Thema „Juden in der Justiz", die mit dem Artikel „Die Säuberung geht weiter" am gleichen Tag im Völkischen Beobachter angekündigt wurde. Unter dem Motto „Hinaus mit den Juden aus der deutschen Rechtspflege und Rechtsprechung. Wir fordern deutsche Richter und deutsche Rechtsanwälte" waren gleich vier illustre Redner aufgeboten worden: Die Justizminister Bayerns und Preußens, Frank und Kerrl, sowie dessen Ministerialdirektor Roland Freisler und der Reichstagsabgeordnete und Organisator des Boykotts vom 1.4.1933, Julius Streicher.[139] Frank kündigte dabei großspurig an:

„Es wird mir in Bayern nicht restlos möglich sein, den Intentionen des Reichsgesetzes über die Rechtsanwälte zu entsprechen. ... Ich fürchte, dass empörte Volksgenossen in die Gerichtssäle eindringen könnten, wenn ich die Juden zulasse, und daher muss ich um dieses Gesichtspunktes von Ruhe und Ordnung wegen die Prüfung und Befolgung dieser letzten Reichsgesetze sehr genau durchführen. ... Aber es kann Jahre dauern, bis die Juden wieder zugelassen werden. Wir haben nicht 14 Jahre gekämpft, um unser Ziel verraten zu lassen, ... um uns von unseren Programmpunkten das eine oder das andere abwinseln zu lassen."[140]

Kerrl äußerte, dass die nationale Revolution erst vollendet sei, wenn Rechtspflege und Rechtsprechung deutsch seien. Seine bisherigen Maßnahmen gegen die Juden bezeichnete er zynisch als ausschließliche Vorkehrungen gegen den Volkszorn.

Frank und Kerrl verabredeten gleichzeitig eine einheitliche Vorgehensweise bei der Anwendung der Gesetze in Bayern und Preußen.[141] Ihre Taktik lief auf „eine Art administrativer Obstruktion"[142] hinaus. Auch der uns bereits bekannte revolutionäre Druck wurde wieder entfacht. Am 22. April 1933 sandte der Gau Mittelfranken des BNSDJ an seinen Landesleiter Dr. Mößmer ein Telegramm, das unter anderem folgende Sätze enthielt:

„Der durch reichsrechtliche Regelung der Zulassung zur deutschen Anwaltschaft geschaffene Zustand ist für Nürnberg unhaltbar. Mit geringen Ausnahmen sind fast alle jüdischen Anwälte und Richter wieder zugelassen. Die Empörung hierüber ist in Kreisen der Richter, Anwälte und der rechtsuchenden Bevölkerung maßlos. ... Wir können keine Haftung dafür übernehmen, dass es bei dem anmaßenden Auftreten der Juden nicht zu Tätlichkeiten kommt".[143]

[138] Heinrich 116.
[139] Berichte in: Münchener Neueste Nachrichten (MNN) vom 20.4.1933 und Vossische Zeitung vom 20.4.1933; vgl. Schwarzbuch 151 ff.
[140] Vossische Zeitung vom 20.4.1933.
[141] Schwarzbuch 153; vgl. Gruchmann 140 ff. und Krach 240 ff.
[142] Gruchmann 141.
[143] Heinrich 116.

Nochmals die Würzburger Judenanwälte

—: Man schreibt uns:

Das „Fränkische Volk“ brachte vor einiger Zeit eine Notiz einer an sich unzuständigen Stelle, wonach in Würzburg von 83 Rechtsanwälten „nur“ 18 der jüdischen Rasse angehören und davon „nur“ 13 vor Gericht auftreten dürfen. In der Zwischenzeit ist der „Adler“ der hiesigen Judenanwälte, der spurlos „verduftet“ war, wieder in sein verlassenes Nest „zurückgeflogen“ und wälzt seine behäbige Judengestalt als 14. Judenanwalt durch die Sitzungssäle. Als Kernpunkt „dieser Sache“ muß also die betrübliche Tatsache festgestellt werden, daß der Prozentsatz der Judenanwälte in Würzburg bei Annahme von 83 Anwälten fast 22 (!) Prozent beträgt und im Gegensatz zur Bevölkerungsziffer der Juden von 1 Prozent (manche sagen sogar nur ½ Prozent) viel zu hoch ist. Das wird so wenig begriffen, wie wenn ein Amtsgerichtspräsident gegenüber einem Verwaltungsführer von Lösung des Dienstverhältnisses spricht, weil dieser anläßlich der nationalen Erhebung Dienstbefreiung brauchte, oder wenn derselbe Amtsgerichtspräsident einem Fachschaftsleiter gegenüber entgleist und ihm ganz zu Unrecht eine Meldung beim Sonderkommissar zuschiebt; oder wenn der gleiche Amtsgerichtspräsident keine Feier am Tag der nationalen Arbeit abhält oder bei anderen Feiern allein anwesend ist und seinen Beamten die Teilnahme an diesen Feiern nicht eröffnet, oder wenn gar ein Landgerichtspräsident einem Beamten disziplinäre Ahndung ankündigt wegen Nichtgenehmigung bei Benützung eines Amtsraumes zu einer vorbereitenden Zusammenkunft für den Tag der nationalen Arbeit. — Nach der Bevölkerungsziffer dürfte also noch nicht einmal ein ganzer Judenanwalt vor den hiesigen Gerichten auftreten! Wir freuen uns auf die angekündigte Säuberung unserer Rechtspflege von allen Juden; denn wir sind der Ueberzeugung, daß wir sie alle entbehren können, ohne daß die Rechtspflege auch nur eine Bruchteilsekunde stillstünde. Sogar die manchmal wenig angebrachten „Pappuswitze“ „erscheinen“ uns vollständig überflüssig. — Rechtsvertreter sind nicht dazu berufen, das Recht so zu verdrehen, wie es in „ihren Kram“ paßt. Nach der kommenden Einführung unseres deutschen Rechtes werden „Verdrehungskünste“ ganz und gar unmöglich sein. Bis dahin werden, wie wir hoffen, Richter, Justizbeamte, deutsche Anwälte und Publikum einem anmaßenden Auftreten von Judenanwälten zu begegnen wissen. Begreifen können wir allerdings auch hier nicht, daß der ehemalige staatsparteiliche Stadtrat Bruno Stern beim Auftreten vor Gericht ohne Robe bzw. mit offener Robe zugelassen wurde.

Abb. 13: Hetze gegen jüdische Rechtsanwälte in der Zeitung.
Quelle: „Fränkisches Volk, Würzburger Beobachter“, Nr. 146 vom 27. Juni 1933.

Eine Woche später teilte der Vorstand der Anwaltskammer Nürnberg Mößmer mit:

„In meiner Kanzlei findet sich der juristische Gauobmann Mittelfranken Herr Kollege Dr. Josef Müller II dahier ein und macht mich darauf aufmerksam, dass die Erregung unter den hiesigen Kollegen über die über Erwarten große Anzahl von zugelassenen jüdischen Rechtsanwälten so groß ist, dass die Herren Kollegen damit umgehen, durch die SA und SS die jüdischen Kollegen aus den Sitzungssälen hinauswerfen zu lassen."[144]

Die Hoffnungen der Radikalen erfüllte sich – zumindest 1933 – nicht, weil die Initiative Gürtners bei Hitler offenbar erfolgreich war. Rücksichten auf das Ausland und die konservativen Koalitionspartner zwangen diesen zu einer Drosselung des revolutionären Elans. Frank, der nach seiner Ernennung zum Reichsjustizkommissar aus der Einheitsfront mit Kerrl in Richtung einer moderateren Haltung ausgeschieden war, begründete seinen Kurswechsel damit, dass ausschließlich der Führer das revolutionäre Tempo bestimme und als Reichskanzler innen- wie außenpolitische Rücksichten nehmen müsse. Das Anwaltsgesetz bezeichnete er aber nach wie vor als „Unmöglichkeit" und mit den Zielen der Bewegung „unvereinbar".[145]

8. Auslegung und Vollzug des Zulassungsgesetzes

Bereits am 10. April 1933 hatte Frank für die jüdischen Anwälte, die unter die Ausnahmeregelungen des Zulassungsgesetzes fielen (Altanwälte und Frontkämpfer), Passierscheine zum Betreten der Gerichtsgebäude eingeführt, die von Oberlandesgericht und Anwaltskammer gegengezeichnet werden mussten.[146] Wie bereits am Beispiel Bambergs erwähnt, konnte es Tage und Wochen dauern, bis Justizverwaltung und Anwaltskammern den Vorgaben nachkamen. Dass dabei Willkür im Spiel war, ist angesichts der geschilderten Umstände nicht auszuschließen.

Die bayerischen Ausführungsbestimmungen zum Rechtsanwaltsgesetz[147] sahen die Aufhebung des am 31. März 1933 von Frank verfügten Vertretungsverbots für die unter die Ausnahmeregelungen des Gesetzes zählenden Altanwälte und Frontkämpfer vor. Für alle übrigen galt das Vertretungsverbot weiter, bis über die Zurücknahme ihrer Zulassung entschieden war. Folgendes Verfahren war dabei einzuhalten: Die Anwaltskammervorstände meldeten die für den Ausschluss Vorgesehenen dem zuständigen Oberlandesgerichtspräsidenten bis zum 1. Juni. Dieser hörte die Betroffenen und die Vorstände der beteiligten Gerichte, führte eigene Ermittlungen durch und legte die Vorgänge mit seiner Stellungnahme versehen bis zum 1. Juli dem Justizministerium zur Entscheidung vor. Kommunistische Betätigung war entsprechend zu behandeln.

Die praktische Umsetzung des Gesetzes in Bayern war wie anderswo von der rigorosen und wenig Spielraum lassenden Auslegung seiner Bestimmungen geprägt. Erklärtes

[144] Heinrich 117.
[145] Gruchmann 145.
[146] BayHStA, MJu 12003: Unveröffentlichte Entschließung des Staatsministeriums der Justiz Nr. VII 17346 vom 10.4.1933.
[147] Bekanntmachung zur Ausführung des Reichsgesetzes über die Zulassung zur Rechtsanwaltschaft vom 18.4.1933, Druck: Bayer. Justizministerialblatt NF V (1933) 17, auch in: Bayer. Staatsanzeiger Nr. 91 vom 20.4.1933, 11.

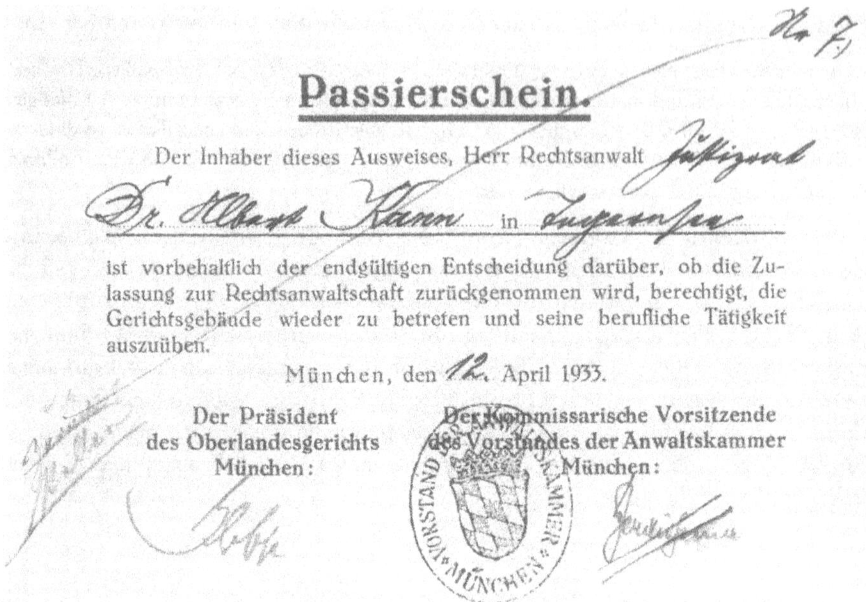

Nr. 7

Passierschein.

Der Inhaber dieses Ausweises, Herr Rechtsanwalt Justizrat

Dr. Albert Kann in Ingolstadt

ist vorbehaltlich der endgültigen Entscheidung darüber, ob die Zulassung zur Rechtsanwaltschaft zurückgenommen wird, berechtigt, die Gerichtsgebäude wieder zu betreten und seine berufliche Tätigkeit auszuüben.

München, den 12. April 1933.

Der Präsident des Oberlandesgerichts München:

Der Kommissarische Vorsitzende des Vorstandes der Anwaltskammer München:

Abb. 14: Muster eines Passierscheines.
Quelle: Stadtarchiv München, RAK 1214.

Ziel der Verantwortlichen war es, möglichst viele Juden aus der Anwaltschaft zu entfernen. Insbesondere der Passus, dass den nicht zu den Ausnahmen Zählenden die Zulassung entzogen werden könne, wurde im Sinne einer Muss-Vorschrift interpretiert.

Bewussten Missdeutungen unterlag der Begriff des Frontkämpfers, für den auf einmal Eintragungen in Kriegsstammrolle und Kriegsrangliste nicht mehr gelten sollten. Das antisemitische Vorurteil, das den Juden ihren Beitrag am Weltkrieg absprechen wollte, kam so erneut zum Tragen.[148] Erst durch die „Verordnung zur Durchführung der Gesetze über die Zulassung zur Rechtsanwaltschaft und zur Patentanwaltschaft" vom 20. Juli 1933[149] gelang es dem Reichsjustizministerium hier einigermaßen Klarheit zu schaffen. Zusammen mit dem Reichswehrministerium wurde es alleinige Stelle für eine eventuell erforderliche Überprüfung strittiger Fälle. Willkürliche Anwendung wurde auch für die nicht weniger problematischen Fälle kommunistischer Betätigung von Anwälten eingeschränkt. Berufsverbot sollte nur dann verhängt werden, wenn es Häufigkeit, Art der Führung oder Umstände, unter denen die Verteidigung übernommen wurde, rechtfertigten. Allzu rigorose Auslegungspraktiken einiger Landesjustizverwaltungen konnten nunmehr einer Überprüfung unterzogen und gegebenenfalls korrigiert werden.

Wie praktisch verfahren wurde, sollen im Folgenden Darstellung und Analyse ausgewählter Beispiele zeigen. Keine Aussicht auf Milde hatten grundsätzlich die jüngeren, nicht unter die Ausnahmeregelungen zählenden Fälle, zu denen auch drei jüdische Rechtsanwältinnen gehörten. Dr. Elisabeth Kohn (Zulassung 1928) und Anna Selo (Zulassung

[148] Vgl. Schwarzbuch 166ff.
[149] Druck: RGBl I 1933, 528; vgl. Gruchmann 159.

Abb. 15: Passierscheinfrage in Augsburg. Quelle: StA München, OLG München 704.

Nr. München, den 13. April 1933.

Betreff: Passierscheine für nicht-arische Rechtsanwälte.

I. Vormerkung:

Am 13.4.1933 begab ich mich im Auftrag des Herrn Oberlandesgerichtspräsidenten nach Augsburg und habe dort mit dem kommissarischen Vorsitzenden des Vorstandes der Anwaltskammer Augsburg Rechtsanwalt Justizrat Dr. Böhm II die in dem beiliegenden Verzeichnis aufgeführten Passierscheine auf Grund der beim Landgerichte Augsburg geführten Personalakten bezw. auf Grund der Eintragungen in den vorgelegten Militärpässen ausgestellt.

Keine Passierscheine wurden erteilt folgenden nicht-arischen Rechtsanwälten:

Dr. Neumark	zugelassen:	18.5.27	keine Kampfhandlung,
Oberbrunner Stephan	"	18.5.27	" "
Dr. Rosenberg Paul	"	2.1.31	" " (kommunistische Umtriebe)?
Dr. Bellmann Rich.	"	23.9.31	keine Kampfhandlung,
Dr. Mayer Ludwig	"	23.9.31	" " .

Bei Rechtsanwalt Justizrat Prochownik Julius in Donauwörth, zugelassen dort seit 1903, wurde von Ausstellung eines Passierscheins Abstand genommen, da Prochownik nicht als Jude gilt; Prochownik ist zur Zeit verreist.

Bei Rechtsanwalt Toussaint, Ingolstadt ist zweifelhaft, ob er als Nicht-Arier in Betracht kommt; er ist erst seit 16.9.1930 zugelassen und bittet um einen Passierschein.

Justizrat Dr. Böhm II, an den sich Toussaint schriftlich gewendet hat, wird ihn veranlassen, Nachweise über seine Abstammung vorzulegen.

1926) in München und Dr. Edith Schulhöfer (Zulassung 1928) in Nürnberg zählten zu den Pionierinnen der erst seit 1922 möglichen weiblichen Anwaltschaft.[150]

Anna Selo entschloss sich unmittelbar nach Verehelichung und Aufgabe der Zulassung noch 1933 zur Emigration nach England, die Heimat ihres Gatten. Dort war sie längere Zeit mit der Erziehung ihrer zwei Kinder beschäftigt. Ihren erlernten Beruf als Anwältin übte sie nicht mehr aus, sondern versuchte als Lehrerin einigermaßen Fuß zu fassen. 1969 ist sie in Bristol/England verstorben.[151]

Ihre Nürnberger Kollegin Edith Schulhöfer wartete den Entzug ihrer Zulassung am 5. August 1933 gar nicht erst ab, sondern emigrierte bereits im Juli 1933 nach Frankreich. Sie arbeitete dort als Hauslehrerin und als Fürsorgerin unter anderem in Lyon und Paris. Nachdem sie 1940 eine mehrmonatige Internierung im berüchtigten Lager Gurs am Fuß der Pyrenäen überstanden hatte, gelang ihr rechtzeitig im Juli 1941 die Flucht von Frankreich in die USA. Nach einem Studium der Sozialarbeit (Social Work) war sie ab 1943 als Sozialfürsorgerin in New York tätig. Seit dem Ende des Weltkriegs betreute sie zeitweise Holocaust-Überlebende in Frankreich und war ab 1954 Professorin für Sozialfürsorge in New Orleans. Schwerpunkt ihrer Arbeit war die Betreuung von Kindern. Edith Schulhöfer starb 2001 im gesegneten Alter von 100 Jahren in New Orleans.[152]

150 Vgl. Heinrich 337 ff. und Schöbel.
151 BayHStA, MJu 21965; BayHStA, BEG 5230 = K 910; Stadtarchiv München, RAK 1482.
152 BayHStA, MJu 21921; BayHStA, BEG 11524 = K 2311; Aufbau Nr. 11 vom 24.5.2001.

Lfd. Nr.	Name Familienstand Kinderzahl	Gericht der Zulassung	Zeitpunkt der Zulassung	Gesuch um Aufrechterhaltung der Zulassung. Besondere Gründe des Gesuchs.	Äusserung des Landgerichtspräsidenten.	Stellungnahme des Oberlandesgerichtspräsidenten.	
1.	Bellmann Dr. Richard, 27 Jahre, ledig.	Landgericht Augsburg	23.9.1931	Auch Gesuch um Aufhebung des Vertretungsverbotes. <u>Gesuche vom 21.4.und 22.6.1933.</u> Alteingesessene, schon seit mehr als 100 Jahren in Deutschland lebende Familie von vaterländischer Einstellung. Ein Onkel machte den Krieg als Freiwilliger mit Auszeichnung mit, 3 Vettern standen an der Front, einer von ihnen ist gefallen. Gehört seit Jahren der Technischen Nothilfe, dem Alpenverein, dem Turn-und Reitverein Augsburg an. Hat sich politisch nie betätigt.	Die Praxis des Dr.Bellmann ist noch ganz gering; er ist noch wenig vor Gericht erschienen. Sein Auftreten ist ruhig und sachlich. Die Vermögensverhältnisse sind nicht ungünstig -Vater Bankier-, die Bedürftigkeitsfrage also gegen ihn zu entscheiden. Die von ihm vorgebrachten Gründe sind nicht geeignet, eine Ausnahmebehandlung zu begründen.	Ich schliesse mich der Auffassung des Landgerichtspräsidenten an. Die Berufsausübung des Dr.Bellmann ist noch so kurz und seine Verhältnisse liegen so, daß die Zurücknahme der Zulassung keine Härte bedeutet. Sie dürfte zu verfügen sein.	[illegible]
2.	Mayer Dr. Ludwig, 28 Jahre, ledig.	Landgericht Augsburg	23.9.1931	Auch Gesuch um Aufhebung des Vertretungsverbotes. <u>Gesuche vom 3.5.und 16.6.1933.</u> Konnte selbst wegen seiner Jugend noch nicht Kriegsdienst leisten. Der Vater war aber beim Heer u.hat infolge der Heeresdienstleistung u.der Inflation sein ganzes Vermögen verloren; eine Reihe von Personen der engeren u. weiteren Verwandtschaft waren an der Front. Erfreut sich des Vertrauens u. der Achtung aller Kreise u.hat trotz der Kürze seiner juristischen Tätigkeit schon eine umfangreiche wissenschaftliche Arbeit geleistet (Kommentar zum Milchgesetz, Schrift über Eigentumsvorbehalt und Viehkauf, Aufsätze). Politisch nie betätigt. Die Zurücknahme der Zulassung würde seine wirtschaftliche Existenz vernichten u.wäre von den schwersten Folgen für die Eltern, weil der vermögenslos u.im vorgerückten Jahren stehende Vater nicht mehr allein für den Unterhalt sorgen kann.	Weder in der Gesamtpersönlichkeit noch in der Wirtschaftslage des Rechtsanwalts Dr.Mayer sind besondere Gründe, die ihn der Erhaltung der Zulassung würdig und bedürftig erscheinen ließen.	Ich teile die Auffassung des Landgerichtspräsidenten. Der junge, ledige Mann kann sich auf einen anderen Beruf umstellen.	[illegible]

Abb. 16: Evaluierungen beim Vollzug des Zulassungsgesetzes.
Quelle: StA München, OLG München 704.

Die dritte Anwältin, Elisabeth Kohn in München, verlor ebenfalls am 5. August 1933 ihre Zulassung. Zwei Gesuche, in denen sie darauf hingewiesen hatte, dass ihre Familie seit 300 Jahren in Bayern ansässig sei und sie einen kränklichen Vater und eine als Malerin tätige Schwester unterstützte, waren erfolglos geblieben. Der Münchener Oberlandesgerichtspräsident meinte zynisch: „Sie ist jung und ledigen Standes und wird deshalb von der Zurücknahme der Zulassung nicht so empfindlich betroffen werden, dass die Zurücknahme eine Härte bedeuten würde."[153] In der Folgezeit arbeitete sie in der Fürsorgeabteilung der Münchener Kultusgemeinde, 1940/41 war sie kurzzeitig als Hilfskonsulentin in ihrem alten Beruf bei ihrem Kollegen Julius Baer beschäftigt. Obwohl die Mittel für ein Visum nach Kuba durch emigrierte Freunde zur Verfügung standen, gelang ihr nicht mehr die Flucht aus Hitler-Deutschland. Am 20. 11. 1941 wurde sie zusammen mit Mutter und Schwester neben tausend Schicksalsgenossen aus München abtransportiert und wenige Tage später am 25. November 1941 im litauischen Kowno ermordet. Von der Öffentlichkeit weitgehend unbeachtet hat die juristische Fakultät der Universität München 2003 vor ihrer Seminarbibliothek eine Gedenktafel für Elisabeth Kohn angebracht.[154]

Auch männliche Kollegen waren trotz einer Vielzahl für sie sprechender Momente ohne echte Chance. Der Münchener Anwalt Dr. Robert Beer (Zulassung 1928) hatte infolge Kinderlähmung einen steifen Arm, war aber trotzdem im Herbst 1918 Mitglied eines Jungsturmregiments gewesen. Die Stellungnahme des Oberlandesgerichtspräsidenten im Einverständnis mit den Vorständen der beteiligten Gerichte hob hervor: „B. ist ... ein einwandfreier und anständiger Anwalt, der die Interessen seiner Parteien verständig, gewandt und gewissenhaft vertritt. Der Verlust eines Armes würde ihm die Begründung einer neuen Existenz schwerer machen als anderen. Politisch hat er sich nie betätigt. Ein ausreichender Grund zu einer Ausnahmebehandlung kann diesen Verhältnissen aber nicht entnommen werden; er ist noch jung und zur Umstellung fähig."[155] Beer emigrierte umgehend nach Palästina, wo er zunächst für eine Spedition, in der chemischen Industrie, bei einem Schifffahrtsunternehmen und für ein Ingenieurbüro tätig war. Nach erneutem Jurastudium erhielt er 1940 die Zulassung als Rechtsanwalt. Von 1943–1948 war er Rechtsberater der Regierung des Landes, seit 1948 der Stadtverwaltung von Haifa. Dort ist er 1967 65-jährig verstorben.[156]

Sein schon im vorigen Kapitel erwähnter Münchener Kollege Dr. Georg Franz Bergmann (Zulassung 1929) stammte aus Posen, hatte sich dort unter anderem im Grenzschutz gegen Polen engagiert und 1919 dementsprechend für Deutschland optiert. Er leitete ehrenamtlich eine Geschäftsstelle des Deutschen Ostbundes und war Mitglied des Vereins Heimattreuer Schlesier. Auch „seine gute staatsbürgerliche Gesinnung", so der Oberlandesgerichtspräsident, konnte den Entzug der Zulassung nicht verhindern.[157] Über sein weiteres Schicksal, das ihn über Frankreich und Nordafrika schließlich nach Australien führen sollte, wurde bereits berichtet.

[153] StAM, OLG München 704.
[154] BayHStA, MJu 21188; Stadtarchiv München, RAK 1036; Biografische Angaben zu Elisabeth Kohn; GbM 727; Weber in: Mitteilungen des Münchener Anwaltvereins (MAV) August/September 2003, 8 f.
[155] StAM, OLG München 704.
[156] BayHStA, MJu 20351; Stadtarchiv München, RAK 728; BayLEA, BEG 23409.
[157] StAM, OLG München 704.

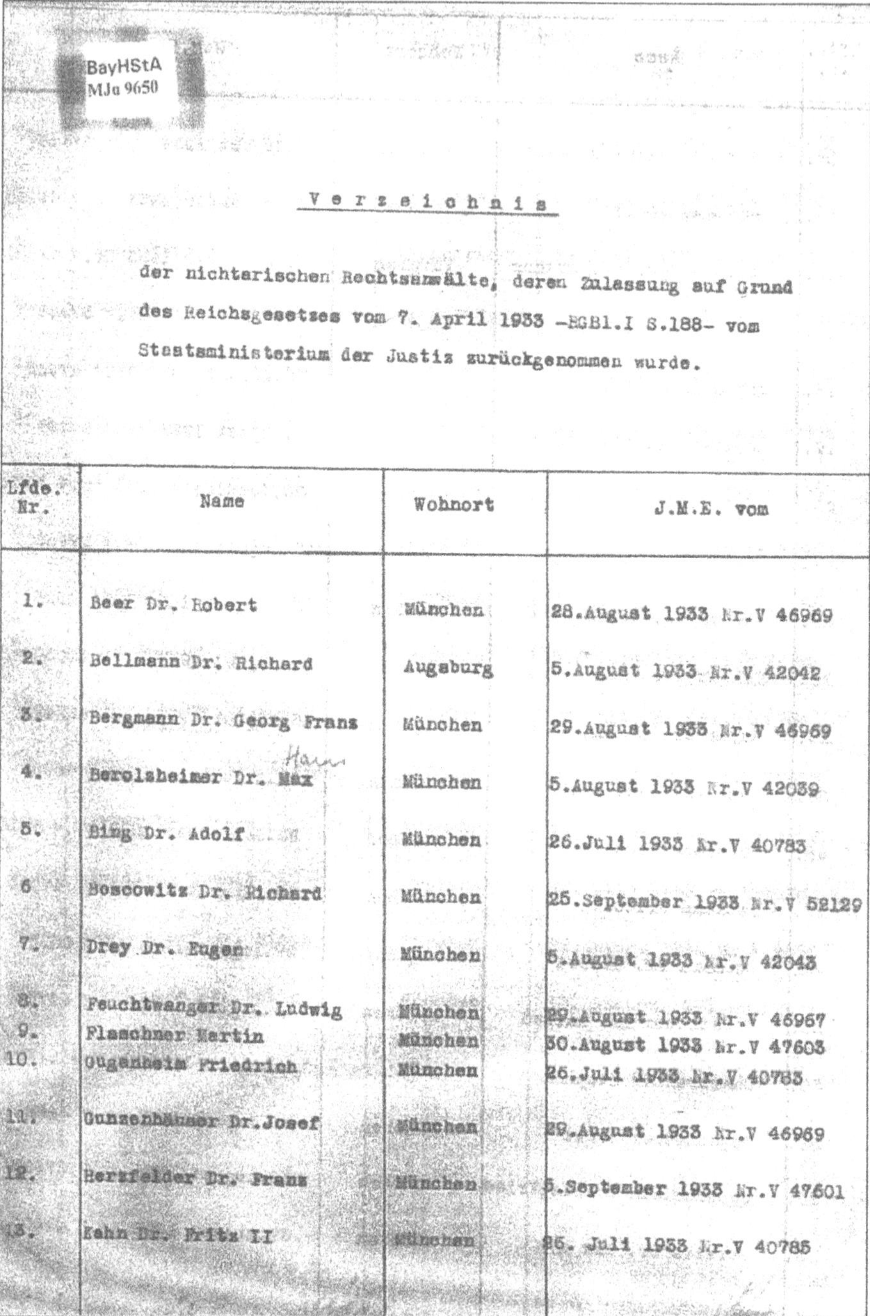

BayHStA
MJu 9650

V e r z e i c h n i s

der nichtarischen Rechtsanwälte, deren Zulassung auf Grund des Reichsgesetzes vom 7. April 1933 -RGBl.I S.188- vom Staatsministerium der Justiz zurückgenommen wurde.

Lfde. Nr.	Name	Wohnort	J.M.E. vom
1.	Beer Dr. Robert	München	28.August 1933 Nr.V 46969
2.	Bellmann Dr. Richard	Augsburg	5.August 1933 Nr.V 42042
3.	Bergmann Dr. Georg Franz	München	29.August 1933 Nr.V 46969
4.	Berolzheimer Dr. Max Hans	München	5.August 1933 Nr.V 42039
5.	Bing Dr. Adolf	München	26.Juli 1933 Nr.V 40783
6	Boscowitz Dr. Richard	München	25.September 1933 Nr.V 52129
7.	Drey Dr. Eugen	München	5.August 1933 Nr.V 42043
8.	Feuchtwanger Dr. Ludwig	München	29.August 1933 Nr.V 46967
9.	Flaschner Martin	München	30.August 1933 Nr.V 47603
10.	Guggenheim Friedrich	München	26.Juli 1933 Nr.V 40783
11.	Gunzenhäuser Dr.Josef	München	29.August 1933 Nr.V 46969
12.	Herzfelder Dr. Franz	München	5.September 1933 Nr.V 47601
13.	Kahn Dr. Fritz II	München	26. Juli 1933 Nr.V 40785

Abb. 17: Erste Seite des Verzeichnisses von Berufsverboten aus dem Bereich des OLG München.
Quelle: Bay HStA, MJu 9650.

Der 31-jährige Jakob Kohnstamm in München entstammte einer seit Generationen in Deutschland ansässigen Familie und war völlig vermögenslos. Er war verheiratet, Vater zweier Kinder und auf sein Berufseinkommen angewiesen, zumal auch Vater und Schwiegervater seit kurzem stellungslos geworden waren. Selbst das Gutachten des Oberlandesgerichts ließ ein gewisses Mitgefühl mit seiner Situation erkennen: „K. genießt das Ansehen eines tüchtigen, sehr anständigen Anwalts. Es ist bekannt, dass er in bitterster Not lebt. Da er für Frau und Kinder zu sorgen hat, wäre ihm die Erhaltung seiner wirtschaftlichen Existenz zu wünschen. Wenn auch zu einer Ausnahmebehandlung kein ausreichender Anlass besteht, so wird er doch für den Fall einer grundsätzlich milderen Anwendung des Gesetzes zur Berücksichtigung in erster Linie empfohlen."[158] Wie schon 1928 anlässlich seiner Bewerbung für den juristischen Staatsdienst – damals bezeichnete ihn der Personalreferent des bayerischen Justizministeriums als „ausgeprägten jüdischen Typus so sehr, dass uneingeschränkte Verwendung unmöglich"[159] – war Kohnstamm ohne Glück. Mangels beruflicher Perspektiven entschloss er sich im November 1933 zur Emigration nach Palästina, wo er als Landwirt und Kleinsiedler tätig war. 1977 ist er in Beer Tuviah/Israel gestorben.[160] Seine in München verbliebenen Eltern sind 1942 nach Theresienstadt deportiert worden und dort ums Leben gekommen.[161]

Obwohl sein 10 Jahre älterer Münchener Kollege Dr. Adolf Lustig (Zulassung 1919) seit der Kindheit den Verlust eines Auges beklagte, hatte er sich 1914 freiwillig zu den Fahnen gemeldet. Zunächst zurückgestellt, wurde er 1917 eingezogen, war aber nicht felddienstfähig. Fünf seiner Vettern fielen im Weltkrieg. Lustig war verheiratet, Vater von drei Kindern und infolge einer gerade überstandenen Darmoperation kränklich. Der Verlust der Zulassung würde nicht nur für ihn, sondern auch für drei Angestellte eine große Härte bedeuten, wie er in mehreren Gesuchen darlegte. Das Votum des Oberlandesgerichtspräsidenten ging auf die mildernden Umstände nicht ein: „In seiner Berufsausübung wird er indes trotz der zahlreichen Anerkennungsschreiben von Klienten, die er vorlegt, nicht vorbehaltlos anerkannt. Er wird zwar als sehr gewandt, aber auch als recht betriebsam, einrissig, schwierig zu behandeln und etwas vorlaut bezeichnet. Ich halte deshalb eine Vorzugsbehandlung nicht für veranlasst."[162] Nach dem Entzug der Zulassung am 29. August 1933 versuchte sich Lustig anderthalb Jahre als Angestellter durchzubringen, danach war er ohne Beruf. 1937 verbrachte er mehr als drei Monate im KZ Dachau, bis er im April 1938 mit Familie nach Australien emigrierte. 1939 bürgerte ihn das Deutsche Reich aus. Zwischen 1940 und 1957 war er in der neuen Heimat in wechselnden Berufen als Reisender, Cafébesitzer, Newsagent und Zeitungsverkäufer, seit 1957 als Rechtsberater tätig. 1962 ist er Melbourne/Australien gestorben.[163]

Der erst seit 1932 zugelassene Dr. Herbert Thomé in München war „Halbjude" im Sinne der nationalsozialistischen Rassendoktrin, weil seine Mutter aus jüdischer Familie stammte. In drei ausführlichen Gesuchen belegte der 26-Jährige die vaterländische Ein-

[158] StAM, OLG München 704.
[159] BayHStA, MJu 21190.
[160] Wie vorige Anm.; BayHStA, EG 86227 = A 219; Stadtarchiv München, RAK 1037.
[161] Gb M 736.
[162] StAM, OLG München 704.
[163] BayHStA, MJu 21347; BayLEA, EG 75899; Stadtarchiv München, RAK 10.

stellung seiner Familie. Zahlreiche Empfehlungsschreiben auch aus nationalsozialistischer Feder bestätigten seine Angaben. Thomé:

„Aufgrund dieser Tatsachen glaube ich für mich in Anspruch nehmen zu können, als gleichberechtigtes Mitglied der deutschen Volks- und Schicksalsgemeinschaft zu gelten und an dem von mir gewählten Platz an dem Wiederaufbau unseres schwer geprüften Vaterlandes mitzuarbeiten. Es kränkt mich, wie ein Mensch, der abseits seines Volkes steht, behandelt und nicht für würdig befunden zu werden, meinem Vaterlande, für das meine Vorväter kämpften, und für das zu kämpfen mir meiner Jugend wegen nicht vergönnt war, zu dienen. ... Ich habe stets mich als ganzer Deutscher gefühlt und danach gehandelt und werde es auch weiterhin tun, was auch immer kommen mag."[164]

Die lapidare Stellungnahme des OLG-Präsidenten, „erst ein halbes Jahr zugelassen. Wird bei seinem jugendlichen Alter und seinen Verhältnissen von der Zurücknahme der Zulassung am leichtesten von allen betroffen. Das Gesuch kann daher nicht befürwortet werden"[165], sollte ihn bald eines besseren belehren. Herbert Thomé überlebte das Hitlerregime als Bevollmächtigter und Syndikus einer Bank, später als juristischer Mitarbeiter einer Motorenfabrik. 1946 wurde er wieder als Rechtsanwalt in München zugelassen. Daneben war er zeitweise Aufsichtsratsmitglied mehrerer Wirtschaftsunternehmen und persönlich haftender Gesellschafter einer Bank. 1966 ist er in Pullach bei München kurz vor seinem 60. Geburtstag gestorben. Seine Mutter ist im KZ Theresienstadt zu Tode gekommen.[166]

Bei der Behandlung einer Reihe von Gesuchen fällt eine besonders krude antisemitische Note in den Akten auf. Der Gesuchsteller sei der „Prototyp eines schlechten und gewissenlosen Anwalts", ein anderer wird als „sehr überheblich, vollkommen individualistisch und unsozial eingestellt" bezeichnet, „er habe sich bei der Bevölkerung ... so missliebig gemacht, dass mindestens eine Ortsveränderung empfohlen werde."[167] Ein Dritter sei ein „ausgesprochen jüdischer Typ mit jüdischen Allüren im Auftreten", ohne dass diese konkretisiert würden. Ein weiterer trage die „typischen Merkmale eines Juden in seltener Vollkommenheit". Es versteht sich von selbst, dass die Betreffenden ihrer Zulassung verlustig gingen.

Zwei altgediente Justizräte in Fürth hatten, um die Zulassung ihrer jeweiligen Söhne und Kanzleigenossen zu retten, im Gegenzug den Verzicht auf ihre eigene Zulassung angeboten. Die Ablehnung dieses verzweifelten Rettungsversuchs begründete das Justizministerium wie folgt: „Das Angebot des Vaters kann nach der wohl zutreffenden Auffassung des Oberlandesgerichtspräsidenten nicht angenommen werden, weil die Zulassung zur Rechtsanwaltschaft nicht Gegenstand eines Tauschhandels werden darf."[168]

Rechtsanwalt Dr. Hans Krailsheimer in Nürnberg hatte wegen Krankheit nur mit Verzögerung die Staatsprüfung ablegen können und war dementsprechend spät (1917) zugelassen worden. Die zuständige Anwaltskammer sprach sich aus Gründen der Billigkeit zunächst für seine Belassung aus. Sie führte unter anderem aus, K. „hat auch zu

164 MJu, PA T 32.
165 StAM, OLG München 704.
166 BayLEA, EG 42321; Stadtarchiv München, RAK 1722; Mitteilung von Herrn Gerhard Thomé/Riemerling.
167 BayHStA, MJu 20630, dort auch die folgenden Zitate.
168 BayHStA, MJu 20305 (Dr. Ernst Baburger) und MJu 21621 (Dr. Konrad Prager).

Beginn des Krieges vaterländische Gedichte gemacht und sich persönlich und anwaltschaftlich als einwandfreier Kollege erwiesen." Die beteiligten Gerichte schlossen sich diesem positiven Votum vorbehaltlos an. Wenige Wochen später revidierte jedoch die gleiche Kammer in einer Nachtragserklärung ihr Urteil über Krailsheimer dahingehend, „dass dieser mit Deutschtum und deutscher Auffassung nichts zu tun habe. Er stehe den Linksparteien nahe und verkehre in rein jüdischen Kreisen. Die vaterländischen Gedichte seien nur Ausfluss eines geschäftsmäßigen jüdischen Schöngeistes." Dass die beteiligten Gerichte dem nunmehr völlig konträren Votum in Richtung auf die Entfernung Krailsheimers aus der Anwaltschaft wieder vorbehaltlos beitraten, bedarf keines Kommentars.[169]

Rechtsanwalt Dr. Leo Friedländer in Pirmasens war von den beteiligten Gerichtspräsidenten „als ein gewandter, tüchtiger und bescheidener Anwalt von gut deutscher Gesinnung" charakterisiert worden, dessen Zulassung „im Hinblick auf die vaterländische Betätigung des Gesuchstellers und seiner Familienangehörigen, namentlich im Hinblick auf sein mannhaftes Verhalten während der Besatzungs- und Separatistenzeit" aufrechterhalten bleiben sollte. Infolge Kinderlähmung mit einem steifen Arm behaftet, war er kein Frontkämpfer gewesen, hatte aber eine größere Familie zu unterhalten. Konträrer Ansicht war die SA in Pirmasens, die tatsachenwidrig behauptete, Friedländer stamme aus Ostgalizien und sei „als äußerst gehässiger Gegner der nationalsozialistischen Bewegung aufgetreten." Umstritten war lediglich, ob der Anwalt im Frühjahr 1933 örtliche Gewerkschaftsgelder auf ein Treuhandkonto transferiert hatte, um sie dem Einfluss der neuen Machthaber zu entziehen.

Oberlandesgerichtspräsident Dr. Siegel in Zweibrücken beharrte mutig auf seinem Vorschlag, die Zulassung Friedländers nicht zurückzunehmen.

„Hieran vermag auch die Bemerkung ... nichts zu ändern, die SA werde auf keinen Fall dulden, dass jüdische Rechtsanwälte von dem Format Friedländer eine Anwaltstätigkeit ausüben. Diese Bemerkung verkennt die Totalität des nationalsozialistischen Staates und ist sich nicht bewusst, dass sie sich gegen die nationalsozialistische staatliche Autorität selbst wendet."

Inzwischen hatte die SA Schützenhilfe durch den Gauführer des BNSDJ beim Oberlandesgericht Zweibrücken erhalten, der Friedländer „als national unzuverlässig" nach dem Urteil Pirmasenser Kollegen bezeichnete und es „nicht für zweckmäßig und angebracht" hielt, „jüdische Anwälte wieder zur Ausübung ihres Berufes bei den Gerichten zuzulassen." Diese „Aufforderung" war vom Sonderbeauftragten bei der Bayerischen Staatsregierung, dem Münchener Kammervorsitzenden Mößmer, „mit der Bitte um entsprechende Berücksichtigung" dem Justizministerium zugeleitet worden. Dass sie ihr Ziel nicht verfehlte, war abzusehen. Nach „gepflogenen neuerlichen Erhebungen" habe Friedländer „aus seiner linksgerichteten Einstellung niemals ein Hehl gemacht und sich selbst als stolzen Juden bezeichnet." Er habe „häufig marxistische Angeklagte vertreten ..., ohne sich aber bei der Verteidigung irgend eine Blöße zu geben." Gehässige Äußerungen gegen den Nationalsozialismus waren von ihm nicht gefallen. Seine Beteiligung an der „Verschiebung von Gewerkschaftsgeldern" war trotz gewisser Verdachtsmomente nicht zu klären, weshalb der Oberlandesgerichtspräsident an seiner Meinung festhalte.

[169] BayHStA, MJu 21050.

V 43 055

Abschrift.

Bund Nationalsozialistischer Deutscher Juristen.

Dr. Webler, Gauführer beim Oberlandesgericht Zweibrücken zu Neustadt a.H. 25. August 1933.
Exterstr.1.

An die

Reichsgeschäftstelle des BNSDJ

Berlin W 1o.
Regentenstr.4.

Der Gaufachleiter für Rechtsanwälte teilt mir mit, es sei bekannt geworden, dass die Rechtsanwälte Dr. Heinrich Mayer, Ludwigshafen, Dr. Friedländer, Pirmasens und Fendrich, L-hafen bei den Gerichten wieder zugelassen werden sollten. Hierüber bestehe bei den arischen Anwälten eine gewisse Erregung und es sei zu erwägen und wünschenswert, dass eine Zulassung dieser 3 Anwälte hintangehalten werde. Dr. Mayer sei mit dem bekannten " Vaterlandsverräter " RA. Friedr.Wilh. Wagner in L' hafen assossiert gewesen und habe noch heute Fühlung mit soz.-dem. Kreisen. RA. Dr. Friedländer sei von Pirmasenser Kollegen als national unzuverlässig bezeichnet worden.
Allein bei RA. Fendrich, dessen Mutter Jüdin sei, bestehe eine gewisse abweichende Auffassung, es sei gegen diesen nichts bekannt geworden, das dafür spreche, dass er sich jemals gegen die NSDAP betätigt oder ablehnend gezeigt hat, es sei vielmehr berichtigt worden, dass er unter den Nationalsozialisten sehr gute Freunde habe und sogar in früheren Jahren schon die Partei des Führers ergriffen habe.

Ich mache hiervon Mitteilung mit dem Beifügen, dass ich es nicht für zweckmässig und angebracht halte, jüdische Anwälte wieder zur Ausübung ihres Berufes bei den Gerichten zuzulassen.

Heil Hitler !
gez. Dr. Webler.
Gauführer.

Abb. 18: Einflussnahme des BNSDJ bei der Entlassung von Rechtsanwälten.
Quelle: Bay HStA, MJu 20717.

Trotzdem verfügte das Ministerium die Rücknahme der Zulassung: „Der vorliegende Entwurf ergeht auf Weisung des Herrn Ministers." Friedländer emigrierte 1936 nach Amerika und war dort als Kaufmann tätig. 1972 ist er in New York gestorben. [170]

Rechtsanwalt Dr. Bruno Reinemund in Nürnberg hatte sich 17-jährig freiwillig zum Kriegsdienst gemeldet, war aber wegen seiner Jugend abgewiesen worden. 1919 half er als Mitglied des Freikorps Epp bei der Niederschlagung der Münchener Räterepublik mit. Trotzdem wurde ihm die Zulassung entzogen, obwohl er beim nunmehrigen Reichsstatthalter Epp interveniert hatte.[171] Der Vorsitzende der Nürnberger Anwaltskammer hielt Reinemund

> „persönlich und anwaltschaftlich nach Meinung sämtlicher Kollegen, mit denen ich gesprochen habe, für einen der anrüchigsten, dessen Weiterbelassung in der Anwaltschaft einen Sturm der Entrüstung hervorrufen würde. ... Wie ich den Herrn Dr. Reinemund mit meinen Kollegen kenne und wie sich derselbe beruflich und außerberuflich seit Jahren gegenüber Kollegen benommen hat, hat derselbe mit einer nationalen Gesinnung und einem Verständnis für deutsche Wesensart *nichts* zu tun. Schon das persönliche Benehmen ... stößt ab."

[170] BayHStA, MJu 20717; LA Sp, J6, 2011; SSDI.
[171] BayHStA, Reichsstatthalter 601.

Ähnlich urteilte der Präsident des Landgerichts Nürnberg: „Dr. Reinemund erfreut sich auch in Kreisen der Richter des Landgerichts Nürnberg-Fürth keiner Beliebtheit. Er hat etwas typisch jüdisches und undeutsches in seinem Wesen." Konkrete Vorwürfe sachlicher Art gegen Reinemund sind den vorhandenen Unterlagen nicht zu entnehmen. „Auch der OLG-Präsident hält Reinemund seiner ganzen Persönlichkeit nach einer Berücksichtigung nicht für würdig und die Zurücknahme der Zulassung für veranlasst, sofern nicht die Gleichstellung der Kämpfer gegen die Kommunisten mit den Kämpfern des Weltkrieges nach dem Berufsbeamtengesetz auch auf Rechtsanwälte bindend anzuwenden sei." Im Übrigen „soll Reinemund bei seinem Schwiegervater in Essen bereits eine neue Lebensstellung gefunden haben."

Selbst die Einschaltung des Reichsjustizministeriums blieb ohne Erfolg. In seiner Stellungnahme an Reichsstatthalter Epp betonte Minister Frank, „die Vorstände der Gerichte und der Vorstand der Anwaltskammer Nürnberg [waren sich] darüber einig, dass Dr. R. weder nach seiner Persönlichkeit noch nach der Art seiner Berufsausübung eine Berücksichtigung verdient." Reinemund war verheiratet und Vater zweier Kinder. Ab 1934 Syndikus einer Gummifabrik in Köln, emigrierte er 1937 in die USA, wo er als Börsenmakler Beschäftigung fand. 1986 ist er in New York gestorben.[172]

In Anbetracht des Vorhergehenden erfuhren die beiden Nürnberger Anwälte Dr. Otto Bloch und Dr. Max Wassertrüdinger, die mit ihren Zulassungsdaten 6. bzw. 12. Oktober 1914 den Stichtag 1. August 1914 knapp verfehlt hatten, überraschende Milde. Ausgehend von der Tatsache, dass Bloch 1913 und Wassertrüdinger bereits 1911 ihre Staatsexamina abgelegt und damit die Zulassungskriterien erfüllt hatten, ihre Eintragung in die Rechtsanwaltslisten verzögert erfolgt war und beiden unauffällige und korrekte Berufsausübung bescheinigt wurde, erachteten Oberlandesgericht wie Anwaltskammer es als ein Gebot der Fairness sie wie Altanwälte zu behandeln. [173]

Wassertrüdinger, der als überaus bescheiden und zurückhaltend geschildert wird, litt sehr unter den Gegebenheiten des NS-Staats. Mit der Verlegung seiner Praxis in die Wohnung scheint überdies ein starker Rückgang des Geschäftsaufkommens verbunden gewesen zu sein. Erst 52-jährig, ist er bereits 1937 in Nürnberg gestorben.[174]

Otto Bloch wurde wie allen verbliebenen jüdischen Rechtsanwälten zum 30. November 1938 die Zulassung entzogen. Am 9. November 1938 war dem Junggesellen, der mit seiner alten Mutter zusammenlebte, die Wohnung demoliert worden. Nach dem Tod der Mutter 1941 wurde er am 24. März 1942 nach Izbica im Generalgouvernement deportiert, wo er unter unbekannten Umständen zu Tode gekommen ist. [175]

In der Anwaltschaft verbleiben durften auch die beiden Münchener Rechtsanwälte Dr. Oskar Gerstle und Dr. Ludwig Karl Mayer, obwohl sie nicht zu den Ausnahmen des Gesetzes zählten. Gerstle, der „als ein tüchtiger, gewissenhafter Anwalt von tadelloser Haltung und vornehmer Denkungsart" geschildert wird, hatte Empfehlungsschreiben unter anderem des Oberstudiendirektors a. D. Gebhard Himmler, des Vaters von Heinrich Himmler, und des dem Nationalsozialismus nahe stehenden Abtes Alban Schach-

[172] BayHStA, MJu 21670; BayLEA, EG 98146; SSDI.
[173] OLG Nürnberg, PA W 25, auch zum Folgenden.
[174] BayHStA, BEG 42739 = K 395; BA Berlin, R 22 Pers. 79537.
[175] BayHStA, BEG 26541 = A 543; BA Berlin, R 22 Pers. 51920; OLG Nürnberg, PA B 31 alt; Gb N 34.

leiter OSB vorgewiesen. Er übte seinen Beruf weiter aus, bis ihm zum 30. November 1938 die Zulassung entzogen wurde. Bereits am 10. November 1938 war er in das KZ Dachau eingeliefert worden. Nach seiner Freilassung bemühte er sich im Januar 1939 vergeblich um eine Auswanderungsmöglichkeit nach England. Am 4. April 1942 wurde er im zweiten Deportationszug aus München nach Piaski im Generalgouvernement deportiert, wo er unter unbekannten Umständen ermordet worden ist.[176] Seine betagte Mutter wurde im selben Jahr nach Theresienstadt deportiert und ist dort am 28. September 1942 verstorben.[177]

Sein gleichaltriger Kollege Ludwig Karl Mayer konnte im Amt bleiben, weil Anwaltskammer und Gerichte um die großen Verdienste seines Vaters, Geheimer Justizrat Dr. Bernhard Mayer, um die Anwaltschaft nicht herumkamen. Letzterer war Jahrzehnte im Vorstand der Münchener Kammer, zeitweise ihr stellvertretender Vorsitzender, und hatte wegen seines hohen Alters die Unterstützung des Sohnes nötig. Mayer konnte auch über den Tod seines Vaters (1934) hinaus bis zum 30. November 1938 Anwalt bleiben. Wie Gerstle wurde er am 10. November 1938 nach Dachau verbracht. Nach seiner Entlassung war er als einer der Münchener Konsulenten tätig, bis auch er am 4. April 1942 nach Piaski deportiert wurde. Auch die Umstände seines Todes liegen im Dunkeln. [178]

Seine Mutter wurde 1942 nach Theresienstadt deportiert und ist dort unter unbekannten Umständen zu Tode gekommen.[179] Glücklicher war sein jüngerer Bruder und Kollege Dr. Robert Mayer, Leiter der Rechtsabteilung des Bankhauses Aufhäuser in München, der nach dem Berufsverbot 1938 und nachdem er die Internierung vom 10. November bis 15. Dezember 1938 in Dachau überstanden hatte, im Juli 1939 über England in die USA emigrieren konnte. Als Steuerberater und Buchprüfer tätig, ist er 1960 in New York gestorben.[180]

Große Unsicherheit und entsprechende Willkür herrschten beim Vollzug des § 3 des Zulassungsgesetzes, der die kommunistische Betätigung zum Gegenstand hatte. Die Tendenz der Nationalsozialisten, alles was links von ihnen im politischen Spektrum angesiedelt war, als marxistisch und kommunistisch zu bezeichnen, sorgte hier für weitere Verwirrung. Strittig blieben die Kriterien, die einen Ausschluss aus der Anwaltschaft nach sich ziehen sollten, da Häufigkeit, Art der Führung oder Umstände entsprechender Verteidigungen nicht einheitlich bewertet werden konnten.[181] Lagen mehrere solcher Verteidigungen vor und war ihre Honorierung durch die KPD-Hilfsorganisation „Rote Hilfe" erfolgt, votierten die Oberlandesgerichtspräsidenten in der Regel für den Ausschluss des Betreffenden aus der Anwaltschaft. So war es bei den Nürnberger Anwälten

[176] BA Berlin, R 22 Pers. 57204; StAM, Pol Dir München 12683; StAM, OLG München 704; Gb M 417.

[177] Gb M 413.

[178] BayHStA, EG 71101 = A 380; StAM, OLG München 704; Biografische Angaben zu Ludwig Karl Mayer; Gb 1001.

[179] Gb 996.

[180] BayHStA, EG 71107 = A 384; BA Berlin, R 22 Pers. 67874; Biografische Angaben zu Robert Mayer.

[181] VO zur Durchführung der Gesetze über die Zulassung zur Rechtsanwaltschaft und zur Patentanwaltschaft vom 20. 7. 1933, Druck: RGBl I 1933, 528; vgl. Gruchmann 159.

Max Josef Kahn II[182], Dr. Heinrich Rosenblatt[183] und Dr. Heinrich Schloß II[184] sowie bei Dr. Ludwig Weil in Ludwigshafen.[185]

Über Rechtsanwalt Adolf Kaufmann in München, dem seine aktive Rolle 1918/19 zu Unrecht als kommunistische Betätigung ausgelegt worden war, wurde bereits im ersten Kapitel berichtet.[186] Ebenso über den Aschaffenburger Rechtsanwalt Dr. Albert Stühler, dem die Bamberger Anwaltskammer kommunistische Betätigung vorwarf, weil er 1918/19 Mitglied im örtlichen Arbeiter- und Soldatenrat und später Anhänger der USPD gewesen war, sich seitdem jedoch politisch nicht mehr betätigt hatte. Der Entzug seiner Zulassung erfolgte wegen Verletzung der Residenzpflicht – er war, um den Nachstellungen örtlicher Parteistellen zu entgehen, nach Frankfurt geflüchtet.[187]

Absurde Züge nahm der Versuch der Münchener Anwaltskammer an, ihrem Mitglied Dr. Max Hirschberg kommunistische Betätigung nachzuweisen. Da man dem Altanwalt (Zulassung 1911) und Frontkämpfer (EK I und II) anderweitig nicht beizukommen vermochte, blieb allerdings nur noch der Weg über § 3 des Zulassungsgesetzes. Der Vorsitzende des Kammervorstands begründete gegenüber dem Oberlandesgerichtspräsidenten seinen Antrag auf Rücknahme der Zulassung,

> „da kein Zweifel besteht, dass er sich ... kommunistisch betätigt hat. [Er] soll nach den mir zugegangenen Informationen Mitglied der USP gewesen sein und regelmäßig Angehörige dieser Partei, wie auch der kommunistischen Partei verteidigt haben. Die ganze Einstellung des Rechtsanwalts Dr. Hirschberg lässt keinen Zweifel darüber, dass er mit den weltanschaulichen Grundsätzen und Zielen des Kommunismus einverstanden ist."[188]

Vielen der um Stellungnahme gebetenen Richter und Staatsanwälte der Münchener Gerichte war erwartungsgemäß eine Affinität Hirschbergs zum Kommunismus nicht bekannt, auch solchen, denen er über längere Zeit und häufig begegnet war. Man kannte ihn als „Anhänger und wohl auch Mitglied" der SPD. Das Urteil eines Senatspräsidenten am OLG München steht für viele: „Nach meinen Beobachtungen hat sich Dr. Hirschberg – seiner linksgerichteten politischen Einstellung ungeachtet – in seinem Auftreten vor Gericht stets einer durchaus sachlichen und maßvollen Prozessführung befleißigt."

Im gleichen Tenor äußerte sich auch der Leiter der Staatsanwaltschaft München I und fügte hinzu, belastende Akten seien nicht ermittelt worden, vielmehr erlaube das vorliegende Material den Schluss, „dass Rechtsanwalt Dr. Hirschberg wie sein Kanzleigenosse Rechtsanwalt Dr. Löwenfeld in eine Gegnerschaft zu kommunistischen Organisationen getreten ist."

Aus dem im Ergebnis ähnlichen Schreiben des Präsidenten des Landgerichts München I verdient folgender Passus hervorgehoben zu werden:

182 BayHStA, MJu 21111.
183 BayHStA, MJu 21732.
184 BayHStA, MJu 21837.
185 BayHStA, MJu 22202. Zu den nichtjüdischen Ausgeschiedenen vgl. BayHStA, MJu 9650.
186 BayHStA, MJu 21126; StAM, OLG München 704.
187 BayHStA, MJu 22088; StAW, Gestapo 15744.
188 BayHStA, MJu 21015; StAM, OLG München 704 auch zum Folgenden.

„Richtig ist, dass Dr. Hirschberg nach der Niederwerfung der Räterepublik auch Kommunisten verteidigt hat. Schlussfolgerungen auf seine weltanschauliche Einstellung können hieraus aber wohl kaum gezogen werden, denn die Verteidigung in Volksgerichtssachen war eine notwendige und in den allermeisten Fällen mussten Offizialverteidiger aufgestellt werden."

Da auch die Bayerische Politische Polizei kein belastendes Material vorzulegen in der Lage war und die Durchsicht von nicht weniger als 29 Prozessakten politischen Einschlags ebenfalls negativ verlief, hielt das Oberlandesgericht nach zusätzlicher Prüfung der literarischen Arbeiten aus der Feder Hirschbergs „weitere Ergänzungen und Ermittlungen ... nicht für veranlasst und nicht für aussichtsvoll" und bekundete damit seine Ratlosigkeit, was den Nachweis der inkriminierten Betätigung betraf. Zähneknirschend zog daraufhin die Anwaltskammer ihren eigenen Antrag zurück, „da nach den ... zur Verfügung stehenden Urkunden ein Beweis für eine kommunistische Betätigung ... nicht vorliegt."

Intimfeind Hans Frank musste schließlich die ministerielle Verfügung der Aufhebung des über Hirschberg verfügten Vertretungsverbots und der Erteilung eines Passierscheins zum Betreten der Gerichtsgebäude unterzeichnen.[189] Aus der Sicht der damaligen Machthaber standen Aufwand und Ergebnis beim Vollzug des § 3 nicht nur in diesem Fall in einem merkwürdigen Missverhältnis.[190]

Um die große Zahl der Altanwälte zu dezimieren, versuchte man auf administrativem Weg mit der rigorosen Auslegung des Begriffs der ununterbrochenen Ausübung des Berufs zu operieren. Gerichtswechsel, Auszeiten wegen Krankheit oder anderer Umstände wurden dabei einer Prüfung unterzogen. Syndikus-Anwälte z.B. fielen dieser Vollzugspraxis zum Opfer, vor allem dann, wenn sie nur gelegentlich bei Gericht auftraten. Ähnlich erging es Mitarbeitern von Banken und Verbänden sowie Anwälten, die ihre Zulassung wegen einer Beschäftigung im Staatsdienst hatten ruhen lassen. Die Zahl der auf diese Weise aus der Anwaltschaft Entfernten oder zur Aufgabe Veranlassten[191] übertraf bei weitem die derjenigen, deren Zulassung nach eingehender Prüfung aufrechterhalten blieb.[192]

Eine Reihe von Anwälten war anlässlich der Machtübernahme durch die Nationalsozialisten aus Furcht vor Repressalien ins Ausland geflohen.[193] Nach Ansicht des Präsidenten des Oberlandesgerichts München, geäußert in einem Schreiben an das bayerische Justizministerium vom 11.7.1933 zwecks Erläuterung seiner Vollzugspraxis in derartigen Fällen, „wird gegen sie unbedenklich mit der Zurücknahme der Zulassung vorzugehen sein; denn ein Rechtsanwalt, der in dieser Zeit das Ausland aufsucht, hat das Recht auf Berücksichtigung in der deutschen Volksgemeinschaft verwirkt"[194]. In der Regel und um dem jeweiligen Vorgang einen rechtlichen Anschein zu verleihen, wurde

[189] Vgl. zum Ganzen Weber, Max Hirschberg 28 ff. mit weiteren Nachweisen.
[190] Zum Vollzug in Preußen vgl. Krach 250 ff.
[191] In Frage kommen in Nürnberg Richard Kohn und Meinhold Nußbaum, in München Eugen Drey, Martin Flaschner, Wilhelm Lederer, Max Mahler, Siegfried Oppenheimer, Alfred Selz und Simon Wertheimer. Vgl. StAM, OLG München 704, sowie die biogr. Angaben zu den Betreffenden.
[192] In Frage kommen Albert Kann, Emil Krämer, Paul Heim und Wilhelm Rosenthal, alle OLG-Bezirk München. Vgl. StAM, OLG München 704.
[193] Philipp Löwenfeld/München, Heinrich Rheinstrom/München, Alfred Werner/München.
[194] StAM, OLG München 704.

als Grund für den Entzug der Zulassung die Verletzung von §21/2 der Rechtsanwaltsordnung (Residenzpflicht) angegeben.[195]

Wie quälend lange und für den Betroffenen belastend sich manche Fälle hinziehen konnten, erfuhr der seit 1920 zugelassene Münchener Rechtsanwalt Fritz Neuland. In der Annahme, dass er nicht den Ausnahmefällen des Gesetzes zuzurechnen sei, hatte das Justizministerium mittels Entschließung vom 30. August 1933 seine Zulassung zurükkgenommen. Als der Sanitätsunteroffizier des Weltkriegs daraufhin seine Militärpapiere nebst Zeugnissen von Kriegskameraden und Militärstellen vorlegte, war die Überraschung groß, da aus ihnen eindeutig hervorging, dass Neuland mehrfach an vorderster Front im Einsatz gewesen war. Der Oberlandesgerichtspräsident regte dementsprechend an, die Angelegenheit dem Reichsjustizministerium zwecks Entscheidung vorzulegen. Bis dieses im Benehmen mit dem Reichswehrministerium zu einem positiven Votum gekommen war, gingen weitere Monate ins Land, während deren Verlauf Neuland zur Untätigkeit verurteilt blieb. Erst mit Entschließung vom 25. Januar 1934 hob das bayerische Justizministerium das Berufsverbot für Neuland auf und gestattete ihm, einstweilen wieder als Anwalt zu arbeiten.[196]

Erschrocken dürfte der seit 1930 in Ingolstadt als Rechtsanwalt zugelassene Alfred Toussaint gewesen sein, als er sich 1933 auf diversen Listen über jüdische Rechtsanwälte im Bezirk des Oberlandesgerichts München wiederfand. Er war in der Donaumetropole Sozius des einzigen jüdischen Rechtsanwalts am Ort Willy Rosenbusch. Dieser, „Anwalt der Armen und der politischen Linken", war Sprecher der jüdischen Ingolstädter, Ortsvorsitzender des CV und ehrenamtlicher Syndikus des Mietervereins, beruflich erfolgreich und engagierter Gegner der Hitlerbewegung.[197]

Toussaint galt bei den örtlichen Nationalsozialisten offenbar im Sog seines Seniorpartners und wegen seines für deutsche Ohren fremd klingenden Namens als Jude und wurde dementsprechend der entwürdigenden Prozedur der bekannten antisemitischen Maßnahmen unterworfen. Obwohl er bereits am 26. April 1933 den so genannten Ariernachweis erbracht hatte und ihm infolgedessen am 9. Mai 1933 ein Passierschein zum Betreten der Gerichtsgebäude ausgestellt worden war, konnte er sich in Ingolstadt nicht mehr halten, gab seine Zulassung auf und zog am 14. Juni 1933 in seine Heimatstadt München, wo er am 8. August des gleichen Jahres bei den örtlichen Gerichten zugelassen wurde.

Seine Rolle in Ingolstadt wird deutlicher durch eine Zeitungsnotiz unter der Überschrift „Er kommt wieder zum Vorschein" im dortigen „Donauboten" vom 1. September 1933:

„Wie wir der Bayerischen Staatszeitung entnehmen, wurde der hier so berüchtigte Rechtsanwalt Alfred Toussaint, der immer mit besonderer Vorliebe Juden und Marxisten vertrat, aus der Rechtsanwaltsliste des Amtsgerichts Ingolstadt gestrichen und in die Liste an den Landgerichten

195 So im Falle Philipp Löwenfelds: Jahresbericht der Rechtsanwaltskammer München für 1933, 5 und StAM, OLG München 704.

196 Bay HStA, EG 84999 = A 12 c; StAM, OLG München 704; Göppinger 353; Heinrich 118, 153, 215.

197 Theodor Straub und Alisa Douer, Ingolstädter Gesichter. 750 Jahre Juden in Ingolstadt. Ingolstadt 2000, 216f., 240ff.

München I und II sowie am Oberlandesgericht eingetragen. Allem Anschein nach gelang es ihm, in München leichter seine arische Abstammung nachzuweisen als in Ingolstadt."[198]

Nicht genug, sandte die NSDAP-Ortsgruppe Ingolstadt diese Notiz an die NSDAP-Gauleitung in München und versah sie mit folgender handschriftlichen Ergänzung: „Mit dem Ersuchen um Kenntnisnahme und Weiterung. Das Kind scheint dem Aussehen nach nicht arischer Abstammung zu sein."[199] Außer, dass daraufhin der Personalakt Toussaints dem Justizministerium vorgelegt werden musste, sind bisher keine „Weiterungen" bekannt geworden.[200] Auf der Gedenktafel, die die Rechtsanwaltskammer München 1998 zur Erinnerung an das Schicksal ihrer jüdischen Mitglieder zwischen 1933 und 1945 im Münchener Justizpalast errichten ließ, ist demnach allerdings der Name Alfred Toussaint zu Unrecht aufgeführt.

9. Reaktionen der Betroffenen

Reaktionen der Betroffenen waren angesichts der tatsächlichen Machtverhältnisse im sich etablierenden Hitlerstaat und weitgehend fehlender rechtlicher Möglichkeiten[201] auf gelegentliche Bittgesuche – natürlich ohne Wirkung – beschränkt. Lähmendes Entsetzen, Fassungslosigkeit gemischt mit Angst vor der ungewissen Zukunft waren vorherrschend. Dazu beigetragen haben dürfte eine auch in Bayern ausgebliebene solidarische Haltung der arischen Kollegenschaft.[202]

Einer der 1933 seiner Zulassung beraubten Anwälte war noch fast siebzig Jahre nach diesem für ihn einschneidenden Erlebnis betroffen, als er einem Münchener Freund darüber berichtete, „wie tief der Sturz von Gestern bis zum nächsten Tag war; wie sehr die capitis diminutio mich und andere traf, die glaubten, ihre Bürgerrechte nicht nur erhalten, sondern auch verdient zu haben"[203]. Und er fuhr fort: „Auf der anderen Seite müsste man auch sagen, dass in uns, den Verfolgten, der Glaube lebte, dass alles, was hier vorging, eine ephemere Erscheinung sein müsse, der wüste Traum eines Idioten, den die Welt der verfassungstreuen Bürger in die Schranken weisen müsse." Der Schreiber dieser Zeilen hat am eigenen Leib erfahren, wie die vermeintlich ephemere Erscheinung andauernde Realität blieb, 1936 die Konsequenz gezogen und seine Heimat verlassen.[204]

Der Bamberger Rechtsanwalt Dr. Ernst Wachtel – Frontkämpfer des Weltkriegs, in dem er verwundet wurde und aus dem er erst 1919 aus englischer Gefangenschaft zurückkehrte – legte gegen die Maßnahmen des April 1933 „formelle Verwahrung" ein. In seinem bewegenden Schreiben an die Präsidenten von Oberlandesgericht und Landgericht führte er aus:

198 Donaubote (Ingolstadt) Nr. 200 vom 1. 9. 1933.
199 MJu, PA T 52.
200 StAM, OLG München 704.
201 Krach 264 ff.
202 Zum zwiespältigen Echo in der juristischen Fachliteratur vgl. Krach 281 ff.
203 Prof. Dr. Otto L. Walter/New York an RA Dr. Jakob Strobl/München 11. 10. 2001, Kopie im Besitz des Verfassers.
204 Biografische Angaben zu Otto L. Walter.

„Ich verwahre mich gegen das Unrecht und die Ehrenkränkung, die mir durch das Verbot des Betretens der Gerichte zugefügt werden, ich verwahre mich besonders gegen den Vorwurf kein vollgültiger Deutscher zu sein. Überzeugt, dass ich an Liebe zu meiner deutschen Heimat hinter niemand zurückstehe, stelle ich fest, dass ich auch jederzeit meine Pflichten als Deutscher erfüllt habe."

Er zählte dann seine mit Auszeichnungen bedachten Kriegsleistungen nebst Verwundung und Gefangenschaft auf und knüpfte daran seine Forderung, dass „es selbstverständlich sein müsste, mich als deutschen Juden als vollwertigen und gleichberechtigten Deutschen zu behandeln". Da dem nicht so war, verließ Wachtel 1936 Deutschland und emigrierte mit Familie nach Brasilien. Dort war er als Kaufmann tätig, 1977 ist er in São Paulo gestorben.[205]

Sein Bamberger Kollege Dr. Sieghart Weichselbaum war überzeugter Zionist. Um dem drohenden Entzug der Zulassung zu entgehen, richtete er an den Präsidenten des Landgerichts Bamberg folgendes Schreiben: „Die Diffamierung des Judentums, wie sie auch in der Neuordnung zur Rechtsanwaltschaft zum Ausdruck kommt, veranlasst mich, Deutschland zu verlassen; ich gebe daher meine Zulassung auf." Der Vater dreier Söhne emigrierte noch im Mai 1933 nach Palästina, wo er sich zunächst abwechselnd als Schreiner, Buchhalter, Gastwirt und Makler über Wasser hielt. Daneben studierte er Jura. 1942 wurde er erneut als Anwalt zugelassen. 1958 starb er, erst 59-jährig, in Tel Aviv/Israel.[206]

Der schon erwähnte Münchener Rechtsanwalt Dr. Georg Franz Bergmann hatte am 29. August 1933 die Zulassung verloren. Wenige Tage später wandte er sich an den Präsidenten des Oberlandesgerichts mit folgendem Schreiben: „Nachdem nunmehr, obwohl ich für Deutschland aus Polen ausgewiesen wurde und im Freikorps von Lepper für Deutschland gekämpft habe, meine Zulassung zurückgenommen wurde, ohne dass man Gründe dafür angegeben hat, ersuche ich, die mit meinem Gesuch eingereichten ... Dokumente und Bilder, die die wenigen Andenken an meine Heimat, die ich nun zum zweiten Male verliere, darstellen, mir umgehend zurückleiten zu wollen."[207] Dass ihn sein weiterer Weg über Frankreich und Nordafrika bis nach Australien führen sollte, konnte er damals noch nicht wissen.

Weil er für die Gesamtsituation der jüdischen Rechtsanwälte im Deutschland des Jahres 1933 allgemein Gültiges formuliert hat, soll abschließend aus einem Schreiben des Chemnitzer Rechtsanwalts Dr. Helmut Klemperer an das Sächsische Staatsministerium der Justiz vom 13. Mai 1933 zitiert werden. Klemperer reagierte damit auf dessen Ankündigung, seine Zulassung wegen nichtarischer Abstammung zurückzunehmen.[208] Er führte u.a. aus:

[205] StAB, K 100 Abg. 1996, 1933: W. an OLG- bzw. Landgerichtspräsident Bamberg 3.4.1933; vgl. StAB, K 100/4, 3132; Bay LEA, BEG 38550.

[206] StAB, K 105, 517: W. an Landgerichtspräsident Bamberg 26.5.1933; vgl. Bay LEA, BEG 21254.

[207] StAM, OLG München 704.

[208] Verfasser verdankt die Kenntnis dieses Schreibens den Herren Rechtsanwälten Dr. Tillmann Krach/Mainz und Hubert Lang/Leipzig. Klemperer, geboren am 29.10.1900 in Dresden, war seit 1925 in Chemnitz als Rechtsanwalt zugelassen. Eine erste Emigration 1933 nach Spanien war erfolglos. 1937 emigrierte er über Prag nach Ecuador, wo er als Handelskorrespondent und Übersetzer tätig war. Später erteilte er Sprachunterricht an der Universität Guayaquil/Ecuador und war mit Entschädigungssachen beschäftigt. 1953 wurde er wieder in Deutschland eingebürgert, 1957 in Wiesbaden als Rechtsanwalt zugelassen. Am 31.8.1968 ist er in Guayaquil/Ecuador gestorben.

„1. Es ist richtig, dass ich nicht arischer Abstammung bin. Ich rühme mich vielmehr jüdischer Abstammung zu sein wie Jesus Christus und Karl Marx, die großen Anwälte des Rechts der Mühseligen und Beladenen, der unterdrückten und ausgebeuteten Klassen. Rassenstolz ist albern. Aber ich freue mich meiner Zugehörigkeit zum jüdischen Stamme: er stand schon auf einer hohen Stufe der Gesittung, als die arischen Völker Europas noch raue Wilde waren. ... Ich freue mich auch meiner Stammesverwandtschaft mit den vielen großen Männern, denen noch in neuerer Zeit die deutsche Anwaltschaft, überhaupt die deutsche Rechtspflege und Rechtswissenschaft soviel zu danken hätte: mit dem ersten Reichsgerichtspräsidenten von Simson, mit Staub, Pinner, Bondi, Wilmowsky, Lewy, Stein, Jonas, Goldscheid, Hachenburg, Isay, Seligsohn, Finger, Fuchs, Loewe, Rosenberg, Glaser, Rosenfeld, Manasse, Friedlaender, Dernburg, Jellinek, Dix, Mamroth, Marcuse, Nussbaum, Pringsheim, Hoeniger, Kelsen, Nawiasky, Lenel, Abraham, Lion, Sinzheimer, Strupp, Drucker, Levi, Alsberg, Breit, Magnus und den vielen Lehrern und Meistern des deutschen Rechts, die von ihrer jüdischen Abstammung kein Aufhebens machen.
2. Ich habe auch nichts dagegen einzuwenden, dass Sie mich aus der deutschen Anwaltschaft ausschließen; ich befinde mich da in so ausgezeichneter Gesellschaft, dass ich Mühe haben werde, mich ihrer würdig zu zeigen. ... Heute ... betrachte ich es als eine Ehrensache, *nicht mehr* deutscher Anwalt zu sein. Denn die höchsten Güter der Nation sind vernichtet: die Unabhängigkeit und Objektivität der Rechtspflege, die Achtung vor der Meinung Andersdenkender, vor ihrem Leben, ihrer Freiheit und ihrem Eigentum bestehen nicht mehr. ... Deutschland ist kein Rechtsstaat mehr. Und kein hoher deutscher Richter, kein angesehener deutscher Anwalt arischer Abstammung hat den germanischen Mut, hiergegen öffentlich aufzustehen als Anwalt des zertrampelten Rechts der Minderheit. ... Darum bin ich froh über den Trennungsstrich, den Sie ziehen, so albern auch die Theorien sind, nach denen ein deutscher Jude nicht mehr deutscher Anwalt soll sein können. Ich müsste darüber lachen – wie es die ganze Welt tut –, wenn mir nicht das Weinen näher säße: das Weinen nicht um mich, nicht um die deutschen Juden, auch nicht um die Opfer des neuen Systems, sondern das Weinen um *Deutschland*, um mein Land, das sich selbst aus der Reihe der gesitteten Nationen streicht.
Schließen Sie uns aus der Anwaltschaft aus: wir werden nicht aufhören, für das Recht zu kämpfen. Das ist unser Beruf, so wie das Deutschtum unsere Kultur und das Judentum unsere Abstammung ist. *Sie* nehmen uns das nicht weg. Regierungen kommen und gehen, wir aber werden nicht müde werden, und nach uns kommen andere. ...“[209]

[209] Der Brief ist vollständig abgedruckt bei Steffen Held, Jüdische Rechtsanwälte und Notare in den Jahren 1896–1938. In: Juden in Chemnitz. Die Geschichte der Gemeinde und ihrer Mitglieder. Dresden 2002.

III. Kapitel
Isolierung und Diskriminierung ab Herbst 1933

1. Fortsetzung antisemitischer Maßnahmen

a) Beschneidung anwaltlicher Wirkungsmöglichkeiten

Reichsjustizminister Gürtner erließ zum Abschluss der bis zum 30. September 1933 befristeten Maßnahmen der Zulassungsgesetze zur Rechtsanwaltschaft und Patentanwaltschaft eine Verordnung folgenden Inhalts:

„Jeder Rechtsanwalt und Patentanwalt, der in seinem Beruf verblieben ist, bleibt nicht nur im vollen Genuss seiner Berufsrechte, sondern hat auch Anspruch auf die Achtung, die ihm als Angehörigen seiner Standesgemeinschaft zukommt. Kein Rechtsanwalt oder Patentanwalt darf an der gesetzmäßigen Ausübung seines Berufes gehindert oder beeinträchtigt werden.“[1]

Ähnliche Intentionen hatte eine Entschließung des bayerischen Justizministeriums vom 12. September 1933 an die Generalstaatsanwälte des Landes:

Auch der nichtarische Rechtsanwalt kann „schon im Interesse der Rechtssicherheit und der arischen Angestellten den Schutz des Staates für eine ungestörte Ausübung seines Berufes beanspruchen. Übergriffe, woher sie auch kommen mögen, sind im Rahmen der allgemeinen Strafgesetze rücksichtslos und unnachsichtig zu verfolgen.“[2]

Aber entsprachen diese fast beschwörenden Formulierungen der Realität des Jahres 1933?

Auf einer großen Juristenkundgebung am 12. Mai 1933 im Plenarsaal des preußischen Landtags in Berlin äußerte der bayerische Justizminister Frank unter stürmischem Beifall: „Niemals aber wird der Bund nationalsozialistischer deutscher Juristen von der Forderung ablassen, dass alle Juden restlos aus jeder Form des Rechtslebens heraus müssen.“[3]

Wenige Tage später referierte er auf der Reichstagung der Rechtsreferendare über das Thema „Gegen jüdische Rechtsverdrehung, für ein neues deutsches Volkrecht“ und führte u.a. aus: „Allem Fremdrassigen werden wir daher jeglichen Einfluss auf Rechtsschöpfung, Rechtsdeutung und Rechtsverwirklichung in Deutschland für alle Zeiten nehmen.“ Und an die anwesenden Ausländer gerichtet sagte er: „Wir sind wohl Antisemiten, aber keine Barbaren. Wir führen den Kampf, wie es einem Kulturvolk wie dem

[1] 2. Verordnung zur Durchführung der Gesetze über die Zulassung zur Rechtsanwaltschaft und Patentanwaltschaft vom 1. Oktober 1933, Druck: RGBl I 1933, 699.

[2] BayHStA, MJu 9658: Entschließung des bayer. Justizministeriums Nr. VII 49357 vom 12. 9. 1933; vgl. Gruchmann 163 (Anm. 124).

[3] Deutsche Allgemeine Zeitung vom 14. 5. 1933, zitiert nach Schwarzbuch 156.

deutschen ansteht. Aber es gibt Grundsätze, über die wir mit niemandem in der Welt debattieren."[4]

Parteiorgane und NS-Juristenbund sorgten daneben unablässig für die „Erregung des Volkes"[5], wobei in Bayern antisemitisch motivierte direkte Eingriffe in den Gerichtsbetrieb wie in Duisburg, Allenstein/Ostpreußen, Hannover und Frankfurt/Main nicht bekannt geworden sind.

Der bereits zitierte Münchener Rechtsanwalt Max Friedlaender hat in seinen Erinnerungen den Alltag der jüdischen Rechtsanwälte beschrieben:

„Gesetzlich waren die Altanwälte und Frontkämpfer in ihren Stellungen geblieben und nirgends war ihnen eines der Rechte genommen, die sie als Anwälte vorher gehabt hatten. Aber in Wirklichkeit sah es ganz anders aus. Der heimliche Boykott, der jetzt einsetzte, war viel schlimmer und einschneidender, als es ein gesetzlicher hätte sein können. Den jüdischen Anwälten war nicht verboten, Praxis auszuüben, aber die Parteien wurden immer mehr und mit immer neuen Mitteln daran gehindert, zu jüdischen Anwälten zu gehen. Sie wurden in der Presse mit Namen genannt, wenn sie es wagten, sie wurden bedroht und durch geschäftliche Boykottmaßnahmen zum Gehorsam gezwungen. Parteimitglieder setzten sich den schwersten Strafen aus, wenn sie jüdische Anwälte beschäftigten; später wurde dies auch bei nicht nationalsozialistischen Personen als Ehrenrührung und sogar als Ehescheidungsgrund betrachtet. Das alles entwickelte sich nicht auf einmal, sondern allmählich, aber die Entwicklung wurde planmäßig dirigiert und hin und wieder sprachen die Parteiführer, an ihrer Spitze Herr Frank, dies deutlich und unverhohlen aus."[6]

Auch ohne gesetzliche Maßnahmen wurde versucht, die Wirkungsmöglichkeiten der verbliebenen Anwälte zu beeinträchtigen. Eine „Verordnung über das Schiedsgerichtswesen" vom 4. Mai 1933, erlassen vom bayerischen Ministerrat, sah vor, dass bei Schiedsgerichten (§§ 1025 ff. der ZPO) ab sofort „Personen nicht arischer Abstimmung weder als Schiedsrichter noch ... als Vertreter der Parteien mitwirken"[7]. Die hierbei angeführten Rechtsgrundlagen Art. 48 Abs. 4 der Reichsverfassung bzw. § 64 der Bayerischen Verfassung, die bei Gefahr für öffentliche Sicherheit und Ordnung außergewöhnliche Maßnahmen ermöglichten, entbehrten angesichts des Regelungsinhalts der Verordnung jeder Logik.[8]

Zu den ersten Amtshandlungen der neuen Machthaber gehörten Forderungen an Behörden, ihre Aufträge für jüdische Rechtsanwälte zurückzuziehen.[9] Der Hauptausschuss des Münchener Stadtrats fasste daraufhin am 18. Mai 1933 den Beschluss, dass Prozessbevollmächtigte für die Stadt nur Anwälte sein könnten, die „arischer Abstammung ... sind und nicht mit Rechtsanwälten jüdischer Abstammung in Kanzlei- oder Büroge-

[4] Frankfurter Zeitung vom 23. 5. 1933, zitiert nach Schwarzbuch 157 f.

[5] Außerbayerische Beispiele bei Königseder 38 f. und Krach 273 ff.

[6] Max Friedlaender, Erinnerungen, Manuskript 269.

[7] Bay GVBl 1933, 125.

[8] Mit VO vom 11. 8. 1933, BayGVBl 1933, 228 erfolgte die Aufhebung dieser antisemitischen Maßnahme, weil inzwischen das „Gesetz zur Änderung einiger Vorschriften der Rechtsanwaltsordnung, der Zivilprozessordnung und des Arbeitsgerichtsgesetzes" vom 20. 7. 1933, Druck: RGBl I 1933, 522, ergangen war, das die Ablehnung von „Nichtariern" im Sinne des Gesetzes zur Wiederherstellung des Berufsbeamtentums bei Schiedsgerichten (Art. 3/2) und bei Arbeitsgerichtssachen (Art. 4) möglich machte.

[9] Vgl. für Preußen Krach 287, 299 ff.

meinschaft stehen"[10]. Opfer dieses Beschlusses wurde der Münchener Rechtsanwalt Dr. Alfred Werner, der noch 1933 nach Frankreich emigrierte.[11]

Der Würzburger Anwalt Justizrat Dr. Bruno Stern verlor so mit einem Schlag lukrative Aufträge der Regierung von Unterfranken, des Landesfinanzamts Würzburg und der Universität Würzburg, zu deren voller Zufriedenheit er bisher tätig gewesen war.[12]

Dass auch langjährige Dienstleistung für Gewerbe und Wirtschaft betroffen sein konnte, wird am Beispiel des Rechtsanwalts Justizrat Dr. Hermann Raff deutlich, der sein Amt als Syndikus des Maklerbundes München offenbar freiwillig niedergelegt hatte, um Weiterungen zuvorzukommen. Der Vorstand der Ortsgruppe München richtete daraufhin folgendes Schreiben an ihn:

„Hochverehrter Herr Justizrat! Von Ihrem Entschlusse, Ihr Amt als Syndikus des Maklerbundes niederzulegen, haben wir zu unserem großen Bedauern Kenntnis genommen; die Macht der Verhältnisse ist stärker als der Wunsch des Einzelnen. Was wir durch Ihr Ausscheiden im engeren Kreis des Maklerbundes sowie im ganzen Reichsverbande verlieren, dessen sind wir uns bewusst. Im Namen des Maklerbundes ... danken wir Ihnen in aufrichtigem Gefühl für die große Arbeit, welche Sie, weit über den Rahmen des Üblichen hinaus, im Interesse des Verbandes und unseres ganzen Standes geleistet haben. Wenn der R.D.M nach langjähriger Zusammenarbeit das heute erreichte Ansehen genießt, so wissen wir, dass für uns Ihnen gegenüber für die stets bewiesene liebenswürdige Hilfsbereitschaft, welche einen erheblichen Teil zu diesem Erfolg beigetragen hat, eine große Dankespflicht bestehen bleiben wird. Ihr Name, sehr geehrter Herr Justizrat, soll bei unserem Verband für immer in Ehren gehalten werden. Mit vorzüglicher Hochachtung – ergebenst ..."[13]

Kurz nach dem Erlass des Zulassungsgesetzes regte der Vorstand der Münchener Rechtsanwaltskammer beim Präsidenten des Oberlandesgerichts München an, „in Zukunft Rechtsanwälte nichtarischer Abstammung ohne Rücksicht darauf, ob ihre Zulassung zurückgenommen wird oder nicht", nicht mehr als Armenanwalt (Pflichtanwalt) beizuordnen.[14]

Bei einer Besprechung des Reichsjustizministeriums mit den Landesjustizverwaltungen am 20. Juni 1933[15] „herrschte Einmütigkeit darüber, dass Juden im allgemeinen nicht mehr als Armenanwälte bestellt werden sollten". Bayern verwies in diesem Zusammenhang auf seine (oben erwähnte) Verordnung über das Schiedsgerichtswesen vom 4. Mai 1933, die auch für Sachverständige und Schätzer Anwendung fände. In einer Eingabe an das Oberlandesgericht Zweibrücken führte der Vorstand der pfälzischen Anwaltskammer ganz im Sinne der antisemitischen Forderungen aus: Das Zulassungsgesetz habe „die Entfernung nichtarischer Rechtsanwälte zum Grundsatz erhoben. Der überwiegende Teil des deutschen Volkes fordert darüber hinaus die restlose Beseitigung der jüdischen Rechtsanwälte und hat auch eine unverkennbare Abwanderung der deutschen

[10] Katalog München – Hauptstadt der Bewegung 1993, 398.
[11] BayHStA, BEG 72791 = K 1223.
[12] Hinweise BayHStA, BEG 27642 = K 710.
[13] Die Kenntnis dieses Schreibens verdanke ich dem Enkel von Justizrat Raff, Herrn Prof. Dr. Thomas Raff, München.
[14] Heinrich 116.
[15] BayHStA, MJu 9616 (Protokoll) und Krach 308 f. auch zum Folgenden.

Klienten von jüdischen zu deutschen Rechtsanwälten eingesetzt".[16] Vom Oberlandesgerichtspräsidenten erwarte man künftig keine Beiordnung jüdischer Rechtsanwälte in Armensachen.

In seinem Bericht an das vorgesetzte bayerische Justizministerium beklagte der Präsident des Oberlandesgerichts Zweibrücken, dass es zu einer solchen Maßnahme „keine rechtliche Handhabe" gebe. Die Gerichte „werden aber gut daran tun, dem Gesuche der Partei um Nichtzuteilung eines nichtarischen Rechtsanwalts stattzugeben".[17] Frank reagierte darauf wenig später mit einer Ministerialentschließung an die bayerischen Oberlandesgerichtspräsidenten: „Die Beiordnung nichtarischer Rechtsanwälte im Armenrecht entspricht nicht mehr dem Wunsche der Mehrheit der rechtsuchenden Bevölkerung. Den Gerichten wird daher empfohlen ... davon abzusehen, sofern nicht die arme Partei einen nichtarischen Anwalt ausdrücklich verlangt oder mit der Einreichung eines Armenrechtsgesuches beauftragt hat."[18]

Max Friedlaender schildert in seinen Erinnerungen, welche Ausmaße die systematische Diskriminierung hatte:

„Die Ämter eines Konkursverwalters, Nachlassverwalters, Vormunds etc., wurden jüdischen Anwälten von den Gerichten nicht mehr verliehen und auch da, wo in erster Linie die Parteidisposition maßgebend war, wie bei der Einsetzung eines Testamentsvollstreckers, war es meist leicht, den jüdischen Rechtsanwalt auszuschalten: es brauchte z.B. nur ein einziger arischer Erbe aufzutreten und zu erklären, er fühle sich durch die Verwaltung eines jüdischen Testamentsvollstreckers in seinen heiligsten deutschen Gefühlen gekränkt, so fanden sich alsbald Gerichte, die eine Absetzung des Testamentsvollstreckers aus wichtigen Gründen für notwendig erachteten.
Ein großes Feld der anwaltschaftlichen Betätigung bildeten die Armensachen. Wenn auch die Honorierung durch den Staat im Laufe der Zeit eine sehr dürftige geworden war, so bildeten doch diese Prozesse bei ihrer großen Anzahl für viele Kollegen eine wichtige und unentbehrliche Grundlage ihrer Existenz. Die Nazis setzten es alsbald bei den Gerichten durch, dass jüdische Anwälte für arische Parteien nicht mehr als Armenanwälte aufgestellt wurden; manche Gerichte opponierten, manche bestellten jüdische Anwälte nur, wenn die betreffenden arme Partei es wünschte, die meisten alsbald auch dann nicht mehr und schließlich wurde selbst jüdischen Parteien die Beiordnung eines jüdischen Anwalts verweigert."[19]

Proteste gegen die Zurücksetzung der jüdischen Anwälte blieben ohne Folgen. Die Gerichte scheinen sich in der Regel an die Empfehlung Franks gehalten zu haben, obwohl diese der 2. Durchführungsverordnung zum Zulassungsgesetz vom 1. Oktober 1933[20] und der Entschließung des bayerischen Justizministeriums vom 12. September 1933[21] keineswegs entsprach. Ihr Ziel, die jüdischen Kollegen zu isolieren, zu diskriminieren und ihnen die Existenzgrundlage zu entziehen, versuchten die gleichgeschalteten Anwaltskammern umgehend durch den Erlass sog. „Richtlinien über den Verkehr mit nichtarischen Rechtsanwälten" zu verwirklichen. In Düsseldorf war es nunmehr „stan-

[16] LA Sp, J 1, 1024: Rechtsanwaltskammer Zweibrücken an OLG Zweibrücken 22. 6. 1933; dort auch das Folgende.
[17] LA Sp, J 1, 1024: OLG Zweibrücken an Bayer. Justizministerium 24. 6. 1933.
[18] LA Sp, J 1, 1024: Entschließung des Bayer. Justizministeriums vom 6. 7. 1933.
[19] Max Friedlaender, Erinnerungen, Manuskript 269 f.; zur preußischen Praxis vgl. Krach 309 ff.
[20] RGBl I 1933, 699.
[21] BayHStA, MJu 9658: Entschließung vom 12. 9. 1933 Nr. VII 49357.

deswidrig, Mandate von nicht mehr zugelassenen nichtarischen Rechtsanwälten anzunehmen". Ebenso, „die Praxis eines nicht mehr zugelassenen Rechtsanwaltes ganz oder teilweise zu übernehmen, desgleichen dessen Büro oder Mobiliar". Standeswidrig war „jeder berufliche Verkehr mit nicht mehr zugelassenen nichtarischen Anwälten", oder sie als

„Bürovorsteher oder sonst wie zu beschäftigen, auch die Annahme von Mandaten durch Vermittlung eines nicht mehr Zugelassenen ... Assoziationen und Bürogemeinschaften zwischen arischen und nichtarischen Rechtsanwälten sind sofort aufzulösen. Das Verbleiben der weiterhin zugelassenen nichtarischen Rechtsanwälte in den örtlichen Anwaltsvereinen erscheint nicht mehr angängig."[22]

Die bayerisch-pfälzische Kammer Zweibrücken erlaubte nur den beruflichen Verkehr „mit nichtarischen Rechtsanwälten, die zugelassen und am Auftreten nicht behindert sind. Rechtsanwälte, die mit behinderten Rechtsanwälten Abmachungen treffen, ... machen sich standesunwürdig"[23]. Dieselbe Kammer erbat sofortigen Bericht, „wenn Personen, welche die Zulassung zur Rechtsanwaltschaft entzogen hielten [!], als Winkeladvokaten oder ähnliches tätig werden". Die Präsidenten von Oberlandesgericht und Landgerichten ersuchte sie, nicht nur den jüdischen Anwälten, sondern auch den mit ihnen „in einem festen hauptberuflichen Angestelltenverhältnis Stehenden künftig Armenmandate nicht mehr zu erteilen". „Unzulässig ist die Übernahme und Führung von Mandaten unter Beteiligung eines am Auftreten behinderten Rechtsanwalts ... . Standeswidrig ist die Annahme von Mandaten deutschstämmiger Auftraggeber durch Rechtsanwälte nichtarischer Abstammung" ohne Hinweis auf die Abstammung, ebenso „die Annahme von Mandaten nichtarischer Auftraggeber durch arische Rechtsanwälte".

„Unzulässig ist jede irgendwie geartete berufliche Verbindung" mit Ausgeschlossenen, d.h.

„auch eine Bürogemeinschaft, ein Mietverhältnis über Büroräume, ... die Bestellung eines solchen Rechtskundigen zum Hilfsarbeiter, Buchhalter oder Büroangestellten, ... die Eingehung einer Sozietät oder Bürogemeinschaft ... sowie die Aufrechterhaltung einer Bürogemeinschaft oder einer begründeten Sozietät zwischen Anwälten arischer und nichtarischer Abstammung. Nicht standeswidrig ist die Kennzeichnung der rassischen Zugehörigkeit des Anwaltes durch Schilder, Briefköpfe und durch Büroanschläge ... ".[24]

Ähnliche „Richtsätze" erließ die Berliner Anwaltskammer.[25] Obwohl auch sie der 2. Durchführungsverordnung zum Zulassungsgesetz in eklatanter Weise zuwider liefen, wurden sie auf Anordnung der Reichsrechtsanwaltskammer vom 27. Oktober 1933 auf Reichsebene maßgebend.[26] Dieser Widerspruch und energische Proteste jüdischer Interessenvertreter veranlassten die Reichsrechtsanwaltskammer zum 2. Juli 1934 neue

[22] Schwarzbuch 174f.; vgl. Krach 292.
[23] LA Sp, J 1, 1990: „Richtlinien" vom 2.5.1933.
[24] LA Sp, J 1, 1024: „Richtlinien" vom 22.7.1933. Im Anhang: „Verzeichnis der am Auftreten nicht behinderten Rechtsanwälte des Kammerbezirks Zweibrücken nach dem Stand vom 20.7.1933". Jüdische Anwälte sind besonders gekennzeichnet.
[25] Anwaltsblatt 1933, 167; vgl. Königseder 73f.
[26] Krach 292f.; vgl. für Bayern BayHStA, MJu 9655: Bekanntmachung der Rechtsanwaltskammer Nürnberg vom 19.7.1933.

„Richtlinien für die Ausübung des Anwaltsberufs" zu verabschieden, die zur fraglichen Problematik folgendes Ergebnis brachten: „Eine gemeinschaftliche Berufsausübung zwischen arischen und nichtarischen Anwälten ist grundsätzlich zu vermeiden; auch im sonstigen Verkehr ist beiderseits taktvolle Zurückhaltung geboten."[27]

Praktische Bedeutung erreichten derartige Bestrebungen, indem sie die jeweils örtliche Kammerpolitik flankierten. Viele Berufsgemeinschaften trennten sich einvernehmlich, manche auf Betreiben des arischen Partners.[28] Versuche wie in Magdeburg, durch eine Einrichtung separater Anwaltszimmer die Trennung zwischen jüdischen und nichtjüdischen Anwälten auch äußerlich sichtbar zu machen[29], sind aus Bayern bisher nicht bekannt geworden. Sie waren wohl auch nicht notwendig, weil die öffentlich-gesellschaftliche Diskriminierung der Juden ab 1933 zum Alltag der Menschen gehörte. Schon im Sommer 1933 hatte das Anwaltsblatt allen „arischen Kollegen ... empfohlen, auf Schildern, Briefköpfen usw. die Bezeichnung Deutscher Rechtsanwalt ... zu führen ...".[30]

Dagegen erklärten „Richtlinien der Reichsrechtsanwaltskammer über den Verkehr mit Rechtsanwälten, deren Zulassung zurückgenommen ist", vom Oktober desselben Jahres öffentliche Hinweise auf die „Abstammung" eines Anwalts für „unzulässig"[31]. Dazu in Widerspruch stand ein Rundschreiben der Rechtsanwaltskammer Zweibrücken aus dem gleichen Monat, das unter Punkt 6 Folgendes ausführte: „In kurzer Zeit wird jedem arischen Collegen ein Klebestreifen mit der Bezeichnung: ‚Deutscher Anwalt' zugestellt. Dieser Klebestreifen ist am Anwaltsschild unter der Schrift anzubringen."[32]

Das Bamberger Tagblatt veröffentlichte am 29. Juli 1933 eine Liste aller örtlichen Ärzte, Zahnärzte, Dentisten und Rechtsanwälte. Dass in ihr alle jüdischen Angehörigen dieser Berufe fehlten, war sicher kein Zufall. Die Ausgrenzung der Juden hatte begonnen.[33]

b) Einschüchterung, Bedrohung und Boykott

Neben den bereits erwähnten Entzug von Behördenmandaten traten Bestrebungen, auch private Aufträge an jüdische Rechtsanwälte zu verhindern. Dabei taten sich erneut Partei und parteigelenkte Juristenorganisationen hervor. Ein Rundschreiben an alle arischen Rechtsanwälte im Gau Düsseldorf führte aus: „Es ist beabsichtigt, genaue Feststellungen darüber zu treffen, welche Personen sich auch jetzt noch durch jüdische Anwälte vertreten lassen." Jeder Angeschriebene sollte monatliche Meldungen abgeben.[34] Noch deutlicher wurde ein Kollege im Gau Kurhessen, der folgenden Aufruf in der Zeitung veröffentlichte:

„Es ist leider wiederholt festgestellt worden, dass arische Prozessparteien sich jüdischer Prozessvertreter bedienen. ... Die nationale Presse wird im Einvernehmen mit dem Juristenbund derartige Vorkommnisse fortlaufend veröffentlichen. Es darf daher erwartet werden, dass alsdann die

27 Krach 293; Druck der Richtlinien bei Königseder 265–272, das Zitat 270.
28 Beispiele bei Krach 294 Anm. 1.
29 Vgl. Krach 294 ff.
30 Anwaltsblatt 1933, 166.
31 Krach 297 mit Anm. 3.
32 LA Sp, J 1, 1990: Rundschreiben Nr. 4/33 vom 20. 10. 1933.
33 Bambergs Wirtschaft 53.
34 Gauobmann des BNSDJ Schroer am 30. 6. 1933, zitiert bei Krach 300.

wenigen prozessführenden Parteien, die den Sinn der nationalen Erhebung heute noch nicht verstanden haben, in Zukunft erkennen werden, dass die Wahrung ihrer Rechtsbelange durch deutsche Rechtsanwälte geboten ist."[35]

Diese unverhohlene Drohung kommentierte die Frankfurter Zeitung in Anbetracht der Zeitumstände mit bemerkenswerter Deutlichkeit:

„Solche Anordnungen ... haben ... – ohne ein Boykott zu sein – doch dieselbe Wirkung. Es sind zwar keine eigentlichen Gesetze, sondern ... Maßnahmen neben dem Gesetz, doch deshalb keineswegs etwa bloße private Veranstaltungen. ... Es ist nicht anzunehmen, dass die Reichsregierung, als sie das Gesetz über die Zulassung zur Rechtsanwaltschaft erließ, beabsichtigt haben sollte, den Altanwälten und den Frontkämpfern unter den Anwälten nur den Titel zu lassen, ihnen aber die beruflichen Existenzmöglichkeiten zu nehmen. Es ist daher kaum möglich zu glauben, dass solche Anordnungen den Absichten der obersten Führung entsprächen. ...".[36]

Als der Juristenbund trotz dieser und weiterer kritischer Einwendungen der noch nicht gleichgeschalteten Zeitung seine Spielart der Anwaltspolitik ohne Reaktion der Justizverwaltung fortsetzte, musste sein Vorsitzender Frank unter dem Eindruck der 2. Durchführungsverordnung zum Zulassungsgesetz Ende Oktober 1933 ein Machtwort sprechen. Seine Anordnung, dass „jede irgendwie geartete selbständige rechtspolitische oder wirtschaftspolitische ... Verlautbarung unter allen Umständen zu unterbleiben" hat, endete mit dem Satz: „Ich verbiete hiermit ausdrücklich den Amtswaltern, ... direkt oder indirekt den Boykott gegenüber jüdischen ... Anwälten weiterzuführen."[37] Dass er damit Maßnahmen des Boykotts offiziell einräumte, dürfte ihm nicht bewusst gewesen sein.

Es gibt Beispiele dafür, dass die antijüdischen Bestrebungen auf lokaler Ebene unverändert und ungestört fortgeführt wurden. Im April 1935 berichtet der Regierungspräsident von Unterfranken in Würzburg an das bayerische Innenministerium, „dass der Widerstand der städtischen Bevölkerung gegen jüdische Geschäfte, Ärzte und Anwälte im Steigen begriffen sei und dass nachts an deren Türen Flugblätter mit Boykottaufrufen geklebt würden."[38]

Die Polizeidirektion Augsburg meldete am 1. August 1935: „In der Nacht zum 30.7. 1935 wurden die Firmenschilder der jüdischen Rechtsanwälte Strauß und Adler ... von unbekannten Tätern beschädigt."[39] Sie folgerte auch aus anderen ähnlichen Begebenheiten: „Aus diesen Vorgängen ist zu entnehmen, dass hier in letzter Zeit in erheblichem Maße gegen die Juden vorgegangen wird." Die unbekannten Täter vermutete sie an bestimmter Stelle, wenn sie anregte: „Im Interesse des Ansehens von Staat und Partei dürfte es unbedingt erforderlich sein, auf die maßgebenden Parteidienststellen einzuwirken, dass sie ihren Leuten ein derartiges Vorgehen in Zukunft verbieten."

Zahlreiche Einzelaktionen waren dazu angetan, die Arbeit der im Amt verbliebenen Anwälte zu beeinträchtigen. Selbst im vermeintlich politikfernen Raum waren sie vor

[35] Hessische Volkswacht vom 11.8.1933, zitiert bei Krach 301; vgl. ein Beispiel aus Wuppertal in: Schwarzbuch 178f.

[36] Frankfurter Zeitung vom 22.8.1933, zitiert nach Krach 302.

[37] DR 1933, 192f.: Anordnung Nr. 33 vom 26.10.1933, zitiert nach Krach 303.

[38] Ophir-Wiesemann 442; vgl. Martin Broszat u.a. (Hrsg.), Bayern in der NS-Zeit Bd. I, München 1977, 442.

[39] Martin Broszat u.a. (Hrsg.), Bayern in der NS-Zeit Bd. I, München 1977, 449 auch zum Folgenden.

Bayerische Politische Polizei

B. Nr. 54762/35 - I 1 D -
Bei Rückfragen unbedingt anzugeben.

München, den 24. Oktober 1935.
Briennerstraße 50
Fernsprecher 28341-46

An den

Herrn Präsidenten des Oberlandesgerichts

Bamberg.

Betreff:
Schutzhaft Dr. Karl Samuel Rosenthal, geb. 7.7.79 in Nürnberg, verh. Rechtsanwalt.

Der jüdische Rechtsanwalt und Justizrat Dr. Karl Samuel Rosenthal wurde am 10.10.35 von der Polizeidirektion Würzburg in Schutzhaft genommen und in das Landgerichtsgefängnis Würzburg eingeliefert. Der Schutzhaftbefehl der Polizeidirektion Würzburg vom 16.10.35 ist wie folgt begründet:

"Dr. Rosenthal war langjähriges Mitglied verschiedener freimaurischer Organisationen, seitweise 1. Vors. der Freimaurerloge "Zu den zwei Säulen am Stein" in Würzburg und Mitbegründer der freimaurischen Feldloge "Zum Eisernen Kreuz" in Lüttich in den Jahren 1914/15.
Seine Einstellung gegen den nationalsozialistischen Staat hat er bis zum Umbruch ganz offen zum Ausdruck gebracht. Dass diese auch heute noch die gleiche ist, darf umsomehr angenommen werden, als er sich vor einigen Tagen noch dem Erhalt von Greuelnachrichten über die Verhältnisse im Konzentrationslager Dachau nicht nur äusserst zugänglich zeigte, sondern sich für deren Erlangung in seiner Eigenschaft als Anwalt einsetzte, um sie offensichtlich für Zwecke, die nicht im Interesse des Staates gelegen sind, zu verwerten.
Bei seinen umfangreichen privaten und zweifellos auch heute noch bestehenden freimaurischen In - und Auslandsverbindungen erscheint der Verdacht der Greuelpropaganda durchaus begründet, zumal bei Rosenthal auch ein Lichtbild von einer Demonstration vor einem jüdischen Warenhaus in Würzburg gefunden wurde.
Rosenthal hat ausserdem einen jüdischen Rassegenossen und gewohnheitsmässigen Rasseschänder, der sich einer Anstiftung zur Abtreibung schuldig gemacht hat, beraten, offensichtlich um diesen dem polizeilichen und staatsanwaltschaftlichen Zugriff zu entziehen."

./.

Abb. 19: Berufliche Beeinträchtigung, hier Schutzhaft für RA Dr. Karl Rosenthal, Würzburg.
Quelle: MJu, PA R 127.

Von der beantragten Einweisung des Rosenthal in das Konzentrationslager Dachau wurde mit Rücksicht auf seine anwaltschaftliche Vertretung abgesehen, um auch den Anschein zu vermeiden, dass er wegen dieser Vertretung in Schutzhaft genommen worden wäre.

Es wird ersucht, die zuständige Anwaltskammer zu verständigen.

I.V.

Nr. 14309.

U.R. an den Herrn Vorsitzenden des Vorstandes der Anwaltskammer Bamberg mit dem Ersuchen um Kenntnisnahme und allenfallsiger Verfügung.

Bamberg, den 28.10.1935

Der Präsident des Oberlandesgerichts

Dem

Herrn Generalstaatsanwalt beim Oberlandesgerichte,

Bamberg

zur gefl. Kenntnisnahme zugeleitet.

Für den Fall die Durchführung eines ehrengerichtlichen Verfahrens veranlasst erscheinen sollte, bitte ich Anordnung auf zeugschaftliche Einvernahme zu erlassen.

Bamberg, den 9. November 1935

Der Vorsitzende des Anwalts-Kammer-Vorstandes Bamberg:

nationalsozialistischen Übergriffen nicht mehr sicher. Dazu ein Beispiel: Der Münchener Anwalt Julius Robert Löwenfeld hatte in einem Scheidungsprozess die Ehefrau eines örtlichen Caféhausbesitzers erfolgreich vertreten. Der unterlegene Ehemann, Partei- und SS-Mitglied, veranlasste aus Verärgerung über seinen Misserfolg, dass Löwenfeld 1933 mehrere Tage in Schutzhaft kam. Die Umstände seiner Verhaftung, die der Caféhausbesitzer ohne Rechtsgrundlage unter Mithilfe dreier angetrunkener SS-Leute persönlich mitten in der Nacht vornahm, waren von völliger Willkür geprägt. Die Freilassung Löwenfelds – selbst die SS war von seiner Unschuld überzeugt – kam nach vier Tagen zustande, weil seine besorgte Ehefrau Unterlagen über seinen Einsatz als dekorierter Frontkämpfer des Weltkriegs in Vorlage brachte. Der Racheakt sollte offenbar auch der Einschüchterung eines erfolgreichen Anwalts dienen. Der 50-jährige Löwenfeld erlitt wenige Tage nach seiner Freilassung infolge der erlittenen Behandlung einen schweren Herzanfall und musste ins Krankenhaus verbracht werden. Im März 1939 ist er seinem Herzleiden erlegen.[40]

Am 20. Juli 1933 drang die SA in Nürnberg in die Häuser jüdischer Geschäftsleute und Freiberufler ein und beschlagnahmte willkürlich Dokumente wie Schuldscheine und Kontobücher. In einer wahllosen Aktion wurden ca. 300 Juden verhaftet und an bestimmten Plätzen am Stadtrand gesammelt. Dort mussten sie unter erniedrigenden Umständen Unkraut jäten, wurden misshandelt, zu gymnastischen Übungen und zu Schwerarbeit mit Hacke und Spaten gezwungen. Zahlreiche Gaffer sahen ihnen dabei zu. Freigelassen wurden sie erst, wenn sie eine Erklärung unterschrieben hatten, dass ihnen nichts geschehen sei.[41] Die SA überschritt dabei sogar ihre vorher festgelegten Kompetenzen.[42] Mindestens drei Nürnberger Rechtsanwälte befanden sich unter den grundlos Malträtierten: Ernst Feilchenfeld[43], der sich noch 1933 zur Emigration nach Palästina entschloss; David Kaufmann[44], der 1936 Deutschland Richtung USA verließ; schließlich Alfred Ortweiler[45], der 1933 nach Holland floh, um von dort 1935 weiter nach Brasilien zu wandern.

c) Ausschluss mittels ehrengerichtlicher Verfahren

Ihr Nürnberger Kollege Wilhelm Loeb musste erfahren, was es bedeutete, auf der Abschussliste der örtlichen Antisemiten zu stehen. Seit 1919 zugelassen, wurde dem 43-Jährigen im Juni 1933 ein Passierschein verweigert, obwohl er durch Vorlage der Militärpapiere seine Frontkämpfereigenschaft nachweisen konnte. Er sei „bei Richtern und Kollegen wegen seines frechen, aufdringlichen Wesens äußerst unbeliebt. Beruflich nicht einwandfrei“, heißt es in einem Schreiben des bayerischen Justizministeriums, mit wel-

[40] Der Caféhausbesitzer wurde 1948 wegen Amtsanmaßung und Freiheitsberaubung zu 6 Monaten Gefängnis verurteilt (StAM, Stanw 19036 = Landgericht München I KLs 97/48). Die Kenntnis des Falles verdanke ich dem Sohn Löwenfelds, Herrn H. Helmut Loring in Sonoma, CA, USA. Weitere Quellen: BayHStA, EG 87518 = A 322; BayHStA, OP 7448; BA Berlin, R 22 Pers. 66899; Gb M 852.

[41] Ophir-Wiesemann 209.

[42] Martin Broszat u.a. (Hrsg.), Bayern in der NS-Zeit Bd. I, München 1977, 435 und Anm. 8.

[43] BayHStA, BEG 17546 = K 255.

[44] BayHStA, BEG 10608 = A 74

[45] BayHStA, BEG 42673 = A 49.

chem dieses das Reichsjustizministerium um Prüfung und Entscheidung des angeblich strittigen Falles bat.[46] Entsprechend der 2. Durchführungsverordnung zum Zulassungsgesetz entschied Minister Gürtner am 4. September 1933, dass Loeb als Frontkämpfer anzusehen sei und damit in der Anwaltschaft verbleiben könne.

Am 8. Dezember 1933 wird der Anwalt in Schutzhaft genommen, weil er „führende Persönlichkeiten der nationalsozialistischen Bewegung verächtlich gemacht" hat. Obwohl sich dieser Vorwurf bei näherer Betrachtung als bösartige Erfindung eines nationalsozialistischen Kollegen herausstellt, bleibt er in Haft. Wie durch Zufall sind nämlich neue Vorwürfe gegen ihn aufgetaucht. Er habe einer Klientin gegenüber „schamlose Zumutungen gemacht. Die Dame sei die Braut eines SS-Mannes; daher habe Gefahr bestanden, dass Dr. Loeb wegen dieses Verhaltens von SS-Leuten gehörig verprügelt worden wäre."

Abgesehen vom Zeitpunkt des Auftauchens der nunmehr inkriminierten Taten deutet die Beteiligung eines SS-Mannes auf eine gezielte Aktion gegen den Anwalt hin. Loeb selbst vermutete, „dass hier auf dem Umweg über die Politische Polizei das erreicht werden soll, was schon bisher vergebens erstrebt wurde. Meine Verdrängung aus der Nürnberger Anwaltschaft." Äußerungen der Politischen Polizei bestätigen diese Einschätzung:

„Dr. Loeb [ist] einer der unbeliebtesten Rechtsanwälte in Nürnberg, der selbst von seinen Glaubensgenossen gemieden wird. ... Bemerkt wird noch, dass die Zulassung des Dr. Loeb zur Anwaltschaft stärkste Erbitterung ausgelöst hat und nach den vorliegenden Anzeigen nur deshalb erfolgt sein soll, weil er unwahre Angaben über seine Kriegsdienstzeit gemacht habe."

Die Aufhebung seiner Inhaftierung war unter der – seinem Beruf nicht förderlichen – Bedingung erfolgt, dass er „längere Zeit nicht mehr nach Nürnberg zurückkehrt." Inzwischen nahm das Verhängnis aber anderweitig seinen Lauf. Die Nürnberger Rechtsanwaltskammer ging nämlich mittels eines Ehrengerichtsverfahrens gegen Loeb vor. Die Politische Polizei hatte ihr „von dritter Seite" stammendes Belastungsmaterial zur Verfügung gestellt. Demnach war der Anwalt angeblich unzählige Male gegenüber der erwähnten Klientin im sexuellen Bereich anzüglich geworden.

Ungeachtet der Tatsache, dass Art und Umfang der von Loeb teilweise eingeräumten Äußerungen auf der Basis der vorliegenden Quellen nicht mehr überprüft werden können, zeigt das Urteil des Ehrengerichts seine Absicht, den Angeklagten zur Höchststrafe zu verurteilen. Allein die Wortwahl verrät dies: Die Äußerungen seien „die Sprache des Bordells, nicht aber die einer Anwaltskanzlei". L. „hat systematisch Gift in die Seele seiner jungen Mandantin geträufelt ... [und] sein Verhalten Jahr und Tag mit planmäßiger Hartnäckigkeit fortgesetzt." Er „hat nicht nur die Ehre der [Mandantin], sondern das weibliche Geschlecht überhaupt angegriffen und besudelt, er hat die Treue, für die gerade ein Vertreter des Rechts besonders einzutreten hat, in den Schmutz gezerrt und lächerlich gemacht. ... Er hat schließlich das Ansehen des Rechtsanwaltsstandes aufs höchste gefährdet. ... Es ist unmöglich, einen Mann, der sich so schwer gegen die elementarsten Grundsätze des Anstandes und der Sittlichkeit vergangen hat, noch länger in den Kreisen der deutschen Rechtsanwaltschaft zu dulden. Ein Stand, der eine solche Fäulniserscheinung, wie es der Angeklagte ist, nicht rücksichtslos ausmerzen würde,

[46] BayHStA, MJu 21318 auch zum Folgenden.

würde sich selbst einer abfälligen Beurteilung ausliefern." Der Ausschluss aus der Anwaltschaft war so gesehen die logische Folge.

Die Berufung Loebs zum Ehrengerichtshof bei der Reichsrechtsanwaltskammer wurde erwartungsgemäß verworfen. Aus dessen Urteilsbegründung verdienen folgende Sätze in Erinnerung gebracht zu werden:

„Der Angeklagte [hat] eine Geisteshaltung und eine Berufsauffassung gezeigt, die mit der Würde des Anwaltsstandes schlechterdings unvereinbar sind. ... Die Entfernung des Angeklagten aus dem Anwaltsstande gebietet das Interesse der rechtsuchenden Volksgenossen, insbesondere deutscher Frauen, die einen Anspruch auf sachliche Beratung in einer Anwaltskanzlei haben, ohne Gefahr zu laufen, derartigen Angriffen ausgesetzt zu sein, wie sie der Angeklagte, von seiner Sinnenlust getrieben, unternommen hat. Bei der Gesamtbeurteilung darf überdies nicht außer Acht bleiben, dass der Angeklagte als Jude besonders darauf Bedacht zu nehmen hatte, dass er weiterhin zum Dienst an der deutschen Rechtspflege zugelassen war, und dass ihm dies die besondere Verpflichtung auferlegte, sich nicht nur tadellos zu führen, sondern auch die in der Rassengesetzgebung zum Ausdruck gekommene Einstellung des deutschen Volkes zu respektieren."

Er bewies, „dass er entweder für diese besondere Verpflichtung gar kein Gefühl besitzt oder aber, dass nicht einmal die sich hieraus für ihn ergebenden besonderen Hemmungen in der Lage waren, sein erörtertes in höchstem Grade standeswidriges Verhalten zu verhindern."

Am 8. November 1934 wurde Loeb dementsprechend in den Anwaltslisten gelöscht. Schon vorher war er nach Berlin gezogen, wo er als Syndikus einer jüdischen Wäschefirma Beschäftigung fand. Im Juli 1938 ist er in die USA emigriert. Zusammen mit seiner Ehefrau wurde er 1940 ausgebürgert. In Amerika war er als Steuerberater tätig. 1963 ist er in San Francisco verstorben.[47]

Ebenfalls mittels der Ehrengerichtsbarkeit entledigte sich die Münchener Anwaltskammer eines Kollegen. Bei Rechtsanwalt Erwin Stiefel kann man durchaus von einem tragischen Fall sprechen. Seine Eltern – der Vater war bayerischer Gymnasiallehrer – hatten sich von ihrem Judentum entfernt und ihre beiden Söhne entsprechend erzogen. Erwin Stiefel war 1914 im Alter von 25 Jahren katholisch getauft worden. 1922 als Rechtsanwalt in München zugelassen, gehörte er seit 1918 als Gründungsmitglied zur klerikal-konservativen Bayerischen Volkspartei. Als Exponent deren rechten Flügels um Karl Scharnagl und Fritz Schäffer, mit dem er befreundet war, trat er sogar gelegentlich als Parteiredner auf.

Seine jüdische Herkunft war demnach 1933 nicht bekannt. Stiefel stand folgerichtig auch auf keiner der einschlägigen Listen jüdischer Rechtsanwälte und wurde entsprechend auch nicht mit Betretungsverbot bzw. Passierscheinzwang konfrontiert.[48] Einen Fragebogen der Anwaltskammer hatte er 1933 ohne Angaben zu seiner Herkunft ausgefüllt. 1935 war er neuerlichen Anfragen so ausweichend begegnet, dass sich Anwaltskammer und Oberlandesgericht zu eigenen biografischen Recherchen gezwungen sahen, als deren Ergebnis seine jüdische Abstammung unzweifelhaft feststand. Als

[47] BayHStA, MJu 21318; OLG Nürnberg, PA o.S.; EA Berlin 65443.

[48] Auch auf der Gedenktafel der Rechtsanwaltskammer München für ihre jüdischen Mitglieder im Münchener Justizpalast sucht man seinen Namen vergeblich.

Frontkämpfer des Weltkriegs wäre er jedoch unter die Ausnahmeregelungen des Zulassungsgesetzes vom 7.4.1933 gefallen. Wie bei Loeb sah man in dieser Situation die Durchführung eines Verfahrens vor dem Ehrengericht als rettende Idee an, um Stiefel doch noch zur Strecke zu bringen.

Das Münchener Ehrengericht betonte in seiner Urteilsbegründung vom 29. April 1936[49], Stiefel habe sein Verhalten damit begründet, „dass er sich nie als Jude gefühlt habe, er sei der Auffassung, dass er durch die Taufe Katholik und durch seine Betätigung Deutscher sei." Und es fuhr fort:

„Der Angeklagte hat durch sein Verhalten seit März 1933 ... versucht, als Arier und insbesondere als arischer Rechtsanwalt zu gelten. Der Angeklagte hat dabei genau gewusst, dass es nach den Grundsätzen der Partei und des Staates weder auf den Glauben noch auf irgend eine Betätigung ankam und dass nur die Frage der Rassenzugehörigkeit zu entscheiden habe. ... [Er] hätte also als jüdischer Frontkämpfer Anwalt bleiben können. Er hat von diesem den jüdischen Frontkämpfern gewährten Vorteil keinen Gebrauch gemacht, da er als Vollarier gelten wollte.
Der nationalsozialistische Staat verlangt eine deutliche Kennzeichnung und eine scharfe Trennung der Nichtarier von den arischen Volksgenossen, insbesondere in der Rechtspflege. Der Staat, das Gericht, das rechtsuchende Volk haben das Recht, zu wissen, welcher Rasse der einzelne Rechtswahrer angehört. Der Angeklagte hat durch sein Verhalten sowohl seine Standesbehörde als auch die staatlichen Stellen über seine Rassezugehörigkeit zu täuschen versucht. ... [Er] hat aber durch sein Verhalten das Bestreben des nationalsozialistischen Staats sabotiert. ... Der Angeklagte wollte und will sich heute noch besser stellen als seine übrigen Rassegenossen. Er wollte nicht nur als ... noch zugelassener jüdischer Anwalt, sondern ... als arischer Anwalt gelten. Als Strafe kam für dieses Vergehen nur die Ausschließung in Frage."

Die Berufung zum Ehrengerichtshof wurde selbstverständlich verworfen[50], obwohl Stiefel bereits am 12. Oktober 1936 auf seine Zulassung verzichtet hatte und dementsprechend in den Anwaltslisten gelöscht worden war. Der Ehrengerichtshof sah im Verschweigen der Herkunft einen „Beweis für einen erheblichen Charaktermangel" Stiefels. „Vielmehr zeigt das Verhalten des Angeklagten einen eingewurzelten Hang zu Unehrlichkeit und rabulistischer Verstellung. ... Sein Verhalten kann deshalb nur als auf schwerem Charakterfehler beruhend gewertet werden."

Erwin Stiefel emigrierte umgehend in die Schweiz. 1939 wurde er ausgebürgert.[51] In diesem Jahr ist der 50-Jährige als Student der katholischen Theologie an der Universität Fribourg eingeschrieben. Danach verliert sich seine Spur. 1957 ist er vom Amtsgericht München zum 31. Dezember 1944 für tot erklärt worden.[52] Bleibt nachzutragen, dass seine Mutter im August 1941 in München verstorben ist.[53] Ihrem Nachlassakt ist zu entnehmen, dass sie etwa 1907 ein katholisches Kinderheim gegründet, 27 Jahre geleitet und ihm 250000 Reichsmark gespendet hatte. Stiefels jüngerer Bruder, der bis 1940 in einer psychiatrischen Klinik untergebracht war, wurde am 13. Januar 1941 ein Opfer der nationalsozialistischen Krankentötungen.

[49] BayHStA, MJu 22056; Stadtarchiv München, RAK 1583 auch zum Folgenden.
[50] Urteil des EGH vom 23.3.1937, Druck: EGH Bd. XXXI (1938) 59f.
[51] Hepp Liste 139 Nr. 135.
[52] AG München, Urk.Reg. 68/57.
[53] StAM, AG München, NR 1941/4973.

d) Erschwerung nichtanwaltlicher Rechtsberatung

Dass für Juden in Standesorganisationen und Vereinen ab 1933 kein Platz mehr war, wurde bereits anlässlich ihres zwangsweisen Ausscheidens aus den Vorständen der Anwaltskammern erwähnt. Gleiches galt auch für die örtlichen und überörtlichen Anwaltsvereine.[54] Nachdem er die „Übernahme" des DAV, das heißt seine Gleichschaltung, sarkastisch beschrieben hatte, ging Max Friedlaender in seinen bereits mehrfach zitierten Erinnerungen auch kurz auf die bayerischen Verhältnisse ein:

„In ähnlicher Weise verschwanden auch die örtlichen Anwaltvereine und der Bayerische Anwaltverband von der Bildfläche, letzterer gerade 15 Jahre nach seiner Gründung. Man teilte mir eines Tages mit, ... dass die Auflösung wohl nicht zu umgehen sei, und ich bat Herrn Geheimrat Sand als stellvertretenden Vorsitzenden, die Formalitäten einzuleiten. Es wurde dann ein Kommissar aufgestellt, der das Vermögen übernahm".[55]

Dass die juristischen Fachzeitschriften Beiträge jüdischer Autoren bald nicht mehr veröffentlichten, kommentierte Max Friedlaender folgendermaßen:

„Die Juristische Wochenschrift brachte seit dem 1. April [1933] keine Beiträge nichtarischer Autoren mehr, schickte sogar die schon angenommenen zurück und sank alsbald, weil sie ihr Material nicht mehr nach Qualität, sondern nach Gesinnungstüchtigkeit, Parteizugehörigkeit oder Geschicklichkeit im Verwenden von Parteiphrasen beurteilte und auswählte, zu einem schlechten und größtenteils unlesbaren Blatte herab, das nur noch gelegentlich bessere Beiträge brachte."[56]

Eine weitere absurde Steigerung bildeten dann die Säuberung der juristischen Bibliotheken von jüdischen Veröffentlichungen und das Zitierverbot jüdischer Autoren.[57]

Der Verdrängungsprozess der Juden aus der Anwaltschaft griff auch auf den Bereich anderweitiger Rechtsberatung über. Nach dem „Gesetz über die Zulassung von Steuerberatern"[58] durften „Personen nichtarischer Abstammung ... nicht allgemein zugelassen werden. Zulassungen, die solchen Personen bereits erteilt worden sind, sind zurückzunehmen." Jüdische Rechtsanwälte konnten „als Bevollmächtigte oder Beistände in Steuersachen von Fall zu Fall zugelassen werden." Diese Kann-Regelung wurde durch das „Gesetz zur Verhütung von Missbräuchen auf dem Gebiete der Rechtsberatung"[59] obsolet, weil die nunmehr erforderliche vorherige Erlaubnis des Finanzamtes Juden nicht mehr erteilt wurde.[60]

[54] Zum DAV Göppinger 118ff., Krach 223ff.

[55] Max Friedlaender, Erinnerungen, Manuskript 266. Auf seine Initiative hin war der Bayerische Anwaltverband am 24.11.1918 in Augsburg gegründet worden. F. hatte von der Gründung bis zur Auflösung am 17.12.1933 auch den Vorsitz inne. Vgl. Klaus Zehner, Die Geschichte des BayAnwVerb. In: Festschrift 12 Jahrzehnte MAV. Hrsg. vom Münchener Anwaltverein. Bonn 2000, 27–34, hier 28, sowie Friedlaender, Erinnerungen, Manuskript 133ff.

[56] Friedlaender, Erinnerungen, Manuskript 264f.; vgl. Krach 236ff. Zu den Maßnahmen gegen Zeitschriften und Verlage s. Göppinger 374ff.

[57] Zu Einzelheiten Göppinger 138ff., 166ff.

[58] Vom 6.5.1933, Druck: RGBl I 1933, 257.

[59] Vom 13.12.1935, Druck: RGBl I 1935, 1478.

[60] Durchführungsverordnung vom 11.1.1936, Druck: RGBl I 1936, 11.

Durch das „Gesetz zur Ordnung der nationalen Arbeit"[61] bzw. durch das Arbeitsgerichtsgesetz[62] bekam die nationalsozialistische Deutsche Arbeitsfront (DAF) das Monopol für nichtanwaltliche Rechtsberatung vor Arbeitsgerichten der 1. Instanz.[63]

Per Gesetz[64] wurde das Auftreten von nicht zu Volljuristen ausgebildeten Rechtsberatern (Winkelkonsulenten, Prozessagenten, Rechtsbeistände), vor Gericht allein von der Zulassung durch die Landesjustizverwaltungen abhängig. Falls ein jüdischer ehemaliger Rechtsanwalt überhaupt eine solche Beratungsfunktion anstrebte, waren seine beruflichen Aktivitäten auf außergerichtliche Tätigkeiten beschränkt. Das bereits erwähnte „Gesetz zur Verhütung von Missbräuchen auf dem Gebiet der Rechtsberatung"[65] machte die Besorgung fremder Rechtsangelegenheiten von einer behördlichen Genehmigung abhängig, die Juden nicht erteilt wurde.

In Bayern scheint nur der seit September 1933 mit Berufsverbot belegte Münchener Rechtsanwalt Fritz Silber als Rechtsberater tätig gewesen zu sein. Am 25. Januar 1936 schrieb der Münchener Kammervorstand an die örtliche Polizeidirektion, „es möge von dort aus darauf geachtet werden, dass das Namensschild am Haus präzise am 1. Juli 1936 verschwinde."[66] Silber war anschließend für die Münchener Kultusgemeinde als Steuerreferent tätig, gehörte im November 1938 zur Gruppe der ins KZ Dachau Verbrachten und konnte im Juni 1941 noch rechtzeitig nach Amerika emigrieren. Dort war er Steuerberater und Wirtschaftsprüfer und ist 1981 gestorben.[67]

Da die bereits erwähnten Richtlinien der Anwaltskammern wie der Reichsrechtsanwaltskammer eine „berufliche Verbindung" zwischen zugelassenen und entfernten Anwälten untersagten, war für letztere ein Unterkommen in der Praxis eines Kollegen als Hilfsarbeiter oder Angestellter nicht mehr möglich.[68] Im Extremfall konnte dieses Anstellungsverbot bedeuten, dass ein in seinem Beruf verbliebener Vater seinen aufgrund des Zulassungsgesetzes entlassenen Sohn nicht beschäftigen durfte. Diese Konstellation kam in Bayern mehrfach vor.[69] In keinem Fall bieten die vorhandenen Quellen Hinweise auf ein irgendwie geartetes Anstellungsverhältnis.

Selbst die aus dem Beruf Entfernten waren vor weiteren Nachstellungen nicht sicher. Um zu verhindern, dass sie aus einer Bezeichnung wie Rechtsanwalt a. D. Vorteile ziehen könnten, wurde ein „Gesetz zur Änderung der Rechtsanwaltsordnung"[70] erlassen, das bestimmte: „Frühere Rechtsanwälte dürfen die Bezeichnung Rechtsanwalt auch mit einem auf das Erlöschen der Zulassung hinweisenden Zusatz nicht führen." Der für Anwaltsfragen zuständige Ministerialrat des Reichsjustizministeriums Kunisch hatte in

[61] Vom 20. 1. 1934, Druck: RGBl I 1934, 45.

[62] Vom 10. 4. 1934, Druck: RGBl I 1934, 319.

[63] Zur Problematik vgl. Krach 354ff.

[64] Gesetz zur Änderung einiger Vorschriften der Rechtsanwaltsordnung, der Zivilprozessordnung und des Arbeitsgerichtsgesetzes vom 20. 7. 1933, Druck: RGBl I 1933, 522.

[65] Vom 13. 12. 1935, Druck: RGBl I 1935, 1478 bzw. die Durchführungsverordnung vom 11.1.1936, Druck: RGBl I 1936, 11.

[66] Heinrich 126.

[67] BayHStA, MJu 21990; BayLEA, EG 72973; SSDI.

[68] Vgl. Krach 370f.

[69] Hugo und Franz Cahn/Nürnberg; Michael und Martin Erlanger/Nürnberg; Wilhelm und Ernst Baburger/Fürth; Julius und Konrad Prager/Fürth; Felix und Franz Herzfelder/München; David und Ernst Mosbacher/München; Emil und Fritz Julius Wertheimer/Kaiserslautern.

[70] vom 20. 12. 1934, Druck: RGBl I 1934, 1258.

einem Aufsatz als die „ganz klare Tendenz" des Anwaltsgesetzes bezeichnet, „der Überfremdung des deutschen Rechtslebens mit fremdrassigen Juristen abzuhelfen".[71]

Dass auch die Mitgliedschaft im Vorstand eines Industrieunternehmens keinen ausreichenden Schutz vor Übergriffen bot, zeigt das Beispiel des 1933 seiner Anwaltszulassung beraubten Münchener Rechtsanwalts Alfred Neustätter, der seit Jahren Vorstand des Grafitwerkes Kropfmühle im niederbayerischen Bezirksamt Wegscheid war. In seinem Lagebericht für November 1937 fasste der Regierungspräsident von Niederbayern und der Oberpfalz die Vorkommnisse folgendermaßen zusammen:

„Für den 3. November [1937] war eine Besichtigung des Grafitwerkes Kropfmühle, Bezirksamt Wegscheid, durch einen Beauftragten des Rohstoffamtes in Berlin angesagt. Die Verwaltung dieses Werkes in München verständigte daraufhin die Betriebsleitung in Kropfmühle, dass sie den Vorstand Dr. Neustätter in München, einen Juden, und ein Mitglied des Aufsichtsrates nach Kropfmühle entsenden werde. Diese Nachricht hat sowohl bei der Werksleitung wie auch bei der Gefolgschaft eine starke Entrüstung hervorgerufen. Die Gefolgschaftsmitglieder kündigten an, dass sie die Arbeit niederlegen würden, wenn der Jude es noch einmal wage, das Werk zu betreten, und setzte dies auch in die Tat um, sobald die Sirenen heulten, als Dr. Neustätter und das Aufsichtsratsmitglied, Ministerialdirektor Dr. Schmidt, den Fabrikhof betraten. Dr. Neustätter wurde sodann im Zimmer des Betriebsführers aufgefordert, das Werk sofort zu verlassen. Da der Jude noch zögerte, wurde diese Aufforderung von Gefolgschaftsmitgliedern, die inzwischen in das Verwaltungsgebäude gegangen waren, wiederholt, bis schließlich Dr. Neustätter, begleitet von Schmährufen, Fußtritten und Steinwürfen das Werk verließ ...".[72]

Nachdem er im November 1938 infolge der Reichspogromnacht in das KZ Dachau verbracht worden war, entschloss sich Alfred Neustätter im April 1939 zur Emigration nach England, wo er zunächst als kaufmännischer Angestellter tätig wurde. Ab 1952 war er wieder Mitglied der Rechtsanwaltskammer München. 1955 ist er 65-jährig in London gestorben.[73]

2. Wirtschaftliche Folgen

Durch die „Nürnberger Gesetze" vom 15. September 1935[74] wurde die Stellung der Juden in Deutschland einschneidend verschlechtert. Sie behielten zwar die deutsche Staatsbürgerschaft, durch das Reichsbürgergesetz wurden sie aber „der vollen politischen Rechte" für unwürdig erklärt. Wer von mindestens drei volljüdischen Großeltern abstammte, erfuhr eine umfassende gesetzliche Herabsetzung und Ausgrenzung. Die so genannten „Mischlinge" wurden vorerst den Personen „deutschen oder artverwandten Blutes" gleichgestellt. Im Gegensatz zu den amtierenden Justizbeamten und Notaren, die ihre Stellung verloren[75], waren die jüdischen Rechtsanwälte von den Gesetzen nicht unmit-

[71] Siegmund Kunisch, Darf sich ein auf Grund des Gesetzes vom 7. 4. 1933 ausgeschiedener Rechtsanwalt „Rechtsanwalt a. D." nennen? In: DJ 1934, 414 ff.

[72] Martin Broszat u. a. (Hrsg.), Bayern in der NS-Zeit Bd. I, München 1977, 467.

[73] BayHStA, EG 70334 = K 508; RAK München, PA o. S.; MJu, PA o. S.

[74] „Reichsbürgergesetz" und „Gesetz zum Schutz des deutschen Blutes und der deutschen Ehre", Druck: RGBl I 1935, 1146.

[75] Dazu ausführlich Gruchmann 168 ff.

telbar betroffen. Aus der Maßgabe der 1. Verordnung zum Reichsbürgergesetz,[76] dass Juden kein öffentliches Amt bekleiden dürfen, schloss das Reichsjustizministerium jedoch, „dass es nicht im Sinne dieser Regelung liegen würde, Juden als Armenanwälte, Pflichtverteidiger, Konkurs-, Vergleichs- oder Zwangsverwalter zu bestellen oder mit der Wahrnehmung ähnlicher Aufgaben zu betrauen."[77]

Die wirtschaftlichen Auswirkungen der Boykott- und Diskriminierungsmaßnahmen für die jüdischen Rechtsanwälte waren beträchtlich. Max Friedlaender bestätigt diesen Befund: „Im Jahre 1934 machte sich auch in unserer Kanzlei ein rapider Rückgang der Praxis bemerkbar. Wir mussten deshalb auch noch mehr als bisher unsere Lebenshaltung einzuschränken versuchen."[78]

Die 1933 aufgrund des Zulassungsgesetzes Entlassenen standen in der Regel beruflich vor dem Nichts.[79] Rücklagen hatten viele angesichts nur kurzer Zulassungsdauer kaum bilden können. Anderweitige Arbeitsmöglichkeiten gab es im Deutschland des Jahres 1933 für Juden kaum. Juristische Ausbildung und Berufspraxis bildeten für eine sofortige Auswanderung eher ein zusätzliches Hindernis.

Die im Beruf weiterhin Tätigen sahen sich von sinkenden Einkommen bedroht. Für Hamburg kommt eine Untersuchung für den Zeitraum 1933/34 auf Verluste von einem Drittel, für 1935 und 1936 auf solche um die Hälfte bis ein Fünftel.[80] Eine jüdische Hilfsorganisation in Berlin konstatiert für Sommer 1934:

> „[Es sind] Fälle bekannt, wo zugelassene Anwälte in Berlin als kleine Angestellte sich mit einem Gehalt von etwa RM 100 [im Monat] in verwandtschaftlichen Unternehmungen betätigen. Nur sehr wenige Rechtsanwälte sind noch in der Lage, allein vom Ertrag ihrer Praxis auch bei noch so großer persönlicher Einschränkung zu leben. Alle anderen verbliebenen Anwälte verbrauchen ihre Reserven oder nehmen Hilfe von Angehörigen in Anspruch."[81]

1937 berichtete die „Reichsvertretung der Juden in Deutschland", auch ein „erheblicher Teil" der noch aktiven Rechtsanwälte sei „notleidend" geworden, „da sich ihre Praxis dem Nullpunkt nähert".[82] Bayerische Beispiele bestätigen den Trend in Richtung eines teilweise starken Rückgangs der Einkommen. Beim seit 1907 zugelassenen Fürther Anwalt Otto Joseph Berlin halbierte sich das vor 1933 bei etwa 6000 Reichsmark liegende Jahreseinkommen ab dem Beginn des Dritten Reiches. 1938 schrieb er dem OLG Nürnberg: „Mit der Deutschen Anwalt- und Notarversicherung in Halle habe ich eine Rentenversicherung abgeschlossen, die ich seit 1933 in eine prämienfreie umwandeln musste, da ich die Prämien nicht mehr bezahlen konnte."[83]

Justin Lehmann in Regensburg, zugelassen seit 1921, verdiente bis 1933 durchschnittlich 15000 Reichsmark im Jahr. Bis 1937 gingen seine Einnahmen auf 2800 Reichsmark zurück.[84]

[76] Vom 14.11.1935, Druck: RGBl I 1935, 1333.
[77] Allgemeine Verfügung vom 19.12.1935 in: DJ 1935, 1858.
[78] Friedlaender, Erinnerungen, Manuskript 273.
[79] So Prof. Dr. Otto L. Walter in einem Gespräch mit dem Verfasser am 1.10.2002 in New York.
[80] Morisse 43.
[81] Zitiert bei Krach 353.
[82] Zitiert bei Krach 354.
[83] BayHStA, EG 92217 = A 432; OLG Nürnberg, PA B 20.
[84] BayHStA, BEG 4795 = K 595.

Kollege Franz Bergmann in Nürnberg (Zulassung 1919) hatte vor 1933 um die 10000 Reichsmark im Jahr eingenommen. Sein Einkommen ging über 7500 Reichsmark (1933) und 2500 Reichsmark (1934), 2000 Reichsmark (1935), 1500 Reichsmark (1936) bis 1937 auf 500 Reichsmark herunter.[85]

Selbst ein gut situierter Anwalt wie Michael Erlanger in Nürnberg (Zulassung 1896), dessen Jahreseinkommen vor 1933 im Schnitt mehr als 40000 Reichsmark betragen hatte, musste danach deutliche Verluste hinnehmen. 1933 nahm er 33000 Reichsmark ein, 1934 21000 Reichsmark, 1935 noch 15000 Reichsmark, 1936 10000 Reichsmark, um 1937 den Tiefpunkt mit 7200 Reichsmark zu erreichen.[86]

Moritz Baer im kleineren Coburg (Zulassung 1903) hatte bereits 1933 die Stelle eines Notariatsverwesers eingebüßt. Sein Einkommen, das 1932 bei 24000 Reichsmark gelegen hatte, ging 1933 auf 13000 Reichsmark zurück, 1934/35 auf etwa 4800 Reichsmark, 1936 auf 2500 Reichsmark, was er in etwa auch 1937 erreichte.[87]

Bei Martin Morgenroth in Bamberg (Zulassung 1908) reduzierte sich das Einkommen von einstmals ca. 25000 Reichsmark im Jahr auf 8000 Reichsmark.[88]

Salomon Stern in Würzburg, seit 1911 zugelassen, hatte vor 1933 rund 20000 Reichsmark verdient, bis 1936/37 ging sein Einkommen auf nur noch rund 6000 Reichsmark zurück.[89]

Justizrat Moses Höflein in Bamberg (Zulassung 1895) versteuerte 1933 8900 Reichsmark, 1935 nur noch 6400 Reichsmark, 1936 1750 Reichsmark, bis er 1937 bei nur noch 981 Reichsmark angelangt war.[90]

Auch der Münchener Anwaltschaft ging es nicht besser. Leopold Ambrunn (Zulassung 1911) verdiente 1934 noch 11000 Reichsmark. 1935 waren es nur 5200 Reichsmark, die sich 1938 bis auf 2200 Reichsmark reduzierten.[91]

Kollege August Kronacher, seit 1907 zugelassen, hatte vor 1933 mehr als 20000 Reichsmark im Jahr an Einkommen vorzuweisen. 1933 waren es nur noch 12000 Reichsmark, 1934 8000 Reichsmark, 1935/36 6000 Reichsmark, 1937 3000 Reichsmark, 1938 war er schließlich bei 1500 Reichsmark angelangt.[92]

Münchener Spitzenverdiener war der Steuerexperte Heinrich Reinach (Zulassung 1920). Auch seine Einnahmen, die vor 1933 im Durchschnitt bei 140000 Reichsmark gelegen waren, gingen infolge der bekannten Umstände bis 1938 auf etwa 100000 Reichsmark zurück.[93]

Wenn „wirklich lebensfähig nur die Anwälte waren, die ein Einkommen von über 6000 Reichsmark hatten“[94], dann dürfte sich nach Ausweis der vorliegenden Unterlagen die Mehrzahl der bayerischen jüdischen Rechtsanwälte nicht mehr „im statistisch auskömmlichen Bereich“ aufgehalten haben.

[85] BayHStA, BEG 23411 = K 2140.
[86] BayLEA, BEG 48721.
[87] BayHStA, EG 16312 = K 1137.
[88] BayHStA, EG 77854 = K 3894.
[89] BayLEA, BEG 19468.
[90] StAB, K 100/4, 2798.
[91] BayLEA, BEG 9080.
[92] BayHStA, BEG 19681 = A 293.
[93] BayHStA, BEG 36352 = K 594.
[94] Morisse 43.

Nach dem Tod seiner beiden Sozien Hugo und Siegfried Jacoby gab Max Friedlaender die repräsentativen Praxisräume in der Münchener Augustinerstraße auf, mietete zwei kleine Zimmer in der Kanzlei der Kollegen Alfred Bloch und Sally Koblenzer und betrieb nunmehr eine Ein-Mann-Praxis mit Halbtagssekretärin[95]. Auch in seinem Haus im Stadtteil Nymphenburg musste er aus Kostengründen mehrere Räume vermieten. Der über 60-Jährige versuchte sich auch noch in anderer Weise „Unabhängigkeit zu verschaffen: ich setzte mich selbst in den Besitz derjenigen technischen Fähigkeiten, die der Bürodienst erfordert. Ich übte das Maschineschreiben so, dass ich mühelos auch in Abwesenheit meiner Buchhalterin jeden Brief, jeden größeren Schriftsatz schreiben und in der gewünschten Anzahl von Exemplaren durchschlagen konnte. So war ich oft in der Lage, auch nachmittags eilige Schriftstücke zu fertigen und zu befördern, und wenn [die Schreibkraft] Urlaub hatte, was nicht zu selten der Fall war, so brauchte ich keine Hilfskraft und sparte dadurch Geld, Nervenkraft und Ärger."[96] Nicht alle Schicksalsgenossen dürften so findig und bescheiden gewesen sein wie Friedlaender, der natürlich auch noch von seinem großen Namen zehren konnte.

Dazu ein aussagekräftiges Beispiel mitgeteilt von Max Friedlaender:

> „Eine bezeichnende Form unserer – der jüdischen Rechtsanwälte – Berufsarbeit war zu jener Zeit das ‚Plädieren hinter der Szene'. Vielfach brauchten Arier unsere Hilfe und wir konnten sie ihnen doch in ihrem eigenen Interesse nicht im offenen Feld gewähren. So machten wir Gutachten, Schriftsätze, Prozessvorbereitungen, ohne dass unser Name überhaupt in die Erscheinung trat und den Richtern bekannt wurde. Da auch Gedankengut nur nach der Rasse des vermeintlichen Erzeugers beurteilt wurde, so wurden diese Gutachten, Schriftsätze und taktischen Maßnahmen von den Richtern als arisches Gedankengut gewürdigt, das heißt nunmehr ohne Rassenvorurteil und schließlich doch nach ihrem inneren Wert. Das war ja der Zweck der Übung: die Arbeiten sollten bloß nicht als jüdisches Machwerk beiseite gelegt und den Parteien sollte nicht durch das Odium der Judenfreundschaft Schaden zugefügt werden. Was auf diesem Gebiet von der jüdischen Anwaltschaft in den Jahren 1933 bis 1938 geleistet worden war, wird keine Rechtsgeschichte verzeichnen können."[97]

Wenn sogar ein skeptischer Optimist wie Max Friedlaender immer häufiger von depressiven Phasen heimgesucht wurde, wie konnte erst ein Durchschnittsanwalt – viele seiner Kollegen zählten zu dieser Kategorie – dem alltäglichen Druck standhalten und eine Strategie für ein einigermaßen erträgliches Leben entwickeln?

3. Reaktionen der Betroffenen

Die Bandbreite der möglichen Reaktion ist mit der Alternative Gehen oder Bleiben nur unzulänglich beschrieben. Noch im Jahr 1933 verzichteten von den nicht vom Rechtsanwaltsgesetz vom 7.4. Betroffenen immerhin 26 bayerische Anwälte auf ihre Zulassung. Die dargestellten Vorgänge dieses Jahres legen den Schluss nahe, dass sie als Juden schon jetzt den weiteren Verbleib in ihrem Beruf nicht mehr für sinnvoll hielten. Die meisten

[95] Friedlaender, Erinnerungen, Manuskript 275.
[96] ebd. 282.
[97] ebd. 278.

entschlossen sich darüber hinaus, das Land umgehend zu verlassen. In den folgenden Jahren setzte sich dieser Trend ungemindert fort. 1934 und 1935 waren es 14 bzw. 16 Anwälte, die aufgaben, 1936 sogar 22. 1937 ging ihre Zahl wieder auf 16 zurück und erreichte bis zum Herbst 1938 noch einmal 14. Zwischen 1933 und 1938 haben 98 bayerische Anwälte ihre Zulassung unter dem Druck der Verhältnisse aufgegeben. Während die jüdische Anwaltschaft in Bayern im Frühjahr 1933 noch 440 Köpfe umfasst hatte, war ihre Zahl bis zum Herbst 1935 auf 266 zurückgegangen.[98] Drei weitere Jahre später, Ende November 1938, gab es in Bayern noch 175 jüdische Rechtsanwälte, die vom endgültigen Berufsverbot betroffen waren.[99]

Einige der jüdischen Anwälte in Bayern verstarben nach 1933 ungewöhnlich jung. Oft legen die Umstände nahe, dass die nationalsozialistischen Verfolgungsmaßnahmen zu ihrem frühen Tod beigetragen haben.

Die Boykottmaßnahmen des 1. April 1933, in deren Verlauf sein Praxisschild mit diskriminierenden gelben Streifen und der Aufschrift Jude versehen und SA-Posten zwecks Abschreckung möglicher Besucher aufgestellt wurden, setzten dem knapp 54-jährigen Nürnberger Rechtsanwalt und Justizrat Martin Fleischmann so zu, dass er einen Schlaganfall erlitt, an dessen Folgen er am 27. Mai 1933 verstarb. Von dem Geist, der bereits zu dieser Zeit in Nürnberg herrschte, zeugt die nachfolgende Kampagne gegen seine nichtjüdische Witwe.

Fleischmann war im März 1933 offenbar in der Hoffnung, damit vor dem Schlimmsten bewahrt zu werden, aus dem Judentum aus- und zum Katholizismus übergetreten. Die Tatsache, dass seine Beerdigung nach dem katholischen Ritus vorgenommen wurde, veranlasste das antisemitische Hetzblatt „Der Stürmer" in seiner Juni-Nummer 1933 unter der Überschrift „Die Judentaufe" einen Artikel zu veröffentlichen, der in seiner Infamie seinesgleichen sucht. Es heißt dort:

„In einem vornehmen Haus am Plärrer starb vor kurzem der Herr Justizrat Dr. Martin Fleischmann. Er war verheiratet mit einer geborenen Thaufelder. Fleischmann war Jude, seine Ehegesponsin soll der Rasse nach Nichtjüdin sein. Der Konfession nach ist sie katholisch. Ihr Ehegatte lebte 15 Jahre mit ihr zusammen. (Mahlzeit!) Er als Jude, sie als Nichtjüdin. Als er am Sterbebett lag, da schien es ihr angesichts der vollzogenen nationalsozialistischen Revolution nicht gut tragbar zu sein, ihn auf dem Judenfriedhof beerdigen zu lassen. Hinter der Judenkiste und hinter dem Rabbiner und unter einem Schock Zylinderjuden zu laufen, das schien ihr nicht mehr standesgemäß. Es wurde daher eine Schiebung gemacht. Der Jude Dr. Martin Fleischmann wurde kurz vor seinem Tode getauft. Er soll schon bewusstlos gewesen sein, als man das Taufwasser über seinen Judenschädel schüttete. Und dann starb er als Christ. Und dann wurde alle Welt in Bewegung gesetzt, damit er auf dem Johannisfriedhof eingegraben werden konnte. Und es geschah so. Die Kirchenbehörde hatte nichts dagegen einzuwenden. Der Friedhofpfleger soll Einspruch erhoben haben, er soll sich empört haben, dass man so etwas dulde. Aber er konnte nicht durchdringen. Der Jude Fleischmann, auf dem Totenbett getauft, wurde von drei katholischen Priestern beerdigt. Dies geschah im Jahr 1933, im Monat Mai. Die Schuldigen sind nicht der Jude und

[98] Auf Grund meiner biografischen Forschungen modifizierte Zahlen von Lorenzen 166 bzw. 189.

[99] Gemeinsame Mitteilungen der Rechtsanwaltskammern Bamberg, München und Nürnberg zum 30.11.1988 nach: Mitteilungen der Reichsrechtsanwaltskammer vom 1.12.1938 in: DJ 1938, 1974; für Zweibrücken LA Sp, J 1, 1912; Paulsen 273f.; Warmbrunn 607.

seine Frau, die in 15 Jahren zwangsläufig zur Jüdin wurde. Die Schuldigen sind die, welche die Taufe vornahmen."[100]

Bleibt nachzutragen, dass Katharina Fleischmann und ihr 1923 geborener Sohn Gerhard auch in der Folgezeit unter antisemitisch motivierten Nachstellungen zu leiden hatten, die bis zu ihrem Wegzug aus Nürnberg anhielten.

Nur 49-jährig verstarb am 7. Mai 1933 der Nürnberger Anwalt Dr. Ludwig Ehrenbacher. Er stand mit seinem Sozius Fritz Moritz Wertheimer der SPD nahe. Auch wenn genauere Umstände seines frühen Todes nicht bekannt sind, dürfte sein parteipolitisches Engagement zu erheblichen Belastungen geführt haben. Seine Witwe Else, geborene Selig, zog mit den drei unmündigen Kindern in ihre Heimatstadt Würzburg, wo sie als Krankenpflegerin zum Unterhalt ihrer Familie beitragen musste. Sie und zwei ihrer Kinder wurden im Juni 1943 von Würzburg nach Auschwitz deportiert und ermordet. Lediglich der ältesten Tochter gelang rechtzeitig die Emigration in die USA.[101]

Justizrat Siegbert Oettinger in Nürnberg, seit 1900 zugelassen, starb am 31. Oktober 1933 gerade 60-jährig. Die Ereignisse des Jahres 1933 mögen für seinen frühen Tod mit verantwortlich gewesen sein.[102]

Nur wenig älter war Hofrat Luitpold Schülein in München, Vorsitzender des Münchener Anwaltvereins und Vorstandsmitglied der Rechtsanwaltskammer. Das Anwaltsblatt bezeichnet den „allzu früh Dahingegangenen" als einen „Rechtsanwalt von hohen Graden", der sich in 36 Berufsjahren reiches Wissen, reiche Erfahrung und einen weiten Klientenkreis gewonnen habe. „Mit der Münchener Anwaltschaft trauert die gesamte deutsche Anwaltschaft um den Verlust eines ausgezeichneten Mannes."[103] Die demütigenden Erfahrungen der Absetzung des letzten gewählten Kammervorstands, als dessen Schriftführer er große Verdienste besonders um die Wirtschaftsverwaltung der Kammer in den Inflationsjahren erworben hatte, dürften seinen Tod am 9. April 1933 mit herbeigeführt haben.[104]

Ebenfalls 1933 starb Justizrat Dr. Wilhelm Rosenthal in München im Alter von nicht einmal 63 Jahren. Er war Mitgründer, Aufsichtsratsvorsitzender, später Vorstand der Münchener Lichtspielkunst AG (Emelka), Mitgründer des Münchener Dreimasken Verlags, eines bedeutenden Theaterverlags, des Münchener Künstlertheaters und Aufsichtsrat in weiteren Unternehmungen der Film- und Theaterbranche. Aus seiner Feder stammten zahlreiche Publikationen zu Fragen literarisch- und künstlerisch-rechtlicher sowie künstlerisch-wirtschaftlicher Art.

Als Rechtsanwalt seit 1896 zugelassen, war er angesichts seiner umfangreichen übrigen Verpflichtungen in seinem eigentlichen Beruf nur noch sporadisch tätig gewesen. Diese Tatsache hatte die Münchener Rechtsanwaltskammer im Juni 1933 bewogen, die Rücknahme seiner Zulassung zu beantragen. Erst nach aufreibenden Verhandlungen gelang es ihm, dass das Oberlandesgericht am 3. September 1933 aufgrund seiner großen wirtschaftlichen Verdienste seine Wiederzulassung verfügte. Die damit verbundenen

[100] BayHStA, MJu 20668; BayLEA, BEG 73053.
[101] BayHStA, MJu 20583; Strätz 126f., 454f.
[102] BayHStA, MJu 21533; Stadtarchiv Nürnberg C 21 III/1983.
[103] Anwaltsblatt 1933, 136.
[104] BayHStA, MJu 21915; Heinrich 155.

Aufregungen bei gleichzeitigem Verlust seiner zahlreichen Aufsichtsratsposten waren jedoch für Rosenthal zu viel gewesen, sein plötzlicher Tod am 13. September 1933 ist anders kaum zu erklären.[105]

Nur 51 Jahre alt wurde der Münchener Rechtsanwalt Martin Flaschner, der als Syndikus der Münchener israelitischen Kultusgemeinde und des Landesverbands der bayerischen Kultusgemeinden tätig war. Mit dem Argument, dass er seit Jahren nicht mehr im angestammten Beruf aufgetreten sei, war seine Anwaltszulassung 1933 zurückgenommen worden. Schon am 14. März 1934 ist er in München gestorben. Seine Witwe und eines seiner zwei Kinder wurden im April 1942 nach dem Osten deportiert und ermordet.[106]

Noch jünger war sein Münchener Kollege Dr. Fritz Forchheimer, der am 2. Juni 1934 im Alter von 41 Jahren verstorben ist. Der Frontkämpfer und Offizier des Weltkriegs war seit 1930 verwitwet. Max Friedlaender, der über seine Frau mit Forchheimer verwandt war, nannte ihn ein „großes Kind, das voller Optimismus und Lebenslust steckte"[107]. Mit dem Jahre 1933 bestand dazu allerdings kein Anlass mehr.[108]

Rechtsanwalt Robert Wetzler in München war vor seiner Anwaltszulassung vier Jahre im Reichsfinanzdienst als Regierungsrat tätig gewesen. Nach seiner Zulassung 1925 lag der Schwerpunkt seiner Praxis dementsprechend auf steuerrechtlichem Gebiet. Obwohl eindeutig Frontkämpfer des Weltkriegs, hatte er 1933 zunächst Probleme, die Münchener Anwaltskammer zum Verzicht auf einen Rücknahmeantrag seiner Zulassung zu bewegen. Sein Passierschein zum Betreten der Gerichtsgebäude datiert deshalb erst vom 10. Juni 1933. Behinderungen unterlag er auch als lizenzierter Steuerberater, da ihm als Juden das Betreten der Finanzämter zeitweise untersagt wurde. Als gegen ihn auch noch wegen der Steuerhinterziehung eines Klienten ungerechtfertigte Vorwürfe erhoben wurden, erlitt er einen Nervenzusammenbruch, von dem er sich nur schwer erholte. Fortan von schweren Depressionen befallen, ist er am 24. Juli 1935 nur 43 Jahre alt verstorben.[109]

Rechtsanwalt David Schloss in Würzburg, dekorierter Frontkämpfer, früher sportlich aktiv und danach in Sportorganisationen engagiert, starb gerade 52 Jahre alt am 9. April 1935. Seine Witwe wurde 1942 nach Polen deportiert und dort ermordet. Das gleiche Schicksal erlitt seine einzige Tochter, obwohl sie 1936 in ein westeuropäisches Land emigriert war.[110]

Sein Bamberger Kollege Sigmund Wald war vor 1933 der „gesuchteste Strafverteidiger" am Ort mit einer großen, wirtschaftlich gesunden Praxis. Nach der Machtübernahme der Nationalsozialisten musste er einen starken Rückgang seiner Mandanten hinnehmen, der ihn schwer belastete. Am 25. Januar 1934 erlag er 60-jährig einem Herzschlag.[111]

[105] BayHStA, MJu 21742; BayLEA, EG 14921; StAM, OLG München 704; Stadtarchiv München, RAK 187; RHb 1565; Deutsche Wirtschaftsführer Sp. 1868; Heinrich 155.
[106] BayHStA, MJu 20664; StAM, OLG München 704; BayLEA, EG 93406; Gb M 350 f.
[107] Max Friedlaender, Bella Friedlaender (1878–1937), Biografie, Manuskript (im Besitz des Verfassers) 190.
[108] BayHStA, MJu 20680; BayHStA, OP 31974; Gb M 357 f.
[109] BayHStA, MJu 22232; BayHStA, OP 57411; BayHStA, EG 41660 = K 1348; Stadtarchiv München, RAK 1887; BA Berlin, R 22 Pers. 80281.
[110] StAB, K 100/4, 3061; Strätz 515.
[111] BayHStA, MJu 22174; BayHStA, BEG 59463 = K 152.

Im Alter von 53 Jahren starb Rechtsanwalt Dr. Max Wassertrüdinger in Nürnberg am 30. Juni 1937. Der vorwiegend im Bereich des Steuer- und Mietrechts sowie im Konkurs- und Vergleichsrecht Tätige wird 1933 vom bayerischen Justizministerium als „ein sehr tüchtiger Jurist und politisch einwandfrei“ bezeichnet. „Seine Praxis sei nicht sehr groß, weil er ein sehr zurückhaltendes, bescheidenes Wesen habe.“ Der wirtschaftliche Rückgang nach 1933 traf ihn deshalb sehr, obwohl er durch die Verlegung der Praxis in seine Wohnung weitere Einsparungen erreichte. Das ihm attestierte feine Wesen litt offenbar besonders unter der gemeinen Ausprägung des Nationalsozialismus in seiner Nürnberger Spielart.[112]

Die Liste der nach 1933 zu früh Verstorbenen wäre sicher noch fortzusetzen, wenn zu allen Sterbefällen dieses Zeitraums genauere Todesursachen vorlägen.

Schrecklichster Ausdruck der für Juden 1933 anbrechenden Notsituation waren die von Existenzangst und Ausweglosigkeit geprägten Selbstmorde, die auch die bayerische Anwaltschaft betrafen.

Der Fall des Anwalts Dr. Alfons Kalter in Grünstadt/Pfalz, der nach diversen Peinigungen durch die neuen Machthaber und einem missglückten Selbstmordversuch 1933 im Herbst 1934 freiwillig aus dem Leben geschieden war, wurde bereits oben erwähnt.

Justizrat Dr. Siegfried Strauß in Nürnberg, seit 1903 als Anwalt zugelassen, fungierte daneben als Syndikus des Verbands der Deutschen Apotheker und Vorsitzender des Aufsichtsrats von deren Spar- und Kreditgenossenschaft. Der dekorierte Frontkämpfer war verheiratet und Vater zweier Söhne. Infolge der Aufregungen über Veränderungen in der Anwaltschaft und Angriffe in der Presse auf seine Person hatte er im Frühjahr 1933 einen Nervenzusammenbruch erlitten und war in eine Klinik verbracht worden. Dort verübte er am 26. April 1933 Selbstmord. Während sich seine beiden Söhne durch rechtzeitige Emigration in Sicherheit bringen konnten, wurde seine Witwe 1942 in den Osten deportiert und ist seither verschollen.[113]

Justizrat Salomon Hänlein in Eichstätt, seit 1901 als Rechtsanwalt zugelassen, 64 Jahre alt und Vater zweier erwachsener Kinder, beging am 17. September 1935 Selbstmord. Ein Zusammenhang mit den zur selben Zeit erlassenen Nürnberger Gesetzen ist nicht auszuschließen. Tochter und Sohn entkamen durch die Emigration weiteren Verfolgungen. Die Witwe zog 1936 nach München, von wo sie im April 1942 in den Osten deportiert und ermordet wurde.[114]

Kollege Justizrat Alexander Dünkelsbühler, seit 1903 geachteter Anwalt in München, als Hauptmann dekorierter Frontkämpfer des Weltkriegs, 1922 sogar zum Major charakterisiert, nahm sich am 24. September 1935 in Dresden das Leben. Auch bei ihm dürfte der Erlass der Nürnberger Gesetze mit eine Rolle gespielt haben.[115]

Der Selbstmord des 54-jährigen Rechtsanwalts Dr. Georg Gabriel Lang in Nürnberg datiert vom 22. Oktober 1935. Nach einem hervorragenden Examen und einer kurzen Zwischenstation in Bamberg war er seit 1908 in der fränkischen Metropole Nürnberg

[112] BayHStA, BEG 42739 = K 395; BA Berlin, R 22 Pers. 79537; OLG Nürnberg, PA W 25.
[113] BayHStA, MJu 22077; BayHStA, OP 62927; BayLEA, BEG 1586.
[114] BayHStA, MJu 20878; BayLEA, BEG 6629;Gb M 514; freundliche Auskünfte von Herrn Bistumsarchivar a.D. Brun Appel/Eichstätt.
[115] BayHStA, MJu 20560; BayHStA, OP 1010; Stadtarchiv München, RAK 746; StAM, AG München NR 1935/2948; Gb M 276.

niedergelassen. Als Altanwalt durfte er 1933 zunächst weiter praktizieren. Lang war verheiratet und Vater eines erwachsenen Sohnes. Von 1919 bis zu seiner zwangsweisen Beurlaubung 1933 hatte er eine Dozentur für Finanz-, Steuer- und Versicherungsrecht an der Nürnberger Wirtschaftshochschule inne.[116]

Der seit 1899 zugelassene Fürther Anwalt Justizrat Dr. Julius Prager, lange Jahre Vorstandsmitglied der Anwaltskammer Nürnberg, Vorsitzender des Nürnberger Anwaltvereins und im Vorstand des DAV, Spezialist im Versicherungsrecht, hatte 1933 vergeblich versucht, durch den Verzicht auf seine eigene Zulassung seinem 31-jährigen Sohn Konrad die Weiterbeschäftigung zu ermöglichen.[117] Prager, Seniorpartner einer einträglichen Kanzlei, geriet ab 1933 zusehends ins Visier der Machthaber und verfing sich 1935 im Dickicht der damaligen Devisenbestimmungen. In Panik geraten, verzichtete er im November 1935 auf seine Zulassung und floh nach Prag, wo er am 18. Dezember 1935 Selbstmord beging. Ein postum gegen ihn angestrengtes Verfahren wegen angeblicher Verschiebung von Devisenwerten ins Ausland endete 1936 mit der Einziehung von etwa 150000 Reichsmark. Dieses Urteil hob das Bayerische Oberste Landesgericht 1952 auf.[118]

Schon 1933 hatten die antisemitischen Maßnahmen gegen jüdische Rechtsanwälte (Boykott, Betretungsverbot) Dr. Leopold Weinmann in München an den Rand der Erschöpfung gebracht, weil er für eine schwer kranke Frau und nach eigener lebensbedrohender Erkrankung kaum die notwendigen Existenzmittel aufzubringen in der Lage war. 1934 war er, ohne dass die genaueren Gründe bekannt sind, misshandelt und 1935 ohne Folgen von der Politischen Polizei verhört worden. Die wirtschaftliche Situation des inzwischen Verwitweten, der nur notdürftig eine Ein-Mann-Kanzlei unterhielt, verschlechterte sich immer weiter, so dass er am 14. März 1936 auf seine Zulassung verzichtete. Am 24. März 1936 schied er 51-jährig durch Erhängen freiwillig aus dem Leben.[119]

Infolge restriktiver Anwendung des Zulassungsgesetzes vom 7.4.1933 hatte Rechtsanwalt Dr. Wilhelm (Willy) Lederer in München 1933 seine Zulassung verloren. Ihm wurde zum Verhängnis, dass er seine Zulassung zwischen 1916 und 1922 zugunsten einer Tätigkeit im Staatsdienst unterbrach. Auch zahlreiche Gnadengesuche erfuhren keine Berücksichtigung. Wovon er in den Jahren ab 1933 lebte, ist nicht bekannt. Möglicherweise war er zeitweise als Rechtsberater tätig. Der Junggeselle wohnte bei seiner betagten Mutter. Nach ihrem Tod im Februar 1940 sah er offenbar keinen Sinn, weiterzuleben, denn am 12. April 1940 beging er mittels Gas Suizid. Im Polizeibericht ist als Grund „Schwermut" angegeben.[120]

Geheimer Hofrat und Justizrat Dr. Isaac Harburger war seit 1882 als Rechtsanwalt in München zugelassen. Sein Kommentar der „Konkursordnung für das Deutsche Reich", der zwischen 1884 und 1907 vier Auflagen erlebte, erlangte überregionale Bedeutung.

116 RA Berlin, R 22 Pers. 65686; OLG Nürnberg, PA L 5; Bergler I 136, II 99, 182f., 234, 355f.
117 BayHStA, MJu 21621.
118 BayHStA, EG 98032 = K 1182; OLG Nürnberg, PA P 19.
119 BayHStA, MJu 22208; StAM, PA 23184; Stadtarchiv München, RAK 1845; BA Berlin, R 22 Pers. 79875.
120 BayHStA, MJu 21264; Stadtarchiv München, RAK 46. Wolfram Kastner, Schicksal (un)bekannt. München-Dachau 2000, 38f.

1935, im 80. Lebensjahr und nach 53 Jahren unbeanstandeter Tätigkeit als Rechtsanwalt, gab er seine Zulassung freiwillig zurück und trat in den verdienten Ruhestand. Um Schlimmerem zu entgehen, nahm er sich am 12. März 1941 das Leben. Seine Witwe wurde im August 1942 nach Theresienstadt deportiert und dort am 13. Februar 1944 ermordet.[121]

1890 war Justizrat Julius Rosenbusch Rechtsanwalt in München geworden. Mit Schreiben vom 10. Januar 1938 gab er nach 48 Berufsjahren kurz nach seinem 75. Geburtstag seine Zulassung auf. Seit November 1939 verwitwet, war er von den beiden ersten Deportationstransporten aus München im November 1941 und April 1942 nicht betroffen. Um einem ähnlichen Schicksal zu entgehen, beging er am 16. Juni 1942 im Alter von fast 80 Jahren Selbstmord.[122]

Weitere Suizide bayerischer Rechtsanwälte stehen mit der „Reichskristallnacht" 1938 in engem Zusammenhang und werden deshalb bei ihrer eingehenden Erörterung unten behandelt.

4. „Lösung der Judenfrage" – das Jahr 1938

a) 5. Verordnung zum Reichsbürgergesetz: Regelungsinhalt

Dass Nationalsozialisten vom Schlage eines Hans Frank mit den bisherigen Maßnahmen gegen jüdische Rechtsanwälte nicht zufrieden waren, wurde bereits mehrfach erwähnt. Auf dem Nürnberger Reichsparteitag 1935, also in aller Öffentlichkeit, gab er zum Beispiel folgende Erklärung ab: „Nationalsozialistische Gesetze können niemals durch einen jüdischen Richter oder jüdischen Rechtsanwalt richtig angewandt werden. Es wird daher unser unverrückbares Ziel bleiben, den Juden im Laufe der Zeit aus der Rechtspflege immer mehr auszuschalten." Und er fügte hinzu, „dass wir den Zeitpunkt, an dem der letzte Jude aus der deutschen Rechtsarbeit beseitigt sein wird, kaum erwarten können."[123]

Nürnberger Gesetze und Reichsrechtsanwaltsordnung von 1936 hatten die bestehenden Zulassungen jüdischer Rechtsanwälte nicht berührt. Die offiziöse Darstellung von Lorenzen „Die Juden und die Justiz" (1943) meint dazu unmissverständlich: „Für eine wahrhaft deutsche Rechtspflege war es aber auf die Dauer ebenso wenig tragbar, wenn jüdische Rechtsanwälte, wie wenn jüdische Richter an ihr mitwirkten."[124]

Außenpolitische (Olympische Spiele 1936) und wirtschaftliche Rücksichten verhinderten die gewünschte schnelle Lösung, das heißt aber nicht, dass der Prozess der Verdrängung der Juden gänzlich zum Erliegen kam, er wurde vielmehr schleichend fortgesetzt. 1938 ging das Regime die „Lösung der Judenfrage auf wirtschaftlichem Gebiet" an, die mit der gesetzlichen Ausschaltung der Juden aus den meisten Erwerbstätigkeiten beendet wurde.[125] Nicht zuletzt der „Anschluss Österreichs" machte eine einheitliche Regelung der Anwaltsfrage erforderlich.

[121] BayHStA, MJu 20897; Stadtarchiv München, RAK 113; Gb M 528 f.
[122] BayHStA, MJu 21733; BayHStA, EG 89768 = A 143; BA Berlin, R 22 Pers. 72774; Stadtarchiv München, RAK 190.
[123] Zitiert nach Krach 383.
[124] Lorenzen 189.
[125] Morisse 52.

Bei einer Besprechung im Reichsjustizministerium am 5. April 1938 bestand Einigkeit, „dass möglichst bald Juden ... aus der Anwaltschaft auszuschließen seien“[126]. Probleme bereiteten lediglich die Versorgung der Betroffenen, deren Zahl mit etwa 1500 angegeben wurde[127], und die rechtliche Vertretung der im Reich verbliebenen Juden. Gebilligt wurde schließlich der Vorschlag des Justizministeriums, eine beschränkte Zahl jüdischer Anwälte als „jüdische Parteivertreter (Konsulenten)“ zuzulassen und aus ihren Gebühreneinnahmen die Versorgung der Ausscheidenden zu bestreiten.[128]

Die 5. Verordnung zum Reichsbürgergesetz vom 27. September 1938[129] hatte das allgemeine Berufsverbot für jüdische Rechtsanwälte zum Inhalt: „Juden ist der Beruf des Rechtsanwalts verschlossen. Soweit Juden noch Rechtsanwälte sind, scheiden sie nach Maßgabe der folgenden Vorschriften aus der Rechtsanwaltschaft aus“ (Artikel I). Im Altreich war „die Zulassung ... bis zum 30. November 1938 zurückzunehmen.“ Geregelt wurde auch die Auflösung von Dienst- und Mietverträgen. Frontkämpfern unter den Ausgeschiedenen konnten aus den Einnahmen der jüdischen Konsulenten „bei Bedürftigkeit und Würdigkeit jederzeit widerrufliche Unterhaltszuschüsse“ gewährt werden, ebenso Altanwälten.

Die Befugnisse der jüdischen Konsulenten zur rechtlichen Beratung und Vertretung von Juden regelte Artikel III der Verordnung. Ihre Zulassung nach „Bedürfnis“ erfolgte „auf Widerruf“. Stellvertreter auf Zeit waren möglich. Frontkämpfer sollten bevorzugt berücksichtigt werden. Sie durften „nur Rechtsangelegenheiten von Juden sowie von jüdischen Gewerbebetrieben, jüdischen Vereinen, Stiftungen, Anstalten und sonstigen jüdischen Unternehmen geschäftsmäßig besorgen.“ Ihnen wurde „ein bestimmter Ort für ihre berufliche Niederlassung zugewiesen.“

Gebühren erhoben die Konsulenten „im eigenen Namen, jedoch für Rechnung einer ... Ausgleichsstelle“. Ein Teil davon sollte ihnen zur Kostendeckung und als Vergütung zustehen, der Rest diente der Finanzierung der genannten Unterhaltszuschüsse.

Drei Verfügungen des Reichsjustizministeriums regelten weitere Details. So die Verfügung vom 13. Oktober 1938[130], die die Reichsrechtsanwaltskammer als Ausgleichsstelle zwecks Einnahmenabführung der Konsulenten bestimmte. An sie waren auch Anträge auf Unterhaltszuschüsse von ausgeschiedenen Anwälten zu stellen.

Die Verfügung vom 17. Oktober 1938[131] regelte Bewerbung und Zulassung als Konsulent. „In erster Linie“ schwerkriegsbeschädigte Frontkämpfer sollten zum Zuge kommen. Gesuche waren an das örtlich zuständige Oberlandesgericht zu stellen, das seinerseits Anwaltskammer, Gestapo und Gerichte zu Person, politischer Haltung und bisheriger Berufsausübung des Bewerbers hören sollte, bevor es dem Reichsjustizministerium entsprechende Zulassungsvorschläge unterbreitete. Detailliert geregelt war auch der Berufsalltag der Konsulenten, die zum Beispiel auf die jüdische Herkunft ihrer Mandantschaft zu achten hatten und keine jüngeren nichtjüdischen weiblichen Hilfskräfte be-

[126] Zitiert nach Krach 388.
[127] Gruchmann 176.
[128] Gruchmann 176f. und Krach 389f. auch zum Folgenden.
[129] Druck: RGBl I 1938, 1403.
[130] DJ 1938, 1665 = JW 1938, 2797.
[131] DJ 1938, 1666 = JW 1938, 2798.

schäftigen durften. Sogar eine eigene Verfügung zu „Berufsbezeichnung und Schild der jüdischen Konsulenten“ vom 9. Dezember 1938[132] wurde erlassen.

Im Altreich sollten 172 jüdische Konsulenten zugelassen werden, bis Jahresende und um einen reibungslosen Übergang zu gewährleisten, zunächst auch einige zusätzlich.[133] Für Bayern waren folgende Quoten vorgesehen: OLG-Bezirk Bamberg = 3, München = 6, Nürnberg = 5, Zweibrücken = 3 Konsulenten.

b) „Reichskristallnacht“

Überlagert wurden diese Maßnahmen durch das Pogrom in der Nacht vom 9./10. November 1938 („“Reichskristallnacht“„) und seine Folgen. Nach dem Verlust der beruflichen Existenz, des sozialen Status, des gesellschaftlichen Ansehens und der bürgerlichen Rechte waren die deutschen Juden nunmehr dem ungehemmten Antisemitismus des NS-Staates ausgesetzt. Im Rahmen einer bekanntermaßen inszenierten Aktion ließ das Regime öffentlichem Vandalismus und Gewalt gegen Menschen, ihr Eigentum und ihre Kultuseinrichtungen freien Lauf. Die deprimierenden Ergebnisse sind bekannt.[134]

Die jüdischen Rechtsanwälte, die eben erst das zum Monatsende fällige Berufsverbot hinnehmen mussten[135], waren in mehrfacher Hinsicht von den Ereignissen betroffen. Neben ihren privaten Wohnungen bildeten ihre Kanzleien ein bevorzugtes Ziel für Plünderungen und/oder Zerstörungen. Rechtsanwalt Dr. Oskar Maron hat gegenüber der Wiedergutmachungsbehörde Bayern erklärt, dass in München am 9. November 1938 die Kanzleien aller jüdischen Rechtsanwälte durch Parteistellen besetzt und geplündert wurden. Das dabei angewandte gleichartige Vorgehen ließ ihn zu Recht auf eine konzertierte Aktion schließen.[136]

Rechtsanwälte gehörten auch zur Gruppe der etwa 30 000 jüdischen Männer, die verhaftet und in Konzentrationslager verbracht wurden, um den erwünschten Auswanderungsdruck zu erhöhen.[137] Von 175 im Herbst 1938 noch zugelassenen jüdischen Rechtsanwälten in Bayern waren nachweislich 90 im Zuge des Pogroms inhaftiert, davon allein 78 im KZ Dachau, 7 im KZ Buchenwald, beim Rest ist der Haftort den vorhandenen Unterlagen nicht zu entnehmen.[138]

Auf das kaum Vorstellbare dessen, was ihnen dort widerfuhr, muss nicht eigens verwiesen werden. Die Schilderung eines Augenzeugen mag genügen: „Die SS-Leute ... hatten es vor allem auf alte, dicke, jüdisch aussehende und sozial höher stehende Juden, z.B. Rabbiner, Lehrer, Anwälte, abgesehen, während sie sportlich aussehende jüngere Juden

[132] DJ 1938, 1974.
[133] Bekanntmachung des Reichsjustizministeriums vom 17. 10. 1938, DJ 1938, 1670 bzw. Aktenvormerkung des Reichsjustizministeriums vom 17. 10. 1938, DJ 1938, 1666; vgl. Gruchmann 182.
[134] Bilanz für München: Andreas Heusler – Tobias Weger, „Kristallnacht“. Gewalt gegen die Münchener Juden im November 1938. München 1998.
[135] Die 5. VO zum Reichsbürgergesetz vom 27. 9. 1938 (RGBl I 1938, 1403) war aus außenpolitischen Gründen („Sudetenkrise“) erst am 14. 10. 1938 veröffentlicht wurden; so Gruchmann 179.
[136] Aussage Dr. Oskar Maron 21. 10. 1958: StAM, WB I N 134.
[137] Scheffler 31.
[138] Archiv der Gedenkstätte Dachau (Herr Knoll) sowie biografische Angaben im Anhang.

der Generalvertreter des Weingutes Raab in Nierenstein | tausend Mark! F. Brand.

Die Schande von Buchloe

Der jüdische Rechtsanwalt Leopold Rießer in Augsburg, Fuggerstraße 4, verbringt seit vielen Jahren wöchentlich ein bis zwei Tage, meist Samstag und Sonntag, in Buchloe. Er wohnt dann immer in der Mindelheimerstraße, bei der Witwe Peppi Müller. Die Müller und der Jude Rießer leben wie Eheleute. Man sieht sie Arm in Arm durch die Straßen Buchloes wandern. Der wilden Ehe ist ein Bastard entsprossen, der heuer in die Schule kam. Der Jude Rießer war bis zur nationalsozialistischen Revolution einer der meistbeschäftigten Anwälte Augsburgs. Seine wöchentlichen Besuche in Buchloe hat er nebenbei noch reichlich zu geschäftlichen Dingen ausgenützt. In den schwarzroten Kreisen Buchloes stand der Jude trotz seines anstößigen Lebenswandels in hohem Ansehen. So wohl fühlte er sich in Buchloe, daß er sich einen Platz kaufte, auf den er eine sturmfreie Villa stellen wollte. Im neuen Deutschland scheint ihm die Lust zum Bauen vergangen zu sein. Auf dem angefahrenen Sandhaufen wächst Gras. Sein rassenschänderisches Verhältnis mit der Witwe Müller hält der Jude nach wie vor aufrecht. Das artvergessene Weib besitzt die Frechheit ihre Schande in der Oeffentlichkeit zu verteidigen. Nationalsozialisten haben versucht dem Skandal ein Ende zu machen. Eine sich ängstlich an Paragraphen klammernde Bürokratie verlangt, daß durch Zeugen ein geschlechtliches Zusammenleben des Juden Rießer mit der Witwe Müller einwandfrei bestätigt werden müsse. Der Bastard beweist wohl nichts? Ihn hat wohl die Sonne ausgebrütet? Der Großteil der Buchloer Bevölkerung nimmt immer stärker werdenden Anstoß an der Schande, die sich in Buchloe am hellichten Tage auf offener Straße noch zeigen darf. Das deutsche Buchloe ist nicht länger mehr gesonnen, sich von einem Talmudjuden und einem jeder Scham baren Frauenzimmer provozieren und beleidigen zu lassen. Die Geduld der Buchloer hat ein Ende. Die Witwe Müller hat sich an einen Juden weggeworfen. Sie hat sich von ihrem Volke für immer losgesagt. Sie tut gut, ihr Bündel zu schnüren und mit dem Juden aus Deutschland zu verschwinden. Sie hinterläßt in Buchloe keine Lücke. Kreaturen, wie sie eine ist, weint im heutigen Deutschland niemand eine Träne nach.

Schaut dem Juden Hugo Feist auf die Finger

Der Jude Hugo Feist besitzt in Osterholz-Scharmbeck bei Bremen eine Möbelfabrik. Er hat dort auch seinen ständigen Wohnsitz. Daneben hat er sich in einer der vornehmsten Straßen Bremens, in der Kohlhöckerstraße 9, eine auf das feudalste eingerichtete Junggesellenwohnung mit zehn Zimmern gemietet. Die Wohnung in Bremen versorgen ihm Haushälterinnen, die er häufig wechselt. Der Jude Feist kommt jede Woche einmal in sein Junggesellenheim. Den diesjährigen Sommer hat er in Karlsbad verbracht. Nach seiner Rückkehr kündigte er seinen damaligen zwei Haushälterinnen. Die Geschäfte gingen schlecht, sagte er. Er müsse sich einschränken. Als die beiden Mädchen sich so jäh auf die Straße gesetzt sahen, packten sie mit ihrem Wissen aus. Sie erzählten, daß der Jude Feist, so oft er nach Bremen kam, sie mit den unflätigsten Ansinnen belästigt habe. In der Wohnung des Juden sei es schon immer toll hergegangen. Der Jude Feist sei ein perverser Wüstling, dem schon längst das Handwerk gelegt gehöre.

Die Möbelfabrik des Juden ging kurz nach seiner Rückkehr aus Karlsbad in Flammen auf. Man munkelt, daß es mit dem Brand seine eigene Bewandtnis habe. Die Verdachtsmomente gegen den Juden sind derart stark, daß es sich lohnen dürfte die Vorgänge in seiner Bremener Wohnung und den Fabrikbrand einer eingehenden Untersuchung zu unterziehen. Der Stürmer weiß aus seiner langjährigen Praxis, daß der Jude zu allem fähig ist.

Die Judenfrage lernt man kennen durch den Stürmer

Abb. 20: Attacke des „Stürmer" gegen RA Leopold Rieser, Augsburg.
Quelle: „Der Stürmer" Nr. 43, Oktober 1934.

milder behandelten. So wurde ein früherer höherer juristischer Beamter, der sich mit seinem Titel meldete, besonders scharf angefasst. ...".[139]

Der Augsburger Rechtsanwalt Leopold Rieser war bis 1933 ein gesuchter Strafverteidiger weit über die schwäbische Metropole hinaus gewesen. Wegen einer Liebesbeziehung zu einer arischen Witwe kam der Junggeselle 1934 in die Fänge des antisemitischen Hetzblattes „Der Stürmer", hielt sich aber als Kriegsveteran und Altanwalt (Zulassung 1908) noch für so sicher, dass er mehrfach die US-Einwanderungserlaubnis verstreichen ließ. Nach dem 9. November 1938 zur Gruppe der Augsburger Verhafteten mit dem Bestimmungsort Dachau gehörig, wurde Rieser beim Eintreffen im Konzentrationslager so misshandelt, dass er den dabei erlittenen Verletzungen erlag.[140]

139 Wolfgang Benz (Hrsg.), Die Juden in Deutschland 1933–1945. Leben unter nationalsozialistischer Herrschaft. München 1988, 530. Münchener Beispiele bringen Heusler-Weger (wie Anm. 134) 122 ff.

140 BayHStA, BEG 19803 = A 94; BayHStA, OP 3752; BA Berlin, R 22 Pers. 72338; Die Schande von Buchloe. In: Der Stürmer, Jg. 12 (1934) Nr. 43; Gernot Römer, Ein Mann der zu sehr an Deutschland hing. Vom Tod des jüdischen Rechtsanwalts Rieser in Dachau. In: Augsburger Allgemeine Nr. 256 vom 5. 11. 1988.

Der 58-jährige Rechtsanwalt Dr. Gustav Böhm, seit 1909 in München zugelassen, hatte seinen Berufsschwerpunkt im Arbeitsrecht. Mehrere einschlägige Veröffentlichungen aus seiner Feder zeigen, dass er sich auch wissenschaftlich mit dieser Thematik befasste. Am 10. November 1938 nach Dachau eingeliefert, starb er bereits drei Tage später an den Folgen erlittener schwerer Misshandlungen. Bleibt nachzutragen, dass seine betagte Mutter am 9. September 1942 in Theresienstadt zu Tode gekommen ist und ein Bruder als Opfer des ersten Deportationszugs aus München am 25. November 1941 im litauischen Kowno ermordet wurde. Lediglich einer jüngeren Schwester gelang die rechtzeitige Emigration nach Amerika.[141]

Böhms Münchener Kollege Dr. Karl Feust war ebenfalls am 10. November 1938 nach Dachau verbracht worden. Der Vater dreier Kinder, „ein schwacher und nervöser kleiner Mann“, begann nach Aussage eines Zeugen eines Nachts zu jammern, woraufhin man ihn ins Freie schleppte, mit kaltem Wasser übergoss und stundenlang in eisiger Kälte liegen ließ. Kurze Zeit später ist er an den Auswirkungen einer Lungenentzündung gestorben. Feusts Witwe Fanny emigrierte 1939 mit ihren 9, 8 und 6 Jahre alten Kindern und ihrer betagten Schwiegermutter nach England. Letztere verstarb dort 80 Jahre alt noch im gleichen Jahr. Fanny Feust kam bei einem deutschen Luftangriff auf London am 24. September 1940 ums Leben. Die Waisenkinder mussten von Verwandten aufgezogen werden.[142]

Rechtsanwalt Dr. Robert Tuteur in Kaiserslautern gehörte zu den jüdischen Männern seiner Heimatstadt, die am 10. November 1938 verhaftet und in das KZ Dachau überstellt wurden, wo sie zwei Tage später eintrafen. Dem 56-jährigen Familienvater, seit 1908 als Anwalt zugelassen, war es 1933 gelungen, ein politisch motiviertes Berufsverbot seitens der gleichgeschalteten Anwaltskammer zu verhindern. Über sein weiteres Schicksal ist mangels aussagekräftiger Unterlagen nur bekannt, dass er am 1. Dezember 1938 in Dachau Selbstmord durch Erhängen verübte. Es darf angenommen werden, dass die Behandlung seit seiner Einlieferung in das KZ am 12. November mit zu dieser Verzweiflungstat beigetragen hat.[143]

Der Geheime Justizrat Leonhard Frankenburger in Nürnberg war seit 1891 in seiner Vaterstadt als Rechtsanwalt zugelassen. 1911 erhielt er den Justizratstitel, 1924 wegen seiner großen Verdienste um die Anwaltschaft sogar den Titel eines Geheimen Justizrats. Von 1906 bis zum Herbst 1932 gehörte er ununterbrochen dem Vorstand der Anwaltskammer Nürnberg an. Am 4. April 1933 verzichtete der 67-Jährige nach mehr als 40 Jahren unbeanstandeter Anwaltstätigkeit freiwillig auf seine Zulassung, um sich in den verdienten Ruhestand zurückzuziehen, vielleicht auch um möglichen Konflikten mit den neuen Machthabern zu entgehen. Bis 1938 scheint er einigermaßen unbehelligt geblieben zu sein. Sein Nürnberger Kollege Rudolf Bing berichtet über ihn:

[141] StAM, AG München NR 1938/3977; Stadtarchiv München, RAK 726; Gb M 174, 176f.; Heusler-Weger (wie Anm. 134) 130.

[142] StAM, AG München NR 1938/3930; BayHStA, EG 58763 = A 38; BA Berlin, R 22 Pers. 55969; Gb M 340; Heusler-Weger (wie Anm. 134) 131 f.; biografische Angaben zu Karl Feust.

[143] Auskunft Archiv der Gedenkstätte Dachau (Herr Knoll); Auskunft Stadtarchiv Kaiserslautern; LA Sp, J 6, 6728; Nestler-Ziegler 339 ff.; Paulsen 274, 280; Warmbrunn 611; Willi Kestel (= Präsident des Landgerichts Kaiserslautern), Schicksale jüdischer Juristen in Kaiserslautern während der Zeit des Nationalsozialismus. 96 f., 104.

„Der Anwalt, bei dem ich als Referendar Dienste leistete, war dem Ansehen und Kenntnissen nach einer der ersten meiner Vaterstadt. Er hatte die Praxis seines Onkels, eines hervorragenden Parlamentariers, übernommen. Junggeselle, wie er war, lebte er aufopfernd und uneigennützig nur den Interessen seiner Klienten, häufig die materielle Seite des Berufes vergessend. Er war das verkörperte Rechtsempfinden. Niemand wie er war eine so schlagende Widerlegung der Behauptung, dass die jüdischen Anwälte Schädlinge des öffentlichen deutschen Lebens gewesen seien.
Am 9. November 1938, in der Nacht der sog. ‚Volksempörung' ..., drangen die SA-Banden auch in die stille Gelehrtenwohnung dieses damals hoch betagten und vom Berufe zurückgezogenen Mannes ein, der mit einem gleichfalls unverheirateten Bruder, einem Arzte, dem die Stadt Nürnberg den Aufbau ihrer Tuberkulosenfürsorge verdankt, und einer unverheirateten Schwester, gleichfalls einer Greisin, zusammenwohnte. Man demolierte die Wohnung und misshandelte die alten Leute. Empört über die ihnen angetane Schmach beschlossen sie, in den gemeinsamen Tod zu gehen.
Der Arzt öffnete sich und seinen Geschwistern die Pulsadern. Leider wurde die Schwester am Leben erhalten. Diese Brüder waren in der Stille wirkende Wohltäter. Niemandem hatten sie ein Leid zugefügt. Sie hatten sicher keine Feinde. Ihre Namen waren Geheimer Justizrat Leonhard Frankenburger und Geheimer Sanitätsrat Alexander Frankenburger."[144]

Justizrat Emil Krämer hatte seit 1903 eine Anwaltszulassung, war aber hauptsächlich als Bankier bei der renommierten Münchener Privatbank Aufhäuser tätig. Zunächst als deren Syndikus, später Mitinhaber, saß er im Aufsichtsrat einer Reihe überwiegend bayerischer Industrie- und Handelsgesellschaften sowie verschiedener ungarischer Kleinbahnunternehmen. Trotz seines Wirkens im Bankgeschäft war er stets anwaltlich tätig geblieben, etwa durch außergerichtliche Beratung von Personen und Firmen in Aktienrechtsfragen, bei der Ordnung von Schwierigkeiten großer Unternehmen oder bei Testamentsvollstreckungen, Nachlassauseinandersetzungen und Familienrechtsangelegenheiten. 1925 war ihm für über 20-jährige unbeanstandete Berufstätigkeit der Titel eines Justizrats verliehen worden.

Bestrebungen der Münchener Anwaltskammer, ihm 1933 die Zulassung zu nehmen, weil er nicht „hauptamtlich" Rechtsanwalt sei, begegnete der Oberlandesgerichtspräsident mit folgenden Argumenten: „Wenn diese Anwaltstätigkeit auch kaum von solchem Umfange ist und war, dass sie für ihn einen Teil seiner Existenzgrundlage bedeutet und bedeutete, so ist sie doch so erheblich, wichtig und verdienstvoll, dass mir die Belassung dieser Kraft im Anwaltsberufe verdient und auch im Interesse der Wirtschaft zu liegen scheint." Krämer hat trotzdem noch 1933 seine Zulassung aufgegeben und sich ausschließlich auf seine Banktätigkeit konzentriert. Dies war umso nötiger, da mit Beginn der NS-Herrschaft auch für jüdische Banken schwere Zeiten anbrachen.

„Die Krise, in die das Bankhaus durch den zunehmenden Boykottdruck des Regimes seit 1933 geraten war, spitzte sich im Frühjahr 1938 zu. ... In dieser Situation sahen die Gesellschafter ... keinen anderen Weg mehr, als sich dem politischen Druck zu beugen und die Bank in arische Hände zu überführen" (Moser-Winkler). Entsprechende Pläne, die u. a. das Ausscheiden Krämers vorsahen, wurden durch die Ereignisse des 9. Novem-

[144] Rudolf Bing, Mein Leben in Deutschland vor und nach dem 30. Januar 1933. Manuskript Stadtarchiv Nürnberg F 5 QNG Nr. 494, 17 f.; vgl. Teildruck: Mitteilungen des Vereins für Geschichte der Stadt Nürnberg 75 (1988) 189 ff. (Vorbemerkung). Weitere Quellen: BayHStA, MJu 20705; Göppinger 232 (fehlerhaft); Müller 243, 300, 342; Gb N 78.

ber 1938 hinfällig. Die Bank wurde gestürmt, Fenster zerschlagen, das Mobiliar verwüstet. Die Gestapo diktierte ihre Zwangsarisierung. Unter dem Eindruck dieser Ereignisse nahm sich Frau Elisabeth Krämer am 10. November 1938 mit Gift das Leben. Durch einen Sprung aus dem Fenster der gemeinsamen Wohnung in der Münchener Habsburgerstraße folgte ihr Emil Krämer noch am gleichen Tag.[145]

Bleibt nachzutragen, dass die Gestapo anschließend Wohnung und wertvolle Bibliothek beschlagnahmte. Allein der Wert des Hausrats ohne Silber und Bücher wird mit ca. 100000 Reichsmark angegeben.

Justizrat Dr. Friedrich Goldschmit in München konnte 1938 auf 40 Jahre fruchtbarer Anwaltstätigkeit zurückblicken. Der nationalliberale Mitbegründer der jungliberalen Bewegung war vor 1918 Mitglied des Bayerischen Landtags, in der Weimarer Republik gehörte er der DVP an. Zahlreiche Veröffentlichungen dokumentieren seine breiten wissenschaftlichen Interessen. Als Goldschmit vom Berufsverbot für jüdische Rechtsanwälte zum 30. November 1938 erfuhr – die 5. Verordnung zum Reichsbürgergesetz vom 27. September 1938[146] wurde am 14. Oktober 1938 publiziert[147] – verzichtete der 67-jährige Vater zweier erwachsener Kinder am 28. Oktober auf seine Zulassung, um der Schmach des Hinauswurfs zuvorzukommen. Am 4. Dezember 1938 nahm er sich mit einer Überdosis Veronal das Leben. Das einschlägige Verzeichnis der Münchener Polizei nennt als Motiv: „Angeblich die Maßnahmen gegen die Juden“.[148]

Bayerische Rechtsanwälte gehörten zu den Betroffenen der Bußzahlung in Höhe von 1 Milliarde Reichsmark, die die Machthaber den deutschen Juden in grotesker Umkehr der Verantwortlichkeiten für das Pogrom auferlegten. Auch die entstandenen Schäden gingen mit zu ihren Lasten. Sogar die von den Versicherungen gezahlten Entschädigungen mussten dem Reich zurückerstattet werden.[149] Ihre Wertpapiere und Aktien wurden zwangsdeponiert, Juwelen, Schmuck und Kunstgegenstände zwangsverkauft. Der Entzug der Führerscheine und das Verbot der Haltung von Kraftfahrzeugen folgten, ebenso die Einführung erhöhter Steuersätze. „Das öffentliche Leben des deutschen Judentums kam mit dem November-Pogrom völlig zum Erliegen. ... Das zwar eingeengte, aber verglichen mit dem Kommenden relativ noch freie Leben der Juden in Deutschland nach 1933 war damit endgültig zu Ende. Der Anfang vom Untergang hatte begonnen.“[150]

Ein guter Kenner der Materie, der Historiker Wolfgang Benz, hat die Auswirkungen dieser Vorgänge folgendermaßen beschrieben:

> „Was das für die Betroffenen bedeutete – unter ihnen waren Rechtsanwälte, Richter und ehemals im öffentlichen Dienst Tätige zahlreich vertreten –, ist trotz zahlreich überlieferter Schilderungen kaum vorstellbar. Dass die Aktion auf einige Wochen begrenzt war, dass sie nur der Einschüch-

[145] BayHStA, MJu 21202; BayHStA, BEG 64255 = K 2609; Stadtarchiv München, RAK 1055; StAM, AG München NR 1938/3661; StAM, WB I N 480; Gb M 743 f.; Deutsche Wirtschaftsführer Sp. 1228; Heusler-Weger (wie Anm. 134) 142; Eva Moser-Richard Winkler, Wegmarken. 125 Jahre Bankhaus H. Aufhäuser. München 1995, bes. 83 ff.

[146] RGBl I 1938, 1403.

[147] Gruchmann 179.

[148] BayHStA, MJu 20802; BayHStA, BEG 70653 = A 115; StAM, AG München NR 1938/3971; StAM, WB I a 5350; Gb M 437; Heusler-Weger (wie Anm. 134) 141; biografische Angaben zu Friedrich Goldschmit.

[149] Scheffler 31 auch zum Folgenden.

[150] Scheffler 31 f.

terung diente und der Pression zur Auswanderung, aber noch nicht der physischen Vernichtung der Juden – diese Feststellung wiegt wenig gegenüber der Katastrophe, die der Aufenthalt im KZ für den bisherigen Lebenszuschnitt, für die Zerstörung der meist akademisch, jedenfalls gut bürgerlich geprägten Existenz, für das Selbstbewusstsein der Opfer darstellte. Die meisten blieben nach ihrer Entlassung stumm, berichteten kaum ihren Angehörigen, was ihnen zugestoßen war.«[151]

c) Genugtuung der Nationalsozialisten

Für fast alle der jüdischen Rechtsanwälte bedeutete der 30. November 1938 das Ende ihrer beruflichen Tätigkeit. „Sie mussten binnen weniger Wochen ihre Kanzleien räumen und standen vor dem Nichts."[152] Viele entschlossen sich, das Land zu verlassen, einige waren dazu zu alt oder zu deprimiert. Auf die wenigen Konsulenten soll weiter unten eingegangen werden.

Der Vizepräsident der Reichsrechtsanwaltskammer und Reichswalter des NS-Juristenbundes, Rechtsanwalt Prof. Dr. Erwin Noack, publizierte unter dem Titel „Die Entjudung der deutschen Anwaltschaft"[153] eine Würdigung der antisemitischen Maßnahmen aus nationalsozialistischer Sicht. „Führer" und „Reichsrechtsführer" sei es zu verdanken, dass

> „wir ... wieder eine wirkliche deutsche Rechtsanwaltschaft haben. ... Ein Viertel der ganzen Anwaltschaft war jüdisch, und was lag näher, als dass dieses Viertel bei den typischen immer wieder in Erscheinung tretenden Charaktereigenschaften dieser Rasse allmählich zum Typenvertreter der Anwaltschaft überhaupt wurde, dass dem deutschen Volksgenossen ein Rechtsanwalt nur als Jude denkbar war; und so wurden Rechtsanwalt und jüdischer Advokat identifiziert. Eine Tatsache, unter der wir heute alle noch auf das Schwerste zu leiden haben."

Trotz aller „Anstrengungen" seit 1933 waren am 1. Januar 1938 immer noch 10% der Anwaltschaft Juden. Für Noack: „Unertragbar!" Deshalb sei die zum 30. November 1938 Platz greifende Entfernung aller Juden aus dem Beruf eine „Erlösung", sowohl „für das deutsche Volk" als „auch für uns im besonderen". Die Konsulenten seien für Juden „eine ihrer Rasse entsprechende Vertretung", zumal man „einem deutschen Rechtsanwalt nicht zumuten" kann, „für einen Juden tätig zu werden, er würde sich standesrechtlich vergehen. ... Der jüdische Konsulent darf unter gar keinen Umständen als Rechtswahrer oder auch nur als anwaltsähnliche Institution angesprochen werden. Er ist weiter nichts als ein Interessenvertreter für eine jüdische Partei." Sichtlich zufrieden äußert Noack schließlich: „Die vom Gesetzgeber gewählte Lösung ist ein würdiger weltanschaulich bedingter Ausgleich. Dem deutschen Volksgenossen der deutsche Rechtswahrer! Dem Juden der jüdische Konsulent!"

In seinem Grußwort zum neuen Jahr (1939) versäumte auch der Präsident der Reichsrechtsanwaltskammer, Reinhard Neubert, nicht, das Thema anzusprechen: „Durch das Ausscheiden der jüdischen Rechtsanwälte ... ist die Anwaltschaft endlich von artfrem-

151 Benz 844
152 Königseder 118.
153 JW 1938, 2796f., dort auch die folgenden Zitate.

dem Einfluss ganz befreit und damit für die Erfüllung ihrer Aufgaben im nationalsozialistischen Staat bereit gemacht.“[154]

Wie die Nachricht in der Provinz aufgenommen wurde, zeigt eine Notiz im Bamberger Tagblatt: „Völlig judenfrei geworden ist im Bereich des Oberlandesgerichts Bamberg die gesamte Rechtsanwaltschaft. Nach ministerieller Entschließung wurden, wie auch in den anderen Gerichtsbezirken, sämtliche Judenanwälte aus der Rechtsanwaltsliste gelöscht. In Bamberg selbst sind lediglich die beiden jüdischen Rechtskonsulenten Bernhard Israel Bettmann und Moses Höflein befristet zugelassen. Am 31.1.1939 haben sie auch in dieser Richtung abzuhauen. Vermutlich werden ab dieser Zeit für den Oberlandesgerichtsbezirk Bamberg nur je ein jüdischer Konsulent in Bamberg, Würzburg und Schweinfurt zugelassen. Damit haben nun auch die jüdischen ‚Adväkaten‘, deren es einst in Bamberg genügend gab, endgültig ausgespielt.“[155]

5. „Mischlinge“ und „jüdisch Versippte“

Schwer war das Leben ab 1933 auch für „Mischlinge“ und „jüdisch versippte“ Rechtsanwälte.[156] Auch wenn sie nicht durchgehend wie ihre „volljüdischen“ Kollegen behandelt wurden, waren sie doch den antisemitischen Maßnahmen des Regimes in vielerlei Hinsicht ausgeliefert.

Rechtsanwalt Dr. Herbert Thomé in München, der eine jüdische Mutter hatte, verlor, da er erst 1932 zugelassen worden war, aufgrund des Gesetzes vom 7.4.1933 am 6. September 1933 seine Zulassung. Katholische Taufe und Erziehung fanden dabei ebenso wenig Berücksichtigung wie der Nachweis vaterländischer Gesinnung der Familie. Thomé war ab 1933 zunächst Syndikus einer Bank, von 1937 bis 1945 Angestellter einer Motorenfabrik. Am 1. Januar 1946 wurde er wieder als Rechtsanwalt in München zugelassen. Seine Mutter kam in Auschwitz ums Leben.[157]

Kollege Dr. Werner Rosenfeld in Nürnberg, 1928 zugelassen, entstammte einer national gesinnten Kaufmannsfamilie. Sein jüdischer Vater war Frontkämpfer des Weltkriegs gewesen, er selbst, gerade 18-jährig, 1919 Mitglied eines Freikorps. Der Vorsitzende der gerade gleichgeschalteten Nürnberger Rechtsanwaltskammer hatte ihn deshalb als „hochanständig und ... einwandfrei“ beurteilt, sodass sogar Justizminister Frank die Ausstellung eines Passierscheins zum Betreten der Justizgebäude befürwortete. Warum Rosenfeld am 12. Juli 1933 freiwillig auf seine Zulassung verzichtete, ist den vorhandenen Unterlagen nicht zu entnehmen. Vielleicht hat das berüchtigte Nürnberger NS-Klima seinen Schritt verursacht. Schon im August 1933 emigrierte er nach Brasilien, wo er in São Paulo seit 1934 als Versicherungsagent Beschäftigung fand.[158]

154 Mitteilungen der Reichsrechtsanwaltskammer 1939, 1 zitiert nach Krach 395.
155 Bamberger Tagblatt vom 23. 12. 1938, abgebildet in: Bambergs Wirtschaft 168.
156 Vgl. zum Folgenden Gruchmann 188 f. und Krach 395 ff.
157 MJu, PA T 32; BayLEA, EG 42321; StAM, OLG München 704; Stadtarchiv München, RAK 1722; Gb 1505; freundliche Auskunft des Sohnes Gerhard Thomé, Riemerling.
158 BayHStA, MJu 21735; BayLEA, BEG 7929.

Justizrat Adolf Stern in München war seit 1903 im Besitz einer Anwaltszulassung. Als Justitiar beim Bayerischen Landesverband landwirtschaftlicher Genossenschaften stand er nicht im Mittelpunkt der antisemitischen Aktivitäten in der Rechtsanwaltschaft. Der Weltkriegsteilnehmer und Anhänger der Bayerischen Volkspartei war 1919 Mitglied der Einwohnerwehr in Obermenzing gewesen. Er blieb nach 1933 beruflich weitgehend unbehelligt und wurde zum 1. Dezember 1943 vom Reichsjustizminister in den regulären Ruhestand versetzt. Nachweislich Beeinträchtigungen aufgrund ihrer Herkunft ausgesetzt waren jedoch zwei seiner vier Töchter, die als Lehrerinnen diskriminiert und benachteiligt wurden.[159]

Zunächst ebenfalls nicht belangt wurde Rechtsanwalt Philipp Kitzinger in Schrobenhausen. Seit 1932 zugelassen, mag sein abseits der Metropole gelegener Praxissitz in der westoberbayerischen Kleinstadt dafür ursächlich gewesen sein. Erst im Zusammenhang mit den Maßnahmen des 8./9. November 1938 wurde die Verwaltungsbehörde auf ihn aufmerksam. Im Monatsbericht des Bezirksamts Schrobenhausen an die vorgesetzte Regierung von Oberbayern heißt es:

„Vorhanden ist ferner noch ein Halbjude, nämlich der Rechtsanwalt Kitzinger. Auf ihn finden die Vorschriften nach Mitteilung der Anwaltskammer keine Anwendung. Ein Überraschung gab es dabei insofern, als Rechtsanwalt Kitzinger durch Originalbelege nachwies, dass er 1923 beim Stoßtrupp Hitler war. ... In der Broschüre ‚Der Stoßtrupp Hitler' wird er wiederholt erwähnt."[160]

Die sicherlich auch im Dritten Reich nicht allzu häufige Tatsache, dass ein „Halbjude" Verdienste als „alter Kämpfer" aufzuweisen hatte, half ihm, die restlichen Jahre bis 1945 weitgehend unbeschadet zu überstehen. Die US-Militärregierung setzte Kitzinger im Juli 1945 als Landrat in Schrobenhausen ein: „He is well-known in the community and is the outstanding man for the position in the minds of all those who never joined the NSDAP." Seine Hauptaufgabe bestand in der Wiedererrichtung der Verwaltungsorganisation in der Region: „He is now occupied searching for a suitable staff." Der Ausflug in die Kommunalpolitik endete im Juni 1946 mit den ersten Landratswahlen. Bis zu seinem Tod 1986 war Kitzinger wieder als Rechtsanwalt tätig.[161]

Rechtsanwalt Walter Fendrich in Ludwigshafen, zugelassen 1932, überstand das Jahr 1933, weil Oberlandesgerichtspräsident Becker in Zweibrücken dem negativen Votum der örtlichen Anwaltskammer mit der Bemerkung begegnete: „In der Tatsache allein, dass Mutter Jüdin, erblicke ich keinen Ablehnungsgrund." Er blieb auch in der Folgezeit im Besitz seiner Zulassung. 1939/40 nahm er am Polenfeldzug teil, bis er auf Grund seiner Herkunft wegen „Wehrunwürdigkeit" aus dem Heer entlassen wurde. Anschließend zeitweise Zwangsarbeiter, war er 1944 für die Organisation Todt (OT) in Frankreich im Einsatz. Ab 1945 wieder Anwalt, ist Walter Fendrich hochbetagt 1996 in Ludwigshafen verstorben.[162]

[159] BayLEA, BEG 13056 und 73749; BA Berlin, R 22 Pers. 77414;Stadtarchiv München, RAK 1687.
[160] Martin Broszat u.a. (Hrsg.), Bayern in der NS-Zeit Bd. I, München 1977, 472; vgl. Heinrich 152.
[161] MJu, PA K 75; Mitteilung Stadtarchiv Schrobenhausen vom 31.1.2005; BayHStA, OMGUS, CO 442/6; Schrobenhausener Zeitung vom 8.1.1986 (Nachruf).
[162] Warmbrunn 605; Auskunft Rechtsanwaltskammer Zweibrücken vom 16.8.2004; Auskunft Frau Ursula Lamb, Mannheim (Tochter) 2005.

Geheime Staatspolizei
Staatspolizeileitstelle München

Reichsbank-Konto Nr. 6/142 München
Postscheck-Konto Nr. 5587 München

B. Nr. 1755/43 III Dü.
Bitte in der Antwort vorstehendes Geschäftszeichen und Datum anzugeben.

München, den 11. August 1943.
Briennerstraße 50
Fernsprecher 28341-45

Eing. 14. AUG. 1943

An den
Herrn Präsidenten des Oberlandesgerichts -oVIA,-

München.

Betrifft: Rechtsanwalt Kitzinger, Philipp, geb. 11.1.06 in München, wohnt hier, Ickstattstr. 28/III.

Der Mischling ersten Grades Rechtsanwalt Philipp Kitzinger soll bei der Firma Bayer. Motorenwerke München oder der Firma Sendlinger Motorenwerke in München als juristischer Sachbearbeiter eingestellt werden. Das Reichssicherheitshauptamt lehnt die Beschäftigung von jüdischen Mischlingen in Rüstungsbetrieben grundsätzlich ab, wenn diese an besonders wichtigen Vertrauensposten eingesetzt werden sollen.

Nach Mitteilung der Abwehrstelle im Wehrkreis VII München, soll Kitzinger von der Justiz-Behörde die Ausübung seiner Praxis weiterhin gestattet worden sein, angeblich weil er an der nationalsozialistischen Erhebung am 9.11.23 aktiv teilgenommen hat.

Ich bitte um Mitteilung, aus welchem Grunde Kitzinger die Ausübung seiner Praxis gestattet worden ist.

I.A.

Cp.

Abb. 21: Die Gestapo holt Erkundigungen über RA Kitzinger ein.
Quelle: MJu, PA K 75.

Auch die Mutter von Rechtsanwalt Dr. Josef Kauper in Nürnberg war Jüdin. Der gebürtige Bayreuther war seit 1925 in Nürnberg als Rechtsanwalt zugelassen. Ab 1933 ging sein Geschäftsaufkommen stark zurück. Obwohl Frontkämpfer, wurde er wegen seiner Abstammung angefeindet und aus Vereinen ausgeschlossen, aber nicht aus seinem Beruf verdrängt. 1944 entging er knapp der Abkommandierung zu einem Arbeitsbataillon, musste aber mehrere Monate Zwangsarbeit leisten. Im April 1945 ernannte ihn die US-Militärregierung zum Oberbürgermeister seiner Heimatstadt Bayreuth. „In den wenigen Monaten, die ihm zum zielbewussten Schaffen vergönnt waren, leistete er in unermüdlicher Arbeit ein Werk des Wiederaufbaus, das heute noch kaum ermessen werden kann. Aus der zusammengebrochenen Verwaltung der schwer getroffenen, in ihren wichtigen Lebensfunktionen gelähmten Stadt errichtete er einen geordneten Verwaltungsorganismus" (Mitteilungsblatt der Stadt Bayreuth). Mitten aus der Arbeit wurde der Vater von drei Kindern bereits am 5. November 1945 gerissen, als er infolge eines Verkehrsunfalls während einer Dienstfahrt ums Leben kam.[163]

1939 gab es im Altreich etwa 170 „halbjüdische" Rechtsanwälte. Sie waren ihren arischen Kollegen „keineswegs gleichgestellt"[164]. Da sie keine Juden vertreten durften und von nichtjüdischen Auftraggebern kaum herangezogen wurden, war ihre wirtschaftliche Lage wenig erfreulich. Bis 1944 ging ihre Zahl auf 127 zurück. Ab diesem Zeitpunkt waren Arbeitseinsätze möglich. Deportation und Ermordung blieb ihnen in der Regel erspart.[165]

Die mit Jüdinnen verheirateten („jüdisch versippten") Rechtsanwälte hatten ebenfalls keinen leichten Stand, wurden sie doch von überzeugten Antisemiten für „rassisch instinktlos" gehalten, wenn sie eine Trennung von ihrer Partnerin ablehnten. „Die enge Fühlungnahme mit einem Juden ... führt auch zu einer charakterlichen und rassefeindlichen Beeinflussung des arischen Anwalts", heißt es in einer Initiative des NS-Juristenbunds Ende 1938.[166] Ihr von den NS-Hardlinern gewünschter Ausschluss aus der Rechtsanwaltschaft infolge einer ergänzenden Bestimmung der Reichsrechtsanwaltsordnung scheiterte am Widerstand des Reichsjustizministeriums. So gab es im Juni 1944 noch 59 mit Jüdinnen und 55 mit „Mischlingen 1. Grades (Halbjüdinnen)" verheiratete Rechtsanwälte.[167]

In Bayern wurden aufgrund der Quellenlage bisher drei einschlägige Fälle bekannt. Den Vater des oben erwähnten Rechtsanwalts Walter Fendrich, Justizrat Josef Fendrich in Ludwigshafen, charakterisierte OLG-Präsident Becker/Zweibrücken 1933 folgendermaßen: „Hoch angesehener, erfahrener, vaterländisch durchaus bewährter Rechtsanwalt".[168] Justizrat Fendrich verblieb trotz gegenteiliger Bestrebungen der Rechtsanwalts-

[163] OLG Nürnberg, PA K 6; Auskünfte und Material von Frau Hannelore Richter, Nürnberg (Tochter); Auskunft Stadtarchiv Bayreuth; Mitteilungsblatt der Stadt Bayreuth Nr. 19 vom 14. 11. 1945 (Nachruf); Bernd Mayer, Er wollte einen Pass und wurde Stadtoberhaupt. In: Heimatbote, Monatsbeilage zum Nordbayerischen Kurier 28. Jg. Nov. 1995.

[164] Gruchmann 188 f. auch zum Folgenden.

[165] Krach 396.

[166] Krach 396 f.

[167] Gruchmann 189 und Krach 397.

[168] Warmbrunn 605.

kammer Zweibrücken in der Anwaltschaft. 1937 ist er in Ludwigshafen gestorben. Seine jüdische Ehefrau hat den Aufenthalt im KZ Theresienstadt 1942–1945 überlebt.[169]

Dr. Wilhelm Dieß in München, seit 1912 als Rechtsanwalt mit den Schwerpunkten Urheber-, Presse- und Verlagsrecht zugelassen, 1918 erstmals in den Vorstand der Anwaltskammer gewählt, war mit einer „Halbjüdin" verheiratet. Diese Tatsache und die Mitgliedschaft in einer Freimaurerloge sorgten 1933 dafür, dass er den Kammervorstand nach 15-jähriger Zugehörigkeit verlassen musste. Die Nazis ließen den dekorierten Frontkämpfer des Weltkriegs danach in Ruhe. Dieser widmete sich in der Folgezeit stärker seinen bisher nur nebenbei betriebenen schriftstellerischen Ambitionen. Nachdem 1944 Wohnung und Praxis durch Bombeneinwirkung völlig zerstört wurden und um einem Zwangseinsatz bei der OT zu entgehen, zog er sich auf seinen Bauernhof im bayerischen Oberland zurück. Am Wiederaufbau des öffentlichen Lebens in Bayern nach 1945 nahm er als Ministerialrat zunächst im Justiz-, dann im Kultusministerium teil. Zeitweise war er Generaldirektor der Bayerischen Staatstheater. Daneben versah er eine Honorarprofessur für Urheber- und Erfinderrecht an der Münchener Universität und veröffentlichte Prosa mit stark bayerischem Einschlag. 1957 ist er in München gestorben.[170]

Stärker in Konflikt mit dem NS-Staat geriet der Bamberger Rechtsanwalt Dr. Thomas Dehler. In den Augen der Machthaber war dieser gleich mit mehreren Makeln behaftet: Bis 1931 Sozius des bekannten Anwalts und Vorsitzenden der Kultusgemeinde Justizrat Dr. Josef Werner, Mitglied einer Freimaurerloge, aktiver Demokrat und mit einer Jüdin verheiratet. Dehler galt in Bamberg als „Anwalt der Juden", dem Hetzblatt „Der Stürmer" 1937 gar als „echter Judengenosse".

„Beruflich und gesellschaftlich verfemt" (Wengst) versuchte er mit Anstand das Dritte Reich zu überleben. Das Ansinnen aus Partei- und Justizkreisen, sich scheiden zu lassen, lehnte er scharf ab. Er nahm dafür in Kauf, dass die Tochter schulisch benachteiligt wurde. Im November 1938 verbrachte er zwei Wochen in Haft. 1939 war er eingezogen worden und in Polen sowie im Westen an der Front, bis er im Mai 1940 wegen Wehrunwürdigkeit – Grund war seine jüdische Frau – entlassen wurde. Als Mitglied eines liberalen Widerstandskreises konnte Dehler 1944 die Zwangsrekrutierung für die OT zum Beheben von Bombenschäden nicht verhindern, musste aber nach kurzer Zeit krankheitshalber entlassen werden. Nach dem Zusammenbruch 1945 gehörte der Unbelastete zu den Männern der ersten Stunde. Er wirkte zunächst in der Justiz als Generalstaatsanwalt und OLG-Präsident in Bamberg, sodann beim Wiederaufbau der Demokratie als Mitglied in der verfassunggebenden Landesversammlung und im parlamentarischen Rat. Krönung seiner Laufbahn war dann 1949 das Amt des Bundesjustizministers im ersten Kabinett Adenauer.[171]

[169] BayHStA, OP 24404; Auskunft Frau Ursula Lamb, Mannheim (Enkelin).
[170] BayHStA, OP 6115; Heinrich 288f.; BBB 139.
[171] Udo Wengst, Thomas Dehler 1897-1967. Eine politische Biographie. München 1997, bes. 56ff.: Im Dritten Reich.

6. Die Konsulenten

Schon die Wahl des Begriffs Konsulent als Berufsbezeichnung für die 172 im Altreich zur Zulassung vorgesehenen ehemaligen jüdischen Rechtsanwälte dürfte nicht ohne Absicht erfolgt sein; der ebenfalls ins Kalkül gezogene „Parteivertreter“ wäre allerdings nicht viel besser, aber wenigstens neutraler gewesen. Die negativ besetzte Assoziation mit „Winkelkonsulent“ oder „Winkeladvokat“ wollte beim Publikum, aber auch bei nichtjüdischen Anwälten Wirkung erzielen. So als „Kurpfuscher des Rechts“ abgestempelt, sollte eine Verwechslung mit einem „Rechtswahrer“ unmöglich gemacht werden.[172] Auch deshalb haben viele der zum 30. November 1938 mit Berufsverbot Belegten auf eine Bewerbung um Zulassung als Konsulent verzichtet.

Die bereits erwähnten Verhaftungen im Umfeld der „Kristallnacht“ machten vielerorts eine rechtzeitige Bestellung der Konsulenten unmöglich. Ein Bericht des OLG München an das Reichsjustizministerium[173] macht das deutlich:

„Im Zuge der gegen die Juden durchgeführten Maßnahmen sind die Kanzleien der jüdischen Rechtsanwälte in München geschlossen und zahlreiche jüdische Rechtsanwälte verhaftet worden. ... Die Staatspolizei beabsichtigt, das gesamte Aktenmaterial der jüdischen Rechtsanwälte einer Durchsicht zu unterziehen. ... Ob und wann den jüdischen Rechtsanwälten, soweit sie sich auf freiem Fuß befinden, der Zutritt zu ihren Büroräumen wieder möglich sein wird, steht nicht fest. Zur Zeit sind etwa die Hälfte der jüdischen Rechtsanwälte Münchens in Haft. Weitere Festnahmen stehen möglicherweise bevor. Ein Teil ... ist bereits in das Konzentrationslager Dachau überführt und dort eingekleidet worden. Mit einer baldigen Entlassung dieser Rechtsanwälte ist nicht zu rechnen. ...
Bei dieser Sachlage ist es mir nicht möglich, die bisher bei mir eingegangenen Gesuche um Zulassung als jüdischer Konsulent vorschriftsgemäß weiter zu behandeln. ... Im übrigen erscheint es mir fraglich, ob es unter den obwaltenden Umständen zweckmäßig ist, Rechtsanwälte als Konsulenten zuzulassen, da zur Zeit nicht beurteilt werden kann, ob der zugelassene Konsulent seine Tätigkeit wird aufnehmen können. ... Schließlich darf ich ... darauf hinweisen, dass bei Auftreten jüdischer Rechtsanwälte oder Konsulenten vor Gericht mit der Möglichkeit unliebsamer Vorkommnisse in den Gerichtssälen gerechnet werden muss, wenn sich der Prozessgegner der von dem Juden vertretenen Partei unter dem Einfluss der lebhaften antijüdischen Kundgebungen der letzten Tage bei der Verfechtung seiner Interessen nicht in dem gebotenen sachlichen Rahmen hält.“

In einem „Schnellbrief“ an alle OLG-Präsidenten hatte das Reichsjustizministerium am 15. 11. 1938 verfügt: „Jüdische Rechtsanwälte können nicht mehr vor Gericht auftreten.“[174] Damit verlegte es das allgemeine Berufsverbot zumindest für diesen Aspekt des Anwaltsberufs zwei Wochen vor.

„Infolge der allgemeinen Maßnahmen gegen die Juden“, so das Ministerium an die OLG-Präsidenten kurze Zeit später, wäre die rechtzeitige Aufstellung der Konsulenten nicht einzuhalten, weil viele Geeignete in „Schutzhaft“ und ihre Akten „beschlagnahmt“ seien.[175] Und noch einmal vier Wochen später musste es sogar einer Terminverlängerung

[172] Vgl. Ostler 101 zum Thema Rechtsanwaltschaft und Winkeladvokatur in historischer Sicht.
[173] BA Berlin, R 22, 254: OLG München an Reichsjustizministerium 15. 11. 1938 auch zum Folgenden.
[174] LA Sp, J 1, 1024.
[175] LA Sp, J 1, 740: Reichsjustizministerium an OLG-Präsidenten 21. 11. 1938.

Der Oberlandesgerichtspräsident.
Nr.317 E - 4.12.38.

Nürnberg, den 21. Dezember 1938.

Herrn
Landgerichtspräsidenten
in Nürnberg.

Betrifft: Verlängerung der vorläufigen Zulassung der jüdischen Konsulenten.

Auf Grund der mir durch Verfügung des Herrn Reichsministers der Justiz vom 2o.12.38 Nr. 3712/1 - I a 7 1979/38 erteilten Ermächtigung habe ich die befristete Zulassung nachstehender jüdischer Konsulenten bis zum 31.Januar 1939 verlängert :

Dr. Friedmann in Nürnberg, Marienstr. 1/I,
Dr. Carl Dormitzer II in Nbg., Karolinenstr.38,
Dr. Justin Goldstein in Nbg., Bucherstr. 2o a,
Dr. Richard Herz, in Nbg., Fürtherstr.27,
Dr.David Karpf in Nbg., Josefsplatz 16/I,
Dr. Ludwig Ledermann in Nbg., Donnerstr.5/II,
Dr. Kurt Nattenheimer in Nbg., Fürtherstr. 9 a ,
Dr. Julius Nürnberger in Nbg., Karolinenstr. 3o,
Dr. Leo Stahl in Fürth i.B., Blumenstr. 17,
Max Stern I in Nürnberg, Josefsplatz 16,
Bernhard Stern II in Nbg., Karolinenstr. 38/II
Dr. Thalmann in Nbg., Luitpoldstr. 15/II,
Dr. K. Michel in Regensburg, Weissenburgerstr.31,
Dr. Fritz Oettinger in Regensburg, General R.v.Eppstr.4/1,

gez. Döbig

Abb. 22: Zulassung von Konsulenten im OLG-Bezirk Nürnberg.
Quelle: OLG Nürnberg, 317 E.

bis 31. Januar 1939 zustimmen.[176] Das Ausmaß der „Kristallnacht", insbesondere die Verhaftungen und Zerstörungen, ließen wohl auch keine andere Wahl.

Der Berufsalltag der Konsulenten war von zahlreichen Erschwernissen geprägt. Als Anwälte „minderen Rechts" durften sie keine Robe tragen, dafür seit September 1941 den „Judenstern".[177] Schon seit Januar 1939 hatten sie – wie alle Juden in Deutschland – den Zwangsvornamen Israel zu führen. Die Benutzung der Anwaltszimmer konnte ihnen ebenso verwehrt werden[178] wie die Einbringung eines Erholungsurlaubs nebst der erforderlichen Bestellung eines Vertreters.[179] Diskriminierend war auch die Prozedur bei Gericht: Vor Beginn der Verhandlung hatte der Konsulent seine „Judenkennkarte" vorzulegen und darauf hinzuweisen, dass er Jude sei.

Im außergerichtlichen Bereich und im Prozess mit Ausnahme der Strafverteidigung waren seine Befugnisse denen ordentlicher Rechtsanwälte gleichgestellt. Gebühren erhoben die Konsulenten von ihrem Auftraggeber im eigenen Namen, jedoch für Rechnung

[176] LA Sp, J 1, 740: Reichsjustizministerium an OLG-Präsidenten 20. 12. 1938.
[177] Polizeiverordnung vom 1. 9. 1941, Druck: RGBl I 1941, 547.
[178] Krach 398.
[179] Morisse 61.

einer bei der Reichsrechtsanwaltskammer errichteten Ausgleichsstelle. Nach Abzug der Unkosten mussten sie von ihren Einnahmen etwa 70% an diese Ausgleichsstelle abführen. Nur der Rest bildete die Vergütung für ihre Tätigkeit. Gehälter etwaiger Hilfsarbeiter (Hilfskonsulenten) waren hieraus zu bestreiten.[180]

Trotz der besonders anfänglich großen Arbeitsbelastung infolge der massenweisen Auswanderung hatte der Gesetzgeber so dafür gesorgt, dass sich die Einnahmen der Konsulenten in Grenzen hielten. Die aus ihren Abgaben erzielten Beträge sollten als Unterhaltszuschüsse für ehemalige jüdische Rechtsanwälte verwendet werden. Im Rückblick stellt sich allerdings die Frage, wie viele Empfänger angesichts von Emigration und Deportationen noch übrig geblieben waren.

Nationalsozialisten wie Freisler störte die zunächst unbeschnittene Mitwirkung von Konsulenten im Strafprozess, die lediglich bei Hoch- und Landesverratssachen vor Volksgerichtshof und Oberlandesgericht eingeschränkt werden konnte.[181] Man hielt, zumal in Verfahren mit politischem Einschlag, aber auch bei „Rassenschande-" und Devisenprozessen, ihre Beteiligung für untunlich. Auf dem Verordnungsweg gelang es schließlich, dieses „Desiderat" zu befriedigen.[182] Konsulenten konnten nunmehr als Strafverteidiger zurückgewiesen werden, „wenn dies aus besonderen Gründen, insbesondere mit Rücksicht auf den Gegenstand des Verfahrens, geboten erscheint." Die Entscheidung traf der Vorsitzende des Gerichts bzw. im Verwaltungsstrafverfahren die zuständige Behörde.[183]

Mit einer weiteren Verordnung[184] war ihr Auftreten als Strafverteidiger obsolet, weil durch sie die Verfolgung der Straftaten von Juden der Justiz entzogen und der Polizei übertragen wurde.

Dass eine Zulassung als Konsulent nicht vor dem Zugriff der Gestapo schützte, versteht sich fast von selbst.[185] Konsulenten waren schließlich auch nicht von den Deportationen der deutschen Juden ausgenommen.

Der Schwerpunkt der Tätigkeit eines Konsulenten lag auf der Beratung Auswanderungswilliger. Das bedeutete in der Regel nicht nur die Fühlungnahme mit dem Konsulat des Emigrationslands und dem gewünschten Transportunternehmen, sondern aufreibende und oft schikanöse Verhandlungen mit den Finanz- und Zollbehörden, dem Meldeamt und der Politischen Polizei des Wohnorts, deren Unbedenklichkeitsbescheinigungen vorliegen mussten, bevor die Ausreisebewilligung ausgestellt werden konnte.

Das folgende Zitat vermittelt einen Eindruck auch der psychischen Belastungen, denen Konsulenten bei ihrer Arbeit ausgesetzt waren. Es stammt aus der Feder von Dr. Elisabeth Kohn, die, 1933 mit Berufsverbot belegt, seit November 1940 als „Hilfskonsulentin" beim Münchener Konsulenten Dr. Julius Baer beschäftigt war und ihrem früheren Sozius Max Hirschberg nach New York berichtete:

[180] Gruchmann 180 und Morisse 62.
[181] Gruchmann 185.
[182] Verordnung zur Durchführung der 5. Verordnung zum Reichsbürgergesetz vom 12.6.1940, Druck: RGBl I 1940, 872 auch zum Folgenden.
[183] Vgl. Gruchmann 186f.
[184] 13. Verordnung zum Reichsbürgergesetz vom 1.7.1943, Druck: RGBl I 1943, 372.
[185] Gruchmann 184 bringt Beispiele.

„... Wir haben gerade mit Auswanderungen entsetzlich zu tun. Man zittert nur immer, dass Alles umsonst sein könnte. Es ist so ungeheuer wichtig, möglichst viele heraus zu bringen; auch wegen der Zurückbleibenden. Die Platzfrage, Alles, wäre nicht so beängstigend, wenn es gelänge, in den nächsten Wochen einige Hundert in Fahrt zu setzen. Man hofft also, wie immer und wir tun das Unsere. Es ist wirklich schön, wenn man helfen kann und das kann man nun wirklich. Die Meisten sind ja in Arbeit und hätten gar nicht die Zeit und dann tauchen doch oft Komplikationen auf, die der Anwalt ordnen muss. Das meiste ist ja Routine-Arbeit. Auf wirkliche juristische Probleme, wenn sie einmal auftauchen, stürzen wir uns wie auf ein Bonbon. ...“[186]

Konsulent Dr. Baer bestätigt diesen Befund wenig später: „Wir haben hier viel Arbeit, einen Pfunds-Betrieb und arbeiten doch auf Abbruch. Für die Kollegin ist es erfreulich, nun wieder in ihrem alten und vertrauten Beruf tätig sein zu können. Als Konsulentin ist sie ganz besonders befähigt, da dieser Beruf sehr die Betreuung Hilfsbedürftiger mit umfasst.“[187] Der 39-jährigen Hilfskonsulentin macht die emotionale Seite ihrer Tätigkeit aber auch zu schaffen: „... Man muss natürlich, noch viel mehr als früher, auf die seelische Beeinflussung der Menschen abstellen und das erfordert schon viel Kraft.“[188]

Mit der Zeit immer größer werdende Zuständigkeitsbereiche steigerten die Arbeitsbelastung der Konsulenten, die durch die Abnahme der jüdischen Klienten infolge Emigration und Deportation nicht annähernd kompensiert wurde. Dazu ein Beispiel: Für den Bereich des OLG Bamberg, der die nordbayerischen Bezirke Ober- und Unterfranken umfasst, waren drei Konsulenten vorgesehen. In einer Übergangszeit, die von Dezember 1938 bis zum Januar 1939 reichte, fungierten mit Bernhard Bettmann und Moses Höflein in Bamberg, Max Hamburger, Richard Müller und Ludwig Stein in Würzburg sowie ab Januar 1939 Justin Baum und Ludwig Oster in Bamberg deutlich mehr Konsulenten als geplant.[189] Die „Dienstzeit“ von Bettmann, Höflein und Oster wurde nach dem 31. Januar 1939 nicht verlängert, Stein emigrierte im März 1939, sein Kollege Hamburger im Juli 1939, so dass mit Justin Baum in Bamberg und Richard Müller in Würzburg ab Mitte 1939 nur noch zwei Konsulenten für den gesamten OLG-Bezirk zwischen Aschaffenburg in Westen und Hof in Nordosten verblieben. Zu bedenken sind die damaligen Verkehrsverhältnisse, die beschränkten Bewegungsmöglichkeiten für Juden und die kriegsbedingten Behinderungen. Die Justizverwaltung behalf sich damit, dass Konsulent Benno Joseph im hessischen Darmstadt zwischen Mai 1939 und März 1943 für den Landgerichts-Bezirk Aschaffenburg zuständig war.[190] Auch der Fürther Konsulent Max Stern scheint, ohne dass wir wissen wo konkret und wie lange, im OLG-Bezirk Bamberg zeitweise tätig gewesen zu sein.[191] Obwohl Baum und Müller über zu starkes Geschäftsaufkommen beredte Klage führten, wurden ihnen ab Oktober 1942 zusätzlich die thüringischen Landgerichtsbezirke Eisenach, Gotha, Meiningen, Rudolstadt und Weimar anvertraut.

[186] Elisabeth Kohn an Max Hirschberg 30. 3. 1941. Original im Besitz des Verfasssers.
[187] Beilage zu einem Brief Elisabeth Kohns an Max Hirschberg vom 17. 4. 1941. Original im Besitz des Verfassers.
[188] Elisabeth Kohn an Max Hirschberg 27. 4. 1941. Original im Besitz des Verfassers.
[189] Vgl. die biografischen Angaben zu den Genannten und StAB, K 100/5, 2590.
[190] Seine „Abwanderung“ im März 1943 war die übliche zynische Umschreibung für Deportation und Ermordung in Auschwitz. Vgl. StAB, K 100/5, 2590 und Gb 667.
[191] StAB, K 100/5, 2590.

Abb. 23: Praxisschild des Bamberger Konsulenten Justin Baum.
Quelle: Privat.

Justin Baum, am 5. März 1943 nach dem Besuch einer Vertreterin des katholischen Caritasverbands, die sich nach dem Verbleib getaufter und in Mischehe lebender Juden und christlicher Mischlinge erkundigt hatte, von der Gestapo verhaftet, verblieb bis Sommer 1944 in Fürth ohne Anklage im Gefängnis. Am 14. August 1944 wurde der in Mischehe lebende Konsulent von dort Richtung Auschwitz deportiert. Die letzte Nachricht von dort erreichte Frau und Tochter im Dezember 1944. Seit Ende Januar 1945 gilt er als vermisst. Wahrscheinlich ist er im Lager Groß Rosen westlich Breslaus auf dem Rückzug vor der anrückenden russischen Armee zu Tode gekommen.[192]

Der einzige noch verbliebene Konsulent des Oberlandesgerichtsbezirks Bamberg, Richard Müller in Würzburg, auch er in Mischehe und Vater eines Sohnes, hat die NS-Zeit überlebt. Seit Juli 1945 wieder als Rechtsanwalt in seiner Heimatstadt Würzburg tätig, bis Januar 1951 aushilfsweise auch als Notar, ist er bereits am 20. Januar 1953 fast 69-jährig gestorben.[193]

Eine vergleichbare Situation herrschte im Oberlandesgerichtsbezirk Zweibrücken. Vom Berufsverbot zum 30. 11. 1938 waren 13 verbliebene jüdische Rechtsanwälte be-

[192] BayLEA, EG 32022; Auskünfte der Tochter, Frau RA Edith Endrös-Baum/Stockdorf; Martin Gilbert, Endlösung. Die Vertreibung und Vernichtung der Juden. Ein Atlas. Hamburg 1982, 182, 213, 215, 220; Gb 76.

[193] BayHStA, BEG 57442 = A 515; StAW, Gestapo 8199; StAW, AG Würzburg NR 177/53; MJu, PA o.S.; Strätz 399.

troffen.[194] Sieben von ihnen hatte nach dem 9. November 1938 die Schutzhaft im KZ Dachau ereilt, über den Selbstmord von Rechtsanwalt Dr. Robert Tuteur aus Kaiserslautern dort wurde bereits berichtet.[195] Die Aufstellung der Konsulenten bereitete auch in Zweibrücken Schwierigkeiten, weil bis Mitte Dezember 1938 die meisten Inhaftierten noch nicht aus Dachau entlassen waren und ihre Akten weiterhin beschlagnahmt blieben.[196] Für eine Übergangszeit, das heißt bis Ende Januar/Anfang Februar 1939, wurden ausweislich der vorliegenden Quellen fünf statt der ursprünglich vorgesehenen drei Konsulenten zugelassen.

Justizrat Dr. Leo Blüthe/Kaiserslautern gab seine Zulassung am 6. Februar 1939 vorzeitig auf und emigrierte kurze Zeit später über England nach Amerika. Er musste sich in Chicago als Angestellter in einem Warenhaus verdingen, um sich und seiner Familie den Lebensunterhalt zu bestreiten. 1959 ist er dort 83-jährig verstorben.[197]

Die Zulassung von Dr. Leopold Kahn/Ludwigshafen – vom 10. November bis 13. Dezember 1938 unter anderem in Dachau inhaftiert – hat das Oberlandesgericht über den 31. Januar 1939 hinaus offenbar nicht verlängert. Wie die Mehrzahl der pfälzischen Juden wurde er zusammen mit seiner Ehefrau und dem jüngeren seiner beiden Söhne am 22. Oktober 1940 in das unbesetzte Frankreich abgeschoben. Zunächst im berüchtigten Gurs am Fuß der Pyrenäen, war er später in anderen französischen Lagern untergebracht, bis er 60-jährig mit Ehefrau und Sohn am 16. September 1942 nach Auschwitz deportiert wurde. Daten ihrer Ermordung sind nicht bekannt. Lediglich der ältere Sohn hatte Deutschland rechtzeitig verlassen können.[198]

Im Februar 1939 war die beabsichtigte Zahl der Konsulenten erreicht. Dr. Emil Herz in Ludwigshafen – am 9.11.1938 misshandelt und vom 12.11. bis 28.11.1938 in Dachau – war ab März 1939 für den Landgerichtsbezirk Kaiserslautern zuständig. Von ihm ist bekannt, dass er, was seine berufsbedingte Reisetätigkeit betraf, „sinnlosen Schikanen" ausgesetzt war.[199] Zusammen mit seiner Ehefrau wurde der 62-jährige Herz ebenfalls am 20. Oktober 1940 nach Gurs deportiert, wo er bereits am 10. Dezember 1940 den unmenschlichen Bedingungen zum Opfer gefallen ist. Frau Hertha Herz, geborene Lustig, ist von Frankreich aus am 19. August 1942 nach Auschwitz deportiert und dort ermordet worden. Über das Schicksal eines 1921 geborenen Sohnes konnte nichts in Erfahrung gebracht werden.[200]

Justizrat Dr. Heinrich Strauß in Ludwigshafen war der „Wortführer der nichtarischen Rechtsanwälte im Oberlandesgerichtsbezirk Zweibrücken", was sicher von seiner Mitgliedschaft im Vorstand der Anwaltskammer zwischen 1925 und 1933 herrührte. Im Dezember 1938 zum Konsulenten mit Sitz in Ludwigshafen bestellt, traf ihn wie die Kollegen Kahn und Herz die Deportation nach Gurs zusammen mit Ehefrau Therese, geborene Gern, im Oktober 1940. Bereits nach wenigen Wochen ist er 1941 im Neben-

194 Paulsen 274; Warmbrunn 607.
195 LA Sp, J 1, 1062 und J 1, 1912.
196 LA Sp, J 1, 740.
197 LA Sp, J 1, 1062 und J 1, 1024; BA Berlin, R 22 Pers. 51948; BayHStA, OP 23596; Paulsen 275.
198 LA Sp, J 1, 1062 und J 3, 456; BA Berlin, R 22 Pers. 62395; BayHStA, OP 37387; Minor-Ruf 170, 176; Paulsen 276; Gb 686.
199 Warmbrunn 608.
200 LA Sp, H 91, 914 und J 3, 444; Kestel (wie Anm. 143) 103;Minor-Ruf 144, 175; Paulsen 275 ff.; Warmbrunn 608; Gb 552 f.

lager Noe im Alter von 65 Jahren ums Leben gekommen. Erspart blieb ihm auf diese Weise das Schicksal seiner Frau, die im August 1942 von Frankreich aus nach Auschwitz deportiert und ermordet wurde.[201]

Nach der Rückkehr aus Dachau, wo er vom 12. November bis 21. Dezember 1938 inhaftiert gewesen war, hatte Richard Arthur Müller in Ludwigshafen seine Bestallung als Konsulent erhalten. Durch eine Mischehe war der Vater von vier Kindern zwar nicht generell vor den antisemitischen Maßnahmen des NS-Regimes in Sicherheit, er durfte zum Beispiel bei Fliegerangriffen Luftschutzkeller nicht aufsuchen, er scheint aber zumal nach der Deportation der Kollegen Herz und Strauß als letzter verbliebener Konsulent des Bezirks vor dem tödlichen Zugriff geschützt gewesen zu sein. Er wurde ab Januar 1941 zeitweise durch die Konsulenten Georg Nathan in Worms und Dr. Heinrich Winter in Mainz, also von außerbayerischen Kollegen, unterstützt.[202] Den Zusammenbruch des Hitler-Reichs glücklich überstanden, arbeitete Müller zunächst als Angestellter für die französische Militärregierung in Ludwigshafen, bevor er ab 1. November 1946 als Oberstaatsanwalt am Landgericht Frankenthal beim Wiederaufbau der pfälzischen Justiz wertvolle Dienste leisten konnte. Zum 1. Juli 1949 in den Ruhestand versetzt, verbrachte er seinen Lebensabend in Ludwigshafen, wo er 1954 knapp 70-jährig verstarb.[203]

Im Oberlandesgerichtsbezirk Nürnberg waren zunächst 14 Konsulenten zugelassen worden, deren Zahl entsprechend den Vorgaben des Reichsjustizministeriums auf fünf reduziert werden sollte.[204] Von ursprünglich 14 Bewerbern zogen 6 im Januar 1939 ihre Gesuche zurück und emigrierten. Von den übrigen Interessenten schied einer, Hans Landau, aus, „weil er kein Kriegsteilnehmer ist und sich als Rechtsanwalt nicht bewährt hat", so Oberlandesgerichtspräsident Döbig.[205] Justizrat Hans Landau besaß seit 1900 eine Anwaltszulassung und nach über 20-jähriger unbeanstandeter Berufsausübung seit 1924 den Justizratstitel. Er war mit einer Monographie zum Thema „Arzt und Kurpfuscher im Spiegel des Strafrechts" und Aufsätzen in der Juristischen Wochenschrift, dem Anwaltsblatt und anderen Zeitschriften hervorgetreten. Er war Witwer und Vater einer erwachsenen Tochter. Aus den vorhandenen Unterlagen geht nichts hervor, womit die mangelnde berufliche „Bewährung" begründet werden könnte. Nach dem Tod seiner Tochter scheint Landau allein gelebt zu haben. Am 10. September 1942 wurde der 70-Jährige von Nürnberg nach Theresienstadt deportiert, wo er kurze Zeit später am 29. November 1942 starb.[206]

Die restlichen sieben Bewerber kamen zum Zuge, wobei zwei von ihnen als Ersatzleute Berücksichtigung fanden. In Übereinstimmung mit der Rechtsanwaltskammer Nürnberg schlug der Oberlandesgerichtspräsident die Zulassung folgender Konsulenten vor: Mit dem Niederlassungsort Fürth Dr. Karl Dormitzer (für die Landgerichtsbezirke

[201] LA Sp, J 1, 1024 und J 1, 1062 und J 3, 444; Minor-Ruf 180; Paulsen 274, 279; Warmbrunn 608; Gb 1477.

[202] LA Sp, J 3, 444; vgl. Tillmann Krach, Die „Gleichschaltung" der Anwaltschaft 1933 und das Schicksal der beim Landgericht Mainz zugelassenen jüdischen Kollegen. In: Geschichte der Rechtsanwaltschaft im Oberlandesgerichtsbezirk Koblenz. Festschrift zum 50jährigen Bestehen der Rechtsanwaltskammer Koblenz. Neuwied u.a. 1996, 183ff.

[203] LA Sp, J 1, 1062 und J 6, 8074; Minor-Ruf 169; Paulsen 277f.; Warmbrunn 608, 624.

[204] OLG Nürnberg, 317 E: OLG Nürnberg an Landgericht Nürnberg 21. 12. 1938.

[205] ebd.: OLG Nürnberg an Reichsjustizministerium 13. 1. 1939.

[206] BayHStA, BEG 3737 = K 88; OLG Nürnberg, PA L 1; Gb N 188.

Nürnberg-Fürth und Eichstätt), Max Stern (für die Landgerichtsbezirke Nürnberg-Fürth und Ansbach), Dr. Leo Stahl (für die Landgerichtsbezirke Nürnberg-Fürth sowie Weiden und Amberg) und Dr. Richard Herz (für die Landgerichtsbezirke Nürnberg-Fürth und Regensburg). Als Ersatzmann war Dr. Ludwig Ledermann/Nürnberg vorgesehen. Mit dem Niederlassungssitz Regensburg wurde Dr. Karl Michel in Regensburg zugelassen (auch für die Landgerichtsbezirke Amberg, Weiden, Deggendorf und Passau). Ersatzmann sollte hier Dr. Fritz Oettinger in Regensburg sein. Während bei Dormitzer und Stern hervorgehoben wird, dass sie sich „als Rechtsanwalt gut geführt und sich nie anmaßend benommen" haben, ähnlich die Beurteilung Michels, wird bei Stahl und Herz kritisiert, sie seien „wegen ihres betont jüdischen Benehmens des öfteren unangenehm aufgefallen."[207]

Justizrat Dr. Karl Dormitzer, seit 1905 Rechtsanwalt in Nürnberg, dekorierter Frontoffizier des Weltkriegs, hat die Plünderung seiner Wohnung und die weitgehende Zerstörung ihres Inventars während des Novemberpogroms 1938 sehr getroffen. Obwohl Konsulent seit Dezember 1938, betrieb er seine Auswanderung, die ihm schließlich zusammen mit seiner Frau im Juni 1939 glückte. Im Exilland Mexiko musste er seinen Lebensunterhalt als landwirtschaftlicher Arbeiter verdienen. Gesundheitlich angeschlagen kehrte er 1948 nach Deutschland zurück und wurde im April dieses Jahres wieder als Rechtsanwalt in seiner Heimatstadt Fürth zugelassen. Nur vier Jahre später, 1952, ist er dort verstorben.[208]

Seit 1912 war Max Lambert Stern als Rechtsanwalt in Nürnberg zugelassen. Durch eine so genannte Mischehe einigermaßen vor den NS-Maßnahmen geschützt, hat er von Dezember 1938 bis Februar 1945 als Konsulent gewirkt. Stern gehörte auch zu den ersten Rechtsanwälten, die 1945 von der amerikanischen Militärregierung im Oberlandesgerichtsbezirk Nürnberg zugelassen wurden. Mit dem Schwerpunkt Rückerstattung und Wiedergutmachung entfaltete er bald eine umfang- und erfolgreiche Praxistätigkeit, die er bis ins hohe Alter beibehielt. Anlässlich der 50. Wiederkehr seiner Erstzulassung 1962 wurde ihm das Bundesverdienstkreuz am Bande verliehen. Zwei Jahre später, am 2. November 1964, ist er 79-jährig gestorben.[209]

Konsulent bis zu seiner Emigration nach England im August 1939 war Dr. Leo Stahl. Seit 1911 Rechtsanwalt in Fürth, kam der dekorierte Frontoffizier des Weltkriegs und Vater zweier unmündiger Kinder vom 11. November bis zum 7. Dezember 1938 in Schutzhaft in das KZ Dachau. Nach der Internierung 1940 versuchte er sich in England als Industriearbeiter, Buchhändler und Versicherungsvertreter, ohne dass er beruflich festen Boden unter den Füßen erreichte. Auch die Weiterwanderung 1947 nach New York brachte nicht den erwünschten Erfolg. Bereits 1952 starb er dort mit 67 Jahren.[210]

Konsulent Dr. Richard Herz, Rechtsanwalt in Nürnberg mit Zulassungsdatum 1921, Frontkämpfer mit EK II, ledig, fühlte sich möglicherweise zu sicher, sonst hätte er vielleicht mehr für seine eigene Emigration getan. Am 5. Juli 1943 wurde er von Fürth aus

[207] OLG Nürnberg, 317 E: OLG Nürnberg an Reichsjustizministerium 13. 1. 1939.
[208] MJu, PA D 10; OLG Nürnberg, PA D 326; BayLEA, EG 41609; BayHStA, OP 39326.
[209] BayHStA, EG 44333 = K 795; MJu, PA S 158.
[210] BA Berlin, R 22 Pers. 77040; BayHStA, OP 49641; BayLEA, EG 46814; OLG Nürnberg, PA St 2.

„nach Ostland evakuiert", wie die zynische Umschreibung der Deportation nach Auschwitz lautete. Ein Datum seiner Ermordung ist nicht bekannt geworden.[211]

Ein ähnliches Schicksal erlitt der Nürnberger Ersatzmann Dr. Ludwig Ledermann. Der Frontkämpfer war 1920 in Nürnberg als Rechtsanwalt zugelassen worden. Im Zuge des Novemberpogroms 1938 hatte man seine Wohnung zerstört sowie seine Kanzlei demoliert und geplündert. Am 24. März 1942 wurde der 50-Jährige ins galizische Izbica deportiert, wo er unter nicht näher bekannten Umständen zu Tode gekommen ist. Seine 78-jährige Mutter beging fünf Tage nach seiner Deportation, am 29. März 1942, Selbstmord.[212]

Dr. Karl Michel war 1926 als Rechtsanwalt in Regensburg zugelassen worden. „Er ist als Rechtsanwalt stets maßvoll aufgetreten", so rechtfertigte das Oberlandesgericht Nürnberg seine Bestellung als Konsulent. Michel war verheiratet, ein am 14. Juli 1941 geborenes Kind starb bereits einen Tag später. Ihm blieb erspart, was seinen Eltern am 15. Juli 1942 widerfuhr. Sie wurden nämlich zu diesem Termin nach Auschwitz deportiert und dort ermordet. Genaueres war nicht in Erfahrung zu bringen.[213]

Sein Ersatzmann Dr. Fritz Oettinger war seit 1911 als Rechtsanwalt in Regensburg zugelassen. Der mit beiden Eisernen Kreuzen dekorierte Frontoffizier (Hauptmann) engagierte sich nach 1918 als Vorsitzender der Kultusgemeinde und ab 1924 als liberaler Stadtrat seiner Heimatstadt. 1933 für sechs Monate in Schutzhaft, wurde er am 10. November 1938 erneut verhaftet und nach Dachau verbracht. Nach seiner Rückkehr folgte eine befristete Zulassung als Konsulent bis 31.1.1939 und die Nominierung als Ersatzmann für Konsulent Dr. Karl Michel. Noch 1939 emigrierte er mit Frau und zwei Kindern nach England. 1940 wurde die Familie vom Deutschen Reich ausgebürgert. 1945 wanderte sie nach Palästina weiter, wo Oettinger bis 1948 als Zivilangestellter der englischen Armee, später als Arbeiter in einer Ölraffinerie Beschäftigung fand, während sich seine Ehefrau als Zugehfrau verdingen musste. 1958 kehrte er nach Deutschland zurück und wurde im Alter von 74 Jahren in München wieder als Rechtsanwalt zugelassen. 1971 konnte er die 60. Wiederkehr seiner Erstzulassung feiern. 1978 ist er 93-jährig in München gestorben.[214]

Wie wenig sicher selbst ein offiziell zugelassener Konsulent vor den tödlichen Maßnahmen des nationalsozialistischen Antisemitismus war, belegen Vorgänge im Oberlandesgerichtsbezirk München. Im ersten Transport, der aus München am 20. November 1941 nach Osten abging und rund 1.000 Personen umfasste, befand sich auch die seit Herbst 1940 beim Konsulenten Dr. Julius Baer als Hilfskonsulentin beschäftigte Dr. Elisabeth Kohn, über die schon mehrfach berichtet wurde. Von den Betroffenen, zu

[211] BayHStA, BEG 6051 = A 192; OLG Nürnberg, PA H 25; Gb N 132; Gb Fü 179.

[212] BA Berlin, R 22 Pers. 66010; BayHStA, OP 55252; BayLEA, BEG 22518; OLG Nürnberg, PA L 9; Gb N 193.

[213] BayHStA, EG 76919 = K 3424; OLG Nürnberg, 317 E: OLG Nürnberg an Reichsjustizministerium 13.1.1939; Gb 1045; Wittmer, Gesch. III 125f.; Wittmer, Regensburger Juden 406; Hofmann.

[214] StAM, PolDir München 15054; BayHStA, OP 45757; BayLEA, BEG 5265; MJu, PA O 46; OLG Nürnberg; PA O 3 (alt); RAK München, PA o.S.; Hepp L. 196/124–127; Wittmer, Regensburger Juden passim; Wittmer, Gesch. passim; Hofmann.

denen auch acht Anwaltskollegen, zum Teil mit Ehefrauen, sowie eine Anwaltswitwe zählten, hat offenbar niemand den 25. November 1941 überlebt.[215]

Der zweite große Deportationstransport vom April 1942 zählte nicht weniger als vier Münchener Konsulenten zu seinen Opfern. Bei einem von ihnen, Dr. Hans Silberschmidt, der zumindest im Dezember 1938 und Januar 1939 als Konsulent genannt wird, ist aus den vorhandenen Quellen nicht klar ersichtlich, ob er 1942 noch im Amt war. Silberschmidt, Sohn von Wilhelm Silberschmidt (1862–1939), Rat am Bayerischen Obersten Landesgericht (bis 1930) und Honorarprofessor für Arbeitsrecht an der Münchener Universität (bis 1933)[216], hatte seit 1925 eine Anwaltszulassung in München. Seine wissenschaftlichen Interessen galten Fragen des Versicherungsrechts, denen er zahlreiche Veröffentlichungen widmete. Als Frontkämpfer des Weltkriegs bis Ende November 1938 zugelassen, wurde er zusammen mit einem Bruder am 10. November 1938 nach Dachau verbracht. Nach seiner Entlassung arbeitete er als Konsulent, was ihn aber nicht vor der Deportation am 4. April 1942 zusammen mit einer Schwester schützte. Beide sind im Osten umgekommen, kurze Zeit später auch ihre betagte Mutter, die ebenfalls 1942 nach Theresienstadt deportiert worden war. Lediglich zwei Brüder erreichten das rettende Ausland.[217]

Dr. Julius Baer, ein gebürtiger Franke, seit 1923 Rechtsanwalt in München, hatte als Unteroffizier den Weltkrieg an der Front mitgemacht und war mit dem Eisernen Kreuz II. Klasse ausgezeichnet worden. Wie Silberschmidt bewahrte ihn sein Dienst fürs Vaterland 1938 nicht vor der Verbringung nach Dachau, wo er volle vier Wochen aushalten musste. Nach seiner Rückkehr nach München Konsulent, war er nach dem Zeugnis seiner Mitarbeiterin Elisabeth Kohn „gutmütig und nicht schwierig".[218] „Baer ist ein erfreulicher Chef und Kollege. Ich bin in jeder Weise froh über seine nette und freundschaftliche Art", berichtete die Hilfskonsulentin nach Amerika.[219] „Er hat die angenehme Eigenschaft, sich von den Nervositäten und Depressionen, die in Massen auf uns einstürmen, nicht unterkriegen zu lassen und ist eigentlich immer optimistisch und guter Laune. Das ist hier ungeheuer viel wert", heißt es weiter über ihn.[220]

Wie viele dachte Baer zu wenig an seine eigene Sicherheit, bis es zu spät war. Zusammen mit seiner Frau Fanny wurde er am 4. April 1942 in den Osten deportiert. Exakte Todesdaten liegen für beide nicht vor.[221]

Dr. Ludwig Karl Mayer, Sohn des erwähnten hochverdienten Geheimen Justizrats Dr. Bernhard Mayer (gestorben 1934), erhielt 1921 seine Anwaltszulassung in München. Als Frontkämpfer des Weltkriegs und Aktiver der Einwohnerwehr hatte er seine nationale Gesinnung unter Beweis gestellt. Beruflich war er die Stütze seines betagten Vaters.

[215] Archiv des Instituts für Zeitgeschichte, Fa 208: Namensliste der 1. Deportation aus München 20. 11. 1941; Stadtarchiv München (Hrsg.), 1. Deportation.

[216] Göppinger 228 f.

[217] BayHStA, EG 98678 = A 249; BA Berlin, R 22 Pers. 76524; Stadtarchiv München, RAK 1523; Göppinger 229, 259; Gb 1388; Gb N 322; Archiv des Instituts für Zeitgeschichte, Fa 209: 2. Deportation aus München April 1942.

[218] Elisabeth Kohn an Max Hirschberg 16. 10. 1940. Original im Besitz des Verfassers.

[219] Elisabeth Kohn an Max Hirschberg 20. 2. 1941. Original im Besitz des Verfassers.

[220] Elisabeth Kohn an Max Hirschberg 5. 3. 1941. Original im Besitz des Verfassers.

[221] BayHStA, OP 52529; BayHStA, BEG 4581 = A 275;Stadtarchiv München, RAK 623; Gb 60; Gb M 85; Archiv des Instituts für Zeitgeschichte, Fa 209.

17. Äußerungen über Befähigung, dienstliche Leistungen, Führung, Charakter und politische Haltung.

Der Präsident der Rechtsanwaltskammer München hat sich über Dr. Bloch wie folgt geäußert:

"In persönlicher und beruflicher Beziehung ohne Beanstandung. Zu berücksichtigen ist seine hervorragende Haltung im Weltkrieg und seine vornehme und kameradschaftliche Berufsausübung."

Dr. Bloch galt bei Gericht allgemein als ruhiger, sachlicher, kenntnisreicher Anwalt.

Im Weltkrieg hat sich Dr. Bloch ganz besonders ausgezeichnet.

Für seine charakterliche und politische Einstellung ist es bezeichnend, daß er sich am 10.April 1938 an das Wehrmeldeamt München mit der Bitte gewandt hat, ihn im Kriegsfall für den Dienst mit der Waffe einzuteilen.

Dr. Bloch hat in den letzten Wochen wiederholt in Angelegenheiten der jüdischen ehemaligen Rechtsanwälte vorgesprochen; er hat seine Anliegen jeweils sachlich und bestimmt bei aller gebotenen Zurückhaltung vertreten.

Er ist für die Tätigkeit eines jüdischen Konsulenten sicher vorzugsweise geeignet.

München, den 13. Januar 1939.
Der Oberlandesgerichtspräsident.
I.V.
[Unterschrift]
Vizepräsident
des Oberlandesgerichts.

Abb. 24: Beurteilung des Bewerbers um eine Konsulentenstelle, Dr. Hans Bloch. Quelle: Bay HStA, MJu 20411.

Am 10. November 1938 wurde er wie viele Kollegen nach Dachau verbracht. Die anschließende Tätigkeit als Konsulent schützte den 49-jährigen Ledigen nicht vor der Deportation im April 1942. Auch bei ihm liegt kein genauer Zeitpunkt für seine Ermordung vor. Die 70-jährige Mutter kam in Theresienstadt zu Tode.[222] Lediglich sein jüngerer Bruder und Kollege Dr. Robert Mayer konnte sich durch rechtzeitige Emigration nach Amerika in Sicherheit bringen.[223]

Unverheiratet war auch der einer Münchener Anwaltsfamilie entstammende Konsulent Albert Oppenheimer. Unmittelbar nach dem Abitur 1916 war der 19-Jährige zu den Fahnen geeilt und hatte es als Frontkämpfer zum Leutnant der Bayerischen Armee, Träger des EK II, des Militärverdienstordens und des Verwundetenabzeichens gebracht. Nach Jurastudium und 2. Staatsexamen 1924 ließ er sich nach einer kurzen Zwischenstation in Würzburg 1926 in seiner Heimatstadt als Rechtsanwalt nieder und trat in die Kanzlei seines Vaters Justizrat Leo Oppenheimer ein, die er nach dessen Tod 1936 weiterführte. Aus der Schutzhaft im KZ Dachau entlassen, war er ab Dezember 1938 einer der Münchener Konsulenten. Auf der Liste der zu Deportierenden vom April 1942 trägt er die Nummer 128. Von ihm sind sogar Datum und Ort seiner Ermordung überliefert: 22. Juni 1942 in Majdanek bei Lublin.[224]

[222] Gb 996: Emma Mayer, geb. Hirsch, geb. 25. 11. 1873 München.

[223] BayHStA, EG 71101 = A 380; Stadtarchiv München, RAK o.S.; Gb 1001; Archiv des Instituts für Zeitgeschichte, Fa 209.

[224] BayHStA, EG 75937 = K 240; Bay HStA, OP 1175; Stadtarchiv München, RAK 793; Gb. 1120; Archiv des Instituts für Zeitgeschichte, Fa 209; Göppinger 256; Heinrich 153 f.

Dr. Hans Albert Bloch, „Vertrauensmann“ der Münchener Konsulenten, war ein Sohn des bekannten Münchener Wirtschaftsanwalts Geheimer Justizrat Dr. Eduard Bloch (1867–1935). Als Abiturient 1914 freiwillig in den Krieg gezogen, bald Leutnant und Träger beider Eiserner Kreuze, aber auch infolge des Verlusts eines Auges Kriegsversehrter, trat er nach Promotion und mit Spitzennote abgeschlossenem Examen 1924 in die väterliche Praxis ein, die er nach dessen Ableben allein weiterführte. Geschäftsverkäufe, Auswanderungen und Devisensachen für jüdische Klienten wurden bald Schwerpunkt der anwaltlichen Tätigkeit. Sein großer Einsatz bei der Betreuung Auswanderungswilliger bis in den Herbst 1941 veranlasste die Gestapo, ihn am 11. Dezember 1941 „auf Weisung des Reichssicherheitshauptamts ... wegen Sabotierung staatspolizeilicher Maßnahmen und insbesondere wegen Nichtbeachtung von Vorschriften über die Auswanderungssperre während der Evakuierung von Juden im November 1941“ in Haft zu nehmen.

Für den in Mischehe verheirateten Vater zweier Töchter, nach Aussage der Anwaltskammer wie des Oberlandesgerichts ein „ruhiger, sachlicher, kenntnisreicher Anwalt“, bei dem „seine vornehme und kameradschaftliche Berufsausübung“ hervorgehoben wird, verfügte das Reichssicherheitshauptamt mit Erlass vom 9. Februar 1942 Schutzhaft sowie „Einweisung in ein Konzentrationslager“. Im KZ Mauthausen bei Linz ist er am 9. März 1942 erst 46-jährig zu Tode gekommen.[225]

Hauptmann und Kriegsgerichtsrat war Hugo Rothschild gewesen, der seit 1903 in München eine Zulassung als Rechtsanwalt hatte. Der Träger des EK II und des König-Ludwig-Kreuzes, in Mischehe verheiratet und Vater zweier erwachsener Kinder, wurde am 10. November 1938 in das KZ Dachau verbracht und erst am 1. 12. 1938 wieder entlassen. Von da an Konsulent, blieb er die nächsten Jahre relativ unbehelligt, bis er am 1. Februar 1945 erneut verhaftet und nach Dachau überstellt wurde. Dort ist er wenig später am 13. Februar 1945 unter nicht näher bekannten Umständen ums Leben gebracht worden.[226]

Ohne direkte Einwirkung der Nationalsozialisten sind zwei aktive Konsulenten gestorben: Felix Schwarz, seit 1902 zugelassen, 1924 mit dem Titel Justizrat ausgezeichnet, in Mischehe verheiratet und Vater von vier erwachsenen Kindern, hatte nach 1933 sehr unter dem starken Rückgang seiner Einnahmen zu leiden. Im Januar 1939 zum Konsulenten bestellt, ist er bereits wenige Monate später am 29. August dieses Jahres im Alter von 64 Jahren verstorben.[227]

1901 hatte Felix Königsberger seine Anwaltszulassung erhalten. Seit 1923 Justizrat, gehörte er zu den geachteten Vertretern seines Stands in München. Er war Sozius von Eduard und Hans Bloch, zu denen auch verwandtschaftliche Beziehungen bestanden. Konsulent ab April 1939, galt seine Bestallung nicht nur für die Landgerichtsbezirke München I und II, sondern auch für die Bezirke Deggendorf, Landshut, Passau und Traunstein. Zu seiner Unterstützung wurde ihm ab Juni 1941 Hilfskonsulent Dr. Oskar Gerstle bewilligt, nach dessen Deportation im April 1942 Dr. Oskar Maron unter

225 BayHStA, MJu 20411; RAK München, PA o.S.; BayHStA, OP 5079; StAM, PolDir München 11661; Gb133; Gb M 160f.; BayHStA, BEG 24578 = A 548.

226 BayHStA, EG 65200 = K 2030; BayHStA, OP 10567; Stadtarchiv München, RAK 189; Archiv der Gedenkstätte Dachau; Gb 1255.

227 BayHStA, EG 65314 = A 175; Stadtarchiv München, RAK 1465.

gleichzeitiger Übernahme der Kanzleien der ebenfalls deportierten Kollegen Baer und Mayer. Diese neuerliche Belastung war für Königsberger offenbar zu viel, denn er erkrankte im August 1942 schwer. Ohne sich davon zu erholen, ist er wenige Monate später am 4. Dezember 1942 in München verstorben. Er hinterließ Frau und Sohn, die das Unrechtsregime überlebt haben.[228] Zwei Brüder Königsbergers sind in Dachau bzw. Theresienstadt ermordet worden. Eine Schwester und weitere Verwandte begingen Selbstmord.[229] Hilfskonsulent Dr. Oskar Maron führte die Praxis bis Januar 1943 weiter.

Konsulent Dr. Alfred Perlmutter, ab 1907 Rechtsanwalt in Nürnberg, seit 1909 in München, zählte zu den engagierten Zionisten unter den Münchener Juden. Er war Vorstandsmitglied der örtlichen Kultusgemeinde und des Landesverbands der bayerischen Kultusgemeinden, seit 1933 Vorsitzender der zionistischen Organisation und seit 1936 des jüdischen Kulturbundes. Am 11. November 1938 war auch er nach Dachau verbracht worden. Seit seiner Rückkehr nach München Konsulent, betrieb er energisch seine Auswanderung nach Palästina, die ihm bereits im März 1939 glückte. 59 Jahre alt, verheiratet und Vater einer erwachsenen Tochter, begann er dort ein Jurastudium, das er 1941 erfolgreich abschließen konnte. Eine daraufhin in Jerusalem eröffnete Anwaltspraxis wurde erst nach 1945 einträglich. 1957 ist er fast 77-jährig in Jerusalem verstorben.[230]

Über einen weiteren Konsulenten, Fritz Siegfried Neuland, wurde bereits anlässlich der Probleme mit der Anerkennung seiner Frontkämpfereigenschaft 1933/34 berichtet. Seit Dezember 1938 im Amt, musste er ab April 1942 die Kanzlei des deportierten Kollegen Albert Oppenheimer mit übernehmen. Von Februar 1943 bis Kriegsende war er in einem Rüstungsbetrieb zwangsverpflichtet und zog sich bei Verzinnungsarbeiten ein bleibendes Augenleiden zu. Neuland gehörte 1945 zu den wenigen Juden, die das Dritte Reich im Lande überlebt hatten, und war bereit, einen Neuanfang zu versuchen: Als erfolgreicher Rechtsanwalt in München, langjähriger Präsident der örtlichen israelitischen Kultusgemeinde und bis 1963 als Mitglied des Bayerischen Senats. 1969 ist er 80-jährig in München gestorben.[231]

Zeitweise einziger Konsulent in München war Dr. Ernst Seidenberger. Der gebürtige Nürnberger hatte seit 1903 eine Anwaltszulassung in München. Dekorierter Frontoffizier des Weltkriegs, in Mischehe verheiratet und zum Katholizismus übergetreten, dazu Vater zweier Töchter, wurde er im September 1939 zum Konsulenten ernannt. Auch er hatte zwischen Juli 1942 und Mai 1943 Zwangsarbeit zu verrichten. Im Januar 1945 verhaftete ihn die Gestapo und hielt ihn bis zum 21. Februar in einem Lager im Münchener Stadtteil Moosach gefangen. Von dort verbrachte sie den 68-Jährigen in das KZ Theresienstadt, aus dem er am 25. Juni 1945 befreit wurde.

Nach München zurückgekehrt und wieder zugelassen, war Seidenberger führend am Wiederaufbau der bayerischen Anwaltskammern beteiligt. Er war seit Dezember 1946

[228] BayHStA, MJu 21180; BayHStA, EG 37008 = K 2160; Stadtarchiv München, RAK 1035; Gb M 721.

[229] Gb M 720 f.

[230] BayHStA, EG 77158 = K 332; Stadtarchiv München, RAK 1134; Archiv der Gedenkstätte Dachau; Walk 293; Lamm 28, 66, 447, 477.

[231] BayHStA, EG 84999 = A 12 c; MJu, PA N 19; RAK München, PA o.S.; Göppinger 353; Heinrich 118, 153, 215; Kempner RuP 1971, 118; Lamm 12, 489; Ostler 474, 476.

Abb. 25: RA Dreifuß als Augsburger Oberbürgermeister 1945/46.
Quelle: Privat.

Mitglied des Vorstands der Münchener Kammer und blieb es bis zu seinem Tod 1957. Anlässlich seines 75. Geburtstags wurde ihm für Verdienste um die Rechtsanwaltschaft das Bundesverdienstkreuz am Bande verliehen. Das Zeugnis eines Zeitgenossen erklärt seine Wirkung: „Seine von Altersweisheit geprägte, aus schwerer Lebenserfahrung gewonnene Art prädestinierte ihn geradezu zum Vermittler bei Streitigkeiten oder Meinungsverschiedenheiten unter Kollegen. In den Sitzungen des Vorstands vermochte er ... stets auszugleichen und Spannungen zu entschärfen.“ [232]

Dr. Oskar Maron, 1885 in München geboren, hatte sich 1920 in seiner Heimatstadt als Rechtsanwalt niedergelassen. 1914 bis 1918 war er als Dolmetscher an verschiedenen Kriegsschauplätzen eingesetzt. Seine mittelgroße Kanzlei wurde im Zuge der „Reichskristallnacht“ am 9. November 1938 demoliert und ausgeplündert. Zum 30.11.1938 verlor er wie alle verbliebenen jüdischen Rechtsanwälte die Zulassung. Anschließend wurde er abwechselnd zum Konsulenten, zeitweise auch zum Hilfskonsulenten, zuletzt beim Kollegen Seidenberger, bestellt. Ab Mitte 1943 hatte er Zwangsarbeit zu leisten, von Oktober 1944 bis Mai 1945 war er in einem Lager inhaftiert. Die US-Militärregierung ließ den Überlebenden bereits im Juli 1945 wieder als Rechtsanwalt zu, die neu erstandene Rechtsanwaltskammer München zu Beginn des Jahres 1946. Maron gehörte wie Seidenberger zu den Anwälten, die den demokratischen Neuaufbau der Anwaltschaft in Bayern mit Rat und Tat unterstützten. Bis 1954 war er mehrfach Mitglied

[232] BayHStA, EG 37201 = K 2870; BayHStA, OP 12167; MJu, PA S 1880; Göppinger 361; Heinrich 153, 177f., 215f.

des Vorstands der Münchener Kammer, von 1949 an Schriftleiter von deren Mitteilungen. 1959 ist er in München gestorben.[233]

Konsulent für die westlichen Landgerichtsbezirke Augsburg, Kempten, Memmingen und das außerbayerische Ravensburg war der Augsburger Anwalt Ludwig Dreifuß. Der gebürtige Münchener, 1911 in der schwäbischen Metropole erstmals zugelassen, hatte sich nach Kriegsdienst und Fronteinsatz der SPD angeschlossen und war deshalb schon vor 1933 Zielscheibe nationalsozialistischer Angriffe gewesen. 1933, 1934 und 1938 in Schutzhaft, konnte er sich bis zum Entzug der Zulassung zum 30.11.1938 als Rechtsanwalt halten, auch weil ihn eine Mischehe einigermaßen schützte. Den 16-jährigen Sohn schickt er schweren Herzens 1938 in die USA. Im Gegensatz zu seinen drei Geschwistern, allesamt Opfer des NS-Rassenwahns, gelang es Ludwig Dreifuß zu überleben, obwohl er noch im Februar 1945 nach Theresienstadt deportiert wurde.

„An Leib und Seele zerschunden und zermürbt" (Ludwig Dreifuß) kehrt er im Juni 1945 nach Augsburg zurück und macht sich ohne Zögern daran, seinen Beitrag zum Wiederaufbau der weitgehend zerstörten Stadt zu leisten. Die US-Militärregierung ernennt ihn noch im September des gleichen Jahres zum Oberbürgermeister. Nach den Wahlen vom Mai 1946 wird er berufsmäßiger Bürgermeister und bleibt in dieser Funktion bis Mitte 1948. Ministerpräsident Hoegner beruft ihn im Februar 1946 in den beratenden Bayerischen Landesausschuss, eine Art Vorparlament zur Konzipierung einer neuen Verfassung für den Freistaat. Ab Mitte 1948 wieder Rechtsanwalt, gibt Dreifuß 1953 aus „Gesundheits- und Altersrücksichten" seine Zulassung auf. Als einer der ersten Augsburger bekommt er 1952 das Bundesverdienstkreuz. Der Sozialdemokrat, Anwalt und Kommunalpolitiker verlebt seinen Ruhestand in Murnau, wo er 1960 fast 77 Jahre alt stirbt.[234]

[233] BayHStA, EG 91098 = A 404; Stadtarchiv München, RAK 519; MJu, PA M 21; Nachlass: RAK München; Heinrich 213.

[234] BayHStA, BEG 53678 = A 135; Stadtarchiv München, EAK 174; MJu, PA o.S.; Gb M 268, 270; Gernot Römer, Schwäbische Juden. Augsburg 1990; Augsburger Stadtlexikon 1998; Gelberg 11, 13, 83, 97, 99f., 146f., 151.

IV. Kapitel
Emigration

Zwei Drittel der bayerischen jüdischen Rechtsanwälte haben ihre Heimat zwischen 1933 und 1941 verlassen müssen. Den Ereignissen des Jahres 1933 (Machtergreifung, Terror, Zulassungsgesetz, Judenboykott) war eine erste große Emigrationswelle gefolgt, während der bereits 60 Anwälte (rund 13%) dem Land den Rücken kehrten. 48 von ihnen hatten aufgrund des Gesetzes vom 7.4.1933 ihre Zulassung verloren und sahen in der Fremde bessere Zukunftschancen. Bevorzugte Exilländer waren anfänglich die europäischen Nachbarstaaten und – für zionistisch orientierte Exilanten – Palästina. 1934 sank die Emigrationsziffer auf 18 ab, um 1935 mit 21 und 1936 mit 29 wieder leicht anzusteigen. 1937 erreichte sie ihren niedrigsten Stand, als lediglich 17 Fälle zu verzeichnen waren. Die Jahre 1938 und 1939 führten dagegen zu einer Steigerung auf 50 bzw. 88 Auswanderungen. Nach dem Beginn des Zweiten Weltkriegs kam die Auswanderung fast völlig zum Erliegen. 1940 und 1941 gelang sie nur noch in jeweils fünf Fällen. Wem bis dahin die Emigration nicht geglückt war, musste mit dem Schlimmsten rechnen. Ab Oktober 1941, mit dem Beginn der Deportationen der Juden in den Osten, war eine Emigration nicht mehr möglich.

Sein deutsches Vaterland zu verlassen, lag vom Selbstverständnis her dem Denken und Fühlen eines Rechtsanwalts relativ fern. Hatten viele Juden in den Anfangsjahren der NS-Herrschaft die Option einer Emigration von sich gewiesen, weil sie insgeheim bessere Zeiten im Lande erhofften, so mussten sie allmählich erfahren, dass sie damit einem Trugschluss aufgesessen waren. Ihre Lage verschlechterte sich im Gegenteil, und im engen Zusammenhang damit wurden die Auswanderungsbedingungen immer härter. Besonders der Transfer von Vermögenswerten ins Ausland unterlag stetig sich zu ihren Ungunsten steigernden Auflagen der NS-Finanzbehörden. Ein jüngst von der Münchener Universität durchgeführtes Forschungsprojekt zum Thema „Die Finanzverwaltung und die Verfolgung der Juden in Bayern“[1] schätzt die entsprechenden fiskalischen Vorgänge als „einen der größten Raubzüge der neueren Geschichte“ ein: „Das nationalsozialistische Regime hat die Juden ausgeplündert, ehe es sie vertrieben und ermordet hat.“ Die Finanzbehörden „diskriminierten die Juden steuerlich auf vielfältige Weise, erhoben einschneidende Sonderabgaben, sperrten und beschlagnahmten das Vermögen von Emigranten, und sie entzogen, verwalteten und verwerteten das Eigentum der deportierten Juden. Bevor diese den physischen Tod starben, starben sie den ‚Finanztod‘.“

Für Emigrationswillige bedeutete dies, dass zusätzlich zur bekanntermaßen nicht einfachen Beschaffung der Einreisegenehmigung des Ziellandes die Finanzierung der Aus-

[1] Vgl. den von Projektleiter Hans Günter Hockerts u.a. herausgegebenen Bericht (München 2004); dort auch die folgenden Zitate.

reise selbst eine oft unüberwindliche Hürde bildete. „Die Weltwirtschaftskrise war noch nicht überwunden und kaum ein Land war an der Einwanderung Mittelloser interessiert."[2] Hinzu kam, dass viele Aufnahmeländer spezifische Anforderungen an die beruflichen Qualifikationen der Einwanderer stellten. Angesichts unterschiedlicher Rechtssysteme etwa in den angelsächsischen Ländern oder in Palästina gehörte eine juristische Vorbildung in Deutschland sicher nicht zu den gesuchten Berufen. Häufig fielen fehlende Sprachkenntnisse zusätzlich ins Gewicht.[3] Sie erschwerten auch das vielerorts obligatorische Neustudium und die entsprechenden Examina beträchtlich.

Verwurzelung in Kultur und Heimat, Alter, mentale Hemmungen, Rücksichten auf Eltern und Verwandte taten das ihre, um die rechtzeitige Emigration hinauszuzögern. Erst der Terror des 9. November 1938, den zahlreiche Rechtsanwälte am eigenen Leib erfahren mussten, führte zu einem Umdenken. Ökonomische wie administrative Hindernisse standen einer Ausreise ebenso oft im Wege wie die restriktive, oft abweisende Einwanderungspolitik der potenziellen Aufnahmeländer. Zukunftsangst, zu erwartender Statusverlust, Zweifel, die unbekannten Anforderungen erfüllen zu können, waren weit verbreitet. Gerade der hohe Grad ihrer Assimilation in Staat und Gesellschaft bildete für viele deutsche Juden oft das gewichtigste Argument gegen eine irreversible Entscheidung wie die Emigration.

Die anfängliche Wahl eines Fluchtlandes nahe der deutschen Grenze (Frankreich, Holland, Skandinavien, Schweiz, Österreich, ČSR, Saarland) gründete sich auf die Hoffnung, dass die Hitlerherrschaft rasch ende. Die Entscheidung war daneben aber auch von unbürokratischen Einreisebedingungen, vorhandenen Arbeitsmöglichkeiten, fehlenden Sprachbarrieren sowie schneller Erreichbarkeit der Heimat abhängig. Beim Ziel Palästina spielten neben der zionistischen Einstellung die zunächst günstigen Möglichkeiten des Vermögenstransfers eine Rolle.

Aufgrund seiner restriktiven Zuwanderungspolitik wurde England erst ab etwa 1936 als Zufluchtsort attraktiv. Ab diesem Zeitpunkt scheinen auch die lateinamerikanischen Staaten und Südafrika interessante Zielländer geworden zu sein. Spätestens 1938 entwickelten sich die USA zum alle anderen überragenden Schwerpunkt der Emigration aus Nazi-Deutschland.

Fehlende Arbeitsmöglichkeiten, Sprachprobleme, politische Beschränkungen oder klimatische Bedingungen (Palästina) konnten dafür verantwortlich sein, dass ein Emigrant das ursprüngliche Exilland wieder verließ, um sein Glück anderswo zu versuchen. In zahlreichen Fällen wurde erst das dritte, im Extremfall sogar erst das fünfte Land endgültige Zuflucht. Dass der Weltkrieg bzw. in seinem Vorfeld die nationalsozialistische Expansionspolitik (Österreich, ČSR) zur Weiterwanderung zwingen konnten, sei hier angemerkt. Sogar nach 1945 sind noch Länderwechsel zu verzeichnen, etwa von Palästina nach den USA oder von England nach Australien.

In Zahlen ausgedrückt emigrierten insgesamt 296 der bayerischen jüdischen Rechtsanwälte. 144 von ihnen wählten die USA, 38 Palästina, 36 England und 19 Frankreich

[2] Wolfgang Benz in: Heinrichs u.a., Deutsche Juristen 846.

[3] In einem bereits mehrfach erwähnten Gespräch mit dem Verfasser am 1. 10. 2002 in New York hat Prof. Dr. Otto L. Walter (1907–2003) diesen Befund bestätigt. Er selbst sei 1936 nach New York gekommen, ohne ein Wort Englisch zu können.

als Zufluchtsland. Je acht flohen nach Holland und in die Schweiz, je sieben nach Brasilien bzw. Südafrika, sechs nach Argentinien. Der Rest verteilte sich auf alle Erdteile, darunter Ziele in Australien, Shanghai, auf den Philippinen, Mexiko und fast allen südamerikanischen Staaten.

Dass eine geglückte Emigration nicht zwingend die Rettung vor dem tödlichen Zugriff der Nazis bedeutete, wurde in 13 Fällen traurige Gewissheit. Für Einzelheiten darf auf den nächsten Abschnitt verwiesen werden.

Die bereits angedeuteten fiskalischen Maßnahmen Hitler-Deutschlands gegen die Juden sorgten dafür, dass deren verfügbare Barschaft im Exil in der Regel allenfalls für eine Übergangsphase den Lebensunterhalt zu sichern in der Lage war. Hilfe durch Verwandte und Unterstützung jüdischer Wohlfahrtseinrichtungen mussten in vielen Fällen hinzutreten. Beruflich standen die meisten vor dem Nichts. Die Qualifikation als deutscher Rechtsanwalt war im Gastland wertlos. Ein Betroffener drückte das folgendermaßen aus: „Mit meinen zahlreichen Leidensgenossen, deren Namen jüngst auf einer Tafel verewigt wurden, waren wir nur in einem einig, nämlich, dass wir von unserer zwanzigjährigen Ausbildung für das Richteramt im Auswanderungsland nur das Schreiben, Lesen und die Arithmetik – also das von mir in der Stielerschule [= seine Münchener Volksschule] Erlernte – werden verwenden können."[4] Die wenigsten entschlossen sich zu einem erneuten Jurastudium, um in ihrem angestammten Beruf tätig werden zu können. Nur wer über passable Sprachkenntnisse und ausreichende Geldmittel verfügte, hatte, erfolgreiches Studium und anschließendes Examen vorausgesetzt, die Chance als Anwalt zugelassen zu werden. Vielerorts setzte die Zulassung zusätzlich die jeweilige Staatsbürgerschaft voraus. In den USA wurden Einwanderer z.B. erst nach Ablauf von fünf Jahren eingebürgert.

Unter diesen Voraussetzungen ist es nicht verwunderlich, dass nur rund 11% aller Emigranten wieder als Rechtsanwalt tätig wurden. Mehr als die Hälfte von ihnen entstammte den jüngeren Jahrgängen (Geburtsjahr 1896 und jünger), für die Umstellung und Neuanfang weniger einschneidend verliefen als für ihre älteren Schicksalsgenossen. Eine Garantie für beruflichen Erfolg war mit der Zulassung als Rechtsanwalt selbstverständlich nicht verbunden, wie einige der mit großen Hoffnungen Gestarteten schmerzlich erfahren mussten.

Auf der Suche nach adäquater Betätigung versuchten zahlreiche ehemalige Rechtsanwälte, wenigstens teilweise von ihrer bisherigen Beschäftigung zu profitieren, indem sie sich Beraterberufen zuwandten, die oft keine oder kürzere Ausbildungszeiten erforderten. So wird erklärlich, warum überdurchschnittlich viele Emigranten, namentlich in den USA, den Beruf eines CPA (Certified Public Accountant) ergriffen, der in etwa unserem Steuerberater und Wirtschaftsprüfer entspricht. Zählt man diejenigen (20) hinzu, die im Bankwesen und an der Börse, als Immobilienverwalter oder -makler und im Versicherungsbereich ihr Unterkommen fanden, kommt man auf immerhin 18% aller emigrierten bayerischen Rechtsanwälte. Da bei einer nicht geringen Anzahl ihrer Kollegen Genaueres über deren Profession im Exil bisher nicht ermittelt werden konnte, handelt es sich bei diesen Angaben um Mindestzahlen.

[4] Prof. Dr. Otto L. Walter an H.H., 18.2.1999; Kopie im Besitz des Verfassers

Refugee Who Wouldn't Give Up

AT the Witwatersrand University's graduation ceremony yesterday Mr. Heinz Herrmann, seen here with his wife, son Anslem and daughter Corrie, graduated as a Bachelor of Law. But there was something unique in his career which distinguished him from the other students, for this was the second time that he had passed the same examination. In pre-war Germany, Mr. Herrmann was a barrister at the Supreme Court of Nuremburg but in 1936 he and his wife were threatened by the rising regime of the Third Reich. Escaping Hitler's net they came to South Africa, penniless and destitute with Mr. Herrmann unable to practise his profession until he again passed examinations — this time in English.

To earn a living and gain money so that he could return to university and study law again, both Mr. and Mrs. Herrmann took up professional photography. This time it was the woman who was teacher, for Mrs. Herrmann had been associated with the U.F.A. film company in Germany. During their first years in South Africa, they had little to eat and none of the comforts of everyday life, but still they struggled towards the goal which would again make Mr. Herrmann a practising lawyer. Yesterday an old dream and long term ambition came true when the Principal of the University, Mr. H. R. Raikes, conferred the degree of Bachelor of Law upon a refugee who had never given up hope of a better way of life.

Abb. 26: Zeitungsbericht über die Graduierung von Heinz Herrmann zum Bachelor of Law in Südafrika.
Quelle: Rand Daily Mail (Johannesburg) 4. 12. 1952.

Viele ältere Anwälte verzichteten auf eine Berufstätigkeit und versuchten, mit Ersparten, Zuwendungen seitens Verwandter oder Unterstützung durch jüdische Hilfsorganisationen einigermaßen über die Runden zu kommen. Ihre Lage, nicht selten unterhalb der Armutsgrenze, wurde erst nach 1945 mit dem Einsetzen von Entschädigung, Rückerstattung und Wiedergutmachung durch die Bundesrepublik Deutschland erträglicher. Das einstige Niveau aus der Zeit vor 1933 erreichten viele allerdings nicht mehr.

Die Bandbreite der im Exil von ehemaligen Rechtsanwälten ergriffenen Berufe reicht vom Dienstleistungsbereich über den Handel bis zur Handarbeit. Als Buchhalter und Büroangestellter, Vertreter und Verkäufer, Fabrikarbeiter und Farmer, vielfach nur in untergeordneter Stellung, waren sie darum bemüht, sich und den ihren eine ausreichende Lebensführung zu ermöglichen. Eine Studie zu den Hamburger jüdischen Rechtsanwälten kommt zu dem Ergebnis, dass dies zufriedenstellend nur rund 30% von ihnen gelungen ist.[5]

[5] Morisse 79.

1. Frankreich[6]

Die anfängliche Vorliebe für das Exilland Frankreich hatte seinen Grund in den liberalen Einreisebedingungen des westlichen Nachbarn, seiner Nähe zu Deutschland und seiner vertrauten Kultur und Sprache. Für Rechtsanwälte, die zunächst ohne erneutes Jurastudium französische Examina ablegen konnten, bedeutete diese Erleichterung noch lange nicht den Zugang zur Anwaltschaft des Gastlandes, weil eine Zulassung seit Mitte 1934 erst nach zehnjähriger Staatsbürgerschaft möglich war.[7] Unbeschränkt erlaubt war offenbar nur eine Tätigkeit als Rechtsberater (*conseiller juridique*). Bis zu ihrer Weiterwanderung nach London gingen z.B. die Münchener Anwälte Heinrich Rheinstrom und Alfred Werner in Paris einer solchen Beschäftigung nach.[8]

Ihr Münchener Kollege Wilhelm Jakob Kahn – seit 1933 in Paris im Exil – scheint nach dem bisherigen Kenntnisstand einer der wenigen gewesen zu sein, denen der Sprung in die Reihen der französischen Anwaltschaft glückte. Die Heirat einer Französin und der Erwerb der französischen Staatsbürgerschaft waren hierbei sicher förderlich. Nach 1945 ist Kahn in Frankreich für die deutsche Botschaft tätig gewesen. Trotz des heftigen Widerstands der örtlichen Anwaltskammer erfolgte 1949 seine Wiederzulassung an seiner alten Wirkungsstätte in München unter Befreiung von der Residenzpflicht. Als erfolgreicher Anwalt in Paris und München starb er 1964 im 62. Lebensjahr.[9]

Rechtsanwalt in Frankreich war auch Fritz Weiß aus der Pfalz. Nach dem Verlust seiner Zulassung in Ludwigshafen/Frankenthal zum 22. August 1933 ins Nachbarland emigriert, hatte er dort erneut Jura studiert und mit dem Erwerb der französischen Staatsbürgerschaft eine Anwaltszulassung erhalten. Als Spezialist für Handels- und Gesellschaftssachen übte er ab 1935 Praxis in Paris aus. 1939/40 beim französischen Militär, tauchte er danach bis 1944 unter. Von 1945 – 1952 wieder Rechtsanwalt in Paris, kehrte er 1953 nach Deutschland zurück und wurde in Stuttgart zugelassen, wo er bis zu seinem frühen Tod 1959 mit dem Schwerpunkt Entschädigungsrecht tätig war.[10]

Der Berufsalltag in Frankreich sah für manchen Flüchtling so aus, dass er oft mittels Gelegenheitsarbeiten mehr schlecht als recht seinen Lebensunterhalt verdienen musste.[11] Von einer auskömmlichen Dauerbeschäftigung konnte meist keine Rede sein, weshalb einige auch weiterzogen und ihr Glück in einem anderen Gastland versuchten. Außer bei den bereits erwähnten Heinrich Rheinstrom und Alfred Werner war das bei Max Jacoby

[6] Handbuch deutschsprachige Emigration Sp. 213–250.

[7] Julia Franke, Paris – eine neue Heimat? Jüdische Emigranten aus Deutschland 1933–1939. Berlin 1999, 137; vgl. Morisse 79.

[8] Heinrich 158 und Göppinger 311 (zu Rheinstrom) bzw. Heinrich 219 und Göppinger 367 (zu Werner).

[9] Heinrich 217; Göppinger 291; StAM, PolDir München 14262; BayLEA, BEG 33977; MJu, PA K 2. Sein Vater wurde 1938 im KZ Dachau ermordet, seine Mutter 1942 in Treblinka (Gb M 651 bzw. 661).

[10] BayHStA, MJu 22214; Auskunft Stadtarchiv Landau und RAK Stuttgart; AW Saarburg, VA 40219 u. 332148; Justizministerium Baden-Württemberg, PI 5945.

[11] So z.B. Siegfried Pfeiffer (BayHStA, BEG 55474 = A 54), Georg Franz Bergmann (BayLEA, EG 25291), Arnold Weisbach (BayLEA, BEG 5359).

(früher Nürnberg)[12] und Isidor Grünfeld (früher Würzburg)[13] sowie bei Adolf Bing[14], Richard Boscowitz[15] und Lothar Wachtel[16] (alle früher München) der Fall.

Im Vergleich zu ihrer Arbeit in der Heimat war auch bei denen, die jetzt einer festen Tätigkeit nachgingen, der soziale Abstieg unverkennbar. Der verlustreiche Betrieb einer Inseraten-Zeitschrift (Stefan Oberbrunner/früher Augsburg)[17], die fachfremde Führung eines Fotogeschäfts (Richard Bellmann/früher Augsburg)[18], die gewiss nicht risikoarme Tätigkeit eines Automatenaufstellers (Friedrich Gugenheim/früher München)[19], die aufreibende Beschäftigung als Übersetzer bei französischen Gerichten (Franz Herzfelder/früher München)[20] oder die eher ferner liegende Profession eines Briefmarkenhändlers (Felix Zedermann/früher München)[21] mögen als Beispiele genügen.

Nach Kriegsausbruch wurden die im Land verbliebenen Emigranten als feindliche Ausländer in Lagern interniert. Durch die Meldung zur französischen Armee bzw. zur Fremdenlegion versuchten einige dem zu entgehen, so Georg Franz Bergmann und Franz Herzfelder. Mit der Kapitulation Frankreichs im Juni 1940 gab es diesen Ausweg nicht mehr. Neben die Massenflucht in den unbesetzten Teil im Süden Frankreichs und den illegalen Aufenthalt dort trat nunmehr die erneute Internierung, auch von Frauen, in südfranzösischen Lagern.

Aufgrund mehrfach beschriebener menschenunwürdiger Zustände in diesen Lagern kam es zu ersten Todesfällen. So wurde der 59-jährige ehemalige Nürnberger Anwalt Willy Herrmann bereits am 26. Juli 1940 im Lager Albi/Departement Tarn ein Opfer der dort herrschenden Ruhr.[22] Seiner Witwe gelang es, unterzutauchen und weiteren Verfolgungen zu entgehen. 1954 wanderte sie nach Amerika weiter, wo sie 1966 verstorben ist. Mindestens neun emigrierte Anwälte überlebten die Folgejahre in der Illegalität, deren Umstände bei zweien von ihnen bleibende gesundheitliche Schäden hinterließen.[23]

In eine tödliche Falle gerieten fünf bayerische Anwälte, weil sie nicht rechtzeitig hatten fliehen können, als 1942 die Judendeportationen aus Frankreich in den Osten einsetzten. Der Würzburger Anwalt Heinrich Stein, seit 1933 unter ärmlichen Verhältnissen in Paris, stand ab 1939 in Afrika im Dienst der französischen Armee. Aus nicht näher bekannten Gründen kehrte er nach Frankreich zurück, wo er 1943 verhaftet, interniert und am 15. Mai 1944 von Drancy bei Paris deportiert und ermordet wurde.[24]

[12] BayHStA, MJu 21079; BayLEA, BEG 8998.
[13] BayHStA, MJu 20841; BayLEA, BEG 33508.
[14] BayHStA, MJu 20400; BayLEA, EG 47637.
[15] BayHStA, MJu 20429; BayHStA, BEG 15927 = A 589.
[16] BayHStA, MJu 22163; BayLEA, BEG 8393.
[17] BayLEA, BEG 7703.
[18] BayLEA, BEG 12361.
[19] BayLEA, BEG 72354.
[20] BayLEA, EG 71167.
[21] BayHStA, EG 123176 = K 143.
[22] BA Berlin, R 22 Pers. 60125; BayHStA, EG 94444 = K 1455; OLG Nürnberg, PA H 24.
[23] Richard Bellmann, Georg Franz Bergmann, Martin Friedenreich, Friedrich Gugenheim, Franz Herzfelder, Alfred Wachsmann, Ernst Wallerstein, Arnold Weisbach, Felix Zedermann.
[24] BayHStA, MJu 22036; BayLEA, EG 76364; Gb 1435; Strätz 578.

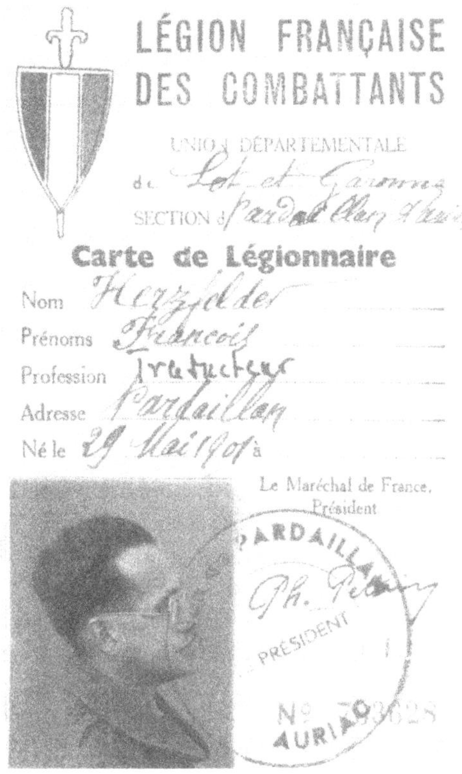
LÉGION FRANÇAISE
DES COMBATTANTS
UNION DÉPARTEMENTALE
de Lot et Garonne
SECTION d Pardaillan
Carte de Légionnaire
Nom Herzfelder
Prénoms François
Profession
Adresse Pardaillan
Né le 29 Mai 1901 à
Le Maréchal de France,
Président
PARDAILLAN
Ph. Pétain
PRÉSIDENT
AURIAC

Abb. 27: Ausweis der französischen Fremdenlegion für Dr. Franz Herzfelder. Quelle: Privat.

Siegfried Pfeiffer/Straubing, 1933 nach Frankreich emigriert, seit 1935 in Nizza ansässig, wurde 1943 vom Internierungslager Gurs am Fuß der Pyrenäen nach Majdanek bei Lublin deportiert und ist dort unter unbekannten Umständen ermordet worden.[25]

Im selben Transport aus Gurs befand sich auch Stefan Oberbrunner/Augsburg. Dieser, 1934 zunächst in Paris, anschließend bis 1939 Landarbeiter in Südfrankreich, diente in der französischen Armee, bis er 1942 in Gurs interniert und 1943 unter ähnlich unbekannten Umständen wie Pfeiffer deportiert und ermordet wurde. Seiner Ehefrau und der neunjährigen Tochter war 1941 die Flucht nach Amerika gelungen.[26]

Der Münchener Anwalt Siegfried Holzer, dekorierter Frontkämpfer des Ersten Weltkriegs, war im November 1938 über die Schweiz nach Frankreich emigriert und dort 1940 offenbar untergetaucht. Beim Versuch verhaftet, 1942 aus dem besetzten Teil in den unbesetzten zu fliehen, wurde er am 20. Juli 1942 von Poitiers nach Auschwitz deportiert und dort ermordet.[27] Das gleiche Schicksal widerfuhr seinen betagten Eltern sowie einer Schwester, die in Deutschland geblieben waren.[28]

[25] BayHStA, MJu 21583; BayHStA, BEG 55474 = A 54; Gb 1142.
[26] BayHStA, MJu 21521; BayLEA, BEG 7702, 7703.
[27] StAM, PA 23671; BayHStA, OP 17371; BayLEA, EG 87304; Gb M 624.
[28] Gb M 618, 620f.

Sein Münchener Kollege Robert Theilhaber, als liberaler Freigeist seit 1933 mit seiner der SPD zuneigenden Ehefrau im Visier des NS-Regimes, hatte sich nach der Entlassung aus dem KZ Dachau Ende 1938 zur Emigration über Belgien nach Frankreich entschlossen. Dort seit 1940 in diversen Lagern interniert, wurde er im August 1942 festgenommen und in den Osten deportiert. Ort und Zeit seiner Ermordung sind nicht bekannt. Seine nichtjüdische Ehefrau und seine beiden Töchter gelangten auf ihrer Flucht vor Hitler bis nach Australien.[29]

Unter den Pfälzer Juden, die zusammen mit ihren badischen Schicksalsgenossen von den Machthabern bereits im Oktober 1940 in das unbesetzte Frankreich abgeschoben wurden, befanden sich auch sechs Rechtsanwälte. An ihrem Bestimmungsort, dem bereits mehrfach erwähnten Gurs in Südwestfrankreich, erwarteten sie unvorstellbare Zustände, die besonders Alten und Kranken das Leben außerordentlich erschwerten. Unter den zahlreichen Todesfällen des Lagers bzw. seiner Nebenlager waren vier der sechs pfälzischen Rechtsanwälte.[30]

Der 1878 geborene Dr. Emil Herz, seit 1905 Rechtsanwalt in seiner Heimatstadt Ludwigshafen, nach der Kristallnacht in Dachau interniert, später Konsulent, starb bereits wenige Wochen nach seiner Einlieferung in Gurs am 10. 12. 1940. Seine aus Unterfranken stammende Ehefrau wurde im August 1942 von Gurs aus nach Auschwitz deportiert und dort ermordet.[31]

Sein nur ein wenig jüngerer (Jahrgang 1881) Kollege Ludwig Neumond, auch er hatte 1938 das KZ Dachau erlitten, starb am 25. März 1942 in einem südfranzösischen Lager. Ihm blieb auf diese Weise das Schicksal seiner Ehefrau erspart, die nach Auschwitz deportiert und ermordet wurde.[32]

Der Sprecher der jüdischen Anwälte des OLG-Bezirks Zweibrücken, Justizrat Dr. Heinrich Strauß, Jahrgang 1876, bis Herbst 1940 Konsulent in Ludwigshafen, starb am 9. Februar 1941 im Nebenlager Noe. Auch seine Ehefrau wurde im August 1942 von Frankreich aus nach Auschwitz deportiert und ermordet.[33]

Am 30. März 1942 in Noe verstarb Justizrat Ludwig Sinsheimer, von 1901 bis 1935 Rechtsanwalt im pfälzischen Grünstadt. Der etwas verschrobene Junggeselle und Kommentator des Weingesetzes hatte ab Herbst 1933 in anonymen Presseartikeln, die er französischen Zeitungen zuspielte, Kritik an den Zuständen in Hitlerdeutschland und besonders an dessen Judenpolitik geübt. Im Zuge einer aufwändigen Polizeiaktion auf frischer Tat ertappt, kam es vor dem Volksgerichtshof nicht zu einer Verurteilung wegen Hoch- und Landesverrats; weil Sinsheimer aber Hitler und andere hohe Funktionäre mit scharfen Worten bedacht hatte, wurde er wegen Vergehen gegen das Heimtückegesetz zu einem Jahr und drei Monaten Gefängnis verurteilt. Um Weiterungen zu entgehen, verzichtete er 1935 auf seine Anwaltszulassung und lebte fortan ohne berufliche Tätigkeit

[29] StAM, PA 24034; Stadtarchiv München, RAK 1568; BayHStA, BEG 63191 = K 170; BayLEA, BEG 18814; Göppinger 262; Walk 365.

[30] Hannes Ziegler, Verfemt – Verjagt – Vernichtet. Die Verfolgung der pfälzischen Juden 1933–1945. In: Gerhard Nestler u. Hannes Ziegler(Hrsg.), Die Pfalz unterm Hakenkreuz. Landau 1993, 325–356, bes. 349 ff. auch zum Folgenden.

[31] LA Sp J 3, 444 und H 91, 914; Gb 552 f.; Paulsen 275 f.; Warmbrunn 608.

[32] LA Sp J 3, 511; Gb 1101; Paulsen 278; Minor-Ruf 179.

[33] LA Sp J 1, 1024; Gb 1477; Paulsen 279; Minor-Ruf 180; Warmbrunn 608.

in ärmlichen Verhältnissen in Mannheim, von wo er 1940 nach Gurs deportiert worden war.[34]

Nur der jüngste der deportierten Rechtsanwälte, der 1904 in Kaiserslautern geborene Ernst Leopold Treidel, konnte dem tödlichen Zugriff entkommen. Erst seit 1930 im Besitz einer Anwaltszulassung, hatte er diese am 4. Juli 1933 in Anwendung von § 1 des Zulassungsgesetzes vom 7.4.1933 wieder verloren. Wegen seiner Nähe zur SPD saß er ab dem 11. März 1933 zweieinhalb Monate in Schutzhaft. Nach dem Berufsverbot Tabakwarenhändler in seiner Heimatstadt, war er 1936 für kürzere Zeit inhaftiert, im November 1938 für drei Wochen im KZ Dachau. Im Zuge der Kristallnacht wurde seine Wohnung verwüstet und geplündert. Im Oktober 1940 gehörte er zu den nach Frankreich Deportierten. 1941 glückte ihm aus dem Lager Les Milles bei Aix die Flucht in die Schweiz, von wo aus er 1946 in die USA weiterwanderte. Der ehemalige Rechtsanwalt musste dort als Arbeiter seinen Lebensunterhalt verdienen. 1979 ist er in Stockton/Kalifornien gestorben.[35]

2. Holland[36]

Visumfreie Einreisemöglichkeit, Nähe zur Heimat, Sprachverwandtschaft und kulturelle Ähnlichkeit sprachen für das Exilland Holland. Neun Anwälte entschieden sich für den westlichen Nachbarn. Einer von ihnen wanderte 1946 nach Amerika weiter. Wie Frankreich wurde Holland mit der deutschen Besetzung im Mai 1940 für jüdische Flüchtlinge zur Falle, etwa bei dem Kaiserslauterer Karl Josef Fränkel, der nach dem Verlust seiner Zulassung 1933 sich 1936 zur Emigration nach Holland entschloss. Zusammen mit seiner Ehefrau, einer holländischen Jüdin, ist er wohl 1943 nach Auschwitz deportiert worden. Marie Fränkel wurde dort am 17. September 1943 ermordet, ihr Ehemann am 8. Januar 1944.[37]

Ebenfalls 1936 kam der Aschaffenburger Anwalt Albert Stühler nach Amsterdam. Seine Vertreibung aus Aschaffenburg, die 1933 mit seiner Flucht nach Frankfurt und dem Entzug der Zulassung endete, wurde bereits erwähnt. Was ihm in Holland widerfuhr, liegt noch im Dunkeln. Bekannt ist nur, dass er 1938 vom Deutschen Reich ausgebürgert wurde. Todesdatum und Todesort (19. November 1943 Auschwitz) legen nahe, dass er wie Fränkel 1943 aus Holland deportiert worden ist.[38]

Der Nürnberger Anwalt Emil Thalmann, dekorierter Frontoffizier des Weltkriegs, blieb deshalb bis Ende 1938 zugelassen. Nachdem anlässlich der Kristallnacht seine Wohnung demoliert und geplündert worden war, hatte er sich im Juli 1939 zur Emigration nach Holland entschlossen. 1940 wurden er und seine Ehefrau ausgebürgert. Wann die Eheleute Thalmann in das holländische Lager Westerbork, das seit Mitte 1942 unter

[34] BayHStA, MJu 21999; BA Berlin, R 3017: 7 J 39/34 = 3 L 105/35; Gb 1405; Walter Lampert, Grünstadt 1918–1948 – Bewegte Jahre. 1985, 153; Hermann Sinsheimer (= Bruder), Gelebt im Paradies. Erinnerungen und Begegnungen. München 1953, 272–276.

[35] BayHStA, MJu 22 119; LA Sp, J 3, 385 und 800; Paulsen 270, 279; Warmbrunn 611.

[36] Handbuch deutschsprachige Emigration Sp. 321–333.

[37] BayHStA, MJu 20685; Gb 343; Auskunft Stadtarchiv Kaiserslautern; Gb Holland 214.

[38] BayHStA, MJu 22088; StAW, Gestapo 15744; Hepp, Liste 52/22; Gb Holland 723.

SS-Verwaltung stand, kamen, ist nicht bekannt. 1943 wurden sie aus Westerbork nach Theresienstadt verlegt. Unter dem Datum 28.10.1944 erfolgte ihre Deportation von dort nach Auschwitz. Als Emil Thalmanns Todestag ist der 30. Oktober 1944 angegeben, Martha Thalmann wurde nur kurze Zeit später ermordet.[39]

Der aus Franken stammende Hilmar Heinemann, 1904 geboren, seit 1931 Rechtsanwalt in Ludwighafen, verlor seine Zulassung zum 22. August 1933, verblieb aber bis 1939 in der pfälzischen Metropole, ohne dass wir wissen, auf welche Art er seinen Lebensunterhalt bestritt. Im Frühjahr 1939 wähnt er sich auf dem Weg in die Freiheit, denn er ist Passagier auf der St. Louis, die mit 906 jüdischen Flüchtlingen an Bord Kurs auf Kuba genommen hat. Mit nicht nachvollziehbarer Härte lassen weder der mittelamerikanische Inselstaat noch die benachbarten Vereinigten Staaten von Amerika, die der Kapitän in seiner Verzweiflung ansteuert, die Unglücklichen an Land, so dass die St. Louis zur Umkehr gezwungen ist. Dank der Zivilcourage von Kapitän Gustav Schröder können die Passagiere wenigstens im vermeintlich sicheren Rotterdam von Bord. Etwa die Hälfte der unfreiwilligen Rückkehrer entkommt auf diese Weise dem tödlichen Zugriff. Der Rest, darunter Hilmar Heinemann, ist nach der Besetzung Hollands durch Hitler in der Falle. Er kommt ins Lager Westerbork und wird von dort nach Auschwitz deportiert. Vielleicht weil er noch bei Kräften ist, wird er im Oktober 1944 infolge des Rückzugs vor der anrückenden Roten Armee von Auschwitz in das KZ Dachau verlegt. Dort stirbt er am 6. Januar 1945 unter nicht näher bekannten Umständen.[40]

Glücklicher waren die übrigen Holland-Emigranten unter den bayerischen Anwälten. Dem Münchener Siegbert van Wien (Jahrgang 1898) kam sicherlich seine holländische Herkunft zugute, als er 1933 nach Amsterdam zog. Nach erneutem Jura-Studium und Examen wurde er 1937 in Holland als Advokat zugelassen. Im gleichen Jahr verlor der Front- und Freikorpskämpfer seine deutsche Zulassung wegen Missachtung der Residenzpflicht. Mit der Besetzung Hollands wurde es jedoch auch für ihn gefährlich. 1942 bis 1945 tauchte er mit Frau und Tochter im Land unter und überstand auf diese Weise die antisemitischen Maßnahmen der Besatzungsmacht. Nach 1945 hat er wieder als Rechtsanwalt in Amsterdam gearbeitet.[41]

Ebenfalls 1933 emigrierte sein Münchener Kollege Franz Reinach (Jahrgang 1903) nach Holland. Nach Jurastudium an der Universität Nijmegen und Staatsexamen wurde er 1935 als Advokat zugelassen und erhielt bald auch die holländische Staatsbürgerschaft. Unter bisher nicht bekannten Umständen hat er die Jahre bis 1945 überlebt und war danach wieder als Anwalt tätig. 1961 ist er in Nijmegen gestorben, nur 58 Jahre alt.[42] Sein Vater, der bekannte Münchener Kinderarzt, Geheimer Sanitätsrat Dr. Otto

[39] BA Berlin, R 22 Pers. 78119; OLG Nürnberg, PA T 1; BayHStA, EG 58188 = A 11; BayHStA, OP 50195; Gb N 351; Gb Holland 736.

[40] BayHStA, MJu 20940; Archiv Gedenkstätte Dachau (Herr Knoll); Gb 534; Gilbert 210; Georg Reinfelder, MS „St. Louis" – die Irrfahrt nach Kuba ... Teetz 2002; Gb Holland 308.

[41] BayHStA, MJu 22237; BayHStA, EG 78103 = K 1597; Stadtarchiv München, RAK 1936; BA Berlin, R 22 Pers. 80405.

[42] BA Berlin, R 22 Pers. 71837; BayHStA, EG 90549 = A 40; StAM, WB I a 1544, 1631–1634, I N 1562.

Reinach, ist am 6. Dezember 1938 in München verstorben. Seine Mutter Anna, geborene Bernheimer, wurde im November 1941 nach Kowno deportiert und ermordet.[43]

1934 war der Schweinfurter Felix Brandis (Jahrgang 1887) nach Amsterdam emigriert. Sein Antrag, unter Beibehaltung der Anwaltszulassung eine Banktätigkeit zu genehmigen, wurde vom bayerischen Justizministerium abgelehnt, seine Zulassung 1935 wegen Verletzung der Residenzpflicht zurückgenommen. Der dekorierte Frontoffizier und Kompanieführer, 1921 sogar noch als Oberleutnant charakterisiert, überlebte von 1943 bis 1945 illegal in einem Keller die nationalsozialistische Verfolgung. Danach arbeitete er wieder als Angestellter einer Amsterdamer Bank. In Amsterdam ist er aber bereits 1949 mit knapp 62 Jahren gestorben.[44]

Der Fürther Konrad Wilhelm Prager (Jahrgang 1903) hatte 1933 seine Zulassung verloren und war zusammen mit seinen Eltern 1935 nach Prag emigriert. Nach dem Selbstmord seines Vaters, Justizrat Julius Prager, zog er 1936 nach Holland, wo er als Tischler Unterkommen fand. 1939 wurde er ausgebürgert. Wie er die Besatzungszeit überlebte, ist bisher nicht bekannt geworden. Nach 1945 war er Bankangestellter in Amsterdam, wo er 1968 gestorben ist.[45]

1936 ist auch der 60-jährige Münchener Justizrat Emil Landecker mit Frau und zwei Kindern nach Holland emigriert. Der dekorierte Frontoffizier und Kriegsgerichtsrat blieb dort ohne berufliche Tätigkeit. Ab 1943 war er gezwungen im Untergrund bis zum Ende der NS-Herrschaft zu leben. 1946 wanderte der 70-Jährige weiter in die USA, wo ihm noch zehn Jahre vergönnt waren, bis er 1957 in Kalifornien verstarb.[46]

3. Schweiz[47]

Aus verschiedenen Gründen war die Schweiz für Emigranten aus Deutschland interessant: Klassisches Asylland seit langem, Nähe zur Heimat, vertraute Sprache und Kultur. Der anfänglichen Begeisterung für den Nachbarn folgte aber rasch die Ernüchterung über die äußerst restriktive Haltung der eidgenössischen Behörden. Asylwürdig waren nur politische Flüchtlinge. Jüdische Emigranten galten als „wesensfremde Elemente", denen ein längerer Aufenthalt in der Regel nicht gestattet wurde. Strenge Aufenthaltsbestimmungen und generelles Arbeitsverbot sollten die Zahl der Flüchtlinge klein halten, ganz im Sinne der Doktrin „Transitland" Schweiz. Eine seit Jahren andauernde Überfremdungsdebatte, latenter Antisemitismus und wirtschaftliche Bedenken infolge der Weltwirtschaftskrise hatten ein Klima erzeugt, das viele Emigranten zur Weiterwanderung veranlasste, so auch die Mehrzahl der aus Bayern kommenden jüdischen Rechtsan-

[43] Renate Jäckle, Schicksale jüdischer und „staatsfeindlicher" Ärztinnen und Ärzte nach 1933 in München. München 1988, 110.

[44] BA Berlin, R 22 Pers. 52523; StAB, K 100/4, 2634; BayHStA, OP 23699; BayLEA, EG 79199; Eckstein 54; Auskunft Stadtarchiv Schweinfurt.

[45] BayHStA, MJu 21621; BayLEA, EG 82775; Hepp Liste 99/75; s. biogr. Angaben zu Julius Prager (= Vater).

[46] BayHStA, MJu 21248; BayHStA, OP 15688; BayHStA, EG 16175 = A 25; Stadtarchiv München, RAK 73; Wirtsch. Führer Sp. 1297.

[47] Handbuch deutschsprachige Emigration Sp. 375–383.

wälte. Oft schon nach kurzer Zeit zogen sie es vor, ein Land aufzusuchen, das einer dauerhaften Niederlassung weniger ablehnend gegenüberstand. Dies galt etwa für den Münchener Anwalt Max Hirschberg, der trotz enger verwandtschaftlicher Beziehungen nach Zürich noch 1934 von der Schweiz nach Italien weiterzog, weil er dort kein Visum benötigte und sofort arbeiten durfte.[48] Dass er 1939 erneut zum Gehen gezwungen sein würde, konnte er zum damaligen Zeitpunkt noch nicht wissen.

Sein Sozius Philipp Löwenfeld war bereits 1933 vor dem nationalsozialistischen Zugriff nach Zürich geflüchtet, wo er zwar als politischer Asylant anerkannt wurde, ansonsten aber der restriktiven schweizerischen Fremdenpolitik ausgesetzt war. Als bekennender Sozialdemokrat strenger Überwachung unterworfen, gab es für ihn keine Möglichkeit, in seinem angestammten Beruf unterzukommen. Er musste vielmehr sich und seine Familie mit journalistischen Gelegenheitsarbeiten über Wasser halten. 1938 entschloss er sich deshalb, mit den Seinen nach Amerika weiterzuwandern.[49]

Der bereits mehrfach erwähnte Münchener Anwalt Max Friedlaender, der unter dramatischen Umständen nach der Kristallnacht in die Schweiz geflüchtet war, um die Einlieferung nach Dachau zu verhindern, zog es nach wenigen Monaten vor, nach England überzusiedeln. Die latente Kriegsgefahr ließ es ihm ratsam erscheinen, das europäische Festland umgehend zu verlassen.[50]

Auch sein Münchener Kollege Justizrat Paul Heim, der sich seit 1935 in der Schweiz aufhielt, zog es 1939 vor, in die sichereren Vereinigten Staaten von Amerika zu wechseln.[51]

Die Liste derer, für die die Schweiz nur eine Zwischenstation auf ihrem Exilweg war, ließe sich um weitere Beispiele ergänzen. In der Regel führte ihre Flucht vor Hitler in die USA, in einem Fall sogar noch nach dem Ende des Krieges.[52]

Die wenigen, denen die Schweiz endgültige Zuflucht bot, machten unterschiedliche Erfahrungen mit ihrer neuen Heimat. Der Frankenthaler Anwalt Dr. Siegfried Samuel, der nach längerer Internierung im KZ Dachau im April 1939 nach Zürich, die Geburtsstadt seiner Frau, gezogen war, konnte sich mit den neuen Umständen, besonders der unfreiwilligen Untätigkeit, nur schwer abfinden. Depressionen und ein Herzleiden führten bereits 1941 zu seinem Tod im Alter von 56 Jahren.[53]

Der Nürnberger Anton Zimmer war, da der SPD nahe stehend, bereits 1933 ins Visier der neuen Machthaber gekommen und deshalb nach Zürich geflohen. Seit 30. September 1933 dort als politischer Flüchtling anerkannt, erlebte der Frontkämpfer den Entzug seiner Zulassung in Nürnberg zum 29. August 1933 wegen angeblicher kommunistischer Betätigung nur noch aus der Ferne. Wovon er in der Schweiz lebte, ist bisher nicht bekannt geworden. Das einschlägige Handbuch zur deutschsprachigen Emigration äußert sich zur Situation der meisten Emigranten im Nachbarland folgendermaßen: „Armut und Not prägten den Lebensalltag der meist mittellosen Flüchtlinge.

[48] Weber, Max Hirschberg 33 bzw. 293.
[49] Landau-Rieß; Rieß, Nachwort.
[50] Max Friedlaender, Erinnerungen. Manuskript 316ff.
[51] BayHStA, MJu 20936; BayHStA, BEG 48970 = A 127.
[52] Gemeint ist Dr. Albert Engel/München: BayLEA, BEG 24444.
[53] BA Berlin, R 22 Pers. 73395; LA Sp, J 3, 539; Archiv Gedenkstätte Dachau 36397 = Jugenderinnerungen der Tochter Edith. 2001.

Freitische, Schlafstellen, Sachhilfen und kleine illegale Beschäftigungen halfen zum Überleben. Finanzielle Zuwendungen reichten gerade zum Lebensnotwendigsten."[54] Zu dieser Beschreibung passt, dass der ledige Anton Zimmer am 24. Januar 1944 in Zürich im Alter von 60 Jahren verstorben ist.[55]

Justizrat Dr. Alfred Bloch, kriegsversehrter (40%) Frontoffizier des Jahrgangs 1876, bis Ende November 1938 in München als Rechtsanwalt zugelassen, war nach Plünderung seiner Kanzlei und Internierung im KZ Dachau 1938 im März 1939 in die Schweiz emigriert. Ohne berufliche Tätigkeit war ihm dort wenigstens ein längerer Ruhestand, den er überwiegend in Montreux verbrachte, vergönnt. 1960 ist der 84-Jährige in St. Gallen verstorben.[56]

Ohne berufliche Tätigkeit in der Schweiz war auch sein Münchener Kollege Dr. Erich Rostowsky. Seit 1921 im Besitz einer Anwaltszulassung, war er im August 1938 nach Zürich emigriert. Dort lebte er auch nach 1945, allerdings von schwerer Krankheit behindert. 1970 ist er im Alter von 75 Jahren gestorben.[57]

Der aus Bamberg stammende Dr. Hans-Erich Mohr, seit 1931 in München Rechtsanwalt, hatte zum 29. August 1933 aufgrund des Zulassungsgesetzes Berufsverbot erhalten. Was er in den Folgejahren gemacht hat, ist bisher unbekannt. Im August 1938 emigrierte er von München nach Zürich, wo er nach einem kurzen Abstecher in die Türkei seit Oktober 1938 seinen festen Wohnsitz hatte. Nach 1945 hat er als Vertreter gearbeitet, bis er bereits 1955 im Alter von nur 55 Jahren gestorben ist.[58]

4. Lateinamerika[59]

Die lateinamerikanischen Staaten gehörten anfänglich nicht zu den bevorzugten Exilländern, weil allein schon die große Entfernung von Europa abschreckend wirkte. Sie gerieten erst ins Blickfeld, als die Aufnahmebereitschaft attraktiverer Länder merklich nachließ. Die einschlägige Forschung hat deshalb lateinamerikanische Fluchtländer als Ziele zweiter Wahl bezeichnet, auch als „Wartesäle"[60], weil sie vielfach Durchgangsstationen für verheißungsvollere Bestimmungsorte bildeten. Die Einreise in lateinamerikanische Staaten hing in der Regel vom Nachweis von Eigenkapital ab und der Bereitschaft, im landwirtschaftlichen Bereich oder in bestimmten Berufen tätig zu sein. Oft war die Zahlung von Schmiergeldern unabdingbar. Außer Mexiko betrachteten die Aufnahmeländer die Flüchtlinge als Wirtschaftsmigranten. Auf die extremen klimatischen Bedingungen und die in der Regel fremden Sprachen (Spanisch, Portugiesisch) muss nicht eigens hingewiesen werden.

[54] Handbuch deutschsprachiger Emigration Sp. 377.

[55] BayHStA, MJu 22294; Staatsarchiv Zürich, Regierungsratsbeschluss Nr. 2521 vom 30.9.1933; Stadtarchiv Zürich, Todesregister 1944/236: Sterbeakten.

[56] BayHStA, OP 5075; BayHStA, EG 48430 = K 2961; StAM, PolDir München 11651; StAM, WB I a 298, 2026; I N 10, 2801, 2878.

[57] BA Berlin, R 22 Pers. 72906; BayHStA, BEG 8581 = A 161; Stadtarchiv München, RAK 184.

[58] BayHStA, MJu 21456; BayHStA, EG 47677 = A 456; Stadtarchiv München, RAK 855.

[59] Handbuch deutschsprachige Emigration Sp. 297–307.

[60] Ebd. Sp. 297.

Der von 1907 bis Ende November 1938 in München als Anwalt zugelassene Dr. August Kronacher hatte sich nach der Entlassung aus dem KZ Dachau, in das er am 10. November 1938 eingeliefert worden war, im Juni 1939 zur Emigration nach Bolivien[61] entschlossen. Zusammen mit seiner Ehefrau und zwei erwachsenen Söhnen lebte er in der Hauptstadt des Andenstaates. Nähere Umstände, etwa womit er seinen Lebensunterhalt verdiente, sind nicht bekannt. Bereits 1944 ist er 65-jährig in La Paz gestorben. Seine Witwe und seine beiden Söhne zogen nach 1945 weiter in die USA.[62]

Nach Peru, einem weiteren Andenstaat, verschlug es den bereits anderweitig erwähnten Münchener Rechtsanwalt Dr. Michael Siegel. Aufgebrochen in Berlin im September 1940, war er zusammen mit seiner Ehefrau über Moskau mit der Transsibirischen Eisenbahn nach Ostasien, weiter nach Japan und von dort per Schiff nach Südamerika gelangt. Der 58-Jährige musste sich eine neue Existenz aufbauen, die ihn über die Stationen Buchhändler und Rabbiner 1953 nach erneuter Zulassung in Deutschland wieder zu seinem angestammten Beruf als Rechtsanwalt führte. Aus naheliegenden Gründen wurde er Fachmann für das Gebiet der Wiedergutmachung. 1971 verlieh ihm der Bundespräsident das Große Verdienstkreuz der Bundesrepublik Deutschland. 1979 ist er im Alter von 97 Jahren in Lima/Peru gestorben.[63]

Während sein betagter Vater, Justizrat Dr. Michael Erlanger, in Deutschland blieb und 1938 starb[64], zog es sein Sohn und Sozius Dr. Martin Erlanger, dem 1933 die seit 1928 bestehende Zulassung in Nürnberg entzogen worden war, vor, seine Heimat zu verlassen. Von 1933 bis 1937 Prokurist einer Nürnberger Weinbrennerei, nahm er seine inzwischen erworbenen wirtschaftlichen Kenntnisse mit, als er im Februar 1937 nach Uruguay[65] emigrierte. In der Hauptstadt Montevideo betrieb er bis Ende 1968 ein Geschäft als selbstständiger Importkaufmann. Der 66-Jährige kehrte 1968 nach Deutschland zurück und ließ sich in München nieder, wo er 1969 wieder als Rechtsanwalt zugelassen wurde. 1991 ist er dort 89-jährig verstorben.[66]

Justizrat Otto Joseph Berlin, seit 1907 Rechtsanwalt in Fürth und kriegsversehrter Frontkämpfer, entschloss sich im Frühjahr 1939 zur Emigration, die ihn zusammen mit seiner Ehefrau über Holland bis nach Mexiko[67] führte. Seine Familie – ein Sohn wurde 1940 geboren – brachte er als Bienenzüchter und kaufmännischer Agent über die Runden. 1959 kehrte der 80-Jährige nach Deutschland zurück. 1962 ist er in München verstorben.[68]

Sein gleichaltriger Kollege, Justizrat Dr. Karl Dormitzer, war ab 1905 geachteter Rechtsanwalt in Nürnberg. Seit dem Berufsverbot Ende November 1938 Konsulent, emigrierte der dekorierte Frontkämpfer des Weltkriegs nach Plünderung und Demolierung seiner Wohnung am 9./10. November 1938 im Juni 1939 ebenfalls nach Mexiko. Bis 1947 musste er sich dort als landwirtschaftlicher Arbeiter verdingen. 1948 kehrte er

[61] Handbuch deutschsprachige Emigration Sp. 174–182.
[62] BayHStA, BEG 19681 = A 293; StAM, PolDir München 14909; Stadtarchiv München, RAK 1074.
[63] RAK o.S.; MJu, PA S 71; BayLEA, BEG 20648; Axelsson; Heinrich 106, 157f.; Ostler 247, 472.
[64] OLG Nürnberg, PA E 12; BayLEA, BEG 48721;Gb N 63; Göppinger 219.
[65] Handbuch deutschsprachige Emigration Sp. 437–446.
[66] MJu, PA E 182; BayLEA, BEG 52122; RAK, PA o.S.; Heinrich 219; Göppinger 334.
[67] Handbuch deutschsprachige Emigration Sp. 311–317.
[68] BayHStA, EG 92217 = A 432; OLG Nürnberg, PA B 20.

krank nach Deutschland zurück und wurde am 7. April dieses Jahres wieder als Rechtsanwalt in seiner Geburtsstadt Fürth zugelassen. Bereits 1952 ist er 72-jährig dort gestorben.[69]

Der schon erwähnte Ingolstädter Anwalt Willy Rosenbusch emigrierte nach einer Zwischenstation in Hamburg, der Heimat seiner Ehefrau, von dort mit Familie nach Chile.[70] Seinen Lebensunterhalt fand er zunächst in einem Laboratorium. Nach 1945 war er Rechtsberater im Bereich der Wiedergutmachung. 1972 ist er im Alter von 90 Jahren in Santiago de Chile gestorben.[71]

Seinem Münchener Kollegen Dr. Rudolf Wassermann war es nach mehrmonatiger Internierung in Frankreich geglückt, Ende 1939 nach Chile zu entkommen. Er beteiligte sich dort zusammen mit Verwandten an einer Tuchhandlung, die 1952 mangels Kapitals aufgelöst werden musste. Seitdem ohne berufliche Tätigkeit und durch Krankheit behindert, verbrachte er die Folgezeit in wirtschaftlich beengten Verhältnissen. 1965 ist er 80-jährig in Santiago de Chile verstorben.[72]

Nach Brasilien[73] emigrierte 1935 der Münchener Anwalt Dr. Stefan Gutmann, der seit 1913 im Besitz einer Zulassung gewesen war. Einzelheiten über sein Leben waren bisher kaum zu ermitteln. Bekannt ist lediglich, dass er von seiner Ehefrau und zwei Kindern begleitet wurde und dass er ohne Beruf nur von Erspartem lebte. 1960 ist er im Alter von 75 Jahren in Rio de Janeiro gestorben.[74]

1936 nach Brasilien kam der Bamberger Rechtsanwalt Dr. Ernst Wachtel. Den Lebensunterhalt für sich und seine Familie verdiente er zunächst als Vertreter, später als Kaufmann. Erst 1950 erreichten seine Einnahmen eine Höhe, die ihm eine auskömmliche Haushaltsführung gestattete. Wachtel starb 1977 im Alter von 80 Jahren in São Paulo.[75]

Der angesehene Frankenthaler Rechtsanwalt Dr. Robert Wolfgang Blum hatte bereits 1933 wegen seiner demokratischen Gesinnung – er war Mitglied der liberalen DDP – zweimal Schutzhaft erlitten. Vom 10. November bis zum 21. Dezember 1938 in Dachau interniert, kehrte er als gebrochener Mann zurück. Er litt seitdem an Atemnot und hatte den Orientierungssinn verloren. Mit Frau, zwei Töchtern und Schwiegermutter konnte er im Juni 1939 noch rechtzeitig nach Brasilien emigrieren, war aber nicht mehr in der Lage, sich auf die veränderten Lebensbedingungen dort umzustellen. Schon am 20. September 1941 ist er in einer Nervenklinik in São Paulo verstorben. Um der Familie das Überleben zu ermöglichen, vermietete die Witwe Zimmer mit Kost und Logis.[76]

Rechtsanwalt Dr. Alfred Ortweiler, seit 1913 in Nürnberg zugelassen, war im Juli 1933 grundlos von SA zusammengeschlagen worden. Der Altanwalt hatte daraufhin Ende September des gleichen Jahres auf seine Zulassung verzichtet und sich mit Frau und

[69] MJu, PA D 10; OLG Nürnberg, PA D 326; BayHStA, OP 39326; BayLEA, EG 41609.
[70] Handbuch deutschsprachige Emigration Sp. 193–204.
[71] BayHStA, MJu 21734; BayHStA, OP 60656; Stadtarchiv München, RAK 146; BA Berlin, R 22 Pers. 72775; Strätz 472; Straub-Douer 216 f., 240 ff.
[72] BA Berlin, R 22 Pers. 79534; StAM, PA 24035; Stadtarchiv München, RAK 581; BayHStA, EG 121500 = A 34.
[73] Handbuch deutschsprachige Emigration Sp. 183–193.
[74] BayHStA, MJu 20861; StAM, PolDir München 13341; BayLEA, BEG 50546.
[75] BA Berlin, R 22 Pers. 79238; StAB, K 100/4, 3132; BayLEA, BEG 38550.
[76] BA Berlin, R 22 Pers. 51962; BayHStA, OP 31280; LA Sp, J 1, 1062 und J 3, 403; Paulsen 275; Paul, Frankenthaler Juden 341 f.

Sohn nach Holland begeben. 1935 war er mit Familie nach Brasilien weiteremigriert. Krankheit zwang ihn dort zur Untätigkeit. Es ist nicht bekannt, auf welche Weise die Familie überlebte. Alfred Ortweiler ist bereits 1946, knapp 60 Jahre alt, in São Paulo gestorben.[77]

Sein Nürnberger Kollege Dr. Werner Rosenfeld, laut NS-Diktion ein Mischling ersten Grades, hatte, obwohl im Besitz eines Passierscheins zum Betreten der Gerichtsgebäude, im Juli 1933 auf seine seit 1928 bestehende Zulassung verzichtet und war umgehend nach Brasilien ausgewandert. Dort arbeitete er als Versicherungsagent in São Paulo, wo er auch noch 1967, inzwischen 66 Jahre alt, lebte. Weitere Nachrichten zu ihm liegen bisher nicht vor.[78]

Bereits erwähnt wurde, dass der bekannte Münchener Wirtschafts- und Steueranwalt Dr. Heinrich Reinach im März 1939 zusammen mit seiner Familie nach Brasilien emigrierte und dort zunächst ohne Beschäftigung blieb. Erst nach 1945, nach dem Erwerb portugiesischer Sprachkenntnisse, arbeitete er als erfolgreicher Rechtsberater und wurde zum Pionier des brasilianischen Wirtschafts- und Steuerrechts, das ihm zahlreiche einschlägige Veröffentlichungen verdankte. Seit 1956 zunehmend von verfolgungsbedingten Krankheiten behindert, starb er 1965 im Alter von 77 Jahren in São Paulo.[79]

Mit Reinach in vielfältiger Weise verbunden war Dr. Hans Schnitzlein. Der gebürtige Mannheimer, durch Adoption Stiefsohn eines bayerischen Polizeioffiziers, wurde nach dem Kriegsabitur 1916 eingezogen und kam 1918 noch an die Front, wo er auch zwei Verwundungen erlitt. Erst 1919 aus der Armee entlassen, erfolgte 1920 seine Charakterisierung als Leutnant. Schnitzlein war aufgrund seiner Erziehung national eingestellt, was sich u.a. in seinem Engagement für die konservative Seite des politischen Spektrums äußerte. Nach einem erfolgreichen Jurastudium wurde er 1925 als Rechtsanwalt in München zugelassen. Anschließend trat er in die Dienste der Allianz-Versicherung und brachte es bald zum Abteilungsleiter. Im April 1933 gab er seine Münchener Anwaltszulassung auf, weil er innerhalb des Konzerns nach Frankfurt versetzt wurde. Als er wegen seiner jüdischen Herkunft die Allianz verlassen musste, emigrierte er im Sommer 1939 über die Schweiz nach Brasilien. Wie Reinach als Rechtsberater tätig, legte er im schon vorgerückten Alter das brasilianische Examen ab und konnte sich fortan „Advogado" nennen. 1948 gehörte er zu den Mitbegründern der deutsch-brasilianischen Handelskammer in São Paulo, deren Vizepräsidentenamt er lange Jahre inne hatte. Zu seinen Verdiensten zählen die Wiederanknüpfung und der Ausbau der Wirtschaftsbeziehungen zwischen Brasilien und Deutschland und die Beratung deutscher Industrie- und Wirtschaftsunternehmen bei der Errichtung von Filialen in Südamerika. Der Bundespräsident würdigte seinen Einsatz mit der Verleihung des Großen Verdienstkreuzes des Verdienstordens der Bundesrepublik Deutschland. 1969 ist Schnitzlein im Alter von 71 Jahren in São Paulo gestorben. Von 1960 bis zum seinem Tod war er wieder als Rechtsanwalt in München zugelassen gewesen.[80]

[77] BayHStA, MJu 21545; BayHStA, BEG 42673 = A 49.

[78] BayHStA, MJu 21735; BayLEA, BEG 7929.

[79] BA Berlin, R 22 Pers. 71839; BayHStA, BEG 36352 = K 594; Göppinger 310; StuW 1966; 146 (Nachruf).

[80] MJu, PA Sch 340; BayHStA, OP 28356; RAK, PA o.S.; Archiv Allianz, PA; Hans Schnitzlein, Kriegserinnerungen.

Justizrat Hans Weil, seit 1902 Rechtsanwalt in München, entschloss sich nach der Entlassung aus Dachau, wo er vom 10. bis zum 29. November 1938 interniert war, und nach dem Entzug der Zulassung zum 30. November 1938 im Mai 1939 zur Emigration nach England. Dort musste der 1876 Geborene einer Tätigkeit als Küchenhilfe und Liftboy (!) nachgehen, um sich und seine Familie zu ernähren. 1946 wanderte er mit Frau und Sohn nach Argentinien[81] weiter, um hier seinen Lebensabend zu verbringen. 1952 ist er in Rawson/Argentinien 76 Jahre alt verstorben.[82]

Ebenfalls 1952 verstarb in Buenos Aires der ein Jahr jüngere bereits erwähnte Coburger Rechtsanwalt Dr. Moritz Baer, der 1938 Deutschland in Richtung Südamerika verlassen hatte. Seine Witwe, die ihn zehn Jahre überleben sollte, und seine drei erwachsenen Kinder blieben in Argentinien, um sich ein neues Leben aufzubauen.[83]

Der 1904 geborene Ludwigshafener Anwalt Dr. Ludwig Mayer hatte zum 22. August 1933 seine seit 1929 bestehende Zulassung eingebüßt und war nach einem Intermezzo als juristischer Berater einer Telefonfirma in Dresden Ende 1935 nach Argentinien emigriert. Von Dezember 1936 bis zu seiner Pensionierung 1970 arbeitete er für die South American Mining Company in Buenos Aires, zuletzt als Vorstandsmitglied. 1980 wurde er beim Oberlandesgericht Zweibrücken wieder als Rechtsanwalt zugelassen. 1984 lebte Dr. Luis Mayer, wie er sich in Argentinien nannte, in Buenos Aires, wo er 1991 gestorben ist.[84]

Von 1912 bis zum 30. November 1938 war Dr. Leo Heidenheimer Rechtsanwalt in seiner Heimatstadt Nürnberg. Nach seiner Freilassung aus Dachau, wo er vom 12. November bis zum 21. Dezember 1938 interniert war, emigrierte er im Juli 1939 zusammen mit seiner Ehefrau nach Argentinien. Aus nicht bekannten Gründen scheint er nicht berufstätig gewesen zu sein. Möglicherweise war, wie bei Emigranten nicht selten, seine Frau, eine Lehrerin, für den Lebensunterhalt zuständig. 1954 ist Heidenheimer im Alter von 68 Jahren in Buenos Aires verstorben.[85]

Obwohl Frontkämpfer, hatte sein ein Jahr jüngerer Nürnberger Kollege Dr. Alfred Mohr im August 1933 auf seine Anwaltszulassung verzichtet und war mit Frau und Tochter nach Meran emigriert. 1935 wanderte die Familie weiter nach Argentinien. Erst 60 Jahre alt ist Mohr 1948 in Buenos Aires verstorben, ohne dass nähere Einzelheiten über seine Lebensumstände im Exil bekannt sind.[86]

[81] Handbuch deutschsprachige Emigration Sp. 143–162.

[82] BayHStA, BEG 74848 = A 49; Stadtarchiv München, RAK o.S.; Archiv Gedenkstätte Dachau (Herr Knoll).

[83] BayHStA, EG 16312 = K 1137; StAB, K 100/4, 2593; Fromm, Coburger Juden 279 ff.

[84] BayHStA, MJu 21400; Paulsen 277; Auskunft RAK Zweibrücken.

[85] BA Berlin, R 22 Pers. 59469; BayHStA, OP 41655; BayHStA, BEG 225034 = K 871.

[86] BayHStA, MJu 21455; BayHStA, BEG 46787 = K 3702.

5. Großbritannien[87]

Zahlreiche restriktive Maßnahmen verhinderten zunächst, dass größere Einwandererströme Großbritannien berührten. Britische Appeasement-Politik gegenüber Deutschland, traditioneller Isolationismus und Desinteresse an Belangen des europäischen Kontinents kamen hinzu. Nur wer durch Garantieerklärungen von Einzelpersonen oder Organisationen seine Existenzsicherung nachweisen konnte, hatte eine Chance zur Einreise. Bis zum Kriegsausbruch erteilten die Behörden oft befristete Aufenthaltsgenehmigungen, die eine baldige Weiterreise (For Transit Only) bezweckten. So ist es nicht weiter verwunderlich, dass von 69 auf die britische Insel emigrierten bayerischen Rechtsanwälten 33 es vorzogen, relativ bald weiterzuwandern, in der Regel in die USA. Für die Verbleibenden war es schwer, eine Arbeitsgenehmigung zu bekommen, so dass sie oft auf untergeordnete Tätigkeiten angewiesen waren. So kamen anfänglich hauptsächlich ältere Anwälte, die, ohne eine Berufstätigkeit anzustreben, von ihren Ersparnissen leben konnten, wie etwa der bereits erwähnte Münchener Justizrat Dr. Fritz Ballin, der seit 1936 in London wohnte und gelegentlich als Berater für ausländisches Recht Beschäftigung fand. 60 Jahre alt starb er bereits 1939 in der britischen Hauptstadt.[88]

Das Berufsverbot nach vierzigjähriger erfolgreicher Anwaltstätigkeit, die Demolierung seiner Wohnung inklusive wertvoller Bibliothek im Zuge der Kristallnacht und die Ermordung eines Bruders im KZ Dachau am 27. November 1938[89] hatte seinen Münchener Kollegen Justizrat Albert Goldschmidt im Juli 1939 zur Emigration nach England bewogen. Bereits schwer krank, blieben ihm fünf Jahre, bis er 1944 im 75. Jahre stehend verstarb.[90]

41 Jahre Rechtsanwalt in München war Justizrat Dr. Karl Blumenstein, was ihn aber am 10. November 1938 nicht vor der Internierung im KZ Dachau bewahrte. Mit seiner Familie emigrierte er nach seiner Freilassung im August 1939 nach England, ist dort aber bereits 1943 im Alter von 73 Jahren gestorben.[91]

Auf 35 erfolgreiche Anwaltsjahre blickte Justizrat Sally Koblenzer 1938 zurück – er war u.a. für das Münchener italienische Konsulat, für Luftfahrtunternehmen und die örtliche Großmarkthalle tätig gewesen. Nachdem im Zuge der Kristallnacht sein Haus mit wertvoller Einrichtung beschädigt und seine Kanzleiräume völlig zerstört worden waren, zog er es vor, in die Heimat seiner Gattin Großbritannien zu emigrieren. 1948 erhielt er die britische Staatsbürgerschaft. 1953 starb er im Seebad Eastbourne 76 Jahre alt. Seine Witwe folgte ihm 1991 im 107. Lebensjahr.[92]

Sein Kollege Justizrat Dr. Emil Silbermann war nach überstandener Internierung in Dachau im April 1939 nach England gekommen. Dort wurde er 1940 wie viele Schicksalsgenossen als „enemy alien“ auf der Isle of Man erneut interniert. 1942/43 arbeitete

[87] Handbuch deutschsprachiger Emigration Sp. 251–270.
[88] BayHStA, BEG 17296 = A 302.
[89] Gb M 440.
[90] StAM, PolDir München 12824; StAM, WB I a 799, 1294; I N 2011, 2192, 6918; BayHStA, BEG 30577 = K 1080.
[91] Stadtarchiv München, RAK 731; BayLEA, EG 75873; Archiv Gedenkstätte Dachau.
[92] StAM, PolDir München 14604; StAM, WB I a 730, 954; I N 45, 9755, 9756, 10305; BayLEA, BEG 3784; Stadtarchiv München, RAK 1032.

der 64-Jährige als Mechaniker in einer Fabrik. Eine schwere Erkrankung führte bereits 1944 zu seinem Tod im Alter von 65 Jahren. Seine Witwe musste nunmehr allein die drei Waisenkinder seines Schwagers und Kollegen Dr. Karl Feust versorgen, dessen Schicksal wie das seiner nach London geflüchteten Familie oben ausführlich behandelt wurde.[93]

Viele weitere Beispiele älterer Anwälte ließen sich anführen. Außer von ihrem Ersparten lebten diese oft von Zuwendungen Verwandter oder Unterstützung durch Hilfsorganisationen, seit der Einrichtung der Wiedergutmachung auch von Renten der Bundesrepublik Deutschland. Ihre jüngeren Kollegen waren in der Regel zu einem Berufswechsel gezwungen, weil das dem deutschen gänzlich entgegengesetzte angelsächsische Rechtssystem ein erneutes Jurastudium erforderlich machte und die Anwaltszulassung die britische Staatsbürgerschaft voraussetzte. Nach dem bisherigen Kenntnisstand ist es nur einem bayerischen Emigranten gelungen, diesen Weg einzuschlagen: Philipp Cromwell, Jahrgang 1894, Sohn eines ortsansässigen Lederfabrikanten, seit 1921 Rechtsanwalt in seiner Heimatstadt Nürnberg, war nach dem ersten Examen 1916 als Gefreiter zum Fronteinsatz gekommen und hatte deshalb erst mit entsprechender Verzögerung die Zweite Staatsprüfung ablegen können. Eine Staatsdienstbewerbung war aus den uns bekannten Gründen 1922 abgelehnt worden. Sein Spezialgebiet als Anwalt wurden Patentsachen. 1933 vom Zulassungsgesetz nicht betroffen, entschloss er sich im Mai 1934 zur Emigration in die Heimat seiner Vorfahren. Der Vater von drei minderjährigen Kindern absolvierte dort ein Jurastudium und wurde nach dem erfolgreichen Abschluss 1937 als Barrister in London zugelassen. 1940 wie viele Emigranten interniert, war er anschließend bis etwa 1944 ohne zählbares Einkommen. Erst mit der Verleihung der englischen Staatsbürgerschaft 1947 und der Zulassung als Solicitor 1949 war seine wirtschaftliche Situation so, dass sie ihm eine auskömmliche Lebensführung ermöglichte. Seit 1949 auch wieder in Nürnberg zugelassen, führte er eine florierende deutsch-englische Anwaltspraxis mit dem Schwerpunkt Wiedergutmachungssachen. 1978 ist er 84-jährig in London verstorben.[94]

Sein Nürnberger Sozius Dr. Paul Sulzbacher, Anwalt seit 1912, wie Cromwell dekorierter und verwundeter Frontkämpfer, verzichtete 1935 auf seine Zulassung zu Gunsten einer Tätigkeit als Vorstand einer Grundstücksgesellschaft in Berlin. Unter Verlust seines gesamten Vermögens emigrierte er mit Ehefrau und zwei Töchtern Ende 1938 nach Großbritannien. Er fand eine Anstellung im kaufmännischen Bereich, zunächst bis 1949 in Portadown/Nordirland, danach in der Nähe von London, zuletzt als Direktor. 1976 starb er dort knapp 90 Jahre alt.[95]

Der eingangs erwähnte Nürnberger Anwalt Dr. Walter Berlin konnte nach einem Intermezzo als Feuer- und Nachtwächter ab 1945 als Steuerberater und Wirtschaftsprüfer in London einen seiner ursprünglichen Tätigkeit verwandten Beruf ergreifen.[96]

Justizrat Leo Weil in München, seit 1902 zugelassen, vom 10. bis zum 30. November 1938 in Dachau, emigrierte im März 1939 mit Frau und Sohn nach London. 1941

[93] Stadtarchiv München, RAK 1522; BayLEA, BEG 60077; Archiv Gedenkstätte Dachau.
[94] BayHStA, OP 25932; BayHStA, BEG 38807 = K 253; MJu, PA C 20; OLG Nürnberg, PA C 629.
[95] BA Berlin, R 22 Pers. 77907; OLG Nürnberg, PA S 14; EA Berlin 72275.
[96] BayLEA, BEG 21821.

arbeitete er als Handarbeiter in einer Fabrik, seit 1942 als angestellter Buchhalter in einer Großhandelsfirma. Obwohl seit 1948 britischer Staatsbürger, verbesserte sich seine wirtschaftliche Lage nicht wesentlich. 1954 sah sich die deutsche Botschaft in London gezwungen, dem inzwischen 78-Jährigen eine Bedürftigkeitsbescheinigung auszustellen, um die Bearbeitung seines Antrags auf Wiedergutmachung zu beschleunigen. Nur ein Jahr später ist er in London gestorben.[97]

Justizrat Dr. Eugen Strauß, bekanntester Anwalt Augsburgs, Zulassung 1906, ab 1921 Vorsitzender der örtlichen Kultusgemeinde, dekorierter Frontoffizier des Weltkriegs, verheiratet und Vater zweier erwachsener Kinder, emigrierte im Juni 1939 nach London. Anfänglich lebte er von Ersparnissen und von Zuwendungen eines Sohnes, seit 1942 von Recherchen für einen englischen Patentanwalt. Ab 1945 arbeitet er als Rechtsberater (Consultant in German and International Law) in London. 1965 ist er dort im 86. Lebensjahr gestorben.[98]

Auch der Münchener Anwalt Dr. Friedrich (Fritz) Dispeker, Jahrgang 1895, war dekorierter Frontoffizier gewesen. Der Sohn des bekannten Geheimen Justizrats Dr. Siegfried Dispeker (gestorben 1937), mit dem zusammen er eine renommierte Kanzlei betrieb, sah sich 1936 infolge starken Rückgangs des Praxisbetriebs seit 1933 zur Aufgabe seiner Zulassung gezwungen. Nach einem Intermezzo als Syndikus einer jüdischen Firma in Berlin emigrierte er 1938 nach England, wo er bis zu seiner Pensionierung 1959 als Company Secretary einer Elektrofirma tätig blieb. Danach siedelte er in die Schweiz über, um dort seinen Lebensabend zu verbringen. 1986 ist er 91-jährig in Lugano verstorben.[99]

Sein jüngerer Kollege Dr. Lothar Wachtel hatte seine von 1929 datierende Zulassung in München am 10. August 1933 wieder verloren und sich zunächst nach Paris begeben. Da er dort offenbar beruflich nicht auf die Beine gekommen ist, zog es ihn nach England weiter, wo er als technischer Kaufmann in Sheffield Beschäftigung fand. 1999 ist er im 96. Lebensjahr bei Bristol gestorben.[100]

Rechtsanwalt Dr. Fritz Biermann, seit 1930 in Nürnberg zugelassen, ereilte das Berufsverbot am 5. August 1933. Außer einem kurzen Zwischenspiel als Angestellter einer Exportfirma war er in der Folgezeit arbeitslos. Wie seine Eltern emigrierte er 1939 nach England. Nach einem Fremdsprachenstudium und den entsprechenden Examina sowie dem Erwerb der britischen Staatsbürgerschaft arbeitete er ab 1948 als Mittelschullehrer. 1987 ist er in Durham im Alter von 84 Jahren verstorben.[101]

Der Würzburger Rechtsanwalt Dr. Isidor Grünfeld war auch als Lehrer und Rabbiner ausgebildet. Nach dem Verlust der Zulassung zum 27. Juni 1933 emigrierte der aktive Zionist über Straßburg und Palästina nach London. Seit 1936 dort Rabbiner, war er von 1939 bis 1945 Richter am Gerichtshof des Oberrabbiners von London, Mitglied und

[97] BayHStA, EG 49684 = K 693; StAM, WB I N 644, 9832, 10528, 10529; Archiv Gedenkstätte Dachau.

[98] BayHStA, OP 3167; Stadtarchiv München, RAK 1620; BayLEA, EG 74377; StAM, WB I N 1675, 10508; Walk 358.

[99] BA Berlin, R 22 Pers. 54279; BayHStA, OP 6269; StAM, PolDir München 11957; Stadtarchiv München, RAK 579; EA Berlin 50034.

[100] BayHStA, MJu 22163; Stadtarchiv München, RAK 1813; BayLEA, BEG 8393.

[101] BayHStA, MJu 20396; BayLEA, EG 75308.

Funktionär in zahlreichen britisch-jüdischen Institutionen und Vereinigungen sowie fruchtbarer religiöser Schriftsteller und Wissenschaftler. 1975 ist Isaiah Grunfeld, wie er sich in England nannte, fast 75-jährig in London gestorben.[102]

Der Landauer Rechtsanwalt Dr. Salomon (Sally) Feibelmann kam 1933 ins Visier der neuen Machthaber, weil er angeblich 1919 Anhänger der Revolution, anschließend Sympathisant der Besatzungsmacht Frankreich und überdies Mitglied einer separatistischen Loge gewesen sein soll. Um einer drohenden Schutzhaft zuvorzukommen, emigrierte er über die Schweiz noch 1933 nach England. In Manchester errichtete und betrieb er ab Herbst 1933 eine Kleiderfabrikation. 1939 wurden er, seine Frau und seine Tochter vom Deutschen Reich ausgebürgert. Seine Vermögenswerte in Deutschland waren schon vorgriffsweise beschlagnahmt worden. Schließlich erkannte ihm auch noch die Universität Würzburg den 1914 erworbenen Doktortitel ab. Feibelmann ist 1971 in Manchester im Alter von 81 Jahren verstorben.[103]

6. Palästina/Israel[104]

Außer für die wenigen Zionisten unter den jüdischen Rechtsanwälten bildete Palästina anfänglich kein bevorzugtes Ziel zur Einwanderung. Erst mit der schwindenden Aufnahmebereitschaft anderer Länder trat hier ein Wandel ein. Weil die britische Mandatsregierung feste Zugangsquoten vorgab, waren dem Zuzug ohnedies Grenzen gesetzt. Aus diesem Grund kam nur etwa ein Drittel der Emigranten aus Deutschland. Zertifikate für Zionisten setzten in der Regel eine landwirtschaftliche Ausbildung voraus, über die Rechtsanwälte schwerlich verfügten. Über sog. Kapitalisten-Zertifikate konnte einreisen, wer den Besitz von 1.000 englischen Pfund nachweisen konnte. Angesichts der sich verschärfenden Fiskalpolitik des Deutschen Reiches gegenüber Juden wurden diese meist unerschwinglich. Von 1933 bis 1939 galt ein Transferabkommen (Haavara-Abkommen), das Auswanderervermögen mit deutschen Warenexporten nach Palästina zu verrechnen erlaubte. Maximal 50000 Reichsmark konnten zu einem relativ günstigen Wechselkurs mitgenommen werden, was den Zuzug deutscher Einwanderer stark förderte.

Zu den politischen Schwierigkeiten zwischen Juden, Arabern und englischer Mandatsmacht, die die Region zu einem dauernden Unsicherheitsherd machten, traten oft persönliche Probleme der Neuankömmlinge. Sie waren weder psychologisch noch sozial auf das Pionierland Palästina vorbereitet. Die hier lebende Bevölkerungsmehrheit zeigte sich ihnen gegenüber deutlich reserviert. Ihre Sprache wurde als Sprache Hitlers abgelehnt. Ihre Herkunft aus dem gehobenen Mittelstand mit entsprechendem Lebensstandard und Bildungshintergrund galt nichts mehr. Klima und fremde Sprache traten hinzu. Für einen beruflichen Neuanfang waren viele zu alt oder zu unbeweglich.

[102] BayHStA, MJu 20841; BayLEA, BEG 33508; Strätz 214;BHE I 250f.; Walk 128.

[103] BayHStA, MJu 20633; BayHStA, OP 36154; LA Sp, J 3, 800 und H 91, 7319; Hepp Liste 104/22–24; Paulsen 270, 275.

[104] Handbuch deutschsprachiger Emigration Sp. 349–358.

Der Arbeit im angestammten Beruf standen auch hier gewaltige Hindernisse entgegen: Eine „Foreign Advocates Examination“ setzte Kenntnisse des aus ottomanischen, englischen und jüdischen Bestandteilen gespeisten einheimischen Rechts sowie der englischen und hebräischen Sprache voraus. Zwölf bayerische Einwanderer legten diese Prüfung mit Erfolg ab und wurden als Advokaten zugelassen. Für die übrigen gestaltete sich die Job-Suche äußerst schwierig. Sie mussten gelegentlich mit weit unter ihrem bisherigen Status angesiedelten Beschäftigungen Vorlieb nehmen. Auch vor diesem Hintergrund wird verständlich, warum sich nur rund zwei Drittel der Palästina-Emigranten auf Dauer hier niederließen, während der Rest entweder in die USA weiterzog oder – nach 1945 – nach Deutschland zurückkehrte.

Der Münchener Rechtsanwalt Dr. Julius Siegel gab seine seit 1910 bestehende Zulassung 1934 auf und emigrierte noch im selben Jahr mit seiner Familie nach Palästina. Der Vater zweier Kinder nahm im Alter von 50 Jahren noch einmal die Mühen eines Jurastudiums auf sich, das er 1938 erfolgreich abschloss. In Haifa wurde er daraufhin als Advokat zugelassen und blieb es bis zu seinem Tod 1951 im Alter von 67 Jahren.[105]

Sein jüngerer Münchener Kollege Dr. Siegfried Stern hatte seine erst drei Jahre bestehende Zulassung zum 5. August 1933 eingebüßt. Der bekennende Zionist, Leiter einer Jugendgruppe, die sich die Auswanderung nach Palästina zum Ziel gesetzt hatte, geriet bald ins Visier der politischen Polizei und im Oktober 1933 in Schutzhaft. Auch ein Umzug nach Berlin 1934 und die Tätigkeit als juristischer Berater einer jüdischen Bank verhinderten nicht Konflikte mit den Machthabern. Wegen „Verächtlichmachung“ der Regierung folgten im Januar 1935 eine neuerliche Schutzhaft und anschließender Hausarrest. Auf Geheiß der Gestapo wanderte er schließlich nach Palästina aus, wo er im September 1935 völlig mittellos ankam. Krankheit und Sprachprobleme erschwerten den Start in der neuen Heimat. Die Heirat 1937 und die Geburt zweier Kinder verzögerten den Abschluss seines Jurastudiums, weil er nebenbei bei einer englischen Firma und beim britischen Militär arbeiten musste. Zeitweise ernährte die Ehefrau die vierköpfige Familie. Nach erfolgreichem Examen wurde er 1940 schließlich als Rechtsanwalt und Notar in Haifa zugelassen, wo er fortan eine kleine Praxis betrieb. Im der Gründung des Staates Israel folgenden ersten jüdisch-arabischen Krieg 1948 erlitt Stern eine Verletzung. 1959 ist er erst 56 Jahre alt in Haifa gestorben.[106]

Dr. Reinhold Seligmann, dekorierter Frontoffizier des Weltkriegs, war ab 1923 zunächst in Nürnberg, seit 1931 in München als Rechtsanwalt zugelassen. 1936 gab er seine Praxis auf und emigrierte nach Palästina. Um für alle Eventualitäten gewappnet zu sein, hatte der 44-Jährige in München eine Buchbinderlehre absolviert, die ihm jetzt zugute kam. Von 1937 bis zu seinem krankheitsbedingten Ausscheiden 1955 arbeitete er als Buchbinder in Jerusalem. Seit 1959 pendelte er zwischen Israel und München, auch um eine schwere Erkrankung behandeln zu lassen. 1968 ist er während einer Operation in Tübingen fast 76 Jahre alt gestorben.[107]

105 BayHStA, MJu 21984; BayHStA, EG 72974 = K 3159; Stadtarchiv München, RAK 1305.
106 BayHStA, MJu 22050; Stadtarchiv München, RAK 1675; EA Berlin 78014.
107 BA Berlin, R 22 Pers. 76283; BayHStA, MJu 21964; BayHStA, OP 12243; BayLEA, BEG 3209; Stadtarchiv München, RAK 1481.

Von 1922 bis 1924 in Würzburg, seitdem in Nürnberg zugelassen, war Dr. Ernst Feilchenfeld. Der mehrfach verwundete und dekorierte Frontkämpfer meldete sich entsprechend seiner zionistischen Einstellung Ende 1933 mit Ehefrau und drei Kindern nach Palästina ab, worauf seine Zulassung wegen Verletzung der Residenzpflicht zurückgenommen wurde. Von 1934 bis 1936 betrieb er ein Café-Restaurant, von 1937 bis 1939 war er Angestellter einer Versicherung, von 1940 bis 1947 schließlich Bediensteter der englischen Armee. Haupternährerin der Familie war seine Frau, die 1937 als Ärztin zugelassen worden war. Erst 1948 fand Izchak Pelled, wie er sich in Israel nannte, eine adäquate Beschäftigung als Beamter im israelischen Justizministerium. Infolge einer Lähmung ab 1954 außer Dienst, ist er 1959 im 65. Lebensjahr verstorben.[108]

Obwohl er bei einem Vorstellungsgespräch als „intelligent, lebendig, frisch und gewandt“ bezeichnet wurde, hatte Dr. Justin Fellheimer aus Nürnberg trotz guter Examensnote keine Chance, in den Dienst der bayerischen Justiz zu kommen, weil er infolge einer Wachstumsstörung „zwergenhaft, kaum einen Meter groß“ und Jude war. 1927 ließ er sich deshalb in seiner Heimatstadt als Rechtsanwalt nieder. Zum 5. August 1933 mit Berufsverbot belegt, emigrierte er noch im selben Jahr nach Jerusalem, wo er sich mehr schlecht als recht als Schreibwarenhändler über Wasser zu halten versuchte. Seit 1937 verheiratet, begann er bald wegen seines Schicksals (Exil, Beruf, angegriffene Gesundheit) unter schweren Depressionen zu leiden, die ihn sein weiteres Leben begleiten sollten. 1963 ist er 65 Jahre alt in Jerusalem gestorben.[109]

Seine erst 1932 erhaltene Zulassung in Nürnberg verlor Dr. Julius Blum bereits am 5. August 1933 wieder, weil er – Jahrgang 1905 – nicht Frontkämpfer gewesen sein konnte. 1936 entschloss sich der frisch Verheiratete zur Emigration nach Palästina. Dort arbeitete er zunächst in der Landwirtschaft. Ab 1938 betrieb er mit mäßigem Erfolg eine Fotoagentur. Seit 1941 war er Buchhalter in der Gemeindeverwaltung seines Wohnorts Nahariya. Infolge einer schweren Erkrankung bezog er in seinen letzten Jahren eine Berufsunfähigkeitsrente. 1969 ist er 64 Jahre alt in Nahariya verstorben.[110]

Dr. Alfons Löwenthal, seit 1924 Rechtsanwalt in Nürnberg, hatte es trotz seiner Jugend zum dekorierten und dreimal verwundeten Leutnant des Weltkriegs gebracht. Erst nach dem Berufsverbot Ende 1938 entschloss er sich zur Emigration nach Palästina, das er im April 1939 erreichte. Jurastudium und Examen führten 1941 zur Anwaltszulassung in Tel Aviv. Da diese ihm nicht die erhoffte auskömmliche Lebensführung ermöglichte, trat er nach der Gründung des Staates Israel in dessen Handelsministerium ein und blieb dort als Beamter bis zu seiner Pensionierung. 1984 ist er 86 Jahre alt in Kfar Saba/Israel verstorben.[111]

Aus Nürnberg kam auch Rechtsanwalt Dr. Gustav Münz Mitte 1934 nach Palästina. Seine 1928 erteilte Zulassung war zum 5. September 1933 zurückgenommen worden. Eine anschließende Tätigkeit in der Heimat als Glasergehilfe hatte ihn mental auf das Kommende vorbereitet. Die Auflistung seiner nunmehrigen Tätigkeiten mag einen Ein-

[108] BayHStA, MJu 20636; BayHStA, BEG 17546 = K 255; Strätz 142; Auskunft Stadtarchiv Nürnberg.
[109] BayHStA, MJu 20641; BayLEA, EG 93210.
[110] BayHStA, MJu 20414; BayHStA, BEG 16341 = A 551.
[111] BA Berlin, R 22 Pers. 67063; BayHStA, OP 15928; BayHStA, EG 96096 = A 332; Auskunft BfA Berlin.

druck dessen vermitteln, wozu ein Emigrant gezwungen sein konnte, wenn er überleben wollte: Münz war nacheinander Kolonialwarenhändler, Vertreter für Süßwaren, reparierte Eisschränke, wieder Vertreter (ohne nähere Bezeichnung), Regierungsangestellter, Küchenchef eines Auffanglagers und Buchhalter. Trotz alledem wurde Münz sehr alt, denn als er 1993 in Jerusalem starb, stand er im 91. Lebensjahr.[112]

Der Vorsitzende der Ortsgruppe Nürnberg der Zionistischen Vereinigung, Rechtsanwalt Dr. Meinhold Nußbaum, war Frontkämpfer und Kriegsversehrter (30%). Trotzdem verzichtete er am 6. Juli 1933 auf seine Zulassung und emigrierte umgehend nach Palästina. Nach Ablegung des entsprechenden Examens wurde er Ende 1934 als Advokat in Tel Aviv zugelassen, blieb aber wie andere Schicksalsgenossen ohne großes Einkommen. Vielleicht auch deshalb war er von 1946 bis 1949 als Rechtsberater der Jewish Agency in Deutschland tätig. Während eines geschäftlichen Termins ist er 1953, fast 65 Jahre alt, infolge eines Autounfalls in Köln ums Leben gekommen.[113]

Sein Nürnberger Kollege Dr. Isidor Vorchheimer, dekorierter Frontkämpfer des Weltkriegs, aus dem er als Versehrter (25%) zurückgekommen war, meldete sich Ende 1935 nach Palästina ab, was den Verlust der Anwaltszulassung nach sich zog. Auch er absolvierte ein Jurastudium, das nach erfolgreichem Abschluss mit seiner Zulassung als Advokat und Notar in Tel Aviv endete. Vor allem seine mangelhaften Hebräischkenntnisse sorgten lange dafür, dass seine Praxis einen bescheidenen Rahmen nicht überstieg. Mit der Einrichtung der Entschädigungsleistungen nach 1945 tat sich für ihn ein breites Betätigungsfeld auf, das 1961 sogar die Wiederzulassung in München erforderlich machte. 1969 ist er im Alter von 72 Jahren in Tel Aviv gestorben.[114]

Obwohl Altanwalt mit Zulassung seit 1908, verzichtete Dr. Richard Herzstein in Bayreuth auf diese und meldete sich noch 1933 mit Frau und Tochter nach Palästina ab. Dort war er zunächst im kaufmännischen Bereich tätig. Seit 1935 von schweren Depressionen heimgesucht, konnte er in der Folgezeit keiner geregelten Tätigkeit nachgehen. 1949 ist er knapp 70-jährig in Jerusalem verstorben.[115]

Gegen das Votum der beteiligten Gerichte, aber mit ausdrücklicher Zustimmung der Anwaltskammer Bamberg, war der 1928 zugelassene Schweinfurter Rechtsanwalt Dr. Max Stein zum 17. August 1933 in den Anwaltslisten gelöscht worden. Noch im selben Jahr hatte sich der Zionist zur Emigration nach Palästina entschlossen. Nach einer Ausbildung in London war er von 1938 bis 1940 selbstständiger Wirtschaftsprüfer in Jerusalem, 1940 bis 1948 Mitarbeiter in der Steuerabteilung der britischen Mandatsverwaltung. Nach der Gründung Israels und der Zulassung als Advokat 1948 arbeitete er von 1948 bis 1954 als leitender Taxator in der Steuerabteilung des Finanzministeriums, anschließend bis 1964 als stellvertretender Staatsanwalt im Justizministerium. Daneben unterrichtete er als Dozent für Einkommensteuerfragen bei der Ausbildung von Steuerbeamten. 1958 bis 1962 fungierte er als Rechtsberater der Claims-Konferenz in Frankfurt am Main und war führend an der Durchsetzung von Entschädigungsansprüchen

[112] BayHStA, MJu 21490; BayLEA, BEG 7190.
[113] BayHStA, MJu 21520; BayHStA, EG 47154 = K 739; Müller 174, 206.
[114] BA Berlin, R 22 Pers. 79191; OLG Nürnberg, PA V 51; BayLEA, BEG 27771.
[115] BayHStA, MJu 20987; BayHStA, BEG 6695 = K 1593.

von Zwangsarbeitern gegen deutsche Industrieunternehmen beteiligt. Nur 62 Jahre alt ist Max Stein 1964 in Jerusalem gestorben.[116]

Vorsitzender der Bamberger Ortsgruppe der Zionistischen Vereinigung war Rechtsanwalt Dr. Sieghart Weichselbaum. Wie bereits berichtet, verzichtete Weichselbaum am 26. Mai 1933 auf seine seit 1926 bestehende Zulassung, um einem Berufsverbot zuvorzukommen, und emigrierte mit Ehefrau und drei kleinen Söhnen umgehend nach Palästina. Dieser Schritt fiel im sicher nicht leicht, hatte er doch unter zwei Pseudonymen seit Jahren nebenbei erfolgreiche Trivial- und Kriminalromane verfasst. In der neuen Heimat versuchte er sich als Schreiner, Buchhalter, Gastwirt und Makler und absolvierte nebenbei ein Jurastudium. 1942 erhielt er die Anwaltszulassung und eröffnete eine Praxis in Tel Aviv, die allerdings erst ab 1948 einigermaßen einträglich wurde. Schon 1958 ist er 59 Jahre alt in Tel Aviv gestorben.[117]

Ein Vertreter der älteren Generation, Justizrat Dr. Moses Hommel, seit 1895 in seiner Heimatstadt Schweinfurt zugelassen, hatte seit 1915 den Vorsitz der örtlichen Kultusgemeinde inne und war Vizepräsident des Landesverbands der bayerischen Gemeinden. Als überzeugter Demokrat und Pazifist gehörte er früh zu den entschiedenen Gegnern Hitlers und des Antisemitismus. Seit 1933 zahlreichen Anfeindungen ausgesetzt, entschloss er sich 1934 trotz seines Alters von 65 Jahren zur Emigration nach Palästina.

Letzten Anstoß zu diesem Schritt gaben unverhüllte Angriffe des Hetzorgans „Der Stürmer" gegen Hommel und seinen (bereits emigrierten) Sozius und Schwiegersohn Salomon Mendle. Sie seien, „seit es eine nationalsozialistische Bewegung gab, als deren gehässigste Gegner bekannt. Wo es gegen die Nationalsozialisten ging, da standen die beiden Juden an der Spitze. Manche Verurteilung, manche Geld- und manche Gefängnisstrafe haben sie den nationalsozialistischen Freiheitskämpfern verschafft. ... Sie waren die Haupthetzer gegen die Hitler-Leute."[118]

Dass es unter diesen Voraussetzungen wiederholt zu inszenierten Demonstrationen gegen den missliebigen Anwalt kam, ist nicht weiter verwunderlich. „Trupps von Menschen schrieen und tobten vor unserem Hause, sangen das Horst-Wessel-Lied, beschimpften uns und warfen große Steine in unser Schlafzimmer", erinnerte er sich 16 Jahre später an die Zeit kurz vor seiner Abwanderung. Und zusammenfassend fuhr er fort:

„Aus meinen Darlegungen ergibt sich, dass ich in meiner Heimatstadt und meinem Heimatland tief verwurzelt war, dass wir, meine Frau und ich, eine sehr geachtete Stellung einnahmen; – ich hatte eine der größten Anwaltskanzleien in Schweinfurt und ich darf von mir sagen, dass ich als Anwalt bei Gericht und der ganzen Bevölkerung einen guten Ruf hatte, ich hatte auch ... eine gut begründete wirtschaftliche Situation. – Wenn wir uns nun entschließen mussten, nicht ohne schwerste innere Kämpfe, die Heimat zu verlassen, alles aufzugeben, was uns dort lieb und wert war, mehr als die Hälfte unseres Vermögens zurückzulassen, die Praxis, die unsere wirtschaftliche Existenz sicherte, aufzugeben, um unter ganz anderen wesentlich schwierigeren und unsicheren Lebensbedingungen unser Leben fortzusetzen, ohne Aussicht, dass ich in Palästina wieder eine Berufstätigkeit als Rechtsanwalt ausüben könnte und mit nur geringer Hoffnung, überhaupt eine Berufstätigkeit zu finden, so mag daraus ermessen werden, wie unwiderstehlich wir den Druck empfanden, der gegen uns geübt wurde."

[116] BayHStA, MJu 22037; BayLEA, EG 45301; BHE I 725; Auskunft Stadtarchiv Schweinfurt.
[117] BayHStA, MJu 22195; StAB, K 105, 517; Köster; BayLEA, BEG 21254; Auskunft Stadtarchiv Bamberg.
[118] Artikel „Der Mord von Waltershausen". In: Der Stürmer Nr. 21/Mai 1934.

Vorbereitungen und eigentliche Reise ins Exil nahmen das Ehepaar Hommel mehr mit, als ihm lieb war.

„Unser dortiger Aufenthalt verlängerte sich um deswillen, weil wir durch die Vorbereitungen der Abreise und die vorausgegangenen Aufregungen gesundheitlich sehr gelitten hatten, auch die Reise selbst uns anstrengte und wir darum längere Zeit zur Erholung in der Schweiz bzw. Norditalien benötigten. Zudem war es damals, wie uns berichtet wurde, in Palästina außergewöhnlich heiß, was uns gesundheitlich unerträglich erschien."

Auch wenn er aus Altersgründen keiner Arbeit mehr nachging, war Moses Hommel in Palästina ein längerer Lebensabend vergönnt. 1958 ist er fast 89-jährig in Haifa gestorben.[119]

7. Vereinigte Staaten von Amerika[120]

Insgesamt 130000 Hitlerflüchtlinge (= 25%) emigrierten in die USA, zwei Drittel von ihnen nach New York. Fast die Hälfte (48,6%) der emigrierten bayerischen jüdischen Rechtsanwälte entschied sich für die USA als Exilland. Erst als viele Länder ihre Grenzen für Einwanderer schlossen, rückte das Land jenseits des Atlantiks in den Mittelpunkt des Emigranteninteresses. In Zahlen ausgedrückt: Nur 27 (= 18,7%) der bayerischen Anwälte kamen vor 1938, 14 (= 9,7%) nach 1945, d.h., dass ab 1938 mehr als zwei Drittel der bayerischen Anwälte (rund 71%) einwanderten.

Da die für die USA bestehenden Einwandererquoten (26000 pro Jahr) seit 1938 bei weitem nicht ausreichten, waren einige dazu gezwungen, einen Umweg meist über ein lateinamerikanisches Land zu machen. Dies konnte zu gelegentlichen Wartezeiten von bis zu einem Jahr führen. Wenn der USA-Einwanderer über die erforderliche Bürgschaft (Affidavit) eines Amerikaners verfügte, die die finanzielle Unterstützung durch diesen garantierte, stand der Immigrant im Land vor einer relativ günstigen Situation. Zahlreiche und effektive Hilfsorganisationen sowie in vielen Fällen Verwandte halfen über Anfangsschwierigkeiten hinweg. Da keine Arbeitsverbote existierten, war die sofortige Möglichkeit zum Broterwerb gegeben. Das soll aber nicht heißen, dass Anwälte umgehend ihren Traumberuf ergreifen konnten. Sie mussten – wie andere – im Gegenteil anfänglich, manche auch auf Dauer, mit minderwertigen Tätigkeiten Vorlieb nehmen.

Eine Arbeit im erlernten Beruf war – wie anderswo – erst nach erneutem Studium, Examen und Erwerb der amerikanischen Staatsbürgerschaft, die in der Regel nach fünf Jahren Aufenthalt im Land erteilt wurde, möglich. Angesichts des gänzlich anderen Rechtssystems und der fremden Sprache ist es erstaunlich, dass nach bisheriger Kenntnis 14 bayerische Anwälte (= rund 10% der USA-Emigranten) diesen Schritt wagten und Erfolg hatten. Nimmt man die 18 Anwälte (= 12%) hinzu, die als CPA, also Steuerberater und Wirtschaftsprüfer, arbeiteten, und ihre 24 Kollegen (= 16%) im Bank-, Börsen-, Immobilien- und Versicherungsbereich sowie als Rechtsberater (meist für Rücker-

[119] BayHStA, MJu 21053; BayHStA, EG 47177 = K 2716; StAW, Landgericht Schweinfurt 56; StAW, Gestapo 2220; Walk 162; Ophir-Wiesemann 399; Auskunft Stadtarchiv Schweinfurt.

[120] Handbuch deutschsprachige Emigration Sp. 446–466.

stattung und Wiedergutmachung), kommt man zu einer relativ großen Zahl (56 = rund 39%) von im juristischen oder verwandten Metier Tätigen.

Über ihren beruflichen und wirtschaftlichen Erfolg können diese Zahlen verständlicherweise nichts aussagen. Für viele von ihnen und für die meisten der übrigen Emigranten war die Flucht nach Amerika mit einem Verlust des einstigen Status und des Sozialprestiges verbunden. Einige der im folgenden analysierten Exilbiografien werden diesen Befund näher erläutern. Andererseits zeigt die geringe Zahl von drei Amerika-Rückkehrern nach 1945, dass die negativen Erfahrungen der Hitlerzeit gegenüber möglichen Schwierigkeiten in der neuen Heimat überwogen.

Wer sich gegen traditionell isolationistische, fremdenfeindliche und antisemitische Tendenzen in den USA behauptet hatte, konnte sich seinerseits rasch und umfassend integrieren und Gesellschaft und Staat in Amerika wichtige kulturelle Impulse geben. Auch dafür können Beispiele angeführt werden. Schließlich waren es nicht zuletzt ehemalige Emigranten aus Deutschland, die durch ihre Mitarbeit in Gremien der US-Army und -Militärregierung oder bei Hilfsorganisationen sowie auf sonstige Weise dazu beitrugen, die Beziehungen zur einstigen Heimat nach 1945 wieder anzuknüpfen und auf eine tragfähige Basis zu stellen.

Ein Beispiel dafür, wie das Exil dem Leben von Betroffenen eine gänzlich andere Richtung geben konnte, bietet der Würzburger Anwalt Dr. Max Blumenthal. Der seit 1931 zugelassene Unterfranke, Verbandsanwalt des ADAC und Syndikus des Gläubigerschutzverbands, wurde im März 1933 von Uniformierten tätlich angegriffen und am Betreten der Gerichtsgebäude gehindert. Zum 15. Juli 1933 verlor er aufgrund des Gesetzes vom 7.4.1933 seine Zulassung. Bereits kurze Zeit später emigrierte er mit seiner Ehefrau in die USA, wo er sich in Chicago niederließ und als Uhrmacher betätigte. Spätestens seit 1946 war er Besitzer eines Uhren- und Schmuckgeschäfts. 1976 ist er in San Pablo/Kalifornien, wo er seinen Lebensabend verbrachte, 75-jährig verstorben.[121]

Ähnliches kann man bei seinem älteren Würzburger Kollegen Justizrat Dr. Bruno Stern vermelden. Dekorierter und verwundeter Frontoffizier des Weltkriegs und Vater dreier Söhne, gesuchter Anwalt seiner Heimatstadt, war er nach seiner Entlassung aus dem KZ Buchenwald noch 1938 über England in die USA emigriert. 58 Jahre alt, scheint er in einem adäquaten Beruf nicht Fuß gefasst zu haben, denn 1950 gab er als Profession Feinbäcker und Hersteller von Party Refreshments an. 1957 ist er 77 Jahre alt in State College/Pennsylvania gestorben.[122]

Gleich drei ehemalige Münchener Rechtsanwälte lebten in Amerika vom Betrieb einer Hühnerfarm. Die Tatsache, dass er Rittmeister und Träger von EK II, Militärverdienstorden und Frontkämpfer-Ehrenkreuz sowie Mitglied im Verband nationaldeutscher Juden war, hatte nicht vermocht, Dr. Ludwig Kurzmann die Einlieferung nach Dachau im November 1938 zu ersparen. Nach dem Berufsverbot Ende des gleichen Monats entschloss er sich umgehend zur Emigration in die USA. 1940 wurde er vom Deutschen Reich ausgebürgert. Seit 1941 versuchte er im Staat New Jersey nahe New

[121] BayHStA, MJu 20416; BayLEA, BEG 69570; Strätz 99.
[122] StAB, K 100/4, 3105; BayHStA, OP 28870; BayHStA, BEG 27642 = K 710; Strätz 592; Walk 353.

York sein Glück als Hühnerfarmer. Bereits 1951 ist er dort 69 Jahre alt verstorben. Ehefrau Paula beging wenige Tage später Selbstmord.[123]

Kollege Dr. David Weiler, ebenfalls Frontoffizier mit Auszeichnungen, gab 1936 nach 23 Jahren seine Münchener Zulassung auf und emigrierte mit Frau und Tochter nach Palästina. Dort erwarb er sich erste Erfahrungen als Farmer, die er auch nach seiner Weiterwanderung 1948 in die USA gebrauchen konnte, wo er bis 1957 einen milch- und geflügelerzeugenden Hof betrieb. Im Staat New York ist er 1962 fast 78-jährig gestorben.[124]

Der gebürtige Saarländer Dr. Herbert Heinemann, Jahrgang 1903, 1931 in München zugelassen, hatte zum 16. Mai 1933 Berufsverbot erhalten. Er nutzte nun die politische Situation im Saarland, das unter Völkerbundverwaltung stand, und ließ sich in Saarbrücken als Gerichtsassessor anstellen. In Folge der Rückgliederung der Saar zum Reich nach Volksabstimmung zum 1. März 1935 holte ihn die antisemitische Gesetzgebung ein, indem er zu diesem Termin wohl aufgrund des Gesetzes zur Wiederherstellung des Berufsbeamtentums in den Ruhestand versetzt wurde. Vom 3. August 1935 bis zur Löschung am 17. September 1936 aufgrund von § 1 des Gesetzes vom 7.4.1933 konnte er jedoch als Rechtsanwalt zugelassen bleiben, wobei ihm eine Übergangsregelung im Zuge der Saarrückgliederung zugute kam. Er dürfte zu den seltenen Fällen gehören, denen die Nationalsozialisten gleich zweimal die Zulassung entzogen. Noch 1936 emigrierte der inzwischen Verheiratete nach Luxemburg, 1937 weiter nach Italien, 1939 nach England, ohne dass wir wissen, wovon er während dieser Zeit lebte. Im November 1940 gelang ihm schließlich die Emigration in die USA, wo ihn zunächst ein dort lebender Bruder, ein Arzt, unterstützte, bis er 1941 mit dem Betrieb einer Hühnerfarm auf eigenen Beinen stand. 1981 ist er 77 Jahre alt in den USA gestorben.[125] Auf seinen weiteren Bruder, Rechtsanwalt Dr. Hilmar Heinemann in Ludwigshafen, wurde anlässlich der Erörterung von dessen tragischer Odyssee ab 1939, die mit seinem Tod 1945 im KZ Dachau endete, bereits hingewiesen. Seine Mutter, mit den pfälzischen Juden offenbar 1940 nach Südwestfrankreich deportiert, ist dort 1942 ums Leben gekommen.

Noch kaum der Schule entwachsen war der spätere Rechtsanwalt Dr. Otto Stein 1916 zu den Fahnen geeilt, um seine vaterländische Pflicht an der Front zu erfüllen. Sein Start in den Beruf hatte sich deshalb mehrere Jahre verzögert, erst von 1924 datiert die Zulassung in Nürnberg. Erfolgreiche Berufsjahre schlossen sich an, Schwerpunkt bildeten Patentprozesse für Klienten aus der Industrie. Als Frontkämpfer 1933 zunächst unbehelligt, führte der spürbare Geschäftsrückgang infolge der sich steigernden antisemitischen Maßnahmen des NS-Regimes 1937 zu seinem Entschluss, Deutschland in Richtung USA zu verlassen. Der 40-Jährige, verheiratet und Vater zweier Töchter, fand in

[123] BA Berlin, R 22 Pers. 65435; BayHStA, OP 10762; StAM, PolDir München 15028; Stadtarchiv München, RAK 320; BayHStA, EG 95719 = K 3453; StAM, WB I N 2059, 9494; Archiv Gedenkstätte Dachau.

[124] BayHStA, MJu 22203; BayHStA, OP 18005; BA Berlin, R 22 Pers. 79812; BayHStA, BEG 26458 = A 56; Stadtarchiv München, RAK 517.

[125] BA Berlin, R 22 Pers. 59606; RAK München o.S.; BayLEA, EG 20150; StAM, WB I N 1204; Auskunft Stadtarchiv Mannheim; Peter Wettmann-Jungblut, Rechtsanwälte an der Saar 1800–1960 ... Blieskastel 2004, 248, 255, 503 f. (fehlerhaft).

Amerika Arbeit als Lithograph. 1957 erlitt er eine schwere berufsbedingte Erkrankung, die letztlich zu seinem Tod 1966 im Alter von 68 Jahren führte.[126]

Dekorierter und verwundeter Unteroffizier mit Fronteinsatz 1916 von der Schule weg war auch der Münchener Rechtsanwalt Dr. Justin Fleischmann gewesen. 1926 zugelassen, betrieb er zeitweise zusammen mit dem Kollegen Dr. Willy Kahn eine Praxis in der Luisenstraße nahe dem Münchener Hauptbahnhof. Bereits im März 1937 emigrierte er in die USA, worauf am 25. September 1937 seine Zulassung wegen Verletzung der Residenzpflicht zurückgenommen wurde. Zunächst Verkäufer, dann ab 1939 Fotolaborant, holte er sich offenbar das entsprechende Know how, das ihm 1943 den Betrieb eines Fotostudios erlaubte. Laut eigenen Angaben wurde sein Geschäft ab 1947 einträglich. Wie lang er tätig blieb, ist nicht bekannt. 1993 ist Justin Fleischmann fast 95 Jahre alt in Pittsburgh/PA gestorben.[127]

Da er kein Frontkämpfer gewesen war, hatte der Münchener Rechtsanwalt Dr. Julius Rosenthal seine seit 1920 bestehende Zulassung zum 30. August 1933 eingebüßt. Der Vater von zwei Söhnen emigrierte mit seiner Familie Ende 1936 in die USA. In Chicago machte er aus seinen fotografisch-technischen Fähigkeiten einen neuen Beruf. Er führte einen Betrieb zur Herstellung von Projektionsbildern für Unterrichtszwecke an Schulen und Universitäten. 1960 ist er in Chicago 68 Jahre alt gestorben.[128]

Rechtsanwalt Dr. Ferdinand Kahn, seit 1913 in München zugelassen, war Syndikus des Verbands bayerischer Kleiderfabriken und nebenbei schriftstellerisch und als Redakteur der Meggendorfer, später Fliegenden Blätter tätig. Vom 10. November bis zum 19. Dezember 1938 in Dachau interniert, emigrierte der Ledige im Juli 1939 über England in die USA. 1940 ist er vom Deutschen Reich ausgebürgert worden. Detaillierte Angaben über sein Leben in Amerika liegen kaum vor. So ist nur bekannt, dass er zeitweise als Arbeiter in einer Töpferei im kalifornischen Beverly Hills beschäftigt war. Schon 1951 ist er im Alter von 64 Jahren in Hollywood verstorben.[129] Seine betagte Mutter, Witwe eines königlich bayerischen Bauamtmanns, ist am 4. Mai 1943 im KZ Theresienstadt zu Tode gekommen.[130]

Die Durchsicht der entsprechenden Akten ergab eine fast über den gesamten Berufssektor gestreute Palette von Beschäftigungen in den USA, die einem Rechtsanwalt eher fern liegen: Hausierer, Vertreter, Büroangestellter, Fabrikarbeiter, Sozialfürsorger, Krankenhausverwalter, Kurier, Briefmarkenhändler und Betreiber einer chemischen Reinigung. Bei einer ganzen Reihe der emigrierten Anwälte ist vermerkt, dass sie zeitweise auf die Mithilfe ihrer jeweiligen Partnerin angewiesen waren. Diese musste gelegentlich sogar die gesamte Familie allein ernähren.[131]

[126] BA Berlin, R 22 Pers. 77251; OLG Nürnberg, PA St 7; BayHStA, OP 32924; BayHStA, BEG 52594 = A 60; BayLEA, EG 76362.
[127] StAM, PolDir München 12359; BayHStA, OP 730; Stadtarchiv München, RAK o.S.; BayLEA, BEG 23985.
[128] BayHStA, MJu 21739; BayHStA, BEG 24388 = K 1823; Stadtarchiv München, RAK 205; StAM, WB I a 2849, I N 295, 2544, 3718.
[129] BA Berlin, R 22 Pers. 62389; Stadtarchiv München, RAK 1213; BayHStA, EG 82456 = A 12; Hepp, Liste 162/52.
[130] Gb M 655.
[131] Zu diesem Aspekt ausführlich Handbuch deutschsprachige Emigration Sp. 101–117.

II/4

-35-

KONSULAT
DER BUNDESREPUBLIK DEUTSCHLAND

CONSULATE
OF THE FEDERAL REPUBLIC OF GERMANY

TELEGRAMMADRESSE CONSUGERMA

TELEPHONE MUTUAL 4313

905 SECURITIES BUILDING
THIRD AND STEWART STREET
SEATTLE 1, WASHINGTON

RK 501 - 10 b Seattle, den 15. Juli 1957

An das
Bayerische Landes-Entschädigungsamt,
München.

Bayerisches Landesentschädigungsamt
000001 27/7.57
31. JULI 1957

Betr.: Entschädigungsansprüche Fred Kronenberger, Seattle.
Az.: BEG 008890.

Herr Dr. jur. Fred Kronenberger in Seattle hat sich in obiger Angelegenheit an das Konsulat gewandt mit der Bitte, eine bevorzugte Behandlung seines Entschädigungsverfahrens zu befürworten. Herr Kronenberger hat seinen Entschädigungsanspruch wegen Berufschadens im Jahre 1955 eingereicht und im Februar 1957 eine ihm von hier erteilte Einkommensbestätigung nach dort übersandt.

In einer Herrn Kronenberger am 10.3.1955 erteilten Bedürftigkeitsbescheinigung ist erwähnt, dass sein Einkommen damals nur etwa 2/3 des durchschnittlichen Bruttoeinkommens eines gewerblichen Arbeiters erreicht. Hierzu ist folgendes zu sagen: Herr Kronenberger hatte nach Abschluss seines juristischen Studiums in Deutschland sich als Rechtsanwalt in Hof niedergelassen. Er sah sich in der Zeit des Nationalsozialismus zur Auswanderung gezwungen, und ist schliesslich nach den Vereinigten Staaten verschlagen worden. Hier ist es ihm bis heute nicht gelungen, eine seiner Vorbildung auch nur einigermassen entsprechende berufliche Existenz zu finden. Er ist jetzt als Verkäufer in einem Laden für gebrauchte Bücher beschäftigt und bezieht dort ein bescheidenes Gehalt. Er ist unverheiratet und mit der Sorge um seine völlig erblindete, hochbetagte Mutter belastet. Seine innere Widerstandskraft ist durch die vorausgegangenen Erlebnisse weitgehend gebrochen. Es würde unter diesen Umständen eine unerträgliche Härte bedeuten, wenn Herr Kronenberger nicht baldigst in den Genuss der ihm gebührenden Entschädigungsleistungen gelangt.

Ich möchte nicht von der etwas abgegriffenen Formulierung Gebrauch machen, dass Fälle wie dieser letzten Endes geeignet sein können, das deutsche Ansehen im Ausland zu gefährden; es scheint mir aber ein Gebot der Menschlichkeit, dieser verschämten Notlage sobald als möglich ein Ende zu setzen.

(Werner Oppel)
Konsul I.Kl.

Abb. 28: *Zeugnis für die Notlage eines Emigranten.*
Quelle: Bay HStA, BEG 8890 = K 3019.

Am Beispiel des Münchener Rechtsanwalts Dr. Jakob Weißbart kann gezeigt werden, welche Folgen eine dauerhaft unbefriedigende Arbeitssituation nach sich ziehen konnte. Seit 1910 zugelassen, 30.11.1938 Berufsverbot, 10.11. bis 19.12.1938 Internierung in Dachau, Juni 1939 Emigration mit Frau und zwei Kindern nach England, dort viermonatige Internierung 1940, Oktober 1940 Weiterwanderung nach New York, das sind die knappen Daten der Vorgeschichte. Weißbart arbeitet zunächst (1941/42) als Hausierer für Bürsten. 1942 betreibt er einen Zeitungskiosk zunächst in der New Yorker U-Bahn, anschließend 1943/44 in einem Hotel. Ab 1944 ist er Angestellter im Lager und im Versand einer Exportfirma. Dazwischen liegen längere oder kürzere Zeiten der Arbeitslosigkeit, auch nach 1945. Im Oktober 1952 erleidet er einen Schlaganfall, im Januar 1955 einen Herzanfall. Seitdem ist er arbeitsunfähig. 1959 ist er fast 77-jährig in New York gestorben.[132] Es gibt weitere ähnlich gelagerte Fälle.

Dass die Emigration nach Amerika auch den Beginn einer Universitätskarriere bedeuten konnte, wurde anlässlich der Erwähnung von Edith Schulhöfer, Max Hamburger und Karl Löwenstein bereits erörtert. Völlig fachfremd wie bei Edith Schulhöfer (Social Work) verlief auch der Berufsweg von Dr. Konrad Homberger. Der 1900 geborene Sohn des Landgerichtspräsidenten und Präsidenten des Bayerischen Landesarbeitsgerichts Dr. Paul Homberger (1866–1935) war noch 1918 als Abiturient eingezogen worden und 1919/20 als Mitglied einer Zeitfreiwilligenabteilung im vaterländischen Dienst gewesen. Seit 1927 Rechtsanwalt in München, bewirkte dies 1933 gegen das Votum der Anwaltskammer seine Belassung im Amt.

1936 emigrierte er zusammen mit seiner nichtjüdischen Ehefrau nach Italien, wo er in Mailand und Bologna als Dozent für Sprachen an der Berlitz-School arbeitete. Nach mehrmonatiger Internierung 1940/41 gelang ihm im Herbst 1941 die Weiterwanderung in die USA. Nachtportier im Hotel und Eisenbahnarbeiter waren hier seine ersten Beschäftigungen. Durch Unterstützung einer Hilfsorganisation bekam er bald eine Stelle als Lehrer für moderne Sprachen, gleichzeitig studierte er Linguistik an der Harvard Universität, später Politologie an der Columbia Universität New York. Von 1948 bis 1969 war Homberger Instructor, Assistenzprofessor und schließlich Professor für moderne Sprachen am Polytechnic Institute of New York in Brooklyn sowie Autor zahlreicher einschlägiger Werke, darunter ein bis heute bekanntes englisch-deutsches Wörterbuch und eine kurze deutsche Grammatik. Seinen Lebensabend verbrachte er in Vöcklamarkt/Österreich, 1982 ist er gestorben.[133] Seine Mutter beging 1942 in München Selbstmord, um der Deportation zu entgehen. Ein jüngerer Bruder, ebenfalls Jurist, fiel dem Holocaust zum Opfer.[134]

Welche verschlungenen Wege mitunter nach Amerika führen konnten, zeigte das Schicksal des Münchener Rechtsanwalts Dr. Max Pereles. Der aus Böhmen Stammende war erst 1918 zugelassen worden und, da kein Frontkämpfer, 1933 mit Berufsverbot belegt worden. Danach zeitweise ohne Einkommen, später Geschäftsführer einer Zigarren-

[132] Stadtarchiv München, RAK 1817 u. 1913; Archiv Gedenkstätte Dachau; BayHStA, BEG 28740 = K 984; StAM, WB I a 987, 3107; I N 475, 7143; Strätz 666.

[133] BayHStA, MJu 21052; BayHStA, BEG 11943 = K 2710; BA Berlin, R 22 Pers. 61117; StAM, WB I N 462, 4705; Stadtarchiv München, RAK o.S.; BHE II 536.

[134] Gb M 627.

fabrik, entschloss er sich Ende 1936 nach dem Verkauf seines Münchener Hauses zusammen mit Ehefrau und 78-jährigem Vater zur Emigration nach Italien. Dort ließ er sich im heute zu Kroatien gehörigen, damals italienischen Laurana (Lovran) bei Fiume (Rijeka) nieder und kaufte sich eine Villa, die er als Pension zu betreiben gedachte. Italien entzog ihm 1938 jedoch die Konzession und internierte ihn ab 1940 für über vier Jahre in einem Lager im Süden des Landes. Frau Lina Pereles gelang es derweil, mit gefälschten Papieren (Perelesi) in Florenz und Siena unterzutauchen. Jugoslawien unter Tito enteignete nach 1945 das Haus in Lovran, so dass Pereles im Oktober 1947 notgedrungen von Italien nach den USA weiterwandern musste. Auch dort setzte sich zunächst seine Pechsträhne fort, denn er war die ersten Jahre arbeitslos, während seine Frau als Buchhalterin die Familie ernährte. Zwischen 1950 und 1960 erst Verkäufer von Bürsten, dann Angestellter eines amerikanischen Anwaltsbüros, ist er 1971 im Alter von 84 Jahren in Philadelphia gestorben.[135]

Sein jüngerer Münchener Kollege Dr. Fritz Schulmann, promovierter Volkswirt und Banker, war erst nach einem Zweitstudium 1930 als Anwalt in seiner Heimatstadt zugelassen worden. Die Zugehörigkeit zum Freikorps Epp 1919/20 bewahrte ihn 1933 vor dem Berufsverbot und erlaubte seine Weiterbeschäftigung in einer Wirtschaftsprüfungsgesellschaft. 1938 schützte sie ihn jedoch nicht vor der Einlieferung in das KZ Dachau. Nach dem Berufsverbot zum 30.11.1938 entschloss sich der Ledige zur Emigration auf die Philippinen, die er Mitte 1939 erreichte. Tätigkeiten als Nachhilfelehrer und Buchhalter wurden mehrfach von längeren Internierungen je nach Kriegslage durch Japaner und Amerikaner unterbrochen. Nachdem er das Kriegsende heil überstanden hatte, wanderte er 1946 weiter in die USA und ließ sich im kalifornischen Los Angeles als CPA (= Steuerberater und Wirtschaftsprüfer) nieder, inzwischen verheiratet und Vater eines Sohnes. Sein Vater überlebte Theresienstadt, seine Mutter nicht. Opfer des Holocaust wurden auch 14 weitere Familienmitglieder. 1999 konnte Schulmann in München das 75-jährige Jubiläum seiner Promotion feiern. 2001 ist er im gesegneten Alter von 100 Jahren in Los Angeles gestorben.[136]

Der junge Nürnberger Rechtsanwalt Dr. Heinz Martin Rosenwald (Jahrgang 1905), Sohn des Rats am OLG Nürnberg Dr. Carl Rosenwald, hatte seine 1932 verliehene Zulassung zum 12. August 1933 eingebüßt und war umgehend nach Italien emigriert. Nach erneutem Jurastudium mit anschließender Promotion erhielt er die italienische Zulassung und arbeitete die nächsten vier Jahre als Anwalt in Mailand. 1939 in die USA weiteremigriert, blieb ihm keine andere Wahl, als von neuem Jura zu studieren. Der erfolgreiche Abschluss des dritten Studiums der Rechte 1943 verschaffte ihm eine Stelle in einem US-Anwaltsbüro. 1946/47 war er für die US-Militärregierung in Berlin tätig, seit 1948 in einem Patentanwaltsbüro, bei einer Bank und in der Rechtsabteilung eines Lebensmittelkonzerns, nur 1950/51 unterbrochen durch die Teilnahme am Korea-Krieg auf Seiten der USA. 1978 ist er in Providence an der amerikanischen Ostküste gestorben.[137]

[135] BayHStA, MJu 21571; BayHStA, BEG 6859 = K 296; BayLEA, BEG 53165.
[136] BA Berlin, R 22 Pers. 75496; Stadtarchiv München, RAK 1433; BayLEA, EG 78768; BayHStA, Reichsstatthalter 601; Fritz Schulmann, Manuskript der Rede zum 75. Doktorjubiläum, München 1999; Archiv Gedenkstätte Dachau.
[137] BayHStA, MJu 9650; BayLEA, BEG 883; Auskunft Stadtarchiv Nürnberg.

Kollege Dr. Richard Alexander Wolf in München, Zulassung 1926, Kriegsteilnehmer und Mitglied des Freikorps Epp, konnte nach Intervention des Reichsstatthalters 1933 vorläufig Rechtsanwalt bleiben. 1938 emigrierte er in die USA, wo er zunächst keine Arbeit fand. Ab 1940 absolvierte er ein Jurastudium an der University of California. 1942 bis 1946 diente er in der US-Armee, der er auch später verbunden blieb. 1952 ist er Attorney at Law am US-Court for Germany in Stuttgart, später als US-Staatsbeamter Army Department Attorney in New York. Dort ist er auch 1984 im Alter von 86 Jahren verstorben.[138]

Dr. Ernst Hugo Schopflocher, in Fürth 1895 geboren und Frontkämpfer, war seit 1922 Rechtsanwalt in seiner Vaterstadt. Obwohl er die große Staatsprüfung 1922 mit einer Spitzennote (43 = sehr gut) beendet hatte, fand er für den Staatsdienst wegen seiner Abstammung keine Berücksichtigung. Sein verständlicher Protest gegen diese ungesetzliche Maßnahme war der offiziösen Darstellung des Reichsjustizministeriums von 1943 über die Rolle der Juden in der Justiz noch eine hämische Bemerkung wert.[139] Schopflocher emigrierte mit Ehefrau und drei Kindern 1938 in die USA, wo er sich fortan Ernest H. Schopler nannte und unverzüglich mit dem Jurastudium unter anderem in Harvard begann, das er 1942 mit Examen und Promotion beendete. Seit dieser Zeit war er Leitender Redakteur eines juristischen Verlags in Rochester im Staat New York und Herausgeber von Fällen des US-Supreme Court. Diese erfolgreiche Tätigkeit wurde zwischen 1945 und 1948 unterbrochen, weil er als Rechtsberater der US-Militärregierung in Berlin im Stab von General Clay fungierte, zuletzt 1947/48 als Leiter der Gesetzgebungsabteilung. Nach seiner Pensionierung 1970 beriet er eine amerikanische Anwaltsfirma. 1990 ist er fast 95 Jahre alt in Rochester verstorben.[140]

Außer an den bereits ausführlich gewürdigten Starnberger und Münchener Rechtsanwalt Robert Held, der in den USA nach 1945 einer der bedeutendsten Spezialisten für Wiedergutmachung nationalsozialistischen Unrechts wurde, muss abschließend an seinen jüngeren Kollegen Dr. Otto L. Walter erinnert werden. Der 1907 geborene Notarssohn hatte seine vom Herbst 1932 stammende Zulassung in München schon zum 5. August 1933 wieder eingebüßt. Nach einem Intermezzo bei einer Immobilienverwaltung verliefen erste Emigrationsversuche nach Frankreich und Italien wegen der Aussichtslosigkeit einer adäquaten Beschäftigung negativ. 1936 gab er dem ultimativen Drängen des älteren Bruders nach, der bereits seit 1928 in den USA lebte, und emigrierte nach New York. Erste berufliche Gehversuche als Hotelbuchhalter und Devisenberater führten nach entsprechender Ausbildung und Prüfung 1940 zur Zulassung als CPA. In der 1939 gegründeten „American Association of Former German Jurists" war er von Beginn an aktiv. Er unterstützte seine 1939 nach New York emigrierten Eltern nach Kräften, konnte aber nicht verhindern, dass seine Mutter 1943 aus Verzweiflung in den Freitod ging. 1945 machte sich Walter selbstständig und betrieb lange Jahre ein Büro für Steuerberatung und Wirtschaftsprüfung. Die zunehmend internationale, vor allem deutsch-amerikanische Ausrichtung seiner Firma bewog ihn zu einem erneuten Jurastudium, des-

[138] BA Berlin, R 22 Pers. 80872; StAM, PA 24036; BayHStA, Reichsstatthalter 601; BayHStA, BEG 28550 = K 2120; Stadtarchiv München, RAK 1895.

[139] Lorenzen 162.

[140] BA Berlin, R 22 Pers. 75174; BayHStA, OP 56629; BayHStA, EG 13770 = K 1981; OLG Nürnberg, PA Sch 24; Stiefel-Mecklenburg 117, 202f., 206.

sen erfolgreicher Abschluss (Juris Doctor) 1955 die Anwaltszulassung in New York nach sich zog.

Er gründete nunmehr eine eigene Rechtsanwaltskanzlei mit dem nach und nach ausgebauten Schwerpunkt internationales Steuerrecht, die später unter dem Namen Walter, Conston, Alexander and Green firmierte und zu den führenden Kanzleien Amerikas zählte, auch was die Repräsentation deutscher Firmen und Privatmandanten betraf. Seit es die Möglichkeit einer Simultanzulassung gab, war er Teilhaber einer Kanzlei in München, das er gerne und oft besuchte, ohne allerdings eine Rückkehr in Erwägung zu ziehen. Walter beriet das Bundesfinanzministerium bei den Verhandlungen des United States-German Income Tax Treaty (1954) und einem Nachtrag (1965) sowie beim United States-German Estate, Inheritance and Gift Tax Treaty (1990). Er war Mitverfasser eines vierbändigen Kommentars zu ersterem und auch sonst Autor zahlreicher Bücher und Aufsätze.

Walter war viele Jahre Professor an der New York Law School, wo er bei der Entwicklung eines internationalen Rechtswissenschaftsprogramms, dem Lehrstuhl für Internationales Recht und Steuerrecht sowie beim Aufbau des Otto L. Walter Lecture on International Law und dem Otto L. Walter International Fellows Programms mitwirkte. Die New York Law School würdigte ihn mehrfach, verlieh ihm einen Ehrendoktor und stiftete einen Preis, der seinen Namen trägt. Walter war unter anderem führendes Mitglied im American Council on Germany, der deutsch-amerikanischen Juristenvereinigung, der American Foreign Law Association und der Cosmopolitan Arts Foundation. Das German-American Committee of the USA wählte ihn 1998 zum Deutsch-Amerikaner des Jahres.

Walter war ein umfassend gebildeter, großzügiger und kultivierter Mann mit vielfältigen weit über den Beruf hinausgehenden Interessen. Er sprach fließend Deutsch, Englisch und Französisch, war ein guter Pianist, Maler und Zeichner. Trotz der erzwungenen Emigration hing er an seiner alten Heimat und tat in seiner neuen nach 1945 alles, um die deutsch-amerikanischen Beziehungen in Handel und Wirtschaft, aber auch durch kulturellen und intellektuellen Austausch auf eine tragfähige Basis zu stellen. Die Bundesrepublik Deutschland hat ihn dafür zu Recht hoch geehrt. 1965 verlieh ihm der Bundespräsident das Bundesverdienstkreuz 1. Klasse, 1980 das Große Bundesverdienstkreuz. Die Errichtung einer Stiftung, der Otto and Fran Walter Foundation, war schließlich die Krönung seiner philanthropischen Neigungen. Mit ihrer Hilfe wurden und werden kulturelle, künstlerische und weiterbildende Organisationen unterstützt. Am 12. Januar 2003 ist Otto L. Walter im 95. Lebensjahr in New York verstorben. Seiner alten Schule, dem Münchener Max-Gymnasium, dem er in der Mangelzeit nach 1945 erst Papier organisiert und später ein Chemielabor gestiftet hatte, hat er, der Abiturient des Jahres 1925, einen namhaften Betrag hinterlassen.[141]

[141] RAK München, PA o.S.; StAM, OLG München 704; Walk 377; BHE I 793; Stiefel-Mecklenburg, bes. 134f.; Henry S. Conston (Hrsg.), Aktuelle Themen im US-Deutschen Steuer- und Handelsrecht. Festschrift Otto L. Walter, Osnabrück 1988; Strobl-Voight-Weber, Liber Amicorum 2005.

V. Kapitel
Weiteres Schicksal der bayerischen jüdischen Rechtsanwälte

1. Holocaust

Mit der „Reichskristallnacht" 1938 erreichten die Maßnahmen der Nationalsozialisten eine neue Qualität – ab sofort waren alle Mittel gegen die Juden erlaubt:[1] Jüdische Zeitungen und Organisationen wurden verboten, die Freizügigkeit drastisch eingeschränkt (Ausgangssperre, Judenhäuser, Verbot von Kraftfahrzeug- und Tierhaltung, Betretungsverbot von Bibliotheken, Theatern, Kinos und Konzertsälen), die jüdische Bevölkerung mittels diskriminierender Vornamen und Eintragungen in Pässen stigmatisiert, zudem wurde die Nutzung von Radio und Telefon verboten. Die gleichzeitige finanzielle Ausbeutung fand bereits Erwähnung. Als schließlich am 1. September 1941 das Tragen eines gelben Sterns obligatorisch wurde, war die gewünschte Separation und Isolierung von der übrigen Bevölkerung erreicht. Damit waren auch die Voraussetzungen zur Realisierung noch schlimmerer Maßnahmen geschaffen. Wer sich bis Mitte 1941 nicht durch rechtzeitige Emigration hatte in Sicherheit bringen können, zählte zum Kreis der vom tödlichen Zugriff Gefährdeten.

Über die Opfer der zeitlich früher (Herbst 1940) liegenden Vorgänge in der Pfalz und das Schicksal einiger Konsulenten wurde oben berichtet. Auch im rechtsrheinischen Bayern gehörten gerade alte und kranke Anwälte zu den Verbliebenen, oft auch jüngere, die Familienmitglieder oder Partner/innen nicht zurücklassen wollten. 74 Personen (≈ 16%) fanden infolge Deportation in den Osten und anschließender Ermordung in einem Vernichtungslager den Tod oder sind in einem KZ im Reich zu Tode gekommen. Dem Chronisten ist bewusst, dass für viele von ihnen weder exakte Todesursachen, noch genaue Daten, noch ein Ort dafür vorliegen. Die Begriffe verschollen, ums Leben gekommen, gestorben, ermordet und für tot erklärt können die grausige Realität kaum adäquat beschreiben, das entstandene unsägliche Leid schon gar nicht. Das biografische Verzeichnis im Anhang, bringt den Nachweis aller Einzelschicksale. Auf einige exemplarische Fälle soll im Folgenden näher eingegangen werden.

[1] Göppinger 97 ff.; Wolfgang Benz, Von der Entrechtung zur Verfolgung und Vernichtung. Jüdische Juristen unter dem nationalsozialistischen Regime. In: Heinrichs u.a. (Hrsg.), Deutsche Juristen jüdischer Herkunft, 813–852, bes. 848 ff.

Die Verhältnisse in München erlauben, weil über die beiden großen Deportationstransporte vom 20. November 1941 und 4. April 1942 Namenslisten vorliegen, weitergehende Aussagen. Im ersten 1000 Köpfe umfassenden Transport 1941 befanden sich mit Dr. Elisabeth Kohn und acht männlichen Kollegen neun Personen aus dem Umkreis unseres Themas.[2] Zählt man bei Dr. Artur Gern Ehefrau und zwei Söhne[3], bei Dr. Ludwig Haymann die Ehefrau[4], bei Dr. Paul Adler Ehefrau und Tochter[5], bei Dr. Elisabeth Kohn Mutter und Schwester[6], sowie die Witwe des 1936 verstorbenen Dr. Hugo Jacoby[7] hinzu, erweitert sich dieser Kreis beträchtlich. Es gilt als gesichert, dass keiner aus dem Transport, der das litauische Kowno (Kaunas) zum Bestimmungsort hatte, die Mordaktionen des 25. November 1941 überlebt hat.[8]

Bereits erwähnt wurde, dass emigrierte Kollegen um Dr. Max Hirschberg in New York verzweifelt versucht hatten, Dr. Elisabeth Kohn zu retten. Deren Gemütsverfassung, die zwischen Hoffnung und Verzweiflung schwankte, geht aus folgenden Zeilen an die New Yorker Freunde hervor:

„... Nun wie es kommt, so muss es geschluckt werden, nun wir einmal für unsere exemplarische Dummheit, nicht mit allen Mitteln rechtzeitig weggestrebt zu haben und für unser Pech, dass uns das nicht gelungen ist, noch exemplarischer bestraft werden sollen. ... Aber solange man meint, es stehe noch dafür und solange man noch Hoffnung hat, ist es gut. An meiner inneren Ruhe und meinem Mut braucht Ihr nicht zu zweifeln. Aber arg ist mir schon Vieles, vor allem tut mir jetzt meine Mutter und meine Schwester schon recht leid. ... Wir sind in allen Dingen sehr hart geworden. Niemand kann ermessen, was uns noch zu erfahren bevorsteht. Es hätte ja auch niemand geglaubt, dass wir Alles bis zu einem solch bitteren Grade hier durchstehen müssten. Und ich bin überzeugt, dass für uns das Ende nach unten noch nicht erreicht ist. ...“[9]

Die ersehnten Gelder für ein Visum nach Kuba stehen erst zur Verfügung, als bereits das Emigrationsverbot (seit 23. 10. 1941) herrscht.

„... Leider scheint über allen Hilfsbemühungen für uns das ‚Zu spät‘ als Motto zu stehen. Am Samstagnachmittag habe ich Weisung bekommen, mit Mutter und Schwester ab Dienstag fahrtbereit zu sein. Ich packe heute. ... Was aus uns werden wird, wer kann es ahnen. Sicher ist, dass es ein dunkler Weg ist, den wir zu begehen haben. Ob ich mit Euch Verbindung halten kann, bezweifele ich sehr. ... Ich bin sehr ruhig und nehme an, was das Schicksal mir aufladen will. ... Meine Hoffnung auf ein Wiedersehen mit Euch gebe ich nicht auf. Man wird leben und wird versuchen, zu überstehen. Seid alle herzlichst umarmt und geküsst. Immer Eure Lisel“.

So ahnungsvoll Elisabeth Kohns letzter Brief zwei Wochen vor dem Massaker.[10]

Im Transport vom 4. April 1942, der das polnische Piaski zum Ziel hatte[11], befanden sich ebenfalls neun Rechtsanwälte, einer mit Ehefrau, einer mit Mutter und Schwester,

[2] Archiv Institut für Zeitgeschichte, Fa 208.
[3] Gb M 410.
[4] Gb M 537.
[5] Gb M 47.
[6] Gb M 727, 732, 734
[7] Gb M 640.
[8] Stadtarchiv München (Hrsg.), „...verzogen, unbekannt wohin“. Die erste Deportation von Münchener Juden im November 1941. Zürich 2000.
[9] Elisabeth Kohn an Max Hirschberg, 18. 9. 1941; Original im Besitz des Verfassers.
[10] Elisabeth Kohn an Max Hirschberg, 10. 11. 1941; Original im Besitz des Verfassers.
[11] Archiv Institut für Zeitgeschichte, Fa 209.

ein weiterer ebenfalls mit Schwester, sowie die Witwe des Eichstätter Anwalts Salomon Hänlein, der 1935 Suizid verübt hatte.[12] Zwei ehemalige Landgerichtsräte komplettierten die juristischen Opfer. Auch von ihnen überlebte keiner Deportation und das ihr Folgende.

Von den übrigen Münchenern fanden fünf ihr Ende in Theresienstadt, einer davon in Begleitung seiner Ehefrau. Bei weiteren sind die Bestimmungsorte im Osten nicht bekannt. Fest steht allerdings, dass keiner von ihnen überlebt hat. Selbst ein Umzug schützte nicht vor der akribischen Erfassung durch den NS-Staat, wie Justizrat Dr. Ernst Oberländer, von 1906 bis 1938 Rechtsanwalt in München, erfahren musste. Er war nach Köln gezogen, wurde dort aber aufgespürt und am 15. Juni 1942 zusammen mit seiner Ehefrau Olga ins polnische Izbica deportiert. Genaue Daten über ihren Tod im benachbarten Lager Majdanek bei Lublin liegen wie so oft nicht vor. Lediglich ihren beiden Kindern war es gelungen, rechtzeitig zu entkommen.[13]

Wie entwürdigend bereits im Vorfeld die Verantwortlichen mit ihren Opfern umgingen, geht aus einem Brief hervor, den Justizrat Dr. Herbert Jacobi am 28. Juni 1942 an seine bereits emigrierten Kinder schickte. Jacobi war von 1904 bis 1938 Rechtsanwalt in München und eine Kapazität auf dem Gebiet des Handelsrechts. Anlässlich der Kristallnacht war seine Praxis völlig zerstört und er bis zum 1. Dezember 1938 nach Dachau verbracht worden. Der 64-jährige schrieb:

„Ich sitze in meinem Zimmer ..., das uns beinahe 11 Monate einen zwar bescheidenen, aber doch immerhin kultivierten Aufenthalt gewährt hat, zwei Tage, bevor uns der Befehl der herrschenden Parteistelle zwingt, diesen Raum zu verlassen und in die so genannte Heimanlage für Juden ... überzusiedeln. Dort hört jede Bequemlichkeit, jede Möglichkeit, für sich selbst zu leben, irgendwie seinen individuellen Neigungen nachzugehen, überhaupt auch nur eine Stunde für sich allein zu sein, auf; aufeinander gepfercht in bedrückender Enge ist man dort gezwungen in Gemeinschaft von Leuten, mit derem überwiegenden Großteil einen auch nicht die geringsten geistigen und kulturellen Interessen verbinden, nach einem langen, ehrenvoll verbrachten Leben seine Tage und beinahe noch schlimmer, seine Nächte zu verbringen, und in Geduld und Unruhe zu warten, ob und welche Disposition die Regierung verhängt, ob man überhaupt in dem Lande, das man mit wirklicher Liebe und Treue als sein Vaterland betrachtete, verbleiben darf oder ins Ausland, ins Elend vertrieben, – oder wie es der verlogene Amtsausdruck besagt – abgewandert wird ...".[14]

Herbert Jacobi wurde am 13. März 1943 zusammen mit seiner Ehefrau und einer unverheirateten Schwester nach Auschwitz deportiert. Auch über ihre Ermordung liegen keine Daten vor.[15]

Justizrat Friedrich (Fritz) Heinrich Wolf war seit 1903 als Rechtsanwalt in Zweibrücken zugelassen. Eine Beurteilung des Oberlandesgerichts kommt zu folgendem Ergebnis: „Kenntnisse, Fähigkeiten, Fleiß ragen hervor und tragen zur Förderung der Rechtspflege beachtenswert bei."[16] Bis 1933 ist er Schriftführer der Ortsgruppe Zweibrücken

[12] Gb M 514.
[13] Stadtarchiv München, RAK 801; StAM, WB I a 1622, I N 554, 555; BayLEA, EG 97733 (Sohn).
[14] Gb M 638.
[15] BayHStA, EG 122128= K 266; Stadtarchiv München, RAK 1229; Archiv Gedenkstätte Dachau; Gb M 637 f.; Strätz 278.
[16] LA Sp, J 1, 1028.

des DAV. Angesichts des geschilderten Vorgehens gegen jüdische Rechtsanwälte nicht verwunderlich, wird er zusehends von schweren Depressionen heimgesucht. 1937 erklärt er seinen Verzicht auf die Zulassung und zieht nach Wiesbaden. Von dort mit unbekanntem Datum nach Auschwitz deportiert, wird er in dem Vernichtungslager am 22. Oktober 1942 ermordet.[17]

Justizrat Albert Aron, 1871 geboren, seit 1902 geachteter Rechtsanwalt in Bamberg, und seine Frau hatten bereits im Mai 1933 die Brutalität der Nationalsozialisten zu spüren bekommen, die ihren einzigen Sohn, Gerichtsreferendar Willy Aron, im KZ Dachau bestialisch ermordeten, weil er ihr aktiver Gegner gewesen war.[18] Die Presse kaschierte den brutalen Mord an dem 26-Jährigen in zynischer Weise als Herzschlag. Albert Arons Einnahmen gingen ab 1933 in Folge der bekannten antisemitischen Maßnahmen des Regimes so zurück, dass ihm die Kultusgemeinde schon 1934 den Gemeindebeitrag erlassen musste. Nach dem Berufsverbot vom November 1938 ging er einer Tätigkeit nicht nach. Auch als Konsulent fand er keine Berücksichtigung. Die Arons lebten zuletzt im Bamberger Ghetto „Weiße Taube", von wo aus sie im September 1942 nach Theresienstadt deportiert wurden. Kurze Zeit später erfolgte ihr Weitertransport in ein Vernichtungslager im Osten. Ort und Zeitpunkt ihrer Ermordung sind nicht bekannt.[19]

Der geschätzte Bamberger Kollege Justizrat Bernhard Bettmann war von 1903 an zunächst in Schweinfurt zugelassen, bevor er 1905 in die Domstadt wechselte. Als Altanwalt 1933 vom Zulassungsgesetz nicht betroffen, versuchte die Anwaltskammer Bettmann wegen kommunistischer Betätigung aus dem Beruf zu drängen. Nachdem die vollkommene Haltlosigkeit dieser frei erfundenen Anschuldigung sogar vom Landgericht bestätigt worden war, war er bis zum Berufverbot 1938 als Anwalt tätig, verzeichnete jedoch einen kontinuierlichen Rückgang seiner Einnahmen. Seine Zulassung als Konsulent wurde bereits am 31. Januar 1939 wieder zurückgenommen. Aus Angst vor der drohenden Deportation beging seine Ehefrau Bertha am 11. Januar 1942 Selbstmord. Bernhard Bettmann wurde im Mai 1942 nach Izbica bei Lublin deportiert und ermordet.[20]

Langjähriger Vorsitzender der örtlichen Kultusgemeinde war Justizrat Berthold Klein in Bayreuth. Der dekorierte Frontkämpfer des Weltkriegs, von 1902 bis November 1938 in seiner Heimatstadt zugelassen, verheiratet und Vater einer Tochter, wurde bereits 1938 gezwungen, seine angestammte Wohnung zu verlassen. Im Januar 1942 erfolgte der unfreiwillige Umzug des Ehepaares Klein von Bayreuth in ein „Judenheim" in Bamberg. Mit dem gleichen Transport wie der Bamberger Kollege Aron und Frau im September 1942 nach Theresienstadt deportiert, kam Frau Regina Klein dort am 26. November 1942 ums Leben, ihr Mann starb am 20. Februar 1943 im selben Konzentrationslager. Tochter Elisabeth, der 1939 die Emigration nach den USA geglückt war, hatte 1941

[17] LA Sp, J 3, 1112; Paulsen 281; Gb 1605.
[18] Martin Broszat u.a. (Hrsg.), Bayern in der NS-Zeit. Bd. II, München 1979, 359 f., 416.
[19] Stadtarchiv Bamberg, C 9, 58 a; Köster; Bambergs Wirtschaft 55 f., 278; Loebl 322; Gb 37 f.
[20] Stadtarchiv Bamberg, C 9, 58 a; StAB, K 100/4, 2616 + K 100/5, 2590; BayHStA, EG 84480 = A 481; Köster; Bambergs Wirtschaft 275; Gb 118.

Geld für Einreisevisa nach Kuba überwiesen, das ihren Eltern infolge des Ausreiseverbots vom Oktober 1941 nicht mehr zugute kommen konnte.[21]

Justizrat Dr. Siegfried Schloß in Nürnberg, Unteroffizier und Frontkämpfer, 1906 kurzzeitig in Bamberg, seit 1907 in seiner Heimatstadt zugelassen, stand wegen seiner politischen Vergangenheit ab 1933 unter schärfster Beobachtung. Schloß war Mitglied der SPD, des Reichsbanners Schwarz-Rot-Gold und des Bunds Akademischer Sozialisten sowie der Freimaurerloge „Zur aufgehenden Sonne" gewesen. Er hatte nach dem Weltkrieg den „Volksbund zur Befreiung der Kriegsgefangenen" gegründet und geleitet sowie den Vorsitz der Kriegsgefangenenheimkehrerstelle Nürnberg inne. Die Reichsvereinigung ehemaliger Kriegsgefangener ernannte ihn zum Ehrenmitglied, die Ortsgruppe Nürnberg der Kriegsgräberfürsorge zu ihrem Vorsitzenden. Versah er alle diese Ämter ehrenamtlich, so galt sein hauptamtliches Engagement als Syndikus des Mietervereins Nürnberg von 1918 bis 1933 dem Interessenschwerpunkt Mietsachen, denen er darüber hinaus Vorträge, Gutachten und Publikationen widmete. Seit 1933 vertrat er hauptsächlich jüdische Mieter und Hausbesitzer. Schloß war verheiratet und Vater dreier Töchter. Anlässlich der Kristallnacht hatte der nationalsozialistische Mob seine Wohnung demoliert. Zum 30. November 1938 erhielt er Berufsverbot. Ohne dass wir den Grund dafür kennen, verbrachte er Ende 1939 vier Wochen in Schutzhaft. Am 1. Februar 1940 wurde er von Fürth in das KZ Sachsenhausen überstellt, wo er bereits kurze Zeit später den Tod fand. Seiner Witwe und den Töchtern gelang die Flucht ins rettende Ausland.[22]

Dekorierter Weltkriegsoffizier und Frontkämpfer war auch der seit 1911 in Nürnberg zugelassene Fritz Moritz Wertheimer. Zusammen mit seinem Sozius Dr. Ludwig Ehrenbacher (gestorben 1933) vertrat er überwiegend Klienten aus dem linken politischen Spektrum und befand sich deshalb ab 1933 auf der Liste der potenziellen Staatsfeinde. 1938 wurde Wertheimer wegen eines Devisenvergehens zu 100000 Reichsmark Geldstrafe und zu sechs Jahren Zuchthaus verurteilt, die er im Zuchthaus Amberg zu verbüßen hatte. Von dort wurde er im September 1942 nach Theresienstadt deportiert. Genaue Daten seines Weitertransports nach Auschwitz und seiner anschließenden Ermordung liegen nicht vor.[23]

Justizrat Dr. Karl Geiershöfer, seit 1895 verdienter Rechtsanwalt in seiner Heimatstadt Nürnberg, langjähriges Vorstandsmitglied der Anwaltskammer und des DAV, „ein liebenswürdiger Gesellschafter und anhänglicher Freund" (Max Friedlaender)[24], gab nach 43-jähriger ersprießlicher Tätigkeit im Frühjahr 1938 seine Zulassung auf und zog mit seiner Ehefrau nach München. Die bekannten Vorgänge des Herbstes 1938 veranlassten das Ehepaar – 70 bzw. 63 Jahre alt – im Juli 1939 zur Flucht nach Luxemburg. Frau Ella Geiershöfer schied dort am 1. Mai 1940 aus Verzweiflung mittels Selbstmord aus dem Leben. Ihr Mann, seit September 1941 interniert, wurde im Juli 1942 von

[21] StAB, K 100/4, 2849; BayHStA, EG 75892= K 1320; Gb 748, 751; Ekkehard Hübschmann u.a., Physische und behördliche Gewalt. Die „Reichskristallnacht" und die Verfolgung der Juden in Bayreuth. Bayreuth 2000, 61, 82, 159 f., 197 ff.

[22] BA Berlin, R 22 Pers. 74295; BayHStA, EG 121486 = A 83; OLG Nürnberg, PA Sch 12; Göppinger 259; Gb N 300.

[23] BA Berlin, R 22 Pers. 80196; BayHStA, BEG 54122 = A 86; BayHStA, OP 51562; GB N 373.

[24] Max Friedlaender, Erinnerungen. Manuskript 188.

Luxemburg aus nach Theresienstadt deportiert, wo er am 4. April 1943 ums Leben gekommen ist.[25]

Dr. Albert Neubürger war der Sohn des bekannten Rabbiners Dr. Jakob Neubürger in Fürth, dessen Grab in der Nazizeit geschändet wurde. Zugelassen schon vor 1910, arbeitete er bis zum 30. November 1938 als Rechtsanwalt in seiner Vaterstadt. Während der Kristallnacht wurde er schwer misshandelt, weil er die Demolierung der Synagoge zu verhindern versucht hatte. Bemühungen um rechtzeitige Emigration blieben ohne Erfolg. Offenbar aus Angst vor der drohenden Deportation setzte der 61-jährige Ledige am 21. Februar 1942 seinem Leben durch Einnahme von Gift selbst ein Ende.[26]

Dr. Max Herzstein, 1892 geboren, verheiratet und Vater zweier Töchter, war nach kurzer Zwischenstation in Würzburg seit 1921 in seiner Heimatstadt Fürth als Rechtsanwalt zugelassen gewesen. Infolge Kriegseinsatz, allerdings nicht an der Front, hatte er erst 1920 die Zweite Staatsprüfung ablegen können. Am 12. September 1933 erhielt er aufgrund von § 1 des Gesetzes vom 7. April 1933 Berufsverbot. Noch im Herbst desselben Jahres emigrierte er mit Familie – die Kinder waren sieben und vier Jahre alt – nach Prag. Wovon er dort lebte, wissen wir nicht. Bekannt ist nur, dass er und seine Familie 1938 vom Deutschen Reich ausgebürgert wurden.[27] Nach der Besetzung der Rest-Tschechoslowakei durch Hitler flüchtete Herzstein nach Polen weiter und war damit erneut in der Falle, wie ein Brief an den nach London emigrierten Kollegen Dr. Semi Freudenreich belegt:

> „Ich bin seit 15. April 1939 unter Zurücklassung meiner Familie aus Prag entflohen und zu Fuß unter großen Gefahren über die Grenze nach Polen gelangt. Dabei bin ich um zwei Drittel meines Geldes bestohlen worden. ... Hier lebe ich als Schnorrer bei der Gemeinde, die die Sache aber gemeinsam mit dem britischen Vizekonsulat in Katowice glänzend organisiert hat. ... Wir sind ca. 500 Flüchtlinge aus Prag. ..."

Grund für die überstürzte Flucht: „Ich bin nämlich ausgebürgert, mein Vermögen in Deutschland ist beschlagnahmt und ich musste jeden Tag mit Verhaftung und Wegnahme meiner Sachen rechnen." Kleider und Wäsche hat Herzstein an Freudenreich geschickt: „Sei mir bitte nicht böse, dass ich in meiner Verzweiflung Dich damit belästigt habe. Hoffentlich sind die Sachen nicht verloren?" Für die Aufnahme in einen rettenden Sammeltransport nach England erwartete er vom Freund die Vermittlung einer britischen Bürgschaft, denn: „Hier ist heißer Boden; auch hierher kann bald Hitler seine Hand ausstrecken, deshalb möchte ich unter allen Umständen bald fort." Genügen würde evtl. ein Schreiben an das britische Konsulat, „dass nach eingeholten Referenzen ich bestens für baldigen Transport nach England empfohlen werde, so könnte das meinen Abtransport wesentlich beschleunigen." Max Herzstein erreichte das rettende Ausland vor Hitlers Einmarsch in Polen nicht. Sein weiteres Schicksal liegt im Dunkeln. Der 8. Mai 1945 wurde als der späteste Zeitpunkt für seinen gewaltsamen Tod angenommen. Frau Anna Herzstein kam im September 1942 von Prag nach Theresienstadt, von wo sie kurze Zeit später nach Auschwitz deportiert wurde. Der Zeitpunkt ihres To-

[25] BayHStA, EG 68008 = A 38; OLG Nürnberg, PA G 8;Gb 396; Gb M 407; Gb N 89.
[26] BayHStA, EG 97616 = A 10; Gb Fürth 295 f.
[27] Hepp, Liste 36/11, 33–35.

des ist nicht bekannt. Die Töchter erreichten offenbar 1939 mit einem Kindertransport England. Das ältere der beiden Kinder litt relativ bald an einer psychischen Krankheit, als deren wesentliche Ursache „kindliche Entwurzelung" angegeben wurde.[28]

2. Überlebende in Deutschland

Die Zahl der im Land Überlebenden hielt sich angesichts der geschilderten radikalen Gründlichkeit des NS-Regimes bei der Durchführung seiner antisemitischen Maßnahmen in engen Grenzen. Anlässlich der Darstellung des Schicksals der Konsulenten fanden Richard Arthur Müller/Ludwigshafen, Richard Müller/Würzburg, Max Stern/Nürnberg-Fürth, Ludwig Dreifuß/Augsburg sowie die Münchener Oskar Maron, Fritz Siegfried Neuland und Ernst Seidenberger bereits Erwähnung. Auch auf die „Mischlinge" und „Halbjuden", die in der Regel nicht von den Deportationen betroffen waren, wurde bereits hingewiesen. Überleben konnten außerdem einige Anwälte, die durch die Ehe mit einer Nichtjüdin („privilegierte Mischehe") einigermaßen geschützt waren oder denen es gelang, sich durch Verstecken oder ähnliches dem tödlichen Zugriff der Machthaber zu entziehen. Auffällig ist, dass eine ganze Reihe von ihnen relativ bald nach 1945 gestorben ist. Im Folgenden zu behandelnde vielfältige Zwangsmaßnahmen und die kaum nachvollziehbare psychische Situation unter dem Unrechtsregime dürften ihren Teil dazu beigetragen haben.

Ein gutes Beispiel für den Druck, der auf den Betroffenen lastete, bietet Justizrat Julius Prochownik, nach Stationen in Nürnberg und Passau seit 1908 Rechtsanwalt im schwäbischen Donauwörth, in „Mischehe" verheiratet und Vater von fünf Töchtern. Prochownik hatte die größte und erfolgreichste Anwaltskanzlei des ganzen Landgerichtsbezirks und verfügte über Hausbesitz im Ort. Sein ehemaliger Steuerberater erinnert sich: „Vor allem war er auch deshalb sehr geschätzt, weil er sich um alle ihm übertragenen Angelegenheiten mit größter Hingabe annahm und dabei sowohl in Zivilsachen wie auch in Strafsachen große Erfolge erzielte."

Sein Unglück ab 1933 war, dass er als einziger namhafter Jude am Platze in idealer Weise als Zielscheibe für die örtlichen Antisemiten dienen konnte. Dabei nutzte es gar nichts, dass er sich schon während seines Studiums 1896 protestantisch hatte taufen lassen und ein geachteter Bürger war. Bereits 1933 versuchte man, den 1873 im damals preußischen Bromberg Geborenen mittels des Gesetzes vom 14. Juli 1933 über Widerruf der Einbürgerung und Aberkennung der deutschen Staatsangehörigkeit[29] loszuwerden. Seitdem schweren Repressalien ausgesetzt, z. B. Entzug von Reisepass und Führerschein, Beschmieren des Hauses mit antisemitischen Sprüchen, verschlechterte sich seine psychische Befindlichkeit namentlich nach dem Erlass der Nürnberger Gesetze im Herbst 1935 immer mehr, so dass er 1936 ärztliche Hilfe in Anspruch nehmen musste. Nach einem längeren Klinikaufenthalt führten manisch-depressive Zustände schließlich 1937 zur Entmündigung Prochowniks durch Beschluss des Amtsgerichts. Inwieweit dies zu seinem Schutz erfolgt ist, mag dahingestellt bleiben. Bereits 1936 hatte das Erbgesund-

[28] BayHStA, M Ju 20986; BayLEA, BEG 68061; Gb Fürth 180.
[29] RGBl I 1933, 480.

Abb. 29: Kennkarte von Julius Prochownik.
Quelle: Stadtarchiv Donauwörth.

heitsgericht Augsburg seine Sterilisierung aufgrund des Gesetzes zur Verhütung erbkranken Nachwuchses verfügt. Obwohl die Familie unter den genannten Vorgängen schwer gelitten haben muss, stand sie unerschütterlich zu ihrem Ehemann und Vater. Spätestens mit der Entmündigung (1937) dürfte auch die Anwaltszulassung zurückgenommen worden sein. Ein entsprechendes Datum liegt nicht vor.

Prochownik „verließ 1938 Donauwörth, um in Berlin Aufenthalt zu nehmen, weil er annahm, hier Verfolgungsmaßnahmen nicht in dem Maß ausgesetzt zu sein, wie es für ihn in Donauwörth als einzigem Juden der Fall gewesen wäre". Von 1942 bis zum 5. März 1943 befand er sich im Judensammellager Berlin-Rosenstraße 2–4, dessen Insassen nicht wie geplant deportiert, sondern nach energischen Protesten der Partnerinnen freigelassen wurden. Von anhaltenden schweren Depressionen begleitet hat er die Zeit bis Kriegsende in Berlin überstanden. Am 2. Juni 1945 ist Julius Prochownik dort an „Erschöpfung" gestorben. Seine Witwe kam zu der nach dem Gehörten sicherlich zutreffenden Beschreibung: „Das Leben meines Mannes in den Jahren von 1933 bis zu seinem Tode war ein dauerndes Gehetzt- und Verfolgtsein, eine fast ständige Trennung von seinen Kindern, an denen er mit großer Liebe hing."[30]

Justizrat Alfons Prager, seit 1901 Rechtsanwalt in Straubing, verlor seine Zulassung zum 30. November 1938. Vom 10. bis 18. November 1938 war er im Zuge der Kristallnacht im Gerichtsgefängnis Straubing in Schutzhaft. Seine patriotische Gesinnung hatte der wegen eines Augenleidens nicht Frontdienstfähige durch freiwillige Meldung als unbezahlter rechtskundiger Hilfsarbeiter zwischen 1916 und 1920 bei der Stadtverwaltung Straubing bewiesen. Mit einer Nichtjüdin verheiratet und Vater zweier Kinder, stand der 1875 Geborene beruflich nach 1938 vor dem Nichts. Da er unter dem verbotenen Titel „Rechtsanwalt i. R." über das Berufsverbot hinaus Rechtsgeschäfte besorgt hatte, wurde er 1939 zu einer Geldstrafe verurteilt. Wovon er anschließend lebte, ist nicht bekannt, auch nicht, wie er die folgenden Jahre überstand. Vielleicht widmete er sich seiner großen Leidenschaft, der Beschäftigung mit Familien- und Flurnamenkunde, der er auch nach 1945 durch Vorträge und Veröffentlichungen in Heimat- und Tageszeitungen anhing. Bereits im Juli 1945 ließ ihn die US-Militärregierung wieder als Rechtsanwalt zu, 1946 bestätigte die Rechtsanwaltskammer Nürnberg die Zulassung. Im Juni 1951 feierte der langjährige Vorsitzende des örtlichen Anwaltvereins das 50. Jubiläum seiner Erstzulassung. Zum 1. August 1958 zog sich der inzwischen 83-Jährige von der aktiven Anwaltstätigkeit zurück. Am 20. Oktober 1958 ist er in Straubing hoch geachtet verstorben.[31] Unter der Überschrift „Bis zum 84. Jahr aktiver Anwalt" führte ein Nachruf aus:

„Im 84. Lebensjahr verschied in Straubing Rechtsanwalt Justizrat Alfons Prager, einer der ältesten noch aktiven Anwälte Bayerns. Prager hatte erst vor wenigen Wochen seine berufliche Tätigkeit aufgegeben. Er erfreute sich bis tief in den Bayerischen Wald hinein großer Volkstümlichkeit nicht nur als speziell die ländliche Mentalität gut verstehender Rechtsanwalt, sondern auch als verdienter Förderer des bayerischen Grenzlandes. Am Grabe des Verstorbenen, der sich jetzt

[30] BayLEA, BEG 13649; EA Berlin 120233; Staatsarchiv Augsburg, AG Donauwörth E 2/38; Auskunft Stadtarchiv Donauwörth (Dr. Ottmar Seuffert) vom 9.7.2004

[31] BA Berlin, R 22 Pers. 71127; BayHStA, EG 44767 = K 1171; OLG N, PA P 658; MJu, PA P 119; Auskunft RAK Nürnberg; Auskunft Stadtarchiv Straubing (Frau Dr. Krenn).

ungehindert der Orts- und Familiennamenforschung widmen wollte, waren u. a. Oberbürgermeister Höchtl und Mitglieder des Bayerwaldvereins erschienen."[32]

Von Pragers Schicksal zwischen 1933 und 1945 war nicht die Rede.

Dr. Julius Nürnberger, seit 1910 zugelassen, Frontkämpfer, kurzzeitig Konsulent, in „Mischehe" kinderlos verheiratet, war nach dem Berufsverbot Ende November 1938 und der im Zuge der Kristallnacht erfolgten Demolierung von Kanzlei und Wohnung bis 1945 für die Nürnberger Kultusgemeinde tätig. Zwischen April 1942 und Mai 1945 hatte er zum Beispiel deren Leichenwagen zu fahren. Im Herbst 1945 von der US-Militärregierung bereits wieder als Rechtsanwalt in seiner Heimatstadt installiert, gehörte er zu den Männern der ersten Stunde, die sich unverzüglich an den Wiederaufbau machten, als ob vorher nichts gewesen wäre. Als Vorsitzender des Vorstands der Rechtsanwaltskammer Nürnberg, als 1. Vorsitzender des Nürnberg-Fürther Anwaltvereins, als stellvertretender Beirat des DAV und als Vorsitzender der wiedererstandenen Israelitischen Kultusgemeinde Nürnberg leistete er einen gewichtigen Beitrag zur Etablierung demokratischer Verhältnisse. Vielleicht hat er dabei seine durch die Jahre 1933 bis 1945 angegriffene Gesundheit doch etwas überschätzt, denn er ist bereits am 24. Januar 1952 „aus einem arbeitsreichen Berufsleben heraus ... rasch und unerwartet" im 68. Lebensjahr verstorben. Der Vorstand der Nürnberger Anwaltskammer hob in seiner Traueranzeige Folgendes hervor:

> „Mit ihm ist ein hervorragender, pflichtbewusster Anwalt, ein gütiger, Gegensätze stets ausgleichender bescheidener Mensch, eine charaktervolle, aufrechte Persönlichkeit dahingegangen. Die Anwaltschaft Nürnbergs und des gesamten Oberlandesgerichtsbezirkes hat durch sein Ableben einen schweren Verlust erlitten und betrauert in ihm einen ihrer Besten. Sein über 40jähriges berufliches Wirken zum Wohle seiner Klienten, seine Hilfsbereitschaft gegenüber Allen und seine vorbildliche Berufsauffassung bleiben uns stets unvergessen."[33]

Der gebürtige Bamberger Justizrat Dr. Hans Baumann, von 1904 bis 1938 Rechtsanwalt in München, verbrachte infolge der Vorgänge des November 1938 die Zeit vom 11. bis 23. November 1938 im KZ Dachau. Der dekorierte Frontoffizier des Jahrgangs 1878 und Vater zweier Söhne hatte, da in „Mischehe" verheiratet, zwischen April 1941 und Februar 1945 Zwangsarbeit zu leisten, zum Beispiel in einer Druckerei und bei der städtischen Straßenbahn; zeitweise war er im Barackenlager im Stadtteil Milbertshofen interniert. Bei der schweren Arbeit zog er sich ein Blasenleiden und eine allgemeine Kreislaufschwäche zu. 1946 bis 1948 wieder als Rechtsanwalt zugelassen, ist er bereits 1950 im Alter von 72 Jahren gestorben.[34]

Sein sechs Jahre älterer Bamberger Landsmann Justizrat Heinrich Kastor war 40 Jahre Rechtsanwalt, davon 37 Jahre in München, als ihm 1938 Berufsverbot erteilt wurde. Wie Baumann in „Mischehe" verheiratet, leistete er ab 1941 Zwangsarbeit, für einen fast 70-Jährigen sicher keine Selbstverständlichkeit. Seit 1946 wieder im Besitz einer Anwaltszulassung, ist er 1961 88 Jahre alt in München gestorben. Eine unverheiratete

[32] Passauer Neue Presse vom 28. 10. 1958 (Nachruf).

[33] BayLEA, EG 41871; OLG Nürnberg, PA N 269; MJu, PA o.S.; RAK Nürnberg, PA.

[34] Stadtarchiv München, RAK o.S.; BayHStA, OP 4546; BayHStA, EG 67970 = K 1683; MJu, PA o.S.; StAM, WB I a 2963; Heinrich 219.

Schwester, Sekretärin in Nürnberg, wurde 1941 Opfer des nationalsozialistischen Rassenwahns.[35]

Dr. Ary Zacharias Neuburger, 1883 in Fürth geboren, in „Mischehe" kinderlos verheiratet, war von 1912 bis 1938 Rechtsanwalt in München, daneben lange Jahre Dozent an der örtlichen Brauerschule. Auch Neuburger hatte ab 1941 als Zwangsarbeiter für Münchener Verlage tätig zu sein. Von April bis September 1941 datierte eine Internierung im Lager München-Milbertshofen, von April 1942 bis April 1943 im Lager Berg am Laim, von Mai bis August 1943 war er Schutzhäftling der Gestapo unter anderem im Gefängnis Stadelheim, ohne dass ein Grund bekannt ist. Eine Darmerkrankung wurde bis zum Ende der NS-Zeit nicht behandelt, weil er Jude war. 1946 wieder als Rechtsanwalt in München zugelassen, ist er dort bereits 1949 an Darmkrebs gestorben.[36]

Der gleichaltrige Dr. Benno Schülein, seit 1913 Rechtsanwalt in München, verbrachte ab dem 11. November 1938 zunächst drei Tage in Stadelheim, anschließend war er bis zum 19. Dezember 1938 in Dachau in Schutzhaft. Zwischenzeitlich verlor er seine Zulassung zum 30. November 1938. Von Juni 1940 bis zum 8. März 1943 war er als Zwangsarbeiter bei diversen Münchener Firmen eingesetzt. Als er am 9. März 1943 von seiner geplanten Deportation erfuhr, tauchte er kurzerhand unter, weil er nicht das selbe Schicksal wie sein früherer Sozius Dr. Josef Gunzenhäuser erleiden wollte, der 1942 wenige Tage nach seiner Einlieferung in Theresienstadt ermordet worden war.[37]

Die folgenden Jahre bis zum Ende der Naziherrschaft 1945 bedeuteten für Schülein eine Odyssee unvorstellbaren Ausmaßes, die in wesentlichen Momenten rekonstruiert werden kann, weil eidesstattliche Versicherungen einiger „Quartiergeber" vorliegen.

1. Quartiergeber: Schülein wurde

„zunächst bei mir behelfsmäßig und geheim von einem Sonntagabend an verborgen gehalten, bis zwei Tage später ein damaliger Untermieter von mir ... mir mitteilte, dass er die Tatsache ... der Polizei melden müsse und melde. Herr Dr. Schülein ... ist am gleichen Tage abends 8 Uhr Hals über Kopf wieder aus meiner Wohnung verschwunden und soweit ich mich erinnern kann, zunächst in den Isarauen umhergeirrt, bis er abends dann Herrn K. ... traf, der ihn weiter insgeheim versteckte. Ich weiß, dass Herr Dr. Schülein keinerlei Lebensmittelkarten erhielt und nur von freiwilligen Zuwendungen verschwiegener Freunde sein Leben fristen musste."

2. Quartiergeber:

„Auch wir (meine Mutter und ich) haben ihn auf Veranlassung von Herrn K. bei uns aufgenommen und versteckt. Leider musste er nach sechs Wochen ... sich wieder nach einem anderen Versteck umsehen, da er im Garten von einem seiner Bekannten gesehen wurde. Uns ist bekannt, dass Herr Dr. Schülein sehr viel gelitten hat, da er zu allem Übel noch sehr an Gelenkschmerzen litt und auch sonst des öfteren krank war."

[35] StAM, PolDir München 14310; StAM, WB I a 3153, I N 4392; MJu, PA K 29; BayHStA, EG 1265 = K 567; BayHStA, EG 42007 = K 568 (Schwester); Stadtarchiv München, RAK 1233; Heinrich 219.

[36] BA Berlin, R 22 Pers. 69494; BayHStA, EG 39541 = K 263; MJu, PA o.S.; Stadtarchiv München, RAK 835; Heinrich 219.

[37] BayHStA, MJu 20858; StAM, PolDir München 13263; Archiv Gedenkstätte Dachau; Gb M 490.

3. Quartiergeber: Nach 14 Tagen musste Schülein

„deshalb aus unserer damaligen Wohnung ... wieder weg, weil unsere Hausangestellte von ihrem Urlaub in ihrer Heimat Aschau zurückkam und Dr. Schülein von dort kannte. Es versteht sich von selbst, dass sich Herr Dr. Schülein wegen der für die Familie drohenden Gefahr bei Entdeckung auch bei Fliegeralarm nicht aus der kleinen Wohnung begeben konnte, so lange er bei uns war. ..."

4. Quartiergeber:

„1943 rief Dr. Schülein spät abends in meiner Wohnung an ... und frug, ob er zu uns kommen könne. Geraume Zeit später kam er dann blutend und beschmutzt in meinem Hause an und bat um Asyl. Er wies mir ein Schreiben der Gestapo vor, aus dem hervorging, dass er deportiert werden solle. Er war auf der Fahrt zu mir ... in seiner Aufregung aus der Straßenbahn gestürzt. ... Ich säuberte ihn von Blut und Schmutz und da ich mit meiner Familie allein das Haus bewohnte, nahm ich ihn auf und beherbergte ihn. Es war dabei äußerste Vorsicht geboten, da niemand in der Umgebung von dem Unterkommen ... erfahren durfte. ...
Eine schwere seelische Belastung waren die wiederholten Fliegerangriffe, die einen schweren Hausbrand sowie teilweise Zerstörung im Innern des Hauses verursachten. ... [Eine Entdeckung Schüleins hätte] auch die Verhaftung von mir und meiner ganzen Familie zur Folge gehabt. ... Nur in der Dunkelheit durfte Dr. Schülein ganz selten mit mir und meiner Frau ausgehen und kurz Luft schöpfen. Da er selbstverständlich keinerlei ... Lebensmittelmarken bekam, noch zu erwarten hatte, war seine Lebenshaltung die kärglichste, die man sich vorstellen kann, zumal ich selbst nichts zum Zusetzen hatte. Ab und zu erhielt ich durch seine Freunde ..., die von mir eingeweiht waren, einige Lebensmittel. ... [Nach einem anderweitigen Aufenthalt:] Herr Schülein bekam dort ein Herzleiden mit geschwollenen Beinen. Er kam dann wieder zu mir zurück und ich behandelte sein Herzleiden mit Digitalis. ... Am 1. Januar 1944 kam ... Herr Dr. Schülein dann zu Bekannten nach Ottobrunn. Der Aufenthalt bei uns schien mir zu gefährlich. Wie Recht wir hatten, bewies eine spätere Haussuchung der Gestapo."

5. Quartiergeber:

„Herr Dr. Schülein ist ... etwa sechs Wochen bei mir illegal untergekommen. Ich habe ihn, weil ... wir beide berufstätig waren, infolgedessen im oberen Stock meines Anwesens in einem verdunkelten Raum jeweils einschließen müssen. Er durfte sich nicht rühren und bewegen, weil das Haus sehr hellhörig war und ich alles vermeiden musste, woraus man hätte entnehmen können, dass eine fremde Person sich im Hause aufhielt. Bei Fliegerangriffen konnte er sich nicht in den Luftschutzkeller begeben. ... Da nun Ende März 1944 die Gestapo nach ihm fahndete und ich auch darüber vernommen wurde, ob ich nicht wüsste, wo Dr. Schülein sich befindet, hatte ich Sorge, dass bei mir Haussuche gehalten würde, aus welchem Grunde ich ihm nahelegte, wieder von mir wegzugehen. Es gelang dann ..., ihn in Ottobrunn anderweitig unterzubringen und ich habe ihn, der inzwischen sich einen Bart hatte stehen lassen, mit dem Motorrad bis zum Kilometerstein 8 begleitet, wo ihn Herr M. erwartete. Ich fuhr unmittelbar voraus, um mich zu vergewissern, dass er dort ordnungsgemäß an Ort und Stelle ankomme."

Dank der mutigen Unterstützung seiner Freunde hat Benno Schülein alle Verfolgungen glücklich überstanden. Er gehörte 1945 zu denen, die den demokratischen Wiederaufbau unverzüglich in die Hände nahmen. Ministerpräsident Hoegner berief ihn im Dezember 1945 in den so genannten Fünferausschuss (= vorbereitender Ausschuss) „vorzugsweise zur Begutachtung von Fragen des Rechts der Rechtsanwälte und von anwaltlichen Standesfragen, aber auch zur Mitwirkung bei der Planung allgemeiner gesetzgeberischer und justizverwaltungsmäßiger Maßnahmen"[38], kurz zum Aufbau von Justiz und Anwaltschaft. Mit dem Wiedererstehen der Anwaltskammer München 1946 wurde er zu deren stellvertretendem Vorsitzenden gewählt.[39]

Besondere Verdienste erwarb sich Schülein auf sozialem Gebiet durch die Einrichtung der auch heute noch bestehenden eigenständigen Nothilfe der Münchener Kammer zur Unterstützung erwerbsunfähiger und hilfsbedürftiger Rechtsanwälte sowie von Witwen und Waisen verstorbener Kollegen. Er leitete und organisierte diese segensreiche Institution allein und ehrenamtlich. Ihre Finanzierung ohne staatliche und sonstige öffentliche Mittel ausschließlich mittels freiwilliger Beiträge war sein Werk. Die Bemühungen um eine Altersversorgung für Rechtsanwälte sahen ihn in vorderster Reihe. Als Mitglied im „Vorprüfungsausschuss" für die Entnazifizierung von Rechtsanwälten versuchte er in nobler Weise und ohne Ressentiments, zu denen er allen Grund gehabt hätte, Gerechtigkeit walten zu lassen.

Schülein erfuhr zu Recht zahlreiche Ehrungen. So war er zum Beispiel Ehrenbürger von Aschau am Chiemsee, wo er einen Bauernhof besaß. 1953 wurde ihm das Bundesverdienstkreuz am Bande verliehen. Anlässlich des 10-jährigen Jubiläums der Wiedererrichtung der Rechtsanwaltskammer München erhielt er 1956 das Große Verdienstkreuz des Verdienstordens der Bundesrepublik Deutschland. Bayerisches Staatsministerium der Justiz, Bundesrechtsanwaltskammer, Anwaltskammer München und der Regierungspräsident von Oberbayern befürworteten in seltener Einmütigkeit diese Auszeichnung wegen „seines fachlichen Könnens und seines persönlichen aufrechten und stets hilfsbereiten Wesens". Die Laudatio fährt fort: „Es verdient besondere Bewunderung und Anerkennung, dass Herr Kollege Schülein trotz dieser körperlichen und seelischen Belastungen nach dem Zusammenbruch unverzüglich seine ganze Kraft und sein ganzes Können in den Dienst der Anwaltschaft und des Rechts gestellt hat." Sein soziales Engagement wurde ausdrücklich hervorgehoben: „Wer das Elend kennt, das in diesen Kreisen herrschte und wer die Dankesäußerungen der Betreuten lesen durfte, der weiß, dass hier in opferbereiter Arbeit eine soziale Tat hohen Ausmaßes geleistet worden ist." Benno Schülein ist von den Folgen der Jahre 1933 bis 1945 gezeichnet am 9. November 1957 in München gestorben.[40]

3. Rückkehrer

Eine Rückkehr von Emigranten nach Deutschland nach 1945 war aus verschiedenen Gründen problematisch. „Generell gilt, dass es eine von den ehemaligen Landsleuten gewünschte und kollektive Rückkehr nicht gab und niemand mit offenen Armen empfangen wurde."[41] Es herrschte im Gegenteil in der deutschen Öffentlichkeit eine negative Stimmung gegen Remigranten. Während etwa 60% politische Heimkehrer zu verzeich-

[38] Heinrich 177.
[39] Heinrich 214.
[40] Stadtarchiv München, RAK 1430; MJu, PA Sch 2157; BayHStA, BEG 3375 = K 2213; Göppinger 360; Heinrich 213 ff.; Mitteilungen der RAK München Jg. 1956 Nr. 3 (Dezember 1956).
[41] Handbuch deutschsprachige Emigration Sp. 1157.

Mitteilungen

der Rechtsanwaltskammer im Oberlandesgerichtsbezirk München

Nummer 3 | München, im Dezember 1956 | Jahrgang 1956

BEKANNTMACHUNG

Auf meinen Antrag, der vom Herrn Präsidenten der Bundes-Rechtsanwaltskammer sofort aufgegriffen und vom Bayer. Staatsministerium der Justiz wärmstens unterstützt wurde, hat der Herr Bundespräsident dem stellvertretenden Vorsitzenden unserer Kammer, unserem Herrn Kollegen Dr. Benno Schülein, aus Anlaß des 10. Jahrestages der Wiedererrichtung der Rechtsanwaltskammer München

das Große Verdienstkreuz des Ordens der Bundesrepublik

verliehen. Ich weiß mich einig mit allen Kolleginnen und Kollegen des Kammerbezirks in der Freude über diese hohe Auszeichnung unseres Kollegen Schülein, der sie wahrlich durch seine Arbeiten für das Wiedererstehen unserer Kammer und vor allem für seine unermüdliche Arbeit für die von ihm ins Leben gerufene, von ihm in den 10 Jahren allein durchgeführte Nothilfe der Münchner Anwaltschaft reichlich verdient hat. Kollege Schülein hat sich trotz des schweren Schicksals, das ihm in der Zeit der nationalsozialistischen Gewaltherrschaft bereitet wurde, trotz der mancherlei Enttäuschungen, die er auch in jener Zeit aus Kollegenkreisen erfahren mußte, im Jahre 1945 sofort ohne jedes Ressentiment für die Arbeit am Wiederaufbau einer Münchner Anwaltschaft zur Verfügung gestellt und gerade auf dem Gebiete der Hilfe für arbeitsunfähig gewordene Kollegen und die Witwen und Waisen verstorbener Kollegen Hervorragendes geleistet. Wer das Elend kennt, das in diesen Kreisen herrschte und wer die Dankesäußerungen der Betreuten lesen durfte, der weiß, daß hier in opferbereiter Arbeit eine soziale Tat hohen Ausmaßes geleistet worden ist.

Wir wünschen Herrn Kollegen Schülein, der ja heute noch körperlich schwer unter den Auswirkungen der seinerzeitigen Verfolgung leidet, baldige Genesung, damit er dieses, sein Werk, auch weiterhin zu betreuen vermag.

Der Vorsitzende
des Vorstandes der Rechtsanwaltskammer München
Hanns Dahn

Abb. 30: Großes Verdienstkreuz für RA Benno Schülein.
Quelle: MJu, PA Sch 2157.

nen waren, geht eine vorsichtige Schätzung bei den Juden von nur 4% aus.[42] Diese Zahl findet in etwa ihre Bestätigung durch Ergebnisse dieser Arbeit: Nur rund 6% der ehemaligen bayerischen jüdischen Rechtsanwälte entschlossen sich zur Rückwanderung in die Heimat.

Die bösartige und den Emigrantenalltag bewusst verfälschende Interpretation, wonach die Flüchtlinge „bequem aus den Logen und Parterreplätzen des Auslands der deutschen Tragödie zugeschaut" hätten, während die „Daheimgebliebenen" die „unsägliche Hölle von Leid und Grauen" erleben mussten, war fast Allgemeingut in Deutschland. Nur den „Daheimgebliebenen" billigte man zu, im nationalen Namen zu sprechen und über die eigene politische Zukunft zu befinden.[43] Die Neigung, das eigene Schicksal gegen das der Emigranten aufzurechnen, ohne Ursachen und eigene Verantwortung zu berücksichtigen, war weit verbreitet. Noch in den 1960er Jahren wurde der Remigrant Willy Brandt im Wahlkampf als „Vaterlandsverräter" denunziert. Das „kommunikative Beschweigen" (Hermann Lübbe) bestimmte lange Zeit die politischen Auseinandersetzungen der Nachkriegsjahrzehnte.[44] Die Aufarbeitung der Vergangenheit, die bis heute anhält, war damals nicht möglich. Die „Verdrängungsgesellschaft" jener Jahre, mit Aufbauarbeit und kaltem Krieg konfrontiert, nahm nur überaus zögerlich das Schicksal anderer wahr.

Aus verständlichen Gründen zögerten jüdische Emigranten deshalb lange, nach Deutschland zurückzukehren. Es gab objektive Probleme wie Einreisehindernisse seitens der Alliierten, Finanzierung der Rückkehr, Wohnungsnot in Folge der Kriegszerstörungen in größtem Ausmaß, psychologische Hemmungen gegenüber dem Land der Peiniger, Angst vor einem Neuanfang. Viele waren inzwischen Staatsbürger ihres Aufnahmelands, ihre Kinder dort etabliert und integriert, während ihre Verwandten und Freunde in Deutschland oft nicht mehr lebten.

Ein Rechtsanwalt hatte auch Folgendes zu bedenken: Er war möglicherweise seit Jahren seinem Beruf entfremdet, in der Regel nicht mehr jung. Die wirtschaftliche Situation im weitgehend darnieder liegenden Deutschland verhieß nicht unbedingt eine rosige Zukunft. Die nichtjüdische Kollegenschaft – wie die Mehrheit der Deutschen – stand einer Rückkehr ablehnend oder bestenfalls gleichgültig gegenüber. Alte Rivalitäten, Eifersucht und Neid waren nicht selten. Viele Juden warteten deshalb ab, bevor sie sich zu einer irreversiblen Entscheidung entschlossen.

Dabei fehlte es nicht gänzlich an positiven Signalen aus der ehemaligen Heimat. Die erste gesamtdeutsche Ministerpräsidentenkonferenz von 1947 verabschiedete in München einen Aufruf an die Emigranten zur Rückkehr. Er sollte „das vertrauenbildende Klima für eine Zukunft in Deutschland schaffen".[45] Der Aufruf ging unter, weil die Konferenz durch den Auszug der ostdeutschen Teilnehmer, die damit die deutsche Teilung besiegelten, ein unrühmliches Ende nahm und ihm weder Presse noch nationale und internationale Öffentlichkeit die nötige Aufmerksamkeit widmeten.[46] Er ist den-

[42] Ebd. Sp. 1158.
[43] Ebd. Sp. 1158.
[44] Ebd. Sp. 1159.
[45] Ebd. Sp. 1165 f.
[46] Auch zum Folgenden Krauss 75 ff.

noch eine Betrachtung wert, weil er Überlegungen enthielt, die angesichts der Zeitumstände mit bemerkenswerter Klarheit Sinnvolles formulierten. Die Länderchefs, heißt es in ihm,

„richten an alle Deutschen, die durch den Nationalsozialismus aus ihrem Vaterland vertrieben wurden, den herzlichen Ruf, in ihre Heimat zurückzukehren. Ein tiefes Gefühl der Verantwortung erfüllt uns ihnen gegenüber. Wir haben sie schweren Herzens scheiden sehen und werden uns ihrer Rückkehr freuen. Ihrer Aufnahme in unserem übervölkerten und unwirtlich gewordenen Lande stehen zwar große Schwierigkeiten entgegen. Wir werden aber alles tun, um gerade ihnen ein neues Heim zu schaffen. Jene Emigranten, die Deutschland liebten und unsere Wirrsal in ihrer geistigen und historischen Tiefe kennen, sind besonders berufen, Mittler zwischen uns und der übrigen Welt zu sein. Sie, die sich deutscher Sprache und Kultur noch verpflichtet wissen, mögen sich hier davon überzeugen, dass unser Volk auch heute noch in seinem Kern gesund ist und dass seine überwältigende Mehrheit keinen anderen Wunsch hat, als friedlich und arbeitsam im Kreise der übrigen Völker zu leben. An einen wirklichen Neubeginn unseres Lebens ist aber nicht zu denken ohne die Hilfe der übrigen Welt, ganz besonders nicht ohne die Deutschen, die heute außerhalb unserer Grenzen weilen. Deshalb rufen wir sie auf, mit uns ein besseres Deutschland aufzubauen."[47]

Initiator der Resolution war der Staatssekretär im bayerischen Kultusministerium Dieter Sattler, der als im Land Gebliebener nur auf diesem Weg einen geistigen und moralischen Neubeginn Deutschlands für möglich hielt. Sein Konzept eines „anderen Deutschland" ging von folgenden Überlegungen aus:

„Der eigentliche Kernpunkt unserer Schwierigkeiten in Deutschland ist heute die Erkenntnis der gemeinsamen Schuld. ... Was Gott vom deutschen Volke will, ist diese Erkenntnis. Bevor sie nicht Allgemeingut geworden sein wird, kann es uns nicht besser gehen. ... Ich selbst kenne unter meinen besten Freunden nur ganz wenige, die diesen Punkt in seiner entscheidenden Wichtigkeit erkennen und eine wirkliche Mitschuld des ganzen deutschen Volkes an den Taten Hitlers und seiner zwölf Jahre anerkennen. Erst wenn man das tut und alles Leid und Unglück, welches uns jetzt trifft, als Sühne für diese Schuld willkommen heißt ... hat man den Sinn erkannt, den Gott ... uns weisen will."[48]

Sattler sah nicht in der Verdrängung der Vergangenheit das Heilmittel, sondern in ihrer produktiven Umwandlung und Wiederverwendung für den Neuaufbau. Er plante Vortragsreihen, Konzerte und Theateraufführungen von Emigranten, weil er deutsche Initiativen „in der Frage der geistigen Denazifizierung" für wichtig hielt und damit das Vertrauen des Auslands gewinnen wollte. Er kritisierte die „Gestrigen", die vom „Zusammenbruch" 1945 redeten und nicht von der „Befreiung". Nach den Geschehnissen der Hitlerzeit könne man nicht einfach zur Tagesordnung übergehen.

„Und da wenden sich unsere Blicke ganz von selbst über unsere Grenzen – zu unseren Verbannten. Wir hatten sie schon 1945 zurückerwartet. Einige, wenige kamen, manche in alliierter Uniform. Wir haben sie freudig begrüßt. Andere sandten uns bittere Worte: Wir haben sie verstanden, wenn auch nicht immer gebilligt. Und wir haben geschwiegen, denn wir hofften, dass sie eines Tages doch kämen. Wir schulden ihnen unauslöschlichen Dank, denn sie haben den deutschen Namen in diesen Jahren in Ehren getragen und erhalten. Und wir brauchen sie. Wir

47 Krauss 76.
48 Krauss 77.

hätten sie schon 1945 gebraucht. Damals wagten wir es nicht zu sagen. Heute müssen wir es sagen. Denn ohne sie ist ‚das andere Deutschland' ein Torso. Es kann die ungeheure Aufgabe, das gestrige Deutschland zu überwinden, ohne sie nicht erfüllen. ... Die siegreiche Heimkehr ist von jeher der schönste Lohn für das Leid der Emigration gewesen. Bringt Euch nicht um diesen Lohn! Das ‚andere Deutschland' erwartet Euch mit offenen Armen."[49]

Sattler blieb in dieser Frage ein Einzelkämpfer. Viele Emigranten erfuhren überhaupt nicht, dass sie wieder gefragt waren.

Einer der wenigen, die ein persönlicher Rückruf ereilte, war der bereits erwähnte Münchener Dr. Philipp Löwenfeld. Seit 1938 in New York, hatte ihn sein Freund, der amtierende Bayerische Ministerpräsident Wilhelm Hoegner, wenige Tage nach seinem Amtsantritt im Herbst 1945 öffentlich aufgefordert, nach München zurückzukehren um sich am Wiederaufbau der bayerischen Justiz zu beteiligen.[50] Löwenfeld, der sich bereits auf Seiten der Kritiker an der Diskussion um Hoegners Vorgänger Fritz Schäffer beteiligt hatte[51], ging auf das Angebot nicht ein. Ein Brief an den Freund verriet seine Skepsis bezüglich der deutschen Dinge:

„Die Welt ist nirgends in einem zu wünschenswerten Zustand, doch nirgends herrscht wohl ein solch sicherer Instinkt für das Falsche wie in unserem gemeinschaftlichen Geburtsland. Es war mir klar, dass Du durch viele Enttäuschungen hindurchgehen würdest, als ich die erste Nachricht von der Übernahme Deines Amtes bekam; trotzdem darfst Du Dir sagen, dass Du sehr, sehr viel verhindert hast, was sich noch viel schlimmer ausgenommen hätte. Wir können dies hier in jeder Einzelheit verfolgen, da die Berichterstattung bis in die letzten Personalien ziemlich genau ist."[52]

Als beide im Herbst 1947 ihrem 60. Geburtstag entgegen gingen, schrieb Löwenfeld nach München:

„Wir beide treten nun in das Senatorenalter ein. Bis jetzt haben wir ein recht abenteuerliches Leben hinter uns und es ist zu befürchten, dass die Zeit der Abenteuer noch nicht vorüber ist. Die Welt scheint von Senatorenweisheit wenig wissen zu wollen. Sie ist auch durch die furchtbaren Schläge von zwei Weltkriegen nicht klüger geworden. Der Einzelne müht sich vergebens ab, seinen Zeitgenossen klar zu machen, dass sie nur auf dem Wege der gegenseitigen Duldung, Gerechtigkeit und Menschlichkeit weiterkommen können. Aber das deutsche Volk war von Ausnahmen abgesehen wohl nie so dumm und bösartig wie jetzt. Das verleidet einem den Kampf, zumal man schließlich kein Gott ist, um Blitze oder Dreizack schleudern zu können. So werde ich also unseren Geburtstag mit stiller Ergebenheit in das unvermeidliche Schicksal begehen und Gott danken, dass er unsereinem wenigstens ein glückliches Familienleben beschert hat."[53]

Ein Jahr später folgt sein endgültiger Abschied. Er teilt Hoegner mit,

„dass – abgesehen von einigen freundschaftlichen Beziehungen – mir Deutschland und die Deutschen fremd geworden sind, dass ich keine Berufung mehr in mir fühle, deren Angelegenheiten als für mich wesentlich anzusehen, und dass für meine Familie und mich Amerika kein Exil mehr

[49] Zitiert nach Krauss 78.
[50] Karl Bosl (Hrg.), Dokumente zur Geschichte von Staat und Gesellschaft in Bayern. Abt. III/Bd. 9, München 1976, 38.
[51] Philipp Löwenfeld, The Bavarian Scandal. In: The New Republic vom 18. 6. 1945, 841 ff. und vom 9. 7. 1945, 49.
[52] Löwenfeld an Hoegner 20. 1. 1947, Institut für Zeitgeschichte, Nachlass Wilhelm Hoegner, ED 120, Bd. 53.
[53] Löwenfeld an Hoegner 30. 8. 1947, ebd.

ist, sondern Heimat. Naturgemäß haben die Nachrichten über den geistigen und moralischen Zustand der Deutschen, die ich von Dir und manchen anderen Freunden erhalten habe, dazu beigetragen, diese Einstellung mehr hervorzurufen. Ich war und bin in der glücklichen Lage, keine Hass- und Rachegefühle zu nähren – das Ganze ist mir zu unwesentlich geworden – und da es mir auf meine alten Tage nochmals gelungen ist, mich hier in freiem Berufe selbständig zu machen und Auskommen, Achtung und Freundschaft zu finden, fehlt mir sozusagen jede Neugier auf deutsche Angelegenheiten. ...“[54]

Erster Rückkehrer war der bereits erwähnte frühere Kaiserslauterer Rechtsanwalt Dr. Paul Tuteur, der 1946 aus dem englischen Exil in seine pfälzische Heimatstadt zurückfand. Tuteur bemühte sich um Aufnahme in die rheinland-pfälzische Justiz und wurde mit Wirkung vom 16. Dezember 1946 als Landgerichtsdirektor an das Landgericht Kaiserslautern berufen und gleichzeitig mit der ständigen Vertretung des Landgerichtspräsidenten betraut. Aufgrund einer Entscheidung des Ministerpräsidenten Altmeier, der die französische Militärregierung zugestimmt hatte, wurde er 1949 zum Senatspräsidenten am Oberlandesgericht Neustadt ernannt, zum 30. Juni des gleichen Jahres aber bereits wegen Überschreitung der Altersgrenze in den Ruhestand versetzt. Die Ernennung war gemäß einem Beschluss des Ministerrats aus Gründen der Wiedergutmachung erfolgt. Von 1950 bis zu seinem Tod am 3. Dezember 1952 arbeitete der Ruheständler wieder als Rechtsanwalt in Kaiserslautern.[55]

Relativ früh kam auch der ehemalige Münchener Rechtsanwalt Dr. Alfred Jacoby nach Deutschland zurück. Der gebürtige Berliner, dekorierter Frontkämpfer des Weltkriegs, von 1925 bis zum 30. November 1938 in München zugelassen, war 1934 drei Wochen in Schutzhaft gewesen, weil er einer Gerichtsverhandlung gegen SS-Leute zum Ärger der Machthaber als Zuhörer beigewohnt hatte. Anlässlich der Kristallnacht brachte man ihn für vier Wochen nach Dachau. 1939 emigrierte er zusammen mit seiner nichtjüdischen Ehefrau nach Shanghai[56], 1940 erfolgte seine Ausbürgerung. Seit 1941 arbeitete Jacoby in Shanghai als Rechtsanwalt, ohne dass Näheres über die Umstände bekannt ist. Allgemein werden die örtlichen Gegebenheiten als wenig erfreulich bezeichnet, besonders nachdem die japanische Besatzungsmacht ab 1943 die zahlreichen Juden in einem Ghetto zu leben zwang. Da sich an diesem Zustand auch nach Kriegsende wenig änderte, zogen es die meisten Emigranten vor, China zu verlassen. Jacoby, durch eine Lungenerkrankung auf Dauer behindert, gehörte zu denen, die nach Deutschland zurückwanderten. Seit Herbst 1947 war er wieder als Rechtsanwalt in München zugelassen, wo er 1963 im Alter von 64 Jahren gestorben ist.[57]

1948 kam Justizrat Dr. Karl Dormitzer aus dem mexikanischen Exil zurück. Obwohl mehrfach dekorierter Frontoffizier des Weltkriegs, war der seit 1905 in Nürnberg Zuge-

[54] Löwenfeld an Hoegner 15.7.1948, ebd.

[55] Willi Kestel, Schicksal jüdischer Juristen in Kaiserslautern während der Zeit des Nationalsozialismus 104 ff.; Paulsen 279 f.; Warmbrunn 624. Ebenfalls aus Gründen der Wiedergutmachung wurde der erwähnte Konsulent Richard Arthur Müller/Ludwigshafen 1946 Oberstaatsanwalt in Frankenthal, vgl. Paulsen 177 f.; Warmbrunn 624. Im Bayern nach 1945 sind Fälle der Wiedergutmachung durch Aufnahme in die Justiz nicht bekannt geworden, es sei denn man rechnet bei Dr. Wilhelm Diess die kurze Episode als Ministerialrat im Staatsministerium der Justiz hierzu, vgl. Heinrich 289.

[56] Handbuch deutschsprachige Emigration Sp. 336 ff.

[57] Stadtarchiv München, RAK 1075; BayLEA, BEG 14453, 14454; MJu, PA J 4; Archiv Gedenkstätte Dachau; Hepp, Liste 172/58; Heinrich 218.

Abb. 31: Dr. Karl Rosenthal im Juli 1950 vor der Ruine seines Würzburger Hauses.
Quelle: Privat.

lassene zum 30. November 1938 mit Berufsverbot belegt worden und hatte 1939 nach kurzer Tätigkeit als Konsulent seine Heimat verlassen müssen. Der von harter landwirtschaftlicher Arbeit im tropischen Klima gesundheitlich Geschwächte wurde am 7. April 1948 wieder als Rechtsanwalt zugelassen, starb aber bereits 1952 im Alter von 72 Jahren in Fürth.[58]

Von August 1947 bis Oktober 1948 hielt sich Robert Schulmann in seiner Heimatstadt München auf, ohne einer konkreten Tätigkeit nachzugehen. Er war hier 1920 als Rechtsanwalt zugelassen worden, seine bevorzugte Beschäftigung scheint aber im Bankfach gelegen zu sein. Am 1. Juni 1933 hatte er auf seine Zulassung verzichtet. Im März 1938 war er als stellvertretender Bankdirektor von der bayerischen Vereinsbank entlassen worden und im Juli 1939 nach London emigriert. Sein betagter Vater hatte 1942 in München Selbstmord begangen. Schulmann fasste in München offenbar nicht Fuß und ging im Oktober 1948 deshalb nach London zurück. Erst 1956 kam er endgültig nach Deutschland und ließ sich als Rechtsanwalt in Hamburg nieder, wo er aber bereits 1958 im 67. Lebensjahr gestorben ist.[59]

Aus seinem amerikanischen Exil kehrte Justizrat Dr. Karl Samuel Rosenthal 1949 an seine alte Wirkungsstätte in Würzburg zurück. Der mehrfach dekorierte Frontoffizier

[58] BayHStA, OP 39326; BayLEA, EG 41609; MJu, PA D 10; OLG Nürnberg, PA D 326.

[59] BayHStA, MJu 21922; BayHStA, EG 99315 = K 2324; StAM, WB I N 3870, 7254; Stadtarchiv München, RAK 1428.

war hier von 1906 bis zum 30. November 1938 einer der geachtetsten Rechtsanwälte am Platze gewesen. Als Mitglieder der Einwohnerwehr 1919, der liberalen DDP, des Reichsbanners Schwarz-Rot-Gold, der Deutschen Friedensgesellschaft, führender Freimaurer, Leiter der Ortgruppe des Bundes jüdischer Frontsoldaten und des Centralvereins stand Rosenthal an der Spitze des Abwehrkampfs gegen Antisemitismus und Demokratiefeindschaft. Ab 1933 unter verschärfter Beobachtung der Machthaber, wurde er besonders als Rechtsvertreter im Fall Obermayer[60] mit dem gesamten Verfolgungsinstrumentarium des totalitären Staates konfrontiert, der sein Engagement für den jüdischen Mandanten schließlich nur mittels Verhängung von Schutzhaft unterbinden konnte. Im Novemberpogrom 1938 erneut verhaftet und nach Buchenwald verbracht, fand er bei seiner Rückkehr die Leiche seiner aus Sorge um ihn in den Freitod gegangenen Ehefrau vor. 1939 emigrierte er zu den Kindern in die USA, wo er infolge großer Anpassungsprobleme (Sprache, Schwerhörigkeit) nur Beschäftigungen in untergeordneter Tätigkeit (Warenhaus, Kleinfabrik) fand. Seit 1945 US-Bürger, betrieb er ab 1949 in der Heimat für zahlreiche jüdische Mandanten aus Würzburg und für sich Rückerstattungsverfahren. Von 1952 bis 1954 war er wieder als Rechtsanwalt in Würzburg zugelassen, kehrte aber bereits 1953 nach Reibereien mit der Wiedergutmachungsbürokratie enttäuscht in die USA zurück. In New York bis ca. 1965 als Rechtsberater, lebte er anschließend bei den Kindern und in einem Altersheim. 1970 ist Karl Rosenthal 90 Jahre alt gestorben.[61]

Zurück nach München kam 1949 Rechtsanwalt Friedrich (Fritz) Gugenheim. Über seine Erlebnisse im französischen Exil seit 1934 wurde bereits berichtet, insbesondere über sein Leben im Untergrund zwischen 1942 und 1944. Im November 1949 erhielt er eine Anwaltsbestallung in München, wo er zwischen dem 19. August 1930 und dem 31. Juli 1933 schon einmal zugelassen war. Erst 59 Jahre alt ist Gugenheim 1963 in München verstorben. Ein Nachruf führte unter anderem Folgendes aus:

„Die Israelitische Kultusgemeinde in München trauert um Rechtsanwalt Fritz Gugenheim, der am 15. August 1963 im Schwabinger Krankenhaus einem schweren Leiden erlag. ... Während des Krieges war Fritz Gugenheim unter falschem Namen in der Résistance tätig. Kurz nach Kriegsende wurde er Mitbegründer der Vereinigung jüdischer Rechtsanwälte aus Deutschland in Paris. Im November 1949 kehrte er nach München zurück und wurde hier zu einem der prominentesten Rechtsanwälte, angesehen und geachtet sowohl bei den Ratsuchenden als auch bei den Behörden."

Das erwähnte Leiden beruhte auf durch Exil, Verfolgung, Ausbürgerung und Leben im Verborgenen bedingten schweren psychischen Problemen.[62]

Rechtsanwalt Dr. Alfred Wachsmann, ein Schlesier, hatte zunächst Maschinenbau an der TH München studiert, bevor er zur Juristerei überwechselte und nach dem 2. Staatsexamen Ende 1932 in München seine Zulassung erhielt. Ohne deren Rücknahme (10. 8. 1933) abzuwarten, war er im Juli 1933 nach Paris emigriert. 1940 in Frankreich interniert, hat er die Jahre bis 1944 im Untergrund verbracht und die Judenverfolgungen heil

[60] Elke Fröhlich, Ein „Volksschädling". In: Martin Broszat u.a. (Hrsg.), Bayern in der NS-Zeit. Bd. VI. München 1983, 76–114.

[61] BayHStA, OP 27785; BayHStA, EG 8382 = A 150; StAW, Gestapo 11141; MJu, PA R 127; Strätz 481; Walk 316; Flade, Würzburger Juden.

[62] MJu, PA G 175; BayLEA, BEG 72354; Allgemeine Wochenzeitung der Juden in Deutschland Nr. XVIII/21 vom 23. 8. 1963, 9.

überstanden. Von 1945 bis 1949 leitete er, nunmehr französischer Staatsbürger, das jüdische Arbeitsamt in Paris, anschließend von 1949 an das Büro der United Restitution Organization in Baden-Baden. 1955 ließ er sich dort als Rechtsanwalt nieder und war gleichzeitig Vorsitzender der örtlichen Israelitischen Kultusgemeinde. Wachsmann, Träger hoher französischer Auszeichnungen und des Bundesverdienstkreuzes, war auch Mitglied des Oberrats der Israeliten Badens. Kurz vor seinem 80. Geburtstag ist er 1983 in Baden-Baden gestorben.[63]

Die Forschung zur Remigration nach 1945 hat bei vielen Rückwanderern nach Deutschland von der „Heimkehr in ein fremdes Land" gesprochen. Einer von ihnen, der Soziologe René König, äußerte sich dazu wie folgt:

„Ich bin also nicht im eigentlichen Sinne heimgekehrt: Dieses Erlebnis hatte ich einzig bei Begegnungen mit Menschen, die wie ich ins Exil gegangen waren und nun hoffnungsvoll nach Deutschland zurückkehrten. Klar ist aber wohl, dass ich als ein anderer Mensch nach Deutschland gekommen bin. Ein anderer Mensch kehrt aber nicht zurück, sondern er geht voran, und er kommt voran und muss sehen, dass er akzeptiert wird. Das geschieht aber nicht ohne Belastungen. Denn die vielen jüdischen Freunde, die ermordet wurden, kann ich nicht vergessen; ich kann bestenfalls unter Vorbehalt verzeihen."[64]

Das damit einhergehende Gefühl der Fremdheit konnten viele nicht mehr ablegen. Oft waren sie aufgrund ihrer Geschichte in mehreren Ländern „zu Hause" oder aber nirgendwo.

Bei einer ganzen Reihe der nach Bayern zurückgekehrten Anwälte fällt zum Beispiel auf, dass sie zwischen ihrem neuen Wohnort und dem Exilplatz hin und her pendelten, wo sie oft noch eine Wohnung besaßen. Einige entschlossen sich auch, für die letzten Jahre ihres Lebens in das einstige Zufluchtsland zurückzukehren.

Einen Eindruck der möglichen Beweggründe bietet der ehemalige Nürnberger Rechtsanwalt Dr. Walter Reis, der nach dem Verlust der Zulassung 1933 zunächst nach Paris und von dort nach Palästina emigriert war. Dort betrieb er ein Büro für Wohnungsvermittlung, bis er sich 1956 zur Rückkehr nach Deutschland entschloss. Seinem Antrag auf Wiederzulassung in München können bleibende Verletzungen aus der Vergangenheit entnommen werden:

„Um Zulassung in München bitte ich deshalb, weil mir eine Niederlassung in Nürnberg aus persönlichen und Erinnerungsgründen nicht tragbar erscheint. Ich habe meinen Vater 1940 in Nürnberg verloren, meine Mutter wurde von Nürnberg aus nach Theresienstadt deportiert und ist dort umgekommen und es ist weiterhin in Nürnberg, wo meine Familie das gesamte Vermögen, Fabrik, Wohnung und Kanzlei verloren hat."

Walter Reis war von 1957 an in München als Rechtsanwalt zugelassen. 1983 ist er dort kurz vor seinem 81. Geburtstag gestorben. Seine Witwe zog daraufhin nach Israel zurück, wo sie 1994 verstorben ist.[65]

[63] BayHStA, MJu 22162; BayLEA, EG 45377; Stadtarchiv München, RAK 1853; Autobiographische Aufzeichnungen in: Lamm 387–391; Auskunft Stadtarchiv Baden-Baden vom 18.6.2002; Auskunft Israelitische Kultusgemeinde Baden-Baden vom 3.7.2002; Badisches Tagblatt vom 8.3.1983 (Nachruf).

[64] René König, „Unter Vorbehalt verzeihen". In: Wolfgang Blaschke u.a. (Bearb.), Unter Vorbehalt. Rückkehr aus der Emigration nach 1945. Köln 1997, 185. Zitiert nach Krauss 7.

[65] BayLEA, EG 112452; MJu, PA R 51; RAK München, PA o.S.

Im Anlaufen von Entschädigung, Rückerstattung und Wiedergutmachung erblickten viele Rückkehrwillige trotz aller Verletzungen den guten Willen der verantwortlichen Politiker in der sich konsolidierenden Bundesrepublik.[66] Auf der Basis der entsprechenden Zahlungen war ein einigermaßen auskömmliches Leben für Remigranten möglich. Einige Jüngere sahen nunmehr den Zeitpunkt gekommen, den Anwaltsberuf in der alten Heimat wieder aufzunehmen. Einige Ältere kamen für den Lebensabend in vertrauter Umgebung ohne Tätigkeit zurück.

Dass es nicht mehr wurden, lag auch an der Zurückhaltung der Anwaltskammern, von denen Rückrufaktionen nach 1945 nicht bekannt geworden sind. Es liegen im Gegenteil zahlreiche Belege für die Taktik der Kammern vor, Rückkehrwillige durch formalistische Anwendung der Anwaltsordnung abzuschrecken. Besonders ihre starre Interpretation der Residenzpflicht war dazu angetan, zögerliche Annäherungsversuche aus dem Exil im Keim zu ersticken. Man muss sich die Lage der Interessenten vor Augen halten: Sie waren vor Hitler geflohen und hatten dabei oft viel verloren. Nur um die Rechtsanwaltsordnung in jedem Detail zu erfüllen, sollten sie jetzt alle seitherigen Errungenschaften, vor allem die neue Staatsbürgerschaft, hinter sich lassen. Diese Haltung der Kammern verriet wenig Fingerspitzengefühl und Verständnis für die Situation der Emigranten. Sie stand auch in merkwürdigem Kontrast zur wesentlich aufgeschlosseneren Haltung der bayerischen Justizverwaltung, die namentlich unter Justizminister Dr. Josef Müller (1947–1952) eine pragmatische Sensibilität in dieser Frage an den Tag legte. So stellte Müller, der bereits während der NS-Zeit durch seine untadelige Haltung aufgefallen war,[67] in Sachen Zulassung den Aspekt der immateriellen Wiedergutmachung oder Rehabilitierung eindeutig in den Vordergrund und verfuhr entsprechend großzügig.

Das konkrete Verhalten der Anwaltskammern angesichts einer an zwei Händen abzuzählenden Quantität der Antragsteller verdient eine genauere Betrachtung, weil es Denkmuster aus einer längst überwunden geglaubten Zeit verriet. Ob dies den Verantwortlichen bewusst war, möge dahingestellt bleiben.

Das Beispiel des bereits ausführlich gewürdigten Dr. Otto L. Walter ist bestens geeignet, Vorgehensweise und Absichten, in diesem Fall der Rechtsanwaltskammer München, zu verdeutlichen. Walter war am 19. Oktober 1950 von Justizminister Müller unter einstweiliger Befreiung von der Residenzpflicht in München zugelassen worden. Die Zulassung war bis zum 31. Dezember 1951 befristet. „Sie wird nach Ablauf der Frist unwirksam, sofern die Frist nicht vorher verlängert wird."[68]

Eine Aktenvormerkung im Personalakt Walters hatte die ablehnende Haltung der Münchener Kammer schon im Vorfeld erkennen lassen:

[66] Walter Schwarz, Die Wiedergutmachung des nationalsozialistischen Unrechts durch die Bundesrepublik Deutschland. 6 Bände. München 1974–1985; Ludolf Herbst/Constantin Goschler (Hrsg.), Wiedergutmachung in der Bundesrepublik Deutschland. München 1989.

[67] Josef Müller, Bis zur letzten Konsequenz. Ein Leben für Frieden und Freiheit. 1975; Friedrich Hettler, Josef Müller („Ochsensepp"). Mann des Widerstandes und erster CSU-Vorsitzender. München 1991; Hanns-Seidel-Stiftung (Hrsg.), Josef Müller. Der erste Vorsitzende der CSU ... München 1998.

[68] RAK München, PA Otto L. Walter auch zum Folgenden.

„Das Gesuch des Dr. Otto Walter lässt nicht erkennen, welche Staatsangehörigkeit er derzeit besitzt. Er dürfte längst Angehöriger der USA sein. Hinzu kommt, dass er offenbar in New York eine andere berufliche Tätigkeit aufgenommen hat und dass er offenbar nicht die Absicht hat, seinen Wohnsitz in München zu nehmen und hier die Anwaltschaft auszuüben."[69]

Die Bitte der Kammer an das Ministerium, die Zulassung Walters zu widerrufen, zählte drei Gründe auf, warum er nie hätte zugelassen werden dürfen:

„1. Die Befreiung von der Residenzpflicht zu Gunsten eines ausländischen Wohnsitzes ist ... rechtlich unwirksam; ohne inländischen Wohnsitz kann die Zulassung nicht ausgesprochen werden."

2. Ausländische Staatsbürger unterliegen nicht in „rechtswirksamer Weise der deutschen Gerichtshoheit, ... der Disziplinarbefugnis des Anwaltskammervorstandes und der Gerichtsbarkeit der Ehrengerichte". Zeitgenössische Diskussionen, dass für den betroffenen Personenkreis (= Emigranten) Ausnahmeregelungen gelten sollten, werden als noch nicht abgeschlossen lediglich erwähnt.

„3. Die Befristung der Zulassung wird abgelehnt."

Ohne auf die weitschweifigen Ausführungen zum letzten Punkt näher einzugehen, fällt bei den angeführten Belegen auf, dass durchgehend nicht dem maßgeblichen Kommentar der Weimarer Republik von Friedlaender[70] gefolgt wird, sondern dem des Nazi-Funktionärs Noack.[71]

Ein vierter Grund wird vorsichtshalber weggelassen, weil man von seiner Stichhaltigkeit nicht überzeugt ist: Walters Tätigkeit in den USA sollte mit dem Rechtsanwaltsberuf nicht vereinbar sein, was bei einem Steuerberater und Wirtschaftsprüfer (CPA) zu offensichtlich nicht gegeben war.[72]

Das Ministerium hat der Bitte der Kammer nicht entsprochen.

Walter, obwohl in Unkenntnis der Vorgänge in München, hat in einem Schreiben an einen Bekannten in Deutschland seiner Sicht des Problems deutlichen Ausdruck verliehen:

„Während meiner Anwesenheit in Deutschland hat man mir hundertmal erklärt, ... dass die Deutschen Rückerstattung wie Entschädigung selbst viel besser gehandhabt hätten. Hier ist jetzt ein winziges Beispiel: Die meisten früheren jüdischen Anwälte haben ihren Stand unwiederbringlich verloren (teils sind sie tot, teils verschollen, teils zu alt, teils in andere Berufszweige angewandert). Eine Handvoll jedoch lebt noch in juristischen oder Wirtschaftsprüferberufen im Ausland. Diese kann man für die verlorenen Jahre und Schwierigkeiten zwar nicht entschädigen, aber man kann sie wenigstens ‚token of fair play' wieder in Ehren zulassen. Zu diesem Zweck wäre es *selbstverständlich*, alle Aufenthalts-, Bürgerschafts- und andere Formalitäten beiseitezuschicken. Aber die Münchener Anwaltskammer ist dazu nicht bereit und das Ministerium hat nicht die moralische Kraft, sich über die ‚Bedenken' hinwegzusetzen. Diese Kleinlichkeit, dieser Mangel an Fairness, die völlige Abwesenheit von Rechtsanstandsgefühl, diese bornierte

[69] Ebd. „Note" vom 13.7.1950.

[70] Adolf und Max Friedlaender, Kommentar zur Rechtsanwaltsordnung vom 1.7.1878. München u.a. ³1930.

[71] Erwin Noack, Kommentar zur Reichs-Rechtsanwaltsordnung. Leipzig 1934, ²1937. Zu Noack vgl. Krach, passim; zu seinem Kommentar s. Max Friedlaender, Erinnerungen, Manuskript 290 ff.

[72] RAK München, PA Otto L. Walter: RAK München an BayStMinJustiz 8.12.1950 und RA Valentin Heins (=Gutachter) an Kammerpräsident Dahn 8.12.1950.

Engstirnigkeit hat ihren Grund nicht nur in der Furcht, dass ein paar Mark in die falschen Taschen fließen. Tatsächlich würden ja diese ausländischen Anwälte doch nur als Korrespondenten fungieren und den juristischen Verkehr eher erhöhen als verringern. Der wirkliche Grund – ganz gleich, wie sehr das Gegenteil beteuert wird – ist die schmierige Tendenz, die Hitler'schen Errungenschaften, soweit sie noch bestehen, nach besten Kräften zu bewahren."

Dem Ministerium tat er – wie wir wissen – Unrecht. Sein Schreiben stammt allerdings bereits vom 18. Oktober 1950. Die Bewertung des Verhaltens der Kammer sei dem Urteil des Lesers überlassen.

Einmal in Fahrt gekommen, setzte Walter seinen Brief fort:

„Für Ihre Bemühungen in meiner Zulassungsfrage danke ich Ihnen verbindlichst. Die Sache wird mir von Tag zu Tag ärgerlicher. Sie kennen mich trotz der Kürze unserer Bekanntschaft zur Genüge, um aus eigener Kenntnis sagen zu können, dass ich weder zu der Emigrantenklasse der erfolglosen Rückschauer, noch zu der Klasse der 150%igen Amerikaner, noch zu der Klasse der verbitterten Deutschenfresser gehöre. Ich bin in Deutschland aufgewachsen, von meinem Vater mit deutscher Juristerei erblich belastet und habe mir, von Deutschland weggejagt, in 15 Jahren wieder eine Existenz und ein Heim gegründet. In meinem Herzen habe ich nicht aufgehört ein Deutscher und ein Jurist zu sein. Beide Verbindungen sind heute zerrissen, obgleich ich noch Freunde und sogar Berufsbeziehungen in der alten Heimat habe und obgleich meine Tätigkeit als Steuerberater der Anwaltstätigkeit benachbart ist. Die beiden rechtswidrig zerstörten Verbindungen könnte ich wieder stärken, wenn ich die Zulassung wieder erhielte, meine berufliche Stellung hier würde dadurch begünstigt und niemand würde geschädigt. ...
Mr. McCloy, der zum Unterschied von manchen Besatzungs-Officials kein Charlatan ist, sondern ein sehr ernst zu nehmender Mann, hat nicht nur die Meinung der USA, sondern der ganzen civilisierten Welt ausgedrückt, wenn er sagte, dass man die Wiedergeburt des deutschen Wesens daraus erkennen werde, wie die Wirkungen der Entrechtungsvorschriften der Nazis beseitigt werden. ...
Sie werden erstaunt sein, dass ich in dieser unwichtigen Sache soviel Temperament verschwende. Der Grund ist zweifach: Erstens wollte ich mir meine Gefühle in der Sache einmal in leidlich geordneter Weise vom Halse schreiben; zweitens hat sich bei der alten Hitlerei gezeigt, dass Widerspruch Pflicht ist und Schweigen Mitschuld. Ohne das verbreitete Gefühl ‚warum soll ich mich mit den Leuten behängen, andere sollen sich darum kümmern' wäre es nie ‚zu spät' geworden. Das gleiche gilt für die neo-nazistischen Bestrebungen. Ich habe den Entwurf der Bundesrechtsanwaltsordnung gesehen: Sie enthält das Verlangen der Staatsangehörigkeit und *keine Ausnahme* für Vertriebene. Das wirft kein gutes Licht auf die Erneuerung der deutschen Volksethik. Wenn diese Dinge durch Druck von außen geändert werden sollten, – was ich nicht weiß oder glaube – so ist das nicht genug. Wiedergutmachung muss von *innen* kommen, sonst ist sie Vergeltung.
Das alles hat mit meinem speziellen Fall wenig zu tun. ... Ich brauche nur den Titel und das Recht vor Steuerbehörden aufzutreten. Vor Gerichten will und werde ich nicht auftreten. Wenn die Herren nicht wollen, dann werde ich auch nicht verhungern, sie sollen aber wissen, was sie dem Ruf der deutschen Anwaltschaft im Ausland antun. ..."[73]

Dem Empfänger dieses vertraulichen Schreibens fiel nichts besseres ein, als es umgehend einem Mitglied des Münchener Kammervorstands zur Kenntnis zu bringen. Walter hatte fortan in München Entgegenkommen nicht zu gewärtigen.

[73] Ebd. Otto L. Walter an Regierungsdirektor Dr. S./Stuttgart 18. 10. 1950.

Als er Ende 1951 eine Verlängerung seiner Zulassung beantragte, fiel die Stellungnahme der Rechtsanwaltskammer gegenüber dem Justizministerium noch schroffer als 1950 aus: „Zugelassen werden kann immer nur derjenige, der zumindest den Eindruck erweckt, wie wenn er ernstlich entschlossen sei, den Beruf eines Rechtsanwalts ausüben zu wollen." Seit dem Tag seiner Zulassung

„ist Dr. Walter nicht an einem einzigen Tag in München gewesen; er hat nicht ein einziges Mal die Tätigkeit eines Rechtsanwalts aufzunehmen versucht, ja besitzt nicht einmal Briefbögen mit seinem Stempel. Bisher war es üblich – und wohl auch selbstverständlich – dass derjenige, welcher als Rechtsanwalt zugelassen werden will, sein Begehren persönlich an Sie richtet. Dr. Walter schickt hier seinen Vertreter vor; diese etwas saloppe und nicht gerade von Achtung erfüllte Art seiner Verhandlung mit Ihnen lässt erkennen, dass er die Zulassung als Deutscher Rechtsanwalt eben doch nur als eine quantité negligeable betrachtet. ..."

Und der Vorsitzende des Kammervorstands, Rechtsanwalt Hanns Dahn, fährt fort:

„Dr. Walter betrachtet seine Wiederzulassung als eine Art Wiedergutmachung. Zum Wesen der Wiedergutmachung gehört, dass der Berechtigte nicht besser gestellt sein kann und darf, als er jemals vorher gestellt war und als alle seine Kollegen gestellt sind. Was Dr. Walter anstrebt, hat es in der Deutschen Rechtsanwaltschaft niemals zuvor gegeben.
Sie weisen in Ihrer Erwiderung darauf hin, dass in anderen Ländern solche Zulassungen gewährt worden sind. Das ist nicht richtig. Denn wir sind dahin unterrichtet, dass diese Kollegen wohl im Inlande und Auslande ihren Wohnsitz haben, jedoch in unregelmäßigen Zeitabständen nach Deutschland kommen und hier ihren Beruf ausüben; auch stehen sie in ständiger Verbindung mit ihrem inländischen Generalvertreter, fertigen Schriftsätze vom Ausland her vor; kurzum sie üben tatsächlich eine Berufstätigkeit aus. Das was Dr. Walter anstrebt, ist ein Titular-Anwalt, also eine Art Charaktermajor. Ein solcher ist dem Deutschen Anwaltsrecht fremd."[74]

Die Verlängerung der Zulassung Walters unterblieb daraufhin, auch weil der Antragsteller offenbar vorläufig unter diesen Umständen die Lust verlor, „Deutscher Anwalt" zu werden. Ein weiteres Moment kam hinzu: Die Münchener Kammer hatte sich bereits im Mai 1951 entschlossen, im Fall des 1949 vom bayerischen Justizministerium zugelassenen Schicksalsgenossen Walters, des oben erwähnten Rechtsanwalts Dr. Wilhelm Jakob Kahn in Paris, im Verwaltungsstreitverfahren die Gerichte anzurufen, weil Kahn „nicht die Absicht habe, nach München zurückzukehren, die Zulassung in einem solchen Fall aber in Widerspruch zu den gesetzlichen Vorschriften über die Residenzpflicht der Rechtsanwälte stehe".[75]

Der Bayerische Verwaltungsgerichtshof wies die Klage ab, indem er die Kammer nicht als klageberechtigt ansah, weil sie durch die Zulassung Kahns in keinem ihr zustehenden Recht verletzt sei. Die Revision zum Bundesverwaltungsgericht „hatte keinen Erfolg". Aus dessen Urteil vom 23. Januar 1958 verdienen folgende Sätze hervorgehoben zu werden:

[74] Ebd. RAK München (Dahn) an BayStMinJustiz 16. 1. 1952.
[75] Juristische Rundschau 1958, 273 ff. auch zum Folgenden.

„Die Mitwirkung des Vorstandes der Rechtsanwaltskammer erschöpft sich in seiner Anhörung. Die gutachtlichen Äußerungen der Rechtsanwaltskammer sollen der Justizverwaltung die Entscheidung erleichtern und ihr im Interesse der Rechtspflege die Berücksichtigung etwaiger Bedenken der Anwaltschaft gegen die Zulassung eines Rechtsanwalts ermöglichen. Zur Wahrnehmung des öffentlichen Interesses gegenüber der Justizverwaltung im Klagewege ist die Rechtsanwaltskammer aus ihrer Stellung als Gutachter aber nicht berufen. ... Das Aufsichtsrecht, das Rügerecht und die ehrengerichtliche Strafgewalt steht der Anwaltskammer auch über diejenigen Rechtsanwälte des Kammerbezirks zu, die ihren Wohnsitz nicht in dem Bezirk haben."[76]

Das heißt: „Durch die Zulassung eines Rechtsanwalts, die entgegen der gutachtlichen Stellungnahme der Rechtsanwaltskammer erfolgt, wird die Rechtsanwaltskammer nicht in ihren Rechten verletzt."[77]

Walter begann 1958 erneut aktiv zu werden, wobei offen bleiben muss, ob er von der Prozessniederlage der Münchener Kammer wusste. In einer Bitte um Auskunft zur Rechtslage an den DAV führte er ein interessantes rechtliches Argument ein: Die Bestellung zur Rechtsanwaltschaft dauert fort, „wenn keine rechtsgültige Entfernung erfolgt. Darüber, dass die Entfernung der jüdischen Anwälte in einem Rechtsstaat nicht zulässig war, besteht glaube ich auch heute kein Zweifel mehr". Und er schrieb weiter:

„Die ganze Angelegenheit ist zum Schluss eingeschlafen, mit der Begründung, dass ich den Eid, meine Amtspflichten zu erfüllen, nicht neu geleistet hätte. Offenbar hat die Militärregierung von den deutschen Anwälten, die seinerzeit auf unseren Führer vereidigt wurden, einen neuen Eid verlangt; da ich den Eid auf Hitler nie geleistet hatte, habe ich diese Begründung für die Niederschlagung meiner Wiederzulassung als einen Verwaltungsbetrug erachtet. Ich selbst habe in der Sache nichts mehr unternommen, da sie mir widerlich wurde."[78]

In einem Schreiben an die Bundesrechtsanwaltskammer wurde Walter deutlicher: Er fragte

„[1.] Ob ich als deutscher Anwalt, der von den Nationalsozialisten widerrechtlich entfernt wurde und gegen den kein rechtmäßiges Verfahren auf Entfernung aus der Anwaltschaft stattgefunden hat, noch weiterhin deutscher Anwalt bin, oder wenn nicht, wann meine Zulassung zur Anwaltschaft beendigt wurde und durch welchen Rechtsakt. ...
2. ... Ob, wenn ich zu Unrecht aus der deutschen Anwaltschaft entfernt wurde, mit meiner Wiederzulassung zu rechnen ist. ..."

Er verwies dazu auf Beispiele in Düsseldorf, Berlin und anderen Städten.

„Ich bin nicht der einzige, der die Behandlung der vertriebenen Anwälte seitens der deutschen Anwaltschaft merkwürdig findet. Ich habe jedoch die Absicht, die Frage nunmehr zu klären und erforderlichenfalls die Hilfe der Gerichte in Anspruch zu nehmen, um dem gegenwärtigen Zustand ein Ende zu machen, der sowohl vom Standpunkt der deutschen Anwaltschaft als vom Standpunkt der vertriebenen Anwälte als unwürdig zu bezeichnen ist ... Ich wiederhole ..., dass meines Erachtens die deutsche Anwaltschaft mehr an der Wiederzulassung oder weiteren Zulassung der vertriebenen Anwälte interessiert sein sollte, als die vertriebenen Anwälte selbst."[79]

[76] Ebd. 274.
[77] Ebd. 273.
[78] RAK München, PA Otto L. Walter: Walter an DAV 4. 3. 1958.
[79] Ebd. Walter an Bundesrechtsanwaltskammer 13. 3. 1958.

Die Bundesrechtsanwaltskammer bat die Münchener Kammer dazu um Stellungnahme, die erwartungsgemäß und trotz ihrer Niederlage im Fall Kahn auf ihrem bekannten Standpunkt verharrte.[80]

Walter musste auf den Erlass der Bundesrechtsanwaltsordnung 1959[81] warten, die in §213 Bewerber, die zwischen 1933 und 1945 aus rassischen Gründen ins Ausland ausgewandert und dort noch ansässig sind, von der Verpflichtung des §27, den Wohnsitz im OLG-Bezirk und eine Kanzlei am Zulassungsort zu unterhalten, befreite. Sein nunmehriger Antrag fand sogar die Zustimmung der Münchener Kammer, so dass seiner Zulassung durch das Bayerische Justizministerium am 29. März 1960 nichts mehr im Wege stand.[82]

Ein Münchener Freund und Kollege regte im Vorfeld des 80. Geburtstags von Walter 1987 an, den Jubilar in den „Mitteilungen" der Rechtsanwaltskammer zu würdigen. Die Antwort, die er daraufhin vom Redakteur der „Mitteilungen" bekam, ist in verschiedener Hinsicht bemerkenswert:

„... Wir haben, so weit erinnerlich, Würdigungen verdienstvoller Kollegen aus Anlass runder Geburtstage bisher nicht vorgenommen, sondern uns auf Nachrufe beschränkt. Das hat vielerlei und gute Gründe. Es ist gewisse Scheu geboten, Lebende mit Exemplarischem zu belasten, was nicht ausbleiben kann, wenn solche Würdigungen die Ausnahme bleiben und als ‚Personalien' nicht lediglich Unterhaltungswert haben sollen. Hinzu kommt, dass wir über Herrn Kollegen Dr. Walter wenig Geeignetes wissen, weder über seine Tätigkeit nach seiner Emigration im Jahr 1933, noch nach seiner Wiederzulassung im Jahr 1950. Die Personalakten des Herrn Kollegen Dr. Walter sind vor allem wegen seines Wiederzulassungsverfahrens ein zeitgeschichtliches Dokument von hohem Wert, das sich für eine Würdigung zum 80. Geburtstag allerdings wenig eignet. Wir bitten deshalb Verständnis dafür zu haben, dass wir vom Abdruck einer Laudatio zum 80. Geburtstag unseres Kollegen Abstand nehmen wollen. Gleichwohl wären wir daran interessiert, einige Daten seines persönlichen und beruflichen Lebensweges zu erfahren."[83]

Die Kammer hat Walter zum 85. und zum 90. Geburtstag 1992 bzw. 1997 offiziell gratuliert. Mit seinem Dankschreiben 1992 hat dieser die (oben erwähnte) Festschrift, die 1988 anlässlich seines 80. Geburtstags erschienen war, der Kammer als Geschenk übersandt. Der Kammerpräsident bedankte sich dafür:

„Ganz besonders beeindruckt hat mich die dort [= in der Festschrift] wiedergegebene Bibliographie Ihrer eigenen Veröffentlichungen, deren reiche Anzahl alleine schon Ihr Gewicht als Wissenschaftler dartut. Dass Sie darüber hinaus der herausragende Seniorpartner nicht nur einer der größten dortigen [= New York], sondern auch der renommierten hiesigen Sozietät sind, zeigt deutlich, dass Sie stets auch ein Mann der Praxis gewesen sind und derzeit noch sind."[84]

Der Generalkonsul der Bundesrepublik Deutschland in New York hat 1998 die Verleihung des Bayerischen Verdienstordens an Otto Walter angeregt. Im Zuge der üblichen Vorerkundigungen wandte sich das Bayerische Justizministerium auch an die Rechts-

[80] Ebd. RAK München (Dahn) an Bundesrechtsanwaltskammer, undatierter Entwurf [März 1958].
[81] Dazu ausführlich Heinrich 188 ff.
[82] RAK München, PA Walter: Walter an BayStMinJustiz 7. 3. 1960, BayStMinJustiz an RAK München 8. 3. 1960, RAK München an BayStMinJustiz 23. 3. 1960, BayStMinJustiz an Walter 29. 3. 1960.
[83] Ebd. Redakteur RA Dr. G. an RA Dr. S. 3. 9. 1987.
[84] Ebd. Kammerpräsident an Walter 17. 12. 1992.

anwaltskammer zwecks Stellungnahme und bat „insbesondere ... [um] einen Beitrag zu einer eventuellen Vorschlagsbegründung". Dem Schreiben lag ein umfangreicher Lebenslauf Walters bei.[85] Die Kammer äußerte sich unter anderem wie folgt: „Dieser Ordensvorschlag wird von hier aus zwar begrüßt, kann jedoch unterstützend nicht begründet werden, da Rechtsanwalt Prof. Dr. Dr. h. c. Otto Ludwig Walter während der Dauer seiner Zulassung als Rechtsanwalt hier weder positiv noch negativ in Erscheinung getreten ist." Die Aufzählung der uns bereits bekannten Daten leitet über zum nachstehenden Schlussabschnitt: „Damit kann ... aus hiesiger Sicht nur bescheinigt werden, dass irgendwie geartete negative Erkenntnisse über ihn nicht vorliegen", da er „hier nicht in Erscheinung getreten ist. Es wird davon auszugehen sein, dass [er] überwiegend in New York tätig war."[86] Soweit bekannt, ist die Ordensverleihung nicht zu Stande gekommen.

Walters von seinen Erfahrungen gespeiste Skepsis, was die humanen Werte betrifft, bestand bis ins hohe Alter. Einem Münchener Freund gegenüber äußerte er sich wie folgt: „Ich bin wahrscheinlich kein geeigneter Betrachter, denn ich habe die schlechtesten Zeiten durchlebt." Dann zählt er die Weimarer Justiz, den ungebremsten Aufstieg Hitlers, den Zusammenbruch der Demokratie, die NS-Zeit auf und fügt hinzu:

> „Die jedem Recht hohnsprechende Behandlung der jüdischen Kollegen. All dies hätte ohne die Rumpfbeugungen der offiziellen und individuellen Anwaltschaft in keinem Kulturvolk passieren können. Es gab Ausnahmen: Walter Seuffert,[87] Thomas Dehler,[88] Gritschneder[89] und wahrscheinlich eine handvoll weiterer Kollegen haben – soweit möglich – versucht, aus Bayern einen Rechtsstaat zu machen, aber das Gros war mehr an dem ruhigen Fortgang ihrer Praxis interessiert als an dem Recht, das sie aufrecht zu halten beschworen hatten."[90]

Dass die Vorbehalte Remigranten gegenüber nicht auf Bayern beschränkt waren, geht aus einer Untersuchung auf der Basis nordrhein-westfälischer Akten hervor.[91] Über Tendenzen, die mit den geschilderten Vorgängen vergleichbar sind, setzte sich die dortige Justizverwaltung allerdings souverän hinweg und befreite ab Herbst 1953 emigrierte Anwälte nach ihrer Wiederzulassung grundsätzlich von der Residenzpflicht. Die Studie benennt die berufsständische Politik der Anwaltsvertreter, die von der Wahrung eigener Interessen bei gleichzeitiger Abwehr lästiger Mitbewerber dominiert war, als Motiv. Emigranten gehörten wie Flüchtlinge, Berufsfremde und Frauen zum Kreis der potenziellen Konkurrenz. „Ein Ansatz von Vergangenheitsbewältigung, von einem kollegialen Mitgefühl gegenüber den emigrierten Berufskollegen ist nicht erkennbar. Statt dessen wurde die Anwaltsordnung restriktiv ausgelegt, als sei nichts geschehen. Die Verteidigung der eigenen wirtschaftlichen Interessen bestimmte die Politik der Anwaltsvertreter"[92]. Auch in Nordrhein-Westfalen war das Problem quantitativ eher marginal.

[85] Ebd. BayStMinJustiz an RAK München 5.1.1999.
[86] Ebd. RAK München an BayStMinJustiz 21.1.1999.
[87] Walter Seuffert (1907–1989), RA in München, 1949–1967 MdB (SPD), 1967–1975 Vizepräsident BVerfGericht.
[88] s. III. Kapitel, S. 131 und die dortigen Angaben.
[89] Otto Gritschneder (1914–2005), RA in München, Publizist und Autor historischer Bücher.
[90] Otto L. Walter an RA Dr. S. 30.9.1999; Kopie im Besitz des Verfassers.
[91] Eva Douma, Deutsche Anwälte zwischen Demokratie und Diktatur 1930–1955. Frankfurt/Main 1998.
[92] Douma 80f.

Die vehemente Abwehr mancher vertriebenen Berufsgenossen hatte sicher mehrere Ursachen. Ein Grund dürften die beginnenden Entschädigungs-, Rückerstattungs- und Wiedergutmachungsverfahren gewesen sein. Viele Emigranten hatten sich als selbst Betroffene gründlich in die gesetzlichen Grundlagen eingearbeitet. Einige konnte man mit Fug und Recht als Spezialisten bezeichnen. Robert Held ist nur ein Beispiel. Da auch die Klientel für diese Materie im Ausland lebte, war die Beteiligung ortsansässiger Anwälte oft nicht erforderlich. „Entsprechend unbeliebt war das Begehren der Emigranten, vor deutschen Gerichten aufzutreten, bei den Anwaltsvertretern."[93]

Entschädigungssachen erlangten rasch erhebliche Bedeutung. Nach Schätzungen der Düsseldorfer Kammer handelte es sich 1956 bereits um 1,2 Millionen Fälle, über 80% der Kläger lebte im Ausland.[94] Unter diesem Aspekt bekommt das Beharren auf der Einhaltung der Residenzpflicht seitens der Kammern durchaus eine Logik.

Eine weitere Ursache liegt wohl im mentalen Bereich und ist am besten mit Schuldgefühlen und schlechtem Gewissen umschrieben. Die Anwaltschaft war (noch) nicht bereit, über ihre Rolle zwischen 1933 und 1945 nachzudenken, geschweige denn ihren Anteil an dem, was geschehen war, zu bekennen. Die Tendenz, die NS-Zeit zu verdrängen, war ebenso verbreitet wie über Schattenseiten hinwegzusehen. Anders wäre die Tatsache, dass der zwischen 1933 und 1945 amtierende Präsident der Anwaltskammer München Dr. Ferdinand Mößmer trotz schwerster Belastung bereits 1949 wieder als Rechtsanwalt zugelassen wurde, nicht zu erklären.[95] Die Beschäftigung mit dem Schicksal der jüdischen Kollegen unterblieb dagegen lange.

Erst 1979, in der Festschrift zum 100-jährigen Bestehen der Münchener Kammer, wurde begonnen, das Versäumte nachzuholen.[96] 1998 folgte auf Initiative des langjährigen verdienten Hauptgeschäftsführers der Kammer, Rechtsanwalt Dr. Giselher Gralla, die Enthüllung einer Gedenktafel im Münchener Justizpalast. 2001 machte die Ausstellung „Anwalt ohne Recht" in Bamberg, München und Nürnberg eine breitere Öffentlichkeit auf die Thematik aufmerksam. Der zu Recht oft zitierte Dr. Otto L. Walter schrieb als letzter noch lebender der bayerischen jüdischen Anwälte dazu Folgendes:

> „Was Sie tun, ist ein wichtiger Teil der Restitution – nicht für die Opfer, sondern für die Vielen, die wir für Humanisten hielten und die sich später mit wenigen wichtigen Ausnahmen in Hyänen oder Schafe verwandelten; allerdings muss ich gestehen, dass ich nicht weiß, wie ich ceteris paribus gehandelt hätte; es ist zu leicht, das Heldentum eines anderen anzusprechen. Dass es dreier Generationen bedurfte bis zur Anbringung einer Tafel im Justizpalast, ist kein gutes Zeichen. Um so mehr müssen wir denen dankbar sein, die sich jetzt darum annehmen."[97]

An anderer Stelle gab er seiner Genugtuung darüber Ausdruck, dass zwar spät, aber nicht zu spät gehandelt wird: „Ich darf sagen, dass es mich in tiefster Seele freut, dass nach der Kriegs- und Nachkriegsgeneration endlich eine neue Generation herangewachsen ist, die – von Schuldgefühlen unbelastet – auf die Irrungen der Nazizeit zurückzublicken imstande ist."[98] Die vorliegende Arbeit versteht sich als Beitrag dazu.

[93] Douma 81.
[94] Douma 82.
[95] RAK München, PA Dr. Ferdinand Mößmer.
[96] Heinrich.
[97] Otto L. Walter an den Verfasser 29.5.2001; Original im Besitz des Verfassers.
[98] Otto L. Walter an den Verfasser 12.11.2001; Original im Besitz des Verfassers.

VI. Biografien

1. Oberlandesgerichtsbezirk Bamberg

Adler, Julius
29.9.1882 Würzburg – 30.6.1934 KZ Dachau; led.; Vater: Kaufmann (Getreidehändler); St: Würzburg, München, Berlin; Dr. jur. Würzburg 1909; StP:1909 (Bewerber); Z: Augsburg 1910, Würzburg 1911 – Tod.

Foto: StAW.

Frontkämpfer (Vizewachtmeister); Schutzhaft wg. angeblicher Nichtbefolgung bau- und feuerpolizeilicher Auflagen 11.6.1934, KZ Dachau 20.6.1934, dort am 30.6.1934 im Rahmen der Röhm-Aktion als Unschuldiger erschossen.
BayHStA, MJu 20263; StAW, Gestapo 2; Gruchmann 440, 464; Strätz 49; Gb 15.

Ambach, Hermann
21.9.1880 Würzburg – 22.7.1962 Frankfurt/Main; verh., 1 Tochter; Vater: Kaufmann (Weinhändler); St: Würzburg, Berlin; Dr. jur. Würzburg 1904; StP: 1907; Z: Würzburg 1907 – 30.11.1938.
Im Novemberpogrom 1938 festgenommen, Wohnung demoliert; April 1939 Emigration nach Palästina; Mithilfe im Geschäft der Tochter; 1954 Rückkehr nach Frankfurt.
BayHStA, BEG 12430 = A 124; StAW, Gestapo 174; Strätz 56; Auskunft Margot Ambach (Tochter).

Aron, Albert
31.1.1871 Gardemar / Preußen – 1942 Treblinka; verh., 1 Sohn; Vater: Kaufmann; StP: 1898; Z: München 1899, Eichstätt 1900, Bamberg 1902 – 30.11.1938; Justizrat 1922.
Sohn Willy am 19.5.1933 im KZ Dachau ermordet; zusammen mit Ehefrau am 9.9.1942 Deportation nach Theresienstadt, von dort mit unbekanntem Datum nach Treblinka und dort ermordet.
Stadtarchiv Bamberg C 9, 58 a; Köster; Gruchmann 634; Loebl 322; Bambergs Wirtschaft 55f., 278; Gb 37f.

Awrach, Paul
18.11.1874 Polangen/Litauen – 5.11.1937 Bamberg; verh. „Mischehe", 1 Sohn; Vater: Kaufmann; StP: 1902; Z: Bamberg 1904 – Tod; Justizrat 1925.
Praxis geht ab 1933 stark zurück; Sohn emigriert 1939 nach Palästina; Witwe lebt nach 1945 in großer Not in Bamberg.
BayHStA, BEG 9587 = A 196; StAB, K 100/4, 2591; Stadtarchiv Bamberg C 9, 58 a; Köster; Loebl 322; Bambergs Wirtschaft 297.

Baer, Martin
2.9.1885 Coburg – 29.11.1943 New York; verh., 1 Sohn; Vater: Kaufmann; St: Kiel, Berlin, München, Jena; Dr. jur. Jena 1907; StP: 1913; Z: Coburg 1913 – 30.11.1938; 1919 Notar, 1921 – 1.7.1933 Notariatsverweser.
Dekorierter und kriegsversehrter Frontoffizier; engagierter Demokrat, Ortsvorsitzender DDP, 1933 und 1938 misshandelt, 1933 über 2 Monate an Berufsausübung gehindert; August 1939 Emigration England, von dort August 1940 USA; dort ohne Beruf; 1941 ausgebürgert.
StAB, K 100/4, 2592; BayHStA, OP 23264; BayHStA, MJu 7789–7791; BayHStA, EG 66549 = K 1130; Hepp, Liste 216/1–3; Fromm 279–284.

Baer Moritz (links) u. Martin (rechts). Foto: Privat.

Baer, Moritz
6.7.1877 Coburg – 21.12.1952 Buenos Aires; verh., 2 Kinder; Vater: Kaufmann; StP: 1903; Dr. jur. Jena 1899; Z: Coburg 1903 – 30.11.1938; Notar, 1921 – 1.7.1933 Notariatsverweser.
Dekorierter Frontkämpfer (Unteroffizier); wie Bruder engagierter Demokrat; 1933 Schutzhaft, Emigration Ende 1938 nach Argentinien; dort ohne Beruf; 1941 ausgebürgert.
StAB, K 100/4, 2593; BayHStA, EG 16312 = K 1137; BayHStA, MJu 7789–7791; Hepp, Liste 256/1–4; Fromm 279–284.

Baum, Justin
24.9.1893 Bamberg – Januar 1945 KZ Groß Rosen

(Auschwitz); verh. „Mischehe“; 1 Tochter; Vater: Kaufmann (Hopfenhändler); St: Würzburg; StP: 1922; Z: Aschaffenburg 1925 – 30.11.1938; Konsulent Bamberg 1.2.1939 – 5.3.1943.

Foto: Privat.

Dekorierter Frontkämpfer; ab 5.3.1943 Haft in Fürth; 14.8.1944 von dort Deportation nach Auschwitz; seit Januar 1945 vermisst.
StAB K 100/5, 2590; BayLEA, EG 32022; Stadtarchiv Bamberg C 9, 58 a; Auskunft Edith Endrös-Baum (Tochter); Biografisches Handbuch Aschaffenburg 57f.; Gb 76; Eckstein 82; Loebl 322; Bambergs Wirtschaft 284.

Bettmann, Bernhard
14.12.1875 Weidnitz/Lichtenfels – 1942 Izbica, Polen; verh., Vater: Kaufmann; StP: 1902; Z: Schweinfurt 1903/04, Bamberg 1905 – 30.11.1938; Konsulent – 31.1.1939; Justizrat 1925.

Foto: Privat.

Ehefrau Bertha beging am 11.1.1942 Selbstmord; Bettmann wurde am 25.4.1942 nach Izbica deportiert und kurze Zeit später ermordet.
StAB, K 100/4, 2616; StAB, K 100/5, 2590; BayHStA, EG 84480 = A 481; Stadtarchiv Bamberg, C 9, 58 a; Köster; Gb 118; Loebl 322; Bambergs Wirtschaft 275; Gilbert 96f.

Blumenthal, Max
1.12.1900 Aub/Ochsenfurt – 26.7.1976 San Pablo, Kalifornien/USA; verh.; Vater: Lehrer und Kantor; St: Würzburg; Dr. jur. Würzburg 1931; StP: 1930; Z: Würzburg 1931 – 15.7.1933 (§ 1).
März 1933 tätlich angegriffen u. am Betreten d. Gerichtsgebäude gehindert; August 1933 Emigration in die USA; dort Uhrmacher, später Betrieb eines Uhren- und Schmuckgeschäfts in Chicago.
BayHStA, MJu 20416; BayLEA, BEG 69570; Strätz 99.

Brandis, Felix
8.2.1887 Schweinfurt – 8.1.1949 Amsterdam; verh.; Vater: Kaufmann; St: München, Berlin, Würzburg; StP: 1913; Z: Bad Kissingen 1914–1919, Schweinfurt 1919 – 24.10.1935 (§ 21, 1, 2 RAO).

Foto: StadtA Schweinfurt.

Dekorierter und kriegsversehrter Frontoffizier; Entzug der Zulassung wg. Verletzung d. Residenzpflicht; Juni 1934 Emigration nach Holland; dort Bankangestellter, 1943–45 untergetaucht.
BA Berlin, R 22 Pers. 52523; StAB, K 100/4, 2634; BayHStA, OP 23699; BayLEA, EG 79199; Auskunft Stadtarchiv Schweinfurt; Eckstein 54.

Fried, Stefan
15.5.1905 Bamberg – 12.4.1983 Prairie Village, Kansas/USA; verh.; Vater: Kaufmann (Hopfenhändler); StP: 1931; Z: München 1931/1932, Bamberg 1933 – 15.9.1933 (§ 1).

Foto: StadtA Bamberg.

1933–38 kaufm. Angestellter bei einer Elektrofirma in Bamberg, Dez. 1938 Emigration USA; Büroangestellter, 1943–45 US-Army, ab 1948 CPA in Kansas City; Mutter kommt in Theresienstadt ums Leben.
BayHStA, MJu 20715; BayLEA, BEG 22711; Stadtarchiv Bamberg C 9, 58 a; Köster; Loebl 323; Bambergs Wirtschaft 297.

Grünfeld, Isidor (Grunfeld Isaiah)
27.10.1900 Tauberrettersheim/Ochsenfurt – 8.9.1975 London; verh., 5 Kinder; Vater: Kaufmann und Landwirt; St: Marburg, Frankfurt, Hamburg; Dr. jur. Frankfurt 1926; StP: 1931; Z: Würzburg 1931 – 27.6.1933 (§ 1). Auch als Lehrer und Rabbiner ausgebildet; Juli 1933 Emigration über Frankreich und

Palästina nach London; dort 1936–54 Rabbiner; Autor wissenschaftlicher und theologischer Veröffentlichungen.
BayHStA, MJu 20841; BayLEA, BEG 33508; BHE I 250; Strätz 214; Walk 128.

Haas, Gerson
18.3.1871 Welbhausen/Mittelfranken – 12.2.1940 Würzburg; verh., 3 Kinder; Vater: Rabbiner; St: Würzburg, Leipzig, Heidelberg; Dr. jur. Heidelberg 1899; StP: 1896; Z: Würzburg 1897 – 30.11.1938; Justizrat 1920.

Foto: Privat.

Renommierte Kanzlei zusammen mit Bruno Stern; 1918–39 Vorsitzender d. israelitischen Kultusgemeinde Würzburg, ab 1920 Vizepräsident d. Landesverbands d. bayerischen israelitischen Kultusgemeinden, 1918–32 Vorstandsmitglied d. Rechtsanwaltskammer Bamberg, zahlreiche weitere Ämter.
StAB, K 100/4, 2769; BayHStA, EG 25450 = K 27; Flade, Würzburger Juden; Strätz 226; Walk 135.

Hamburger, Max
31.5.1897 Kitzingen – 3.2.1970 New York; verh.; Vater: Kaufmann (Mode und Konfektion); St: Würzburg, Heidelberg; Dr. jur. Würzburg 1921; StP: 1923; Z: Würzburg 1924 – 30.11.1938; anschl. bis Juli 1939 Konsulent.

Foto: Aufbau 13.2.1970.

Frontkämpfer (Unteroffizier); Nov. 1938 Wohnung zerstört, 9.11. – 15.12.1938 KZ Buchenwald; wissenschaftlich tätiger Anwalt, Emigration Juli 1939 England; dort Wissenschaftler auf Stipendienbasis; 1948 Weiterwanderung nach New York; Dozent an der New School for Social Research, zahlreiche Veröffentlichungen; Rechtsphilosoph; Mutter und ein Bruder werden Opfer des Holocaust.
BA Berlin, R 22 Pers. 58801; StAB, K 100/4, 2766; StAB, K 100/5, 2590; BayLEA, BEG 10061; Strätz 233; Aufbau 13.2.1970 (Nachruf).

Herzstein, Richard
12.4.1879 Bayreuth – 5.1.1949 Jerusalem; verh., 1 Tochter; Vater: Kaufmann; St: Würzburg, München, Erlangen; Dr. jur. Erlangen 1906; StP: 1906; Z: Bayreuth 1908 – 22.12.1933 („Verzicht").
Ende 1933 Emigration Palästina, dort Kaufmann; bald schwere Depressionen, seitdem ohne Beruf; Witwe und Tochter wandern nach seinem Tod in die USA weiter.
BayHStA, MJu 20987; BayHStA, BEG 6695 = K 1593; Hübschmann 61.

Hirsch, Kuno
14.10.1868 Coburg – 1.12.1943 Theresienstadt; verh., 1 Tochter; Vater: Kaufmann; St: Tübingen, Leipzig, Berlin, Jena; StP: 1894; Z: Coburg 1895 – 23.12.1936 („Verzicht"), Notar ab 1901, 1921 – 1.7.1933 Notariatsverweser; Justizrat 1914.

Foto: Privat.

Liberaler Demokrat (DDP), Stadtrat seit 1919, im Vorstand d. Rechtsanwaltskammer Bamberg 1929–33, Vorsitzender d. Bezirksgruppe des DAV, Syndikus der Industrie- und Handelskammer Coburg, schon vor 1933 Konflikte mit der NSDAP, 1933 Haft, 1938 Umzug nach München, am 15.7.1942 Deportation nach Theresienstadt, seine Witwe stirbt dort am 7.5.1944; die Tochter entkommt in die USA.
StAB, K 100/4, 2794a; BayHStA, EG 75883 = K 2109; BayHStA, MJu 7789–7791; Gb 585; Gb M 592, 598f.; Fromm 290–294; Gb Theresienstadt 288.

Höflein, Moses
5.12.1866 Wüstensachsen/Rhön – unbekannt; verh., 1 Sohn, 1 Tochter; Vater: Viehhändler; St: München; StP: 1894; Z: Bamberg 1895 – 30.11.1938; anschl. Konsulent bis 31.1.1939; Justizrat 1918.

Foto: Privat.

Demokrat, Mitgründer d. Anwaltvereins Bamberg, Abgeordneter des DAV, 1927–32 im Vorstand d. Rechtsanwaltskammer Bamberg, aktiv bei der örtlichen israelitischen Kultusgemeinde; 1940 Emigration mit Ehefrau u. Sohn auf die Philippinen, weiteres Schicksal unbekannt; Tochter wird Opfer des Holocaust.
StAB, K 100/4, 2798; StAB, K 100/5, 2590; Stadtarchiv Bamberg C9, 58a; Köster; Loebl 322; Bambergs Wirtschaft 221, 315.

Hommel, Moses
15.6.1869 Schweinfurt – 5.3.1958 Haifa/Israel; verh., 2 Töchter; Vater: Lehrer; St: Würzburg, München, Berlin; Dr. jur. Würzburg 1892; StP: 1894 (Bewerber); Z: Schweinfurt 1895 – 29.6.1934 („Verzicht"); Justizrat 1918.
Liberaler Demokrat (DDP) u. Pazifist, aktiver Nazigegner, 1915–34 Vorsitzender d. israelitischen Kultusgemeinde Schweinfurt, Vizepräsident d. Verbands d. bayer. israelitischen Gemeinden, im Vorstand des CV, ab 1933 starken Anfeindungen ausgesetzt, deshalb im Juni 1934 Emigration nach Palästina; dort ohne Beruf.

Foto: StadtA Schweinfurt.

BayHStA, MJu 21053; BayHStA, EG 47177 = K2716; StAW, LG Schweinfurt, PA 56; StAW, Gestapo 2220; Auskunft Stadtarchiv Schweinfurt; Ophir-Wiesemann 399; Walk 162; Der Stürmer Jg. 12, Nr. 21/1934; BIGZ Nr. 5 vom 1.3.1934, 93 u. Nr. 16 vom 15.8.1934, 333.

Klein, Berthold
26.5.1875 Bayreuth – 20.2.43 Theresienstadt; verh., 1 Tochter; Vater: Ziegeleibesitzer; StP: 1901; Z: Bayreuth 1902 – 30.11.1938; Justizrat 1924.
Dekorierter Frontkämpfer; langjähriger Vorsitzender d. israelitischen Kultusgemeinde Bayreuth, zusammen mit seiner Ehefrau im Jan. 1942 nach Bamberg umgesiedelt, von dort im Sept. 1942 nach Theresienstadt deportiert; Ehefrau stirbt dort am 26.11.1942; Tochter entkommt in die USA.
StAB K 100/4, 2849; BayHStA, EG 75892 = K 1320; Auskunft Stadtarchiv Bayreuth; Hübschmann 61, 93, 159f., 197ff., 228; Gb Theresienstadt 291.

Kronenberger, Fritz (Fred)
30.1.1902 Stuttgart – 19.5.1969 Seattle/USA; led.; Vater: Kaufmann; St: Erlangen, München, Heidelberg; Dr. jur. Erlangen 1927; StP: 1928; Z: Hof 1929 – 12.9.1933 (§ 1).

Foto: UAM.

März 1933 Schutzhaft; 1933 Emigration in d. Schweiz, 1935 Palästina, 1936 Schweiz, 1939 USA; bis 1941 dort ohne Beruf, anschl. bis 1947 wechselnde Jobs in New York, ab 1947 angestellter Buchhändler in Seattle; ärmliche Verhältnisse; Ausbürgerung 1939.
BayHStA, MJu 21226; BayHStA, BEG 8890 = K 3019; Stadtarchiv Hof, BE Nr. 340; Hepp, Liste 110/63.

Loew, Ludwig (Louis)
4.12.1883 Eichstätt – 23.3.1963 New York; verh., 2 Töchter; Vater: Kaufmann; StP: 1911; Z: Bamberg 1912 – 24.3.1938 („Verzicht").

Foto: StadtA Bamberg.

Dekorierter Frontkämpfer; Syndikus u.a. beim Mieterverein Bamberg; bereits 1937 Aufenthalt in New York, Febr. 1938 Emigration in d. USA: dort Vertreter, Kurier an der

Wall Street; Frau: Kinderpflegerin.
BA Berlin, R 22 Pers. 66881; StAB K 100/4, 750 und 2909; BayHStA, EG 96015 = K 1318; Stadtarchiv Bamberg C 9, 58a; Köster; Loebl 209, 322f.; Bambergs Wirtschaft 248, 298.

Löwenherz (Lowen), Walter Wilhelm
17.8.1905 Coburg – 19.4.1965 Venedig; led.; Vater: Kaufmann (Möbelfabrik); St: München, Berlin, Würzburg; Dr. jur. Würzburg 1933; StP 1932; Z: Neustadt bei Coburg 1932 – 27.6.1933 (§ 1).
Emigration April 1933 nach Amsterdam; Unterstützung dch. einen Bruder; später Paris; dort Verkäufer u.a.; 1939 New York; u.a. Aushilfsarbeiter, 1942–46 bei d. US-Army; stirbt während einer Reise in Venedig.

Foto: UAM.

BayHStA, MJu 21330; BayLEA, EG 78553; Fromm 268ff.

Mayer, Erich
18.10.1898 Creglingen – 30.10.1948 New York; verh., Vater: Arzt; St: Würzburg; Dr. jur. Würzburg 1921; StP: 1924; Z: Würzburg 1925 – 30.11.1938.
Dekorierter u. verwundeter Frontkämpfer; 1933 Trennung v. Sozius Rechtsanwalt Wurzschmitt; 9.11.1938 Wohnung und Praxis demoliert; 13.11. – 12.12.1938 KZ Buchenwald; Jan. 1939 Emigration in die USA; dort Arbeiter in einer Schmuckwarenfabrik, anschl. längere Krankheit; Frau arbeitet als Hausangestellte.
BA Berlin, R 22 Pers. 67841; BayHStA, EG 70821 = A 370; BayLEA, BEG 54644; Strätz 378.

Mendle, Salomon (Sali)
9.6.1887 Fischach / Zusmarshausen – 26.5.1952 Haifa/Israel; verh., 2 Kinder; Vater: Kaufmann; St: Würzburg; StP: 1919; Z: München 1919, Schweinfurt 1920 – 30.10.1933 („Verzicht").

Foto: Privat.

Frontkämpfer; 19.3. – 12.5. 1933 Schutzhaft, da SPD-Anhänger, Hitlergegner u. Vertrauensanwalt des Reichsbanners Schwarz-Rot-Gold, Vorsitzender der CV–Ortsgruppe; Emigration November 1933 nach Palästina; dort Buchhalter und Mitarbeiter der englischen Armee.
BayHStA, MJu 21423; BayHStA, EG 46786 = K 3199; BayLEA, BEG 45173; StAW, Gestapo 7369; Auskunft Stadtarchiv Schweinfurt; Strätz 385.

Mohrenwitz (Moore), Justin Max
13.11.1905 Schweinfurt – 18.11.1981 New York; verh., 2 Töchter; Vater: Kaufmann (Weingroßhandlung); St: Bonn, Hamburg, Berlin, Würzburg; Dr. jur. Würzburg 1931; StP: 1932; Z: Schweinfurt 7.2.1933 – 22.7.1933 (§ 1).
Vorsitzender d. zionistischen Ortsgruppe, April 1933 6 Wochen Schutzhaft; nach Berufsverbot Vertreter u. Mitinhaber des elterlichen Geschäfts; Mai 1938 – Juli 1939 KZ Buchenwald wg. „unreellen Geschäftsgebarens"; Juli 1939 Emigration nach England, April 1940 in die USA; dort Arbeiter in Metallgießerei, 1945–68 Vertreter für religiöse Artikel; Ausbürgerung 1939; beide Eltern Opfer des Holocaust.

Foto: StadtA Schweinfurt.

BayHStA, MJu 21458; StAW Gestapo 7824; BayLEA, BEG 8956; Auskunft Stadtarchiv Schweinfurt; Hepp, Liste 141/136.

Morgenroth, Martin
23.5.1880 Bamberg – 9.10. 1939 Bamberg; verh., 2 Töchter; Vater: Kaufmann; St: München, Berlin, Erlangen; Dr. jur. Erlangen 1906; StP: 1907; Z: Bamberg 1908 – 30.11.1938.
Dekorierter Frontoffizier; ab 1930 Vors. d. israelitischen Kultusgemeinde Bamberg,

große Verdienste um die Gemeinde; während die Töchter rechtzeitig emigrieren konnten, wurde die Witwe 1941 deportiert und ermordet.

Foto: StadtA Bamberg.

BayHStA, OP 26978; BayHStA, EG 77854 = K 3894; StAB, K 100/4, 2948; Stadtarchiv Bamberg C 9, 58 und 58a; Köster; Walk 271; Loebl 60, 322f.; Bambergs Wirtschaft 275; Mistele, Tagebuch 1930–1938.

Müller, Richard
18.4.1884 Würzburg – 20.1.1953 Würzburg; verh. „Mischehe", 1 Sohn; Vater: Kaufmann (Weinhändler); St: Würzburg, München; StP: 1909 (Bewerber); Z: Nürnberg 1910, Würzburg 1910 – 30.11.1938; Konsulent Dez. 1938–1945; Wiederzulassung 1945–1953, daneben Notar bis 1951.

Foto: Privat.

Kein Kriegsdienst wg. verkrüppeltem Fuß; Wortführer d. jüdischen Rechtsanwälte in Würzburg; Mitglied d. Verwaltung d. israelitischen Kultusgemeinde; zeitweilig einziger Konsulent f. d. OLG-Bezirk Bamberg u. 5 thüringische Landgerichtsbezirke; Juli 1945 Wiederzulassung dch. Militärregierung, 1945 – Januar 1951 auch Notar.
StAW, Gestapo 8199; StAW, AG Würzburg NR 1953/117; BayHStA, BEG 57442 = A 515; StAB, K 100/5, 2590; MJu, PA o. S.; Strätz 399.

Oppenheimer, Arnold
9.3.1878 Würzburg – 21.9. 1946 Rochester/N.Y.; verh., 2 Töchter; Vater: Kaufmann (Schnittwaren); St: Würzburg; StP: 1902; Z: Würzburg 1903 – 30.11.1938; Justizrat 1925. Frontkämpfer; Liberaler (DDP); Mitglied d. jüdischen Kulturbunds; Emigration Juni 1939 nach England, 1946 USA; dort ohne Beruf.
StAB, K 100/4, 2958 a; StAW, Gestapo 8957; BayHStA, EG 82735 = K 246; Strätz 425.

Oster, Ludwig (Louis)
2.8.1882 Bamberg – 5.11. 1972 Los Angeles; led.; Vater: Kultusbeamter; St: München, Berlin, Würzburg; Dr. jur. Erlangen 1908; StP: 1908; Z: Schweinfurt 1909–1912, Bamberg 1912 – 30.11.1938; Konsulent – 31.1.1939. Frontkämpfer; im Vorstand d. jüdischen Kulturbunds; 10.11. – 15.12.1938 KZ Dachau; danach Geschäftsführer d.

Foto: StadtA Bamberg.

israelitischen Kultusgemeinde Bamberg; März 1941 Emigration USA; dort Fabrikarbeiter, sp. Rechtsberater, 1964 Wiederzulassung in Bamberg.
StAB, K 100/5, 2590; MJu, PA O 57; BayHStA, BEG 7516 = A 52; Stadtarchiv Bamberg C 9, 58 a; Köster; Loebl 323; Bambergs Wirtschaft 270, 298.

Pappenheimer (Palmer), Willy
2.7.1886 Eichstätt – 3.6.1966 San Francisco; verh., 2 Kinder; Vater: Kaufmann (Lederhändler); St: Würzburg, München; Dr. jur. Würzburg 1911; StP: 1912; Z: Würzburg 1913 – 9.11.1937 („Löschung"). Frontkämpfer (Unteroffizier); Mitglied d. Reichsbunds jüd. Frontsoldaten u. zahlreicher anderer jüdischer Vereine; Emigration Sept. 1937 USA; dort Versicherungsagent.
StAW, Gestapo 9255; StAB, K 100/4, 2966; BayHStA, BEG 27159 = A 1; Strätz 437.

Rosenthal, Ernst Julius
19.6.1898 Aschaffenburg – 16.1.1961 New York; led.; Vater: Kaufmann (Zigarrenfabrik); St: Würzburg, München; Dr. jur. Würzburg 1921; StP: 1924; Z: München 1925, Aschaffenburg 1926 – 5.10.1937 („Verzicht").
Dekorierter Frontkämpfer; Zionist, Mitglied im Reichsbund jüd. Frontsoldaten, 2. Vors. d. israelitischen Kultusgemeinde Aschaffenburg; Präsident d. Philo-Loge, Mai 1937 Schutzhaft; Emigration Okt. 1937 USA; dort kaufmännischer Angestellter, ab 1945 CPA, holt 1941 die Eltern zu sich u. ernährt sie bis zu ihrem Tod (1952/53).
StAB, K 100/4, 3003; StAW, Gestapo 11132; BayHStA, BEG 16406 = K 1805; Biografisches Handbuch Aschaffenburg 186.

Foto: StAW.

Dekorierter Frontoffizier; liberaler Demokrat, Pazifist, führender Freimaurer, Mitglied im Reichsbund jüd. Frontsoldaten, CV-Ortsvorsitzender, Hitlergegner, liberaler Jude; Nov. 1938 KZ Buchenwald; nach dem Selbstmord der Ehefrau im Juli 1939 Emigration über die Schweiz in die USA; dort Angestellter in Warenhaus, Fabrikarbeiter, sp. Rechtsberater; 1952–54 Wiederzulassung in Würzburg, 1953 aber Rückkehr in die USA.
MJu, PA R 127; BayHStA, OP 27785; BayHStA, EG 8382 = A 150; StAW, Gestapo 11141; Strätz 481; Walk 316; Flade, Würzburger Juden; Eckstein 56.

Saalheimer, Manfred
30.8.1906 Würzburg – 21.6.1967 Montreal/Kanada; verh.; Vater: Kaufmann (Tuchgroßhandlung); St: München, Würzburg; Dr. jur. Würzburg 1930; StP: 1932;
Z: Würzburg 28.9.1932 – 7.7. 1933 (§ 1).

chen wird 1954 abgelehnt; Eltern Opfer des Holocaust.
BayHStA, MJu 21768; BayLEA, BEG 11517; Stadtarchiv München, RAK 1538; StAW, Gestapo 11616; Strätz 496; Göppinger 313; Walk 322; BHE I 628.

Schloss, David
28.2.1883 Laudenbach/Württemberg – 9.4.1935 Würzburg; verh., 1 Tochter; Vater: Kaufmann (Fellhändler);
St: Würzburg; StP: 1913/19 (wg. Krieg); Z: Würzburg 1919 – Tod.
Dekorierter Frontkämpfer; aktiver Sportler, sp. Sportfunktionär; Vorsitzender d. Ortsgruppe d. Reichsbunds jüd. Frontsoldaten; Witwe u. Tochter Opfer d. Holocaust.
StAB K 100/4, 3061; Strätz 515; Flade, Würzburger Juden 232.

Silberstein, Heinrich Wilhelm
18.1.1896 Schweinfurt – 5.4. 1958 New York; led.; Vater: Kaufmann (Schuhfabrik);
St: München, Würzburg; Dr. jur. Würzburg 1921;

StAB, K 100/4, 3029; BA Berlin, R 22 Pers. 76527; StAW Gestapo 14484; BayHStA, EG 71754 = A 254; Auskunft Stadtarchiv Schweinfurt.

Stein, Heinrich
10.5.1905 Messelhausen/Baden – 1944 KZ Auschwitz; led.; Vater: Kaufmann (Textilwaren); St: Würzburg; Dr. jur. Würzburg 1929; StP: 1931;
Z: Würzburg 1932 – 3.7. 1933 (§ 1).
Emigration Juni 1933 Paris, unter ärmsten Verhältnissen Jurastudium, 1939–43 Fremdenlegion in Afrika, Rückkehr nach Frankreich, Sept. 1943 Internierung, 15.5.1944 Deportation von Drancy nach Auschwitz.
BayHStA, MJu 22036; StAW, Gestapo 15100; BayLEA, EG 76364; Strätz 578; Gb 1435; Gb Frankreich (Transport 73).

Stein, Ludwig (Louis)
17.8.1890 Kaubenheim/Mittelfranken – 19.8.1974 Forest Hills, N.Y.; verh.; Vater: Kaufmann; Studium: Würzburg, München; Dr. jur.

Würzburg 1920; StP: 1920 (Bewerber); Z: Nürnberg 1921, Schweinfurt 1921/22, Würzburg 1922 – 30.11. 1938; Konsulent Dez. 1938.

Foto: StAW.

Dekorierter Frontkämpfer (Unteroffizier); Mitglied d. Reichsbunds jüd. Frontsoldaten, 9.11.1938 wird seine Wohnung demoliert, 10.11. – 28.11.1938 KZ Buchenwald, März 1939 Emigration über Holland in die USA; dort bis 1942 ohne Beruf, danach untergeordnete Tätigkeiten. *StAB, K 100/4, 3101; BA Berlin, R 22 Pers. 77249; BayHStA, EG 73230 = A 59; StAW, Gestapo 15119; Strätz 579.*

Stein, Max
25.12.1900 Nordheim/Rhön – 19.4.1964 Jerusalem; verh., 2 Kinder; Vater: Kaufmann (Basaltwerk); St: Berlin, Frankfurt, München, Würzburg; Dr. jur. Würzburg 1924; StP: 1927; Z: Schweinfurt 1928 – 17.8.33 (§ 1). Zionist, Prokurist u. Syndikus im väterlichen Geschäft, Dez. 1933 Emigration nach Palästina; nach erneutem Jurastudium Anwaltszulassung, seit 1948 Beamter im israelischen Finanz- und Justizministerium, zeitweise Rechtsberater in Frankfurt.

Foto: StadtA Schweinfurt.

BayHStA, MJu 22037; BayLEA, EG 45 301; Auskunft Stadtarchiv Schweinfurt; BHE I 725.

Stern, Bruno
28.4.1880 Würzburg – 22.9. 1957 State College, PA, USA; verh., 3 Söhne; Vater: Rechtsanwalt und Justizrat; St: Würzburg, München, Berlin; Dr. jur. Würzburg 1904; StP: 1905; Z: Würzburg 1906 – 30.11.1938; Justizrat 1928. Dekorierter Frontoffizier; Verfasser zahlreicher Kommentare u. anderer Werke; wie sein Vater liberaler Kommunalpolitiker, Stadtrat (DDP), Mitglied Reichsbund jüd. Frontsoldaten, aktiver Hitlergegner, Anwalt der Universität, d. Landesfinanzamts u. d. Regierung von Unterfranken; 9.11.1938 Wohnung u. Praxis demoliert, 10.11. – 23.11. 1938 KZ Buchenwald, schwer krank entlassen; Dezember

Foto: Privat.

1938 Emigration über England in die USA; dort Feinbäcker, Party Refreshments. *BayHStA, OP 28870; BayHStA, BEG 27642 = K 710; StAW, Gestapo 15277; StAB, K 100/4, 3105; Strätz 592; Walk 353; Flade, Würzburger Juden 182 f.*

Stern, Salomon (Sali, Sally)
9.2.1882 Würzburg – 20.8. 1963 New York; verh., 2 Kinder; Vater: Kaufmann (Weinhändler); St: Würzburg; StP: 1910; Z: Würzburg 1911 – 9.3.1938 („Verzicht"). Kriegsteilnehmer; Gesellschafter d. elterlichen Weingroßhandlung; ab 1933 Bedrohung u. Einschüchterung dch. Parteistellen u. Gestapo; Mitglied d. Jüdischen Kulturbunds; März 1938 Emigration in die USA; dort Versicherungsvertreter.

Foto: Privat.

StAB, K 100/4, 3106; StAW, Gestapo 15352; BA Berlin, R 22 Pers. 77435; BayLEA, BEG 19468; Strätz 600; Auskunft Karoline L. Bailey (Tochter).

Stühler, Albert
29.7.1884 Hammelburg – 19.11.1943 KZ Auschwitz; verh., 1 Sohn; Vater: Kaufmann; St: Würzburg; Dr. jur Würzburg 1925; StP: 1909; Z: Aschaffenburg 1910 – 5.9.1933 (§ 21, 1, 2 RAO). Syndikus örtlicher Kleiderfabriken; 1933 Schutzhaft,

„um ihn vor der empörten Bevölkerung zu schützen"; Versuche, Stühler aus dem Beruf zu verdrängen, sind mit seiner Flucht im Aug. 1933 nach Frankfurt/M. erfolgreich; 1933 – 1936 Teilhaber einer Kleiderfabrik in Franfurt/M.; Nov. 1938 Emigration nach Holland; 1938 Ausbürgerung; muss ab Mai 1942 „Judenstern" tragen; März 1943 ins KZ Westerbork, von dort 16.11.1943 zusammen mit Ehefrau Deportation nach Auschwitz; Sohn war 1938 in die USA emigriert.
BayHStA, MJu 22088; StAW, Gestapo 15744; Handbuch Aschaffenburger Juden 228f.; Hepp, Liste 52/22; Gb Holland 723; EA Wiesbaden, W 38312, 38313, 45382.

Süsser, Adolf
11.10.1870 Würzburg – 1.5. 1934 Würzburg; verh., 1 Tochter; Vater: Kaufmann (Getreidehändler); St: Würzburg; StP:1895; Z: Würzburg 1900 – Tod; Justizrat 1922.
Süsser war zunächst als Staatsanwalt und Amtsrichter im Justizdienst, bevor er zur Anwaltschaft überwechselte; ab 1933 starker Praxisrückgang; Tod durch Herzschlag; Witwe und Tochter emigrieren in die USA.
BayHStA, MJu 22093; BayLEA, BEG 69630 (Tochter); Strätz 627; Flade, Würzburger Juden 269.

Wachtel, Ernst David
8.12.1896 Bamberg – 24.4. 1977 São Paulo; verh., 1 Tochter; Vater: Kaufmann (Hopfenhändler); St: München, Würzburg; Dr. jur. Würzburg 1922; StP: 1924; Z: Bamberg 1931 – 24.10. 1936 („Verzicht").
Dekorierter Frontkämpfer, englische Gefangenschaft; bis 1931 Syndikus in einem Holzkonzern; Oktober 1936 Emigration nach Brasilien; dort Vertreter, später Kaufmann.

Foto: UAM.

StAB, K 100/4, 3132; StAB, K 100, Abgabe 1996, 1933; BayLEA, BEG 38550; BA Berlin, R 22 Pers. 79238; Stadtarchiv Bamberg C 9, 58 und 58 a; Köster; Loebl 324.

Wald, Sigmund
21.2.1873 Bamberg – 25.1. 1934 Bamberg; verh.; Vater: Kaufmann (Hopfenhändler); StP: 1906; Z: Bamberg 1907 – Tod.
„Gesuchtester Strafverteidiger Bambergs" (Thomas Dehler); starker Praxisrückgang ab 1933; Tod durch Herzschlag.
BayHStA, MJu 22174; BayHStA, BEG 59463 = K 152; Stadtarchiv Bamberg C 9, 58 und 58 a; Köster; Loebl 323; Bambergs Wirtschaft 59f., 242.

Wassermann, Albert
14.1.1872 Bamberg – 15.11. 1942 Johannesburg/Südafrika; verh., 2 Töchter; Vater: Bankier; Dr. jur. Erlangen 1899; StP: 1898; Z: Bamberg 1899

Foto: StadtA Bamberg.

– 29.10.1935 („Verzicht"), Justizrat 1921.
Teilhaber Bankhaus Wassermann; Bruder Oskar ist Chef der Deutschen Bank, Cousin August von Wassermann berühmter Mediziner; Arbeitsschwerpunkt: Bankwesen, Aufsichtsräte; Emigration März 1940 nach Südafrika; dort ohne Mittel, da 255 000 RM Sonderabgaben, 537 000 RM Vermögen und weitere 214 000 RM an Eigentumswerten im Zuge der „Arisierung" vom Deutschen Reich eingezogen wurden.
StAB, K 100/4, 3142; BayHStA, BEG 71145 = K 366; Stadtarchiv Bamberg, C 9, 58 a; Köster; Wirtschaftsführer Sp. 2394; Loebl 312, 323; Bambergs Wirtschaft 394.

Weichselbaum, Sieghart
5.7.1899 Dettelbach – 16.11. 1958 Tel Aviv; verh., 3 Söhne; Vater: Kaufmann (Weinhändler); St: Würzburg; Dr. jur. Würzburg 1922; StP: 1925; Z: Bamberg 1926 – 26.5.1933 („Verzicht")

Foto: Privat.

Vorsitzender d. Ortsgruppe d. Zionistischen Vereinigung, aktiv in d. Israelitischen Kultusgemeinde; erfolgreicher Autor von Trivialromanen; Mai 1933 Emigration nach Palästina; dort Schreiner, Buchhalter, Gastwirt, Makler, nebenher Jurastudium, 1942 Anwaltszulassung, Advokat in Tel Aviv.

2. Oberlandesgerichtsbezirk München

StAB, K 105, 517; BayLEA, BEG 21254; Stadtarchiv Bamberg, C 9, 58 a; Köster; Loebl 313; Bambergs Wirtschaft 324.

Adler, Paul
2.1.1880 Aschaffenburg – 25.11. 1941 Kowno/Litauen; verh., 2 Kinder; Vater: Kaufmann; St: Berlin, Leipzig, München, Würzburg; Dr. jur. Würzburg 1905; StP: 1906; Z: München 1907 – 30.11. 1938.

Foto: StadtA München.

1914/18 Vorsteher des Reservelazaretts München; 10.11. 1938 KZ Dachau (ca. 4 Wochen); 20.11.1941 Deportation mit Ehefrau, Tochter und 2 Brüdern ins Baltikum; Schicksal des Sohnes ist nicht bekannt.
Stadtarchiv München, RAK 621; BayHStA, EG 82216 = K 198; Auskunft Gedenkstätte Dachau; Gb 16; Gb M 47; Gb Baltikum 111; IfZ, Fa 208.

Adler, Siegfried
5.3.1878 Freiburg – 28.7.1939 Paris; verh.; Vater: Kaufmann; konfessionslos; StP: 1903; Z: München 1904 – 13.10. 1934 (§ 21/1/2 RAO); Justizrat 1928.
Juni 1933 mit unbekanntem Ziel abgemeldet; weiteres Schicksal unbekannt.
BayHStA, MJu 20266; BayHStA, BEG 29498 =

Foto: StAM.

A 61; StAM, PA 23186; StAM, PolDir 11480; Stadtarchiv München, RAK 622.

Adler, Siegfried
31.1.1897 Haßfurt – 19.12. 1956 San Francisco; verh.; Vater: Kaufmann; St: München, Würzburg; Dr. jur. Würzburg 1920; StP: 1923; Z: Augsburg 1923 – April 1936 („Verzicht").

Foto: UAM.

Dekorierter Frontkämpfer; große Steuerpraxis, Klienten aus Industrie; 1936 Emigration in die USA, dort Tätigkeit im Bankfach.
BayHStA, MJu 20265; BA Berlin, R 22 Pers. 50086; BayLEA, EG 73052; Auskunft Gernot Römer, Augsburg.

Ambrunn, Leopold
23.6.1884 München – 1942 Osten; gesch., 1 Tochter; Vater: Kaufmann; St: München, Berlin; Dr. jur. Heidelberg 1910; StP: 1910; Z: München 1911 – 30.11.1938.

Foto: StadtA München.

Wegen Herzfehler kein Kriegsdienst; für holländisches und spanisches Konsulat tätig; 9.11.1938 Wohnung und Kanzlei geplündert; 10.11. 1938 KZ Dachau (ca. 4 Wochen); 4.4.1942 Deportation nach Piaski/ Galizien; Tochter emigriert 1939 über Schweden nach Palästina.

BA Berlin, R 22 Pers. 50255; Stadtarchiv München, RAK o.S.; BayLEA, BEG 9080; Gb 27; Gb M 58; Auskunft Gedenkstätte Dachau; IfZ, Fa 209.

Auerbach, Hans
15.5.1894 München – 19.8. 1993 Pardess-Hanna/Israel; verh., 2 Kinder; Vater: Bankier; StP 1922; Z: Augsburg 1923 – 1937.

Foto: UAM.

Dekorierter und kriegsversehrter Frontkämpfer; 1937 Emigration nach Holland; von dort 1942 Flucht in die Schweiz; Einweisung in ein Arbeitslager; 1948 Weiterwanderung nach Israel, dort Beamter.
BayHStA, MJu 20299; BayLEA, EG 54586; StAM, WB I a 5371; N 616, 739, 771, 3445, 5341, 6811, 9038, 9044; Auskunft Gernot Römer, Augsburg.

Bacharach, Alfred
7.2.1887 Würzburg – 21.2. 1961 New York; verh., 1 Sohn; Vater: Gymnasiallehrer; St: Würzburg; Dr. jur Würzburg 1911; StP: 1913; Z: München 1913 – 30.11. 1938.

Foto: StadtA München.

1933 bedroht; 10.11.1938 KZ Dachau (ca. 4 Wochen); August 1939 Emigration über England in die USA; dort Vertreter (Büroartikel); 1940 Ausbürgerung.
BA Berlin, R 22 Pers. 50581; BayLEA, EG 46671; Hepp, Liste 181/4; StAM, WB I a 933; N 114, 3440, 4775, 7184, 7750; Auskunft Gedenkstätte Dachau; Heinrich 106; Strätz 64.

Baer, Julius
21.4.1896 Windsbach – 1942 Osten; verh.; Vater: Kaufmann; St: Erlangen, München; Dr. jur Erlangen 1921; StP: 1923; Z: München 1923 – 30.11.1938; Konsulent bis 4.4.1942.

Foto: StadtA München.

Dekorierter Frontkämpfer (Unteroffizier); Zionist; 10.11. – 10.12.1938 KZ Dachau; beliebter und rühriger Konsulent; 4.4.1942 zusammen mit Ehefrau Deportation nach Piaski/Galizien.
BayHStA, OP 52529; BayHStA, BEG 4581 abc = A 275; Stadtarchiv München, RAK 623; Auskunft Gedenkstätte Dachau; Gb 60; Gb M 85; IfZ, Fa 209.

Ballin, Fritz Simon
1.4.1879 München – 25.12. 1939 London; verh., 2 Kinder; Vater: Kaufmann und Konsul; St: München, Berlin, Genf, Erlangen; Dr. jur. Erlangen 1902; StP: 1905; Z: München 1906 – Juni 1936 („Verzicht"); Justizrat 1928.
Konsul von Brasilien und Venezuela; 2. Vorsitzender des Diplomatischen Korps in München; Schriftsteller (Drama „Föhn" 1913), Journalist, Konzert- und Theaterkritiker; 1934 1. Vorsitzender des jüdischen Kulturbunds in Bayern; Juni 1936 Emigration nach England, dort Rechtsberater für ausländisches Recht in London.
BayHStA, BEG 17296 = A 302; StAM, WB I N 1881, 6407, 10163–10166; Wer ist's? Berlin 1928, 54; Kürschner, Deutscher Literaturkalender 1930, 38; BIGZ Nr. 4 vom 15.2.1934, 68 u. Nr. 6 vom 15.3.1934, 107–109 (= Fritz Ballin, Die Aufgaben des jüdischen Kulturbundes in Bayern).

Bauer, Alfred
28.12.1874 München – 1942 Osten; led.; Vater: Bankier; St: München,. Berlin; StP: 1901; Z: München 1902 – 30.11.1938; Justizrat 1924.
Kriegsdienst ohne Fronteinsatz; 10.11.1938 KZ Dachau (ca. 4 Wochen); ab 1939 Zwangsarbeit in einer Schreinerei; 4.4.1942 zusammen mit einer Schwester Deportation nach Piaski/Galizien.

Foto: StadtA München.

BayHStA, BEG 4769 = A 340; Stadtarchiv München, RAK 624; Gb 73; Gb M 95; Auskunft Gedenkstätte Dachau; IfZ, Fa 209.

Bauer, Max
25.10.1881 Augsburg – 22.2. 1962 München; verh., 1 Tochter; Vater: Kaufmann; St: München; Dr. jur. Würzburg 1907; StP: 1908; Z: München 1909 – 30.11.1938.
Dekorierter Frontkämpfer; 10.11. – 13.12.1938 KZ Dachau; Febr. 1939 Emigration nach England, in

Foto: Privat.

Salisbury teils ohne Beruf, teils Gelegenheitsarbeiten; nach dem Tod der Ehefrau im Juni 1951 Rückkehr nach München; Vertragsangestellter beim BayLEA als Leiter der Rechtsstelle – 30.6.1958.
BayHStA, OP 73666; BayHStA, EG 111388 = K 1600; Stadtarchiv München, RAK 625; StAM, WB I a 3875, 5842; N 1923; Auskunft Gedenkstätte Dachau; SZ Nr. 48 vom 24./25.2.1962, 22 u. Nr. 49 vom 26.2.1962, 16.

Baumann, Hans
13.4.1878 Bamberg – 9.11. 1950 München; verh. „Mischehe", 2 Söhne; Vater: Kaufmann; St: München, Lausanne; Dr. jur. München 1902; StP: 1903; Z: München 1904 – 30.11.1938; Justizrat 1926.

Foto: Privat.

Dekorierter Frontoffizier; 11.11. – 23.11.1938 KZ Dachau; April 1941 – Febr. 1945 Zwangsarbeit u.a. bei einer Druckerei und bei der Städt. Straßenbahn; 1941/42 im Lager München-Milbertshofen interniert; überlebt dank „Mischehe"; 1946 Wiederzulassung in München.
BayHStA, OP 4546; BayHStA, EG 67970 = K 1683; UAM, Promotionsakt; MJu, PA o.S.; Auskunft Gedenkstätte Dachau; StAM, WB I a 2963; Stadtarchiv München, RAK o.S.; Heinrich 219.

Beer, Robert Bernhard
31.10.1901 München – 2.8. 1967 Haifa/Israel; verh., 2 Kinder; Vater: Rechtsanwalt und Justizrat; St: München, Heidelberg; Dr. jur. München 1925; StP: 1927; Z: München 1928 – 29.8.1933 (§ 1).

Foto: UAM.

Emigration 1933 nach Palästina, dort bei Fuhr- und Schifffahrtsunternehmen; Angestellter in der chemischen Industrie; Buchhalter in Ingenieurbüro; nach Studium und Examen 1940 Advokat; 1943 – 1948 juristischer Berater der Regierung, ab 1948 der Stadtverwaltung Haifa.
BayHStA, MJu 20351; UAM, Promotionsakt; BayLEA, BEG 23409; StAM, WB I a 405, 2903; Stadtarchiv München, RAK 728.

Bellmann, Richard
18.5.1906 Augsburg – 1972 Nizza; verh., 2 Kinder;

Foto: Privat.

Vater: Bankier; St: München, Leipzig; Dr. jur. Erlangen 1929; StP: 1931; Z: Augsburg 1931 – 5.8.1933 (§ 1).
Dez. 1933 Emigration nach Frankreich; 1935 – 1939 in Nizza Betrieb eines Foto- und Optikgeschäfts; 1940 Internierung, später untergetaucht; 1947 französischer Staatsbürger; Buchprüfer und Steuerberater (Expert comptable) in Nizza).
BayHStA, MJu 20354; BayLEA, BEG 12361; Auskunft Gernot Römer, Augsburg.

Benario, Leo
20.9.1869 Marktbreit – 11.2. 1933 München; verh., 2 Kinder; Vater: Kaufmann; Dr. jur. Erlangen 1893; StP: 1895; Z: München 1896 – 1916, 1919 – Tod.
Bekennender Sozialdemokrat; schriftstellerisch tätig; Witwe und Kinder Opfer des Holocaust.
BayHStA, MJu 20355; Stadtarchiv München, RAK 730; StAM, AG München, NR 1933/558; Heinrich 155; Gb M 115f.; Gb 92; Werke: Die Wucherer und ihre Opfer. Berlin 1908; Die neue Religion. Ein Münchener Kulturroman aus der Gegenwart. München 1912; Soziale Justiz in: Zeitschrift für Rechtspflege in Bayern 1919, 100ff.

Berg, Ernst
14.5.1886 Obrigheim/Pfalz – 15.2.1952 Los Angeles; verh. „Mischehe"; Vater: Kaufmann; St: München, Heidelberg, Berlin; Dr. jur. Würzburg 1910; StP: 1911; Z: München 1912 – 1.11. 1936 („Verzicht").
Dekorierter Frontoffizier; April 1936 Emigration in die USA, dort untergeordnete Tätigkeiten, die ihm keine ausreichende Lebensgrundlage ermöglichen können; Ausbürgerung 1939.

BayHStA, MJu 20363; BayHStA, OP 5576; BayHStA, EG 78405 =K 2048; BA Berlin, R 22 Pers. 51383; StAM, WB I a 5287; N 7190; Stadtarchiv München, RAK o.S.; Eckstein 54; Hepp, Liste 133/10.

Bergmann, Georg Franz (Bergman, George Francis Jack)
8.4.1900 Lissa/Posen – 21.10. 1979 Port Vila/Australien; verh.; Vater: Kaufmann; St: Berlin, Breslau, Heidelberg, München; Dr. oec. publ. München 1922/29; StP: 1929; Z: Sonthofen 1929, München 1929 – 29.8.1933 (§ 1).
Liberaler (DDP); bekannter Bergsteiger, zahlreiche alpinistische Veröffentlichungen; Juli 1933 Emigration nach Paris, bis 1939 Gelegenheitsarbeiten; nach 1940 Internierung und Eintritt in Fremdenlegion in Nordafrika; 1943–1947 im Dienst der britischen Armee; 1947 Weiterwanderung nach Australien, dort zunächst Betrieb eines Lebensmittelgeschäfts, später bei der Post; Forschungen und Vorträge zur jüdischen Geschichte.

Foto: UAM.

BayHStA, MJu 20364; Stadtarchiv München, RAK o.S.; BayLEA, EG 25291; Walk 29; BHE I 55; Lamm 46, 74, 282, 284f.; LBI Berlin, MM 7 (= Lebenslauf).

Bernstein (Bernt), Hans Heinrich
8.10.1898 München – 18.2. 1980 Elmira/N.Y.; verh., 1 Tochter; Vater: Rechtsanwalt; protestantisch; St: München, Erlangen; Dr. jur. Erlangen 1923; StP: 1924; Z: München 1925 – 30.11. 1938.
Dekorierter Frontkämpfer; Verfasser von Kommentaren und wissenschaftlichen Veröffentlichen zum Aufwertungs-, Urheber- und Verlagsrecht; Emigration Ende 1938 über Frankreich in die USA; dort Lehrtätigkeit (Volkswirtschaft) an verschiedenen Colleges.

Foto: UAM.

Stadtarchiv München, RAK 701; BA Berlin, R 22 Pers. 51528; BayHStA, OP 35715; StAM, WB I N 2291; Auskunft Ruth Shimondle (Tochter), USA.

Berolzheimer, Franz Salomon
16.10.1882 München – 25.11.1941 Kowno/Litauen; led.; Vater: Bankier; St: München, Berlin; Dr. jur. Erlangen 1908; StP: 1908; Z: München 1909 – 30.11.1938.
Ab 1915 Militärdienst; 10.11. – 19.12.1938 KZ Dachau; 20.11.1941 Deportation zusammen mit dem Bruder ins Baltikum.

Foto: StadtA München.

BayHStA, EG 92301 = A 464; Auskunft Gedenkstätte Dachau; Gb 116; Gb M 140f.; Gb Baltikum 112; IfZ, Fa 208.

Berolzheimer, Hans David
1.8.1882 Nürnberg – 31.12. 1942 f.t.e. Piaski; led.; Vater: Rechtsanwalt und Justizrat; St: München; Dr. jur. Erlangen 1909; StP: 1907; Z: München 1926 – 5.8.1933 (§ 1).
Bis 1926 Regierungsrat in der Reichsfinanzverwaltung; zahlreiche Kommentare zum Steuerrecht; Nov. 1938 KZ Dachau; 1939 wegen „Rassenschande“ verurteilt (LG München I: 1 KLs 10/39); 1941 wegen „Volksverrats“ und Steuerhinterziehung (LG München I: 2 KLs 1/41) verurteilt; 4.4.1942 Deportation nach Piaski/Galizien.
BayHStA, MJu 20379; BayHStA, EG 75822 = A 465; Stadtarchiv München, RAK 626; StAM, WB I N 535, 5587, 7701, 9323, 9836, 9837; IfZ, Fa 209; Gb 116; Gb M 141; Gb N 30.

Berolzheimer, Richard Theodor
26.12.1883 München – 25.11. 1941 Kowno/Litauen; led.; Vater: Bankier; St: Genf, München; StP: 1909; Z: München 1910 – 30.11. 1938.

Foto: StadtA München.

Dekorierter Frontkämpfer; 10.11. – 19.12.1938 KZ Dachau; 20.11.1941 Deportation zusammen mit dem Bruder ins Baltikum.
BA Berlin, R 22 Pers. 51535; Stadtarchiv München, RAK 627; BayHStA, EG 92293 = A 468; IfZ, Fa 208; Gb 116; Gb M 141f.; Auskunft Gedenkstätte Dachau; Gb Baltikum 112.

Bing, Adolf (Ralph A.)
16.6.1907 München – 18.9. 1981 San Francisco; verh.; Vater: Rechtsanwalt und Justizrat; St: München, Erlangen; Dr. jur. Erlangen 1932; StP: 1932; Z: München 16.9.1932 – 26.7.1933 (§ 1).

Foto: Privat.

Emigration 1933 nach Paris, später Genf; dort 1936–1939 Studium der Volkswirtschaft; 1939/40 in London Fortsetzung des Studiums an der School of Economics, 1940–1943 an der Columbia University New York; seit 1940 in den USA; Arbeit im Finanzbereich (Börse), seit 1950 in San Francisco.
BayHStA, MJu 20400; Stadtarchiv München, RAK 727; BayLEA, EG 47637; StAM, WB I a 569, 616, 1445, 2352, 2353; N 133, 9586; Auskunft Elizabeth Bing, San Mateo/CA (Witwe).

Bloch, Alfred
26.6.1876 München – 30.11. 1960 St. Gallen/CH; verh., 1 Sohn; Vater: Kaufmann; Dr. jur. Heidelberg 1900; StP: 1902; Z: München 1903 – 30.11.1938; Justizrat.

Foto: StAM.

Dekorierter Frontoffizier; kriegsversehrt (30 %); in „Kristallnacht" Kanzlei geplündert; 10.11.1938 KZ Dachau (ca. 4 Wochen); März 1939 Emigration in die Schweiz, dort ohne berufliche Tätigkeit.
BayHStA, OP 5075; BayHStA, EG 48430 = K 2961; StAM, WB I a 298, 2026; N 10, 2801, 2878; StAM PolDir 11651; Stadtarchiv München, RAK o.S.

Bloch, Eduard Maximilian
19.8.1867 Edenkoben/Pfalz – 7.2.1935 München; verh., 3 Kinder; Vater: Weinhändler und Gutsbesitzer; St: München, Berlin, Straßburg, Heidelberg; Dr. jur. Tübingen 1898; StP: 1892; Z: München 1893 – Tod; Geheimer Justizrat 1927.

Foto: Privat.

Dekorierter Frontoffizier (Major); Praxisschwerpunkt: Wirtschaftsrecht; mehrere Aufsichtsratsposten; national gesinnter Bismarck-Verehrer; soziales Engagement; Mitglied in unzähligen Vereinen und Vereinigungen; zahlreiche Veröffentlichungen.
BayHStA, MJu 20410; BayHStA, OP 5077; BayLEA, BEG 24578; Gb M 158f.; Eckstein 54, Heinrich 89; StAM, AG München NR 1935/433; MNN vom 9.2.1935 (Nachruf).

Bloch, Hans Albert
27.9.1895 München – 9.3. 1942 KZ Mauthausen/Linz; verh. „Mischehe", 2 Töchter; Vater: Rechtsanwalt und Geheimer Justizrat; Dissident; St: Würzburg, Heidelberg, München; Dr. jur. Würzburg 1923; StP: 1923; Z: München 1924 – 30.11.1938; Konsulent bis 11.12.1941.

Foto: Privat.

Nationale Anwaltsfamilie; Kriegsfreiwilliger und dekorierter Frontoffizier; 1915 Verlust eines Auges; Spitzenexamen 1923; ab Dez. 1938 Sprecher der Münchener Konsulenten; 11.12.1941 Inhaftierung wegen „Nichtbeachtung von Vorschriften auf dem Gebiet der Auswanderungssperre" und Verbringung in das KZ Mauthausen; Mutter emigriert in die USA.
BayHStA, MJu 20411; BayHStA, OP 5079; BayHStA, BEG 24578 = A 548; StAM, PolDir 11661; RAK München,

PA o.S.; Eckstein 54; Gb M 160f.; Lamm 330; Auskunft Angelika und Elise Bloch, München (Töchter).

Blumenstein, Karl
19.11.1869 Gunzenhausen – 4.1.1943 Caterham/GB; verh., 2 Kinder; Vater: Kaufmann; Dr. jur. Erlangen 1897; StP: 1896; Z: München 1897 – 30.11.1938; Justizrat 1921. 11.11. – 27.11.1938 KZ Dachau; Aug. 1939 Emigration nach England; 1940 Ausbürgerung; Witwe zieht später zu Sohn nach Israel; Tochter ist in England verheiratet.

Foto: StadtA München.

BayLEA, EG 75873; Stadtarchiv München, RAK 731; Auskunft Gedenkstätte Dachau; StAM PolDir 11703 (Ehefrau); Hepp, Liste 197/6.

Böhm, Gustav
6.11.1880 Mannheim – 13.11.1938 KZ Dachau; led.; Vater: Kaufmann; St: München, Heidelberg; Dr. jur.

Foto: StadtA München.

Erlangen 1908; StP: 1908; Z: München 1909 – 30.11. 1938.
Praxisschwerpunkt: Arbeitsrecht und Sozialpolitik; Verfasser entsprechender Kommentare; 10.11.1938 Einlieferung in das KZ Dachau; Mutter und Bruder werden Opfer des Holocaust.
Stadtarchiv München, RAK 726; StAM, AG München NR 1938/3977; Gb M 174, 176f.; „Kristallnacht" 130.

Boscowitz, Richard (Bossard, Richard M.)
9.2.1896 Nürnberg – 11.10. 1989 New York; led.; Vater: Kaufmann; St: München,

Foto: Privat.

Würzburg; Dr. jur. Würzburg 1921; StP: 1923; Z: München 1924 – 25.9.1933 (§ 1).
Kriegsdienst; März 1933 Flucht aus München aus Angst vor Verhaftung; Aug. 1933 Emigration nach Paris, Juli 1934 nach London, Juni 1935 in die USA; bis 1935 ohne berufliche Tätigkeit, danach Angestellter, ab 1945 Angestellter einer Börsenfirma in New York.
BayHStA, MJu 20429; BayHStA, BEG 15927 = A 589; BayHStA, OP 2416; Stadtarchiv München, RAK 725; StAM, WB I a 3600; StAM, OLG München 704.

Buff, Heinrich
30.10.1885 München – 5.12. 1938 San Francisco; verh., 1 Sohn; Vater: Bankier; St: München, Göttingen, Berlin, Greifswald; Dr. jur. Greifswald 1912; StP: 1911; Z: München 1912 – 14.6. 1934 („Verzicht").
Kriegsdienst; vermögend; hat Prozess gegen Göring geführt und ist deshalb gefährdet; Frühjahr 1933 Flucht über Innsbruck, Italien, Paris in die Schweiz, dort Sept. 1933 – Okt. 1934; anschließend Nov. 1934 – Mai 1937 Jerusalem, von dort in die USA; Bruder (Arzt) begeht 1938 Selbstmord; Schwester wird mit Ehemann (Rechtsanwalt) Opfer des Holocaust.
BayHStA; MJu 20480; BayHStA, OP 73677; BayHStA, EG 92649 =A 699; Stadtarchiv München, RAK 724; StAM, WB I a 2253; N 1784, 9585; Gb M 217 (Bruder); Biografie Rechtsanwalt Berthold Klein, Bayreuth.

Dispeker, Fritz (Friedrich)
4.1.1895 München – 23.1. 1986 Lugano/CH; verh. „Mischehe"; Vater: Rechtsanwalt und Geheimer Justizrat; St: Berlin, München; Dr. jur. Erlangen 1922; StP: 1922; Z: München 1922 – 17.6.1936 („Verzicht").
Dekorierter und verwundeter Frontoffizier, Freikorpsmitglied, Einwohnerwehr Mün-

Foto: StAM.

chen; Spitzenexamen; Verfasser von Kommentaren; nationale Anwaltsfamilie; 1936 Umzug nach Berlin, dort Syndikus einer Elektrofirma; Sept. 1938 Emigration nach England, dort kaufmännische Tätigkeit bis 1959; danach Ruhestand in der Schweiz.
BayHStA, OP 6269; StAM, PolDir 11957; Stadtarchiv München, RAK 579; BA Berlin, R 22 Pers. 54279; EA Berlin 50034; Stadtbibliothek München, NL Grete Weil (Schwester), biografische Dokumente.

Dispeker, Siegfried
5.1.1865 München – 23.8. 1937 München; verh., 3 Kinder; Vater: Kaufmann; St: München; StP: 1889 (Bewerber); Z: München 1890 – Tod; Justizrat 1910; Geheimer Justizrat 1924.

Foto: Stadtbibliothek München.

Hervorragender Jurist; zahlreiche Veröffentlichungen; bedeutender Wirtschaftsanwalt (Banken, Warenhäuser, Brauereien); 1915 – 1931 im Vorstand der Anwaltskammer München, 1928 – 1931 stv. Vorsitzender; Beisitzer Staatsprüfungsausschuss; aktiv in jüdischen Organisationen; Witwe und Tochter überleben in Holland im Untergrund.
BayHStA, MJu 20537; BayHStA, BEG 1809 = A 80; Stadtarchiv München, RAK 578; StAM, WB I a 1412, 2543; N 1333, 6647; StAM, AG Tegernsee, NR 1937/43; StAM, PolDir 11958 (Ehefrau); Gb M 262; Stadtbibliothek München, NL Grete Weil (Tochter), biografische Dokumente; Heinrich 37f., 47f., 51, 114; Grete Weil, Lebe ich denn, wenn andere leben. 1998

Dreifuß, Ludwig
28.8.1883 München – 15.4. 1960 Murnau; verh. „Mischehe“, 1 Sohn; Vater: Kaufmann; katholisch; St: Erlangen, München; StP: 1910; Z: Augsburg 1911 – 30.11. 1938; Konsulent bis 1945. Frontkämpfer; SPD-Anhänger; 1933 38 Tage, 1934 4 Tage Schutzhaft, 1938 Schutzhaft, 20.2.1945 Deportation nach Theresienstadt; Rückkehr am 26.6.1945 „an Leib und Seele zerschunden und zermürbt“; 1.9.1945 durch US-Militärregierung Oberbürgermeister in Augsburg; Dez. 1945 Rechtsanwaltszulassung in Augsburg; Mai 1946–1948 2. Bürgermeister Augsburg; Febr. 1946 Berufung in den Beratenden Bayerischen Landesausschuss zur Konzipierung einer Verfassung; 1948–1953 Rechtsanwalt in Augsburg; 1952 Bundesverdienstkreuz.

Foto: Privat.

Stadtarchiv München, RAK 174; MJu, PA o.S.; BayHStA, BEG 53678 = A 135; Auskunft Stadtarchiv Augsburg; Gb M 268, 270; Augsburger Stadtlexikon 1998, 364; Gernot Römer, Schwäbische Juden. Augsburg 1990; Gelberg 11, 13, 83, 97, 99f., 146f., 151.

Drey, Eugen
10.1.1855 München – 27.11. 1933 München; led.; Vater: Arzt; St: München, Dr. jur. München 1880; StP: 1881; Z: München 1882–1918, 1922 – 5.8.1933 (§ 1); Justizrat 1906.
Er war 1917 wegen einer Rente in die Schweiz gezogen; ein Spionageverdacht war haltlos; Berufsverbot 1933 wurde mit nicht ununterbrochener Zulassung begründet; ein Wiederzulassungsgesuch vom 23.10.1933 wird nicht berücksichtigt; lebte zuletzt von Unterstützung durch jüdische Organisationen; Tod durch Unfallfolgen.
BayHStA, MJu 20552; Stadtarchiv München, RAK 745; StAM, OLG München 704; UAM, Promotionsakt; Gb M 272; StAM, AG München, NR 1933/3018.

Dünkelsbühler, Alexander Ludwig
6.5.1875 Nürnberg – 24.9. 1935 Dresden; verh., 1 Sohn; Vater: Bankier und Konsul; konfessionslos; St: München; StP: 1901; Z: München 1903 – Tod; Justizrat 1923.
Dekorierter Frontoffizier (Major), seit 1917 im Kriegsministerium eingesetzt; renommierter Rechtsanwalt in München; begeht als Reaktion auf den Erlass der Nürnberger Gesetze (15.9.1935) Selbstmord.
BayHStA, MJu 20560; BayHStA, OP 1010; Stadtarchiv München, RAK 746; StAM, AG München, NR 1935/2948; Gb M 276.

Eilbott, Josef
11.4.1885 Zweibrücken – 25.7.1949 Straßburg; verh., 3 Söhne; Vater: Kaufmann;

St: München, Erlangen; Dr. jur. Erlangen 1909; StP: 1911; Z: München 1912 – 4.1.1936 (§ 21/1/2 RAO). Dekorierter Frontoffizier; Sept. 1935 Emigration über die Schweiz nach Frankreich; dort ohne berufliche Tätigkeit; es ist unbekannt, wie er die NS-Zeit überlebt hat; Ehefrau und Söhne emigrieren über England in die USA.
BayHStA, MJu 20596; BayHStA, OP 1813; BayHStA, BEG 8816 =K 357; Stadtarchiv München, RAK 751; BA Berlin, R 22 Pers. 55050; StAM, WB I a 48, 148, 3298, 4641; N 1418, 3009, 7022, 7103.

Einstein, Oskar Emmanuel
28.7.1895 München – Febr. 1969 Fresno, CA/USA; verh. „Mischehe"; Vater: Fabrikbesitzer; konfessionslos; Dr. jur. Erlangen 1921/25; StP: 1923; Z: München 1924 – 30.11.1938.

Foto: StAM.

Dekorierter Frontkämpfer; 10.11.1938 KZ Dachau (ca. 4 Wochen); Dez. 1938 Emigration in die USA, dort CPA.
BA Berlin, R 22 Pers. 55064; Stadtarchiv München, RAK 733; StAM, PolDir 12072; StAM, WB I a 642, 3811, 3813; BayHStA, EG 82298 = A 60; Auskunft Gedenkstätte Dachau.

Ellinger, Max
12.10.1875 München – 27.9.1934 München; verh., 1 Tochter; Vater: Kaufmann; Dr. jur. Erlangen 1898; StP: 1901; Z: München 1902 – Tod; Justizrat 1924.
Über ihn waren keine biografischen Details in Erfahrung zu bringen; Witwe und Tochter emigrierten 1938 über Italien und die Schweiz in die USA.
BayHStA, MJu 20605; BayHStA, BEG 55856 = K 554; Stadtarchiv München, RAK 732; StAM, AG München, NR 1934/2424; StAM, PolDir 12124 (Ehefrau); StAM, WB I a 645, 3063; N 1091; fehlt in Gb M.

Engel, Albert
27.6.1885 Schweinfurt – 4.4. 1973 New York; verh.; Vater: Kaufmann; St: München, Berlin; Dr. jur. Heidelberg 1909; StP: 1911; Z: München 1912 – 30.11.1938.

Foto: StadtA München.

Dekorierter und verwundeter Frontkämpfer; 10.11.1938 KZ Dachau (ca. 4 Wochen); März 1939 Emigration in die Schweiz; 1946 weiter in die USA, dort Büroangestellter.
Stadtarchiv München, RAK 749; BayHStA, OP 73703; BA Berlin, R 22 Pers. 55200; StAM, PolDir 12130; StAM, WB I a 2673, 3349, 3540; N 828, 2788, 10197; BayLEA, BEG 24444.

Erlanger, Ludwig Löb
27.4.1886 Neustadt/Aisch – 9.2.1933 München; led.; Vater: Bankier; StP: 1911; Z: München 1912 – Tod.
Kriegsdienst; Verfasser von Kommentaren; Gerüchte über Suizid werden von den Sozien Theodor Erlanger (Bruder), Adolf Mayer und Rudolf Wassermann zurückgewiesen; der Tod sei infolge eines Herzleidens eingetreten.
BayHStA, OP 32703; Stadtarchiv München, RAK 750; StAM, AG München, NR 1933/399; Gb M 311.

Erlanger, Theodor David
2.8.1880 Neustadt/Aisch – 7.10.1956 London; verh., 2 Töchter; Vater: Bankier; Dr. jur. Erlangen 1904; StP: 1906; Z: München 1907 – 30.11. 1938.

Foto: StAM.

Verfasser von Kommentaren; 10.11. – 26.11.1938 KZ Dachau; Febr. 1939 Emigration nach England, dort 1940 interniert; noch 1940 weiter in die USA, lebt in New York als Rechtsberater; Wiederzulassung in München 1951.
Stadtarchiv München, RAK 420; StAM, PolDir 12161; MJu, PA E 751; BayHStA, BEG 6840 = K 868; Auskunft Gedenkstätte Dachau; Heinrich 219.

Esslinger, Wilhelm
5.6.1877 Stuttgart – 4.12. 1961 New York; verh., 3 Kinder; Vater: Bankier;

St: Heidelberg, Berlin, Marburg, München; Dr. jur. Würzburg 1902; StP: 1903; Z: München 1904 – März 1937 („Verzicht"); Justizrat 1926.

Foto: StAM.

Kriegsdienst; Spezialgebiete: Elektrizitäts- und Wasserrecht; März 1937 Emigration nach Italien; Juni 1938 Schweiz, Studium in Genf; schriftstellerische Tätigkeit; Juni 1941 weiter in die USA; 1940 Ausbürgerung; Bruder (Rechtsanwalt in Stuttgart) wird Opfer des Holocaust.
BayHStA, MJu 20625; BayHStA, BEG 25338 = K 963; StAM, PolDir 12183; StAM, WB I a 48; N 495, 3707, 9069; Hepp, Liste 167/21; Gb M 317f. (Bruder); Lamm 370.

Feldheim, Otto Samuel
3.10.1894 Bamberg – 21.5. 1941 New York; verh., 1 Tochter; Vater: Großkaufmann; St: München; Dr. jur. Erlangen 1921/25; StP: 1922; Z: Bamberg 1923/24, München 1925 – 30.11.1938.

Foto: StadtAMünchen.

Dekorierter und verwundeter Frontkämpfer; 10.11.1938 KZ Dachau (ca. 4 Wochen); April 1939 Emigration nach England, März 1940 weiter in die USA; 1940 Ausbürgerung.
BA Berlin, R 22 Pers. 55610; Stadtarchiv München, RAK o.S.; BayHStA, EG 75495 = A 13; BayHStA, OP 555; StAM, WB I N 2628; Loebl 210; Hepp, Liste 158/45; Auskunft Gedenkstätte Dachau.

Feuchtwanger, Ludwig
28.11.1885 München – 14.7. 1947 Winchester/GB; verh., 3 Kinder; Vater: Margarinefabrikant; St: München, Berlin; Dr. phil. Berlin 1908; StP 1913; Z: München 1915 – 29.8.1933 (§ 1).
Bruder des Schriftstellers Lion Feuchtwanger; 1915–1935 im Verlag Duncker & Humblot tätig; Verfasser und Herausgeber zahlreicher Schriften; obwohl die Zulassung bereits am 19.7.1914 erteilt war, aber erst 1915 eingetragen wurde, trotzdem 1933 Berufsverbot; 1936 – 1939 Angestellter der Israelitischen Kultusgemeinde München (Bibliothek und Lehrhaus); 1930–1938 Schriftleiter BIGZ; 10.11. – 21.12.1938 KZ Dachau; Mai 1939 Emigration nach England; z.T. für englische und US-Armee tätig; Ausbürgerung 1941.

Foto: StAM.

BayHStA, MJu 20645; BayHStA, EG 93270 = A 31; StAM, PolDir 12292; Stadtarchiv München, RAK o.S.; Lamm passim; Göppinger 278f.; Walk 90; BHE I 172; RHb 433; Heinrich 162f.; Rolf Rieß (Hrsg.), Ludwig Feuchtwanger. Gesammelte Aufsätze zur jüdischen Geschichte. Berlin 2003, bes. 166ff. (Bibliografie) u. 190ff.

Feuchtwanger, Max Shemaja
17.12.1873 München – 7.7. 1937 München; verh., 2 Kinder; Vater: Margarinefabrikant; St: München; Dr. jur. Erlangen 1898; StP: 1899; Z: München 1900 – Tod; Justizrat 1922.
Orthodoxer; Mitglied zahlreicher jüdischer Organisationen; Kriegsteilnehmer; Bruder stirbt 17.11.1938 an den Folgen der KZ-Haft; Witwe emigriert 1939 nach England und 1948 in die USA.
BayHStA, MJu 20646; Stadtarchiv München, RAK 1581; BayLEA, BEG 12579 (Witwe); Lamm 270; Gb M 337f.; „Kristallnacht" 133f.; BIGZ Nr. 14 vom 15.7.1937, 266f. (Nachruf) und Nr. 15 vom 1.8.1937, 282.

Feuchtwanger, Siegbert
2.12.1886 München – 5.4. 1956 Haifa/Israel; verh., 1 Sohn; Vater: Bankier; St: München, Berlin; Dr. oec. publ. München 1909; StP: 1912; Z: München 1913 – 31.12.1936 („Verzicht").
Umfangreiche wissenschaftliche Tätigkeit, besonders Anwaltsrecht, -soziologie und -philosophie; u.a. zur „Judenfrage" (1916) und „Die freien Berufe, im besonderen: Die Anwaltschaft..." (1922); 1927 – 1933 im Vorstand der RAK München; ab 1933 2. Vorsitzender der Israelitischen Kultusgemeinde München; Aug. 1936 Emigration nach Palästina; dort Syndikus der väterlichen Bank.

Foto: StAM.

BayHStA, MJu 20647; BayHStA, EG 56279 =A 33; StAM, PolDir 12301; Stadtarchiv München, RAK 1582; UAM, Promotionsakt; RHb 433; BA Berlin, R 22 Pers. 55683; Walk 90; Göppinger 279; Heinrich 162; Krach passim; Lamm passim.

Feust, Karl
1.5.1887 München – 25.11. 1938 KZ Dachau; verh., 3 Kinder; Vater: Rechtsanwalt und Justizrat; St: München, Berlin; Dr. jur. Greifswald 1913; StP: 1913; Z: Nürnberg 1914/15, München 1916 – 30.11.1938.

Foto: StadtAMünchen.

10.11.1938 Einlieferung ins KZ Dachau; dort Tod nach Misshandlungen; Witwe und drei kleine Kinder emigrieren nach England; Witwe kommt bei Bombenangriff auf London 1940 um; Waisen werden von Verwandten aufgezogen.

BA Berlin, R 22 Pers. 55696; BayHStA, EG 58763 = A 38; StAM, AG München NR 1938/3930; StAM, WB I a 602; N 2415, 2421; Stadtarchiv München, RAK o.S.; StAM, OLG München 704; StAM PolDir 12306 (Ehefrau); Gb M 340; „Kristallnacht" 131f.; Auskunft Gedenkstätte Dachau.

Flaschner, Martin
2.11.1882 Burgkunstadt/OFr. – 14.3.1934 München; verh., 2 Kinder; Vater: Rabbiner; StP: 1911; Z: Nürnberg 1912–1921, München 1921 – 30.8.1933 (§ 1).

Foto: Münchener Israelit. Kalender 1934/35, 11.

Kriegsdienst; seit 1920 angestellter Syndikus der Israelitischen Kultusgemeinde München und des Landesverbands der Bayerischen Israelitischen Kultusgemeinden; Einsatz für die Landgemeinden und Einrichtung der BIGZ; hauptamtliche Tätigkeit führt 1933 zum Entzug der Zulassung; Witwe und Sohn werden Opfer des Holocaust, lediglich die Tochter entkommt nach Australien.

BayHStA, MJu 20664; StAM, OLG München 704; StAM, AG München NR 1934/965; StAM, WB I a 3371; BayLEA, EG 93406; Stadtarchiv München, RAK o.S.; Gb M 350f.; Münchener Israelitischer Kalender 1934/35, 11; BIGZ Nr. 7 vom 1.4.1934, 138 (Nachruf) bzw. 149.

Fleischmann, Justin
8.11.1898 Kleinlangheim/ UFr. – 12.7.1993 Pittsburgh, PA/USA; verh.; Vater: Kaufmann (Weingroßhändler); St: München, Erlangen; Dr. jur. Erlangen 1925; StP: 1926; Z: München 1926 – 25.9. 1937 (§ 21/1/2 RAO).

Foto: StAM.

Dekorierter und verwundeter Frontkämpfer von der Schulbank weg; April 1937 Emigration in die USA; dort Verkäufer, Fotolaborant, ab 1943 Betrieb eines Fotogeschäfts; 1946 US-Bürger.

BayHStA, OP 730; StAM PolDir 12359; Stadtarchiv München, RAK o.S.; BayLEA, BEG 23985.

Forchheimer, Fritz (Friedrich) Karl
15.3.1893 Nürnberg – 2.6. 1934 München; verh.; Vater: Fabrikbesitzer und Handelsrichter; St: München, Erlangen; Dr. jur. Erlangen 1920;

Foto: StadtA Nürnberg.

StP: 1921; Z: München 1922 – Tod.
Dekorierter Frontoffizier; Ehefrau stirbt 1.7.1930; weitere biografische Details unbekannt.
BayHStA, MJu 20680; BayHStA, OP 31974; StAM, AG München, NR 1934/1305; Gb M 357f.

Fränkel Emil
24.2.1867 München – 26.4. 1942 Haifa; verh., 3 Kinder; Vater: Großhändler; St: München, Berlin; Dr. jur. München 1890; StP: 1892; Z: München 1893 – 30.11.1938; Justizrat.

Foto: StadtA München.

Orthodoxer; Zionist; Vorstandsmitglied der Israelitischen Kultusgemeinde München und anderer jüdischer Organisationen; Juni 1939 Emigration über London nach Palästina; 1940 Ausbürgerung.
BayHStA, EG 74507 = A 79; Stadtarchiv München, RAK o.S.; Walk 94; Lamm 115, 327; BIGZ Nr. 5 vom 1.3. 1937, 105 (Justizrat Emil Fränkel 70 Jahre).

Frankenburger, Heinrich
19.6.1856 Uehlfeld/MFr. – 8.12.1938 München; verh., 5 Kinder; Vater: Lehrer; St: München; StP: 1882; Z: Nürnberg 1884–1888, München 1888 – 30.11.1938; Geheimer Justizrat.

Foto: Münchener Israelit. Kalender 1926/27, 35.

Renommierter Jurist und Verfasser zahlreicher wissenschaftlicher Werke, darunter Handausgabe HGB [5]1921; seit 1912 Dozent und Professor an der Handelshochschule bzw. TH München (bis März 1934); genereller Verzicht auf jegliches Honorar; große Kanzlei mit breiter Klientel aus Wirtschaft und Gesellschaft; 1902–1926 im Vorstand der Israelitischen Kultusgemeinde München, Engagement in jüdischen Organisationen.
BayHStA, MK 17436; BayHStA, BEG 45818 = K 1213; Stadtarchiv München, RAK 763; Walk 97, Göppinger 220; Lamm 324; StAM, AG München, NR 1938/4114; Archiv der TU München, PA; Gb M 368f.; Münchener Israelitischer Kalender 1926/27, 35; BIGZ Nr. 14 vom 15.7. 1936, 314 (zum 80. Geburtstag).

Frei, Leopold
3.5.1881 München – 28.7. 1970 New York; verh., 1 Sohn; Vater: Kantor und Religionslehrer; St: München, Berlin; Dr. jur. Erlangen 1906; StP: 1907; Z: München 1908 – 30.11. 1938.
10.11. – 19.12.1938 KZ Dachau; April 1939 Emigration über England in die USA; dort zeitweise als Buchhalter tätig; 1940 Ausbürgerung; ein Bruder und eine Schwester werden Opfer des Holocaust.

Foto: StadtA München.

BayHStA, EG 49363 = K 1308; StAM, WB I N 548, 847; Stadtarchiv München, RAK o.S.; Hepp, Liste 157/20; Gb M 57 bzw. 372f.; Auskunft Gedenkstätte Dachau.

Freudenreich, Friedrich (Fritz)
25.1.1890 Würzburg – 29.11. 1944 Haifa; verh., 3 Kinder; Vater: Kaufmann (Textilwarengeschäft); St: Würzburg; Dr. jur. Würzburg 1923/24; StP: 1919; Z: München 1921 – 30.11.1938.

Foto: StAM.

Dekorierter und kriegsversehrter Frontoffizier; 1920/21 Hilfsarbeiter und Gerichtsassessor am AG Wolfratshausen; Aug. 1938 Emigration nach Palästina; Ehefrau stirbt noch 1938 in Haifa.
BayHStA, OP 24563; BayHStA, BEG 44601 = K 1414; Stadtarchiv München, RAK o.S.; StAM, WB I a 1765, 1766; N 6370; StAM, PolDir

12456; BA Berlin, R 22 Pers. 56282; Strätz 174; Auskunft Johann Freudenreich, München (Sohn).

Friedenreich (Fredenric), Martin
3.11.1897 Hannover – 25.6. 1962 Paris; verh., 1 Sohn; Vater: Rentner; Dr. jur. Würzburg 1920; StP: 1923; Z: München 1924 – 22.6. 1935 (§ 21/1/2 RAO).

Foto: Privat.

Dekorierter Frontkämpfer; musste wegen enger Zusammenarbeit mit der politischen Polizei 1934 nach Paris emigrieren; dort Rechtsberater, Angestellter einer Autofirma, nach 1945 französischer Staatsbürger und Rechtsanwalt; 1952 Wiederzulassung in München; Praxisschwerpunkt: Wiedergutmachung.
Stadtarchiv München, RAK o.S.; BayHStA, EG 73630 = A 120; BA Berlin, R 22 Pers. 56373; MJu, PA F 96; Heinrich 217; Weber, Max Hirschberg 283, 286f.

Friedlaender, Max Oettinger
28.6.1873 Bromberg – 28.5. 1956 Twickenham/London; verh., 4 Kinder; Vater: Gutsbesitzer; konfessionslos; St: Genf, Berlin, Leipzig, München; Dr. jur. Leipzig 1895; StP: 1898; Z: München 1899 – 30.11.1938.
Über 1000 Veröffentlichungen zum Anwaltsrecht (Berufs- und Standesrecht) in allen Facetten; Vorstandsmitglied der RAK München 1911–1927; Gründer und Vorsitzender des Bayerischen Anwaltverbands 1919–1933; Vorstandsmitglied des DAV 1924–1933; Nov. 1938 Emigration in die Schweiz, 1939 nach England; 1939 Ausbürgerung; in England ohne berufliche Tätigkeit, nur noch wissenschaftliche Arbeiten.

Foto: Privat.

BayHStA, BEG 26894 = K 1497; Stadtarchiv München, RAK o.S.; Walk 104; Göppinger 280; Heinrich 160ff.; Krach, passim; Eberhard Haas und Eugen Ewig, Max O. Friedlaender ... in: Heinrichs u.a. (Hrsg.) 555–569; Hepp, Liste 128/19.

Fröhlich, Hans David
31.8.1895 Beuthen – 22.3. 1980 New York; verh.; Vater: Apotheker; StP: 1923 (Bewerber); Z: München 1924 – 20.7.1936 („Verzicht").

Foto: StAM.

Dekorierter Frontkämpfer, 2 mal verwundet; trotz Spitzenexamen Staatsdienstbewerbung abgelehnt; Kanzlei 1933 geplündert; 1936 Bibliothek von Gestapo konfisziert; Emigration Juli 1936 nach Italien, von dort 1939 in die USA; dort bis 1960 Sozialarbeiter in New York; die Eltern begehen 1942 aus Angst vor der Deportation Selbstmord.
StAM, PolDir 12391; StAM, PA 23162; StAM, WB I a 48; N 2251, 2252, 2462, 5769, 7152; BA Berlin, R 22 Pers. 56536; Stadtarchiv München, RAK o.S.; BayLEA, BEG 25016; Gb M 391f. (Eltern).

Gardé, Maximilian
13.3.1883 Speyer – unbekannt; verh. „Mischehe"; Vater: Fabrikant; evangelisch; St: München, Genf, Straßburg, Berlin, Würzburg; Dr. jur. Würzburg 1906; StP: 1908; Z: München 1909 – 30.11.1938.
Frontkämpfer; Veröffentlichungen u.a. in Zeitschriften; Sept. 1938 Emigration nach Argentinien; weiteres Schicksal unbekannt.

Foto: StAM.

BA Berlin, R 22 Pers. 56862; StAM, PolDir 12615; Auskunft Stadtarchiv München.

Gern, Artur
27.2.1884 Ludwigshafen – 25.11.1941 Kowno/Litauen; verh., 3 Söhne; Vater: Bankdirektor; St: München, Berlin; Dr. jur. Erlangen 1907;

StP 1909; Z: München 1910 – 30.11.1938.

Foto: StadtA München.

Dekorierter Frontoffizier; Praxisschwerpunkt: Grundbuchrecht; 10.11.1938 KZ Dachau (ca. 4 Wochen); 20.11.1941 mit Ehefrau und zwei Söhnen ins Baltikum deportiert, ebenso eine Schwester; lediglich der ältere Sohn entkommt.
BA Berlin, R 22 Pers. 57161; Stadtarchiv München, RAK o.S.; BayLEA, EG 93748; BayHStA, OP 19729; Gb 400; Gb M 410; Auskunft Gedenkstätte Dachau; IfZ Fa 208; Gb Baltikum 115.

Gerstle, Hermann
3.2.1886 Augsburg – 16.5. 1936 München; led.; Vater: Kaufmann; StP: 1912; Z: München 1913 – Tod.
Dekorierter und verwundeter Frontkämpfer; weitere Details unbekannt.
BA Berlin, R 22 Pers. 57203; StAM, AG München, TA 898; Gb M 415.

Gerstle, Oskar
4.9.1893 München – 1942 Piaski/Galizien; led.; Vater: Kaufmann; St: München, Berlin; Dr. jur. Heidelberg 1917; StP: 1919; Z: München 1920 – 30.11.1938.
Frontkämpfer (?); 10.11.1938 KZ Dachau (ca. 4 Wochen); Emigration nach England kommt nicht zustande; 1941/42 zeitweise Hilfskonsulent bei Felix Königsberger; 4.4.1942 Deportation nach Piaski; Mutter stirbt in Theresienstadt.

Foto: StAM.

BA Berlin, R 22 Pers. 57204; StAM, PolDir 12683; BayHStA, MJu 21180; IfZ, Fa 209; Gb 403; Gb M 413 (Mutter), 417; Auskunft Gedenkstätte Dachau.

Goldmann, Ludwig
1.11.1876 Bamberg – 23.12. 1942 KZ Theresienstadt; led.; Vater: Kaufmann; Dr. jur. München 1904; StP: 1901; Z: München 1902 – 30.11. 1938; Justizrat 1924.

Foto: StadtAMünchen.

Ab 1939 Hilfskonsulent bei Albert Oppenheimer; 1942 bei Fritz Neuland; 23.7.1942 nach Theresienstadt deportiert.
StAM, PolDir 12811; Göppinger 369; Heinrich 154; Gb 420; Gb M 433 f; Gb Theresienstadt 282.

Goldschmidt, Albert
31.8.1868 Mellrichstadt/ UFr. – 5.5.1944 Bishop's Stortford/GB; verh.; Vater: Kaufmann; StP: 1896; Z: München 1898 – 30.11. 1938; Justizrat 1921.
1935 Herzanfall; 1938 Schock, als er erfuhr, dass sein Bruder an den Folgen der Behandlung im KZ Dachau gestorben war; Nov. 1938 Bibliothek demoliert; Juni 1939 Emigration nach England; schwer krank; Ausbürgerung 1940; Schwägerin 1941 deportiert.

Foto: StAM.

StAM, PolDir 12824; BayHStA, BEG 30577 = K 1080; StAM, WB I a 799, 1294; N 2011, 2192, 6918; Gb M 438f., 440; „Kristallnacht" 132 (Bruder und Schwägerin).

Goldschmidt, Jakob
6.5.1874 Seligenstadt/Main – 22.10.1936 München; verh., 2 Söhne; Vater: Kaufmann St: München; Dr. jur. Würzburg 1903; StP: 1903; Z: München 1904 – Tod; Justizrat 1926.
Der Witwe und den Kindern gelingt die rechtzeitige Emigration.
BayHStA, MJu 20801; BayHStA, BEG 8556 = K 1065; StAM, AG München, NR 1936/3434; Gb M 437.

Goldschmit, Friedrich
27.7.1871 Ludwigshafen – 4.12.1938 München; verh. „Mischehe", 2 Kinder; Vater: Kaufmann; protestantisch; St: München, Berlin, Heidelberg; Dr. jur. Erlangen

1898; StP: 1897; Z: München 1898–28.10.1938 („Verzicht").

Foto: Amtl. Handbuch der Kammer der Abgeordneten des Bayer. Landtags 1906, 212.

1905 – 1911 MdL (Liberale Verreinigung), national-liberaler Mitbegründer der Jungliberalenbewegung; zahlreiche wissenschaftliche Veröffentlichungen und Kommentare, Herausgeber des Zentralblatts für Handelsrecht; lehnt 1921 den Titel Justizrat ab; begeht nach Verzicht auf die Zulassung 1938 Selbstmord, Grund: „Angeblich die Maßnahmen gegen die Juden".
BayHStA, MJu 20802; BayHStA, BEG 70653 = A 115; StAM, AG München, NR 1938/3971; StAM, WB I a 5350; Gb M 437; „Kristallnacht" 141; Auskunft des Archivs des Bayer. Landtags; Wer ist's? Berlin 1928, 507; Ernest Hamburger, Juden im öffentlichen Leben ... Tübingen 1968, 380f., 396, 545.

Gottscho, Ernst
1.6.1895 Landau – Jan. 1977 Bernardsville, N.J./USA; verh. „Mischehe", 2 Kinder; Vater: Kaufmann; Dissident;

Foto: StAM.

StP: 1924; Z: München 1925 – 30.11.1938.
Dekorierter Frontkämpfer; Verfasser eines Kommentars zum Luftverkehrsrecht (München 1931); 1938 Emigration über England in die USA; weiteres Schicksal unbekannt.
StAM, PolDir 12922; Stadtarchiv München, RAK o.S.; BA Berlin, R 22 Pers. 57766; BIGZ Nr. 15 vom 1.8.1933, 238; SSDI.

Gugenheim, Friedrich (Fritz)
7.6.1904 Zweibrücken – 15.8. 1963 München; verh., 1 Tochter; Vater: Fabrikant; St: München; StP: 1930; Z: München 1930 – 26.7. 1933 (§ 1).
1933/34 Emigration nach Paris; dort Automatenaufsteller; 1940 interniert; 1942–1944 im unbesetzten französischen Süden untergetaucht und unter falschem Namen Mitglied der Resistance; 1941 Ausbürgerung; 1945 Mitbegründer der Vereinigung Jüdischer Rechtsanwälte aus Deutschland in Paris; 1949 Rückkehr und Wiederzulassung in München; verfolgungsbedingte schwere Depressionen.

Foto: Privat.

MJu, PA G 175; BayLEA, BEG 72354; Hepp, Liste 235/361; Auskunft Gitta Gugenheim (Witwe); Allgemeine Wochenzeitung der Juden in Deutschland Nr. XVIII/21 vom 23.8.1963, 9 (Nachruf).

Gunz, Eugen
15.4.1874 Augsburg – 1943 Osten; verh., 2 Kinder; Vater: Kaufmann (Ledergroßhandlung); St: München, Würzburg; StP: 1900; Z: Augsburg 1901 – 30.11.1938; Justizrat 1923.
Der geachtete Anwalt und seine Ehefrau wurden am 8.3.1943 nach dem Osten deportiert; den beiden Kindern gelang die Emigration nach England bzw. Palästina.
BayLEA, BEG 39863; Gb 480; Auskunft Gernot Römer, Augsburg.

Gunzenhäuser, Josef
6.7.1896 Frankfurt/Main – 1.7.1942 KZ Theresienstadt; led.; Vater: Großkaufmann; St: München; Dr. jur. Erlangen 1920/25; StP: 1922; Z: München 1925 – 29.8. 1933 (§ 1).
1922–1924 Beamter beim Reichsausgleichsamt in München; 10.11.1938 KZ Dachau (ca. 4 Wochen); es ist nicht bekannt, wovon er seit dem Berufsverbot 1933 lebte; 5.6.1942 Deportation nach Theresienstadt.

Foto: StadtAMünchen.

BayHStA, MJu 20858; StAM, PolDir 13263; Gb 480; Gb M 490; Auskunft Gedenkstätte Dachau; Gb Theresienstadt 284.

Gutmann, Stefan
19.9.1885 Ulm – 24.6.1960 Rio de Janeiro; verh., 2 Kinder; Vater: Fabrikant; St: München, Erlangen; Dr. jur. Erlangen 1913; StP: 1912;

Z: München 1913 – 14.1. 1935 („Verzicht"). Ende 1933 Emigration nach Brasilien; lebt dort von Erspartem.

Foto: StAM.

BayHStA, MJu 20861; StAM, PolDir 13341; StAM, WB I N 9426; BayLEA, BEG 50546.

Hänlein, Salomon
15.8.1871 Pappenheim – 17.9.1935 Eichstätt; verh., 2 Kinder; Vater: Kaufmann; StP: 1900; Z: Eichstätt 1901 – Tod; Justizrat 1927.

Foto: Privat.

Ab 1933 starker Praxisrückgang; Selbstmord nach dem Erlass der Nürnberger Gesetze (15.9.1935); Witwe zieht 1936 nach München und wird von dort am 4.4.1942 nach Piaski/Galizien deportiert; Kinder retten sich durch Emigration.
BayHStA, MJu 20878; BayLEA, BEG 6629; Auskunft Brun Appel, Eichstätt; Gb M 514; IfZ, Fa 209.

Harburger, Isaac
26.3.1855 Bayreuth – 12.3.1941 München; verh.; Dr. jur. Erlangen 1886; StP: 1881; Z: München 1882–1935 („Verzicht"); Justizrat 1903; Geheimer Hofrat 1916.

Foto: StadtA München.

Hochverdienter Anwalt; Spezialgebiet: Konkursrecht; Herausgeber von: Konkursordnung für das Deutsche Reich ... München [4]1907; begeht am 12.3.1941 Selbstmord; Witwe kommt 1944 in Theresienstadt zu Tode.
BayHStA, MJu 20897; Stadtarchiv München, RAK 113; Gb M 528f.

Haymann, Ludwig
9.2.1890 Amberg – 25.11. 1941 Kowno/Litauen; verh.; Vater: Bankier; Dr. jur. Erlangen 1923; StP: 1917; Z: München 1919 – 30.11. 1938.

Foto: StadtA München.

Kriegsdienst; 1918 Hilfsarbeiter bei der StAnw München II; nach Berufsverbot Chorsänger bei der Israelitischen Kultusgemeinde München; 10.11.1938 KZ Dachau (ca. 4 Wochen); 20.11.1941 zusammen mit Ehefrau Deportation ins Baltikum; Bruder (ehemaliger Landgerichtsrat) und Ehefrau 1942 nach Piaski deportiert.
BA Berlin, R 22 Pers. 59335; StAM, PolDir 13577; Stadtarchiv München, RAK o.S.; BayLEA, BEG 9783; Gb 518; Gb M 536f.; Auskunft Gedenkstätte Dachau; IfZ, Fa 208; Gb Baltikum 116.

Heilbronner, Julius
2.4.1872 München – 27.9. 1934 München; led.; Vater: Kaufmann; Dr. jur. Erlangen 1897; StP: 1898; Z: München 1899 – Tod; Justizrat 1921. Kriegsdienst; Anwalt und im Ortsvorstand des CV; aktiv bei der Israelitischen Kultusgemeinde; bekannter Bergsteiger.
BayHStA; MJu 20930; StAM, WB I a 1715, 2019, 4054; N 480; StAM, AG München, NR 1934/2417; Gb M 548; Stadtarchiv München, RAK o.S.; Dirk Walter 132, 281; BIGZ Nr. 20 vom 15.10. 1934, 422, 433; Lamm 46f., 284.

Heim, Paul
7.11.1877 Nürnberg – 16.10. 1953 New York; verh.; Vater: Kaufmann; StP: 1903; Z: Fürth 1904–1913, München 1913 – 2.7.1935 („Verzicht"); Justizrat 1926.

Foto: Privat.

Bis März 1933 Syndikus des Verlages Knorr & Hirth (MNN); Juni 1935 Emigration nach Zürich, von dort 1939 weiter in die USA; im Exil ohne berufliche Tätigkeit.
BayHStA, MJu 20936; BayHStA, BEG 48970 = A 127; Stadtarchiv München, RAK o.S.; StAM, WB I a 2639, 2813, 6242; N 3640, 3641, 5622, 9331–33; BayLEA, BEG 4897 (Ehefrau); Lorant 17, 24.

Heinemann, Herbert
6.5.1903 Neunkirchen/Saar – 13.3.1981 Louisville/Kentucky; verh., 1 Tochter; Vater: Gymnasiallehrer; St: Bonn, München, Würzburg; Dr. jur. Würzburg 1931; StP: 1931; Z: München 1931 – 16.5.1933 („Verzicht"). 1933 – 25.2.1935 Gerichtsassessor im Saarland; Einsatz als Hilfsrichter an saarländischen Amtsgerichten; 3.8. 1935 – 17.9.1936 (§ 1) Rechtsanwalt in Saarbrücken; er nutzte die politische Situation, da für das Saarland bis Frühjahr 1935 unter Völkerbundsverwaltung und nach Rückgliederung in das Deutsche Reich Übergangsregelungen galten; Emigration 1936 nach Luxemburg, 1937/38 Italien, 1939 England, 1941 USA; dort ab 1941 Betrieb einer Hühnerfarm.

Foto: UAM.

BA Berlin, R 22 Pers. 59606; StAM, OLG München 704; BayLEA, EG 20150; Stadtarchiv München, RAK o.S.; StAM, WB I N 1204; Peter Wettmann-Jungblut, Rechtsanwälte an der Saar 1800–1960 ... Blieskastel 2004, 248, 255, 503f.

Held, Robert O.
5.11.1889 Nürnberg – 19.8. 1977 Starnberg; verh. „Mischehe", 2 Kinder; Vater: Rechtsanwalt und Geheimer Justizrat; St: Würzburg, Oxford; StP: 1916; Z: Nürnberg 1917/18, Starnberg 1919–1933, München 1933 – 8.10. 1938 („Verzicht").
Aus Anwaltsfamilie; Vater Vorsitzender der Anwaltskammer und der Israelitischen Kultusgemeinde Nürnberg; hervorragender und gesuchter Jurist, engagierter Standespolitiker; im Vorstand der RAK München und des DAV sowie des Vereins für Amtsgerichtsanwälte; 1933 Schutzhaft und große Probleme mit der Partei; Herbst 1938 Emigration in die USA; dort tagsüber Vertreter und abends erneutes Jurastudium; nach US-Anwaltszulassung Praxisschwerpunkt Rückerstattung und Wiedergutmachung; zahlreiche z.T. bahnbrechende Publikationen dazu; Mitherausgeber der Zeitschrift RzW; 1971 Rückkehr nach Deutschland und Wiederzulassung 1972 in München.

Foto: Privat.

StAM, PolDir 13719; MJu, PA H 672; BayHStA, EG 79631 = A 157; StAM, OLG München 704; Göppinger 339; Walk 146; Heinrich 216f.; BHE I 282; Raff in RzW 1977, 203 (Nachruf); Stiefel-Mecklenburg 39, 113, 115, 122; Auskunft Rechtsanwalt Siegfried Schreyer, Penzberg.

Herzfelder, Felix Salomon
15.10.1863 Speyer – 5.10. 1944 Haifa; verh., 3 Kinder; Vater: Arzt; St: München, Berlin; Dr. jur. München 1890; StP: 1888; Z: München 1889 – 30.11.1938; Geheimer Justizrat 1922.

Foto: Privat.

Hervorragender Jurist; Standespolitiker (Vorsitzender MAV, Vorstandsmitglied DAV); Kommentator des Erbrechts im Staudinger von der 1. bis zur 9. Auflage; Nov. 1939 Emigration in die Türkei; nach Tod der Ehefrau 1941 weiter nach Palästina; eine Tochter mit Ehemann und zwei Töchtern Opfer des Holocaust.
StAM, PolDir 13854; BayHStA, EG 94502 = K 1561; Stadtarchiv München, RAK o.S.; BA Berlin, R 22 Pers. 60201; Walk, 150; Lamm 325; Göppinger 175, 288; Heinrich 156; Strätz 253; Gb M 435f., 439; Krach, Herzfelder ./. Schweitzer Verlag; Landau 195; Auskunft Miriam Schmidt (Enkelin), Israel.

Herzfelder, Franz Jakob (François Jacques)
29.5.1901 München – 6.6. 1998 Paris; verh.; Vater: Rechtsanwalt und Geheimer Justizrat; St: München, Berlin; Dr. jur. Erlangen 1927; StP: 1927; Z: München 1928 – 5.9.1933 (§ 1).

Foto: Privat.

Mitarbeit in Praxis des Vaters, Schwerpunkt: Gesellschaftsrecht; 1933 Emigration nach Frankreich; bis 1936 Übersetzer am Tribunal Civil in Nizza; ab 1939 Internierung in verschiedenen Lagern; 1939/40 französische Armee; 1942 bis zur Befreiung 1944 untergetaucht, danach Landarbeiter; ab 1945 in Paris, ab 1948 Leiter des Büros von URO in Paris; seit 1957 selbstständiger Rechtsanwalt in Paris mit Praxisschwerpunkt Wiedergutmachung; 1962–1995 Wiederzulassung in München.
RAK München, PA; StAM, OLG München 704; BayLEA, EG 71167; Göppinger 288; Auskunft Miriam Schmidt (Nichte), Israel und Frau van Toym-Herzfelder (Witwe).

Hirschberg, Max
13.11.1883 München – 21.6. 1964 New York; verh., 1 Sohn; Vater: Kaufmann (Modegeschäft) und Kommerzienrat; St: München, Berlin, Leipzig; Dr. jur. München 1910; StP: 1910; Z: Traunstein 1911, München 1911 – 6.12.1935 (§ 21/1/2 RAO).

Foto: Privat.

Dekorierter Frontoffizier; bedeutender Strafverteidiger; zahlreiche wissenschaftliche Veröffentlichungen; SPD-Anhänger; 10.3. – 26.8.1933 Schutzhaft; April 1934 Emigration nach Italien; dort Tätigkeit bei einem italienischen Rechtsanwalt in Mailand; 1938 Ausbürgerung; 1939 Aberkennung des Dr.-Titels. 1939 Weiterwanderung in die USA; dort Rechtsberater mit Schwerpunkt Rückerstattung und Wiedergutmachung; daneben literarische und wissenschaftliche Veröffentlichungen.
BayHStA, MJu 21015; BayHStA, BEG 4038 = K 2142; BayHStA, OP 16962; StAM, PolDir 14004; StAM, OLG München 704; UAM Promotionsakt; Göppinger 288; Walk 156; Lamm 37, 54, 386; Heinrich 159; Weber, Max Hirschberg; Douglas Morris.

Holzer, Siegfried
1.7.1897 Freising – 20.8.1942 KZ Auschwitz; verh. „Mischehe"; Vater: Kaufmann; St: München; Dr. jur. Erlangen 1922/25; StP: 1924; Z: München 1924 – 30.11. 1938. Dekorierter Frontkämpfer; Nov. 1938 Emigration nach Frankreich; Ausbürgerung 1941; im Juli 1942 beim Versuch, aus dem besetzten in das unbesetzte Frankreich zu fliehen, verhaftet und am 20.7. 1942 nach Auschwitz deportiert; Eltern und Schwester werden Opfer des Holocaust.

Foto: UAM.

BayHStA, OP 17371; StAM, PA 23671; BA Berlin, R 22 Pers. 61102; BayLEA, EG 87304; Gb M 618, 620f., 624; Hepp, Liste 235/465; Gb Frankreich (Transport 8).

Homberger, Konrad Paul
12.10.1900 München – Juni 1982 New York; verh. „Mischehe"; Vater: Landgerichtspräsident; protestantisch; St: München, Erlangen; Dr. jur. Erlangen 1924; StP: 1926; Z: München 1927 – 4.11. 1937 (§ 21/1/2 RAO). Frontkämpfer; 1936 Emigration nach Italien; Lehrtätigkeit an Berlitz-School Mailand und Bologna; 1940/41 14 Monate Internierung; Okt. 1941 weiter in die USA; dort Hotelportier und Eisenbahnarbeiter; nach Sprachstudium Lehrer, später Professor für moderne Sprachen in New York; Verfasser von Lehrbüchern

Foto: UAM.

u.a.; Vater stirbt 1935, Mutter begeht 1942 Selbstmord.
BayHStA, MJu 21052; BayHStA, BEG 11943 = K 2710; Stadtarchiv München, RAK o.S.; StAM, OLG München 704; StAM, WB I N 462, 4705; BA Berlin, R 22 Pers. 61117; BHE II 536; Gb M 627; SSDI.

Jacobi, Herbert
10.7.1878 Würzburg – 1943 KZ Auschwitz; verh., 4 Kinder; Vater: Kaufmann (Getreidehändler); Dr. jur. Erlangen 1902; StP: 1902; Z: München 1904 – 30.11.1938; Justizrat 1926.
Autorität auf dem Gebiet des Handelsrechts; 10.11. – 1.12. 1938 KZ Dachau; in „Kristallnacht" Praxis verwüstet; 13.3. 1943 zusammen mit Ehefrau und einer ledigen Schwester nach Auschwitz deportiert.

Foto: StadtA München.

Stadtarchiv München, RAK 1229; BayHStA, EG 122128 = K 266; Auskunft Gedenkstätte Dachau; Gb M 637f.; Gb 639; Strätz 278; „Kristallnacht" 54.

Jacoby, Alfred
16.12.1898 Berlin – 4.2.1963 München; verh. „Mischehe"; Vater: Kaufmann; konfessionslos; St: München; Dr. jur. Erlangen 1923; StP: 1925; Z: München 1925 – 30.11. 1938.
Dekorierter Frontkämpfer; 1934 drei Wochen Schutzhaft, weil er an Gerichtsverhandlung gegen SS-Mann als Zuhörer teilnahm; 14.11.1938 KZ Dachau (ca. 4 Wochen); 1939 Emigration nach Shanghai; dort 1943–1945 im Ghetto; 1940 Ausbürgerung; 1947 Rückkehr nach München und Wiederzulassung; verfolgungsbedingter Dauerschaden.

Foto: StadtA München.

Stadtarchiv München, RAK 1075; BayLEA, BEG 14453–54; MJu, PA J 4; Hepp, Liste 172/58; Auskunft Gedenkstätte Dachau; Heinrich 218; SZ Nr. 41 vom 16./17.2. 1963, 22.

Jacoby, Hugo
8.9.1869 Marienburg/Westpreußen – 30.6.1936 München; verh., 1 Tochter; Vater: Kaufmann; Dr. jur. Berlin 1891; StP: 1895; Z: München 1896 – 30.12. 1935 („Verzicht").
Renommierter Anwalt; Sozien: Bruder Siegfried Jacoby und Max Friedlaender; lehnt 1920 Titel Justizrat ab; Witwe wird Opfer des Holocaust; Tochter emigriert in die USA.
BayHStA, MJu 21078; StAM, AG München, NR 1936/2080; StAM, WB I a 2473, 2474; N 1088; Stadtarchiv München, RAK 1092; Gb M 640.

Jacoby, Siegfried
2.5.1865 Marienburg/Westpreußen – 31.1.1935 München; verh., 2 Töchter; Vater: Kaufmann; Dr. oec. publ. München 1887; Dr. jur. Erlangen 1896; StP: 1892; Z: München 1893 – Tod.
Bankausbildung; renommierter Anwalt; lehnt Justizratstitel 1920 ab; Sozien: Bruder Hugo Jacoby und Max Friedlaender; Witwe stirbt 1941 in München; den Töchtern gelingt die rechtzeitige Emigration.
BayHStA, MJu 21080; Stadtarchiv München, RAK 1093; StAM, AG München, NR 1935/149; StAM, WB I a 625, 630, 722, 963; UAM, Promotionsakt; fehlt Gb M.

Kahn, Ferdinand
6.9.1886 Augsburg – 26.3. 1951 Hollywood/CA; led.; Vater: Bauamtmann; St: München, Lausanne, Erlangen; Dr. jur. Erlangen 1912; StP: 1912; Z: München 1913 – 30.11. 1938.
Syndikus des Verbands der Bayerischen Kleiderfabriken;

Foto: StadtA München.

Schriftsteller und Mitarbeiter für Zeitungen sowie Redakteur der Fliegenden Blätter; 10.11. – 19.12.1938 KZ Dachau; in „Kristallnacht" Kanzlei geplündert; Juli 1939 Emigration über England in die USA; dort als Arbeiter in einer Töpferei tätig; Ausbürgerung 1940; Mutter wird Opfer des Holocaust.
Stadtarchiv München, RAK 1213; BayHStA, EG 82456 = A 12; BA Berlin, R 22 Pers. 62389; Hepp, Liste 162/52; Gb M 655.

Kahn, Fritz
10.11.1906 München – 27.10.1994 Palo Alto/CA; led.; Vater: Rechtsanwalt und Justizrat; St: Kiel, Berlin; Dr. jur. Erlangen 1929; StP: 1931; Z: München 1931 – 26.7. 1933 (§ 1).

1933 Emigration in die USA; weitere Informationen liegen nicht vor.

Foto: StAM.

BayHStA, MJu 21107; Stadtarchiv München, RAK 1245; StAM, PolDir 14221; Auskunft Stadtarchiv München; SSDI.

Kahn, Fritz (Fred) Moritz
5.5.1889 München – 27.9. 1975 San Francisco; verh.; Vater: Kaufmann; St: München; Dr. jur. Erlangen 1922; StP: 1919; Z: München 1920 – 30.11.1938.
Dekorierter Frontoffizier; 1939/40 Hilfskonsulent bei Konsulent Julius Baer; Sept. 1940 Emigration in die USA; dort schwere körperliche Arbeit, später Angestellter der Stadtverwaltung von San Francisco; seine in München verbliebene Ehefrau wird am 20.11.1941 ins Baltikum deportiert.

Foto: StAM.

BayHStA, MJu 21106; Stadtarchiv München, RAK 1248; StAM, PolDir 14222; StAM, WB I N 1435, 4860; BayHStA, OP 10896; BayLEA, EG 74629; BA Berlin, R 22 Pers. 62388; Gb M 653.

Kahn, Ludwig Moses
25.8.1874 Würzburg – 4.6. 1940 Esslingen; verh., 2 Kinder; Vater: Kaufmann; St: Würzburg; Dr. jur. Erlangen 1896; StP: 1899; Z: München 1900 – 9.3.1933 (Löschung); Justizrat 1922.
Reserveoffizier; nach der Entmündigung wegen Geisteskrankheit Anfang 1933 wird Zulassung gelöscht. Kahn ist seit 1932 in einem Sanatorium untergebracht, in dem er auch 1940 stirbt; Witwe wird am 20.11.1941 ins Baltikum deportiert, den Kindern gelingt rechtzeitig die Emigration.
BayHStA, MJu 21109; BayHStA, OP 10897; Stadtarchiv München, RAK 1247; StAM, PolDir 14243; StAM, WB I N 965, 7094, 7095; Gb M 654.

Kahn, Maximilian
25.2.1877 Mainz – 15.3.1952 Berkeley/CA; verh., 1 Sohn; Vater: Kaufmann; StP: 1903; Z: München 1904 – 3.5.1934 („Verzicht"); Justizrat 1926.
Rechtsberater der Roten Hilfe, deshalb ab 1933 im Visier der Machthaber; emigriert 1933 nach Frankreich und hält sich auch 1934 in Paris auf; weiteres Schicksal nicht bekannt.
BayHStA, MJu 21110; Stadtarchiv München, RAK 1249; StAM, OLG München 704; Rote Hilfe 173.

Kahn, Wilhelm Jakob (Kahn-Jamey, Jacques)
15.4.1901 Pirmasens – 11.2. 1964 Paris; verh., 1 Sohn; Vater: Bankdirektor; StP: 1927; Z: München 1928 – 5.8.1933 (§ 1).
1933 Emigration nach Frankreich; dort Jurastudium und nach Heirat mit Französin Rechtsanwalt; unbekannt, wie er die deutsche Besatzungszeit überlebt hat; wegen der Wiederzulassung 1949 in München verklagt die Rechtsanwaltskammer München das Bayer. Staatsministerium der Justiz erfolglos; Kahn ist auch für deutsche Botschaft in Paris tätig; beide Eltern werden Opfer des Holocaust.

Foto: Privat.

MJu, PA K 2; StAM, PolDir 14262; BayLEA, BEG 33977; Heinrich 217; „Kristallnacht" 131; Gb M 651, 661.

Kahn, Willy (Wilhelm)
1.3.1902 Speyer – 3.6.1986 Hartford, CT/USA; verh.; Vater: Kaufmann; Dr. jur. Würzburg 1927; StP: 1927; Z: München 1928 – 30.11. 1938.
1933 kein Berufsverbot, weil einziger Bruder als Offizier gefallen und alte Eltern zu ver-

Foto: StadtA München.

sorgen waren; 10.11. – 10.12. 1938 KZ Dachau; März 1939 Emigration über England in die USA (April 1940); dort Hausierer; Ehefrau Dienstmädchen und Kellnerin; später Betrieb eines Großhandelsgeschäfts für Medizinartikel; plant 1981 Rückkehr nach München; Eltern werden Opfer des Holocaust.
Stadtarchiv München, RAK 1246; BA Berlin, R 22 Pers. 62406; StAM, PolDir 14261; StAM, WB I N 329, 3514, 4531, 7428; BayLEA, EG 82462; „Kristallnacht" 134, 138; Gb M 657; Auskunft Gedenkstätte Dachau.

Kann, Albert
12.1.1866 Nürnberg – 29.10. 1938 Rottach-Egern; verh.; Vater: Großkaufmann; freireligiös; St: Erlangen, München, Würzburg; Dr. jur. Erlangen 1892; StP: 1894; Z: Nürnberg 1895 – 1919, Tegernsee 1931 – 3.3.1936 („Verzicht"); Justizrat 1918.

Foto: Privat.

Dekorierter Frontoffizier; ab 1919 Ruhestand am Tegernsee; Wiederaufnahme der Anwaltstätigkeit wegen Verarmung infolge Inflation 1931; wegen freiwilliger Meldung 1914 und seiner Verdienste um die Anwaltschaft trotz Unterbrechung der Berufsausübung 1933 kein Berufsverbot; Witwe wird Opfer des Holocaust.
Stadtarchiv München, RAK 1214; BayHStA, MJu 21119; BayHStA, OP 11522; StAM, AG Tegernsee, NR 1938/72 (Nr. 338); StAM, WB I a 1901, 1902, N 3148; StAM, OLG München 704; Auskunft Alois K. Limmer, Rottach-Egern; Veröffentlichung: Der Rechtsanwalt von Daxlham. München 1921.

Kastor, Heinrich
19.12.1872 Bamberg – 13.8. 1961 München; verh. „Mischehe", 1 Tochter; Vater: Kaufmann; konfessionslos; StP: 1897; Z: München 1898 – 30.11.1938; Justizrat 1925.

Foto: StadtA München.

1.6.1933 Rücktritt als Mitglied des Verwaltungsausschusses der Pensionsanstalt für Witwen und Waisen der Rechtsanwälte Bayerns; übersteht wegen „Mischehe" die NS-Zeit, hat allerdings vier Jahre Zwangsarbeit (Druckerei, Straßenbahn) zu leisten; 1946 Wiederzulassung in München; Schwester wird Opfer des Holocaust.
Stadtarchiv München, RAK 1233; MJu, PA K 29; BayHStA, EG 1265 = K 567; StAM, PolDir 14310; StAM, WB I a 3153; N 4392; Heinrich 219.

Katz, Ignatz
28.2.1873 Buttenheim/OFr. – 18.10.1935 München; verh.; Vater: Kaufmann; Dr. jur. Erlangen 1898; StP: 1900; Z: München 1901 – Tod.
Aus der Biografie von Katz sind keine Details bekannt; die Ehefrau war bereits 1933 verstorben.
BayHStA, MJu 21124; Stadtarchiv München, RAK 1232; StAM, AG München, NR 1935/3205; Gb M 675.

Kaufmann, Adolf
25.12.1883 Mainz – 21.11. 1933 Wien; led.; Vater: Kaufmann; StP: 1910; Z: München 1911 – 9.9.1933 (§ 3).

Foto: Welt am Sonntag Nr. 12 vom 18.3.1928.

Politisches Engagement während der Revolution 1918/19 wird 1933 zu Unrecht als kommunistische Betätigung eingestuft; März 1933 Emigration nach Österreich; 1913 – 1932 Syndikus und geschäftsführender Direktor der Münchener Kammerspiele; große Verdienste um das moderne Theater.
BayHStA, MJu 21126; Stadtarchiv München, RAK 1242; StAM, OLG München 704; StAM, AG München, NR 1933/2976; StAM, WB I a 6125; Lamm 233f., 236, 370; Heinrich 300f.; Friederike Euler in: Martin Broszat (Hrsg.), Bayern in der NS-Zeit, Bd. II, München 1979, 109, 115f., 120; Handbuch des deutschsprachigen Exiltheaters 1933–1945, München 1999, Bd. I, 492.

Kitzinger, Philipp
11.1.1906 München – 5.1.1986 Schrobenhausen; led.; Vater: Kaufmann; katholisch; St: München; StP: 1932; Z: Schrobenhausen 1932 – Tod.

Foto: UAM.

„Halbjude" (jüdische Mutter); als 17jähriger 1923 beim Stoßtrupp Hitler; deshalb 1933 unbeanstandet; ab 1938 Beeinträchtigungen, z.B. keine Zulassung beim Landgericht Augsburg; 1939 nach kurzem Einsatz aus der Wehrmacht entlassen; 1943–1945 Zwangsarbeit in der Rüstungsindustrie; Versuche, seine Zulassung zurückzunehmen, scheitern; 1945 von US-Militärregierung als Landrat in Schrobenhausen eingesetzt; ab 1946 wieder Rechtsanwalt in Schrobenhausen.
MJu, PA K 75; Auskunft Stadtarchiv Schrobenhausen; BayHStA, OMGUS, CO 442/6; BayLEA, EG 64737; Schrobenhausener Zeitung vom 7. bzw. 8.1.1986; Heinrich 152; Martin Broszat u.a. (Hrsg.), Bayern in der NS-Zeit, Bd. I, München 1977, 472.

Kitzinger, Wilhelm Nathan
13.1.1870 Fürth – 10.5.1945 Tel Aviv; verh., 4 Kinder; Vater: Bankier; St: München, Berlin; Dr. jur. Erlangen 1893; StP: 1895; Z: München 1896 – 30.11.1938; Justizrat 1920.
Bekannter Anwalt; Ehefrau Motor der jüdischen Wohlfahrtsarbeit in München; 10.11.1938 KZ Dachau (ca. 4 Wochen); März 1939

Foto: StadtA München.

Emigration nach Palästina, dort ohne berufliche Tätigkeit; Sohn Ernst (1912–2003) bedeutender Kunsthistoriker.
Stadtarchiv München, RAK 1008; StAM, PolDir 14468 (Ehefrau); StAM, WB I a 990, 1497, 2902, 5149; N 457, 921, 1424, 2825, 6375, 6577; BayHStA, EG 70661 = K 1207; Auskunft Gedenkstätte Dachau; Walk 194; BHE II 623 (Sohn); Manfred Berger, Elisabeth Kitzinger (1881–1966) und die jüdische Wohlfahrtsarbeit in München (1904–1943) in: Jüdisches Leben in München. München 1995, 57–63; LBI Berlin, MM 45 (Familiengeschichte).

Klopfer, Fritz Martin
8.9.1886 Augsburg – 29.12.1953 New York; verh., 2 Töchter; Vater: Bankier und Kommerzienrat; StP: 1914; Z: München 1918 – 21.12.1936 („Verzicht").

Foto: StAM.

Kriegsfreiwilliger dekorierter Frontoffizier; Syndikus der Maffei'schen Rentenverwaltung; ab 1929 Vorstandsmitglied und Syndikus bei BMW; Dez. 1936 Emigration in die USA; dort Versicherungsmakler in New York.
BayHStA, MJu 21155; BayHStA, OP 3555; BayHStA, BEG 81141 = A 158; Stadtarchiv München, RAK 1020; StAM, PolDir 14550; StAM, PA 7240; StAM, WB I N 3679, 9596, 9598, 10301–3.

Knopf, Leopold
17.1.1876 Bromberg – 22.1.1943 Waynesville, N.C./USA; verh.; Vater: Fabrikant; St: Berlin, München, Freiburg, Göttingen; StP: 1902; Z: München 1903 – 24.5.1933 („Verzicht"); Justizrat 1925.

Foto: StAM.

Dekorierter Frontoffizier; 1933 Emigration in die Schweiz, 1935 Italien, 1937 Frankreich, 1939 USA; dort wegen Krankheit ohne Beschäftigung.
BayHStA, MJu 21164; BayHStA, OP 11132; Stadtarchiv München, RAK 938; StAM, PolDir 14595; StAM, WB I a 5510; BayLEA, BEG 32938, 57704.

Koblenzer, Sally (Salomon)
18.9.1876 Ulm – 4.5.1953 Eastbourne/GB; verh., 1 Sohn; Vater: Privatier; StP: 1902; Z: München 1903 – 30.11.1938; Justizrat 1925.
Vermögend (Hausbesitz, Gemälde, Bibliothek, Sammlungen); Aufsichtsratsposten; Klienten: Italienisches Konsulat, Großmarkthalle; 9.11.1938 Kanzlei völlig zerstört; Dez. 1938 Emigration nach England, 1948 englischer Staatsbürger ohne berufliche Tätigkeit.

Foto: StAM.

Stadtarchiv München, RAK 1032; StAM, PolDir 14604; StAM, WB I a 730, 954; N 45, 9755, 9756, 10305; BayLEA, BEG 3784.

Königsberger, Arthur Abraham
16.6.1898 Bischweiler/Elsass – 25.9.1967 London; verh., 1 Kind; Vater: Kaufmann; Dr. jur. Erlangen 1928; StP: 1928; Z: München 1929 – 5.9.1933 (§ 1).
Juli 1934 Emigration nach England; dort später als Rechtsanwalt tätig; 1950 gegen den Widerstand der RAK Zulassung in München ohne Residenzpflicht; RAK klagt gegen Zulassung erfolglos; Vater, zwei Schwestern, ein Bruder, drei Schwäger und vier Nichten werden Opfer des Holocaust.
MJu, PA K 149; Stadtarchiv München, RAK 531; StAM, PolDir 14635; BayLEA, EG 79717; Gb M 719f.

Foto: StAM.

Königsberger Felix David
14.6.1874 München – 4.12.1942 München; verh. „Mischehe“, 1 Sohn; Vater: Kaufmann (Tuchgroßhandel); St: München, Berlin; StP: 1900; Z: München 1901 – 30.11.1938; Justizrat 1923; Konsulent 1.4.1939 – Tod.

Foto: Privat.

Renommierter Anwalt; starke Arbeitsbelastung als Konsulent; Aug. 1942 schwere Erkrankung, die zum Tod führt; zwei Brüder werden Opfer des Holocaust; Schwester, Schwager und Kusine verüben Selbstmord.
BayHStA, MJu 21180; BayHStA, EG 37008 = K 2160; Stadtarchiv München, RAK 1035; Gb M 720f.; 868.

Kohn, Elisabeth
11.2.1902 München – 25.11.1941 Kowno/Litauen; led.; Vater: Kaufmann; St: München; Dr. phil. München 1924; StP: 1928; Z: München 1928 – 5.8.1933 (§ 1).
1928–1933 in Kanzlei Hirschberg/Löwenfeld/Regensteiner

Foto: StadtA München.

tätig; nach Berufsverbot Tätigkeit für die Israelitische Kultusgemeinde München im Wohlfahrtsbereich; 1940/41 Hilfskonsulentin bei Dr. Julius Baer; 20.11.1941 zusammen mit Mutter und Schwester ins Baltikum deportiert.
BayHStA, MJu 21188; Stadtarchiv München, RAK 1036; StAM, OLG München 704; Walk, 201; Göppinger 250; Heinrich 117; Gb M 727, 730, 732, 734; Wolfram Kastner, Schicksal (un)bekannt. München 2000, 34–37. Weber in: Mitteilungen des MAV, August/September 2003, 8f.; IfZ, Fa 208; Gb Baltikum 119; Röwekamp 193–195.

Kohnstamm, Jakob
6.4.1902 Nürnberg – 16.10.1977 Beer Tuviah/Israel; verh., 2 Kinder; Vater: Kaufmann; St: München; StP: 1928 (Bewerber); Z: München 1928 – 30.8.1933 (§ 1).

Foto: UAM.

Bewerbung für den Staatsdienst scheitert 1928: „Ausgeprägter jüdischer Typus so sehr, dass uneingeschränkte Verwendung unmöglich“; Nov. 1933 Emigration nach Palästina; dort Siedler und Landwirt; Eltern werden Opfer des Holocaust.
BayHStA, MJu 21190; BayHStA, EG 86227 = A 219; BayLEA, BEG 46177; Stadtarchiv München, RAK 1037; StAM, WB I a 2878, 5324; N 415, 416, 419, 421, 1633, 2541, 6355, 6556–59, 6697–6700, 9232–34; Gb M 736.

Krämer, Emil
11.8.1877 Worms – 10.11.1938 München; verh.; Vater: Kaufmann; StP: 1902; Z: München 1903 – Herbst 1933 („Verzicht“); Justizrat 1925.

Foto: Moser-Winkler.

Bankier; Syndikus und Teilhaber des Bankhauses Aufhäuser in München; zahlreiche Aufsichtsratsposten; in der „Kristallnacht“ wird die Bank demoliert; Ehepaar Krämer begeht daraufhin Selbstmord; Wohnung, wertvolle Bibliothek und Hausrat von Gestapo beschlagnahmt.
BayHStA, MJu 21202; BayHStA, BEG 64255 = K 2609; Stadtarchiv München, RAK 1055; StAM, OLG München 704; StAM, AG München, NR 1938/3661; StAM, WB I N 480; „Kristallnacht“ 142; Gb M 743f.; Eva Moser-Richard Winkler, Wegmarken. 150 Jahre Bankhaus Aufhäuser. München 1995; Wirtschaftsführer Sp. 1228.

Kronacher August
28.10.1879 Bamberg – 22.10.1944 La Paz/Bolivien; verh., 2 Söhne; Vater: Kaufmann; St: München, Berlin, Erlangen; Dr. jur. Erlangen 1906; StP: 1906; Z: München 1907 – 30.11.1938.
10.11.1938 KZ Dachau (ca. 4 Wochen); Juni 1939 Emigration nach Bolivien; Witwe und Söhne wandern 1946 in die USA weiter.

Foto: StadtA München.

Stadtarchiv München, RAK 1074; BayHStA, BEG 19681 = A 293; StAM, PolDir 14909; StAM, WB I a 2864, 4119; N 745, 9119; Auskunft Gedenkstätte Dachau.

Kurzmann, Ludwig (Lupu)
1.3.1882 Bayreuth – 20.6.1951 Toms River, N.J./USA; verh.; Vater: Kaufmann; St: München, Berlin, Würzburg; Dr. jur. Heidelberg 1907; StP: 1908; Z: München 1909 – 30.11.1938.

Foto: StAM.

Dekorierter Frontoffizier; Mitglied im Verband Nationaldeutscher Juden; wissenschaftlich tätig im Bereich Film-, Urheber- und Technikrecht; 14.11.1938 KZ Dachau (ca. 4 Wochen); Ende 1938 Emigration in die USA; dort u.a. Betrieb einer Hühnerfarm; Ausbürgerung 1940; Ehefrau begeht zehn Tage nach seinem Tod Selbstmord.
Stadtarchiv München, RAK 320; BayHStA, OP 10762; BayHStA, EG 95719 = K 3453; StAM, PolDir 15028; StAM, WB I N 2059, 9494; BA Berlin, R 22 Pers. 65435; Hepp, Liste 169/65; Auskunft Gedenkstätte Dachau.

Landecker, Emil
12.12.1876 München – 22.11.1957 Hillsborough, CA/USA; verh. 2 Kinder; Vater: Fabrikant; St: München, Berlin; StP: 1902; Z: München 1903 – 28.3.1936 („Verzicht“); Justizrat 1925.
Dekorierter Frontoffizier (Rittmeister, Kriegsgerichtsrat); Syndikus des Verbandes Deutscher Rosshaarspinnereien; Juni 1936 Emigration nach Holland, dort 1943–1945 untergetaucht; Aug. 1946 Weiterwanderung in die USA; dort ohne berufliche Tätigkeit.
BayHStA, MJu 21248; BayHStA, OP 15688; BayHStA, EG 16175 = A 25; Stadtarchiv München, RAK 73; StAM, WB I N 7300; Wirtschaftsführer Sp. 1297.

Lederer, Wilhelm (Willy)
24.10.1885 Nürnberg – 12.4.1940 München; led.; Vater: Kaufmann; Dissident; St: München, Erlangen; Dr. jur. Gießen 1911; StP: 1912; Z: München 1913–1916, 1922 – 9.8.1933 (§ 1).
Militärdienst ohne Front; 1916 – 1920 Staatsdienst; Berufsverbot wegen unterbro-

Foto: StadtA München.

chener Anwaltstätigkeit; „die Belassung eines solchen Anwalts liegt nicht im Interesse der Rechtspflege" (9.8.1933); 10.11.1938 KZ Dachau (ca. 4 Wochen); nach dem Tod der 84jährigen Mutter am 21.2.1940 Selbstmord; Grund: „Schwermut" (Polizeibericht).
BayHStA, MJu 21264; Stadtarchiv München, RAK 46; Auskunft Gedenkstätte Dachau; Gb 818; Gb M 790; Gb N 192; Wolfram Kastner, Schicksal (un)bekannt. München 2000, 38f.; BIGZ Nr. 1 vom 1.1.1935, 18.

Lemle, Leo
27.7.1882 Fischach/Zusmarshausen – 19.7.1937 München; verh. „Mischehe", 3 Söhne; Vater: Kaufmann; St: München, Kiel, Berlin, Würzburg; Dr. jur. Würzburg 1906; StP: 1908: Z: München 1909 – Tod.
Dekorierter und verwundeter Frontkämpfer; Mitglied der Gemeindeverwaltung der Israelitischen Kultusgemeinde München und des Reichsbunds Jüdischer Frontsoldaten; aktiv für den CV in München auch nach 1933.
BayHStA, MJu 21285; Stadtarchiv München, RAK 69; BA Berlin, R 22 Pers. 66216; StAM, AG München, NR 1937/2531; StAM, WB I N 1448, 4018, 9834; Lamm 51f.; Gb M 802; BIGZ Nr. 15 vom 1.8.1937, 281f. (Nachruf).

Levinger, Wilhelm
19.12.1877 München – 9.11. 1957 New York; led.; Vater: Kaufmann; StP: 1903; Z: Würzburg 1904 – 1906, München 1906 – 23.10.1937 („Verzicht"); Justizrat 1926.
Liberaler (DDP); bekannter Alpinist; in Wort und Schrift scharfer Gegner des Antisemitismus; ab 1918 Syndikus des Landesverbands Bayern des CV; Okt. 1937 Emigration in die USA; dort ohne berufliche Tätigkeit; 1939 Ausbürgerung; 1944 US-Staatsbürger.
BayHStA, MJu 21293; BayHStA, EG 22973 = K 961; Stadtarchiv München, RAK 66; Hepp, Liste 90/71; Walk 226; Lamm 36, 46f., 51, 74, 284, 382; Krach 122, 145, 147f., 434; Dirk Walter, passim; Aufbau Nr. 51, 1947, 18; StAM, WB I a 1536; N 787, 7463.

Levy, Ludwig
15.8.1891 Pirmasens – unbekannt; verh.; Vater: Kaufmann; St: Würzburg; Dr. jur. Würzburg 1932; StP: 1932; Z: München 1933 – 23.3. 1934 („Verzicht").
Dekorierter und kriegsbeschädigter Frontoffizier; weitere biografische Daten sind nicht bekannt.
BayHStA, MJu 21294; BayHStA, OP 43902; Stadtarchiv München, RAK 67; Strätz 343.

Löffel, Benno
16.6.1881 Augsburg – 9.8. 1954 Silver Creek, N.Y./USA; led.; Vater: Realitätenbesitzer; StP: 1909; Z: Augsburg 1911 – 30.11.1938.
Dekorierter Frontkämpfer; vermögend; März 1941 Emigration über Spanien und Portugal in die USA; dort ohne berufliche Tätigkeit; Ausbürgerung 1941.
BA Berlin, R 22 Pers. 66915, BayHStA, OP 74938; BayHStA, EG 64428 = A 310; StAM, WB I N 717, 9574, 9591, 9592; Hepp, Liste 257/61.

Löwenfeld, Julius Robert
22.2.1883 München – 22.3.1939 München; verh. „Mischehe", 2 Söhne; Vater: Arzt und Hofrat; katholisch; St: München, Erlangen; StP: 1910; Z: München 1911 – 30.11.1938.
Dekorierter und kriegsversehrter Frontoffizier; Neffe von Theodor Löwenfeld; 1933 grundlos verhaftet, zieht sich dabei schwere Herzerkrankung zu, die zum Tod führt. Söhne emigrieren in die USA.

Foto: Privat.

BayHStA, EG 87518 = A 322; BayHStA, OP 7448; BA Berlin, R 22 Pers. 66899; StAM, AG München NR 1939/1228; StAM, StAnw. 19036; Stadtarchiv München, RAK 42; Gb M 852; Auskunft Helmut Loring (Sohn), USA.

Löwenfeld, Philipp
23.9.1887 München – 3.11. 1963 New York; verh., 3 Kinder; Vater: Rechtsanwalt und Professor; konfessionslos; St: München; Dr. jur. Würzburg 1911; StP: 1917 (Bewerber); Z. München 1918 – 25.9. 1933 (§ 21/1/2 RAO).
SPD-Anhänger; dekorierter Frontkämpfer; zahlreiche wissenschaftliche Veröffentlichun-

Foto: Privat.

gen; bekannter Strafverteidiger; Nazi-Gegner; März 1933 Flucht nach Zürich, um Verhaftung zuvor zu kommen; 1938 weiter in die USA; dort Immobilienmakler; 1938 Ausbürgerung.
BayHStA, MJu 21327; BayHStA, OP 74939; BayHStA, EG 89132 = K 1336; Stadtarchiv München, RAK 58; Hepp, Liste 73/25; Walk 243; Göppinger 299; Heinrich 156f.; Lamm 32, 37ff., 41, 54, 72f., 380, 386; Stiefel-Mecklenburg 116; LBI New York, Nachlass; Landau-Rieß, Erinnerungen.

Löwenstein, Karl
9.11.1891 München – 10.7. 1973 Heidelberg; verh.; Vater: Kaufmann; konfessionslos; St: München, Berlin, Paris, Heidelberg; Dr. oec. publ. München 1914; Dr. jur. München 1922; StP: 1917; Z: München 1918 – 9.8.1934 (§ 21/1/2 RAO).

Foto: Privat.

Bedeutender Jurist und Wissenschaftlicher; zahlreiche Veröffentlichungen; 1931 Habilitation für Allgemeine Staatslehre, deutsches und ausländisches Staatsrecht und Völkerrecht in München; 11.10.1933 Entlassung als Privatdozent an der Universität München; Dez. 1933 Emigration über Italien in die USA; Febr. 1934 Professor in Yale, 1936 in Amherst; Staatsrechtler und Pionier der Politologie; zahlreiche Gastprofessuren; 1941 Ausbürgerung und Entzug des Dr.-Titels; 1945/46 Juristischer Berater der US-Militärregierung in Deutschland; 1956/57 Professor in München.
BayHStA, MJu 21331; BayHStA, BEG 52496 = A 327; Stadtarchiv München, RAK 79; UAM, Promotions-, Habilitations- und Personalakt; Hepp, Liste 217/63; NDB 15, 103; Walk 245; Göppinger 349; BHE II 743; Heinrich 158; Stiefel-Mecklenburg, passim.

Loewentritt, Siegfried
6.10.1906 München – 26.1. 1990 New York; verh., 2 Kinder; Vater: Kaufmann; St: München, Würzburg; Dr. jur. Würzburg 1929; StP: 1932; Z: München 26.10.1932 – 5.8.1933 (§ 1).
Aug. 1933 Emigration nach Wien; Tätigkeit bei Versicherung; 1938 Weiterwanderung über die Schweiz in die USA; dort Versicherungsmakler; Eltern und Schwester Opfer des Holocaust.

Foto: UAM.

BayHStA, MJu 21334; Stadtarchiv München, RAK 75; BayLEA, EG 75800; Gb M 863f.

Luchs, Arthur
9.11.1899 Augsburg – 5.6. 1965 New York; verh.; Vater: Kaufmann; St: München; StP: 1925; Z: Augsburg 1926 – 30.11.1938.
Frontkämpfer; 10.11. – 8.12. 1938 KZ Dachau; April 1939

Foto: UAM.

Emigration nach England, März 1940 weiter in die USA; dort CPA.
BayHStA, OP 32301; BayHStA, BEG 19885 = K 1617; Auskunft Gedenkstätte Dachau.

Lustig, Adolf Löb
12.4.1892 Fechenbach/UFr. – 31.7.1962 Melbourne/ Australien; verh., 3 Kinder; Vater: Kaufmann; St: München, Würzburg; Dr. jur. Würzburg 1916; StP: 1918; Z: München 1919 – 29.8.1933 (§ 1).
Nach Berufsverbot 17 Monate Angestellter; 6.5. – 14.8.1937 Schutzhaft im KZ Dachau; April 1938 Emigration nach Australien; 1939 Ausbürgerung; 1940–1957 Vertreter, Cafébesitzer, Newsagent (Zeitungen und Zeitschriften), ab 1957 Rechtsberater.

Foto: StadtA München.

BayHStA, MJu 21347; Stadtarchiv München, RAK 10; BayLEA, EG 75899; StAM, WB I a 2898, 4063; N 10572, 10573; Hepp, Liste 99/57.

Mahler, Max
28.6.1878 Bamberg – 24.9. 1936 München; verh., 2 Kinder; Vater: Kaufmann; freireligiös; St: München, Würzburg; StP: 1904; Z: München 1905–1920, 1930 – 5.8.1933 (§ 1).
Kriegsdienst ohne Fronteinsatz; 1920–1930 Gewerbegerichtsrat und Stadtsyndikus bei der Stadt München; 1930 aus gesundheitlichen Gründen pensioniert; ab 1933 Pensionsverkürzung; der Plan, 1933 nach Mailand zwecks Betriebs einer Filiale der Berlitz-School zu gehen, misslingt; Witwe und Kinder emigrieren 1936/38 in die USA; 1939 Verlust des Witwen- und Waisengeldes.
BayHStA, MJu 21361; Stadtarchiv München, RAK 468; Stadtarchiv München, PA 12003; BayLEA, EG 16199; StAM, AG München, NR 1936/3092.

Maron, Oskar
2.2.1885 München – 24.4. 1959 München; verh. „Mischehe"; Vater: Rentner; evangelisch; St: Erlangen, München, Berlin; Dr. jur. Erlangen 1909; StP: 1910; Z: München 1920 – 30.11.1938.

Foto: Privat.

Dolmetscher an der Front; 9.11.1938 Kanzlei geplündert; 1939 – 1941 ohne Beruf; 1941/42 Hilfsarbeiter; 1942–1944 Konsulent bzw. Hilfskonsulent; ab 1944 Zwangsarbeit; Juli 1945 Wiederzulassung in München; Mitglied des Siebener-Ausschusses zum Aufbau der Rechtsanwaltskammern; Mitglied des Kammervorstands; ab 1949 Schriftleiter der Mitteilungen der RAK München; Bruder (Arzt) begeht 1941 Selbstmord.
MJu, PA M 21; Stadtarchiv München, RAK 519; BayHStA, EG 91098 = A 404; Heinrich 213; RAK München, Nachlass.

Mayer, Adolf
26.8.1893 Würzburg – 2.12. 1961 New York; verh., 1 Tochter; Vater: Kaufmann (Textilwaren); St: München, Berlin; Dr. jur. Würzburg 1917; StP: 1919; Z: München 1920 – 30.11.1938.

Foto: StadtA München.

Dekorierter Frontkämpfer; 10.11. – 6.12.1938 KZ Dachau; 9.11.1938 Kanzlei zerstört; Aug. 1939 Emigration nach England; Aug. 1940 Dominikanische Republik, Juli 1946 in die USA; dort Buchhalter in New York.
Stadtarchiv München, RAK 431; BA Berlin, R 22 Pers. 67834; BayHStA, OP 74943; BayLEA, EG 97177, 97178; StAM, WB I a 48, 565; N 134, 135, 1124, 6663, 7290–95; Auskunft Gedenkstätte Dachau; Strätz 384.

Mayer, Artur
30.5.1887 Würzburg – 26.9. 1978 Oakland, CA/USA; led.; Vater: Zigarrenfabrikant; St: Berlin, Würzburg; Dr. jur. Würzburg 1911; StP: 1912; Z: München 1913 – 30.11. 1938.
Dekorierter Frontoffizier; geprüfter Versicherungssachverständiger; Syndikus des Verbands der Lichtspieltheaterbesitzer und Vorsitzender des Filmschiedsgerichts für Südbayern; Juli 1939 Emigration nach London, Mai 1940 weiter in die USA; dort 1942–1944 Arbeiter auf einer Schiffswerft, 1945 ff. Vertreter, ab 1950 Kaufmann in San Francisco; Ausbürgerung 1940.

Foto: StadtA München.

BayHStA, OP 7777; BA Berlin, R 22 Pers. 67837; BayLEA, EG 97169; Stadtarchiv München, RAK 264; StAM, WB I N 781, 3390, 4111, 9817; Hepp, Liste 194/149; Strätz 379.

Mayer, Bernhard
19.7.1865 Bayreuth – 29.8. 1934 München; verh., 2 Söhne; Dr. jur. Erlangen 1888; StP: 1890; Z: München 1891 – Tod; Justizrat 1911, Geheimer Justizrat 1925.
Renommierter Anwalt; Verfasser von Kommentaren u.a.; seit 1913 im Vorstand der RAK München, 1931–1933 ihr stv. Vorsitzender; 1931 Beisitzer im Staatsprüfungsausschuss; Witwe und 1 Sohn Opfer des Holocaust.
BayHStA, MJu 21393; Stadtarchiv München, RAK 466; StAM, AG München, NR 1934/2113; Walk 259; Heinrich 49, 51, 55; BIGZ Nr. 19 vom 1.10.1934, 392f. (Nachruf).

Mayer, Ludwig
11.12.1904 Augsburg – 20.10. 1995 Minneapolis/USA; led.; Vater: Viehhändler u. Metzger; St: München; StP: 1931; Z: Augsburg 1931 – 5.8.1933 (§ 1).
Publikationen zu rechtswissenschaftlichen Themen und zur schwäbisch-jüdischen Geschichte; nach Berufsverbot bis 1938 Syndikus einer Lederfabrik; Dez. 1938 Emigration in die USA; dort CPA; Ausbürgerung 1942.

Foto: Privat.

BayHStA, MJu 21401; BayLEA, EG 82621; Hepp, Liste 272/43; Auskunft Gernot Römer, Augsburg.

Mayer, Ludwig Karl
1.12.1893 München – 1942 Piaski/Galizien; led.; Vater: Rechtsanwalt und Geheimer Justizrat; St: München; Dr. jur. München 1919; StP: 1920; Z: München 1921 – 30.11.1938.
In der Kanzlei des Vaters Geheimer Justizrat Dr. Bernhard Mayer tätig; dessen Verdienste um die Anwaltschaft

bewirken 1933 Fortdauer der Zulassung; 10.11.1938 KZ Dachau (ca. 4 Wochen); bis 1942 Konsulent; 4.4.1942 Deportation nach Piaski; Mutter wird Opfer des Holocaust.
Stadtarchiv München, RAK o.S.; StAM, OLG München 704; BayHStA, EG 71101 = A 380; UAM, Promotionsakt; Gb 1001; IfZ, Fa 209; Auskunft Gedenkstätte Dachau.

Mayer, Max
11.11.1884 Aschaffenburg – 25.11.1941 Kowno/Litauen; led.; katholisch; Vater: Kaufmann; StP: 1923; Z: München 1924 – 30.11.1938.
Dekorierter und verwundeter Frontkämpfer; 1921–1924 wissenschaftlicher Hilfsarbeiter bei der Oberpostdirektion München; 20.11.1941 Deportation ins Baltikum.
BA Berlin, R 22 Pers. 67866;

Foto: StadtA München.

Stadtarchiv München, RAK 331; IfZ, Fa 208; Gb 1002; Gb Baltikum 121.

Mayer, Robert Heinrich
12.1.1897 München – 22.3. 1960 New York; verh., 2 Kinder; Vater: Rechtsanwalt und Geheimer Justizrat; St: München; Dr. jur. Würzburg 1921; StP: 1923; Z: München 1923 – 30.11.1938.
Dekorierter Frontkämpfer; Spitzenexamen; Leiter der Rechtsabteilung des Bankhauses Aufhäuser in München; 10.11. – 15.12.1938 KZ Dachau; Juli 1939 Emigration über England in die USA; dort als CPA tätig; Mutter

Foto: UAM.

und Bruder werden Opfer des Holocaust.
Stadtarchiv München, RAK 467; BA Berlin, R 22 Pers. 67874; BayHStA, EG 71107 = A 384; StAM, WB I a 3285; N 369–371, 9142, 9143; Auskunft Gedenkstätte Dachau.

Meyer, Eugen
26.11.1872 Neustadt/Haardt – 23.6.1948 Bremen; verh. „Mischehe", 2 Kinder; Vater: Weingutsbesitzer; „ohne Religion"; Dr. jur. Erlangen 1899; StP: 1901; Z: München 1902 – 30.11.1938; Justizrat 1924.

Foto: StA Bremen.

14.11. – 1.12.1938 KZ Dachau; 1939 Umzug nach Bremen; dort ohne berufliche Tätigkeit; Kinder mussten 1943 die Schule verlassen; entgeht im Februar 1945 wegen seines Alters der Deportation nach Theresienstadt.
Stadtarchiv München, RAK 330; StA Bremen, 4, 82/1–3/219 (Einwohnermeldekartei)

und 4, 54–E779 (Wiedergutmachungsakt); Auskunft Gedenkstätte Dachau.

Mohr, Hans Erich
5.7.1900 Bamberg – 28.4. 1955 St. Gallen/CH; gesch.; Vater: Arzt; St: München; Dr. jur. Würzburg 1924; StP: 1931; Z: München 1931 – 29.8.1933 (§ 1).

Foto: UAM.

Emigration Aug. 1938 in die Schweiz, Sep. 1938 Istanbul, Okt. 1938 Schweiz; dort nach 1945 Vertreter; weitere biografische Details nicht bekannt.
BayHStA, MJu 21456; BayHStA, EG 47677 =A 465; StAM, OLG München 704; Stadtarchiv München RAK 855.

Mosbacher, David
7.11.1867 Marktbreit/UFr. – 14.3.1936 München; verh., 2 Söhne; StP: 1892; Z: München 1894 – Tod; Justizrat 1914.
Mosbacher ist Witwer; einer seiner Söhne ist 1931 verstorben; weitere Informationen liegen nicht vor.
BayHStA, MJu 21463; Stadtarchiv München, RAK 336; StAM, AG München NR 1936/986.

Mosbacher, Ernst
6.3.1900 München – 1942/43 KZ Auschwitz; led.; Vater: Rechtsanwalt und Justizrat; St: München; StP: 1926; Z: München 1927 – 23.9.1933 (§ 1).
Leiter des Synagogenchors; trotz des Nachweises der Mitgliedschaft im Freikorps Epp 1919 erfolgt gegen das Votum des OLG-Präsidenten 1933 Berufsverbot; Mosbacher, der auch als Opernsänger ausgebildet ist, emigriert 1935 in die Schweiz; 1935–1938 Engagement am Stadttheater Bern als Heldentenor, daneben Gastspiele an weiteren Schweizer Theatern; ab 1939 an der Oper Monte Carlo; letzter nachweisbarer Auftritt 14.5.1942 an der Opera Municipal Avignon; Sept. 1942 von Drancy/Frankreich nach Auschwitz deportiert.

Foto: UAM.

BayHStA, MJu 21464; Stadtarchiv München, RAK 853; StAM, OLG München 704; Gb 1057; Auskunft Stadtarchiv München; Gb Frankreich (Transport 29); Andreas Kotte (Hrsg.), Theaterlexikon der Schweiz. Zürich 2005, 1278.

Mosbacher, Kurt
28.12.1890 Nürnberg – 11.10. 1972 Los Angeles/USA; verh., 1 Tochter; Vater: Kaufmann; St: München, Genf, Berlin, Würzburg; Dr. jur. Würzburg 1913; StP: 1917 (Bewerber); Z: München 1918 – 30.11. 1938.
Dekorierter Frontkämpfer; kriegsversehrt (30 %); 1918 kurzzeitig im juristischen Staatsdienst; Praxisschwerpunkte: Handels-, Steuer- und Wirtschaftsrecht; 10.11. – 8.12.1938 KZ Dachau; Kanzleieinrichtung entwendet; Dez. 1938 Emigration über die Schweiz in die USA; dort nach Jurastudium Rechtsanwalt; 1939 Ausbürgerung.

Foto: StadtA Nürnberg.

BA Berlin, R 22 Pers. 68805; Stadtarchiv München, RAK 337; BayLEA, EG 5258; StAM, WB I N 394, 1686, 7467, 9568, 10092; Auskunft Gedenkstätte Dachau; Hepp, Liste 141/137.

Neu, Sigmund
10.11.1875 Metz – 24.3.1949 New York; verh., 3 Kinder; StP: 1902; Z: Metz 1902–1918, Augsburg 1919/20, München 1920 – 30.11.1938; Justizrat 1925.
1918 aus Frankreich ausgewiesen; 1940 Emigration in die USA; Ausbildung als Buchprüfer und Steuerberater;

Foto: StadtA München.

Tätigkeit als Halbtagsbürohilfskraft, Ehefrau als Krankenpflegerin; 1941 Ausbürgerung.
Stadtarchiv München, RAK 804; BayLEA, EG 120577; StAM, WB I N 326, 7733, 9807, 10386, 10387, 10401; Hepp, Liste 242/126.

Neuburger, Ary Zacharias
4.8.1883 Fürth – 31.5.1949 München; verh. „Mischehe"; Vater: Kaufmann; Dissident; St: München. Berlin, Erlangen; Dr. jur. Würzburg 1910; StP: 1911; Z: München 1912 – 30.11.1938.

Foto: Privat.

Im Weltkrieg nach schwerer Operation Bürodienst; langjähriger Dozent an der Brauerschule München; ab 1941 Zwangsarbeiter und mehrfache Lagerhaft; übersteht die NS-Zeit wegen „Mischehe", ist aber geschwächt, weil schwere Erkrankung bis 1945 nicht behandelt wird; 1946 Wiederzulassung in München.
Stadtarchiv München, RAK 835; BA Berlin, R 22 Pers. 69494; BayHStA, EG 39541 = K 263; MJu, PA o.S.; BIGZ Nr. 24 vom 25.12.1935, 564.

Neuburger
Fritz (Fred) Siegfried
28.12.1884 Dillingen – Feb. 1945 New York, led.; Vater: Bankier; St: München, Berlin, Genf; Dr. jur. Erlangen 1913; StP: 1910; Z: München 1913 – 30.11.1938.
Dekorierter Frontoffizier; Nov. 1938 Emigration über die Schweiz in die USA.
Stadtarchiv München, RAK 834; BA Berlin, R 22 Pers. 69495; BayHStA, OP 9092; StAM, WB I a 1625; N 7227; Eckstein 56; Weber, Max Hirschberg 70, 108, 280, 286.

Neuburger, Wilhelm
20.1.1878 Wonfurt/UFr. – 29.12.1966 Wichita, Kansas/ USA; verh., 2 Kinder; Vater: Viehhändler; StP: 1903; Z: München 1904 – 30.11. 1938; Justizrat 1926.

Foto: StadtA München.

Frontkämpfer; 10.11. – 26.11. 1938 KZ Dachau; Juli 1939 Emigration nach London, April 1940 weiter in die USA; dort bis 1951 Arbeiter; Schwester wird Opfer des Holocaust.
Stadtarchiv München, RAK 833; BayHStA, OP 59819; BayHStA, EG 97633 = K 308; StAM, WB I a 4681; N 1234, 2656, 4229, 10091, 10389, 10390.

Neuland, Fritz Siegfried
30.1.1889 Bayreuth – 4.11. 1969 München; verh. „Mischehe", 1 Tochter; Vater: Kaufmann; St: München; StP: 1919; Z: München 1920 – 30.11.1938; Konsulent bis Anfang 1943.
Nach dem Nachweis der Frontkämpfereigenschaft musste das am 30.8.1933 verhängte Berufsverbot am 15.2. 1934 zurückgenommen werden; 1942–44 Zwangsarbeit, die zu Augenleiden führt; März 1946 Wiederzulassung in München; ab 1945 Vizepräsident, 1951 Präsident der Israelitischen Kultusgemeinde München; 1952–1963 Mitglied des Bayerischen Senats; 1959 Bayerischer Verdienstorden; Vater von Charlotte Knobloch, Präsidentin der Israelitischen Kultusgemeinde München und Oberbayern und des Zentralrats der Juden in Deutschland.

Foto: StadtA München.

MJu, PA N 19; Stadtarchiv München, RAK o.S.; BayHStA, EG 84999 = A 12 c; StAM, OLG München 704; Lamm 12, 489; Heinrich 118, 153, 215; Göppinger 353; Ostler 474, 476; Kempner RuP 1971, 118; MJN 1/1964; SZ Nr. 266 v. 6.11.1969, 16 u. Münchner Merkur Nr. 266 v. 6.11.1969, 16 (Nachrufe); Helga Schmöger (Hrsg.), Der Bayer. Senat 229f.

Neumark, Robert
12.9.1900 Nürnberg – 14.9. 1959 New York; verh. „Mischehe"; Vater: Kaufmann; St: München; Dr. jur. Würzburg 1925; StP: 1926; Z: Augsburg 1927 – 29.8.1933 (§ 1).

Foto: UAM.

Kriegsdienst 1918 findet keine Anerkennung; Nähe zur SPD ist dagegen Kriterium für Berufsverbot; März/April 1933 Schutzhaft; Juli 1934 Emigration in die USA; dort zunächst Unterstützung durch caritative Organisationen, ab 1936 Bürotätigkeit in einer Krankenhausverwaltung.
Stadtarchiv München, RAK 832; StAM, OLG München 704; StAM, WB I a 3064; N 4759, 4798, 5208, 9754; BayHStA, BEG 16991 = A 15; Strätz 411.

Neustätter, Alfred
16.8.1890 München – 5.7.1955 London; verh.; Vater: Privatier; StP: 1916; Z: München 1917 – 18.8.1933 (§ 1).

Foto: StadtA München.

Hat 1927 die konkursreifen Grafitwerke Kropfmühl/Niederbayern saniert; 3.11.1937 gewaltsam aus dem Betrieb vertrieben; 10.11.1938 KZ Dachau (ca. 4 Wochen); April 1939 Emigration nach England; dort kaufmännischer Angestellter.
StAM, OLG München 704; Stadtarchiv München, RAK o.S.; MJu, PA N o.S.; BayHStA, EG 70334 = K 508; Auskunft Gedenkstätte Dachau; Martin Broszat (Hrsg.), Bayern in der NS-Zeit, Bd. I, München 1977, 467.

Nördlinger, Max
13.6.1869 Lindau – 2.5.1935 Lindau; verh., 2 Söhne; Vater: Hopfenhändler; StP: 1894; Z: Lindau 1895 – Tod; Justizrat 1921.
Schon vor 1933 Nazigegner; ein Sohn wird 1933 als Referendar entlassen; Witwe stirbt 1940 in München.

Foto: Privat.

BayHStA, MJu 21516; BayHStA, EG 73489 = K 652; Gernot Römer „Wir haben uns gewehrt" ... Augsburg 1995, 17–21.

Oberbrunner, Stefan
10.2.1901 Nürnberg – 1943 KZ Majdanek/Galizien; verh., 1 Tochter; Vater: Kaufmann; St: Kiel, Hamburg; StP: 1926; Z: Augsburg 1927 – 5.8.1933 (§ 1).

Foto: StadtA München.

Der SPD nahe stehend; Mitte März bis Mitte April 1933 Schutzhaft; bis zur Emigration im Juni 1934 nach Frankreich Syndikus in München; in Frankreich u.a. Betrieb eines verlustreichen Fotogeschäfts und einer Inserentenzeitschrift; 1938 Ausbürgerung; 1935 bis 1939 in Südfrankreich Arbeit auf einer Farm für Kost und Logis; 1939 Dienst in der französischen Armee; 1940 Internierung; später Lager im unbesetzten französischen Süden u.a. in Gurs; 6.3.1943 von Drancy nach Majdanek deportiert; Ehefrau und Tochter emigrieren im Okt. 1941 in die USA.
BayHStA, MJu 21521; Stadtarchiv München, RAK 775; StAM, OLG München 704; StAM, WB I a 881; N 896; BayLEA, BEG 7702, 7703; Gb N 251; Gb 1111; Hepp, Liste 69/40; Gb Frankreich (Transport 51).

Oberländer, Ernst
30.4.1879 Kaiserslautern – 1942 Izbica/Galizien; verh., 2 Kinder; Vater: Rentner; Dr. jur. Freiburg 1903; StP: 1905; Z: München 1906 – 30.11.1938; Justizrat 1928.
Spezialist für Automobil- und Kfz-Recht; 1938 Umzug nach Köln; 15.6.1942 zus. mit Ehefrau von Köln nach Izbica deportiert; den Kindern gelingt die Emigration über England in die USA.
Stadtarchiv München, RAK 801; BayLEA, EG 97733 (Sohn); StAM, WB I a 1622; N 554, 555; Auskunft Stadtarchiv Köln; Luig 304.

Obermeyer, Moritz
6.12.1855 Steinhart/Gunzenhausen – 16.1.1942 München; verh., 2 Kinder; St: München; Dr. jur. München 1880 (Preisschrift);

Foto: StadtA München.

StP: 1881; Z: München 1882 – 22.12.1933 („Verzicht"); Justizrat 1903, Geheimer Justizrat 1918.
Geachteter Münchener Anwalt; begeht am 16.1.1942 Selbstmord; Tochter wird Opfer des Holocaust.
BayHStA, MJu 21527; Gb M 654; Lamm 460.

Oestreich, Carl Nathan
12.7.1877 Aschaffenburg – 16.12.1961 London; verh; Vater: Kaufmann; St: München, Lausanne, Berlin, Würzburg; StP: 1904; Z: München 1905 – 30.11.1938; Justizrat 1926.

Foto: StadtA München.

Dekorierter und verwundeter Frontoffizier; drei Jahre französische Gefangenschaft; seit 1910 Vorstandsmitglied der Israelitischen Kultusgemeinde München und später des Landesverbands der Bayerischen Israelitischen Kultusgemeinden; im Vorstand der RAK München; hält bedeutende Rede 1929 „Anwalt, Volk und Staat" auf dem Anwaltstag Hamburg; 1934–1939 Angestellter der Kultusgemeinde; 11.11.1938 KZ Dachau (ca. 4 Wochen); März 1939 Emigration nach England; dort Arbeit als Vertreter, lebt z.T. von Unterstützung durch Verwandte, Ehefrau arbeitet als Babysitter; 1940 Internierung; Ausbürgerung 1939.
BayHStA, OP 1187; BayHStA, BEG 5470–72 = A 18; Stadtarchiv München, RAK 794; StAM, PolDir 15044; Hepp, Liste 144/106; Göppinger 306; Heinrich 156; Walk 286; BHE I 538; Lamm 28, 68, 77, 138, 324, 441f., 447, 460; Aufbau Nr. 27/1947, 35; AJR 2/1962, 8 (Nachruf); Auskunft Gedenkstätte Dachau.

Oppenheimer, Albert
17.12.1897 München – 22.6. 1942 KZ Majdanek/Galizien; led.; Vater: Rechtsanwalt und Justizrat; St: München; StP: 1924; Z: Würzburg 1925/26, München 1926 – 30.11.1938; anschließend Konsulent bis 1942.
Dekorierter und verwundeter Frontoffizier; 10.11.1938 KZ Dachau (ca. 4 Wochen); 4.4.1942 nach Piaski/Galizien deportiert.

Foto: StadtA München.

Stadtarchiv München, RAK 793; BayHStA, OP 1175; BayHStA, EG 75937 = K 240; Gb 1120; IfZ, Fa 209; Göppinger 256; Heinrich 153f.

Oppenheimer, Ernst Simon
8.9.1901 München – 1944 KZ Auschwitz; led.; Vater: Kaufmann; St: München; StP: 1927 (Bewerber); Z: München 1929 – 29.8. 1933 (§ 1).
1928 bei Staatsdienstbewerbung als „israelitischer Typus" bezeichnet; einziger Ernährer der vermögenslosen Eltern; 10.11.1938 KZ Dachau (ca. 4 Wochen); 24.6.1943 nach Theresienstadt deportiert; 28.9.1944 von dort nach Auschwitz.
BayHStA, MJu 21538; Stadtarchiv München,

Foto: UAM.

RAK 796; StAM, OLG München 704; Gb 1122; Gb Theresienstadt 302; Auskunft Stadtarchiv München.

Oppenheimer, Leo
25.5.1865 München – 11.5. 1936 München; verh. 3 Kinder; StP: 1890; Z: München 1891 – Tod; Justizrat 1912.
Geachteter Anwalt; großes Engagement bei der Israelitischen Kultusgemeinde München und beim Landesverband der Bayerischen Israelitischen Kultusgemeinden; ein Sohn wird Opfer des Holocaust.
BayHStA, MJu 21540; Stadtarchiv München, RAK 797; StAM, PA 23175; StAM, AG München, NR 1936/1555; BIGZ Nr. 10 vom 15.5.1935, 219f. (zum 70. Geburtstag) und Nr. 11 vom 1.6.1936, 249ff. (Nachruf).

Oppenheimer, Siegfried
20.2.1883 München – 25.11. 1941 Kowno/Litauen; led.; Vater: Kaufmann; St: Mün-

Foto: StadtA München.

chen, Würzburg, Berlin, Erlangen; Dr. jur. Erlangen 1913; StP: 1911; Z: Fürth 1916, München 1917 – 30.8. 1933 (§ 1).
Militärdienst beim Kriegsbekleidungsamt; danach zeitweise beim Heeresabwicklungsamt München, beim Ministerium für militärische Angelegenheiten und beim Reichsschatzministerium Zweigstelle Bayern; 10.11. 1938 KZ Dachau (ca. 4 Wochen); 20.11.1941 Deportation ins Baltikum; weitere Einzelheiten liegen nicht vor.
BayHStA; MJu 21541; BayHStA, OP 73792; Stadtarchiv München, RAK 795; IfZ, Fa 208; Gb 1126; Auskunft Gedenkstätte Dachau; Gb Baltikum 122..

Pereles, Max
14.11.1886 Chodenschloss/Pilsen – 27.4.1971 Philadelphia/USA; verh. „Mischehe"; Vater: Kaufmann; St: München, Berlin; Dr. jur. Würzburg 1918; StP 1916; Z: München 1918 – 30.8. 1933 (§ 1).
Nach Berufsverbot zeitweise Geschäftsführer einer Zigarrenfabrik; Dez. 1936 Emigration nach Italien; Versuch des Betriebs einer Pension schlägt fehl; ab 1940 Internierung in Süditalien; Ehefrau untergetaucht; nach 1945 Besitz durch Jugoslawien enteignet; deshalb 1947 Weiterwanderung in die USA; dort Vertreter, Mitarbeiter in Anwaltsbüro.
BayHStA, MJu 21571; BayHStA, BEG 6859 =K 296; BayLEA, BEG 53165 (Ehefrau); StAM, OLG München 704.

Perlmutter, Alfred
2.5.1880 Ichenhausen – 1.3. 1957 Jerusalem; verh., 1 Tochter; Vater: Kantor; StP: 1906; Z: Nürnberg 1907–1909, München 1909 – 30.11.1938; Konsulent Dez. 1938 – 14.3. 1939.
Zionist; Vorstandsmitglied der Israelitischen Kultusgemeinde München und des Landesverbands der Bayerischen Israelitischen Kultusgemeinden; Vorsitzender des Jüdischen Kulturbunds München; 11.11.1938 KZ Dachau (ca. 4 Wochen); März 1939 Emigration nach Palästina; dort nach Jurastudium und Examen im Nov. 1941 Anwaltszulassung.

Foto: StadtA München.

Stadtarchiv München, RAK 1134; BayHStA, EG 77158 = K 332; Walk, 293; Lamm 28, 66, 447, 477; BIGZ Nr. 1 vom 1.1.1935, 7; Auskunft Gedenkstätte Dachau.

Prager, Max
20.5.1872 Heilbronn – 6.11. 1941 Chicago/USA; verh., 1 Sohn; Vater: Kaufmann; St: München, Leipzig, Tübingen; Dr. jur. Heidelberg 1896, Dr. oec. publ. München 1897; StP: 1897; Z: München 1898 – 30.11.1938; Justizrat 1921.
Schüler von Lujo Brentano; Schwiegersohn von Theodor Löwenfeld; wissenschaftlich tätig; zahlreiche Publikationen zu Bank- und Währungs-

Foto: StadtA München.

fragen; 10.11.1938 KZ Dachau (ca. 4 Wochen); April 1939 Emigration über die Schweiz in die USA; Ausbürgerung 1941.
Stadtarchiv München, RAK 1145; BayLEA, BEG 7928; UAM, Promotionsakt; StAM, WB I N 5630; Hepp, Liste 220/135.

Prochownik, Julius
27.1.1873 Bromberg – 2.6. 1945 Berlin; verh. „Mischehe", 5 Töchter; Vater: Kaufmann; evangelisch; St: München, Berlin, Göttingen; StP: 1901; Z: Passau 1902, Bamberg 1903, Donauwörth 1903 – 1937; Justizrat ca. 1925.
Größte Praxis des Landgerichtsbezirks; ab 1933 lösen starke Anfeindungen in der Kleinstadt psychische Probleme aus, die zu seiner Entmündigung und Sterilisierung führen; 1938 Umzug nach Berlin, wo er 1943 im Lager Rosenstraße knapp der Deportation entgeht; stirbt 1945 an Entkräftung.

Foto: StadtA Donauwörth.

Auskunft Stadtarchiv Donauwörth; EA Berlin 120233; BayLEA, BEG 13649; StA Augsburg, AG Donauwörth E 2/38; Artikel „Kesseltreiben gegen den Juden". In: Donauwörther Zeitung Nr. 269 vom 22.11.2005.

Raff, Hermann
23.8.1868 Göppingen – 29.9. 1943 Füssen; verh. „Mischehe", 2 Kinder; Vater: Webermeister; Dr. jur. Erlangen

1892; StP: 1894; Z: München 1895 – 30.11.1938; Justizrat 1920.
Syndikus des Bayerischen Maklerverbands; gute zivil- und handelsrechtliche Praxis; zieht sich nach 1933 wegen starken Niedergangs der Einnahmen aus der Arbeit zurück und lebt abgeschieden in Füssen.

Foto: Privat.

BayLEA, EG 65713; Auskunft Prof. Dr. Thomas Raff (Enkel).

Rau, Meinhold
6.11.1865 München – 9.12. 1941 Cheltenham/GB; verh., 2 Töchter; Vater: Rechtsanwalt, Geheimer Justizrat und Kgl. Advokat; StP: 1891; Z: München 1892 – 30.11. 1938; Justizrat.
Aus bekannter Anwaltsfamilie; berufliche und verwandtschaftliche Beziehungen zu den Anwaltsfamilien Friedlaender und Herzfelder; Aug. 1939 Emigration nach England; 1940 Ausbürgerung.

Foto: StadtA München.

Stadtarchiv München, RAK 191; BayHStA, EG 83435 = K 2782; Hepp, Liste 177/103–104.

Regensteiner, Ludwig
9.9.1889 Augsburg – 28.6. 1974 Cranston, R.I./USA; verh., 3 Kinder; Vater: Likörfabrikant; St: Genf, München, Berlin; Dr. jur. Erlangen 1914; StP: 1919; Z: München 1920 – 13.8.1937 („Verzicht").

Foto: Privat.

Dekorierter Frontoffizier; Sozius von Max Hirschberg und Philipp Löwenfeld; überwiegend Zivilpraxis; 1933 misshandelt und beschimpft; Aug. 1937 Emigration über Zürich in die USA; dort Tätigkeit in einer chemischen Fabrik bis 1954, danach Vertreter für Chemikalien; 1938 Ausbürgerung.
BayHStA, MJu 21656; BayHStA, OP 3737; BA Berlin, R 22 Pers. 71721; BayLEA, EG 98195; Stadtarchiv München, RAK 263; StAM, WB I N 452, 3113, 10445; Göppinger 49; Heinrich 106; Hepp, Liste 75/43; Auskunft Gernot Römer, Augsburg.

Reinach, Franz
19.9.1903 München – 3.4. 1961 Nijmegen/NL; verh. „Mischehe"; Vater: Arzt, Geheimer Sanitätsrat u. Hofrat; katholisch; St: München, Göttingen; Dr. jur. Göttingen 1927; StP: 1929; Z: Düsseldorf 1931/32, München 1932 – 30.8.1933 (§ 1).
Dez. 1933 Emigration nach Holland; dort nach erneutem Jurastudium und Examen 1935 Anwaltszulassung; es ist nicht bekannt, wie er die deutsche Besatzung überlebt hat; Vater, bekannter Kinderarzt und Klinikleiter, stirbt 6.12.1938 in München, Mutter wird 1941 deportiert.

Foto: UAM.

StAM, OLG München 704; StAM, WB I a 1544, 1631–34; N 1562; BA Berlin, R 22 Pers. 71837; BayHStA, EG 90549 = A 40.

Reinach, Heinrich Friedrich
4.6.1888 Mainz – 7.11.1965 São Paulo/Brasilien; verh. „Mischehe", 4 Kinder; Vater: Fabrikant; evangelisch; St: München, Heidelberg, Berlin, Gießen; Dr. jur. Gießen 1910; StP: 1914; Z: München 1920 – 30.11.1938.
Dekorierter und verwundeter Frontoffizier; Prüfungsbester; Spezialgebiet: Steuer- und

Foto: StadtA München.

Wirtschaftsrecht; große und einkömmliche Praxis; Gründer und Herausgeber der Zeitschrift Steuer und Wirtschaft (StuW); zahlreiche Veröffentlichungen; März 1939 Emigration nach Brasilien; dort ohne berufliche Tätigkeit, ab 1946 Rechtsberater mit bedeutender Praxis; Pionier des brasilianischen Steuerrechts; nach 1956 verfolgungsbedingte gesundheitliche Probleme.
BayHStA, BEG 36352 = K 594; Stadtarchiv München, RAK o.S.; BA Berlin, R 22 Pers. 71839; Göppinger 310; StuW 1966, 146 (Nachruf); Auskunft Dr. Martin Buchetmann, München.

Reis, Fritz (Reis-Rice, Frederick)
6.6.1892 Darmstadt – 30.3. 1971 München; verh.; Vater: Rechtsanwalt und Geheimer Justizrat; St: Würzburg, Erlangen; Dr. jur. Erlangen 1922; StP: 1921; Z: Nürnberg 1921–1923, München 1925 – 30.11.1938.

Foto: Privat.

Dekorierter Frontkämpfer; 1923–1925 Prokurist und Syndikus einer Münchener Privatbank; 10.11. – 15.12. 1938 KZ Dachau; 10.11.1938 Kanzlei geplündert, Geld und Wertpapiere entwendet; Juni 1939 Emigration über England in die USA; dort 1941–1952 CPA; nach Rückkehr 1952 Wiederzulassung in München; 1954 Wiedereinbürgerung.
Stadtarchiv München, RAK o.S.; MJu, PA R 50; BayHStA, BEG 9644 = A 53; StAM, WB I N 3879, 10433; Auskunft Gedenkstätte Dachau.

Rheinheimer, Walter
6.7.1906 Pirmasens – 25.11. 1941 Kowno/Litauen; led.; Vater: Kaufmann (Schuhhandel); Dr. jur. Würzburg 1930; StP: 1932; Z: München 7.9. 1932 – 5.8.1933 (§ 1). Alteingesessene Pfälzer Familie; Vater verarmt; 20.11.1941 Deportation ins Baltikum; weitere biografische Details nicht bekannt.

Foto: StadtA München.

BayHStA, MJu 21688; Stadtarchiv München, RAK 203; StAM, OLG München 704; IfZ, Fa 208; Gb 1198; Gb Baltikum 123.

Rheinstrom, Heinrich (Henry)
15.4.1884 Kaiserslautern – 30.12.1960 New York; verh., 1 Tochter; Vater: Druckereibesitzer; St: Würzburg, München, Berlin; Dr. jur. Würzburg 1906; StP: 1909; Z: München 1910 – 5.12. 1933 („Verzicht"). Kriegsdienst u.a. im Auswärtigen Amt; zahlreiche Veröffentlichungen und Kommentare; Spezialgebiete: Finanzwissenschaft, Aktien-, Steuer- und Wirtschaftsrecht; Honorarprofessor der TH München; 26 Aufsichtsratsposten; 1933 Plünderung seines Hauses und Hetzartikel in der Presse; Emigration April 1933 nach Paris, später nach London; dort Rechtsberater und Lehrtätigkeit; 1939 weiter in die USA; dort Rechtsberater; 1937 Ausbürgerung.

Foto: RHb 1521.

BayHStA, MJu 21691; BayHStA, EG 112098 = A 51; Archiv der TU München, PA; Heinrich 158; Göppinger 211, 214, 311; Walk, 309; Lamm 327; BHE I 601; RHb 1521; Hepp, Liste 11/27; Stiefel-Mecklenburg 116, 210; LBI Berlin, MM 63; Aufbau Nr. 2/1961, 2 (Nachruf).

Rieser, Leopold
10.3.1880 Ichenhausen – 13.11.1938 KZ Dachau; led., 1 Tochter; Vater: Kaufmann; St: München, Würzburg; StP: 1907; Z: Augsburg 1908 – Tod.

Foto: Privat.

Dekorierter Frontoffizier; bekannter Strafverteidiger von großem Ansehen; eine Liebesbeziehung in Buchloe wird vom Stürmer in bekannter Manier angeprangert; als Veteran glaubt er, die Auswanderung hinauszögern zu können; nach widersprüchlichen Zeugenaussagen wurde er entweder beim Aussteigen in Dachau erschlagen oder nahm unterwegs Gift und traf bereits tot im Lager ein.
BA Berlin, R 22 Pers. 72338; BayHStA, OP 3752; BayHStA, BEG 19803 = A 94; StAM, I N 9943; Der Stürmer, 12. Jg. 1934, Nr. 43: Die Schande von Buchloe; Gernot Römer: Ein Mann, der zu sehr an Deutschland hing. Vom Tod des jüdischen Rechtsanwalts Rieser in Dachau, in: Augsburger Allgemeine Nr. 256 vom 5.11.1988.

Rosenberg, Alfred
10.8.1893 Fürth – 2.7.1940 London; led.; Vater: Kaufmann; konfessionslos; St: München, Berlin, Oxford; Dr. jur. München 1920; StP: 1920; Z: München 1920 – 26.7.1933 (§ 1).
Kriegsdienst ohne Fronteinsatz; 1937 Emigration nach England; dort als Banker tätig.
Stadtarchiv München, RAK 145; StAM, OLG München 704; BayHStA, OP 47303; UAM, Promotionsakt; Auskunft Stadtarchiv München und Archiv World Jewish Relief, Stanmore/GB.

Foto: UAM.

Rosenberg, Paul
30.3.1901 Augsburg – 9.10. 1958 New York; verh.; Vater: Kaufmann; St: München, Würzburg; Dr. jur. Würzburg 1927; StP: 1930; Z: Augsburg 1930 – 12.9.1933 (§§ 1 u. 3).
Ohne einer Linkspartei anzugehören Verteidigungen von Kommunisten und Linken; 23.3. – 28.4.1933 Schutzhaft; Sorge für 1933 in Konkurs gegangenen Vater wird nicht berücksichtigt; Aug. 1934 Emigration in die USA; dort Vertreter, Arbeiter, Packer, Bürotätigkeit.

Foto: UAM.

BayHStA, MJu 21728; StAM, OLG München 704; BayLEA, EG 64868.

Rosenbusch, Julius
11.11.1862 Augsburg – 16.6. 1942 München; verh., 1 Tochter; Vater: Bankier; StP: 1889; Z: München 1890 – 10.1.1938 („Verzicht"); Justizrat 1910.
Tod der Ehefrau 1939; Rosenbusch begeht 1942 aus Angst vor der Deportation Selbstmord.

Foto: StadtA München.

BayHStA, MJu 21733; BayHStA, EG 89768, 69 = A 143; BA Berlin, R 22 Pers. 72774; Stadtarchiv München, RAK 190; Gb 1227.

Rosenbusch, Wilhelm (Willy)
1.1.1882 Grünsfeld/Baden – 24.12.1972 Santiago de Chile; verh., 3 Kinder; Vater: Großkaufmann; St: Würzburg; StP: 1907; Z: Würzburg 1908–1919, Ingolstadt 1919 – 16.8. 1936 („Verzicht).
Kriegsdienst; bekannter Strafverteidiger; Vorsitzender der CV-Ortsgruppe Ingolstadt; Vorstandsmitglied des CV-Landesverbands Bayern; Syndikus der Bayerischen Mietervereine; führend in diversen anderen Vereinen; Nazigegner; 1936 Umzug nach Hamburg, von dort 1938 Emigration nach Chile; Arbeit in Laboratorium, später Rechtsberater in Wiedergutmachungssachen.

Foto: Straub-Douer.

BayHStA, MJu 21734; BayHStA, OP 60656; BA Berlin, R 22 Pers. 72775; Stadtarchiv München, RAK 146; Strätz 472; Straub 216f., 240ff.; Auskunft Dr. Theodor Straub, Gaimersheim.

Rosenthal, Julius
28.6.1892 München – 9.9. 1960 Chicago; verh., 2 Kinder; Vater: Kaufmann; St: München, Berlin, Leipzig; Dr. jur. München 1919; StP: 1919; Z: München 1920 – 30.8.1933 (§ 1).

Kriegsdienst ohne Fronteinsatz; Verfasser wissenschaftlicher Arbeiten und Autor mehrerer Kommentare; Nov. 1936 Emigration in die USA; dort Fotograf, Herstellung von Projektionsbildern für Lehrzwecke.

Foto: UAM.

BayHStA, MJu 21739; BayHStA, BEG 24388 = K 1823; Stadtarchiv München, RAK 205; StAM, OLG München 704; StAM, WB I a 2849; N 295, 2544, 3718; UAM, Promotionsakt.

Rosenthal, Wilhelm
21.12.1870 Fürth – 13.9. 1933 München; verh., 3 Kinder; Vater: Großkaufmann; St: Erlangen, München; Dr. jur. Erlangen 1894; StP: 1895; Z: München 1896 – Tod; Justizrat 1920.

Foto: Welt am Sonntag Nr. 52 vom 23.12.1928.

Seit 1918 in der Filmindustrie tätig; Vorstand der Münchener Lichtspielkunst (EMELKA) und anderer Filmfirmen; zahlreiche Veröffentlichungen zu literarisch- und künstlerischrechtlichen sowie künstlerischwirtschaftlichen Fragen; Entzug der Zulassung erst am 29.8.1933 durch Erteilung eines Passierscheins verhindert; Aufregung darüber und über den Verlust sämtlicher Aufsichtsratsposten führt offenbar zum Tod.
BayHStA, MJu 21742; Stadtarchiv München, RAK 187; StAM, OLG München 704; StAM, AG München, NR 1933/2383; BayLEA, EG 14921; RHb 1565f.; Heinrich 155; Lamm 247; Wirtschaftsführer Sp. 1868.

Rostowsky, Erich
17.11.1894 Libau/Litauen – 28.1.1970 Zürich/CH; led.; Vater: Kaufmann; St: München; Dr. jur. Erlangen 1918; StP: 1920; Z: München 1921 – 30.11.1938.
Frontkämpfer; ohne Bezahlung freiwilliger Einsatz eineinhalb Jahre beim Magistrat Pasing; 1937/38 Emigration über Meran in die Schweiz; dort wegen Krankheit ohne berufliche Tätigkeit.
Stadtarchiv München, RAK 184; BayHStA, BEG 8581 = A 161; Auskunft Stadtarchiv und Staatsarchiv Zürich.

Rothschild, Hugo
15.2.1875 München – 13.2. 1945 KZ Dachau;

Foto: StadtA München.

verh. „Mischehe", 2 Kinder; Vater: Lehrer; StP: 1902; Z: München 1903 – 30.11. 1938; Justizrat 1924; Konsulent Dez. 1938 – 1943.
Dekorierter Frontoffizier, Kriegsgerichtsrat; 10.11. – 1.12.1938 und 1.2. – 13.2. 1945 KZ Dachau.
BayHStA, OP 10567; BayHStA, EG 65200 = K 2030; Stadtarchiv München, RAK 189; Gb 1255; Auskunft Gedenkstätte Dachau.

Schlesinger, Moritz
6.9.1869 Philadelphia – 31.8. 1956 New York; verh., 2 Kinder; Dr. jur. Erlangen 1894; StP: 1895; Z: München 1896 – 30.11.1938; Justizrat 1925.
US-Staatsbürger; angesehener Strafverteidiger; vermögend; Dez. 1938 Emigration in die USA; dort ohne berufliche Tätigkeit; Sohn bekannter amerikanischer Juraprofessor.
Stadtarchiv München, RAK 1315; BayHStA, BEG 65623 = K 1128; StAM, WB I a 1723, 2014; N 1899, 7887, 9073; BHE II 1036 (Sohn).

Schmidt, Eugen
2.7.1895 München – 13.9. 1957 New York; verh.; Vater: Kaufmann (Käsegroßhandel); St: München; Dr. jur. München 1922; StP: 1921; Z: München 1922 – 30.11. 1938.
Kriegsfreiwilliger Frontkämpfer; Liberaler (DDP); Engagement bei der Israelitischen Kultusgemeinde Mün-

Foto: StadtA München.

chen und beim CV; wissenschaftliche Veröffentlichungen; ab 1925 Schriftleiter der BIGZ; 16.4. – 11.5.1937 Schutzhaft wegen Verdachts marxistischer Betätigung; 10.11.1938 Wohnung und Kanzlei geplündert; Antrag als Konsulent abgelehnt; 1939 Emigration in die USA; dort zunächst Vertreter, später CPA.
Stadtarchiv München, RAK 1340; BA Berlin, R 22 Pers. 74475; BayLEA, EG 75107; StAM, WB I N 1097, 1983, 9093.

Schnaier, Joseph
18.8.1897 Memmingen – 29.6.1965 Long Island City/USA; verh. „Mischehe"; Vater: Kaufmann (Lederhändler); St: München; Dr. oec. publ. München 1924; StP: 1925; Z: München 1926 – 30.11.1938.
Dekorierter und verwundeter Frontkämpfer; starker Praxisrückgang ab 1933; mehrfach bedroht; 10.11. – 17.12.1938 KZ Dachau; Aug. 1939 Emigration nach London, von dort Aug. 1940 weiter in die USA; dort zunächst Lagerangestellter und Bürogehilfe, später CPA; 1954 kommt eine Rückkehr als Rechtsanwalt nach München nicht zustande.
Stadtarchiv München, RAK 1399; BA Berlin, R 22 Pers. 74819; BayHStA, BEG 9853 = K 1616; BayLEA, BEG 61224 (Ehefrau); StAM, WB I N 9456; Auskunft Stadtarchiv Memmingen.

Foto: StadtA München.

Schnell, Friedrich
9.9.1872 Augsburg – 1.2.1943 KZ Theresienstadt; verh., 2 Töchter; Vater: Großhändler; StP: 1900; Z: München 1901 – 30.11.1938; Justizrat 1923.
Geachteter Anwalt, auch schriftstellerisch tätig; Juli 1942 nach Theresienstadt deportiert.

Foto: StadtA München.

Stadtarchiv München, RAK 1401; BayHStA, EG 81261 = A 137; Gb 1331; Gb Theresienstadt 308.

Schnitzlein(-Rothenberg), Hans Richard Josef
28.9.1898 Mannheim – 29.11.1969 São Paulo/Brasilien; verh. „Mischehe",

Foto: Privat.

1 Tochter; Vater: Arzt; protestantisch; St: München; Dr. jur. Würzburg 1921; StP: 1924; Z: München 1925 – 25.4.1933 („Verzicht").
Unmittelbar nach Abitur 1916 dekorierter Frontoffizier; anschließend Reichswehr bis Okt. 1919; 1923/24 aktiv gegen den Pfälzischen Separatismus; 1919 Adoption durch Polizeioberst Karl Schnitzlein; 1925–1938 beim Allianz-Versicherungskonzern; zuletzt Abteilungsleiter und Prokurist; Ende 1938 Emigration über die Schweiz nach Brasilien; dort Rechtsberater, später Rechtsanwalt (zusammen mit Dr. Heinrich Reinach) und Vizepräsident der Deutsch-Brasilianischen Handelskammer; große Verdienste um die deutsch-brasilianischen Wirtschaftsbeziehungen; Wiederzulassung in München 1960.
MJu, PA Sch 340; RAK München, PA; BayHStA, OP 28356; BayHStA, OP 58642 (Stiefvater); Allianz Archiv, PA; Auskunft Stefan Schultes-Schnitzlein (Enkel); Hans Schnitzlein, Erinnerungen aus dem 1. Weltkrieg und den Nachkriegsjahren. (Druck ohne Jahr, ohne Ort).

Schülein, Adolf Max
26.10.1897 München – 26.7.1965 Kolbermoor; verh. „Mischehe"; Vater: Rechtsanwalt u. Hofrat; katholisch; St: München; StP: 1928; Z: München 1928 – 12.10.1938 („Verzicht").
Dekorierter Frontkämpfer;

Foto: StadtA München.

1938 – 1941 ohne berufliche Tätigkeit; danach bis 1945 Zwangsarbeiter; büßt bei Betriebsunfall einen Finger ein; 1945–1951 zeitweise Staatsdienst (z.B. Landratsamt Miesbach); seit 1951 ohne berufliche Tätigkeit.
RAK München, PA; BayHStA, EG 13996 = K 2211; BA Berlin, R 22 Pers. 75466; StAM, OLG München 704; StAM, WB I a 2213, 2214; N 4243, 5690; Auskunft Standesamt Kolbermoor.

Schülein, Benno
21.3.1883 Ingolstadt – 9.11. 1957 München; led.; Vater: Bankier und Großhändler; konfessionslos; StP: 1912; Z: München 1913 – 30.11. 1938.

Foto: StadtA München.

11.11. – 13.11.1938 Schutzhaft; 14.11. – 19.12.1938 KZ Dachau; Juni 1940 – März 1943 Zwangsarbeiter; danach untergetaucht und durch Freunde unterstützt; 1945 Wiederzulassung in München; Mitglied des Fünferausschusses zur Wiedererrichtung der Rechtsanwaltskammern; 1953 Vizepräsident der RAK München; Gründer der noch heute existierenden Nothilfe für Rechtsanwälte; 1956 Großes Bundesverdienstkreuz.
Stadtarchiv München, RAK 1430; BayHStA, BEG 3375 = K 2213; MJu, PA Sch 2157; Göppinger 360; Heinrich 177, 213ff.; BIGZ Nr. 13. vom 1.7.1933, 206; Straub 120.

Schülein, Luitpold
10.9.1871 München – 9.4. 1933 München; verh., 1 Sohn; Vater: Bankier und Großhändler; StP 1896; Z: München 1897 – Tod; Hofrat.
Seit 1919 im Vorstand des Münchener Anwaltvereins, später Vorsitzender; seit 1924 im Vorstand der RAK München, große Verdienste um ihre Finanzen; 1931 Beisitzer im Staatsprüfungsausschuss.
BayHStA, MJu 21915; StAM, AG München, NR 1933/880; Heinrich 155; Anwaltsblatt 1933, 136 (Nachruf).

Schulmann, Fritz
16.8.1901 München – 27.10. 2001 Los Angeles; verh., 1 Sohn; Vater: Kaufmann; St: München; Dr. oec. publ. München 1924; StP: 1930; Z: München 1931 – 30.11. 1938.
1919/20 Mitglied der Schützenbrigade und des Freikorps Epp, deshalb 1933 Verbleib als Rechtsanwalt; Bankausbildung; nach Zweitstudium Anwaltszulassung; juristischer Mitarbeiter einer Wirtschaftsprüfungsgesellschaft; 10.11. 1938 KZ Dachau (ca. 3 Wochen); April 1939 Emigration auf die Philippinen; dort Buchhalter und Nachhilfelehrer; zwei Jahre Internierung; Mai 1946 Weiterwanderung in die USA; dort Versicherungsagent, später CPA; Vater überlebt Theresienstadt, Mutter stirbt dort.

Foto: StadtA München.

Stadtarchiv München, RAK 1433; BayLEA, EG 78768; BA Berlin, R 22 Pers. 75496; BayHStA, RStH 601; Rede zum 75jährigen Dr.-Jubiläum, München 1999; Auskunft Frau Rechtsanwältin Dorothea Lehner, München.

Schulmann, Robert Erich
9.2.1891 München – 13.12. 1958 Hamburg; gesch., 3 Kinder; Vater: Notar und Geheimer Hofrat; StP: 1919; Z: München 1920 – 1.6.1933 („Verzicht").
Hauptsächlich als stv. Direktor der Bayerischen Vereinsbank tätig; dort März 1938 entlassen; Juli 1939 Emigration nach England; Aug. 1947 – Okt. 1948 in München ohne berufliche Tätigkeit; Okt. 1948 Rückkehr nach London; 1956 Umzug nach Hamburg, dort Rechtsanwaltszulassung; Vater begeht 1942 Selbstmord.

Foto: StadtA München.

BayHStA, MJu 21922; BayHStA, EG 99315 = K 2324; Stadtarchiv München, RAK 1428; StAM, WB I N 3870, 7254.

Schwarz, Felix
24.1.1875 München – 29.8. 1939 München; verh. „Mischehe", 4 Kinder; Vater: Rentner; StP: 1901; Z: München 1902 – 30.11.1938; Justizrat 1924; Konsulent Jan. 1939 – Tod.
Biografische Details sind nicht bekannt.

Foto: StadtA München.

Stadtarchiv München, RAK 1456; BayHStA, EG 65314 = A 175; StAM, WB I N 7299; StAM, AG München, NR 1939/3489.

Seidenberger, Ernst
19.2.1877 Nürnberg – 7.6. 1957 München; verh., 2 Töchter; Vater: Kaufmann; katholisch; St: München, Berlin, Heidelberg, Erlangen; StP: 1902; Z: München 1903 – 30.11.1938; Justizrat 1925; Konsulent ab Sept. 1939.

Foto: StadtA München.

Dekorierter Frontoffizier, Kriegsgerichtsrat; Syndikus des Schutzverbands Deutscher Schriftsteller; Zwangsarbeit 1942/43; 16.1. – 21.2.1945 Lagerhaft; 21.2. – 25.6.1945 KZ Theresienstadt; aktiv beim Wiederaufbau der RAK München, 1946 bis zum Tod im Kammervorstand; 1952 Bundesverdienstkreuz am Bande.

BayHStA, EG 37201 = K 2870; BayHStA, OP 12167; MJu, PA S 1880; Göppinger 361; Heinrich 153, 178, 215f.

Seligmann, Reinhold
29.11.1892 Barkly East/Südafrika – 4.8.1968 Tübingen; verh., 2 Kinder; Vater: Kaufmann; St: München, Berlin; Dr. jur. Erlangen 1921/25; StP: 1921; Z: Nürnberg 1923–1931, München 1931 – 16.11.1936 („Verzicht"). Freiwilliger, dekorierter Frontoffizier; ab 1935 Buchbinderlehre; Nov. 1936 Emigration nach Palästina; dort ab 1937 Buchbinder; 1959 krankheitsbedingte Rückkehr nach München unter Beibehaltung einer Wohnung in Jerusalem; stirbt während einer Operation.

Foto: UAM.

BayHStA, MJu 21964; BayHStA, OP 12243; BayHStA, BEG 60607 = K 3000; BA Berlin, R 22 Pers. 76283; Stadtarchiv München, RAK 1481; BayLEA, BEG 3209.

Selo(-Stewart), Anna C.
29.12.1896 Sonneberg – 13.1.1969 Bristol/GB; verh., 2 Töchter; Vater: Kaufmann; St: München, StP: 1925; Z: München 1926 – 20.6. 1933 („Verzicht").
Zweite Frau, die in Bayern die juristische Staatsprüfung ablegte; 1933 nach Heirat mit englischem Staatsbürger Verzicht auf Zulassung, um Berufsverbot zuvor zu kommen; noch 1933 Emigration nach England; dort später Lehrerin.

Foto: UAM.

BayHStA, MJu 21965; BayHStA, BEG 52301 = K 910; Stadtarchiv München, RAK 1482; Hiltrud Häntzschel u.a. (Hrsg.). Bedrohlich gescheit. Ein Jahrhundert Frauen und Wissenschaft in Bayern. München 1997, 114, 210f.; George W.F. Hallgarten. Als die Schatten fielen. Erinnerungen ... Berlin 1969, 116, 120, 122, 130; Heino Schöbel, Frauen in der bayer. Justiz ... In: Bayer. Verwaltungsblätter 1998, 65–73 u. 106–110, hier 108f.; Röwekamp 420–422.

Selz, Alfred
19.1.1879 München – 4.12. 1956 London; verh., 3 Kinder; St: München, Genf, Würzburg; Dr. jur. Erlangen 1908; StP 1906; Z: München 1907 – 11.7.1933 („Verzicht").

Foto: StadtA München.

Bankausbildung; bis Jan. 1937 Direktor bei der Commerzbank; Aufsichtsrat bei der Rhein-Main-Donau AG; 10.11. – 8.12.1938 KZ Dachau; Aug. 1939 Emigration nach England; dort ohne berufliche Tätigkeit; Ehefrau wird Opfer des Holocaust.
BayHStA, MJu 21966; BayHStA, EG 98696 = A 207; Stadtarchiv München, RAK 1480; StAM, WB I a 2062, 3098; N 3687, 7131; Wirtschaftsführer Sp. 2119; Herbst-Weihe, Die Commerzbank und die Juden 59f., 66f.

Siegel, Julius
14.4.1884 München – 6.6. 1951 Haifa/Israel; verh., 2 Kinder; Vater: Rechtsanwalt u. Justizrat; St: München, Berlin; Dr. jur. München 1908; StP: 1909; Z: München 1910 – 4.10.1934 („Verzicht"). Frontkämpfer; Engagement bei der Israelitischen Kultusgemeinde München; Feb. 1934 Emigration nach Palästina; dort nach erneutem Studium und Examen 1938 Zulassung als Advokat in Haifa.

Foto: Privat.

BayHStA, MJu 21984; BayHStA, EG 72974 = K 3159; Stadtarchiv München, RAK 1305; Lamm 327; Auskunft Rechtsanwalt Uri Siegel (Sohn).

Siegel, Michael
14.9.1882 Arnstein/UFr. – 15.3.1979 Lima/Peru; verh., 2 Kinder; Vater: Landwirt und Pferdehändler; St: München, Berlin; Dr. jur. Würzburg 1907; StP: 1909; Z: München 1910 – 30.11.1938.
Zusammen mit Vetter Julius renommierte, 1878 von zwei Onkeln gegründete Kanzlei; für Nymphenburger Porzellanmanufaktur und den Bayerischen Einzelhandel- und Warenhausverband tätig; aktiv in liberaler jüdischer Gemeinde und im Alpenverein; März 1933 misshandelt und mit abgeschnittener Hose und Schild um den Hals durch München getrieben; Kinder emigrieren nach England; Siegel und Ehefrau emigrieren 1940 nach Peru; dort Funktionär der Deutsch-Jüdischen Vereinigung, später Rechtsberater; 1953 Wiederzulassung in München; 1971 Großes Bundesverdienstkreuz am Bande.

Foto: StadtA München.

RAK München, PA; MJu, PA S 71; BayLEA, BEG 20648; BA Berlin, R 22 Pers. 76473; Göppinger 49, 317; Heinrich 106, 157f.; Ostler 247, 472; Lamm 46f., 74, 115, 283, 327; H. Peter Sinclair (Sohn), Von Siegel zu Sinclair: Eine jüdische Familiengeschichte unserer Zeit. 2002.

Silber, Fritz (Silver, Fred)
1.8.1899 München – 17.8. 1981 München; verh., 2 Söhne; Vater: Versicherungsagent; St: München, Würzburg; Dr. jur. Würzburg 1923; StP: 1925; Z: München 1926 – 30.8.1933 (§ 1).
Obwohl er aus religiösen Gründen einen Samstagstermin auslässt, gute Prüfung; da auf einem Auge blind, kein Kriegsdienst; bis 30.6.1936 als Rechtsberater tätig; danach für die Israelitische Kultusgemeinde München; 10.11. – 28.11. 1938 KZ Dachau; Juni 1941 Emigration in die USA; dort CPA; stirbt bei Besuch in München; Mutter wird Opfer des Holocaust.

Foto: StadtA München.

BayHStA, MJu 21990; RAK München, PA; BayLEA, EG 72973; StAM, WB I N 5980, 7411, 7475, 7807, 8376, 10487; Lamm 69; Heinrich 126; SSDI; Auskunft Gedenkstätte Dachau.

Silbermann, Emil
9.12.1878 Bamberg – 8.4. 1944 London; verh.; Vater: Kaufmann; St: Würzburg, Berlin, München; Dr. jur. Würzburg 1902; StP: 1904;

Foto: StadtA München.

Z: München 1905 – 30.11. 1938; Justizrat 1927. 10.11.1938 KZ Dachau (ca. 4 Wochen); April 1939 Emigration nach England; 1942/43 Fabrikarbeit als Mechaniker; Nov. 1943 schwere Erkrankung; Witwe betreut die Kinder ihres Bruders Rechtsanwalt Dr. Karl Feust (s. dort).
Stadtarchiv München, RAK 1522; BayLEA, BEG 60077; Auskunft Gedenkstätte Dachau.

Silberschmidt, Hans
28.3.1895 Nürnberg – 1942 Piaski/Galizien; led.; Vater: Rat am Bayer. Obersten Landesgericht, Professor und Geheimer Justizrat; St: München; Dr. jur. München 1930; StP: 1922; Z: München 1925 – 30.11.1938; Ende 1938/ Anfang 1939 Konsulent.

Foto: StadtA München.

Vater bedeutender Jurist; Frontkämpfer; Spezialgebiet: Versicherungsrecht; 10.11. 1938 KZ Dachau (ca. 4 Wochen); 4.4.1942 zusammen mit einer Schwester nach Piaski deportiert. Mutter wird Opfer des Holocaust; lediglich zwei Brüder können emigrieren.
BA Berlin, R 22 Pers. 76524; Stadtarchiv München, RAK 1523; BayHStA, EG 98678 = A 249; IfZ, Fa 209; Auskunft Gedenkstätte Dachau; Gb 1388; Gb N 322; Göppinger 98, 228, 259.

Sinn, Josef
16.5.1886 München – 10.9. 1946 Guildford/GB; verh.; Vater: Kaufmann; konfessionslos; St: Berlin, München; Dr. jur. Würzburg 1911; StP: 1912; Z: München 1913 – 30.11.1938.

Foto: StadtA München.

Dekorierter Frontkämpfer; Mai 1939 Emigration nach England; Witwe lebt später in den USA.
BA Berlin, R 22 Pers. 76615; Stadtarchiv München, RAK 1521; BayHStA, EG 98623 = A 256; StAM, WB I a 811; N 1291, 9575, 9576.

Sonnenthal, Karl Isidor
3.2.1882 Regensburg – 2.6. 1941 München; led.; Vater: Holzhändler u. Sägewerksbesitzer; St: München; StP: 1908; Z: München 1909 – 30.11.1938.

Foto: StadtA München.

Dekorierter Frontkämpfer; keine weiteren biografischen Details bekannt.
Stadtarchiv München, RAK 1563; BA Berlin, R 22 Pers. 76768; Auskunft Stadtarchiv München.

Steinharter, Sigmund
21.2.1877 München – 3.5. 1948 London, verh.; Vater: Kaufmann; StP: 1902; Z: München 1904 – 30.11. 1938; Justizrat 1925.

Foto: StadtA München.

Besitzt seit 1934 eine Wohnung in Garmisch, aus der er im Zuge der „Kristallnacht" 1938 vertrieben wird; 1939 Emigration nach England; dort ohne Berufstätigkeit.
Stadtarchiv München, RAK 1678; BayHStA, EG 70570 = K 546.

Steinmeier, Kurt
22.2.1895 Stuttgart – 1.12. 1982 Los Angeles;verh.; Vater: Bankprokurist; St: München;

Foto: UAM.

Dr. jur. Erlangen 1921/25; Staatsprüfung 1922; Z: München 1923 – 24.9.1936 („Verzicht").
Dekorierter Frontkämpfer; bekannter Bergsteiger; 1936 Emigration in die USA; dort zunächst Versicherungsvertreter und Büroangestellter; seit 1946 CPA.
BayHStA, MJu 22043; BayHStA, OP 73982; Stadtarchiv München, RAK 1651; StAM, WB I a 3277; BayLEA, BEG 26441; BA Berlin, R 22 Pers. 77353; Lamm 285.

Steppacher, Walter
21.5.1886 Ulm – 25.2.1962 München; verh.; Vater: Privatier; St: München, Würzburg, Berlin, Erlangen; Dr. jur. Erlangen 1912; StP: 1912; Z: München 1913 – 10.8. 1934 („Verzicht").
Dekorierter Frontoffizier; 1923 antisemitische Angriffe im Völkischen Beobachter; 1934 erreicht die RAK München, dass er wegen Verteidigungen von Kommunisten 1919/20 die Zulassung aufgibt, um ihrem Entzug zuvor zu kommen; OLG München: Steppacher ist kein Kommunist, aber ließ „sich von einem übertriebenen Geschäftsgeist verleiten"; Juli 1936 Emigration nach Palästina, von dort Ende 1939 weiter in die USA; 1938 Ausbürgerung; 1958 Rückkehr nach München und Wiederzulassung als Rechtsanwalt.

Foto: Privat.

StAM, PA 23181; StAM, WB I N 2991, 6580; BayLEA, BEG 6252; MJu, PA St 284; BayHStA, OP 14087; Hepp, Liste 52/19; Heinrich 218.

Stern, Adolf
24.1.1875 München – 25.2. 1948 München; verh., 4 Töchter; Vater: Schriftsetzer; StP: 1901; Z: München 1903 – 1.12.1943; Justizrat 1926.
Sog. „Halbjude"; Mitglied der Bayerischen Volkspartei und der Einwohnerwehr Obermenzing 1919; Justitiar beim Bayerischen Landesverband landwirtschaftlicher Genossenschaften; Ruhestandsversetzung durch den Reichsminister der Justiz zum 1.12. 1943; zwei Töchter werden bei der Ausbildung und beruflich diskriminiert und benachteiligt.

Foto: Privat.

Stadtarchiv München, RAK 1687; BA Berlin, R 22 Pers. 77414; BayLEA; BEG 73749; Auskunft Dr. Karlheinz Niedermayr, München (Schwiegersohn).

Stern, Siegfried Salomon
5.3.1903 Würzburg – 3.12. 1959 Haifa/Israel; verh., 2 Kinder; Vater: Kaufmann (Weinhändler); St: Heidelberg, München, Würzburg, Erlangen, Frankfurt, Gießen; Dr. jur. Erlangen 1927; StP: 1930; Z: München 1930 – 5.8.1933 (§ 1).
Zionist; bereitet Jugendliche zur Auswanderung vor; Okt. 1933 Schutzhaft; Juni 1934 Umzug nach Berlin; dort juristischer Berater einer Bank; Januar 1935 Schutzhaft; Sept. 1935 Emigration nach Palästina; dort kleinere Jobs; Ehefrau ernährt die Familie; nach erneutem Studium und Examen 1940 Rechtsanwaltszulassung, seitdem Rechtsanwalt und Notar in Haifa; 1948 Kriegsverletzung; 1939 Ausbürgerung.

Foto: UAM.

BayHStA, MJu 22050; Stadtarchiv München, RAK 1675; BayLEA, BEG 66542; EA Berlin 78014; Strätz 601; Hepp, Liste 106/103.

Stiefel, Erwin Sigurd
20.2.1889 Nürnberg – unbekannt; led.; Vater: Gymnasiallehrer; katholisch; St: München; StP: 1921; Z: München 1922 – 12.10.1936 („Verzicht").
Frontkämpfer; Gründungsmitglied und Aktiver der

Foto: UAM.

Bayerischen Volkspartei; mit Fritz Schäffer und Karl Scharnagl befreundet; als Jugendlicher Übertritt zum Katholizismus; verschleiert ab 1933 seine Herkunft und wird deshalb 1936 mittels zweier Ehrengerichtsverfahren zum Ausschluss aus der Anwaltschaft verurteilt; Verzicht kommt Ausschluss zuvor; 1935/36 Emigration in die Schweiz; dort Studium der katholischen Theologie in Fribourg; seit 1939 verschollen; 1939 Ausbürgerung; 1957 vom Amtsgericht München zum 31.12.1944 für tot erklärt; Bruder wird Opfer der NS- Krankenmorde.
BayHStA, MJu 22056; Stadtarchiv München, RAK 1583; BA Berlin, R 22 Pers. 77486; StAM, WB I a 1323; Hepp, Liste 139/135; StAM, AG München, NR 1941/4973 (Mutter).

Straus, Elias
17.7.1878 Karlsruhe – 16.6. 1933 München; verh., 5 Kinder; Vater: Privatier; StP: 1903; Z: München 1904 – Tod; Justizrat 1926.
Früher Zionist; Vorsitzender der Zionistischen Organisation München; Vorstandsmitglied der Israelitischen Kultusgemeinde München; zahlreiche Veröffentlichungen zu jüdischen Themen; Witwe und Kinder emigrieren nach Palästina.
BayHStA, MJu 22071; BayHStA, BEG 20857 =

Foto: Rahel Straus.

K 1270; Stadtarchiv München, RAK 1616; StAM, AG München, NR 1933/1516; Walk, 358; Lamm passim; Rahel Straus (= Witwe), Wir lebten in Deutschland ... Stuttgart 1961 (Erinnerungen); BIGZ Nr. 13 vom 1.7.1933, 193ff., 200f.; Nr. 16 vom 15.8.1933, 244ff. (Portrait); Nr. 18 vom 17.9. 1934, 367ff. (Gedenkfeier).

Strauß, Alfred
30.8.1902 München – 24.5. 1933 KZ Dachau; led.; Vater: Rechtsanwalt und Justizrat; St: München, Göttingen; Dr. rer. pol. Göttingen 1924, Dr. jur. Halle 1931; StP: 1928; Z: München 1928 – Tod.
Vater bekannter Anwalt und Stadtrat (DDP); offenbar auf Veranlassung von Justizminister Hans Frank seit 27.3.1933 in Schutzhaft; 11.5.1933 Überstellung in das KZ Dachau; dort ermordet; Mutter wird Opfer des Holocaust.

Foto: UAM.

BayHStA, MJu 22074; BayHStA, BEG 76127 = K 1254; Stadtarchiv München, RAK 1617; StAM, StAnw 34832/1–4 (Mörder); StAM, AG München NR 1933/1514; Walk 358, Heinrich 119; Göppinger 62; Lorant 79, 102, 116 f., 180; Gruchmann 635ff.; IMT XXVI 171 – 189; Gerichtsmedizinisches Institut der Universität München GS 158/33 (Obduktionsprotokoll); Auskunft Gedenkstätte Dachau.

Strauß, Eugen
24.6.1879 Ulm – 17.10.1965 London; verh., 2 Kinder; Vater: Kaufmann; St: Berlin, München, Heidelberg; Dr. jur. Würzburg 1908; StP: 1905; Z: Augsburg 1906 – 30.11. 1938; Justizrat 1928.

Foto: Privat.

Dekorierter und verwundeter Frontoffizier und Kriegsgerichtsrat; bedeutende Kanzlei (Großbetriebe); 1921–1939 Vorsitzender der Israelitischen Kultusgemeinde Augsburg, Vorstandsmitglied des CV und des Landesverbands der Bayerischen Israelitischen Kultusgemeinden; 1935 Schutzhaft; Juni 1939 Emigration nach England; dort zunächst vom Sohn unterstützt bzw. lebt von Ersparnissen; seit 1945 Rechtsberater; 1939 Ausbürgerung.
BayHStA, OP 3167; Stadtarchiv München, RAK 1620; BayLEA, EG 74377; StAM, WB I N 1675, 10508; Walk 358; Ophir-Wiesemann 455; Hepp, Liste 150/121;. Lamm 51; Eckstein 57; Auskunft Gernot Römer, Augsburg; Aufbau 24.12.1965, 4 (Nachruf).

Taub, Hans
29.11.1880 Nürnberg – 17.9. 1957 Zürich/CH; verh.; Vater: Kaufmann; St: München; Dr. jur. Erlangen 1906; StP: 1906; Z: München 1907 – 30.11. 1938.

Auch literarische und journalistische Tätigkeit; Strindberg-Kenner; 10.3.1933 Schutzhaft; ab 1934 im jüdischen Kulturbund engagiert; Veröffentlichungen zur rechtlichen Situation der Juden ab 1933; 10.11.1938 Kanzlei verwüstet; Aug. 1939 Emigration nach Schweden; dort zunächst ohne berufliche Tätigkeit, ab 1946 Lehrer an der Hochschule Göteborg für Literaturwissenschaft; zahlreiche Veröffentlichungen; stirbt auf Reise in der Schweiz.

Foto: StAM.

Stadtarchiv München, RAK 1570; StAM, PolDir 15143; BayHStA, BEG 5740 = A 20; Kürschner, Literaturkalender 1952, 489; 1958, 722; Nekrolog 1936–70, 673; Gefesselte Muse 13f.; BIGZ Nr. 21 vom 1.11.1934, 440f.; Nr. 24 vom 15.12.1934, 520ff.; Nr. 3 vom 1.2.1935, 47f.; Nr. 9 vom 1.5.1935, 198ff.; Nr. 11 vom 1.6.1935, 243ff.; „Kristallnacht" 54; Wilhelm Sternfeld-Eva Tiedemann, Deutsche Exil-Literatur 1933–1945 ... Heidelberg [2]1970, 497.

Teutsch, Arthur
21.6.1875 Venningen/Pfalz – 21.5.1943 KZ Theresienstadt; verh., 3 Kinder; Vater: Landwirt; Dr. jur. Erlangen 1903; StP: 1904; Z: Kempten 1905, Augsburg 1906 – 31.7.1938 („Verzicht"); Justizrat 1927.
Zusammen mit Ehefrau 1942 nach Theresienstadt deportiert; Witwe wird von dort 1944 nach Auschwitz deportiert; den Kindern gelingt die Emigration in die USA.

Foto: Privat.

BayHStA, MJu 22102; BayLEA, BEG 53852; Gb 1503; Auskunft Gernot Römer, Augsburg und Eric F. Teutsch, San Diego/ USA; Gb Theresienstadt 314.

Teutsch, Robert
27.8.1878 Venningen/Pfalz – 4.6.1934 München; verh., 2 Töchter; Vater: Kaufmann; St: München, Straßburg; Dr. jur. Erlangen 1907; StP: 1904; Z: München 1905 – Tod; Justizrat 1927.
Witwe und eine Tochter werden Opfer des Holocaust. Eine Tochter kann in die Schweiz emigrieren.
BayHStA, MJu 22104; Stadtarchiv München, RAK 1571; BayLEA, EG 75913, BEG 28178; StAM, AG München, NR 1934/1347; StAM, WB I a 1626; N 2449.

Theilhaber, Robert
14.10.1881 Bamberg – 1942 KZ Auschwitz; verh. „Mischehe", 2 Töchter; Vater: Arzt und Hofrat; konfessionslos; St: München, Berlin, Erlangen; Dr. jur. Würzburg 1908; StP: 1908; Z: München 1909 – 30.11.1938.
Frontkämpfer; Vater bedeutender Gynäkologe und Krebsforscher; Pazifist, Freimaurer; zahlreiche Veröffentlichungen; liberaler Demokrat; mit Theodor Heuss befreundet; Mieteranwalt; Ehefrau SPD-Anhängerin; seit 1933 unter Beobachtung; 10.11. – 22.12.1938 KZ Dachau; Aug. 1939 Emigration über Belgien nach Frankreich; dort interniert; mehrere Lager in Südwestfrankreich; Aug. 1942 dort verhaftet und nach Auschwitz deportiert; 1940 Ausbürgerung; Witwe und Töchtern gelingt die Flucht nach Australien.

Foto: StadtA München.

StAM, PA 24034; StAM, PolDir 15186 (Ehefrau); BayHStA BEG 63191 = K 170; BayLEA, BEG 18814; Stadtarchiv München, RAK 1568; Hepp, Liste 184/122; Göppinger 262; Gb 1504; Auskunft Gedenkstätte Dachau; Wolfram Kastner, Schicksal (un)bekannt. München 2000, 56 f; Walk 365.

Thomé, Herbert
8.6.1906 Hamburg – 1.2.1966 Pullach; verh. „Mischehe", 2 Kinder; Vater: Bankier und Kommerzienrat; katholisch; St: Bonn, Kiel, Berlin, Genf, Würzburg; Dr. jur. Würzburg 1930; StP: 1932; Z: München 1932 – 30.8.1933 (§ 1).
Trotz zahlreicher Empfehlungsschreiben auch aus NS-Kreisen wegen jüdischer Mutter als „Halbjude" betroffen; 1934–1937 Banksyndikus in Weiden; 1937–1945 juristischer Mitarbeiter der Moto-

renfabrik München-Sendling; 1946 Wiederzulassung als Rechtsanwalt; zahlreiche Aufsichtsratsposten; Mutter wird Opfer des Holocaust.

Foto: Privat.

Stadtarchiv München, RAK 1722; MJu, PA T 32; StAM, OLG München 704; BayLEA, EG 42321; Auskunft Gerhard Thomé (Sohn).

Vogel, Fritz
2.6.1882 München – 29.10. 1976 Mount Vernon, N.Y./USA; verh., 2 Kinder; Vater: Kaufmann; St: München, Würzburg; Dr. jur. Erlangen 1908; StP: 1908; Z: München 1909 – 30.11.1938. Kriegsdienst; 10.11. – 19.12.

Foto: StadtA München.

1938 KZ Dachau; Juni 1939 Emigration nach England, Jan. 1940 weiter in die USA; dort ohne berufliche Tätigkeit; 1940 Ausbürgerung.
StAM, PolDir 15262; StAM, WB I a 3911, 3912, 4427, 4428; Stadtarchiv München, RAK 1773; BayLEA, BEG 62139; Hepp, Liste 192/172; Auskunft Gedenkstätte Dachau.

Wachsmann, Alfred
29.3.1903 Königshütte/Oberschlesien – 6.3.1983 Baden-Baden; verh.; Vater: Bauunternehmer; St: München; Dr. jur. Erlangen 1931; StP: 1932; Z: München 3.12.1932 – 5.8. 1933 (§ 1).
Familie hat in Oberschlesien für Deutschland optiert; 1923–1926 Maschinenbaustudium; 1926 – 1929 Jurastudium in München; Ende 1933 Emigration nach Paris; dort Hauslehrer; ab 1940 interniert; 1945–1949 Leiter des Jüdischen Wohlfahrtsamts in Paris; ab 1949 Leiter des URO-Büros Baden-Baden; französischer Staatsbürger; 1955 Rechtsanwaltszulassung in Baden-Baden; Vorsitzender der Kultusgemeinde Baden-Baden; französische Orden und Bundesverdienstkreuz; Mitglied des Oberrats der Israeliten Badens.

Foto: UAM.

BayHStA, MJu 22162; Stadtarchiv München, RAK 1853; BayLEA, EG 45377; Lamm 387ff.; 519; Auskunft Stadtarchiv Baden-Baden; Badisches Tagblatt vom 8.3.1983 (Nachruf).

Wachtel (Wardell), Lothar
8.12.1902 Bamberg – 25.3. 1999 Leigh Woods, Bristol/GB; led.; Vater: Kaufmann; St: München; Dr. jur. Würzburg 1926; StP: 1929; Z: München 1929 – 5.8.1933 (§ 1).
Bruder Rechtsanwalt in Bamberg, später Brasilien; April 1933 Emigration nach Paris, später weiter nach England; dort technischer Kaufmann in Sheffield; weitere biografische Einzelheiten sind nicht bekannt.

Foto: UAM.

BayHStA, MJu 22163; Stadtarchiv München, RAK 1813; StAM, OLG München 704; BayLEA, BEG 8393; Auskunft BfA Berlin.

Waitzfelder, Jakob (Whitfield, Jacques)
24.1.1904 Augsburg – 21.4. 1984 St. Petersburg, FL/USA; verh.; Vater: Kaufmann; St: München, Würzburg; StP: 1930; Dr. jur. Würzburg 1930; Z: München 24.2. – 26.7.1933 (§ 1).

Foto: UAM.

Nach Berufsverbot Arbeit als Vertreter; 1938 Emigration in die USA; Tätigkeit in der chemischen Industrie.
StAM, OLG München 704; StAM, WB I N 3578, 10534; Auskunft Gernot Römer, Augsburg und Stadtarchiv Augsburg.

Wallerstein, Ernst
4.11.1885 Straßburg – 1.12. 1950 Straßburg; verh., 1 Tochter; Vater: Buchhalter; St: Straßburg; Dr. jur. Würzburg 1909; StP: 1912; Z: Straßburg 1913 – 1918, München 1919 – 18.9.1937 (Löschung).

Foto: Privat.

Kriegsteilnehmer; nach 1. Weltkrieg aus Frankreich ausgewiesen; nach Gestapo-Haft Mitte 1935 kaum Praxis; Dez. 1936 Emigration nach Frankreich; untergeordnete Tätigkeiten; ab 1940 interniert, zeitweise in Südfrankreich untergetaucht; ab 1945 Angestellter der französischen Domänenverwaltung; Ausbürgerung 1939; Tochter überlebt in Frankreich.
RAK München, PA; BayHStA, BEG 11464 =A 10; StAM, WB I a 2453, 3058, 3891, 5423; N 283; BA Berlin, R 22 Pers. 79386; Hepp, Liste 90/122; Auskunft Frau Marguerite Strasser, München (Tochter).

Walter, Otto Ludwig
7.12.1907 Hof – 12.1.2003 New York; verh.; Vater: Notar und Justizrat; St: München, Erlangen; Dr. jur. Erlangen 1930; StP: 1932; Z: München 3.9.1932 – 5.8.1933 (§ 1).
Aus Juristenfamilie; nach Berufsverbot Immobilienverwalter; Emigrationsversuche nach Frankreich und Italien scheitern; 1936 Emigration in die USA; dort zunächst Hotelbuchhalter, später CPA; Mutter begeht 1943 in New York Selbstmord; nach erneutem Jurastudium Anwaltszulassung in New York 1955; Wiederzulassung in München 1950/51 und ab 1960; bedeutender Wirtschafts- und Steueranwalt; Mitglied in zahlreichen Gremien und Vereinen; wichtige Veröffentlichungen; zwei Bundesverdienstkreuze.

Foto: Privat.

RAK München, PA; StAM, OLG München 704; Walk 377; Lamm 48; BHE I 793; Stiefel-Mecklenburg 7, 11, 37, 40, 120, 134f.; Festschrift 1988; Strobl-Voight-Weber, liber amicorum 2005; Weber, MAV-Mitteilungen Juli 2003, 3f.; Internationales Steuerrecht 20/2003, II f.; Horn, Mitteilungen der Rechtsanwaltskammer München II/2003, 14.

Wassermann, Rudolf
20.11.1884 München – 1.3. 1965 Santiago de Chile; verh., 1 Tochter; Vater: Fabrikant und Kommerzienrat; St: München, Berlin, Erlangen; Dr. oec. publ. München 1906, Dr. phil. Erlangen 1910, Dr. jur. München 1910; StP: 1911; Z: Nürnberg 1912, München 1913 – 30.11.1938.
Kriegsteilnehmer; vielseitige wissenschaftliche Interessen, zahlreiche Veröffentlichungen; Praxis: Steuerrecht; Syndikus von Verbänden der Industrie und Wirtschaft; 10.11. – 19.12.1938 KZ Dachau; Okt. 1939 Emigration über Frankreich (3 Monate Internierung) nach Chile; dort Beteiligung an Tuchhandlung; ab 1952 aus Krankheitsgründen ohne berufliche Tätigkeit; Ausbürgerung 1940.

Foto: StadtA München.

StAM, PA 24035; StAM, WB I a 6218; N 1616, 7290–95, 9566, 9642; Stadtarchiv München, RAK 581; BA Berlin, R 22 Pers. 79534; UAM, Promotionsakt; BayHStA, EG 121500 = A 34; Hepp, Liste 184/126; Auskunft Gedenkstätte Dachau; Wirtschaftsführer Sp. 2395; Lamm 30.

Weil, Hans
20.6.1876 Fürth – 16.7.1952 Rawson/Argentinien; verh., 1 Sohn; Vater: Kaufmann; StP: 1901; Z: München 1902 – 30.11.1938; Justizrat 1924.

Foto: StadtA München.

10.11. – 29.11.1938 KZ Dachau; Mai 1939 Emigration nach England; 1942–1946 manuelle Tätigkeiten (Küche, Lift); 1946 weiter nach Argentinien; dort ohne berufliche Tätigkeit.
Stadtarchiv München, RAK o.S.; BayHStA, BEG 74848 = A 49; Auskunft Gedenkstätte Dachau.

Weil, Joseph
18.12.1886 Wildthurn/Niederbayern – 5.8.1940 KZ Sachsenhausen; verh. „Mischehe"; Vater: Gutsbesitzer; katholisch; St: München, Erlangen, Straßburg; Dr. jur. Straßburg 1912; StP: 1912; Z: München 1913 – 8.4.1938 („Verzicht).

Foto: Privat.

Dekorierter Frontoffizier; streitbarer Mieteranwalt; zahlreiche ehrengerichtliche Strafen; 1933 misshandelt; 12.11.1938 KZ Dachau (ca. 4 Wochen); Dez. 1938 5 Monate Gefängnis wegen Beleidigung (LG München I, 3 KMs 7/1938); 1939 Verbringung ins KZ Sachsenhausen; Grund nicht bekannt.
BayHStA, MJu 22201; BayHStA, OP 17999; BayHStA, BEG 89379 =A 50; StAM, PA 24039; BA Berlin, R 22 Pers. 79800; Stadtarchiv München, RAK 1911; Gb 1556; Auskunft Gedenkstätte Dachau; Heinrich 106; Göppinger 262.

Weil, Leo
20.6.1876 Fürth – 1.3.1955 London; verh., 1 Sohn; Vater: Kaufmann, Dissident; StP: 1901; Z: München 1902 – 30.11.1938; Justizrat 1924.

Foto: StadtA München.

1914 in England interniert; 10.11. – 30.11.1938 KZ Dachau; März 1939 Emigration nach England; dort Fabrikarbeiter, Buchhalter; 1954 stellt die Deutsche Botschaft in London eine Bedürftigkeitsbescheinigung aus.
BayHStA, EG 49684 = K 693; StAM, WB I N 644, 9832, 10528, 10529; Auskunft Gedenkstätte Dachau; Heinrich 89.

Weiler, David
27.11.1884 Nördlingen – 17.8.1962 New Paltz/N.Y.; verh., 1 Tochter; Vater: Lehrer; St: München, Würzburg; Dr. jur. Würzburg 1911; StP: 1912; Z: München 1913 – 11.2.1936 („Verzicht"). Dekorierter Frontoffizier; März 1936 Emigration nach Palästina; dort bis 1948 Landwirt; April 1948 Weiterwanderung in die USA; dort Betrieb einer Farm (Milch und Geflügel) bis 1957.

Foto: StadtA München.

BayHStA, MJu 22203; BayHStA, OP 18005; BayHStA, BEG 26458 =A 56; BA Berlin, R 22 Pers. 79812; Stadtarchiv München, RAK 517; LBI Berlin, MM II 17 (Erinnerungen der Tochter).

Weinmann, Leopold
9.9.1884 Wallerstein/Nördlingen – 24.3.1936 München; verh. „Mischehe"; Vater: Kaufmann; St: München; Dr. jur. Erlangen 1909; StP: 1911; Z: München 1912 – 14.3.1936 („Verzicht").
Infolge schwerer Erkrankung 1931 Unterstützung durch „Hilfskasse der Deutschen Anwaltschaft" erforderlich; ab 1933 starker Praxisrückgang; nach Tod der ebenfalls schwerkranken Ehefrau Verzicht auf die Zulassung; kurze Zeit später Selbstmord durch Erhängen.
BayHStA, MJu 22208; StAM, PA 23184; Stadtarchiv München, RAK 1845.

Weisbach, Arnold
2.2.1908 Straßburg – 14.2.1996 Chatillon/Frankreich; verh. „Mischehe"; Vater: Kaufmann; St: München; StP: 1932; Z: Passau 20.10.1932 – 31.7.1933 (§§ 1 und 3).
Familie 1918 aus Frankreich ausgewiesen; wird 1929 verdächtigt, unentgeltlich für Rote Hilfe zu arbeiten; Mai 1933 Emigration nach Frankreich; dort wegen mangelnder

Sprachkenntnisse Büroangestellter; 1938 Ausbürgerung; 1940 Internierung; 1942/43 in Südfrankreich untergetaucht; Arbeit auf Bauernhof; nach 1945 Buchhalter.

Foto: UAM.

BayHStA, MJu 22212; StAM, OLG München 704; Stadtarchiv München, RAK 1835; BayLEA, BEG 5359; Auskunft Stadtarchiv Passau; Hepp, Liste 49/32.

Weiß, Ludwig
9.2.1881 Tirschenreuth – 1942 Piaski/Galizien; gesch., 1 Tochter; Vater: Kaufmann; St: Würzburg, München; StP: 1909; Z: München 1910 – 30.11.1938.
Dekorierter und verwundeter Frontoffizier (Hauptmann und Kompanieführer); 10.11. – 19.12.1938 KZ Dachau; 4.4.1942 Deportation nach Piaski; Frau und Tochter emigrieren nach Italien.

Foto: StadtA München.

Stadtarchiv München, RAK 1836; BayHStA, OP 18078; BayLEA, EG 62701; Eckstein 57; IfZ, Fa 209; Gb 1574.

Weißbart, Jakob
9.2.1882 Würzburg – 2.1. 1959 New York; verh., 2 Kinder; Vater: Buchhändler; St: München, Würzburg; Dr. jur. Würzburg 1907; StP: 1909; Z: München 1910 – 30.11.1938.

Kriegsdienst; 10.11. – 19.12. 1938 KZ Dachau; Juni 1939 Emigration nach England; dort 1940 Internierung; Okt. 1940 weiter in die USA; dort Vertreter, Betrieb eines Zeitungskiosks, Lager- und Versandangestellter, dazwischen Arbeitslosigkeit; 1952 Schlaganfall, 1955 Herzanfall.
Stadtarchiv München, RAK 1817 und 1913; BayHStA, BEG 28740 = K 984; StAM, WB I a 987, 3107; N 475, 7143; Strätz 666; Auskunft Gedenkstätte Dachau.

Werner, Alfred Moritz
27.3.1891 Bamberg – 26.8. 1965 Düsseldorf; verh., 2 Kinder; Vater: Rechtsanwalt u. Geheimer Justizrat; St: München, Berlin, Leipzig; Dr. jur. München 1915; Staatsprüfung 1919; Z: München 1919 – 19.6.1933 (§ 21/1/2 RAO).
Dekorierter und verwundeter Frontoffizier; Vorsitzender des Landesverbands Bayern des Reichsbunds Jüdischer Frontsoldaten; Vorsitzender der Ortsgruppe München des CV; aktiv in der Israelitischen Kultusgemeinde München; Spitzenexamen; Prozessvertreter der Stadt München; zahlreiche wissenschaftliche Veröffentlichungen, Bearbeiter des Schuldrechts im Staudinger auch nach 1945; Kommentator des Allgemeinen Teils der Handelsgeschäfte im HGB-Kommentar von Düringer-Hachenburg; nach Durchsuchung und Plünderung seiner Kanzlei im Mai 1933 Emigration nach Frankreich, dort Rechtsberater; 1935 über London nach Palästina; dort nach erneutem Studium 1938 Advokat und Notar in Haifa; 1953 Rückkehr nach Deutschland und Rechtsanwaltszulassung in Düsseldorf.

Foto: Privat.

BayHStA, OP 29546, BayHStA, BEG 72791 = K 1223; Stadtarchiv München, RAK 1888; UAM, Promotionsakt; Lamm 45, 48f.; 51, 54, 74, 327; Göppinger 170, 174f.; 367; Heinrich 219; Eckstein 42; Keidel NJW 1965, 2288 (Nachruf).

Wertheimer, Simon
24.8.1882 München – 21.4. 1961 New York; verh. „Mischehe", 1 Tochter; Vater: Fabrikant (optische Anstalt); St: München, Berlin; Dr. jur. München 1908; StP: 1907 (Bewerber); Z: München 1924 – 29.8.1933 (§ 1).

Spitzenexamen; seit 1908 bei der Bayerischen Versicherungsbank, zuletzt Vorstandsmitglied und Direktor; 1924–1937 Vorstandsmitglied und Generaldirektor der Bayerischen Rückversicherungsbank; seit 1911 Lehrauftrag an der Handelshochschule und TH München für Versicherungsrecht; zahlreiche wissenschaftliche Veröffentlichungen; 10.11. – 19.12. 1938 KZ Dachau; Jan. 1939 Emigration über Zürich in die USA; dort Versicherungsmakler.

Foto: StAM.

BayHStA, MJu 22229; BayHStA, EG 24939 = A 80; Stadtarchiv München, RAK 1885; StAM, PA 7239; StAM, PolDir 15365; StAM, WB I a 1814–16; N 2369, 2606; Wer ist's? 1928, 1683; Wirtschaftsführer Sp. 2436; Gerald D. Feldman, Die Allianz und die Deutsche Versicherungswirtschaft 1933–1945. München 2001, 538.

Wetzler, Robert
5.2.1892 Aschaffenburg – 24.7.1935 München; verh. „Mischehe"; Vater: Religionslehrer; St: München, Würzburg, Heidelberg; StP: 1920; Z: München 1925 – Tod.
Frontkämpfer; nach Spitzenexamen 1921–1924 Regierungsrat im Reichsfinanzdienst; nach Zulassung Steuerrechtspraxis, auch Steuerberater; Versuch der RAK München 1933 die Zulassung zurückzunehmen, scheitert; starke Behinderungen als Steuerberater (Betretungsverbot der Finanzämter); ungerechtfertigte Vorwürfe wegen Steuerhinterziehung eines Klienten führen zu Nervenzusammenbruch, anschließenden Depressionen und frühem Tod.
BayHStA, MJu 22232; BayHStA, OP 57411; BayHStA, EG 41660 = K 1348; Stadtarchiv München, RAK 1887; BA Berlin, R 22 Pers. 80281; StAM, AG München, NR 1935/2354.

Wien, Siegbert Arthur van
30.11.1898 München – 24.5. 1970 Amsterdam/NL; verh., 1 Tochter; Vater: Kaufmann; St: München; Dr. jur. Würzburg 1922; StP: 1925; Z: München 1926 – 20.3. 1937 (§ 21/1/2 RAO).
Frontkämpfer; April 1933 Emigration nach Holland;

Foto: UAM.

nach erneutem Studium 1937 Rechtsanwaltszulassung in Amsterdam; 1942–1945 mit Familie untergetaucht; ab 1945 wieder Advokat in Amsterdam.
BayHStA, MJu 22237; BayHStA, EG 78103 = K 1597; BA Berlin, R 22 Pers. 80405; Stadtarchiv München, RAK 1936; StAM, WB I N 4836; StAM, OLG München 704; Auskunft Nederlandse Orde van Advocaten, Den Haag.

Wilmersdoerffer, Ernst
2.8.1890 Starnberg – 5.1. 1933 München; verw.; 2 Kinder; Vater: Bankier u. Generalkonsul; St: München, Berlin; Dr. oec. publ. München 1913; StP: 1920; Z: München 1921 – Tod.
Dekorierter Frontoffizier; Spitzenexamen; aktiv bei der Israelitischen Kultusgemeinde München; vielseitige wissenschaftliche und künstlerische Interessen; wissenschaftliche Veröffentlichungen; Übersetzung von Benedetto Croce's „Geschichte Italiens" ins Deutsche; sein früher Tod wurde als böses Omen aufgefasst.
BayHStA, MJu 22240; BayHStA, OP 18377; Stadtarchiv München, RAK 1937; UAM, Promotionsakt; StAM, AG München, NR 1933/27; Lamm 273, 327; Walk 388; Heinrich 154f.; Eckstein 57; Weber, Max Hirschberg 83, 94, 191; BIGZ Nr. 2 vom 15.1.1933, 21 (Nachruf).

Wolf, Richard Alexander
29.11.1898 Fürth – Nov. 1984 New York; gesch.; Vater: Kaufmann u. Fabrikbesitzer; katholisch; St: München; Dr. jur. Würzburg 1924; StP: 1925; Z: München 1926 – 30.11.1938.
Frontkämpfer und Mitglied des Freikorps Epp; Deutschnationaler; Belassung als Rechtsanwalt erfolgt nach Initiative von Reichsstatthalter Epp; Sept. 1938 Emigration in die USA; dort zunächst ohne berufliche Tätigkeit; ab 1940 erneutes Jurastudium; 1942–1946 in der US-Armee;

Foto: UAM.

Army Department Attorney und US-Staatsbeamter u.a. am US-Court for Germany in Stuttgart, später in New York; 1939 Ausbürgerung.
BA Berlin, R 22 Pers. 80872; Stadtarchiv München, RAK 1895; StAM, PA 24036; BayHStA, BEG 28550 = K 2120; BayHStA, RStH 601; Hepp, Liste 122/146; SSDI.

Zedermann, Felix
15.1.1888 Fürth – 19.1.1973 Boulogne-Billancourt/Frankreich; verh., 1 Tochter; Vater: Kaufmann; St: München, Berlin, Würzburg, Lausanne; Dr. jur. Würzburg 1911; StP: 1916; Z: München 1917 – 30.8.1933 (§ 1).
Obwohl 1914 und 1915 Staatsprüfung ausgefallen ist und er „vaterländischen Hilfsdienst“ geleistet hat, 1933 Berufsverbot; Ende 1933 Emigration nach Paris; dort Betrieb eines Briefmarkengeschäfts; 1940 Internierung und Lagerarbeit; 1942 Flucht ins unbesetzte Südfrankreich und bis August 1944 dort untergetaucht; 1941 Ausbürgerung; 1954 erteilt ihm das Deutsche Konsulat in Paris eine Bedürftigkeitsbescheinigung.
BayHStA, MJu 22282; BayHStA, EG 45523 =A 3; BayHStA, EG 123176 = K 143 (Ehefrau); Stadtarchiv München, RAK 1999; StAM, OLG München 704; StAM, WB I a 5658; N 1572; Hepp, Liste 237/302.

3. Oberlandesgerichtsbezirk Nürnberg

Arnstein, Ernst Sigmund
2.7.1880 Fürth – 17.5.1936 Fürth; verh. „Mischehe"; 2 Kinder; Vater: Glasfabrikant; St: München, Berlin, Erlangen; StP:1907; Z: Fürth 1909 – Tod.
Dekorierter Frontoffizier; Witwe mehrfach von Gestapo bedroht, lebt ab 1948 in den USA.
BayHStA, OP 38149; BayLEA, BEG 19590; OLG N, PA A 5; Auskunft Stadtarchiv Fürth; Eckstein 54.

Baburger, Ernst
9.5.1902 Fürth – 21.12.1981 Stockholm; led.; Vater: Rechtsanwalt; Dr. jur. Erlangen 1926; StP: 1928; Z: Fürth 1929 – 21.8.1933 (§ 1).
Verzicht des Vaters auf Zulassung zu seinen Gunsten wird abgelehnt; noch 1933 Emigration nach Schweden; dort nach erneutem Jurastudium ab 1939 Advokat in Stockholm, ab 1951 Vertrauensanwalt der Deutschen Botschaft.
BayHStA, MJu 20305; BayLEA, EG 92103; Auskunft Stadtarchiv Fürth.

Baburger, Wilhelm
7.8.1867 Fürth – 13.7.1944 Södertälje/Schweden; verh., 1 Sohn; Vater: Kaufmann; Dr. phil. Erlangen 1892; StP: 1892; Z: Fürth 1893 – 30.11.1938; Justizrat 1917.
Ab 1933 starker Rückgang der Einnahmen; lebt von Zimmervermietung und Ersparnissen; April 1939 Emigration zum Sohn nach Schweden; dort ohne Beruf.
OLG N, PA B 5; BayHStA, EG 92102 = K 919; Auskunft Stadtarchiv Fürth.

Behr, Stefan
5.9.1904 Fürth – 19.3.1970 München; verh.; Vater: Kaufmann (Fettwaren); St: Erlangen, München; Dr. jur. Erlangen 1927; Dr. phil. Erlangen 1928; StP: 1930; Z: Fürth 1930 – 5.8.1933 (§ 1).

Foto: UAM.

Seit Berufsverbot ohne Tätigkeit; Nov. 1935 Emigration nach Palästina; dort 1936–1943 Polizist, 1943–1946 bei der englischen Armee, anschließend Militärbeamter, ab 1948 Hafenbeamter in Haifa; nach Rückkehr Wiederzulassung in München 1950; 1951–1953 Vizepräsident Israelitische Kultusgemeinde München.
BayHStA, MJu 20352; MJu, PA B 77; BayLEA, BEG 15640; RAK München, PA o.S.; Auskunft Stadtarchiv Fürth; Münchener Jüdische Nachrichten 27.3.1970 (Nachruf).

Bergmann, Franz
5.1.1888 Nürnberg – 20.8. 1964 New York; verh., 2 Söhne; Vater: Kaufmann; St: München, Berlin, Heidelberg, Erlangen; Dr. jur Erlangen 1920; StP: 1918 (Bewerber); Z: Nürnberg 1919 – 30.11.1938.
Dekorierter und verwundeter Frontoffizier; Nov. 1938 Emigration in die USA, dort ab 1943 Angestellter im Briefmarkenhandel.

Foto: StadtA Nürnberg.

BA Berlin, R22 Pers. 51438; BayHStA, OP 38503; BayHStA, BEG 23411 = K 2140; OLG N, PA B 16; Auskunft Stadtarchiv Nürnberg.

Berlin, Otto Joseph
26.9.1879 Fürth – 9.11.1962 München; verh. „Mischehe", 1 Sohn; konfessionslos; Vater: Spiegelglasfabrikant; StP 1905; Z: Fürth 1907 – 30.11.1938; Justizrat 1928.
Frontkämpfer, Kriegsbeschädigung (20 %), Aktiver der Einwohnerwehr 1919; DDP-Mitglied; ab 1933 starker Geschäftsrückgang; Antrag als Konsulent nicht berücksichtigt; April 1939 Emigration über Holland nach Mexiko, dort Bienenzüchter und kaufmännischer Agent; 1940 Ausbürgerung; 1959 Rückkehr nach München.
BayHStA, EG 92217 = A 432; OLG N, PA B 20; Auskunft Stadtarchiv Fürth; Hepp, Liste 179/18–19.

Berlin, Walter
11.3.1887 Nürnberg – 21.8. 1963 London; verh., 2 Kinder; Vater: Kaufmann; St: Erlangen, München, Berlin, Kiel; Dr. jur. Erlangen 1913; StP: 1913 (Bewerber); Z: Nürnberg 1913 – 30.11. 1938.

Foto: StadtA Nürnberg.

Aus Anwaltsfamilie; dekorierter und verwundeter Frontoffizier; engagierter Vertreter des Judentums, Vorsitzender der CV-Ortsgruppe, Nazigegner, in „Kristallnacht" Verlust eines Auges; Mai 1939 Emigration nach England, dort zunächst Nachtwächter, ab 1945 CPA; Ausbürgerung 1940.
BA Berlin, R22 Pers. 51474; BayHStA, OP 38519; OLG N, PA B 19; BayLEA, BEG 21821; Auskunft Stadtarchiv Nürnberg und Ludwig C. Berlin, London (Sohn); Walk 29; Göppinger 269; Müller 174 u.ö; Eckstein 54; Hepp, Liste 176/9–12.

Bernheim, Maximilian
28.2.1874 Tiengen/Baden – 22.6.1945 London; verh., 1 Tochter; Vater: Kaufmann; StP: 1901; Z: Nürnberg 1902 – 22.5.1934 (§ 21/1/2 RAO); Justizrat 1924.
Emigration März 1934 nach England, dort ohne Tätigkeit.
BayHStA, MJu 20374; BayHStA, BEG 39433 = K 2303; Auskunft Stadtarchiv Nürnberg.

Foto: StadtA Nürnberg.

Biermann, Fritz
20.9.1903 Fürth – 10.12. 1987 Durham/GB; verh.; Vater: Kaufmann; St: München, Erlangen; Dr. jur. Erlangen 1928; StP: 1930; Z: Nürnberg 1930 – 5.8.1933 (§ 1).

Foto: UAM.

Nach Berufsverbot kurzzeitig Exportangestellter, sonst ohne Beruf; Antrag auf Wiederzulassung wird abgelehnt; Juli 1939 Emigration nach England, dort Sprachenstudium; 1946 englischer Staatsbürger, ab 1948 Mittelschullehrer.
BayHStA, MJu 20396; BayLEA, EG 75308; Auskunft Stadtarchiv Nürnberg.

Bing, Rudolf
8.2.1876 Nürnberg – 1.9. 1963 Tel Haschomer/Israel; verh., 2 Töchter; Vater: Kaufmann (Hopfenhandel); St: Berlin, München; StP: 1902; Z: Nürnberg 1903 – 30.11.1938; Justizrat 1925.

Foto: StadtA Nürnberg.

Alteingesessene Familie, Vater Stadtrat und Mitglied in zahlreichen Gremien; dekorierter Frontoffizier; liberaler Demokrat (DDP); 1926–1933 im Vorstand der RAK Nürnberg; 9.11.1938 Praxis und Wohnung verwüstet; Mai 1939 Emigration völlig mittellos nach Palästina, dort ohne Beruf; Mitarbeit in der Verwaltung einer von deutschen Juden gegründeten Siedlung; 1940 Ausbürgerung.
BayHStA, OP 38608; BayHStA, BEG 30391 = A 521; Stadtarchiv Nürnberg, QNG 494 (Erinnerungen); Göppinger 270; Mitteilungen des Vereins zur Geschichte der Stadt Nürnberg 75 (1988), 189ff. (= Teildruck der Erinnerungen); Hepp, Liste 208/20–23.

Bloch, Adolf
11.12.1876 Regensburg – 1942 Osten; led.; Vater: Kaufmann; StP: 1902; Z: Regensburg 1905 – 30.11.1938; Justizrat 1925.
10.11.1938 misshandelt und ins KZ Dachau verbracht; 2.4.1942 nach Piaski/Galizien deportiert.
Gb 132; Auskunft Gedenkstätte Dachau und Stadtarchiv Regensburg; Wittmer, Regensburger Juden 307, 327, 400; Hofmann.

Bloch, Otto
17.12.1885 Nürnberg – 1942 Osten; led.; Vater: Großkaufmann; St: München, Genf, Berlin; Dr. jur. Erlangen 1914; StP: 1913 (Bewerber); Z: München 1914–1920, Nürnberg 1920 – 30.11.1938.
Kurzzeitig Kriegsdienst; „sehr zurückhaltender, ruhiger, stets vollkommen sachlicher Anwalt ... von vornehmer Berufsauffassung"; „vermögenslos und unterstützt seine 70-jährige Mutter"; 9.11.1938 Wohnung demoliert; nach dem Tod der Mutter 1941 alleinstehend; 24.3.1942 Deportation nach Izbica.

Foto: StadtA Nürnberg.

BA Berlin, R 22 Pers. 51920; BayHStA, BEG 26541 = A 543; OLG N, PA B 31 alt und W 25; Gb N 34.

Blum, Fritz (Fred) Jakob
9.2.1889 Frankenthal – 1.11.1968 Rochester/N.Y.; verh., 3 Kinder; Vater: Bankbeamter; St: München, Berlin, Heidelberg, Erlangen; Dr. jur. Erlangen 1912; StP: 1918; Z: Nürnberg 1919 – 30.11.1938.

Foto: Privat.

Dekorierter Frontkämpfer; Wirtschaftsanwalt; nach 1933 mehrere Verhaftungen; Dez. 1938 Emigration über Palästina in die USA, dort Rechtsberater in der Wirtschaft und für Wiedergutmachungsfälle; 1941 Ausbürgerung; 1954–1961 Wiederzulassung in Nürnberg; hält sich alljährlich längere Zeit in Deutschland auf.
BA Berlin, R 22 Pers. 51959; BayHStA, BEG 25120 = K 3036; OLG N, PA B 693; MJu, PA B 153; Stadtarchiv Nürnberg, QNG 405 (Erinnerungen); Hepp, Liste 226/11–15; Müller 211 u.ö.; Auskunft Paul Theobald.

Blum, Julius
4.4.1905 Seubelsdorf/Lichtenfels – 30.10.1969 Nahariya/Israel; verh., 1 Sohn; Vater: Kaufmann; St: Erlangen, München; Dr. jur. Erlangen 1935; StP: 1932; Z: Nürnberg 1932 – 5.8.1933 (§ 1). Emigration April 1936 nach

Foto: UAM.

Palästina, dort Arbeit in Landwirtschaft, Fotoagentur, ab 1941 in Ortsverwaltung von Nahariya.
BayHStA, MJu 20414; BayHStA, BEG 16341 = A 551.

Cahn, Franz
10.6.1901 Nürnberg – 5.10.1965 London; verh., 1 Tochter; Vater: Rechtsanwalt; Dr. jur. Erlangen 1925; StP: 1927; Z: Nürnberg 1928 – 21.8.1933 (§ 1).

Foto: StadtA Nürnberg.

April 1939 Emigration nach England; nach Erwerb der britischen Staatsbürgerschaft 1947 Tätigkeit in der Wirtschaft, zuletzt als Abteilungsleiter.
BayHStA, MJu 20493; BayLEA, EG 77612.

Cahn, Hugo
20.10.1865 Frankfurt/Main – 27.5.1937 Nürnberg; verh., 2 Kinder; Vater: Kaufmann; St: München, Erlangen, Würzburg, Leipzig; Dr. jur. Erlangen 1893; StP: 1892; Z: Nürnberg 1893 – 8.4.1936 („Verzicht"); Geheimer Justizrat.
Seit 1919 Dozent, ab 1923 Honorarprofessor an der Handelhochschule Nürnberg; zahlreiche Veröffentlichungen besonders zum Patent- und Urheberrecht; Einsatz für Anwaltsversorgung- und -versicherung.
BayHStA, BEG 74098 = A 2; Auskunft Universitätsarchiv Erlangen; Georg Bergler, Geschichte der Hochschule für Wirtschafts- und Sozialwissenschaften Nürnberg 1919–1961. Nürnberg I 1963, 27 und II 1969, 98, 174.

Cromwell, Philipp
21.1.1894 Nürnberg – 16.7.1978 London; verh., 3 Kinder; Vater: Kaufmann (Lederfabrik); St: München, Genf, Erlangen, Würzburg; Staatsprüfung 1921 (Bewerber); Z: Nürnberg 1921 – Mai 1934 („Verzicht").

Foto: Privat.

Frontkämpfer; Spezialgebiet: Patentsachen; Emigration Mai 1934 nach England, dort nach erneutem Jurastudium 1937 Anwaltszulassung und 1947 Erwerb der britischen Staatsangehörigkeit; Wiederzulassung in Nürnberg 1949, seitdem Betrieb einer deutsch-englischen Praxis mit Schwerpunkt Wiedergutmachung.
BayHStA, BEG 38807 = K 253; BayHStA, OP 25932; OLG N, PA C 629; MJu, PA C 20.

Dormitzer, Karl
18.12.1879 Fürth – 10.9.1952 Fürth; verh.; Vater: Fabrikant; St: München, Berlin, Freiburg, Erlangen; Dr. jur. Erlangen 1904; StP: 1904; Z: Nürnberg 1905 – 30.11.1938; Justizrat 1927; Konsulent Dez. 1938 – Mai 1939.

Foto: OLG Nürnberg, PA D 326.

Dekorierter Frontoffizier; 9.11.1938 Wohnung geplündert und Mobiliar zerstört; Juni 1939 Emigration nach Mexiko, dort Tätigkeit in der Landwirtschaft; 1948 Rückkehr nach Fürth und Wiederzulassung.
BayHStA; OP 39326; OLG N, PA D 326; MJu, PA D 10; BayLEA, EG 41609; Eckstein 54.

Dormitzer, Sigmund
14.8.1869 Nürnberg – 9.12.1943 KZ Theresienstadt; verh., 2 Töchter; Vater: Kaufmann; St: München, Berlin, Leipzig; Dr. jur. Erlangen 1893; StP: 1894; Z: Nürnberg 1895 – 30.11.1938; Justizrat 1918; Geheimer Justizrat 1928.

Foto: StadtA Nürnberg.

Spezialgebiet Handelsrecht; 1921–1932 im Vorstand der RAK Nürnberg, ab 1931 stv. Vorsitzender; Vorsitzender des Nürnberger Anwaltvereins; anlässlich der „Kristallnacht" misshandelt, Wohnung zerstört; März 1939 Emigration nach Holland; 1943 von dort Deportation nach Theresienstadt, die nur die Ehefrau überlebt; die Töchter hatten sich vorher retten können.
BayHStA, EG 75389, 75390 = A 106, 107; OLG N, PA D 11; RHb 339; Gb N 53; Gb Holland 173; Stadtlexikon Nürnberg 1999, 221; Else Dormitzer, Erinnerungen.

Ehrenbacher, Edgar Leo
15.2.1879 Nürnberg – unbekannt; verh., 2 Kinder; Vater: Kaufmann; Dr. jur. Erlangen 1903; StP: 1905; Z: Nürnberg 1906 – 24.5.1938 („Verzicht"); Justizrat 1927.

Foto: StadtA Nürnberg.

Kriegsdienst; Mai 1938 Emigration nach England; weiteres Schicksal unbekannt.
OLG N, PA E 4; Auskunft Stadtarchiv Nürnberg.

Ehrenbacher, Ludwig
16.1.1884 Nürnberg – 7.5.1933 Nürnberg; verh., 3 Kinder; Vater: Konsul; St: Würzburg, München, Erlangen, Berlin; Dr. jur. Erlangen 1907; StP: 1910; Z: Nürnberg 1911 – Tod.

Foto: StadtA Nürnberg.

Stand zusammen mit seinem Sozius Fritz Moritz Wertheimer der SPD nahe; Witwe, die ihre Familie als Krankenpflegerin durchbringen musste und 2 Kinder 1943 nach Auschwitz deportiert; eine Tochter entkommt in die USA.
BayHStA, MJu 20583; Strätz 126f., 454f.

Eisemann, Max
25.7.1881 Zweibrücken – 11.1.1933 Kelheim; Vater: Lehrer; St: München, Berlin, Würzburg; Dr. jur. Erlangen 1908; StP: 1906; Z: Frankenthal 1907, Nürnberg 1907 – Tod.

Foto: StadtA Nürnberg.

Nach Anklage wegen Konkursbetrugs und Untreue seit Nov. 1932 abgängig, wird Eisemann offenbar nach Selbstmord am 11.1.1933 tot aus der Donau in Kelheim geborgen.
BayHStA, MJu 20598; Auskunft Stadtarchiv Nürnberg.

Eismann, Bernhard Kurt (Bernard C.)
7.11.1889 Nürnberg – 27.10. 1969 New York; verh., 1 Sohn; Vater: Kaufmann; St: Erlangen, München, Berlin; Dr. jur. Erlangen 1914; StP: 1921 (Bewerber); Z: Nürnberg 1921 – Januar 1938 („Verzicht").

Foto: StadtA Nürnberg.

Dekorierter Frontoffizier; 1916 bis 1920 französische Gefangenschaft; trotz Spitzenexamens Staatsdienstbewerbung 1922 abgelehnt; Ende 1937 Emigration über Meran und die Schweiz in die USA; dort bis 1945 Jurastudium und nach Erwerb der US-Staatsbürgerschaft Zulassung als Rechtsanwalt in New York.
BA Berlin, R 22 Pers. 55096; BayLEA, BEG 23680; OLG N, PA E 8.

Erdmann, Paul Adolf
16.7.1903 Fürth – 20.3.1963 New York; verh.; Vater: Bankdirektor; St: München, Berlin, Leipzig, Erlangen; Dr. jur Erlangen 1927; StP: 1929; Z: Nürnberg 1929 – 5.8.1933 (§ 1).

Foto: UAM.

Nach Berufsverbot 1933 ohne Tätigkeit; Juli 1938 Emigration in die USA, dort Arbeiter (Packer), Vertreter; Mutter Opfer des Holocaust
BayHStA, MJu 20613; Auskunft Stadtarchiv Nürnberg; BayLEA, EG 75411; Gb M 309.

Erlanger, Herbert Justin
31.3.1905 Nürnberg – 29.2. 1988 New York; led.; Vater: Kaufmann; Dr. jur. Bonn 1929; StP: 1931; Z: Nürnberg 1931 – 5.8.1933 (§ 1).
Emigration Oktober 1933 nach Amsterdam; von dort mit unbekanntem Datum weiter in die USA; Tätigkeit dort nicht bekannt.
BayHStA, EG 74658 = K 856; Auskunft Stadtarchiv Nürnberg; SSDI.

Foto: UAM.

Erlanger, Martin
27.3.1902 Nürnberg – 29.12. 1991 München; verh.; Vater: Rechtsanwalt u. Justizrat; St: München, Frankfurt; Dr. jur. Frankfurt 1924; StP: 1928; Z: Nürnberg 1928 – 25.8.1933 (§ 1).

Foto: RAK München.

1933 – 1937 Tätigkeit in einer Weinbrennerei in Nürnberg; 1937 Emigration nach Uruguay, dort bis 1968 Importkaufmann in Montevideo; 1969 Rückkehr und Wiederzulassung in München.
MJu, PA E 182; RAK München, PA o.S.; BayLEA, BEG 52122; Göppinger 334; Heinrich 219.

Erlanger, Michael
23.11.1868 Thalmässing – 15.9.1938 Ravensburg; verh., 2 Söhne; Vater: Kaufmann; Dr. jur. Erlangen 1892; StP: 1895; Z: Nürnberg 1896 – 1.7.1938 („Verzicht"); Justizrat 1920.
Bis 1933 20 Jahre im Vorstand der Anwaltskammer Nürnberg; Geschäftsumfang der großen mit zwei Sozien betriebenen Kanzlei ab 1933 stark rückläufig; Pensionsvertrag mit dem nicht jüdischen Sozius 1936 auf Druck der Partei gelöst.
BayLEA, BEG 48721; OLG N, PA E 12; Göppinger 219; Gb N 63.

Feilchenfeld, Ernst (ab 1949: Pelled, Izchak)
20.2.1894 Hamburg – 3.6. 1959 Jerusalem; verh., 3 Kinder; Vater: Lehrer; St: Erlangen, Heidelberg, Würzburg;

StP: 1921; Z: Würzburg 1922–1924, Nürnberg 1924 – 24.5.1934 (§ 21/1/2 RAO).

Foto: StadtA Nürnberg.

Dekorierter Frontkämpfer; 20.7.1933 anlässlich der antisemitischen Aktion in Nürnberg verhaftet und misshandelt; Nov. 1933 Emigration nach Palästina, dort Betrieb eines Cafés, Angestellter einer Versicherung und der englischen Armee, ab 1948 Beamter des Staates Israel, ab 1954 aus gesundheitlichen Gründen berufsunfähig.
BayHStA, MJu 20636; BayHStA, BEG 17546 = K 255; Auskunft Stadtarchiv Nürnberg; Strätz 142.

Fellheimer, Justin
10.12.1898 Nürnberg – 23.12. 1963 Jerusalem; verh.; Vater: Kaufmann; St: Erlangen, München; Dr. jur. Erlangen 1922; StP: 1926 (Bewerber); Z: Nürnberg 1927 – 5.8. 1933 (§ 1).
Kleinwüchsig, deshalb kein Kriegsdienst; Sept. 1933

Foto: UAM.

Emigration nach Palästina, dort Schreibwarenhändler; wegen Exil, Beruf und körperlichem Zustand zunehmende Depressionen.
BayHStA, MJu 20641; BayLEA, EG 93210.

Fleischmann, Martin
24.6.1879 Prichsenstadt – 27.5.1933 Nürnberg; verh. „Mischehe"; 1 Sohn; Vater: Kaufmann; StP: 1905; Z: Nürnberg 1906 – Tod; Justizrat 1928.

Foto: Privat.

Er hatte am 1.4.1933 (Judenboykott) einen Schlaganfall erlitten, dem er am 27.5. erlag; am 3.3.1933 zum Katholizismus übergetreten, wurde er katholisch beerdigt; dies rief heftige Kritik des „Stürmer" hervor; in der Folgezeit werden Witwe und Sohn diskriminiert und zum Ortswechsel gezwungen.
BayHStA, MJu 20668; BayLEA, BEG 73053; Auskunft Stadtarchiv Nürnberg; Artikel „Die Judentaufe" in: Der Stürmer, Juni 1933.

Frank, Ludwig (Louis)
17.10.1898 Pirmasens – Aug. 1975 New York; gesch., 2 Kinder; Vater: Schuhfabrikant; St: München, Freiburg, Leipzig; StP: 1923; Z: Nürnberg 1924 – 21.8.1933 (§ 1).
„Am Tage nach der Flaggenhissung im Hofe des Gerichtsgebäudes wollte er gegen die Hakenkreuzfahne demonstrieren"; Juli 1933 Emigration Paris, Okt. 1934 Prag, 1935 Brüssel, Aug. 1939 Paris, 1940 interniert, über Spanien und Portugal 1941 in die USA, dort Versicherungsagent.

Foto: UAM.

BayHStA, MJu 20701; BayHStA, EG 93538 = A 98; SSDI.

Frankenburger, Isaak
20.6.1872 Thüngen/UFr. – 10.5.1941 Nürnberg; verh., 2 Kinder; Vater: Kaufmann; StP: 1901; Z: Nürnberg 1902 – 1904, Ansbach 1904 – 10.7. 1937 („Verzicht"); Justizrat 1926.
Dekorierter Frontkämpfer; Sohn 1933 als Referendar entlassen; 1937 werden Wohnung und Kanzleiräume gekündigt, Ersatz bewusst nicht zur Verfügung gestellt und Ortswechsel nicht genehmigt, so dass er resigniert aufgibt und nach Nürnberg zieht. Witwe und Sohn werden Opfer des Holocaust, lediglich die Tochter entkommt in die USA.
OLG N, PA F 5; BayHStA, EG 122442 = A 107; Gb N 77f.; Auskunft Stadtarchive Ansbach und Nürnberg.

Frankenburger, Leonhard
9.4.1866 Nürnberg – 15.11. 1938 Nürnberg; led.; StP: 1890; Z: Nürnberg 1891 – 4.4.1933 („Verzicht"); Justizrat 1911, Geheimer Justizrat 1924.
Neffe des Abgeordneten und Anwalts Wolf Frankenburger; renommierte Kanzlei; 1906 – 1932 im Vorstand der Anwaltskammer Nürnberg;

verzichtet nach Machtergreifung auf Zulassung; in „Kristallnacht" misshandelt, Wohnung demoliert; begeht daraufhin Selbstmord zusammen mit seinem Bruder.
BayHStA, MJu 20705; Auskunft Stadtarchiv Nürnberg; Gb N 78; Müller 243, 342; Erinnerungen Rudolf Bing (s. dort).

Freudenreich, Semi (Frederick, Sam)
31.5.1893 Fürth – 24.1.1955 Seattle/USA; verh., 1 Tochter; Vater: Kaufmann (Spiegelfabrik); St: Erlangen, München; Dr. jur. Erlangen 1922/1925; StP: 1922; Z: Nürnberg 1922 – 25.5.1934 (§ 21/1/2 RAO). Dekorierter und kriegsversehrter Frontkämpfer, 1916–1920 französische Gefangenschaft; 20.7.1933 anlässlich der antisemitischen Aktion verhaftet und misshandelt; 1.4.1934 Abmeldung nach London, dort Buchhalter; 1940 über Kolumbien weiter in die USA, dort Betrieb einer chemischen Reinigung; ab 1953 schwer krank.
BayHStA, MJu 20711; BayHStA, OP 53740; BayHStA, BEG 53063 = A 122.

Friedmann, Max
13.3.1893 Suhl/Thüringen – 18.8.1979 New York; verh., 2 Kinder; Vater: Kaufmann; St: Freiburg, München, Erlangen; Dr. jur. Erlangen 1917;

Foto: Privat.

StP: 1919; Z: Nürnberg 1920 – 30.11.1938.
Dekorierter Frontoffizier; Kriegsversehrter (40 %); SPD-Anhänger; Dez. 1938 Emigration nach Palästina, dort Geschäftsführer, Kriegsdienst in englischer Armee, ab 1948 Beamter des Staates Israel; Ausbürgerung 1939; ab ca. 1957 in New York, Mitarbeit in Kanzlei des früheren Kollegen Leopold Landenberger; Antrag auf Wiederzulassung in Nürnberg wird 1948 abgelehnt.
BA Berlin, R 22 Pers. 56405; BayHStA, OP 40070; BayLEA, BEG 19326; OLG N, PA F 8; Hepp, Liste 144/42–45.

Friedmann, Stephan
29.10.1903 Nürnberg – 15.3.1993 New York; led.; Vater: Kaufmann (Schnittwaren); St: Berlin, München, Erlangen; Dr. jur. Erlangen 1926; StP: 1929; Z: Nürnberg 1929 – 30.8.1933 (§ 1).

Foto: UAM.

Okt. 1937 Emigration in die USA, dort Versicherungsagent.
BayHStA, MJu 20718; BayLEA, EG 75456; Auskunft Stadtarchiv Nürnberg; SSDI.

Fuld, Heinrich
25.12.1887 Nürnberg – 30.7.1972 New York; verh.; Vater: Kaufmann; St: Lausanne, Oxford, Würzburg, München; Dr. jur. Würzburg 1911; StP: 1919; Z: Nürnberg 1920 – 5.8.1933 (§ 1).
1920–1938 Teilhaber und Leiter der Maschinenfabrik Kayser/Nürnberg; in „Kristallnacht" Villa verwüstet; Okt. 1940 völlig mittellos Emigration über Santo Domingo in die USA, dort Handelsvertreter, Verkäufer, Kaufmann.

Foto: StadtA Nürnberg.

BayHStA, MJu 20739; BayHStA, EG 79403 = A 181; Auskunft Susanne Rieger, Nürnberg.

Gallinger, Joseph
9.7.1872 Nürnberg – 16.4.1962 Ramat Gan/Israel; verh., 2 Kinder; Vater: Kaufmann (Ledergeschäft); St: München, Berlin; Dr. jur. Erlangen 1896; StP: 1897; Z: Nürnberg 1898 – Mitte 1938 („Verzicht"); Justizrat 1921.

Foto: StadtA Nürnberg.

Vorsitzender der Ortsgruppe, stv. Vorsitzender des Landesverbands und Mitglied des Hauptvorstands des CV; Mitte 1938 Emigration nach Palästina, dort ohne berufliche

Tätigkeit; Ausbürgerung 1941.
BayHStA, EG 73793 = A 9; LBI Berlin, MM 26 (= Erinnerungen); Hepp, Liste 258/19-20; Müller 193.

Geiershöfer, Karl
20.7.1868 Nürnberg – 4.4. 1943 KZ Theresienstadt; verh.; Vater: Kaufmann (Holzhandel); Dr. jur. Erlangen 1893; StP: 1894; Z: Nürnberg 1895 – 31.3.1938 („Verzicht); Justizrat 1918.
Demokrat; langjähriges Vorstandsmitglied der Anwaltskammer Nürnberg und des DAV; nach Verzicht 1938 Umzug nach München, von dort im Juli 1939 Emigration nach Luxemburg; Ehefrau begeht dort am 1.5.1940 Selbstmord; Geiershöfer wird im Sept. 1941 interniert und im Juli 1942 nach Theresienstadt deportiert.

Foto: StadtA München.

BayHStA, EG 68008 = A 38; OLG N, PA G 8; Gb 196; Gb M 407; Gb N 89; Gb Theresienstadt 537.

Gerngroß, Friedrich Ludwig
20.10.1888 Nürnberg – 25.1. 1958 Kapstadt/Südafrika; verh.; Vater: Privatier; St: München, Erlangen; Dr. jur. Erlangen 1913; StP: 1919; Z: Nürnberg 1919 – Aug. 1934 („Verzicht“).
Frontoffizier; Emigration Feb. 1934 nach Italien, von dort 1938/39 nach Südafrika; dort ab 1943 CPA; Ausbürgerung 1941; Mutter kommt in Theresienstadt um.

Foto: StadtA Nürnberg.

BayLEA, BEG 9955; BayHStA, OP 40529; Hepp, Liste 226/40–41.

Goldmann, Karl
10.5.1852 Kirchheimbolanden/Pfalz – 28.4.1940 Nürnberg; verh., 1 Tochter; Vater: Kaufmann und Gutsbesitzer; StP: 1879; Z: Nürnberg 1880 – 15.11. 1937 („Verzicht“); Justizrat 1902.
Reserveoffizier (1892 Hauptmann der Landwehr); 1940 wegen „Devisenschiebung“ zu sechs Monaten Gefängnis und 60.000 RM verurteilt; Witwe und Tochter werden Opfer des Holocaust.
BayHStA, EG 94116 = K 999; BayHStA, OP 40724; OLG N, PA G 15; StAN, AG Nürnberg VI 1032/1940; Auskunft Stadtarchiv Nürnberg.

Goldstein, Justin
26.12.1878 Fürth – 4.2.1959 London, verh., 1 Tochter; Vater: Kaufmann; St: München, Erlangen, Berlin, Würzburg; Dr. jur. Würzburg 1901; StP: 1904; Z: Nürnberg 1905 – 30.11.1938; Konsulent bis 31.1.1939; Justizrat 1927.
Dekorierter Frontoffizier; Emigration Juni 1939 nach England, dort ohne Beruf; ein Antrag auf Wiederzulassung in Nürnberg 1949 wird wegen Residenzpflicht und Überfüllung der Anwaltschaft abgelehnt.

Foto: StadtA Nürnberg.

BayHStA, OP 40728; BayHStA, BEG 1960 = K 1115; OLG N, PA G 16 alt; OLG N, 317 E.

Gundersheimer, Hermann
13.2.1896 Schweinfurt –12.4. 1948 Tel Aviv; verh., 1 Tochter; Vater: Kaufmann und Weingutsbesitzer; St: Erlangen, München, Würzburg; Dr. jur. Würzburg 1920; StP: 1922 (Bewerber); Z: Schweinfurt 1924–1928, Nürnberg 1928 – Febr. 1934 („Verzicht“).
Dekorierter Frontkämpfer; trotz hervorragender

Foto: UAM.

Prüfungsnote scheitert 1923 Staatsdienstbewerbung: „Er ist aber Israelit, deshalb nicht überall verwendbar“; Febr. 1934 Emigration nach Palästina, dort ohne Beruf.

BayHStA, MJu 20856; BayHStA, OP 32041; BayLEA, BEG 87488.

Heidenheimer, Leo
3.5.1886 Nürnberg – 24.10. 1954 Buenos Aires; verh. „Mischehe"; Vater: Kaufmann; St: München, Genf, Berlin, Erlangen; Dr. jur. Erlangen 1911; StP: 1911; Zulassung Nürnberg 1912 – 30.11.1938.

Foto: StadtA Nürnberg.

Dekorierter und versehrter Frontoffizier; 12.11. – 21.12. 1938 KZ Dachau; Juli 1939 Emigration nach Argentinien, dort bestreitet im Wesentlichen die Ehefrau als Lehrerin den Lebensunterhalt.
BA Berlin, R 22 Pers. 59469; BayHStA, OP 41655; BayHStA, BEG 25034 = K 871; Auskunft Gedenkstätte Dachau.

Heinemann, Alfons
8.2.1901 Nürnberg – 26.7.1988 Nürnberg; verh.; Vater: Kaufmann; St: München, Erlangen, Würzburg; Dr. jur. Erlangen 1924; StP: 1929; Z: Nürnberg 1929 – 5.8.1933 (§ 1).
Emigration Febr. 1934 nach Paris, dort „staatsfeindliche Betätigung"; Weiterwanderung nach Palästina, dort Zollbeamter; 1950 Rückkehr nach Nürnberg: juristischer Sachbearbeiter für jüdische Organisationen; 1953 Wiederzulassung als Rechtsanwalt, Spezialgebiet: Rückerstattung und Wiedergutmachung; Nov. 1980 Verzicht auf die Zulassung.

Foto: UAM.

MJu, PA H 111; OLG N, PA H 680; Auskunft Stadtarchiv und Israelitische Kultusgemeinde Nürnberg; BayLEA, BEG 6469.

Heinemann, Rudolf
9.4.1884 Schweinfurt – 10.8. 1970 New York; verh., 1 Tochter; Vater: Kaufmann; St: München, Berlin, Würzburg; Dr. jur. Heidelberg 1907; StP: 1909. Z: Nürnberg 1910 – 30.11.1938.

Foto: StadtA Nürnberg.

Dekorierter und versehrter Frontkämpfer; in der „Kristallnacht" Wohnung demoliert; Juli 1939 Emigration nach England; April 1940 weiter in die USA, dort bis 1943 ohne Beruf, danach Bankbote, später kaufmännischer Angestellter und Rechtsberater in Wiedergutmachungssachen.
BA Berlin, R 22 Pers. 59615; BayHStA, OP 36714; BayHStA, BEG 10927 = K 1050; OLG N, PA H 17; Auskunft Stadtarchiv Schweinfurt; SSDI.

Held, Justin
3.2.1904 Nürnberg – 14.1.1950 Baltimore/USA; verh., 1 Tochter; Vater: Kaufmann; St: Erlangen, München; Dr. jur. Erlangen 1926; StP: 1929; Z: Nürnberg 1929 – 5.8.1933 (§ 1).

Foto: UAM.

1933 Emigration nach Paris, 1935 nach Palästina, Ausbürgerung 1937, 1938 weiter in die USA, dort Packer, Vertreter.
BayHStA, MJu 20956; BayLEA, BEG 11990; Auskunft Stadtarchiv Nürnberg.

Herrmann, Heinz (Heinrich)
1.9.1899 Nürnberg – 6.9. 1981 Johannesburg/Südafrika; verh., 2 Kinder; Vater: Kaufmann; St: Würzburg, Erlangen; StP: 1927; Z: Nürnberg 1927 – 1936 („Rücknahme").

Foto: Privat.

Da 1918 Frontkämpfer, Rückgabe der bereits entzogenen Zulassung; wegen Abwesenheit in Folge auswärtiger Tätigkeit Entzug der Zulassung 1936; Okt. 1936 Emigration über England nach Südafrika, dort nach erneutem Jurastudium Rechtsanwalt bzw. zeitweise Betrieb eines Fotoateliers zusammen mit der Ehefrau, später Leiter Restitution Office South African Jewish Board of Deputies (Wiedergutmachung) in Johannesburg; 1976 Wiederzulassung in Nürnberg.
MJu, PA H 880; BayLEA, BEG 70625; Auskunft Stadtarchiv Nürnberg; Rand Daily Mail (Johannesburg) 4.12.1952.

Herrmann, Wilhelm (Willy)
15.3.1881 Altenkunstadt/OFr. – 26.7.1940 Albi/Frankreich; verh.; Vater: Kaufmann; St: München, Berlin, Würzburg; Dr. jur. Würzburg 1907; StP 1908; Z: Nürnberg 1909 – 30.11.1938.

Foto: StadtA Nürnberg.

Dekorierter Frontkämpfer; in der „Kristallnacht" Schock wegen Demolierung der Wohnung; März 1939 Emigration nach Frankreich, dort 1940 in verschiedenen Lagern interniert; stirbt im Lager Albi an Ruhr; Witwe rettet sich durch Untertauchen und geht 1954 in die USA; Ausbürgerung 1940.
BA Berlin, R 22 Pers. 60125; OLG N, PA H 24; BayHStA, EG 94444 = K 1455; Hepp, Liste 157/43–44.

Herz, Richard
30.6.1894 Rastatt – 1943 KZ Auschwitz; led.; Vater: Kaufmann; St: München, Berlin, Heidelberg, Erlangen; Dr. jur. Erlangen 1922; StP: 1921 (Bewerber); Z: Nürnberg 1921 – 30.11.1938; Konsulent Dez. 1938 bis zur Deportation.

Foto: StadtA Nürnberg.

Dekorierter Frontkämpfer; trotz guter Prüfung scheitert Staatsdienstbewerbung; mitten aus der Tätigkeit als Konsulent in Fürth am 5.7.1943 „nach Ostland evakuiert".
BayHStA, BEG 6051 = A 192; OLG N, PA H 25; Gb Fürth 179; Gb N 132; Straub 157.

Herzstein, Max
9.2.1892 Fürth – 8.5.1945 f.t.e.; verh., 2 Töchter; Vater: Lehrer; St: München, Heidelberg, Erlangen; Dr. jur. Erlangen 1915; StP: 1920; Z: Würzburg 1920/21, Fürth 1921 – 12.9.1933 (§ 1).
Krankheitsbedingt kein Frontkämpfer; Tätigkeit beim Grenzschutz wird 1933 nicht berücksichtigt. Herbst 1933 Emigration nach Prag; 1938 Ausbürgerung; ohne Familie im April 1939 Flucht nach Kattowitz/Polen; Versuch, nach England zu gelangen, scheitert; letztes Lebenszeichen 1941 aus Lemberg; Ehefrau 1942 über Theresienstadt nach Auschwitz deportiert; Kinder entkommen nach England; ältere Tochter leidet an Schizophrenie „wegen kindlicher Entwurzelung".
BayHStA, MJu 20986; BayLEA, BEG 68061; Hepp, Liste 36/11, 33–35; Gb Fürth 180.

Holzinger Fritz Max
27.7.1898 Nürnberg – 8.6.1968 Albany/N.Y.; verh., 2 Kinder; Vater: Kaufmann; St: München, Heidelberg; Dr. jur. Heidelberg 1922; StP: 1923; Z: Nürnberg 1924 – 12.9.1933 (§ 1).

Foto: UAM.

„Kenntnisreicher Jurist", zahlreiche Veröffentlichungen; 1931 bis 1933 Geschäftsführer des Nürnberger Anwaltvereins; Okt. 1933 Emigration nach Frankreich, später nach Italien, 1937 in die USA, dort nach Jurastudium und Erwerb der US-Staatsbürgerschaft Rechtsanwalt.
BayHStA, MJu 21050; BayHStA, BEG 10319 = K 2670; Auskunft Stadtarchiv Nürnberg; SSDI.

Honig, Leopold
14.12.1872 Fürth – 14.1.1951 London; verh., 2 Kinder; Vater: Kaufmann; St: München, Heidelberg, Berlin, Erlangen; Dr. jur. Erlangen 1898; StP: 1900, Z: Nürnberg 1901 – 30.11.1938; Justizrat 1923.

1905–1937 Aufsichtsrat der Bayerischen Spiegelglasfabriken, Fürth; wohnt ab 1933 in Fürth; April 1939 Emigration nach England, dort ohne Beruf.

Foto: StadtA Nürnberg.

BA Berlin, R 22 Pers. 61130; BayHStA, EG 82013 = K 2724; Auskunft Stadtarchiv Nürnberg und Dr. Michael Müller, Fürth.

Jacoby, Max
14.7.1899 Köln – 1.2.1986 Nürnberg; led.; Vater: Kaufmann; Dr. jur. Erlangen 1922; StP: 1930; Z: Nürnberg 1930 – 28.12.1933 („Verzicht").

Foto: StadtA Nürnberg.

Frontkämpfer; Syndikus der Wach- und Schließgesellschaft; 1933 Emigration nach Paris, 1935 Barcelona, dort Sprachlehrer; 1940 Ausbürgerung; 1956 nach Wiedereinbürgerung Rückkehr nach Nürnberg; Mutter kommt 1944 in Theresienstadt zu Tode.
BayHStA, MJu 21079; BayLEA, BEG 8998; Hepp, Liste 190/44.

Josephthal, Fritz
9.7.1890 Nürnberg – 14.2. 1954 New York; verh.; Vater: Rechtsanwalt; St: Erlangen; StP: 1919; Z: Nürnberg 1919 – 30.11.1938.

Foto: StadtA Nürnberg.

Aus Anwaltsfamilie; dekorierter und versehrter Frontoffizier; ab 1933 zusammen mit Sozius Walter Berlin „Mittelpunkt des Abwehrkampfes der Nürnberger Juden"; großes Engagement in der Israelitischen Kultusgemeinde; Mai 1939 Emigration nach England, dort 1940 interniert, nach Freilassung Packer in einer Fabrik; 1946 weiter in die USA, dort Sozialarbeiter.
BayHStA, OP 42442; BA Berlin, R 22 Pers. 62182; BayHStA, EG 70199 = K 584; OLG N, PA J 5; Eckstein 55; Göppinger 290; Ludwig C. Berlin, Kurzbiografie.

Jung, Richard David
23.4.1883 Nürnberg – 18.6. 1957 New York; verh., 3 Töchter; Vater: Kaufmann (Hopfen); St: Grenoble, München, Berlin; StP: 1908; Z: Nürnberg 1909 – 30.11. 1938.
Dekorierter Frontoffizier; liberaler Demokrat (DDP); ab 1920 aktiv im Landesverband der Bayerischen Israelitischen Kultusgemeinen, im CV, bei der Kultusgemeinde Nürnberg; Nov. 1938 Haft; Mai 1939 Emigration nach England, Mai 1940 weiter in die USA, dort Vertreter, später Geschäftsführer.

Foto: StadtA Nürnberg.

BA Berlin, R 22 Pers. 62248; BayHStA, BEG 11498 = K 625; BayHStA, OP 42474; OLG N, PA J 6; BHE I 338; Walk 177; Aufbau 1943 Nr. 17, 21; 1953 Nr. 17, 7; 1957 Nr. 27,4.

Kahn, Gustav (Kane, Gus M.)
28.3.1887 Brebach/Saar – 30.3.1970 New York; verh., 1 Sohn; Vater: Kaufmann; St: München, Genf, Berlin, Erlangen; Dr. jur. Erlangen 1911; StP: 1912; Z: Nürnberg 1913 – 30.11.1938.

Foto: StadtA Nürnberg.

Dekorierter Frontkämpfer; in „Kristallnacht" Wohnung geplündert und zerstört; 1939 Emigration in die USA, dort Exportkaufmann; Ausbürgerung 1940.
BA Berlin, R 22 Pers. 62390; OLG N, PA K 2; BayLEA, EG 82460; Hepp, Liste 202/58–60.

Kahn, Max Josef
5.1.1880 Altenbamberg/Pfalz – unbekannt: verh.; Vater: Kaufmann; StP: 1908; Z: Nürnberg 1909 – 29.8.1933 (§ 3).
Kahn hat seit 1919 Kommunisten verteidigt und wurde von der Roten Hilfe honoriert, ohne KP-Mitglied zu sein; Okt. 1933 scheint er sich in Zürich aufgehalten zu haben, Juni 1935 in Paris; sein weiteres Schicksal ist nicht bekannt; anlässlich der Ausbürgerung seiner Ehefrau (13.6.1941) wird er nicht genannt.
BayHStA, MJu 21111; Auskunft Stadtarchiv Nürnberg; Rote Hilfe 173f.

Karpf, David
12.3.1883 Gersfeld/Rhön – 4.10.1962 Meran; verh., 3 Kinder; Vater: Kaufmann (Tabakfabrikant); St: München, Erlangen; Dr. jur. Erlangen 1923; StP: 1909; Z: Nürnberg 1910 – 30.11.1938.

Foto: Privat.

Emigriert im Dez. 1938 zur bereits seit 1934 in Palästina lebenden Familie, dort Buchhändler/Lesezirkel, Versicherungsvertreter; Nov. 1945 Weiterwanderung in die USA, dort Versicherungsagent, ab 1948 Rechtsberater für Wiedergutmachungssachen; Ausbürgerung 1940; 1959–1961 Anwaltszulassung in Trier, ab 1961 in Nürnberg; stirbt während Urlaub in Meran.
BayHStA, EG 70210 = K 473; MJu, PA K 384; OLG N, PA K 39 bzw. 704; Hepp, Liste 177/49–53.

Kaufmann, David
1.6.1873 Bamberg – 24.1.1941 New York; verh., 1 Tochter; Vater: Kaufmann; Dr. phil. Erlangen 1896; StP: 1898; Z: Nürnberg 1899 – 1.7.1936 („Verzicht"); Justizrat 1923.

Foto: StadtA Nürnberg.

Dekorierter Frontkämpfer; bei antisemitischer Aktion am 20.7.1933 verhaftet und misshandelt; Mitte 1936 Emigration in die USA, dort ohne berufliche Tätigkeit.
OLG N, PA K 5; BayHStA, BEG 10608 = A 74; Auskunft Stadtarchiv Bamberg.

Kauper, Josef Martin
21.6.1899 Bayreuth – 5.11.1945 Gärmersdorf/OPf.; verh., 3 Kinder; Vater: Kaufmann; St: Erlangen; Dr. jur. Erlangen 1922; StP: 1924; Z: Nürnberg 1925–1945.

Foto: Privat.

Frontkämpfer; als „Halbjude" ab 1933 diskriminiert; entgeht 1944 knapp einem Arbeitseinsatz; April 1945 durch die US-Militärregierung als Oberbürgermeister in Bayreuth eingesetzt; kommt bei Autounfall auf Dienstreise ums Leben; seine jüdische Mutter überlebt die NS-Zeit.
OLG N, PA K 6; Auskunft Stadtarchiv Bayreuth und Hannelore Richter, Nürnberg (Tochter); Mitteilungsblatt der Stadt Bayreuth Nr. 19 vom 14.11.1945 (Nachruf); Bernd Mayer, Er wollte einen Pass und wurde Stadtoberhaupt in: Heimatbote, Monatsbeilage zum Nordbayerischen Kurier (Bayreuth), Jg. 28 (Nov. 1995).

Klein, Heinrich
20.2.1901 Kempen/Posen – 8.5.1945 f.t.e.; verh., 3 Kinder; Vater: Rabbiner; St: München, Erlangen; Dr. jur. Erlangen 1927; StP: 1929; Z: Nürnberg 1929 – 5.8.1933 (§ 1).

Foto: UAM.

Schon vor 1933 vom „Stürmer" attackiert; meldet sich nach Verehelichung 1935 nach Riga/Lettland ab; seit Juli 1941 (= Besetzung Lettlands durch Hitler) verschollen; Eltern können rechtzeitig nach Palästina emigrieren.
BayHStA, MJu 21148; BayHStA, BEG 57977 = K 1316; Auskunft Stadtarchiv Nürnberg; Artikel „Jude Dr. Klein. Der Balkonkletterer aus der Bauerngasse." In: Der Stürmer Nr. 34 (August 1931).

Kohn, Max
23.4.1880 Bamberg – 29.1. 1942 Tel Aviv; verh., 2 Söhne; Vater: Bankier; Dr. jur. Erlangen 1904; StP: 1905; Z: Nürnberg 1906 – 17.8. 1938 („Verzicht"); Justizrat 1928.
Der geachtete Anwalt ist schon vor 1933 antisemitischen Attacken ausgesetzt; Aug. 1938 Emigration über die Schweiz nach Palästina; Ausbürgerung 1940.

Foto: StadtA Nürnberg.

OLG N, PA K 28; BA Berlin, R 22 Pers. 64174; BayHStA, EG 56381 = A 209; Müller 193.

Kohn, Richard
11.2.1881 Nürnberg – 15.12. 1941 f.t.e. Riga; led.; Vater: Bankier; St: Würzburg, München, Berlin; Dr. jur. Erlangen 1907; StP: 1906; Z: München 1907/08, Nürnberg 1909 – 30.8.1933 (§ 1); Kommerzienrat.
Teilhaber des Bankhauses Kohn, Nürnberg, wo auch Arbeitsschwerpunkt liegt; deshalb Entzug der Zulassung 1933, obwohl Altanwalt; stv. Vorsitzender der Industrie- und Handelskammer Nürnberg, 1914–1924 DDP-Stadtrat, zahlreiche Aufsichtsratsposten im Bank- und Versicherungsbereich; in der „Kristallnacht" Wohnung zerstört; 29.11.1941 ins Baltikum deportiert; „ein Jude von durchaus vornehmer Gesinnung und echter demokratischer Überzeugung und schlagfertigem Witz" (Luppe 53).

Foto: StadtA Nürnberg.

BayHStA, MJu 21189; BayHStA, BEG 19488 = A 214; Gb N 175; RHb 982; Wirtschaftsführer Sp. 1214; Hermann Luppe (= OB Nürnberg 1920–1933), Mein Leben. Nürnberg 1977; Gb Baltikum 554.

Krailsheimer, Hans
29.1.1888 Nürnberg – 12.1. 1958 München; led.; Vater: Kaufmann; St: Genf, München, Berlin, Würzburg; Dr. jur. Erlangen 1917; StP: 1916; Z: Nürnberg 1917 – 12.9. 1933 (§ 1).
Überwiegend als Syndikus für Wirtschaftsverbände tätig; Okt. 1933 Emigration über ČSR, Schweiz nach Frankreich; Ausbürgerung 1938; 1939–1941 interniert, danach Zwangsaufenthalt im nicht besetzten Landesteil; lebt ab 1945 von Unterstützung durch jüdische Organisationen; 1954 Rückkehr nach München.
BayHStA, MJu 21050; BayHStA, BEG 9199 = K 2575; Hepp, Liste 34/18; Wirtschaftsführer Sp. 1232.

Krakenberger (Craig), Paul Max
26.5.1885 Nürnberg – 2.7. 1964 Silver Spring, MD/ USA; verh., 2 Kinder; Vater: Kaufmann; St: Erlangen, München, Berlin, Paris, London; Dr. jur. Erlangen 1912; StP: 1910 (Bewerber); Z: Nürnberg 1919 – April 1938 („Verzicht").
Dekorierter Frontoffizier; zunächst vier Jahre im juristischen Staatsdienst; 1932 Wirtschaftsprüfer; wissenschaftl. Veröffentlichungen und Kommentare; Aufsichtsratsposten; April 1938 Emigration ČSR, Jugoslawien, Bulgarien, Frankreich, Spanien, Portugal, Dominikanische Republik, USA (1941); dort Fabrikarbeiter und Büroangestellter; Ehefrau Verkäuferin; daneben Jurastudium, ab 1952 Rechtsanwalt; Ausbürgerung 1941.

Foto: StadtA Nürnberg.

BA Berlin, R 22 Pers. 64482; BayHStA, OP 10741; OLG N, PA K 33; BayLEA, BEG 37241; Hepp, Liste 244/108–111.

Landau, Hans Hirsch
9.6.1872 Dresden – 29.11. 1942 KZ Theresienstadt; verh., 1 Tochter; Vater: Kaufmann; StP: 1899; Z: Fürth 1900, Würzburg 1901, Erlangen 1901–1908, Nürnberg 1908 – 30.11.1938; Justizrat 1924.
1938 Zulassung als Konsulent abgelehnt; danach zweimal zum Umzug gezwungen; 10.9.1942 Deportation nach Theresienstadt.
OLG N, PA L 1; BayHStA, BEG 3737 = K 88; Gb N 188; Gb Theresienstadt 293.

Landenberger, Leopold
12.11.1888 Scheßlitz/OFr. – 2.5.1967 New York; verh., 2 Töchter; Vater: Kaufmann (Großhändler); St: Erlangen,

Berlin, München; Dr. jur. Erlangen 1913; StP: 1917; Z: Nürnberg 1918 – 30.11. 1938.

Foto: Privat.

Mehrfach dekorierter und kriegsversehrter (30 %) Frontoffizier; DDP-Mitglied; an führender Stelle des Reichsbunds jüdischer Frontsoldaten, Reichsvertretung der Juden, der Israelitischen Kultusgemeinde Nürnberg und anderer jüdischer Organisationen; in der „Kristallnacht" Wohnung demoliert; Ende 1938 Emigration nach England, im Febr. 1940 in die USA; dort Versicherungsvertreter und -makler, gleichzeitig Jurastudium, 1945 Anwaltszulassung mit Schwerpunkt Wiedergutmachung, daneben Engagement in jüdischen und Anwaltsorganisationen; 1940 Ausbürgerung.
BA Berlin, R 22 Pers. 65626; BayHStA, OP 55196; BayHStA, BEG 67357 = A 29; OLG N, PA L 2 alt; Hepp, Liste 161/69–72; Eckstein 55; Müller 224, 273, 335; BHE I 415; Walk 214; Aufbau 12.5.1967, 4.

Lang, Georg Gabriel
2.12.1881 Mainz – 22.10. 1935 Nürnberg, verh., 1 Sohn; Vater: Kaufmann; St: München, Berlin, Würzburg; Dr. jur. Würzburg 1906; StP: 1906; Z: Bamberg 1907, Nürnberg 1908 – Tod.
Hervorragender Jurist; seit 1919 Dozent für Finanz-, Steuer- und Versicherungsrecht an der Handelshochschule Nürnberg, Sommersemester 1933 beurlaubt; begeht Selbstmord; nähere Umstände nicht bekannt.
OLG N, PA L 5; Gb N 189; BA Berlin, R 22 Pers. 65686; Georg Bergler, Geschichte der Hochschule für Wirtschafts- und Sozialwissenschaften Nürnberg 1919–1961. Nürnberg I 1963, 136; II 1969, 99, 182f., 234, 355f.

Lebrecht, Arthur
11.3.1882 Nürnberg – 1942 Riga; led.; Vater: Kaufmann; St: München, Erlangen; Dr. jur. Erlangen 1905; StP: 1908; Z: Nürnberg 1909 – 30.11. 1938.
Verfasser von Abhandlungen zum Verkehrsrecht; 29.11. 1942 Deportation ins Baltikum.

Foto: StadtA Nürnberg.

BA Berlin, R 22 Pers. 65994; BayHStA, BEG 81480 = K 492; Gb N 191; Gb Baltikum 555.

Ledermann, Ludwig
22.6.1892 Hildburghausen – 1942 Izbica/Galizien; gesch.; Vater: Kaufmann; St: München, Berlin, Erlangen: Dr. jur. Erlangen 1918; StP: 1920; Z: Nürnberg 1920 – 30.11.

Foto: StadtA Nürnberg.

1938; Konsulent bis 31.1. 1939. Dekorierter Frontkämpfer; in der „Kristallnacht" Wohnung zertrümmert, Kanzlei zerstört und geplündert; 24.3.1942 Deportation ins galizische Izbica; seine Mutter begeht 5 Tage später Selbstmord.
BayHStA, OP 55252; BA Berlin, R 22 Pers. 66010; BayLEA, BEG 22518; OLG N, PA L 9; OLG N, 317 E; Gb N 193; Straub 169.

Lehmann, Justin
12.4.1890 Schweinfurt – 12.4.1961 Saint Louis/USA; verh., 2 Kinder; Vater: Fabrikant; St: Würzburg, Berlin, München; Dr. jur. Würzburg 1914; StP: 1920; Z: Regensburg 1921 – Sept. 1937 („Verzicht").

Foto: Privat.

Frontkämpfer; Vorsitzender der Ortsgruppe des CV und des Israelitischen Turn- und Sportvereins Regensburg; 1933 zusammen mit seinem nicht jüdischen Kollegen Josef Artmann Schutzhaft, um Auflösung der Praxisgemeinschaft zu erzwingen; Artmann wird erst nach Vollzug entlassen; Okt. 1937 Emigration in die USA, dort kaufmännischer Abteilungsleiter einer Krawattenfabrik.
BayHStA, BEG 4795 = K 595; StAW, Gestapo 5819; Wittmer, Regensburger Juden; Hofmann.

Lehmann, Siegfried Stephan
8.7.1901 Nürnberg – 2.11. 1978 New York; verh., 2 Kinder; Vater: Kaufmann; Dr. jur. Würzburg 1923; StP: 1931; Z: Nürnberg 1931 – 30.8. 1933 (§ 1).

Foto: StadtA Nürnberg.

Sept. 1936 Emigration in die USA; dort Angestellter, Kaufmann (Kaffeehandel), seit 1946 selbständiger CPA; Mutter kommt 1943 in Theresienstadt um.
BayHStA, MJu 21269; BayLEA, EG 77811; Auskunft Stadtarchiv Nürnberg; Gb M 794 (Mutter); SSDI.

Levi, Richard (Leeds, Richard M.)
3.7.1901 Nürnberg – 10.6. 1974 New York; verh.; Vater: Kaufmann (Herrenmodegeschäft); St: München, Heidelberg, Würzburg; Dr. jur. Würzburg 1923; StP: 1929; Z: Nürnberg 1929 – 30.8.1933 (§ 1).
Berufsverbot trotz einer Empfehlung des Hitler nahe stehenden Abtes Schachleiter; Juli 1933 Emigration nach Prag, von dort Dez. 1937 in die USA; dort Gelegenheitsarbeiter, Vertreter, Rechtsberater in Wiedergutmachungssachen; Direktor der American Association Of Former European Jurists; 1969 Wiederzulassung in München; Mutter kommt in Theresienstadt um.

MJu, PA L 282; RAK München, PA o.S.; BayHStA, BEG 66893 = K 896; Auskunft Stadtarchiv Nürnberg; Heinrich 219.

Levigard, Otto Albert
4.9.1899 Crailsheim – 15.3. 1972 Luzern; verh.; Vater: Kaufmann; konfessionslos; St: Tübingen, Leipzig, München; Dr. jur. Erlangen 1926; StP: 1928; Z: Nürnberg 1928 – 5.8.1933 (§ 1).
Kriegsdienst und Einsatz bei den Rätewirren 1919 finden 1933 keine Berücksichtigung; bis 1937 Buchhalter in Köln; 1938 Emigration in die Schweiz; dort bis 1946 arbeitslos; danach Angestellter der Centralschweizerischen Kraftwerke Luzern.

Foto: Privat.

BayHStA, MJu 21292; Auskunft Stadtarchiv Nürnberg; EA Düsseldorf, ZK 613027; Auskünfte Stadtarchiv Luzern und Frau Annemarie Brouer, Nürnberg.

Levor, Heinz Julius
9.11.1881 Altenkunstadt/OFr. – 17.12.1941 New York; verh., 2 Töchter; Vater: Kaufmann; St: Erlangen, Berlin, München, Würzburg; Dr. jur. Würzburg 1908; StP 1910; Z: Nürnberg 1911 – 30.11. 1938.

Foto: StadtA Nürnberg.

Dekorierter Frontoffizier; 11.11.1938 KZ Dachau (ca. 4 Wochen); Dez. 1938 Emigration in die USA.
BA Berlin, R 22 Pers. 66419; OLG N, PA L 14; BayHStA, OP 43895; BayLEA, EG 95772; Auskunft Gedenkstätte Dachau.

Liebstädter, Rudolf Bernhard
16.11.1898 Nürnberg – 12.3. 1942 Haifa/Palästina; verh., 2 Töchter; Vater: Arzt; St: München; Dr. jur. Würzburg 1923; StP: 1925; Z: Nürnberg 1926 – 15.8. 1933 („Verzicht").

Foto: UAM.

Frontkämpfer, Gefangenschaft; 1933 Emigration über Holland nach Palästina; weiteres Schicksal unbekannt.
BayHStA, MJu 21299; BayLEA, BEG 40521; Auskunft Stadtarchiv Nürnberg.

Loeb, Wilhelm Simon (William S.)
6.9.1890 Frankenthal – 23.2. 1963 San Francisco; verh.; Vater: Kaufmann (Mehlhändler); St: München, Genf,

Berlin, Würzburg; Dr. jur. Würzburg 1913; StP: 1918; Z: Nürnberg 1919 – 8.11. 1934 (Ausschluss). Dekorierter Frontkämpfer; gute Praxis mit Schwerpunkt Steuerrecht; Ausschluss unter merkwürdigen Begleitumständen; ab 1934 Syndikus einer Wäschefirma in Berlin; Emigration 1938 in die USA; dort infolge eines Nervenzusammenbruchs bis 1942 ohne Arbeit, später CPA; 1940 Ausbürgerung.

Foto: StadtA Nürnberg.

BayHStA, MJu 21318; OLG N, PA o.S.; EA Berlin 65443; Auskunft Stadtarchiv Nürnberg; Hepp, Liste 163/51–52; Auskunft Paul Theobald, Frankenthal.

Löwenthal, Alfons
12.4.1897 Hörstein/UFr. – 13.1.1984 Kfar Saba/Israel; verh., 2 Kinder; Vater: Kaufmann; St: München; Dr.jur. Erlangen 1922/25; StP: 1923; Z: Nürnberg 1924 – 30.11. 1938.

Foto: UAM.

Dekorierter und dreimal verwundeter Frontoffizier; April 1939 Emigration nach Palästina; dort nach Jurastudium 1941 Advokat in Tel Aviv; ab 1948 Beamter im Israelischen Handelsministerium.
BA Berlin, R 22 Pers. 67063; BayHStA, OP 15928; BayHStA, EG 96096 = A 332; Eckstein 56; Auskunft BfA Berlin.

Lorch, Max (Mordechai) Ernst
11.1.1895 Nürnberg – 24.2. 1972 Jerusalem; verh., 4 Kinder; Vater: Juwelier; St: Erlangen, Würzburg, München; Dr. jur. Erlangen 1921/25; StP: 1922; Z: Nürnberg 1925 – 6.8.1935 (§ 21/1/2 RAO).

Foto: UAM.

Dekorierter Frontoffizier; 1921–1925 Banktätigkeit; aktiv in jüdischen Organisationen, Zionist; 1935 Emigration nach Palästina; ab 1941 Advokat in Jerusalem; ab 1952 Rechtsberater beim Israelischen Rechnungshof.
BayHStA, OP 44158; BayHStA, EG 96000 = K 1504; OLG N, PA L 23; BHE I 460; Walk 247.

Lust, Hermann
13.3.1866 Nürnberg – 8.6. 1942 München; verh., 1 Sohn (im 1. Weltkrieg gefallen); Vater: Kaufmann; StP: 1890; Z: Nürnberg 1891 – 31.3. 1936 („Verzicht“); Justizrat 1911.

Foto: StadtA Nürnberg.

Lust zieht im April 1938 nach München um und begeht zusammen mit seiner Ehefrau am 8.6.1942 aus Angst vor der Deportation Selbstmord.
BayHStA, BEG 72047 = A 362; OLG N, PA L 27; Gb M 868; Gb N 211.

Meyer, Isaak
6.8.1890 Regensburg – 6.3. 1943 New York; verh., 3 Töchter; Vater: Rabbiner; Dr. jur. Erlangen 1921/25; StP: 1920; Z: München 1920/21, Regensburg 1921 – 12.7.1933 („Verzicht“).

Foto: Stadt Regensburg.

Frontkämpfer; orthodoxer Jude; Emigration Aug. 1933 nach Palästina; dort ohne Beruf, Ehefrau betreibt Restaurant; 1939 Weiterwanderung in die USA; dort ebenfalls ohne Tätigkeit, Ehefrau betreibt Pension.

BayHStA, MJu 21435; BayHStA, BEG 22184 = K 2157; Wittmer, Regensburger Juden 236, 283f., 461.

Michel, Karl Jakob
21.9.1897 Ellweiler – 1942 KZ Auschwitz; verh., 1 Kind; Vater: Kaufmann; St: München; Dr. jur. Würzburg 1924/25; StP: 1925; Z: Regensburg 1926 – 30.11. 1938; ab Dezember 1938 Konsulent.

Foto: UAM.

Frontkämpfer; 10.11. – 5.12. 1938 KZ Dachau; ein 1941 geborenes Kind stirbt nach einem Tag; 15.7.1942 Deportation zusammen mit Ehefrau nach Auschwitz.
BayHStA, EG 76919 = K 3424; OLG N, 317 E; Auskunft Gedenkstätte Dachau; Gb 1045; Hofmann; Wittmer, Regensburger Juden.

Michelsohn, Justin
2.7.1884 Wilhermsdorf/ MFr. – 23.6.1958 Fürth; verh., 2 Kinder; Vater:

Foto: StadtA Nürnberg.

Kaufmann; kath.; St: Erlangen; Dr. phil. Erlangen 1907; Dr. jur. Erlangen 1908; StP: 1911; Z: Nürnberg 1912 – 25.11.1935 („Verzicht"). Kriegsdienst; Ende 1935 Emigration nach Palästina, dort ohne berufliche Tätigkeit; 1953 Rückkehr nach Deutschland; 1954 Wiederzulassung in Nürnberg.
MJu, PA M 82; OLG N, PA M 687; BayHStA, BEG 21540 = A 456.

Mohr, Alfred
8.12.1887 Bayreuth – 26.8. 1948 Buenos Aires; verh., 1 Tochter; Vater: Kaufmann; St: München, Berlin, Halle, Erlangen; Dr. jur. Erlangen 1917; StP: 1913; Z: Nürnberg 1917 – 3.8.1933 („Verzicht").

Foto: StadtA Nürnberg.

Kriegsteilnehmer; DDP-Anhänger; 1933 Emigration nach Meran, von dort 1935 nach Argentinien; weitgehend ohne berufliche Tätigkeit; Witwe und Tochter leben später in den USA.
BayHStA, MJu 21455; BayHStA, BEG 46787 = K 3702.

Mohr (More), Richard Jakob
2.6.1898 Nürnberg – 2.8. 1984 New York; verh., 1 Tochter; Vater: Rechtsanwalt; St: München, Freiburg, Würzburg; Dr. jur. Würzburg 1921; StP: 1924; Z: Nürnberg 1925 – 30.11.1938.

Dekorierter Frontkämpfer; 10.11. – 16.12.1938 KZ Dachau; Februar 1939 Emigration nach England, März 1940 in die USA; dort Verkäufer in Imbissbude, Packer in Wäschefabrik, Angestellter in Bleistiftfabrik, ab 1956 bei Wiedergutmachungsorganisation.

Foto: UAM.

BA Berlin, R 22 Pers. 68713; BayHStA, OP 55630; BayLEA, EG 77874; Auskunft Gedenkstätte Dachau.

Münz, Gustav
20.7.1901 Nürnberg – 10.4. 1993 Jerusalem; verh., 2 Kinder; Vater: Kaufmann (Reklamegroßhändler); St: München; Dr. jur. Erlangen 1924; StP: 1927; Z: Nürnberg 1928 – 5.9.1933 (§ 1).

Foto: UAM.

Nach dem Berufsverbot Glasergehilfe; Aug. 1934 Emigration nach Palästina; dort Betrieb eines Kolonial-

warengeschäfts, Vertreter für Süßwaren, Reparatur von Eisschränken, Regierungsangestellter, Küchenchef eines Auffanglagers und Buchhalter.
BayHStA, MJu 21490; BayLEA, BEG 7190; Auskunft Stadtarchiv Nürnberg und Universitätsarchiv München.

Nattenheimer, Kurt Josef (Nattens, Joseph K.)
27.9.1896 Nürnberg – 30.6.1972 New York; verh., 1 Sohn; Vater: Geschäftsführer; St: München, Leipzig; Würzburg; Dr. jur. Würzburg 1921; StP: 1923; Z: Nürnberg 1924 – 30.11.1938.

Foto: StadtA Nürnberg.

Kriegsfreiwilliger Frontkämpfer, Unteroffizier; Aug. 1939 Emigration in die USA, dort Tätigkeit in Spielwarenfabrik; ein Jurastudium scheitert wegen sprachlicher und gesundheitlicher (Herzinfarkt) Probleme.
BA Berlin, R 22 Pers. 69373; BayHStA, BEG 91215 = K 100.

Neubürger, Albert Abraham
3.1.1881 Fürth – 21.2.1942 Fürth; led.; Vater: Rabbiner; Dr. jur. Erlangen 1904; StP: 1907; Z: Fürth 1908 – 30.11.1938.
Im Verlauf der „Kristallnacht" schwer misshandelt, weil er die brennende Synagoge zu retten versuchte; nach dem Scheitern der Emigration in die USA aus Angst vor der Deportation Selbstmord.

Foto: StAN.

BayHStA, EG 97616 = A 10; Gb 1088; Gb Fürth 295f.

Nürnberger, Julius Alexander
30.5.1883 Nürnberg – 24.1.1952 Nürnberg; verh. „Mischehe"; Vater: Kaufmann (Hopfen); St: Erlangen, Nancy, München, Berlin; Dr. jur. Erlangen 1922; StP: 1909; Z: Nürnberg 1910 – 30.11.1938; ab Dez. 1938 kurzzeitig Konsulent.

Foto: OLG Nürnberg.

1913–1933 Vorstandsmitglied, zeitweise Vorstand AOK Nürnberg; 1915 – 1933 Vorstand Landesverband Bayerischer Krankenkassen; 1929 – 1933 Vorstandsmitglied Hauptverband Deutscher Krankenkassen; dekorierter Frontkämpfer, Unteroffizier; 1938–1945 für die Israelitische Kultusgemeinde Nürnberg tätig, muss 1942 bis 1945 deren Leichenauto fahren; Sept. 1945 Wiederzulassung durch US-Militärregierung; ab 1946 Vorsitzender der Anwaltskammer Nürnberg, des Nürnberger Anwaltvereins, im Beirat des DAV, ab 1945 Vorsitzender der Israelitischen Kultusgemeinde Nürnberg; große Verdienste um die Anwaltschaft; 1945–1948 Geschäftsleiter AOK Mittelfranken; 1947–1951 MdS (für Wohltätigkeitsorganisationen).
MJu, PA N o.S.; OLG N, PA N 269; Auskunft RAK Nürnberg; BayLEA, EG 41871; Auskunft Stadtarchiv Nürnberg; Helga Schmöger (Hrsg.), Der Bayerische Senat 231.

Nußbaum, Meinhold
16.11.1888 Eiserfeld/Preussen – 9.9.1953 Köln; verh.; St: Freiburg, Berlin, Straßburg, Marburg; Dr. jur. Greifswald 1914; StP: 1916 (Preussen); Z: Nürnberg 1927 – 6.7.1933 („Verzicht).

Foto: Privat.

Frontkämpfer, Kriegsversehrter (30 %); Vorsitzender der Zionistischen Ortsgruppe Nürnberg; 1916–1927 Syndikus und stv. Direktor der Bing-Werke in Nürnberg, Justitiar verschiedener Firmen; Juni 1933 Emigration nach Palästina, dort ab Nov. 1934 Advokat; 1946–1949 Rechts-

berater Jewish Agency in Deutschland; stirbt auf Dienstreise in Köln infolge Autounfall.
BayHStA, MJu 21520; BayHStA, EG 47154 = K 739; Wirtschaftsführer Sp. 1621f.; Müller 174, 206; Auskunft Joel Levi, Ramat Gan/Israel.

Obermeier, Fritz
19.12.1886 Bamberg – 5.4. 1957 New York; led.; Vater: Kaufmann (Hopfenhändler); St: Genf, München, Berlin, Erlangen; Dr. jur. Erlangen 1910/11; StP: 1912; Z: Nürnberg 1913 – 30.11. 1938.
Kriegsdienst; schon 1933 schwere Beeinträchtigungen, z.B. Erpressungsversuche; Emigration Sept. 1938 über Davos und England (1939) in die USA (März 1940); dort ohne berufliche Tätigkeit; 1940 Ausbürgerung.

Foto: StadtA Nürnberg.

OLG N, PA O 1; BayHStA, BEG 30841 = K 24 a; Stadtarchiv Bamberg, C 9, 58; BA Berlin, R 22 Pers. 69898; Hepp, Liste 155/98.

Oettinger, Fritz
22.2.1885 Regensburg – 20.5. 1978 München; verh., 2 Kinder; Vater: Bankier; St: München, Berlin, Erlangen; Dr. jur. Erlangen 1910; StP: 1911; Z: Regensburg 1911 – 30.11. 1938; bis 1.2.1939 Konsulent.
Dekorierter Frontoffizier (Hauptmann); liberaler Reformjude, ab 1918 Vorsitzender der Israelitischen Kultusgemeinde Regensburg, ab 1924 Stadtrat (DDP); 1933 sechs Monate Schutzhaft, 10.11. – 6.12.1938 KZ Dachau; Aug. 1939 Emigration nach England, dort als Buchhalter tätig, Ehefrau sorgt als Zugehfrau mit für den Lebensunterhalt; 1940 Ausbürgerung; 1945 Weiterwanderung nach Palästina, dort Zivilangestellter der englischen Armee und Arbeiter in Ölraffinerie; 1958 nach Rückkehr Wiederzulassung in München.

Foto: Stadt Regensburg.

MJu, PA O 46; BayLEA, BEG 5265; BayHStA, OP 45757; Auskunft Gedenkstätte Dachau; Eckstein 56; Hofmann; RAK M, PA o.S.; Wittmer, Regensburger Juden; Hepp, Liste 196/124–127.

Oettinger, Siegbert
4.6.1873 Nürnberg – 31.10. 1933 Nürnberg; verh., 1 Tochter; Vater: Privatier; StP: 1899; Z: Nürnberg 1900 – Tod; Justizrat 1922.
Witwe stirbt 1936; verh. Tochter emigriert in die USA.
BayHStA, MJu 21533; Auskunft Stadtarchiv Nürnberg.

Foto: StadtA Nürnberg.

Orthal, Heinrich
27.6.1878 Kempten – 19.7. 1934 Nürnberg; verh., 1 Sohn; Vater: Kaufmann; Dr. jur. Erlangen 1901; StP: 1904; Z: Lindau 1905, Nürnberg 1906 – Tod; Justizrat 1928.

Foto: StadtA Nürnberg.

Außer, dass der 1916 geborene Sohn 1936 nach Palästina emigriert ist, sind keine weiteren Einzelheiten bekannt.
BayHStA, MJu 21544; BayLEA, BEG 3915.

Ortweiler, Alfred Friedrich
25.9.1886 Bayreuth – 15.6. 1946 São Paulo; verh., 2 Söhne; Vater: Bankier; St: München, Erlangen, Straßburg, Berlin, Halle; Dr. jur. Erlangen 1910/11; StP: 1912; Z: Nürnberg 1913 – 27.9. 1933 („Verzicht").
Juli 1933 von SA zusammengeschlagen; 1933 Emigration nach Holland, 1935 nach Brasilien; dort infolge Krankheit ohne berufliche Tätigkeit.
BayHStA, MJu 21545; BayHStA, BEG 42673 =A 49.

Pfeiffer, Siegfried
20.2.1896 Straubing – 6.3. 1943 KZ Majdanek/Lublin; led.; Vater: Bankdirektor; St: München, Würzburg; Dr. jur. Würzburg 1922; StP: 1923; Z: München 1924, Straubing 1925 – 2.2.1934 (§ 21/1/2 RAO).

Foto: UAM.

Dekorierter Frontkämpfer, kriegsfreiwilliger Abiturient; 1933 drei Wochen Schutzhaft als Anwalt eines von Nazis ermordeten jüdischen Kaufmanns; Sept. 1933 Emigration nach Frankreich, 1935 Nizza; nach der deutschen Besetzung Internierung u.a. im Lager Gurs; von dort Deportation nach dem Osten; Mutter Opfer des Holocaust.
BayHStA, MJu 21583; BayHStA, BEG 55474 = A 54; Auskunft Stadtarchiv Straubing; Gb 1142; Anita Unterholzner, Straubinger Juden ... Straubing 1995, 107ff., 114, 140; Gb Frankreich (Transport 51).

Prager, Alfons
9.4.1875 Berlin – 20.10.1958 Straubing; verh. „Mischehe", 2 Kinder; Vater: Prokurist; StP: 1900; Z: Straubing 1901 – 30.11.1938; Justizrat 1923. Wegen Augenleiden kriegsdienstuntauglich; 1916–1919 und 1919/20 rechtskundiger Hilfsarbeiter bei der Stadt Straubing ohne Bezahlung und freiwillig; 10.11. – 18.11.1938 Schutzhaft; 1939 Geldstrafe wegen Titelführung „Rechtsanwalt i.R."; überlebt unter unbekannten Umständen die NS-Zeit; Juli 1945 Wiederzulassung in Straubing bis 1.8.1958; Familien-, Flur- und Namenforscher, Vorträge und Veröffentlichungen in Heimat- und Tageszeitungen; Vorsitzender des Anwaltvereins Straubing; große Popularität im weiten Umkreis.
BA Berlin, R 22 Pers. 71127; OLG N, PA P 658; MJu, PA P 119; BayHStA, EG 44767 = K 1171; RAK N, PA; Auskunft Stadtarchiv Straubing; Passauer Neue Presse vom 28.10.1958 (Nachruf); Auskunft Dr. Helmut Wagner, Straßkirchen.

Foto: Privat.

Prager, Julius
29.4.1872 Fürth – 18.12. 1935 Prag; verh., 3 Kinder; Vater: Kaufmann; ev.; Dr. jur. Erlangen 1896; StP: 1898; Z: Fürth 1899 – 6.11.1935 („Verzicht"); Justizrat 1921. Kriegsdienst; 1920–1932 im Vorstand der RAK Nürnberg; 1. Vorsitzender des Nürnberger Anwaltvereins, im Vorstand des DAV; Praxisschwerpunkt: Versicherungsrecht; wegen eines angeblichen Devisenvergehens im November 1935 zur Emigration nach Prag gezwungen, wo er nach kurzer Zeit Selbstmord begeht.
BayHStA, EG 98032 = K 1182; OLG N, PA P 19; Auskunft Stadtarchiv Fürth.

Prager, Konrad Wilhelm
1.12.1903 Fürth – 7.1.1968 Amsterdam; verh. „Mischehe"; Vater: Rechtsanwalt; ev.; St: München, Dr. jur. Erlangen 1926; StP: 1929; Z: Fürth 1929 – 21.8.1933 (§ 1). Zulassungsverzicht des Vaters zu Gunsten des Sohnes wird 1933 nicht akzeptiert; Nov. 1935 Emigration nach Prag, 1936 nach Holland; dort zeitweise Tischler, später Bankangestellter; 1939 Ausbürgerung; wegen der Beziehung zu seiner nicht jüdischen Frau 1940/41 wegen „Rassenschande" zeitweise inhaftiert.

Foto: UAM.

BayHStA, MJu 21621; BayLEA; EG 82775; Hepp, Liste 99/75–76; Auskünfte Stadtarchiv Fürth und Universitätsarchiv München.

Rau, Otto
9.2.1899 Nürnberg – 25.4. 1982 New York; verh., 2 Kinder; Vater: Rechtsanwalt; St: Erlangen, München; Dr. jur. Erlangen 1931; StP: 1932; Z: Nürnberg 1932 – 17.6. 1935 (§ 21/1/2 RAO).

Foto: StadtA Nürnberg.

Frontkämpfer; 1923 Dipl. Ing.; nach Zweitstudium Rechtsanwalt; Nov. 1934 Emigration nach Palästina, 1936 nach Belgien, dort 1939 interniert und in verschiedene Lager in Frankreich verbracht; Mai 1941 von Marseille in die USA; dort ab 1949 CPA; Wiederzulassung in Nürnberg 1960 kommt nicht zustande.

BA Berlin, R 22 Pers. 71610; BayLEA, EG 76175; OLG N, PA R 2; Auskunft Stadtarchiv Nürnberg.

Reinemund, Bruno
28.4.1901 Ellingen – 1.6. 1986 New York; verh., 2 Kinder; Vater: Kaufmann; St: Würzburg, München; Dr. jur. Würzburg 1924; StP: 1927; Z: Nürnberg 1928 – 9.8.1933 (§ 1).

Foto: UAM.

Obwohl nachweislich Mitglied des Freikorps Epp 1919, wird Reinemund nach negativen Voten von Anwaltskammer und Gerichten die Zulassung entzogen; 1934–37 Syndikus einer Gummifabrik in Köln; Dez. 1937 Emigration USA; dort Börsenmakler.
BayHStA, MJu 21670; BayLEA, EG 98146; BayHStA, RStH 601; Strätz 451f.; SSDI; EA Düsseldorf, ZK 625630.

Reis, Walter Leopold
1.5.1902 Nürnberg – 26.4. 1983 München; verh.; Vater: Kaufmann; St: München; Dr. jur. Leipzig 1930; StP: 1930; Z: Nürnberg 1930 – 12.8. 1933 (§ 1).
Okt. 1934 Emigration nach Paris, Okt. 1935 nach Palästina; dort bis 1956 Wohnungsvermittlungsbüro; nach Rückkehr nach Deutschland 1957 Wiederzulassung in München; Mutter wurde Opfer des Holocaust.

Foto: RAK München.

MJu, PA R 51; RAK M, PA o.S.; BayLEA, EG 112452; Auskunft Stadtarchiv Nürnberg.

Rosenberg, Otto Nathan
6.1.1890 Fürth – 1.10.1978 Arlington, VA/USA; verh., 2 Söhne; Vater: Kaufmann; St: München, Oxford, Würzburg, Leipzig; Dr. jur. Würzburg 1913; StP: 1920; Z: Nürnberg 1920 – 30.11. 1938.

Foto: StAN.

Dekorierter Frontoffizier, zwei Verwundungen; auch Wirtschaftsprüfer (ab 1931); Aufsichtsrat und Syndikus von 12 Verbänden; Nov. 1938 Emigration in die Schweiz, Mai 1939 über Haiti in die USA; dort bis 1970 CPA; Ausbürgerung 1940.
BayHStA, OP 47305; BA Berlin, R 22 Pers. 72767; BayLEA, EG 98543; OLG N, PA R 14; Hepp, Liste 204/105–108; Eckstein 56; Wirtschaftsführer Sp. 1862.

Rosenblatt, Heinrich
23.9.1898 Nürnberg – Sept. 1968 Washington D.C.; verh., 1 Tochter; Vater: Kaufmann; Dr. jur. Erlangen 1923; Dr. phil. Erlangen 1924; StP: 1926; Z: Nürnberg 1927 – 4.9.1934 (§ 3).
Rosenblatt war 1933 vom Reichsjustizministerium als Frontkämpfer bestätigt worden; auf Betreiben der RAK Nürnberg war daraufhin ein Verfahren wegen kommunistischer Betätigung erfolgt; weiteres Schicksal unbekannt.
BayHStA, MJu 21732; Auskunft Stadtarchiv Nürnberg; SSDI.

Rosenfeld, Werner
22.3.1901 Nürnberg – unbekannt; led.; Vater: Kaufmann; St: München, Erlangen; Dr. jur. Erlangen 1925; StP: 1927; Z: Nürnberg 1928 – 12.7. 1933 („Verzicht").

Foto: UAM.

„Mischling 1. Grades (Halbjude)"; Verzicht erfolgt, obwohl am 8.5.1933 ein Passierschein wegen Mitgliedschaft in einem Freikorps 1919 ausgestellt war; Aug. 1933 Emigration nach Brasilien, dort Versicherungsagent; lebt 1967 in São Paulo; weiteres Schicksal unbekannt.
BayHStA, MJu 21735; BayLEA, BEG 7929.

Rosenfelder, Albert
19.1.1892 Fürth – 18.10. 1933 KZ Dachau; led.; Vater: Kaufmann; St: Erlangen,

München, Berlin; Dr. jur. Erlangen 1913; StP: 1916; Z: Nürnberg 1917 – Juni 1933 („Verzicht"). Bekannter Strafverteidiger, SPD-Anhänger und Nazigegner; ab 17.3.1933 Schutzhaft, 13.4.1933 Überstellung in das KZ Dachau; Verzicht auf die Zulassung führt nicht zur Freilassung; 18.10.1933 ermordet, weil er versucht hatte, Nachrichten aus dem KZ zu schmuggeln. *BayHStA, MJu 21736; BayHStA, BEG 60614 = K 1708; Gb N 284; Gb Fürth 360f.; Müller 315; Hugo Burkhard, Tanz mal Jude! ... Nürnberg 1966, 42ff. (Erinnerungen eines Mithäftlings).*

Rosenthal, Nathan
4.6.1888 Michelbach/Lücke (BW) – 1942 Izbica/Galizien; verh., 3 Kinder; Vater: Privatier; St: München, Tübingen, Erlangen, Berlin; Dr. jur. Erlangen 1915; StP: 1918; Z: Nürnberg 1919 – Okt. 1929 (Ausschluss).

Foto: StadtA Nürnberg.

Dekorierter Frontkämpfer; wegen zahlreicher Verfehlungen 1929 Ausschluss aus der Anwaltschaft; Gnadengesuche werden abgelehnt; 9.11.1938 Wohnung zerstört, 12.11. – 10.12.1938 KZ Dachau; 24.3.1942 mit Ehefrau und zwei Töchtern nach Osten deportiert; Sohn gelingt 1939 Emigration nach England. *BayHStA, MJu 21741; BayLEA, BEG 6654; Gb N 288.*

Rosenwald, Heinz (Henry) Martin
20.12.1905 Nürnberg – 7.1. 1978 Providence, R.I./USA; led.; Vater: Oberlandesgerichtsrat; kath.; St: Freiburg, Erlangen, München; Dr. jur. Erlangen 1930; StP: 1932; Z: Nürnberg 1932 – 12.8. 1933 (§ 1).

Foto: UAM.

Jan. 1934 Emigration nach Italien; nach erneutem Jurastudium und Dr. jur. Rechtsanwalt in Mailand; 1939 weiter in die USA, dort neuerliches Jurastudium mit Abschluss 1943; Arbeit in Anwaltskanzlei, 1946/47 im Hauptquartier der US-Militärregierung Berlin; 1948 US-Patentanwaltsbüro, Rechtsabteilungen von Bank und Lebensmittelkonzern; 1950/51 Teilnehmer am Korea-Krieg. *BayHStA, MJu 9650; BayLEA, BEG 883; Auskunft Stadtarchiv Nürnberg; SSDI.*

Rothstein, Norbert
10.8.1896 Kitzingen – 21.9. 1973 New York; led.; Vater: Kaufmann (Weinhändler); St: Würzburg; Dr. jur. Würzburg 1921; StP: 1923; Z: Nürnberg 1924 – 12.1. 1935 („Verzicht"). Dekorierter Frontkämpfer; juristischer Mitarbeiter Nürnberger Zeitungen und Verfasser eines Kommentars zur Bayerischen Wertzuwachssteuer (1933). Jan. 1935 Emigration über Palästina in die USA (1936); dort nach erneutem Jurastudium 1939 Anwaltszulassung in New York.

Foto: StadtA Nürnberg.

BayHStA, MJu 21749; BayHStA, BEG 69371 = A 175; Strätz 490; SSDI.

Sahlmann, Paul
31.10.1884 Fürth – 1942 Izbica/Galizien; led.; Vater: Kaufmann (Hopfenhändler); Dr. jur. Erlangen 1921/25; StP: 1913/15; Z: Fürth 1915 – 30.11.1938. Dekorierter Frontkämpfer; vermögend; 11.11.1938 KZ Dachau (ca. 4 Wochen); Emigration nach Palästina 1939 scheitert; 22.3.1942 Deportation nach Izbica. *OLG N, PA S 1; BayHStA, EG 76320 = K 160; Gb 1273; Gb Fürth 372; Auskunft Stadtarchiv Fürth u. Gedenkstätte Dachau.*

Schloß, Heinrich (Henry)
13.12.1887 Schweinfurt – 21.9.1959 Chicago; verh., 1 Tochter; Vater: Kaufmann; St: München, Heidelberg, Berlin, Leipzig, Würzburg; Dr. jur. Würzburg 1911; StP: 1913; Z: Nürnberg 1914 – 5.9.1933 (§ 3). Ausschluss erfolgte wegen dreier Verteidigungen von Kommunisten; aus den Unterlagen geht hervor, dass Schloß kein KP-Anhänger ist; er lebt von 1934 bis 1939 in München und betätigt sich anfänglich als Eintreiber von Außenständen, später als

Mitarbeiter der Israelitischen Kultusgemeinde; 11.11. – 13.12.1938 KZ Dachau; Aug. 1939 Emigration in die USA, dort Versicherungsmakler; Ausbürgerung 1940.

Foto: StadtA München.

BayHStA, MJu 21837; BayLEA, BEG 19305; Auskunft Gedenkstätte Dachau; Hepp, Liste 203/119–120.

Schloß, Siegfried
3.3.1880 Nürnberg – 8.3. 1940 KZ Sachsenhausen; verh., 3 Töchter; Vater: Kaufmann; St: Erlangen, München, Berlin; Dr. jur. Erlangen 1904; StP: 1905; Z: Nürnberg 1907 – 30.11.1938; Justizrat 1928.
Frontkämpfer; SPD- und Reichsbanner-Mitglied; Syndikus des Mietervereins; Spezialist für Mietsachen; Vorsitzender des Volksbunds zur Befreiung der Kriegsgefangenen, Vorsitzender der Ortsgruppe Kriegsgräberfürsorge; 9.11. 1938 Wohnung demoliert; 9.11. – 9.12.1939 Schutzhaft; 1.2.1940 Verbringung in das KZ Sachsenhausen; Grund unbekannt.
BA Berlin, R 22 Pers. 74295; BayHStA, EG 121486 = A 83; OLG N, PA Sch 12; Göppinger 259; Gb 1323; Gb N 300; Rote Hilfe 260f.

Foto: StadtA Nürnberg.

Schopflocher, Ernst Hugo (Schopler, Ernest H.)
5.9.1895 Fürth – 2.4.1990 Rochester, N.Y.; verh., 3 Kinder; Vater: Kaufmann (Hopfenhändler); St: München, Freiburg, Erlangen; Dr. jur. Erlangen 1920/25; StP: 1922; Z: Fürth 1922 – 31.5.1938 („Verzicht").

Foto: Privat.

Dekorierter Frontkämpfer; trotz Spitzenexamen 1922 Staatsdienstbewerbung abgelehnt; Juni 1938 Emigration in die USA; dort erneutes Jurastudium, Dr. jur. 1942, seitdem Redakteur in einem juristischen Verlag; Ausbürgerung 1941; 1945 – 1947 Berater der US-Militärregierung in Deutschland im Stab von General Clay.
BA Berlin, R 22 Pers. 75174; BayHStA, OP 56629; BayHStA, EG 13770 = K 1981; OLG N, PA Sch 24; Hepp, Liste 256/135–138; Lorenzen 162; Stiefel-Mecklenburg 117; Auskunft Prof. Eric Schopler (Sohn), USA.

Schulhöfer, Edith
24.12.1900 Nürnberg – 29.4. 2001 New Orleans; led.; Vater: Kaufmann (Wäschefabrik); St: Erlangen, München, Heidelberg; Dr. jur. München 1928; StP: 1927; Z: München 1928, Nürnberg 1928 – 5.8. 1933 (§ 1).
Juli 1933 Emigration nach Frankreich, dort Hauslehrerin und Fürsorgerin; 1940 fünf Monate im Lager Gurs; Juli 1941 weiter in die USA, dort Studium Social Work, ab 1943 Sozialfürsorgerin in New York, später in New Orleans; zwischenzeitlich auch in Frankreich; seit Anfang der 50er Jahre Professorin für Social Work in New Orleans (bis 1970), Schwerpunkt: Kindertherapie.

Foto: StadtA Nürnberg.

BayHStA, MJu 21921; BayHStA, BEG 11524 = K 2311; UAM, Promotionsakte; Biografie Prof. Dr. Edith Schulhöfer (www.rijo-research.de vom 16.11.2002); Aufbau Nr. 11 vom 24.5.2001.

Silberschmidt, Hanns Julius (Silversmith, John J.)
11.4.1899 Forchheim – 6.2. 1984 Tacoma, Washington; verh., 2 Kinder; Vater: Oberlandesgerichtsrat; St: München, Erlangen; Dr. jur. Erlangen 1924; StP: 1925; Z: Nürnberg 1926 – 30.11. 1938.

Foto: UAM.

Dekorierter und mehrfach verwundeter Frontkämpfer; deshalb 1933 Eingabe an den Reichspräsidenten; 9.11.1938 Wohnung geplündert; März 1939 Emigration nach England; Juli 1940 über Jamaica weiter in die USA; Ehefrau ernährt als Näherin zunächst die Familie; Beruf später CPA.
BA Berlin, R 22 Pers. 76523; BA Berlin, R 3001/4152 Brief an Reichspräsident Hindenburg 21.3.1933; OLG N, PA S 11; BayLEA, BEG 1793; Auskunft Stadtarchiv Nürnberg.

Sinauer, Julius
17.2.1881 Karlsruhe – 20.7. 1956 New York; verh., 2 Kinder; Vater: Kaufmann; Dr. jur. Erlangen 1903; StP: 1906; Z: Nürnberg 1907 – 30.11.1938. Kriegsdienst; liberaler Demokrat; 9.11.1938 Kanzlei zerstört; Dez. 1938 Emigration in die USA, dort Makler.

Foto: StadtA Nürnberg.

BA Berlin, R 22 Pers. 76604; BayLEA, EG 72630; OLG N, PA S 9; Auskunft Stadtarchiv Nürnberg.

Stahl, Leo Elias
11.7.1885 Neustadt/Aisch – 15.9.1952 New York; verh., 2 Kinder; Vater: Kaufmann; St: Erlangen, München, Berlin; Dr. jur. Erlangen 1909; StP: 1910; Z: Nürnberg 1911, Fürth 1911 – 30.11.1938; Konsulent bis Aug. 1939. Dekorierter Frontoffizier; 11.11. – 7.12.1938 KZ Dachau; Aug. 1939 Emigration nach England, dort 1940 interniert, Arbeit in der Industrie und als Buchhändler; 1941 Ausbürgerung; 1947 weiter in die USA, dort Versicherungsvertreter.
BA Berlin, R 22 Pers. 77040; BayHStA, OP 49641; OLG N, PA St 2; BayLEA, EG 46814; Auskunft Stadtarchiv Fürth u. Gedenkstätte Dachau.

Stein, Julius
15.8.1877 Fürth – 11.12.1946 Fürth; verh. „Mischehe"; Vater: Kaufmann; Dr. jur. Erlangen 1901; StP: 1903; Z: Nürnberg 1904, Fürth 1904 – 30.11. 1938; Justizrat 1926. Aufgrund der „Mischehe" war Stein einigermaßen geschützt, so dass er die NS-Zeit überlebte; kurz nach dem Tod seiner Ehefrau am 5.11.1946 ist auch er verstorben; weitere Einzelheiten sind nicht bekannt.
OLG N, PA St 6; BayHStA, o. Az. = St-K 325; Auskunft Stadtarchiv Fürth.

Stein, Otto
6.9.1897 Bamberg – 22.6. 1966 New York; verh., 2 Töchter; Vater: Kaufmann (Hopfenhändler); St: München, Würzburg; Dr. jur. Würzburg 1921; StP: 1923; Z: Nürnberg 1924 – 18.1. 1937 („Verzicht"). Nach Abitur 1916 Frontkämpfer; Freikorps Bamberg 1919; Praxisschwerpunkt: Patentsachen; Jan. 1937 Emigration in die USA, dort Lithograph; 1957 schwere berufsbedingte Erkrankung.
BA Berlin, R 22 Pers. 77251; BayHStA, OP 32924; OLG N, PA St 7; BayLEA, EG 76362.

Foto: UAM.

Stern, Bernhard
13.2.1889 Crailsheim – 1942 Izbica; led.; Vater: Kaufmann; St. München, Tübingen, Berlin, Erlangen; StP: 1919; Z: Nürnberg 1920 – 30.11. 1938; Konsulent bis 31.1. 1939.

Foto: StadtA Nürnberg.

Dekorierter Frontkämpfer; 11.11.1938 KZ Dachau (ca. 4 Wochen); 24.3.1942 Deportation nach Izbica/Galizien.
BA Berlin, R 22 Pers. 77418; BayHStA, OP 56960; BayHStA, BEG 40093 = K 847; Gb N 336; Auskunft Gedenkstätte Dachau.

Stern, Max Lambert
13.8.1885 Erlangen – 2.11. 1964 Fürth; verh. „Mischehe"; Vater: Kaufmann; St: München, Erlangen; StP 1911; Z: Nürnberg 1911 – 30.11. 1938; Konsulent bis 1945. Kriegsdienst; wegen „Mischehe" übersteht er die NS-Zeit; Wiederzulassung durch US-Militärregierung Juli 1945, seit 1947 in Fürth; bedeutende Praxis mit Schwerpunkt

Foto: StadtA Nürnberg.

Wiedergutmachung; 1962 Bundesverdienstkreuz am Bande.
MJu, PA S 158; BayHStA, EG 44333 = K 795; OLG N, 317 E u. 317 Bd. 1.

Strauß, Siegfried
17.12.1876 Bamberg – 26.4.1933 Esslingen; verh., 2 Söhne; Vater: Kaufmann; St: München, Berlin, Würzburg; Dr. jur. Erlangen 1898; StP: 1902; Z: Würzburg 1903, Nürnberg 1903 – Tod; Justizrat 1924.

Foto: StadtA Nürnberg.

Dekorierter Frontkämpfer; Strauß erleidet nach der NS-Machtergreifung und Presseangriffen einen Nervenzusammenbruch; in ein Sanatorium verbracht, verübt er dort Selbstmord; Witwe wird im Juni 1942 von Frankfurt nach dem Osten deportiert, die beiden Söhne entkommen in die USA.
BayHStA, MJu 22077; BayHStA, OP 62927; BayLEA, BEG 1586.

Süssheim, Max
20.7.1876 Nürnberg – 1.3. 1933 Nürnberg; verh.; Vater: Kaufmann; Dr. jur. Erlangen 1898, Dr. phil. Erlangen 1900; StP: 1901; Z: Fürth 1902, Nürnberg 1903 – Tod; Justizrat 1921.
Langjähriger SPD-Stadtrat und von 1907 – 1920 MdL; zahlreiche Veröffentlichungen; Witwe begeht 10.11.1938 Selbstmord.
BayHStA, MJu 22094; BayHStA, EG 76322 = K 3923 (Witwe); Auskunft

Foto: StadtA Nürnberg.

Stadtarchiv Nürnberg u. Archiv des Bayer. Landtags; Walk 361; Stadtlexikon Nürnberg. Nürnberg 1999, 1059; Ernest Hamburger, Juden im öffentlichen Leben ... Tübingen 1968, 102, 174, 523, 536f., 545.

Sulzbacher, Paul
11.2.1886 Fürth – 17.8.1976 Wembley Park/GB; verh., 2 Töchter; Vater: Kaufmann; St. Erlangen, München, Berlin, Genf; Dr. jur. Erlangen 1909; StP: 1911; Z: Nürnberg 1912 – 6.6.1935 („Verzicht").

Foto: Privat.

Dekorierter und kriegsversehrter Frontkämpfer; große Praxis für Handelssachen; Grundbesitz, Aufsichtsratposten; 1934 Umzug nach Berlin, dort Vorstand einer Grundstücksgesellschaft bis Okt. 1938; Nov. 1938 Emigration nach England unter völligem Vermögensverlust; 1939–1949 in Nordirland im kaufmännischen Bereich tätig, ab 1951 kaufmännischer Direktor in der Nähe von London.

BA Berlin, R 22 Pers. 77907; OLG N, PA S 14; EA Berlin 72275.

Teutsch, Hans
14.12.1897 Nürnberg – 28.9. 1989 Teaneck, N.J.; verh., 3 Töchter; Vater: Rechtsanwalt; Dr. jur. Frankfurt 1922/23; StP: 1923; Z: Nürnberg 1924 – 30.11. 1938.

Foto: StadtA Nürnberg.

Dekorierter Frontkämpfer; Sept. 1938 Emigration in die USA; 1940 Ausbürgerung; weitere Einzelheiten unbekannt.
BayHStA, OP 57086; OLG N, PA T 5; BayHStA, EG 120270 = K 275; Auskunft Susanne Rieger, Nürnberg; SSDI.

Thalmann, Emil
29.3.1892 Ichenhausen – 30.10.1944 KZ Auschwitz; verh.; Vater: Lehrer; St: München, Heidelberg, Würzburg; Dr. jur. Erlangen 1920; StP: 1921; Z: Nürnberg 1921

Foto: StadtA Nürnberg.

– 30.11.1938; bis 31.1.1939 Konsulent.
Dekorierter und verwundeter Frontoffizier; bei „Kristallnacht“ Wohnung zerstört; Juli 1939 Emigration nach Holland; 1940 Ausbürgerung; 1943 von Holland nach Theresienstadt deportiert, von dort zusammen mit Ehefrau 1944 weiter nach Auschwitz.
BA Berlin, R 22 Pers. 78119; BayHStA, OP 50195; BayHStA, EG 58188 = A 11; Gb N 351; Gb Holland 736; OLG N, PA T 1.

Tuchmann, Martin
5.8.1888 Nürnberg – 23.7. 1952 New York; verh., 1 Tochter; Vater: Kaufmann; St: Erlangen, München, Berlin, Würzburg; Dr. jur. Würzburg 1911; StP: 1916; Z: Nürnberg 1917 – 12.9. 1933 (§ 1).

Foto: StadtA Nürnberg.

Ein schweres Augenleiden findet 1933 keine Berücksichtigung; bis April 1939 in Nürnberg ohne Tätigkeit, ebenso nach Emigration im Mai 1939 in die USA.
BayHStA, MJu 22128; BayHStA, EG 99695 = A 35.

Uhlfelder, Berthold
18.4.1880 Nürnberg – 25.8. 1946 Bari/Italien; verh., 1 Sohn; Vater: Kaufmann (Hopfen); Dr. jur. Würzburg 1903; StP: 1905; Z: Nürnberg 1906 – 7.7.1938 (§ 21/1 RAO); Justizrat 1928.
Frontkämpfer; 1917/18 bei der Reichsbekleidungsstelle beim Stadtrat Nürnberg; Juni 1937 Emigration nach Italien, dort zeitweise interniert; 1943/44 im Untergrund; Sohn emigriert nach Portugal.

Foto: StadtA Nürnberg.

BayLEA, BEG 20467; OLG N, PA U 1; Auskunft Stadtarchiv Nürnberg.

Vorchheimer, Isidor
3.12.1896 Thüngen/UFr. – 6.7.1969 Tel Aviv; verh., 1 Sohn; Vater: Kaufmann (Weingroßhändler); St: München, Würzburg; Dr. jur. Würzburg 1922; StP: 1923; Z: Würzburg 1924, Nürnberg 1925 – Febr. 1936 („Verzicht“).

Foto: MJu, PA V 51.

Kriegsversehrter (25 %) und dekorierter Frontkämpfer; Dez. 1935 Emigration nach Palästina, dort nach erneutem Jurastudium seit 1938 Advokat; 1961 Wiederzulassung in München, Praxisschwerpunkt: Wiedergutmachung.
BA Berlin, R 22 Pers. 79191; MJu, PA V 51; OLG N, PA V 5; BayLEA, BEG 27771; Strätz 644, 646; Auskunft Stadtarchiv Nürnberg.

Wallersteiner (Waller), Lothar
20.4.1890 Ravensburg – 27.1. 1960 New York; verh., 2 Kinder; Vater: Kaufmann; St: München, Freiburg, Berlin, Erlangen; Dr. jur. Erlangen 1913; StP: 1919; Z: Nürnberg 1919 – 30.6.1933 („Verzicht“).

Foto: StadtA Nürnberg.

Dekorierter Frontoffizier; Juni 1933 Emigration in die Schweiz, später nach Frankreich, dort jeweils ohne berufliche Tätigkeit; 1939 Ausbürgerung; 1941 weiter in die USA, wo er ein erneutes Jurastudium wegen mangelnder Sprachkenntnisse abbrechen muss; seitdem ohne Beruf.
BayHStA, MJu 22177; BayHStA, OP 51106; BayHStA, BEG 11405 = A 9; Hepp, Liste 135/146–149.

Wassertrüdinger, Max
11.9.1884 Nürnberg – 30.6. 1937 Nürnberg; verh., 1 Adoptivtochter; Vater: Kaufmann; St: München, Heidelberg, Freiburg, Berlin, Erlangen; Dr. jur. Erlangen 1909; StP: 1911; Z: Nürnberg 1914 – Tod.
Arbeitsschwerpunkte: Steuer-, Miet-, Konkurs- und Vergleichsrecht; sehr zurückhaltender Mensch, der unter dem NS-Klima in Nürnberg stark leidet; infolge Geschäftsrückgangs ab 1933 Verlegung der Praxis in die Wohnung; Witwe überlebt durch Emigration nach Holland.
BA Berlin, R 22 Pers. 79537; BayHStA, BEG 42739 = K 395; OLG N, PA W 25.

Foto: UAM.

rung; 1950 Rückkehr nach Regensburg und Wiederzulassung; 1958 Übersiedelung in die USA.
BayHStA, MJu 22206; BayHStA, OP 37906; BayHStA, BEG 12697 = A 60; RAK N, PA; OLG N,

Wertheimer, Siegfried
30.9.1859 Fürth – 19.7.1933 Fürth; verh., 2 Kinder; StP: 1885; Z: Fürth 1886 – 2.1.1933 („Verzicht"); Justizrat 1911.
Im Vorstand der RAK Nürnberg ab 1916 und des

Landesverbands der Israelitischen Kultusgemeinden ab 1920; Witwe kommt 1943 in Theresienstadt zu Tode, der bereits emigrierte Sohn in Auschwitz; lediglich die Tochter entkommt.
BayHStA, MJu 22228; BayHStA, EG 77491 = K 1273; Gb Fürth 458f.; BIGZ Nr. 15 vom 1.8.1933, 233 (Nachruf).

Wolf, Hans
28.11.1906 Regensburg – 9.9.1982 München; verh., 1 Tochter; Vater: Großkaufmann; St: München, Freiburg, Erlangen; StP: 1932; Z: Nürnberg 1932 – 5.8.1933 (§ 1).

Foto: UAM.

Juli 1933 Emigration nach Palästina, dort kaufmännische Tätigkeit und ehrenamtliche Arbeit für soziale Zwecke und für Einwandererorganisationen; 1951 Wiederzulassung in Nürnberg; 1955 in München; Tätigkeit für jüdische Organisationen.
MJu, PA W 180; OLG N, PA W 668; RAK München, PA o.S.; Auskunft Stadtarchiv Nürnberg.

Zimmer, Anton
28.12.1883 Fürth – 24.1.1944 Zürich; led.; Vater: Kaufmann; St: München, Genf, Berlin, Erlangen; Dr. jur. Erlangen 1914; StP: 1919; Z: Nürnberg 1920 – 29.8.1933 (§ 3). Frontkämpfer; SPD-Mitglied; Zimmer hatte für die Verteidigung von Kommunisten von der Roten Hilfe Honorar bezogen; Mai 1933 Emigration nach Zürich, dort als politischer Flüchtling anerkannt; weitere Details sind nicht bekannt.

Foto: StadtA Nürnberg.

BayHStA, MJu 22294; Auskünfte Stadtarchiv Nürnberg, Stadtarchiv und Staatsarchiv Zürich.

4. Oberlandesgerichtsbezirk Zweibrücken

Bamberger, Siegfried (Fred) Hans
23.6.1898 Neustadt/Haardt – 26.1.1997 Chevy Chase, MD, USA; led.; Vater: Konsulatsverweser; St: Heidelberg, München; Dr. jur. Heidelberg 1924; StP: 1924 (Baden); Z: Neustadt/H. 1926 – 22.8. 1933 (§ 1).

Foto: UAM.

Biografische Daten weitgehend unbekannt, Emigration 1937 (?) in die USA.
BayHStA, MJu 20316; LASp, J 6, 13085; Auskunft Stadtarchiv Neustadt/Weinstraße; SSDI.

Blüthe, Leo
13.11.1875 Roth/Bayern – 11.6.1959 Chicago; verh., 1 Sohn; Vater: Volksschullehrer; Dr. jur. Heidelberg 1901; StP: 1901; Z: Kaiserslautern 1902 – 30.11.1938; Jan. 1939 Konsulent; Justizrat 1924. Frontoffizier, Vors. d. israelitischen Kultusgemeinde Kaiserslautern; Emigration März 1939 über England in die USA (Apr. 1940), dort Angestellter in Warenhaus.
BA Berlin, R 22 Pers. 51948; BayHStA, OP 23596; Auskünfte Roland Paul und Stadtarchiv Kaiserslautern; Paulsen 274f.; Kestel.

Blum, Eugen Ernst
4.12.1879 Niederkirchen bei Kaiserslautern – 18.4.1946 Speyer; verh. „Mischehe", 1 Sohn, Vater: Kaufmann, StP: 1906; Z: München 1907–1927, Bad Dürkheim 1927 – 3.7.1935 („Verzicht").

Foto: Privat.

Dekorierter Frontkämpfer, wird im Juni 1933 von einer NS-Truppe unter Anführung eines Kollegen (!) krankenhausreif geschlagen und in Schutzhaft verbracht. Eine Zulassung in Speyer wurde abgelehnt, weshalb Blum Verzicht erklärt. Wie er die NS-Zeit überlebt hat, ist bisher unbekannt.
LASp, J 3, 1156; Auskunft Stadtarchiv Speyer; Warmbrunn 601f.

Blum, Robert Wolfgang
5.6.1883 Frankenthal – 20.9. 1941 São Paulo; verh., 2 Töchter; Vater: Bankbeamter; St: München, Heidelberg, Würzburg; Dr. jur. Würzburg 1907; StP: 1909; Z: Frankenthal 1910 – 30.11.1938. Der Kriegsteilnehmer kommt am 23.3.1933 und vom 27.6. – 8.7.1933 „auf Drängen der Menge" in Schutzhaft; 12.11. – 21.12.1938 KZ Dachau; Juni 1939 Emigration nach Brasilien; seit Dachau unter Atemnot und Verlust des Orientierungssinns leidend fand er sich im Exil nicht zurecht und starb nach kurzer Zeit; die Witwe muss Familie mittels Zimmervermietung durchbringen.

Foto: Privat.

BA Berlin, R 22 Pers. 51962; BayHStA, OP 31280; LA Sp, J 3, 403; Auskunft Stadtarchiv Frankenthal u. Paul Theobald; Paulsen 275; Warmbrunn 601; Roland Paul, Frankenthaler Juden 340ff.; Auskunft Gedenkstätte Dachau.

Farnbacher, Ludwig Heinrich (Farnborough, Louis Henry)
26.2.1905 Neustadt/ Haardt – 14.7.1983 Düsseldorf; verh., 2 Kinder; Vater: Kaufmann; St: München, Genf, Heidelberg, Würzburg; Dr. jur.

Foto: Privat.

Würzburg 1927; StP: 1930; Z: Neustadt/H. 1930 – 22.8. 1933 (§ 1).
Leiter d. jüd. Jugendbunds u. Nazigegner, deshalb 17.3. – 4.8.1933 Schutzhaft; ab Sept. 1933–1938 Vertreter in Berlin; Emigration 1938 nach England; dort Vertreter, 1940 – 46 Angehöriger der engl. Armee, 1947–50 Angehöriger d. Rechtsabteilung der engl. Kontrollkommission in Düsseldorf, ab März 1951 Rechtsanwaltszulassung in Düsseldorf; aktiv in jüd. Organisationen; Vater stirbt 1933 nach KZ-Aufenthalt, Mutter wird 1942 deportiert.
BayHStA, MJu 20630; EA Berlin 8132; BHE I 167; Walk 87; Kuby I 167, 175f.; Who is who in World Jewry 1965, 235; Mitteilungsblatt der israelitischen Kultusgemeinde Düsseldorf Nr. 63/64 (1983), 10 (Nachruf).

Feibelmann, Salomon (Sali, Sally)
5.3.1890 Rülzheim/Pfalz – 21.8.1971 Manchester; verh., 1 Tochter; Vater: Kaufmann (Zigarrenfabrik); St: München, Würzburg; Dr. jur. Würzburg 1914; StP: 1916; Z: Landau/Pfalz 1919 – 20.7. 1933 („Verzicht").
Engagierter Nazigegner, Freimaurer, angeblicher Anhänger der Revolution und Sympathisant der Franzosen; um der Schutzhaft zu entgehen emigriert er im März 1933 über die Schweiz nach England; dort Betrieb einer Kleiderfabrikation; 1938 Entzug der deutschen Vermögenswerte, 1939 Ausbürgerung und Aberkennung des Dr.-Titels.
BayHStA MJu 20633; BayHStA, OP 36154; LASp, H 91, 7319; Auskunft Stadtarchiv Landau; Paulsen 270, 275; Strätz 142; Warmbrunn 600f.

Fendrich, Walter
28.8.1906 Ludwigshafen – 13.10.1996 Ludwigshafen; verh., 2 Töchter; Vater: Rechtsanwalt; St: München; StP: 1932; Z: Ludwigshafen 1932 – 1978.

Foto: UAM.

Als „Halbjude" diskriminiert und zeitweise zu Zwangsarbeit verpflichtet; 1939/40 Wehrmacht (Polen); 1944 OT-Einsatz (Frankreich); jüdische Mutter überlebt KZ Theresienstadt. Versuche, seine Zulassung zurückzunehmen, scheitern am Widerstand des OLG-Präsidenten Zweibrücken.
LASp, J 3, 728; Auskunft Fr. Ursula Lamb/Mannheim (Tochter); Auskunft RAK Zweibrücken; Warmbrunn 605.

Fränkel, Karl Joseph
23.4.1902 Kaiserslautern – 8.1.1944 KZ Auschwitz; verh.; Vater: Kaufmann; St: Würzburg; Dr. jur. Würzburg 1927; StP: 1928; Z: Kaiserslautern 1928 – 22.8. 1933 (§ 1)
1936 Emigration nach Holland, von dort 1943 nach dem Osten deportiert; Eltern und Ehefrau erleiden das gleiche Schicksal.
BayHStA, MJu 20685; Auskunft Stadtarchiv Kaiserslautern; Gb 343; Strätz 154; Gb Holland 214.

Friedländer, Leo
22.6.1894 Pirmasens – 25.6. 1972 New York; verh., 3 Kinder; Vater: Kaufmann; St: München, Würzburg; Dr. jur. Würzburg 1922; StP: 1922; Z: Pirmasens/Zweibrücken 1923 – 16.9.1933 (§ 1).
Wegen Kinderlähmung steifer Arm und nicht wehrdienstfähig, trotzdem 1917/18 freiwilliger Hilfsdienst. Eine bereits erteilte Wiederzulassung wird auf Druck der NSDAP 1933 widerrufen; 1936 Emigration in die USA, dort Kaufmann.

Foto: UAM.

BayHStA, MJu 20717; LASp, J 6, 2011; Auskunft Stadtarchiv Pirmasens; SSDI.

Goldberg, Julius Jakob
28.2.1881 Offenburg/Baden – 26.11.1942 New York; verh., 1 Tochter; Vater: Rentner; St: München, Heidelberg, Erlangen, Straßburg; Dr. jur. Straßburg 1905; StP: 1906; Z: Landau/Pfalz 1909 – 30.6.1933 („Verzicht").
Frontkämpfer; an führender Stelle d. israelitischen Kultusgemeinde Landau u. als Heimatschriftsteller tätig; Nov. 1938 Emigration in die USA.
BayHStA, MJu 20798; BayHStA, OP 53949; LASp, R 19, 3288; Walk 116; Aufbau Nr. 49 (1942), 6 (Nachruf); Hans Hess, Die Landauer Judengemeinde. Landau 1969, 44, 68.

Heinemann, Hilmar
11.8.1904 Gunzenhausen – 6.1.1945 KZ Dachau; led.; Vater: Gymnasiallehrer; St: München, Heidelberg; Dr. jur. Heidelberg 1931; StP: 1930; Z: Ludwigshafen 1931 – 22.8.1933 (§ 1).

Foto: UAM.

1939 Passagier der „St. Louis", die von Kuba und USA nach Holland zurückgeschickt wird; 1940 in Holland interniert, 1943 von dort nach Auschwitz deportiert, von dort Okt. 1944 nach Dachau.
BayHStA, MJu 20940; Auskunft Stadtarchiv Mannheim und Gedenkstätte Dachau; Gilbert 210; Gb 534; Gb Holland 308; Georg Reinfelder, MS St. Louis ... Teetz 2002.

Herz, Emil
18.3.1878 Ludwigshafen – 10.12.1940 Gurs/Frankreich; verh., 1 Sohn; Vater: Bauunternehmer; St: München, Heidelberg, Berlin; Dr. jur. Würzburg 1903; StP: 1904; Z: Ludwigshafen 1905 – 30.11.1938; Dez. 1938 – Okt. 1940 Konsulent, ab Apr. 1939 in Kaiserslautern.

Foto: Privat.

Kriegsdienst ohne Fronteinsatz; anlässlich der „Kristallnacht" misshandelt, 12.11. – 28.11.1938 KZ Dachau; 22.10.1940 Deportation nach Südwestfrankreich; Witwe wird von dort am 19.8.1942 nach Auschwitz deportiert; Schicksal d. Sohnes unbekannt.
LASp, J 3, 444; LASp H 91, 914; Auskunft Gedenkstätte Dachau; Gb 552f.; Paulsen 275f.; Warmbrunn 608; Minor-Ruf 144, 175; Pfälz. Deportationsliste 386, 387; Gb Frankreich (Transport 21 und Gurs).

Hirsch, Benno
13.3.1881 Homburg/Pfalz – 6.12.1938 KZ Buchenwald; led.; Vater: Kaufmann; St: München, Würzburg, Berlin, Kiel; StP: 1909; Z: Kaiserslautern 1914–1920, Kirchheimbolanden 1920 – 1.7.33 („Verzicht").
Frontkämpfer; es ist bisher unbekannt, was Hirsch ab 1933 gemacht hat.
BayHStA, MJu 21011; BayHStA, OP 32759; Auskunft Standesamt Homburg; Thüring. HStA, KZ Buchenwald Nr. 5 Bd. 18, Bl. 96f.; StadtA Weimar, 12/6–66–78 Bd.2 (Friedhofsverwaltung).

Jacobi, Ludwig Friedrich (Frederick)
29.7.1905 Grünstadt/Pfalz – 4.11.2002 Monroe, PA, USA; led.; Vater: Kaufmann (Steingutfabrikant); St: Frankfurt, Berlin, München, Würzburg; Dr. jur. Würzburg 1929; StP: 1931 („Bewerber");

Foto: UAM.

Z: Grünstadt 1932 – 22.8.33 (§ 1).
Mai 1933 Umzug nach Mannheim, von dort im Apr. 1936 Emigration nach Holland; weiter in die USA, Datum unbekannt.
BayHStA, MJu 21076; Auskunft Stadt Grünstadt und Stadtarchiv Mannheim; SSDI; Lampert 163.

Kahn, Berthold
5.6.1874 St. Ingbert – 22.11. 1942 New York; verh., 2 Töchter; Vater: Kaufmann (Seifenfabrikant); StP: 1900; Z: Zweibrücken 1901 – 25.2. 1938 („Verzicht"); Justizrat 1923.
Liberaler Demokrat, dekorierter Frontkämpfer; nach Verfolgungsmaßnahmen Anf. 1938 Umzug n. Stuttgart, Nov. 1938 Schutzhaft; 1939 Emigration n. Frankreich, von dort Mai 1940 in die USA.

Foto: StadtA Zweibrücken.

LASp, J 3, 455; LASp, R 19, 1741; Auskunft Stadtarchiv Zweibrücken; Paulsen 276; Kuby I 152, 169f.; Hans L. Reichrath, Berthold Kahn (1874–1942). Justizrat – Deutscher und Jude: einer von vielen. In: Jüdische Lebensgeschichten aus der Pfalz, hrsg. vom Arbeitskreis für neuere jüdische Geschichte in der Pfalz. Speyer 1995, 149–160.

Kahn, Leopold
25.6.1882 Kaiserslautern – 16.9.1942 Auschwitz; verh., 2 Söhne; Vater: Kaufmann;

St: München, Berlin, Würzburg; Dr. jur. Würzburg 1908; StP: 1908; Z: Ludwigshafen 1909 – 30.11.1938; Konsulent Jan. 1939.
Kriegsdienst ohne Fronteinsatz; liberaler Demokrat; wirtschaftliche Lage ab 1933 „abgleitend schlechter"; 10.11. – 13.12.1938 KZ Dachau; 22.10.1940 mit Ehefrau und jüngerem Sohn Deportation nach Südwestfrankreich, dort in verschiedenen Lagern; 16.9.1942 von Drancy/Frankreich Deportation nach Auschwitz; lediglich der ältere Sohn entkommt in die USA.

Foto: Privat.

BA Berlin, R 22 Pers. 62395; LASp, J 1, 1062 und J 3, 456; BayHStA, OP 37387; Paulsen 276; Minor-Ruf 170, 176; Gb 686; Strätz 288; Auskunft Gedenkstätte Dachau; Pfälz. Deportationsliste 395–397; Gb Frankreich (Transport 33).

Kalter, Alfons
12.6.1879 Mannheim – 29.10.1934 Mannheim; verh.; Vater: Viehhändler; St: Berlin, München, Würzburg; Dr. jur. Würzburg 1909; StP: 1906; Z: Grünstadt 1907 – 5.6.1934 („Verzicht").
Kriegsdienst ohne Fronteinsatz; seit 17.3.1933 in Schutzhaft, macht Anfang Apr. einen Selbstmordversuch und versteckt sich nach Entlassung; Versuche einer Zulassung in Frankenthal bzw. Ludwigshafen scheitern; April 1934 nach Mannheim und Verzicht auf die Zulassung; 31.5.1934 Pass-Sperre, mehrfach von Gestapo verhört; 29.10.1934 nach Selbsttötung im Neckar aufgefunden; Witwe überlebt Deportation nach Südwestfrankreich.
BayHStA MJu 21118; Auskunft Stadtarchiv Mannheim; Lampert 150, 163; Warmbrunn 601.

Kehr, Erich Ernst
22.12.1884 Kaiserslautern – April 1941 Johannesburg/Südafrika; verh., 1 Sohn; Vater: Bankier; St: Würzburg, München, Berlin; Dr. jur. Würzburg 1909; StP: 1910; Z: Kaiserslautern 1911 – 1.1.1936 („Verzicht").

Foto: Privat.

Kriegsdienst ohne Fronteinsatz; dekorierter Offizier, Ausbilder; Vors. d. Ortsgruppe der DDP u. Stadtrat in Kaiserslautern, Vors. d. Ortsgruppe d. CV, Nazigegner; 20. – 30.3.1933 Schutzhaft, weitere Behinderungen; Dez. 1935 Emigration nach Südafrika; dort erster Präsident des South African Central Committee for German Refugees.
BA Berlin, R 22 Pers. 62838; BayHStA, OP 25817; LASp J 3, 800; Auskunft Roland Paul; Paulsen 276; Warmbrunn 601; Kestel; Nestler-Ziegler 329; Hb deutschsprachige Emigration Sp 407; Auskunft South African Jewish Board of Deputies (Archiv).

Koburger-Reiß, Karl
23.11.1901 Ludwigshafen – unbekannt; verh.; Dr. jur. Würzburg 1930; StP: 1927 (Baden); Z: Ludwigshafen 1928 – 1.7.33 (§ 1).
Durch Adoption 1928 Koburger-Reiß; März 1938 Emigration nach Australien; lebt 1969 in Sydney; weiteres Schicksal bisher unbekannt.

Foto: UAM.

BayHStA, MJu 21165; Auskunft Stadtarchiv Ludwigshafen; Auskunft Roland Paul; AW Saarburg, VA 482269, 401526, 206210; Auskunft National Archives of Australia.

Levy, Albert
31.3.1876 Homburg – 26.11.1935 Pirmasens; Vater: Handelsmann; StP: 1903; Z: Pirmasens/Zweibrücken 1904 – Tod; Justizrat 1928.
Biografische Einzelheiten liegen nicht vor.
LASp, J 3, 851; Auskunft Stadtarchiv Pirmasens.

Mann, Richard
22.1.1873 Frankenthal – 15.9.1953 Oxford; verh., 1 Sohn; Vater: Bankier; St: Erlangen, München, Berlin, Bonn; Dr.

Foto: Privat.

jur. Erlangen 1896; StP: 1898; Z: Frankenthal 1899 – 20.3. 1936 („Verzicht“); Justizrat 1921.
Für Bahn, Post, Behörden, Industrie tätig; angesehene Praxis, gutes Einkommen; bis 1933 im Vorstand der Anwaltskammer Zweibrücken; 1936 Umzug nach Frankfurt, von dort 1938 Emigration nach England.
LASp, J 3, 863; Auskunft Stadtarchiv Frankenthal und Universitätsarchiv Erlangen; Göppinger 301; BHE II 769 (Sohn); Roland Paul, Frankenthaler Juden; EA Wiesbaden, W 22785; Auskunft David Mann, Basel (Enkel) u. Paul Theobald, Frankenthal.

Mayer, Heinrich (Henry)
11.5.1892 Bad Dürkheim – 1.7. 1972 New York, verh. „Mischehe“, 2 Kinder; Vater: Weinhändler; St: München, Heidelberg, Erlangen; Dr. jur. Erlangen 1917; StP: 1918; Z: München 1919, Frankenthal/Ludwigshafen 1920 – 26.3.38 („Verzicht“).
Wg. steifem Arm kein Kriegsdienst, dafür vaterländischer Hilfsdienst; 1933 gg. Votum d. Anwaltskammer Zweibrücken Belassung im Amt; 1936 versuchen örtliche Parteistellen u. Stellvertreter d. Führers erneut seine Entfernung zu erreichen, was seinen Verzicht zur Folge hat; März 1938 Emigration i. d. USA, dort nach neuerlichem Studium 1944 Rechtsanwalt, vorher Bote u. Buchhalter.
LASp, J 3, 491; SSDI; AW Saarburg, VA 46377; Auskunft Paul Theobald.

Mayer, Ludwig (Luis)
25.4.1904 Kleinbockenheim/ Pfalz – 11.9.1991 Buenos Aires ; verh., 2 Söhne; Vater: Kaufmann; St: Frankfurt, Heidelberg, Würzburg; Dr. jur. Würzburg 1928; StP: 1929; Z: Ludwigshafen 1929 – 22.8.1933 (§ 1).

Foto: Privat.

Nach Berufsverbot 1934/35 juristischer Berater in Dresden; Nov. 1935 Emigration nach Argentinien, dort 1936–1970 Angestellter South American Mining Company/ Buenos Aires, zuletzt im Vorstand; danach Berater bis 1978; 1980 Wiederzulassung in Ludwigshafen/Frankenthal „als Akt einer moralischen Wiedergutmachung“; Juni 1990 Verzicht aus Altersgründen.
BayHStA, MJu 21400; Personalakt RAK Zweibrücken; AW Saarburg, VA 209124; Auskunft Dr. Gerard Mayer (Sohn).

Mayer, Moritz
22.2.1864 Laumersheim/Pfalz – 3.9.1942 KZ Theresienstadt; verh.; Vater: Kaufmann; St. München; Dr. jur. Erlangen 1891; StP: 1890; Z: Frankenthal 1891 – 1918, Ludwigshafen/Frankenthal 1925 – 30.11.1938; Justizrat 1911.
1914–1918 Stadtrat (Fortschrittliche Volkspartei) in Frankenthal; 1918–1922 ohne Bezahlung Vorstand d. Mieteinigungsamts Heidelberg; aktiv gg. den Antisemitismus; völlige Verarmung infolge Inflation führt zu Wiederaufnahme der Anwaltstätigkeit; nach 1938 wieder in Heidelberg; 1940 Haftstrafe wg. Untreue u. Unterschlagung. August 1942 von Frankfurt nach Theresienstadt deportiert.
Hess. HStA, Strafgefängnis Frankfurt Abt. 409/4 Nr. 4638; LASp, J 3, 492; Gb 1003; Geschichte d. Juden in Heidelberg 1996, 437; Auskunft Stadtarchiv Heidelberg und Paul Theobald, Frankenthal; Gb Theresienstadt 608.

Müller, Richard Arthur
22.6.1884 Speyer – 8.4.1954 Ludwigshafen; verh. „Mischehe“, 4 Kinder; Vater: Schuhfabrikant; StP: 1911; Z: Ludwigshafen/ Frankenthal 1913 – 30.11.1938; Konsulent 1938–1945.

Foto: Privat.

Dekorierter Frontkämpfer; Gefangenschaft; Kriegsversehrter, der trotz steifem Arm auf Rente verzichtet; ab 1933 starker Praxisrückgang, deshalb Umzug nach Ludwigshafen; christl. Ehefrau lehnt Scheidung ab; mehrfache Verhaftungen; 12.11.–21.12. 1928 KZ Dachau; darf bei Luftangriffen nicht in Luftschutzkeller; 1943 untergetaucht; 1946–49 im Zuge der Wiedergutmachung Oberstaatsanwalt am Landgericht Frankenthal.
LASp, J 1, 1062, J 1, 1024 und J 6, 8074; Auskunft Stadtarchiv Ludwigshafen; Auskunft Gedenkstätte Dachau; Paulsen 274, 277f.; Warmbrunn 608; Minor-Ruf 169; Auskunft Paul Theobald, Frankenthal.

Nachmann, Ludwig
22.11.1899 Frankenthal – Nov. 1976 Montgomery, PA/USA; verh., 2 Töchter; Vater: Kaufmann (Haushaltswaren); St: München, Heidelberg; Dr. jur. Heidelberg 1922/23; StP: 1926; Z: Frankenthal 1926 – 7.4. 1937 („Verzicht").

Foto: Privat.

Frontkämpfer; Apr. 1937 Emigration nach Italien. 1939/40 in Frankreich interniert, von dort 1940 in die USA, wo er als Manager eines Nightclubs arbeitet. Eltern kommen in Theresienstadt ums Leben.
LASp, J 3, 896; BayHStA, OP 45398; Auskunft Stadtarchiv Frankenthal und Paul Theobald; Roland Paul, Frankenthaler Juden; SSDI; AW Fellbach, EK 20115.

Neumond, Ludwig
11.5.1881 Kaiserslautern – 25.3.1942 Aix en Provence/ Frankreich; verh., 2 Kinder; Vater: Kaufmann (Fruchthändler); St: Erlangen, München, Würzburg; Dr. jur.

Foto: Privat.

Würzburg 1907; StP: 1907; Z: Memmingen 1908, Augsburg 1909, München 1910, Ludwigshafen 1912 – 30.11. 1938.
Frontkämpfer; Liberaler (DDP); 10.11. – 5.12.1938 KZ Dachau, Gesuch als Konsulent wird abgelehnt; 22.10.1940 Deportation nach Südwestfrankreich, dort verschiedene Lager; Witwe wird von Frankreich nach Auschwitz deportiert; Schicksal der Kinder unbekannt.
LASp, J 1, 1062 und J 3, 511; Auskunft Stadtarchiv Kaiserslautern und Gedenkstätte Dachau; Paulsen 278; Minor-Ruf 179; Gb 1101; Pfälz. Deportationsliste 350, 351.

Nordschild, Sigmund Adolf
1.5.1874 Schweinfurt – 20.3. 1937 Mannheim; verh. „Mischehe", 2 Söhne; Protestant; Vater: Bankier; Dr. jur. Tübingen 1900; StP: 1899; Z: Schweinfurt 1902–1924, Ludwigshafen 1924 – Tod; Justizrat 1922.

Foto: Privat.

Zunächst im Bankfach tätig, 1907 Übertritt zum Protestantismus; wohnt in Mannheim.
LASp, J 3, 901; Auskunft Stadtarchive Mannheim, Ludwigshafen u. Schweinfurt sowie Dr. Ch. Nordschild, Stuttgart.

Oppenheimer, Hermann
30.12.1900 Landstuhl – 15.7. 1958 New York; verh.; Vater: Kaufmann (Manufakturwaren); St: Frankfurt, Heidelberg, Würzburg; StP: 1927 („Bewerber"); Z: Landstuhl 1928 – 22.8.1933 (§ 1).
Nach Berufsverbot Angestellter einer jüd. Firma in Kaiserslautern; 1938 Umzug nach Frankfurt, von dort 1941 Emigration über Lissabon in die USA; dort zunächst Pressen von Blumen, sp. CPA; Eltern Opfer des Holocaust.

Foto: Privat.

BayHStA, MJu 21539; LASp, J 3, 905; Auskunft Roland Paul; Kuby I 154, 174; Nestler-Ziegler 419f.; Paulsen 278; Roland Paul Die jüdische Gemeinde Landstuhl ... in: Heimatkalender 1982 für Stadt und Landkreis Kaiserslautern, 60–64; Auskunft Paul Theobald.

Rheinheimer, Walter Jakob
29.3.1906 Kaiserslautern – 29.12.1999 Zürich; verh.; Vater: Arzt; St: Heidelberg, Frankfurt, Genf, München, Würzburg; Dr. jur. Würzburg 1930; StP: 1931 („Bewerber"); Z: Kaiserslautern 1931 – 22.8. 1933 (§ 1).

Foto: UAM.

Emigration 1936 Schweiz, 1938 über die USA nach Chile, 1965 Rückkehr in die Schweiz; Beruf: Rechtsanwalt.
BayHStA, MJu 21689; Auskunft Roland Paul und Stadtarchiv Kaiserslautern.

Rothschild, Fritz (Fred) Arthur
3.4.1891 Landau/Pfalz – 11.11.1956 New York, verh.; Vater: Kaufmann; St: Würzburg, Berlin; Dr. jur. Würzburg 1915; StP: 1920; Z: Ludwigshafen/Frankenthal 1921 – Jan. 1936 („Verzicht").
Dekorierter Frontoffizier, DDP-Anhänger; wohnt in Mannheim; große Praxis zus. mit Dr. Gustav Schulz; Emigration Dez. 1935 nach Spanien; Sept. 1936 Italien, 1938 Belgien; dort 1940 interniert u. nach Frankreich abgeschoben; dort versch. Lager u.a. in Marokko; Mitte 1941 weiter in die USA; Ehefrau begeht 1940 in Brüssel Selbstmord.

Foto: Privat.

LASp, J 3, 1148; BayHStA, OP 27821; BA Berlin, R 22 Pers. 72975; Auskunft Stadtarchive Ludwigshafen u. Mannheim; Minor-Ruf 68; SSDI; AW Fellbach, EK 11160 A.

Samuel, Siegfried
17.7.1885 Kerzenheim/Pfalz – 23.11.1941 Zürich; verh., 2 Töchter; Vater: Kaufmann (Getreidehandel); St: München, Würzburg; Dr. jur. Würzburg 1914; StP: 1919; Z: Frankenthal 1920 – 30.11. 1938.
Dekorierter Frontkämpfer; DDP-Anhänger; nach 1933 wg. Rückgangs Verlegung der Praxis in die Wohnung; 12.11.1938 Einlieferung KZ Dachau; Apr. 1939 Emigration in die Schweiz; dort ohne Beruf.

Foto: Privat.

BA Berlin, R 22 Pers. 73395; LASp, J 3, 539; Gedenkstätte Dachau 36.397 (Jugenderinnerungen der Tochter Edith); Auskunft Stadtarchiv Frankenthal; Paulsen 274, 279; Roland Paul, Frankenthaler Juden 337, 339ff.

Schulz, Gustav
21.10.1881 Frankenthal – 3.12.1958 New York; verh., 1 Sohn; Vater: Kaufmann (Pferdehändler); St: Würzburg, München, Berlin; Dr. jur. Würzburg 1905; StP: 1907; Z: Ludwigshafen 1908 – 3.1.1936 („Verzicht").
Kriegsteilnehmer; wohnt zeitweise in Mannheim; große Praxis zus. mit Dr. Fritz Rothschild seit 1921; Dez. 1935 Emigration nach Straßburg, März 1936 über Holland und Frankreich in die USA, dort Liegenschaftsverwalter, später Rechtsberater.

Foto: Privat.

LASp, J 3, 994; Auskunft Stadtarchive Frankenthal, Ludwigshafen und Mannheim und Paul Theobald; Kuby II 169; AW Fellbach, EK 7809 A.

Schulz, Karl (Charles K.)
21.2.1875 Frankenthal – 7.3. 1965 New York; verh., 1 Sohn; Vater: Kaufmann (Pferdehändler); St: München, Heidelberg; StP: 1900; Z: Frankenthal 1901 – 6.6. 1933 („Verzicht"); Justizrat 1923.
Größte Kanzlei des OLG-Bezirks; bekannter Strafverteidiger; Spezialist für Weinrecht; Klienten: Mosel, Rhein, Rheinhessen, Pfalz, Bodensee; infolge Schutzhaft vom 25.4. – 2.6.1933 zum Verzicht gezwungen; lebt 1933/34 in Mannheim; Dez. 1934 Emigration nach Holland, dort Mitgesellschafter einer pharmazeutischen Fabrik; Sommer 1939 über Kuba in die USA; dort bis 1949 Rechtsberater für Wiedergutmachungssachen; danach lebt er von Ersparnissen.
BayHStA, MJu 21927; LASp, J 1, 1990; Auskunft Stadtarchive Frankenthal und Mannheim und Paul Theobald, Frankenthal; AW Fellbach, EK 11678 A.

Sinsheimer, Ludwig
23.10.1873 Mannheim – 30.3.1942 Noe/Frankreich; led.; Vater: Kaufmann; St: Straßburg, München, Würzburg; StP: 1900; Z: Grünstadt/Pfalz 1901 – 8.2.1935 („Verzicht"); Justizrat 1922.
Kriegsteilnehmer ohne Fronteinsatz; Liberaler; infolge Berichten über die Lage der Juden an ausländische Zeitungen 1935 vor dem Volksgerichtshof Verurteilung wegen

Heimtücke; lebt in Mannheim in großer Not; Okt. 1940 Deportation nach Gurs/Südwestfrankreich; stirbt in einem Nebenlager.
BayHStA, MJu 21999; BA Berlin, R 3017: 7 J 39/34 u. NJ 9055; Auskunft Stadtarchiv Mannheim; Lampert 153; Hermann Sinsheimer (=Bruder), Gelebt im Paradies. Erinnerungen und Begegnungen. München 1953, 272–276; Gb 1405; Gb Frankreich (Noe).

Strauß, Heinrich
21.1.1876 Kindenheim/Pfalz – 9.2.1941 Noe/Frankreich; verh.; Vater: Privatier; St: Berlin, München; Dr. jur. Erlangen 1901; StP: 1902; Z: Ludwigshafen 1904 – 30.11.1938; Konsulent Dez. 1938 – Okt. 1940; Justizrat 1925.
Im Vorstand der Anwaltskammer Zweibrücken von 1925–33; Wortführer der jüd. Anwälte im OLG-Bezirk Zweibrücken; zusammen mit Ehefrau im Okt. 1940 Deportation nach Gurs; Tod im Nebenlager Noe; die Witwe wird 1942 nach Auschwitz deportiert.
LASp, J 1, 1024 u. 1062; Auskunft Stadtarchiv Ludwigshafen und Roland Paul; Gb 1477, 1485; Paulsen 274, 279; Warmbrunn 608; Minor-Ruf 180; Pfälz. Deportationsliste 416, 417.

Treidel, Ernst Leopold
19.9.1904 Kaiserslautern – 15.1.1979 Stockton, Kalifornien, USA; verh.; Vater: Bäckermeister; St: München, Würzburg; Dr. jur. Würzburg 1928; StP: 1930; Z: Kaiserslautern 1930 – 4.7.1933 (§ 1).
SPD- und Reichsbanner-Mitglied; 1933 2 1/2 Monate Schutzhaft; nach Berufsverbot Tabakwarenhändler, 1936 Haft; in der „Kristallnacht" 1938 Wohnung verwüstet; anschl. 3 Wochen im KZ Dachau; Okt. 1940 Deportation nach Gurs; von dort 1941 Flucht in die Schweiz, 1946 Weiterwanderung in die USA, dort Arbeiter; 1940 Ausbürgerung.

Foto: UAM.

BayHStA, MJu 22119; LASp, J 3, 385 u. 800; Auskunft Roland Paul; Paulsen 270, 279; Warmbrunn 601, 611; Kestel; Hepp, Liste 192/154–155.

Tuteur, Paul
28.7.1881 Kaiserslautern – 3.12.1952 Kaiserslautern; verh., 2 Kinder; Vater: Kaufmann; St: Berlin, München, Würzburg; Dr. jur. Würzburg 1905; StP: 1907; Z: Kaiserslautern 1908 – 30.11.1938; 1950 – Tod.

Foto: Privat.

Engagierter Sozialdemokrat, 1933 Schutzhaft; in der „Kristallnacht" 1938 verprügelt; Mai 1939 Emigration nach England; 1940 Ausbürgerung; die beiden Kinder werden aus Belgien 1942 nach dem Osten deportiert; 1946 nach Rückkehr aus dem Exil Landgerichtsdirektor in Kaiserslautern, Jan.1949 Senatspräsident am OLG Neustadt, 1.7.1949 Ruhestand; ab 1950 wieder Rechtsanwalt in Kaiserslautern.
LASp, J 1, 1912 u. R 19, 2685 u. J 3, 800; Auskunft Roland Paul und Stadtarchive Kaiserslautern u. Mannheim; Paulsen 274, 279f.; Warmbrunn 601, 611, 624; Kestel; Nestler-Ziegler 329; Hepp, Liste 206/122–125; Pfälzische Volkszeitung v. 4.12.1952 (Nachruf); AW Saarburg, VA 116263.

Tuteur, Robert
28.4.1882 Kaiserslautern – 1.12.1938 KZ Dachau; verh., 1 Sohn; Vater: Kaufmann; St: Berlin, München, Würzburg; Dr. jur. Würzburg 1907; StP: 1907; Z: Kaiserslautern 1908 – 30.11.1938.
Versuche, ihm 1933 die Zulassung zu entziehen, scheiterten; im Zuge d. „Kristallnacht" 1938 Verbringung nach Dachau, dort Selbstmord dch. Erhängen.
LASp, J 6, 6728; Auskunft Roland Paul, Stadtarchiv Kaiserslautern und Gedenkstätte Dachau, Paulsen 274, 280; Kestel; Nestler-Ziegler 339ff.; Warmbrunn 611.

Weil, Ludwig
2.2.1882 Ludwigshafen – 18.3.1958 Haifa/Israel; verh., 2 Kinder; Vater: Großkaufmann; St: Leipzig, Erlangen, Heidelberg, Berlin, Würzburg; Dr. jur. Würzburg 1905; StP: 1907; Z: Kempten 1908–1910; Ludwigshafen 1910 – 19.5.1933 (§ 3).
Bedeutender Strafverteidiger; 1933 Berufsverbot wg. kommunistischer Betätigung; 1934 wird Antrag auf Betätigung als Konsulent abgelehnt; Emigra-

tion (1937?) nach Palästina; 1940 Ausbürgerung; lebt 1953 in Herzlia/Israel.
BayHStA, MJu 22202; LASp, J 6, 9047; Auskunft Stadtarchive Kempten u. Ludwigshafen; Hepp, Liste 206/135; Rote Hilfe 296f.; Auskunft Joel Levi, Ramat Gau/Israel.

Weil, Ludwig
20.10.1882 Speyer – 17.12. 1944 Sidney/Australien; verh. 1 Tochter; Vater: Kaufmann; St: München, Berlin, Genf, Würzburg; Dr. jur. Würzburg 1907; StP: 1908; Z: München 1909, Speyer 1910 – 30.11. 1938.
Dekorierter Frontkämpfer; befindet sich am 14.12.1938 noch in Schutzhaft (Dachau?); 1939 Emigration nach Australien.
LASp, J 1, 1028 u. 1062; J 3, 599; Auskunft Stadtarchiv Speyer; Paulsen 274, 280.

Weis, Richard Jakob (Wise, Richard J.)
26.5.1902 Niederhochstadt/ Pfalz – 27.5.1998 Skokie, IL/USA; verh., 1 Sohn; Vater: Viehhändler; St: München, Würzburg, Berlin, Heidelberg; Dr. jur. Würzburg 1925; StP: 1929; Z: Ludwigshafen 1929, Pirmasens 1930 – 22.8. 1933 (§ 1).

Foto: UAM.

Vaterländischer Hilfsdienst u. Jugendwehr; alt eingesessene Familie; nach Berufsverbot Versicherungsvertreter; Juli 1934 Emigration in die USA; Arbeit im Schlachthaus; ab 1935 Versicherungsagent; lebt 1965 in Cincinnati.
BayHStA, MJu 22211; AW Saarburg, VA 47502; SSDI.

Weiß, Fritz (Frederic)
25.9.1901 Landau/Pfalz – 30.3.1959 Basel; verh.; Vater: Tabakhändler; St: Heidelberg, München, Würzburg; Dr. jur. Würzburg 1927; StP: 1928 („Bewerber"); Z: Ludwigshafen/Frankenthal 1929 – 22.8.1933 (§ 1).

Foto: UAM.

Für Staatsdienst „an sich geeignet, jedoch ausgesprochen jüdischer Typus"; nach Berufsverbot Emigration nach Paris, dort Jurastudium u. Examen 1934; 1935 französischer Staatsbürger u. Anwaltszulassung; Spezialist für Handels- u. Gesellschaftsrecht; 1939/40 beim französischen Militär; danach untergetaucht bis 1944; ab 1945 Rechtsanwalt in Paris; RAK Zweibrücken versucht 1952 vergeblich Zulassung in Ludwigshafen zu verhindern (1952/53); nach Verzicht dort Wiederzulassung 1953 in Stuttgart; Praxisschwerpunkt: Entschädigungssachen.
BayHStA, MJu 22214; Auskunft Stadtarchiv Landau u. RAK Stuttgart; AW Saarburg, VA 332148 u. VA 40219; Justizministerium Baden-Württemberg, PI 5945.

Wertheimer, Emil Berthold
22.4.1874 Kaiserslautern – 9.11.1952 Johannesburg/ Südafrika; verh. 1 Sohn; Vater: Kaufmann (Zigarrenfabrik); Dr. jur. Erlangen 1898; StP: 1900; Z: Kaiserslautern 1901 – 23.11.1938 („Verzicht"); Justizrat 1923.
1938 Emigration nach Südafrika; lebt dort von Unterstützung durch den Sohn.
LASp, J 3, 601; Auskunft Roland Paul; Paulsen 280f.; Kestel.

Wertheimer, Fritz Julius
16.6.1903 Kaiserslautern – 9.11.1964 Johannesburg/Südafrika; verh. 1 Sohn; Vater: Rechtsanwalt;
StP: 1929; Z: Kaiserslautern 1929 – 22.8.1933 (§ 1).
Emigration Okt. 1936 nach Südafrika; unterstützt seinen schwerhörigen Vater; Arbeit bei Spedition.

Foto: UAM.

BayHStA, MJu 22226; Auskunft Roland Paul; Kestel; Auskunft South African Jewish Board of Deputies (Archiv).

Wertheimer, Rudolf Leo Franz
13.7.1905 Kaiserslautern – 7.9.1965 Johannesburg/ Südafrika; Vater: Zigarrenfabrikant; Dr. jur. Heidelberg 1930; StP: 1931 (Bewerber); Z: Zweibrücken 1931 – 22.8. 1933 (§ 1).
Angehöriger und juristischer Berater des Reichsbanners, deshalb 9.3. – 24.5.1933 Schutzhaft; „einer der geistigen Hauptkämpfer gegen den neuen Staat"; bis zur Emigra-

tion 1935 nach Südafrika
Tätigkeit in der Wirtschaft in Hamburg; im Exil: „he established a dry casting business".

Foto: UAM.

BayHStA, MJu 20630; LASp, J 3, 800; Auskunft Roland Paul; Paulsen 270, 272, 281; Veröffentlichungen: Der politische Boykott und seine Abwehr in: Der Schild, Berlin 10 (1931), 91f.; Der Hetzboykott. Einige Gedanken ... Wiesbaden 1931; Auskunft South African Jewish Board of Deputies (Archiv).

Wolf, Friedrich (Fritz) Heinrich
15.4.1876 Bergzabern – 22.10.1942 KZ Auschwitz; verh. „Mischehe"; Vater: Rechtskonsulent; StP: 1902; Z: Zweibrücken 1903 – 24.5. 1937 („Verzicht"); Justizrat 1924.
Kriegsdienst in Würzburg; Schriftführer der Ortsgruppe Zweibrücken des DAV; nach einem mit Freispruch endenden Strafverfahren wegen Devisenvergehens schwere Depressionen, Verzicht auf die Zulassung und Umzug nach Wiesbaden; von dort nach Auschwitz deportiert.
LA Sp J 1, 1028 u. J 3, 1112; Auskunft Roland Paul; Paulsen 281; Gb 1605; Strätz 676.

Abkürzungen

AG	Amtsgericht
AJR	Allgemeine Jüdische Rundschau
AW	Amt für Wiedergutmachung
BA	Bundesarchiv
BayHStA	Bayerisches Hauptstaatsarchiv
BayLEA	Bayerisches Landesentschädigungsamt
BBB	Bosls Bayerische Biografie
BEG	Bundesentschädigungsgesetz
BfA	Bundesversicherungsanstalt für Angestellte, Berlin
BHE	Biografisches Handbuch der deutschsprachigen Emigration
BIGZ	Bayerische Israelitische Gemeindezeitung
BNSDJ	Bund Nationalsozialistischer Deutscher Juristen
CPA	Certified Public Accountant
CV	Centralverein deutscher Staatsbürger jüdischen Glaubens
DAV	Deutscher Anwaltverein
DJ	Deutsche Justiz
EA	Entschädigungsamt
EG	Entschädigungsgesetz der US-Zone
EGH	Ehrengerichtshof für Rechtsanwälte beim Reichsgericht bzw. bei der Reichsrechtsanwaltskammer
f.t.e	für tot erklärt
Gb	Gedenkbuch Bundesarchiv
Gb Fürth	Gedenkbuch Fürth
Gb M	Gedenkbuch München
Gb N	Gedenkbuch Nürnberg
GVBl	Bayerisches Gesetz- und Verordnungsblatt
HATUM	Historisches Archiv der Technischen Universität München
Hg., Hrsg.	Herausgeber
HStA	Hauptstaatsarchiv
IfZ	Institut für Zeitgeschichte, München
IKG	Israelitische Kultusgemeinde
IMT	Internationales Militärtribunal, Nürnberg
IRO	International Refugee Organization
JW	Juristische Wochenschrift
La Sp	Landesarchiv Speyer
LBI	Leo Baeck Institut
LEA	Landesentschädigungsamt
LG	Landgericht
MAV	Münchener Anwaltverein

MFr Mittelfranken
MJN Münchener Jüdische Nachrichten
MJu Bayerisches Staatsministerium der Justiz
MNN Münchener Neueste Nachrichten

NJW Neue Juristische Wochenschrift
NL Nachlass

OFr Oberfranken
OLG Oberlandesgericht
OLG B Oberlandesgericht Bamberg
OLG M Oberlandesgericht München
OLG N Oberlandesgericht Nürnberg
OMGUS Office of Military Government for Germany (US)
OP Offizierspersonalakt
OPf Oberpfalz
o.S. ohne Signatur
OT Organisation Todt

PA Personalakt
Pg Parteigenosse
PolDir Polizeidirektion

RA Rechtsanwalt
RAK Rechtsanwaltskammer
RGBl Reichsgesetzblatt
RHb Reichshandbuch der Deutschen Gesellschaft
RStH Reichsstatthalter
RuP Recht und Politik
RzW Rechtsprechung zum Wiedergutmachungsrecht

SSDI Social Security Death Index (USA)
St Studium
StA Staatsarchiv
StAB Staatsarchiv Bamberg
StAM Staatsarchiv München
StAN Staatsarchiv Nürnberg
StAW Staatsarchiv Würzburg
StAnw Staatsanwaltschaft
StatJb Statistisches Jahrbuch
StP Staatsprüfung
StuW Steuer und Wirtschaft
SZ Süddeutsche Zeitung

UA Universitätsarchiv
UAM Universitätsarchiv München
UFr Unterfranken
URO United Restitution Organization

VO Verordnung

WB Wiedergutmachungsbehörde Bayern

Z Zulassung

Bibliografie

Albrecht Dieter (Hrsg.), Die Protokolle der Landtagsfraktion der Bayerischen Zentrumspartei 1893–1914. Bd. II (1899–1904). München 1989.

Amstädter Rainer, Der Alpinismus. Kultur-Organisation-Politik. Wien 1996.

Amtliches Handbuch der Kammer der Abgeordneten des Bayerischen Landtags. München 1906 bzw. 1908.

Augsburger Stadtlexikon. Augsburg 1998.

Axelsson Isabel, Photos schreiben Weltgeschichte, aber nicht immer die darauf abgebildeten Personen. 2002 (Manuskript einer Facharbeit im Besitz des Verfassers).

Bayer Adolf, Sigfrid Haenle, Rechtsanwalt und Lokalgeschichtsforscher 1814–1889. In: Lebensläufe aus Franken Bd. 4. Würzburg 1930, 219–223.

Bayerisches Statistisches Landesamt (Hrsg.), Statistisches Jahrbuch für Bayern 20. Jg. 1934.

Benz Wolfgang (Hrsg.), Die Juden in Deutschland 1933–1945. Leben unter nationalsozialistischer Herrschaft. München [4]1993.

Benz Wolfgang, Von der Entrechtung zur Verfolgung und Vernichtung. Jüdische Juristen unter dem nationalsozialistischen Regime. In: Helmut Heinrichs u.a. (Hrsg.), 813–852.

Bergemann Hans – *Ladwig-Winters* Simone, „Für ihn brach die Welt, wie er sie kannte, zusammen ...". – Juristen jüdischer Herkunft im Landgerichtsbezirk Potsdam. Köln 2003.

Bergler Georg, Geschichte der Hochschule für Wirtschafts- und Sozialwissenschaften Nürnberg 1919–1961. 2 Bände Nürnberg 1963/69.

Berlin Ludwig C., Dr. Walter Berlin, Nürnberg. www.rijo-research.de (2001).

Berlin Ludwig C., Fritz Josephthal, Nürnberg. www.rijo-research.de (2001).

Berlin Ludwig C., Gustav Josephthal, Nürnberg. www.rijo-research.de (2001).

Bonard Waldemar, Die gefesselte Muse. Das Marionettentheater im Jüdischen Kulturbund 1935–1937. München 1994.

Bosl Karl (Hrsg.), Bosl's Bayerische Biographie. 8000 Persönlichkeiten aus 15 Jahrhunderten. Regensburg 1983.

Bosl Karl (Hrsg.), Dokumente zur Geschichte von Staat und Gesellschaft in Bayern. Abt. III/ Bd. 9, München 1976.

Broszat Martin u.a. (Hrsg.), Bayern in der NS-Zeit. Bd. I – VI. München 1977–1983.

Broszat Martin, Der Staat Hitlers. München 1969.

Bucher Editha, Deportationsliste vom 20.10.1940. In: Dokumente zur Geschichte der jüdischen Bevölkerung in Rheinland-Pfalz und im Saarland von 1800 bis 1945. Bd. VII (= Veröffentlichung der Landesarchivverwaltung Rheinland-Pfalz) 1974, 111–192.

Conston Henry S. (Hrsg.), Aktuelle Themen im US-Deutschen Steuer- und Handelsrecht. Festschrift Otto L. Walter. Osnabrück 1988.

Chronik der bayerischen Justizverwaltung 1918 bis 1935, niedergeschrieben von den Referenten des Staatsministeriums der Justiz. Schreibmaschinenmanuskript (Bibliothek des Ministeriums Q 6/426).

Degener Hermann, Wer ist's? Berlin 1928.

Diefenbacher Michael (Hrsg.), Stadtlexikon Nürnberg. Nürnberg 1999.

Dormitzer Else, Erlebnisse in Nürnberg, Holland, Theresienstadt ... In: Flucht, Vertreibung, Exil, Asyl. Frauenschicksale. Nürnberg 1990, 84–93.

Douma Eva, Deutsche Anwälte zwischen Demokratie und Diktatur 1930–1955. Frankfurt/Main 1998.

Dury Walter, Vom Advocat im Rheinkreis zum Rechtsanwalt in der Demokratie. In: Rechtsanwaltskammer Zweibrücken (Hrsg.), 39–63.

Eckstein Adolf, Die bayerischen Parlamentarier jüdischen Glaubens. Bamberg 1902.
Eckstein Adolf, Haben die Juden in Bayern ein Heimatrecht? Eine geschichtswissenschaftliche Untersuchung mit kriegsstatistischen Beilagen. Berlin 1928.

Fichtl Franz u.a., „Bambergs Wirtschaft Judenfrei". Die Verdrängung der jüdischen Geschäftsleute in den Jahren 1933–1939. Bamberg 1998.
Flade Roland, Die Würzburger Juden ... Würzburg^{2} 1996.
Flade Roland, Juden in Würzburg 1918–1933. Würzburg^{2} 1986.
Franke Julia, Paris – eine neue Heimat? Jüdische Emigranten aus Deutschland 1933 – 1939. Berlin 1999.
Friedlaender Adolf und Max, Rechtsanwaltsordnung. Kommentar. München^{3} 1930.
Fromm Hubert, Die Coburger Juden. Geschichte und Schicksal. Coburg 1990, ^{2}2001.

Gedenkbuch. Opfer der Verfolgung der Juden unter der nationalsozialistischen Gewaltherrschaft in Deutschland 1933–1945. 2 Bände Koblenz 1986 (= Gb).
Gelberg, Karl-Ulrich (Hrsg.), Kriegsende und Neuanfang in Augsburg 1945. Erinnerungen und Berichte. München 1996.
Geschichte der Juden in Heidelberg. Heidelberg 1996.
Gilbert Martin, Endlösung. Die Vertreibung und Vernichtung der Juden. Ein Atlas. Reinbek bei Hamburg 1982.
Göppinger Horst, Juristen jüdischer Abstammung im „Dritten Reich". Entrechtung und Verfolgung. München ^{2}1990.
Goschler Constantin, Wiedergutmachung. Westdeutschland und die Verfolgten des Nationalsozialismus 1945–1954. München 1992.
Greive Hermann, Geschichte des modernen Antisemitismus in Deutschland. Darmstadt 1983.
Gruchmann Lothar – *Weber* Reinhard (Hrsg.), Der Hitler-Prozess 1924 ... 4 Bände, München 1997–1999.
Gruchmann Lothar, Justiz im Dritten Reich 1933–1940. Anpassung und Unterwerfung in der Ära Gürtner. München 1988, ^{3}2002.

Haas Eberhard – *Ewig* Eugen, Max O. Friedlaender (1873–1956). Wegbereiter und Vordenker des Anwaltsrechts. In: Helmut Heinrichs u.a. (Hrsg.), 555–569.
Häntzschel Hiltrud u.a. (Hrsg.), Bedrohlich gescheit. Ein Jahrhundert Frauen und Wissenschaft in Bayern. München 1997.
Hallgarten George W. F., Als die Schatten fielen. Erinnerungen ... Berlin 1969.
Hambrecht Rainer, Der Aufstieg der NSDAP in Mittel- und Oberfranken (1925–1933). Nürnberg 1976.
Hamburger Ernest, Juden im öffentlichen Leben Deutschlands. Regierungsmitglieder, Beamte und Parlamentarier ... 1848–1918. Tübingen 1968.
Hanns-Seidel-Stiftung (Hrsg.), Josef Müller. Der erste Vorsitzende der CSU ... München 1998.
Hartstang Gerhard, Der deutsche Rechtsanwalt ... Heidelberg 1986.
Haunfelder Bernd, Die liberalen Abgeordneten des Deutschen Reichstags 1871–1918. Münster 2004.
Hecht Cornelia, Deutsche Juden und Antisemitismus in der Weimarer Republik. Bonn 2003.
Heinrich Robert, 100 Jahre Rechtsanwaltskammer München, Festschrift. München 1979.
Heinrichs Helmut u.a. (Hrsg.), Deutsche Juristen jüdischer Herkunft. München 1993.
Hepp Michael (Hrsg.), Die Ausbürgerung deutscher Staatsangehöriger 1933–1945 nach den im Reichsanzeiger veröffentlichten Listen. 3 Bände München u.a. 1985–1988.
Herbst Ludolf und *Goschler* Constantin (Hrsg.), Wiedergutmachung in der Bundesrepublik Deutschland. München 1989.
Herbst Ludolf und *Weihe* Thomas (Hrsg.), Die Commerzbank und die Juden 1933–1945. München 2004.
Hess Hans, Die Landauer Judengemeinde ... Landau/Pfalz 1969.

Hettler Friedrich, Josef Müller („Ochsensepp"). Mann des Widerstandes und erster CSU-Vorsitzender. München 1991.
Heusler Andreas – *Weger* Tobias, „Kristallnacht". Gewalt gegen die Münchner Juden im November 1938. München 1998.
Hockerts Hans Günter u.a. (Hrsg.), Die Finanzverwaltung und die Verfolgung der Juden in Bayern. Bericht über ein Forschungsprojekt ... München 2004.
Hofmann Klaus, Die Verdrängung der Juden aus öffentlichem Dienst und selbständigen Berufen in Regensburg 1933–1939. Frankfurt/Main 1993.
Hof- und Staatshandbuch für das Königreich Bayern. 1870, 1880, 1890, 1900, 1910, 1915.
Hubatsch Walther, Hindenburg und der Staat. Göttingen 1966.
Hübschmann Ekkehard u.a., Physische und behördliche Gewalt. Die Reichskristallnacht und die Verfolgung der Juden in Bayreuth. Bayreuth 2000.

Im Namen des Deutsches Volkes. Justiz und Nationalsozialismus. Katalog zur Ausstellung des Bundesministers der Justiz. Köln 1989.
In memoriam. Den Haag 1995 (= Gb Holland).

Jäckle Renate, Schicksale jüdischer und „staatsfeindlicher" Ärztinnen und Ärzte nach 1933 in München. München 1988.
Jarausch Konrad H., Jewish Lawyers in Germany 1848–1938. The Desintegration of a Profession. In: LBI-Institut, Yearbook XXXVI (1991), 171–190.
Jarausch Konrad H., The Unfree Professions. German Lawyers, Teachers and Engineers, 1900–1950. New York – Oxford 1990.
Joachimsthaler Jürgen, Max Bernstein – Kritiker, Schriftsteller, Rechtsanwalt (1854–1925) ... Frankfurt/Main 1995.
Jochem Gerhard – *Kettner* Ulrike, Gedenkbuch für die Nürnberger Opfer der Schoa. Nürnberg 1998, Nachtrag 2002.
Jochem Gerhard, Mitten in Nürnberg. Jüdische Firmen, Freiberufler und Institutionen am Vorabend des Nationalsozialismus. Nürnberg 1998.
Jochem Gerhard – *Rieger* Susanne, Prof. Dr. Edith Schulhöfer. www.rijo-reseach.de (2002).
Jonas Lore, Mein Vater Siegfried Weiner (1886–1963) ... In: Regensburger Almanach 1989. Regensburg 1988, 42–52.
Jüdische Rechtsanwälte im 3. Reich, Dokumentation über die Vertreibung ... Bonn 1994.
Jüdisches Leben in München. München 1995.

Kampe Norbert, Studenten und „Judenfrage" im Deutschen Kaiserreich. Göttingen 1988.
Kastner Wolfram, Schicksal (un)bekannt. München/Dachau 2000.
Kauders Anthony, German Politics and the Jews. Düsseldorf and Nuremberg. 1910–1933. Oxford 1996.
Kestel Willi, Schicksale jüdischer Juristen in Kaiserslautern während der Zeit des Nationalsozialismus. In: Rechtsanwaltskammer Zweibrücken (Hrsg.), 125 Jahre Pfälzische Rechtsanwaltskammer Zweibrücken. Festschrift. Zweibrücken 2004, 87–109.
Kilian Hans (d.i. *Löwenfeld* Philipp), Die jüdische Rechtsanwaltschaft im „Dritten Reich". In: Deutsche Freiheit (Saarbrücken) vom 12.9.1934 und 15.9.1934.
Klarsfeld Serge (Hrsg.), Le mémorial de la déportation des Juifs de France. Paris 1979 (= Gb Frankreich).
Knab Otto Michael, Kleinstadt unterm Hakenkreuz. Groteske Erinnerungen aus Bayern. Luzern 1934.
Königseder Angelika, Recht und nationalsozialistische Herrschaft. Berliner Anwälte 1933–1945. Berlin 2001.
Körner Peter, Biografisches Handbuch der Juden in Stadt und Altkreis Aschaffenburg. Aschaffenburg 1993.
Köster Wolfgang, Diener des Rechts – rechtlos gemacht. Eine Ausstellung im OLG Bamberg über das Schicksal jüdischer Anwälte (Begleitheft). Bamberg 2002.

Kotte Andreas (Hrsg.), Theaterlexikon der Schweiz. Zürich 2005.
Krach Tillmann, Herzfelder ./. Schweitzer Verlag, OLG München 5 U 791/37. In: www.forhistiur.de/0503.
Krach Tillmann, Die Gleichschaltung der Anwaltschaft 1933 und das Schicksal der beim Landgericht Mainz zugelassenen jüdischen Kollegen. In: Geschichte der Rechtsanwaltschaft im Oberlandesgerichtsbezirk Koblenz. Festschrift. Neuwied 1997, 183–229.
Krach Tillmann, Jüdische Rechtsanwälte in Preußen ... München 1991.
Krauss Marita, Heimkehr in ein fremdes Land. Geschichte der Remigration nach 1945. München 2001.
Krohn Claus-Dieter u.a. (Hrsg.), Handbuch der deutschsprachigen Emigration 1933–1945. Darmstadt 1998.
Kuby Alfred H., Pfälzisches Judentum Gestern und Heute. Neustadt/Weinstraße 1992 (= Kuby II).

Ladwig-Winters Simone, Anwalt ohne Recht. Das Schicksal jüdischer Rechtsanwälte in Berlin nach 1933. Berlin 1998.
Lamm Hans (Hrsg.), Vergangene Tage. Jüdische Kultur in München. München^2 1982.
Lampert Walter, Grünstadt 1918–1948 – Bewegte Jahre. 1985.
Landau Peter, Juristen jüdischer Herkunft im Kaiserreich und in der Weimarer Republik. In: Helmut *Heinrichs* u.a. (Hrsg.), 133–213.
Landau Peter – *Rieß* Rolf (Hrsg.), Recht und Politik in Bayern zwischen Prinzregentenzeit und Nationalsozialismus. Die Erinnerungen von Philipp Loewenfeld. Ebelsbach 2004.
Landau Peter, Theodor Loewenfeld (1848–1919). In: Peter *Landau* und Hermann *Nehlsen* (Hrsg.), Große jüdische Gelehrte an der Münchener Juristischen Fakultät. Ebelsbach 2001, 45–62.
Lankheit Klaus A. (Hrsg.), Hitler. Reden, Schriften, Anordnungen 1925–1933. Bd. V/1. München 1996.
Loebl Herbert, Juden in Bamberg ... Bamberg^2 2000.
Lorant Stefan, Ich war Hitlers Gefangener. Ein Tagebuch. München 1987.
Lorenzen Sievert, Die Juden und die Justiz. Bearbeitet im Auftrage des Reichsministers der Justiz. Berlin-Hamburg ^{2}1943.
Luig Klaus, „... weil er nicht arischer Abstammung ist". Jüdische Juristen in Köln während der NS-Zeit. Köln 2004.
Luppe Hermann, Mein Leben. Nürnberg 1977.

Mazura Uwe, Zentrumspartei und Judenfrage 1870/71–1933. Mainz 1994.
Mayer Beate, „Jüdische Mischlinge", Rassenpolitik und Verfolgungserfahrung 1933–1945. Hamburg 1999.
Minor Ulrike – *Ruf* Peter, Juden in Ludwigshafen. Ludwigshafen 1992.
Mistele Karl Heinz, Das Ende einer Gemeinde. Juden in Bamberg 1930–1942. Bamberg 1988.
Morisse Heiko, Jüdische Rechtsanwälte in Hamburg. Ausgrenzung und Verfolgung im NS-Staat. Hamburg 2003.
Morisse Heiko, Rechtsanwälte im Nationalsozialismus. Zur Funktion der Ehrengerichtsbarkeit, dargestellt am Beispiel des Oberlandesgerichtsbezirks Hamburg. Hamburg 1995.
Moser Eva – *Winkler* Richard, Wegmarken. 125 Jahre Bankhaus Aufhäuser. München 1995.
Morris Douglas G., Justice Imperiled. The Anti-Nazi Lawyer Max Hirschberg in Weimar Germany. Ann Arbor 2005.
Müller Arnd, Geschichte der Juden in Nürnberg 1146–1945. Nürnberg 1968.
Müller Josef, Bis zur letzten Konsequenz. Ein Leben für Frieden und Freiheit. 1975.
Münchener Anwaltverein (Hrsg.), Festschrift 12 Jahrzehnte MAV. Bonn 2000.
Münchener Jahrbuch 1920. München 1920.
Nestler Gerhard – *Ziegler* Hannes (Hrsg.), Die Pfalz unterm Hakenkreuz. Ein deutsche Provinz während der nationalsozialistischen Terrorherrschaft. Landau/Pfalz 1993.

Niewyk Donald L., Das Selbstverständnis der Juden und ihre Beteiligung am politischen Leben des Kaiserreichs und der Weimarer Republik. In: Manfred *Treml* (Hrsg.), Geschichte und Kultur der Juden in Bayern. Aufsätze. München 1988, 369–385.
Noack Erwin, Die Entjudung der deutschen Anwaltschaft. In: JW 1938, 2796 f.
Noack Erwin, Kommentar zur Reichs-Rechtsanwaltsordnung. Leipzig 1934, ^{2}1937.

Ophir Baruch Z. – *Wiesemann* Falk (Hrsg.), Die jüdischen Gemeinden in Bayern 1918–1945. Geschichte und Zerstörung. München 1979.
Ostler Fritz, Die deutschen Rechtsanwälte 1871–1971. Essen 1971.

Paul Roland, Die jüdische Gemeinde Landstuhl ... in: Heimatkalender 1982 für Stadt und Landkreis Kaiserslautern 60–64.
Paul Roland, Diskriminiert, verfolgt, ermordet. Die Frankenthaler Juden. In: Gerhard *Nestler* (Hrsg.), Frankenthal unterm Hakenkreuz ... Ludwigshafen 2004, 327–352.
Paul Roland, „Es war nie Auswanderung, immer nur Flucht". Zur Emigration der Juden aus der Pfalz im Dritten Reich. In: Alfred H. *Kuby* (Hrsg.), Juden in der Provinz. Beiträge zur Geschichte der Juden in der Pfalz ... Neustadt/Weinstraße ^{2}1989, 147–176 (= Kuby I).
Paulsen Sven, Die Verfolgung jüdischer Richter, Beamter, Notare und Rechtsanwälte unter nationalsozialistischer Gewaltherrschaft in der Pfalz. In: Sven *Paulsen* (Hrsg.), 175 Jahre pfälzisches Oberlandesgericht. Neustadt/Weinstraße 1990, 267–282.
125 Jahre Rechtsanwaltskammer Frankfurt. Frankfurt 2004.

Rechtsanwaltskammer Zweibrücken (Hrsg.), 125 Jahre Pfälzische Rechtsanwaltskammer Zweibrücken. Festschrift. Zweibrücken 2004.
Redeker Konrad, Erinnerung und Gedenken – Schicksale deutscher Juristen jüdischer Herkunft nach 1933. In: NJW 2005, 564 ff.
Reichrath Hans L., Berthold Kahn (1874–1942). Justizrat, Deutscher und Jude: einer von vielen. In: Jüdische Lebensgeschichten aus der Pfalz. Herausgegeben vom Arbeitskreis für neuere jüdische Geschichte in der Pfalz. Speyer 1995, 149–160.
Reichshandbuch der Deutschen Gesellschaft. 2 Bände. Berlin 1931.
Reinfelder Georg, MS St. Louis ... Teetz 2002.
Richarz Monika, Der Eintritt der Juden in die akademischen Berufe ... Tübingen 1974.
Rieß Rolf (Hrsg.), Ludwig Feuchtwanger. Gesammelte Aufsätze zur jüdischen Geschichte. Berlin 2003.
Röder Werner und *Strauss* Herbert A. (Hrsg.), Biografisches Handbuch der deutschsprachigen Emigration 1933–1945. 3 Bände. München 1980–1983.
Römer Gernot, Schwäbische Juden. Augsburg 1990.
Römer Gernot, „Wir haben uns gewehrt". Wie Juden aus Schwaben gegen Hitler kämpften und wie Christen Juden halfen. Augsburg 1995.
Röwekamp Marion, Juristinnen – Lexikon zu Leben und Werk. Baden-Baden 2005.
Rürup Reinhard, Die Emanzipation der Juden und die verzögerte Öffnung der juristischen Berufe. In: Helmut *Heinrichs* u.a. (Hrsg.), 1–25.

Scheffler Wolfgang und *Schulle* Diana (Bearbeiter), Buch der Erinnerung. Die ins Baltikum deportierten deutschen, österreichischen und tschechischen Juden. München 2003 (= Gb Baltikum).
Scheffler Wolfgang, Judenverfolgung im Dritten Reich. Berlin 1964.
Schmöger Helga (Bearbeiterin), Der Bayerische Senat. Biographisch-statistisches Handbuch. Düsseldorf 1998.
Schneider Heinz-Jürgen, *Schwarz* Erika und Josef, Die Rechtsanwälte der Roten Hilfe Deutschlands ... Bonn 2002.
Schneider Hubert (Hrsg.), „Zeit ohne Recht" – Justiz in Bochum nach 1933. Bochum 2002.
Schöbel Heino, Frauen in der bayerischen Justiz – Der Weg zum Richteramt. In: Bayerische Verwaltungsblätter 1998, 65–73 und 106–110.

Schütz Hans, Justiz im „Dritten Reich“. Dokumentation aus dem Bezirk des Oberlandesgerichts Bamberg. Bamberg 1984.

Schwarz Walter, Die Wiedergutmachung des nationalsozialistischen Unrechts durch die Bundesrepublik Deutschland. 6 Bände. München 1974–1985.

Das Schwarzbuch. Tatsachen und Dokumente. Die Lage der Juden in Deutschland 1933. Paris 1934.

Siegrist Hannes, Advokat, Bürger und Staat. Sozialgeschichte der Rechtsanwälte in Deutschland, Italien und der Schweiz (18.–20. Jahrhundert). Frankfurt/Main 1996.

Sinclair H. Peter , Von Siegel zu Sinclair: Eine jüdische Familiengeschichte unserer Zeit. 2002.

Sinsheimer Hermann, Gelebt im Paradies. Erinnerungen und Begegnungen. München 1953.

Spindler Max (Hrsg.), Bayerischer Geschichtsatlas. München 1969.

Staatsministerium der Justiz (Hrsg.), Die Königlich Bayerischen Staatsminister der Justiz in der Zeit von 1818 bis 1918. Ihre Herkunft, ihr Werdegang und ihr Wirken ... 2 Teile. München 1931.

Stadtarchiv München (Hrsg.), Biografisches Gedenkbuch der Münchner Juden 1933–1945. Band 1 (A – L). München 2003.

Stadtarchiv München (Hrsg.), „... verzogen unbekannt wohin“. Die erste Deportation von Münchner Juden im November 1941. Zürich 2000.

Sternfeld Wilhelm – *Tiedemann* Eva, Deutsche Exil-Literatur 1933–1945. Eine Bio-Bibliografie. Heidelberg [2]1970.

Stiefel Ernst C. – *Mecklenburg* Frank, Deutsche Juristen im amerikanischen Exil (1933– 1950). Tübingen 1991.

Strätz Reiner (Hrsg.), Biografisches Handbuch Würzburger Juden 1900–1945. 2 Bände Würzburg 1989.

Straub Theodor – *Douer* Alisa, Ingolstädter Gesichter. 750 Jahre Juden in Ingolstadt. Ingolstadt 2000.

Straus Rahel, Wir lebten in Deutschland. Erinnerungen einer deutschen Jüdin 1880–1933. Stuttgart 1961.

Strobl Jakob – *Voight* Elizabeth – *Weber* Reinhard (Hrsg.), Liber amicorum für Prof. Dr. Dr. h. c. Otto L. Walter. München 2005.

Theresienstädter Gedenkbuch. Die Opfer der Judentransporte aus Deutschland nach Theresienstadt 1942–1945. Prag 2000 (= Gb Theresienstadt).

Thieme Karl, Deutsche Katholiken. In: Werner E. *Mosse* (Hrsg.), Entscheidungsjahr 1932. Zur Judenfrage in der Endphase der Weimarer Republik. Tübingen 1965, 271–287.

Trapp Frithjof u.a. (Hrsg.), Handbuch des deutschsprachigen Exiltheaters 1933–1945. München 1999.

Unterholzner Anita, Straubinger Juden ... Straubing 1995.

Verhandlungen des Bayerischen Landtags, Kammer der Abgeordneten 1901/02, Stenographische Berichte VI.

Verhandlungen des Bayerischen Landtags, Kammer der Reichsräte 1901/02, Stenographische Berichte II.

Verhandlungen des Bayerischen Landtags 1922, Stenographische Berichte VII.

Verzeichnis nichtarischer Rechtsanwälte Deutschlands. Berlin 1934 bzw. 1937.

Volkert Wilhelm (Hrsg.), Ludwig Thoma. Sämtliche Beiträge aus dem „Miesbacher Anzeiger“ 1920/21. München 1989.

Walk Joseph, Kurzbiographien zur Geschichte der Juden 1918–1945. München 1988.

Walter Dirk, Antisemitische Kriminalität und Gewalt. Judenfeindschaft in der Weimarer Republik. Bonn 1999.

Warmbrunn Paul, Rechtsanwälte im Nationalsozialismus. Anpassung, Widerstand und Verfolgung, aufgezeigt am Beispiel des OLG-Bezirks Zweibrücken. In: Pirmin *Spieß* (Hrsg.), Palatia Historica, Festschrift Ludwig Anton Doll. Mainz 1994, 595–626.

Weber Reinhard (Hrsg.), Max Hirschberg. Jude und Demokrat. Erinnerungen eines Münchener Rechtsanwalts 1883 bis 1939. München 1998.

Weil Grete, Lebe ich denn, wenn andere leben. 1998.

Weiler Heinrich, Die Geschichte des Landgerichts Frankenthal ... 2 Bände. Frankenthal 1977.

Weiler Heinrich, Advokatur und Anwaltschaft in Frankenthal seit 1816. In: Rechtsanwaltskammer Zweibrücken (Hrsg.), 65–85.

Weißler Adolf, Geschichte der Rechtsanwaltschaft. Leipzig 1905.

Wengst Udo, Thomas Dehler 1897–1967. Eine politische Biografie. München 1997.

Wenzel Georg (Hrsg.), Deutscher Wirtschaftsführer. Hamburg 1929.

Wettmann-Jungblut Peter, Rechtsanwälte an der Saar 1800–1960: Geschichte eines bürgerlichen Berufsstandes. Blieskastel 2004.

Wiehn Erhard R. (Hrsg.), Oktoberdeportation 1940 ... Konstanz 1990.

Wiesemann Falk, Die Vorgeschichte der nationalsozialistischen Machtergreifung in Bayern 1932/33. Berlin 1975.

Wittmer Siegfried, Geschichte der Regensburger Juden zwischen Monarchie und Diktatur. In: Verhandlungen des historischen Vereins der Oberpfalz 128 (1988) 113–184 und 129 (1989) 77–137.

Wittmer Siegfried, Regensburger Juden. Jüdisches Leben von 1519 bis 1990. Regensburg 1996.

Zebhauser Helmuth, Alpinismus im Hitler-Staat. München 1998.

Zum Gedenken an die von den Nazis ermordeten Fürther Juden 1933–1945. Fürth 1997 (=Gb Fürth).

Personenregister

Das Register bezieht sich nur auf den Darstellungsteil, nicht auf die Kurzbiografien.